方尖碑
OBELISK

探知新视界

世界终结之年

The Year the World Ended

[澳大利亚] 保罗·哈姆 —— 著

杨楠 —— 译

译林出版社

图书在版编目（CIP）数据

1914：世界终结之年 ／（澳）保罗·哈姆
（Paul Ham）著；杨楠译 . —南京：译林出版社，
2022.8
书名原文：1914: The Year the World Ended
ISBN 978-7-5447-9167-0

Ⅰ.①1⋯ Ⅱ.①保⋯ ②杨⋯ Ⅲ.①战争史－史料－
世界－1914 Ⅳ.①E195

中国版本图书馆 CIP 数据核字（2022）第 086863 号

1914: The Year the World Ended
Text Copyright © Paul Ham, 2013
First published by William Heinemann. This edition published by arrangement with
Penguin Random House Australia Pty Ltd.
Simplified Chinese edition copyright © 2022 by Yilin Press, Ltd
All rights reserved.
封底凡无企鹅防伪标识者均属未授权之非法版本。

著作权合同登记号 图字：10-2020-582 号

1914 世界终结之年 ［澳大利亚］保罗·哈姆／著 杨 楠／译

责任编辑 王 蕾
特约编辑 荆文翰
装帧设计 韦 枫
校 对 孙玉兰
责任印制 董 虎

原文出版 Random House Australia, 2013
出版发行 译林出版社
地 址 南京市湖南路 1 号 A 楼
邮 箱 yilin@yilin.com
网 址 www.yilin.com
市场热线 025-86633278
排 版 南京展望文化发展有限公司
印 刷 南京爱德印刷有限公司
开 本 652 毫米 ×960 毫米 1/16
印 张 44.5
插 页 12
版 次 2022 年 8 月第 1 版
印 次 2022 年 8 月第 1 次印刷
书 号 ISBN 978-7-5447-9167-0
定 价 128.00 元

版权所有 · 侵权必究
译林版图书若有印装错误可向出版社调换。质量热线：025-83658316

献给无名战士

目　录

致读者

亲爱的读者：

关于大战的原因，故事已经讲了几千遍，档案也已经被翻了个底朝天，只为搜寻新的"事实"来帮助我们理解它。莫非这个话题已经山穷水尽了？莫非已经没有新的主题、事实、英雄或恶棍了？然而历史从来都不是完满的，在第一次世界大战爆发一百周年之际，本书在几个稳妥的方面大胆采用了一种新的方法。例如，它的目的是简化这个故事，在不影响整体完整性的前提下，让普通读者易于了解这个错综复杂的事物。有时，它只提供对一些主要人物所思所想的描述，以表明其如何反映出一种对战争可能性产生正反两方面影响的普遍感受或情绪。

《1914》是一部简单明了的叙事史，它通过罗列导致战争的事件、行动和态度，来挖掘这场战争的起因。这样一来，它就将那个命运攸关的年份置于更广阔的背景下，带领读者踏上一段必然始于19世纪最后几十年、止于20世纪那场大动荡的旅程。我们不能把1914年从时间的锚泊地硬拽出来，孤立地加以审视。同样，"保守"、"自由"和"激进"这些术语也必须放在合适的情境中加以考虑。

在某些地方，我跳出叙事，反思这场战争的起因是什么，以及它是如何终结同时代人所了解的那个世界的。例如，这场战争究竟是不可抗力，还是必然的达尔文主义斗争？正如许多领导人后来所宣称的那样，这两种都是人力所无法避免的。统治者（权力沙龙中的君主、政客、外交官）的体验，与参加战斗的被统治者（普通男女）相比又如何呢？

我自始至终都要依靠主要参战国的原始档案以及经典文本。我特别感谢在这个主题上最伟大的写作者们，包括路易吉·阿尔贝蒂尼、尼尔·弗格森、弗里茨·费舍尔、马丁·吉尔伯特、约翰·基根、约翰·凯格、保罗·肯尼迪、贝纳多特·施米特、扎拉·斯泰纳、戴维·史蒂文森、休·斯特罗恩、芭芭拉·塔奇曼和塞缪尔·R.威廉森。我也大量利用了新的和不太引人注目的资料来源，为一场本可以避免的，将决定20世纪走向的噩梦做铺垫。

此致

保罗·哈姆，于巴黎

序　幕
1914年夏天长长的阴影

1914年，欧洲的夏天比以往更温暖，更干燥。有闲阶级在他们的阳光房里喝茶，在河里撑船，按照惯例出席舞会和宴会。"人们懒洋洋地倚靠在外面的折叠帆布躺椅上……人们在户外读书，去野餐，在树下的白色柳条桌边喝端上来的茶。"批评家保罗·福塞尔带着美国人特有的对英国上流社会礼仪的钟爱写道。[1]穷人服侍富人，在田间、矿场和血汗工厂劳作，或者乞讨。他们生存于社会底层，一如往常。

"镀金时代"继续在21世纪大受欢迎的剧本、小说和电影中复兴。电视剧《唐顿庄园》和《队列之末》的第一集就吸引了数以百万计的观众，他们为战前牛津剑桥的贵族世界、翼领和晚宴正装而着迷。在那段安宁的日子里，似乎每个人都能够引经据典。英国军官或许是有史以来最有文化的戎装青年吧？许多人会在战壕里读莎士比亚、浪漫派诗人和《圣经》。许多人写诗，正如法国小说家路易-费迪南·塞利纳所写的，他们敢于"在屠宰场里创作四行诗"。[2]"文学自始至终都在主宰这场战争。"福塞尔称。[3]

历史学家休·斯特罗恩警告称，对那个7月的回忆，常常流于对一个"阳光斑驳、有教养的文明"的"多愁善感"情绪。[4]毫无疑问，当代的电影和小说往往会利用那个逝去时代的少数文明开化之人的经历，或者将其作为社会典范。例如，一个反复被人提起的人物是英勇的年轻诗人西格弗里德·萨松，他是在马尔伯勒*和剑桥接受的教育。那年夏天，我们瞥见的刚刚猎狐回来、正要去打一场郡际板球比赛的他，绝对是一名家境优渥的"青年才俊"，一名"运动员和梦想家"，[5]而三年后，被摧残得不成人形、比实际年龄更苍老的他，将通过他的炮弹休克症宣布一场"对战争的伟大战争"。[6]还有萨松的军官同僚威尔弗雷德·欧文，我们发现他战前在波尔多的一个村子里教法国男孩英语，构思着美妙的诗歌，全无写出《青春挽歌》的那位心烦意乱的军人的痛苦（在他自己死在西线之前）。另一位是作家罗伯特·格雷夫斯，他同样年轻，同样才华横溢，全然不似那个尖酸刻薄的暴脾气，会用最冷硬的散文痛斥那些将索姆河战役的第一天作为礼物送给他们这一代人的政客们（在《向一切告别》中）。

然而，英语世界会将一个人的名字与大战浪漫地联系在一起，他就是诗人鲁珀特·布鲁克。叶芝说，这位《士兵》的作者是"英格兰最俊美的青年"，"一位黄金般可贵的战士"，人们说他表达了英格兰之魂。[7]他在剑桥接受教育，是一等一的公学花花公子，这几乎是必然的。"哦，亲爱的，你是不是太用功了？"布鲁克给一位演员朋友写信说，"昨晚在德鲁里巷，你看起来好像一个累坏了的孩子。但愿你知道，在亚历山德拉王后和萧伯纳……的眼皮底下，我要费多大力气才能不把你揽入怀中。"[8]1915年的布鲁克之死，在与他同时代的布鲁姆茨伯里派眼中，以及最近在阿兰·霍林赫斯特创作的主角以他为原型的小说《陌生人的孩子》中，似乎也埋葬了那个时代的精神。布鲁克之死的悲怆就比较鲜为人知了：他从未经历过战斗，而是在前往加里波利的途中死于蚊虫叮咬引发的感染。

在英语世界里，经常以这些名士为"典型"，引出所有将在大战

---

*指位于英格兰威尔特郡的独立学校马尔伯勒学院，是英国的一所名校。（本书脚注均为译者所加。）

中殒命的人。他们备受摧残的生命被用作"失去的一代"*的象征，这绝不是他们的错。然而这是一种歪曲。还有数以百万计的普通青年，没有文艺青年的自命不凡，也没有公学口音——英国人、法国人、德国人、俄国人、塞尔维亚人、奥匈帝国人、印度人、非洲人、澳大利亚人、加拿大人、爱尔兰人、新西兰人——他们也同样伤痕累累，被遗忘在"异国他乡的某个角落"，⁹或者只在村里的仪式上被他们的家人缅怀，他们的遗体被埋葬在远方的墓地里，他们的信件被尘封在图书馆的档案中。

还有人会在战争中幸存，并取得另一种意义上的不朽声名。本名为路易·费迪南·奥古斯特·德图什的塞利纳在1914年因英勇而受勋，后来成为一名法语小说家（著有被认为是20世纪最优秀长篇小说之一的《长夜行》），在第二次世界大战期间，他是一名反犹主义者，据称还是纳粹的合作者，只是被一手好文章和对穷人的关怀所弥补了。1914年，正在柏林工业大学学习物理学的詹姆斯·查德威克被扣留在德国，他将因发现中子而获得诺贝尔物理学奖，这一发现对广岛原子弹的制造至关重要。同为物理学家的埃尔温·薛定谔在战争期间担任奥地利要塞炮兵军官，他将开创量子力学的波动理论，并提出被称为"薛定谔的猫"的悖论思想实验。当然还有落魄画家阿道夫·希特勒，他在1914年志愿加入德国步兵，并因英勇而获得铁十字勋章，他将出人头地，在三十年后的另一场世界大战中引领德国走向耻辱的毁灭。

那些日子的安宁掩盖了一种极端的危险。很少有人意识到，1914年7月7日，也就是战争爆发的三个星期前，奥匈帝国的一次大臣会议实际上已经向塞尔维亚宣战了（见第二十五章）。一些城市也很不

---

* 原文的"lost generation"通常被翻译成"迷惘的一代"，但这个词组在英国原本指的是这一代人很多在战争中失去了生命，特别是精英的伤亡人数更是不成比例地高。在此语境下，"lost"取"失去"而不是"迷惘"的词义。

太平。柏林、维也纳和贝尔格莱德都举行了规模盛大的集会。7月温暖的天气，以及空气中的某种异样感，吸引着人们走出家门。1914年6月28日弗朗茨·斐迪南被暗杀后，紧接着，滥用私刑的暴民便在维也纳和布达佩斯的街道上游荡。数千人叫嚣着要向他们认为的敌人开战，无论他们是斯拉夫人、德意志人、拉丁人还是盎格鲁-撒克逊人——"种族"在这场战争中的作用比我们以为的要大得多。8月初宣战时，人们喜形于色，潸然泪下，互相拥抱，老朋友之间还会握手。阿道夫·希特勒跪倒在地，"心潮澎湃，感谢上帝赐我福分，让我生活在这样一个时代"。[10]甚至有人声称，那些气候宜人的日子使人们能够在户外举行支持战争的大规模抗议活动，所以才加快了领导人的宣战决定。[11]

欧洲领导人真的这么容易受影响吗？人民和新闻界——英国那无所不能的"舆论"——真的愿意开战吗？是舆论迫使德国、法国、俄国和英国政府宣战的吗？似乎不太可能。几千名极端民族主义者、鼓吹强硬外交的少数人和狼狈为奸的媒体闹出了很大动静，但他们几乎代表不了主流意见。柏林、贝尔格莱德、维也纳和巴黎展现出来的好战姿态，并不能反映出欧洲的总体基调。大多数法国、英国、俄国和德国人民都不想要战争，却无力阻止。"在大战前夕，军国主义远远称不上是欧洲政界的主导力量，"尼尔·弗格森总结道，"相反，它在政界越发式微……证据也很清楚：欧洲人并没有向着战争行进，而是背弃了军国主义。"[12]7月的抗议活动并不能代表数百万沉默不语、无人问起的父母、妻子和姐妹的感受，他们害怕在即将到来的连绵战火中失去儿子、丈夫和兄弟。

欧洲的统治者和政治领袖们知道他们的大多数人民并不知道的某件事情：战争即将来临。少数握有权柄的老贵族暗地里把战争带给了世人，却没有受到被赋予充分选举权的民众或未经审查的媒体的监督。他们后来声称对战争感到"震惊",并且无法阻止它。然而,就在德国入侵法国的三个星期前,德国宰相特奥巴尔德·冯·贝特曼-霍尔韦格还说,他"预计一场战争将导致现有的一切被连根拔起,无论结果如何"。[13] 他对这样的结果起到了主要作用,后来却和其他领导人一样,声称自己无力阻止。但是在1914年以前,欧洲统治者们的脑海中早已充斥着这种末日大决战的预感。

对大多数普通人来说,这种预感是在宣战的几个星期前开始的,也就是1914年7月。若干年后,他们会透过一场带来了难以言喻的恐怖与损耗的全球冲突的透镜来回首那些夏日。这样的反差让人无法忍受。他们理所当然地向往那种无忧无虑的和平,镌刻在他们脑海中的,是和平时期温暖的艳阳天,仿佛将天气理想化,就能以某种方式将战前那"田园牧歌般的"世界定格,即使永远也不可能将其恢复如初。[14]

一百年过去了,我们胆敢称之为无知。在最强大的战争机器和最庞大的陆军动员起来,要摧毁他们的世界时,我们还可以仗着自己无所不知,冒昧地称之为疯狂或麻木不仁。但那样的话,我们就要把最血腥世纪的开幕重击放回到一个更陌生、更单纯的时代,早在8月的炮火将它永远炸裂之前。事实很简单:大多数人和往常一样,并不知道接下来会发生什么。

第一部分

过去的暴政

19世纪70年代至20世纪头十年

第一章
尼金斯基的牧神

令人称奇的是，每个人都理所当然地认为，英国上层阶级和中上阶级这种满溢、膨胀的财富将会持续到永远，而且是万物秩序的一部分……在战争之前，人们无脑拜金，良心也完全不会痛。金钱的好处就像健康或美貌的好处一样清楚明白，一辆闪闪发亮的汽车，一个头衔，或者一群仆人，在人们心中与实实在在的道德德性观念混为一谈。

——乔治·奥威尔，《这，这就是快乐》

只有了解过去，我们才可能从过去的暴政中解放出来。

他们是爱德华时代的富人，一群声名狼藉、逍遥快活的人。在那个被后人称为"美好时代"、"世纪末"和"镀金时代"的时期，他们在一切被冠以"现代"之名的文学、艺术和华服中得到了充分的满足。没有人知道1870年至1871年普法战争和1914年夏天之间的这段时期竟是相对和平时代的最后时光，这段时期也被认为是艺术家、音乐家和革命者的活跃期。对许多人来说，那是一个欣欣向荣的时代，艺术和科学领域人才济济，推动了文明世界的文化中心——巴黎——

的思潮。它同时也是一个激变的时代。"世界自耶稣基督时代以来的变化，比过去三十年里的变化还要小。"年轻的法国诗人夏尔·贝玑在1913年写道。[1]（他很快就将死在西线。）

也有一些事情并没有改变：主要是大多数男男女女的**思考**方式。对大多数人来说，在19世纪90年代和20世纪头十年，上帝、国王和国家所组成的保守主义三巨头依旧牢不可破。美好时代的堕落价值观并没有颠覆半个世纪的维多利亚时代价值观。20世纪头十年，老式的保守主义和对传统的尊重正在强势回潮，主要是在年轻人中。在欧洲的学校和大学里，法国和德国的学生反对他们父母那一代波希米亚主义者的附庸风雅和放浪形骸，并向旧世界的道德标准——爱国、基督徒和权威主义——靠拢。[2]

保守的主流坚决抗拒民主改革，例如妇女投票权、改善工作条件、社会福利和全民医疗卫生。从这个意义上说，明面上的激进主义几乎没有对战前世界的实际政体产生影响。到了世纪之交，澳大利亚和新西兰是仅有的将投票权扩及妇女的西方国家，而俾斯麦领导下的德国则是唯一推行了公认的福利国家形态和男性普选权的欧洲国家。乔治·奥威尔评论道，这个时代最根本的冲突，"是19世纪的禁欲主义传统与1914年以前时代实际存在的奢靡势利之间的冲突"。[3]

维多利亚时代的价值观并没有随着维多利亚女王的驾崩而消失。1901年，她在心爱的外孙德国皇帝威廉二世的怀里与世长辞。她的逝去触及整个欧洲，因为维多利亚是三个通过皇室血缘紧密相连的帝国——英国、德国和俄国——的皇室女家长。沙皇尼古拉二世、德皇威廉二世和英王爱德华七世是表亲。维多利亚放荡不羁的儿子爱德华的统治时期，给一个在她去世后很久都还拽着她的裙摆不放的时代披上了堕落的外衣。当她去世时，许多人的感受与小说家亨利·詹姆斯一样：

> 我哀悼这位可靠的、母亲般的中产阶级老女王，她用她那硕大、丑陋的苏格兰格子披肩褶层温暖着全体国民……我对她驾崩

维多利亚女王（中）与威尔士亲王爱德华（即后来的爱德华七世，后排右）、沙皇尼古拉二世（后排左）、亚历山德拉皇后（维多利亚女王的外孙女，前排左）和她怀里的奥尔加女大公，1896年9月29日年在苏格兰的巴尔莫勒尔城堡

的感触远远超出了预想。她是一个持久的象征，而现在，怒涛正在向我们袭来。[4]

或者他们的感受和乔治·奥威尔一样。1947年，他回顾战前的童年时写道：

> 在世界历史上，从来没有哪个时代像1914年之前的那些年一样，俗不可耐的丰厚财富如此张扬，却没有任何贵族气派的优雅可以补救一下。那是疯狂的百万富翁们戴着卷边大礼帽、穿着淡紫色的马甲、在泰晤士河上洛可可风格的船屋里举行香槟派对的时代，是空竹和蹒跚裙的时代，是穿戴灰色圆顶硬礼帽和晨礼服的"纨绔子弟"的时代，是《风流寡妇》、萨基的小说、《彼得·潘》和《彩虹尽头》的时代，是人们谈论顶级的巧克力和香烟，拿着分红去布莱顿度周末，在the Troc*品尝美味茶点的时代。1914年之前的整整十年，似乎都散发着一种更庸俗、更幼稚的奢靡味道，一种润发油、薄荷酒和软心巧克力的味道——一种氛围，仿佛在绿油油的草坪上吃着永远也吃不完的草莓冰淇淋，耳边传来伊顿船歌的曲调。令人称奇的是，每个人都理所当然地认为，英国上层阶级和中上阶级这种满溢、膨胀的财富将会持续到永远，而且是万物秩序的一部分……在战争之前，人们无脑拜金，良心也完全不会痛。金钱的好处就像健康或美貌的好处一样清楚明白，一辆闪闪发亮的汽车，一个头衔，或者一群仆人，在人们心中与实实在在的道德德性观念混为一谈。[5]

在社会的这层薄纱之后，是自由放任经济的铁律，一直盛行到

---

*伦敦的一家餐厅，现在是一个综合性娱乐中心，全名为London Trocadero。

1914年，并且备受推崇，仿佛它们存在于人类无法修正的客观现实中。那些受到自由资本主义庇佑的人——富人——是优秀、成功的，不知怎么就成了健全的人。所有被它诅咒的人——穷人——都是肮脏、罪恶的，不知为何就活该受苦受难。一个家族可能前一刻还风光无两，后一刻就没落了。慈善仍然是福利的主要形式。人们对政府干预不以为然，认为它在看不见的手的"自然法则"——贸易周期、价格波动和失业——面前，是无能为力的。即使格莱斯顿时代的倡导者们**原则上**是正确的——自由市场比其他任何经济"制度"都更能有效地生成个人自由和更高的生活水平——在实践中也需要节制和改良，因为一个不受限制的自由市场显然并没有提供维系一个文明社会所需要的服务。完全市场自由的信条只能适得其反——导致毁灭性的垄断和政府的徇私——可它在1914年之前几乎不成问题，直到1930年才从根本上改变。[6]

亨利·詹姆斯的现代主义怒涛被认为威胁到了19世纪禁欲主义和拜金主义所基于的保守主义价值观。我们这里使用的"保守"，并不是在狭隘的政党政治意义上。我们指的是**保存**现有经济和社会制度的势力。世纪末的激进思想观念——纵欲、自由、民主——本该改变世界，这个被艺术家和作家欣然吸收并反映的世界。在视觉艺术方面，据说"印象派"打破了反动的观看方式，挑战了肮脏、不公的现实的根基……至少对为数不多的观看者来说是这样的。1874年4月29日，六位艺术家——毕沙罗、莫奈、西斯莱、雷诺阿、德加和基约曼——举办了"嘉布遣大道展览：印象派"，这是这场新运动的第一场大型展览。展览是在普法战争结束三年后举办的，这场战争也破坏了法国自身作为一个强国的印象。六位艺术家签署了一份请愿书，拒绝在巴黎的官方沙龙展出他们的作品。

当局对这场展览嗤之以鼻，或者压根儿就不在乎，这也隐约显示了真正的时代精神。评论家儒勒·卡斯塔纳里讥讽道：

> 作为我们这个正在瓦解的时代中的一股集体力量，（这些艺术家）的共识是他们决心不追求完美……印象一经捕捉，他们便宣告任务完成。他们从理想化开始，将会达到那种天马行空的浪漫主义境界，在这种情况下，自然不过是做梦的借口，想象力也无法表达除个人主观幻想以外的任何东西，完全不符合常理，因为这些幻想不受控制，在现实中也没有任何办法验证。[7]

另一位批评家阿尔贝·沃尔夫只是嘲笑道："他们拿着画布、颜料和画笔，随意挥洒出一些东西，抱着最大的希望……"[8]

这个多数裁决在随后的那些年里几乎没有改变。在1914年之前的十年里，相对来说很少有人关心毕加索画了什么，或者他有没有画。你很难找到这样的拍卖会场，里面挤满了为高更或毕沙罗的一幅画竞相叫价的商业大亨。梵高在身无分文、精神错乱的状态下自杀。死板的保守派舆论并没有因为看到马蒂斯的《生之喜悦》（1905）而软化，向野兽派的想象力屈服。象征主义者、那比派、立体主义者、未来主义者都是些边缘人，他们的展览几乎无人问津。严苛的旧世界传统不理解塞尚的"观看之道"，也不明白他的目的——在绘画作品中求得事物的**本质**——一直到他（1906年）去世数十年后。

19世纪90年代末和20世纪头十年初，从价格的角度来看，略显滑稽的传统艺术家威廉·布格罗风评更好。他那些描绘"天使般少女的丰臀"的画作依旧深受美国和欧洲主流保守派审美的欢迎。[9]他于1905年去世，一篇颇具慧眼的讣告断定他是"有形世界为之而存在"的众多艺术家之一。[10]

战前，现代主义文学也同样被忽视，或者沦为笑柄。政客们审查

阿尔弗雷德·德雷福斯。"一战"　埃米尔·左拉
中，年过半百、已经退伍的德雷福
斯重新回到炮兵部队，走上前线

或查禁被认为"具有颠覆性"的书籍。作家如果胆敢批评政府，就会
被判为非法或者遭到起诉。伟大的法国作家埃米尔·左拉的文章《我
控诉》刊登在1898年1月13日的《震旦报》头版，为此受到了当局
的攻击。他为含冤入狱的犹太军官阿尔弗雷德·德雷福斯进行了有力
的辩护，使法国社会分裂为支持德雷福斯的社会主义/共和派团体和
反德雷福斯的保守派当局，后者认为军队的声誉被严重玷污了，作为
"法国安全与伟大的捍卫者……军队不应受到任何批评"。[11]左拉因为
一名无罪者辩护而被判诽谤罪，逃往英国以躲避牢狱之灾。

　　大多数人并不关心法国小说家普鲁斯特是否找到了他逝去的时
光，他在1905年开始创作的战前经典之作《追忆似水年华》直到战后
才出齐。如果说普鲁斯特发现了"一种新的时间概念"，也就是未曾
经历过的记忆，那么他这部杰作的变革力量似乎只有事后回想时才能
看清楚。当时，绝大多数人似乎都在向前看，而不是向后看。杰出的

爱尔兰剧作家、才子、世纪末的化身奥斯卡·王尔德，被同样的反动势力判了刑，却是出于不同的原因。他因鸡奸罪被判处多年苦役，于1900年去世，终年四十六岁，在英国伪善、褊狭的车轮下粉身碎骨。

现代舞同样激怒或烦扰了反动的公共道德卫士。英国和德国政府试图取缔当时席卷伦敦、巴黎和柏林音乐厅和俱乐部的探戈舞和火鸡快步舞。德皇禁止德国官员跳这些新舞步。[12]伊莎多拉·邓肯富有酒神精神的优美动作被谴责为淫秽色情。接着是尼金斯基的牧神。佳吉列夫和尼金斯基代表了最高级的舞蹈艺术表现形式。为此，很多人宽宥或无视了他们所谓的双性恋。但1912年佳吉列夫的俄罗斯芭蕾舞团在巴黎演出、由尼金斯基编舞并表演的德彪西芭蕾舞剧《牧神午后》，一经上演便引起了人们的愤怒。

这位伟大舞蹈家在卢浮宫的一个希腊陶瓶上看到的酒神印象，启发了他对这部芭蕾舞剧的构思。这让上了年纪的卫道士感到厌恶，对他们来说，这个小色胚对公共道德构成了威胁。保守派报纸《费加罗报》主编加斯东·卡尔梅特阻止这部芭蕾舞剧的好评见报，并告知读者，它"既不是一首优美的牧歌，也不是一部意义深刻的作品。我们看到的是一个淫荡的牧神，他的动作淫猥下流、充满兽性，他的姿态粗鲁低级、有伤风化"。[13]这桩丑闻还上升到了政治层面。《费加罗报》被指因反对法俄军事同盟而攻击俄罗斯芭蕾舞团。这部芭蕾舞剧"代表了污蔑所有俄国事物的肇始"。[14]俄国大使也被牵扯了进来，法国的政客们签署了请愿书，法国总统和总理成立了一个调查委员会。这部芭蕾舞剧因涉嫌淫秽，在第二夜引来了巴黎警方到场观看。此时的牧神似乎象征着美好时代落幕之前那份美丽的最后一丝神气，在这样的情境下，或许略显可悲。

总而言之，社会上规模庞大的反动中坚——白领资产阶级和保守的工人阶级——对他们中间的进步力量大多采取无视或贬抑的态度。

即便领导阶层真的想过这个问题，也只是认为现代主义轻浮、颓废，而非预示着一个濒临破碎的世界。在他们眼里，美好时代只对贵族花花公子、堕落的波希米亚主义者和政治激进分子（社会主义者、无政府主义者等）有吸引力。即使现实果真如艺术家和作家所暗示的那样，**确实**正在四分五裂，即使事实与感知**确实**是一回事，而感知者存在于印象的领域中，来去匆匆、耽于享乐、仪容不整，即使陈规**确实**正在让位于民主化剧变的力量和政治独裁的崩裂，又有谁注意到了呢？

对于注意到这些的保守主义者来说，现代主义者对这个濒临崩溃与重生的世界的"印象"，也纯属无稽之谈。在他们眼里，这个世界显然**并没有在崩裂**。他们的世界正在硬化成一个钢块、一座摩天大楼、一艘无畏舰、一条装配线。这些形象都是在冶炼厂里锻造出来的（颇似阿道夫·冯·门采尔1875年的油画《轧铁工厂》）。他们对未来的展望是民族国家与全球帝国的崛起，以及秩序、阶级和等级制度的保存。

从这个意义上讲，要说19世纪末20世纪初遍地都是据称深入民心的波希米亚主义的影响，可谓严重误导。现代性的强光在事后看来确实很耀眼，但是在当时只照耀到了极少数人。战前的艺术家们阐述了一种令旧秩序无法捉摸的新意识。直到多年以后，在一场世界大战蹂躏了欧洲之后，资产阶级才会以他们唯一懂得的方式承认这一点：给出类拔萃之物贴上价签，并将其据为己有。然而，在1870年至1914年，艺术和文学所表达的那个更人道、更宽容的世界的民主观念，是要被扼杀、忽视或延宕的。

战争将会炸飞这一切。旧世界的父权势力将击碎美好时代，使之成为一场维护上帝、国王和国家的战争的附带牺牲品。如果说激进思想对道德秩序的扰乱还只是稍微有些过了头，那么激进党派则是做得太过火了。恼怒的保守派余孽已经对时尚文明鄙俗的发展方向失去了耐心。陈规旧矩不容嘲笑和践踏。必须为欧洲君主制及其所象征的等级制度而战斗，维护它们，为它们复仇。

这并不是说少数波希米亚主义者的挑拨将世界推向了战争，而是说潜藏在这些艺术运动之下的社会改革的革命性政治力量，很可能推翻既有的制度。尼金斯基那"令人作呕的牧神"和它所代表的一切，以一种倒错的方式加入了预言战争的大合唱。我们不难想象，愤怒的反动势力至少是象征性地将他们的大炮瞄准了这位舞蹈家的"污秽"。德国、奥匈帝国和俄国这几个反动国家，以及相对来说稍微自由一点的法国和英国，它们的政府和统治精英都有着这样一种共同的心理：他们反感这个时代的附庸风雅，却又真心害怕其背后的社会改革，他们把诉诸战争拔高为对革命时代一种合乎道德的回应。"我们需要的是一场义战"，这种听得耳朵起茧的说法已经烂大街了：可以维持保守派陈规的"一场义战"——或者是意大利未来主义者和边缘团体眼中一场破旧立新的"净化之战"。

可大战真的像每个学童都知道的那样，是为殖民地、经济霸权、民族主义、阿尔萨斯-洛林、弗朗茨·斐迪南之死和海上霸权等有形的问题而打的吗？"合理"的原因和诱因似乎可以列出一份无穷无尽的名单来。正如我们将要看到的那样，它们全都是正确的。然而，无论是合在一起，还是单独拿出来看，这些"原因"似乎都无法让我们更深入地理解，为何数以百万计的年轻人必须在这场进行了四年多的屠杀中殒命。

从这个角度看，德国、奥匈帝国和俄国都在为保护他们的王朝和专制政体而战。如果这意味着战争，那么就这样好了，战争毕竟是一种具有社会约束力、能起到维护作用的力量。现行秩序绝不会不战而降，将特权拱手让人。他们所认识的世界正受到严重的政治和社会威胁。战争提供了一个绝好的机会，可以不去理会适当的国内改革，并将人民团结在一起，对抗共同的敌人。在这一点上，各国的程度和方向不尽相同。坐在革命压力锅上的沙皇俄国政权对战争喜闻乐见，视其为一种统一国家、镇压异见的方式。老朽的奥匈帝国正在分崩离析，为了恢复它的大国身份和自尊而加快了战争的爆发。德国则是需要一个全球帝国来支撑它正在崛起的欧洲强权。

中欧和东欧的这些政权要对德皇、奥皇或沙皇以及他们所代表的制度负责。当德国宣战时，德皇作为国家精神的化身，是**亲自**参战的。德国、奥匈帝国和俄国政府一再为战争辩护，称之为拯救现行制度和保卫君主的唯一途径。法国即使在这场战争中分担的责任最轻，也还是在20世纪头十年掀起了一股复仇心切的爱国浪潮，这也很容易往战争的方向走。1914年之前，只有阿斯奎斯的自由党认真尝试了社会改革，然后将改革的大部分内容推迟到了战后，并且向保守派的要求屈服了。值得强调的一点是，最应为将世界推向战争负责的人，往往是与新闻界结为同盟的政界精英，而非金融家和商人，或者说是"资本家"，他们中的大多数人一贯反对战争。他们谁也不愿意看到市场和资本来源被破坏。

从这个意义上说，自由主义和社会改革的拥护者无力反抗诉诸战争的做法。正如我们将要看到的那样，他们暂时舍弃了原则。他们所信奉的表现在艺术、文学和进步政治中的自由民主价值观，好似飓风路径上的树苗。如果自由主义者像让·科克托所说的那样，"仅仅为了表示对高居包厢之人的蔑视而为新奇事物胡乱叫好"，那么他们就忽视了一个可怕的事实。[15]将会搅得天下大乱的，

赫伯特·阿斯奎斯

恰恰是上层包厢里的少数特权者，而不是池座里的社会民主党人。那些戴着羽毛帽、胸前缀满勋章、蓄着络腮胡子的显贵，那些戴着大礼帽、系着白领带的精英，把珠光宝气的妻子带在身边，用长柄望远镜俯视着下方的乌合之众……他们将决定欧洲如何以及何时堕入地狱。而随着时间的推移，灭顶之灾的这些花衣魔笛手——国王、反动政客、将军和媒体大亨——终将把他们国家数以百万计的学生、店主、工人和乡绅子弟送进战壕，而对左拉、立体主义或尼金斯基的牧神不屑一顾。而这数百万人也会跟过去。

第二章
机器的崛起

战争已无可能?

——伊万·斯坦尼斯拉沃维奇·布洛赫

1898年著作的标题

对于被吸引到城市里寻找工作和乐子的数百万人来说,更让人分心的是工厂生产线上涌现出的伟大发明和新的消费品,例如汤罐头。法国诗人贝玑在这一点上是对的:在过去的三十年里,这个人造世界发生了根本性的变化。一个大规模城市化的社会在他身边崛起,这是西方工业化的最后阶段。这是一个千篇一律到让人窒息、贫富差距悬殊、迅速机械化的世界。巨大的机器、电灯和钢筋大教堂凌驾于教会的传统权力之上,让人肃然起敬。这个所谓机器时代的巨型建筑、轰鸣引擎和璀璨华灯,在1880年至1920年间达到了极致。大型工业博览会,科学发现,世俗殿堂的兴建,乘坐汽车、游轮和飞机的自由:这些都是世纪之交人们的鸦片。

参观世界博览会的数百万游客目睹了世界上最高的人造建筑埃菲尔铁塔(1889年建成),它是现代工程与建筑之宏伟相结合的最具轰动性的例子。艺术评论家罗伯特·休斯写道:"还有它的高度，它在结构上的大胆创新，以及为国家的纪念目的而使用了在当时堪称激进的工业材料，这几点总结了欧洲统治阶级所认为的技术的前途：那是浮士德的契约，是对世界及其财富拥有无限控制权的前途。"[1]

如果说美好时代的理想暗示了一个人道的、富有同情心的社会的可能性，那么工业化巨大的轧轧前进声则召唤出了一个更加功利、缺少人情味的世界。毫无疑问，这样的世界对许多人来说更舒适、更健康，但它的发展方向远远算不上安全无虞。有一点是肯定的：人造景观从未发生过如此迅速的变化。从普法战争结束（1871年）到第一次世界大战开始，文明国家惊奇地目睹了以下发明：留声机（1877年）、最早的合成纤维（1883年）、马克沁机枪（1885年）、柯达箱式照相机、特斯拉电动机（1888年）、线状无烟火药（1889年）、柴油引擎（1892年）、福特汽车（1893年）、电影放映机（1894年）、伦琴的X射线、马可尼的无线电报技术和卢米埃尔的电影摄影机（1895年）、镭、录音技术和莱特兄弟的动力飞行（1903年），以及1909年法国人路易·布莱里奥首次飞越英吉利海峡。

1900年，在最大的工业博览会巴黎世界博览会上，鲁道夫·狄塞尔展示了一台以花生油为燃料的发动机，震惊了世人。4月至11月举行的巴黎世博会赞颂了西方的进步和技术的胜利。电气化给世界带来了光明与运动。由于西门子和爱迪生的创举，自1850年起，有轨电车遍及德国和美国的各个城市；直到世纪之交，英国的街道上才出现有轨电车，这也是英帝国相对衰落的一个征兆。事实上，英国的创新在19世纪后期便渐渐偃旗息鼓，让位于德国和美国发明家的成就。在战争爆发前的五十年里，英国工程师只拿出了两项重要发明：作为发电动力源的帕森斯涡轮机，以及邓禄普充气轮胎。[2]

这些都是机器时代的表现形式，这个时代为群众的娱乐、迁移和屠杀制造了工具。民众赞美机器，迷恋机器，并没有带着怀疑或惊惧

INAUGURATION DE L'EXPOSITION, LE 14 AVRIL 1900
Le cortège présidentiel traversant le Champ de Mars.

1900年巴黎世界博览会开幕式

的眼光来看待它们。威廉·布莱克的"黑暗撒旦磨坊"*警告属于工业革命早期，已经大大失效了。机器时代有许多辩护者，他们把机械化的过程理想化为解放的过程：在他们看来，机器并不是压迫的工具，也不是资本家的工具。它们将使人民从一成不变的劳苦中脱身，创造出无尽的闲暇时间，让人类可以自由地从事那些显然是为我们而设计的启发性工作。休斯写道：

---

　　* 出自威廉·布莱克的诗作《耶路撒冷》，以其为词而创作的赞歌是英国著名的爱国歌曲。诗人在这首诗中怀念工业革命前那个风景如画的、"自然的"英格兰，而这个短语通常被理解为工业革命早期及其对自然和人际关系的破坏。

在过去，机器被夸张地表现为食人魔、巨兽，抑或是撒旦本身——因为把炉子、蒸汽、烟雾比作地狱简直是水到渠成。但到了1889年，它的"异质性"已经减弱，世界博览会的受众倾向于认为机器绝对善良、强大、愚钝、顺从。他们把它当成一个巨型奴隶，一个不知疲倦的、钢铁打造的黑奴，在一个拥有无限资源的世界里被理性控制着。[3]

它们也是精彩娱乐的一大来源。汽车和飞机——机器最迷人的形态——受到人们更加狂热的追捧，这是一种对最新技术的盲目需求，与我们这个时代对手机配件的热捧不无相似之处，两者的不同之处在于，这些都是非常昂贵的玩具，最初只有富人才能享受。1896年，德国工程师卡尔·本茨设计了第一台内燃水平对置发动机，并申请了专利，称之为boxermotor*。本茨的公司成为世界最大的汽车制造商，在1899年生产了572辆。劳斯莱斯也很快跟进。汽车（以及不久之后的飞机）旅行不仅仅表示人们战胜了距离的暴政。对于那些买得起的人来说，一辆汽车可以维护他们相对于未开化世界的徒有其表的独立和优势地位。到了1911年，汽车和飞行比赛让公众浮想联翩。大规模生产很快就将把汽车带给广大受众：1913年，第一批装配线车型从福特公司生产线下线。

1914年之前的三十年里，发现的速度和密密麻麻的程度彻底改变了人文景观。不可能成为可能，梦想成为期望。大企业家势力统御着新的技术。迅速采用技术所获得的"先发优势"[4]，在1914年之前的几十年里刺激了德国和美国的经济。在世纪之交，英国仍然是欧洲最富裕的国家；但德国和美国正在迅速迎头赶上（颇似21世纪中国与美国的竞赛）。1893年至1913年间，英国制成品的出口增加了一倍多，

---

*字面意思是"拳击手发动机"，因左右对称的活塞动作时像拳击手出拳而得此名。

德国增至三倍，美国则增至五倍。同期，英国的煤炭、生铁和钢产量分别增加了75％、50％和131％，德国分别增加了159％、287％和522％，美国分别增加了210％、337％和715％。[5] 英国离颜面扫地还有些距离，却已经是世界上最大的商业帝国，依靠的是"无形收入"。这些收入与新机器或制造业无关，主要是英国庞大的跨国投资组合所带来的利息和股息，它们平衡着国家的贸易赤字，一直到1914年。[6]

军火制造商处在技术革新的前沿。如果说重整军备是机器时代的一大驱动器，那么反过来也成立：新式武器也促进了军国主义的发展。火车、飞机、汽车、大炮和机枪将释放出看似无穷无尽的机会，让人们互相杀戮、互相残害。无线电报将改变军事情报。事实上，在战争领域，技术进步最为迅速，也最为致命。

火炮为人类提供了最有效的屠杀人类本身的方法。在远程轰炸机和核武器被构想出来之前，人们已经发明了巨炮，可以让含有榴霰弹（后来还有毒气）的炮弹雨点般地落到军队的头上。德国为火炮的发展指明了方向，到1914年时已经制造出了地球上最强力的大炮。这意味着战斗将在更大、更精确的范围内进行，在步兵的头顶上进行，而他们将在雨点般的炸弹下奔涌向前，仿佛一道浪涛，或者说是"前线"——这个词在20世纪头十年首次被使用，用来描述大军的推进。

最大射程2.7公里的英国李-恩菲尔德.303步枪和无后坐力机枪，则确保军队中死亡或受到危重伤的人数将会是前所未有的。这种新式机枪每分钟可以射出400发子弹。到了1900年，军事策划者们已经隐约察觉到后座作用式的马克沁机枪的战略后果，即使不是精神后果：它将像一台脱粒机一样消灭前进的队伍。无烟火药确保射击者不会被发现。手榴弹、迫击炮、法国新式75毫米口径速射野战炮和毒气的恐怖前景，将使伤亡人数暴增。各国政府将在战争前一年订购最早的几百架原始飞机，而齐柏林飞艇很快就成了天空中为人所熟悉的一景。

在海上，铁甲舰、涡轮驱动的驱逐舰、鱼雷、水雷、潜艇和当时的终极战舰无畏舰也改变了海战。

对陆军和海军将领来说，新技术使他们想象出了一场相当恐怖的战争，正是因为恐怖，所以肯定会在几个月内结束。没有人经历过这样一场战争。老兵们还记得那些骑马砍杀、短促而激烈的殖民地冲突、大炮有限的火力，以及步枪的射程（140米），在硝烟弥漫的战场上，不出几日，战局已定。这些都是非洲殖民地战争、拿破仑战争和美国内战的特点。那些战争中的死亡人数也很惊人：1861年至1865年，有60多万美国人在内战中丧生。然而，在19世纪90年代，几乎没有人领会到，四年的持续性杀戮将导致数千万人在欧洲各地和远方殖民地的多条战线上进行的战争中死亡和受伤。没有一支军队运用过如此集中的兵力所必需的新战术。

军队中的人为因素跟不上技术变革的步伐。无论普鲁士、法国、俄国和英国陆军之间有什么不同，它们在19世纪90年代末都有着这样一个共同的特点：没有一支军队以敌人为目标发射过新武器，也没有一支军队确切地知道如何部署和补给如此庞大的部队。普鲁士陆军是最先进的，1870年至1871年击败法国人的有益经验还热乎着。在另一个极端，英国陆军对打一场大陆战争的准备严重不足。所有的军官都还骑在马上，他们往往以马球见长（直到这项运动因助长破产而在1894年被军官培训学院取缔），出身于伊顿、哈罗或温彻斯特公学，接着入读桑德赫斯特和坎伯利参谋学院。并不是说这些机构培养出了软弱无能之辈，而是说它们遵从一个拒绝自我改革或接纳外部专家意见的体制。作为社会机构，英国陆军是成功的；作为战斗机器，它在很大程度上是个"水货"。[7]它效率低下，训练不足，培养出来的军官完全没有能力部署一个师或补给一个集团军。他们对过去那些战役的浪漫与伟大如数家珍，却对现代火炮的冲击一无所知。

至少在1900年以前，英国皇家海军往往也秉持着类似的旧思维，不足以应对为它所用的新机器的挑战。1884年，《蓓尔美尔公报》发表了杰基·费舍尔*的小册子《海军真相如何？》，近二十年后，他提出了"我们的海军将领中有多少人有脑子？"这个石破天惊的问题，而在这段时间里，英国海军部固执己见，几乎与未来由铁甲舰进行的海战脱节了。一位批评家痛斥皇家海军，"一个死气沉沉、效率低下、老朽过时的机构"，里面的人接受的训练是在和平世界中行船。[8]这倒也不能怪它，皇家海军自1855年起就没有被要求向大国开过一炮。

布尔战争、日俄战争和几次殖民地纷争的冲击，通过血腥的反复试错，改变了英国军队这种僵化的面貌。20世纪头十年的战争计划设想了规模截然不同的战斗，由一种别样的步兵来进行，他们不再身着鲜艳的颜色、佩戴羽饰、穿红衫、骑在马背上或者手持军刀，而是身着土灰色或卡其色迷彩、戴着钢盔、装备了一支可以快速上膛的步枪。新技术必须被吸纳到一种新式战争的概念中，这种战争的杀伤力是迄今为止难以想象的。

倘若军事精英们屈尊听取了关于未来战斗性质的警告，他们可能会更早地改革他们的部队。早在1898年，俄国银行家、自学成才的军事分析家伊万·斯坦尼斯拉沃维奇·布洛赫所写的一本具有惊人预见性和可怕洞察力的书《战争已无可能？》，就阐述了这一切。布洛赫的著作从战术、战略和政治角度准确把握了未来的情况：[9]

——新的武器技术（更加精良的步枪和机枪）使刺刀和骑兵冲锋过时了。据布洛赫推算，下一场战争将是挖壕固守的部队之间旷日持久的战斗，在这场战争中，挖壕固守的士兵将拥有四倍

---

* 即1904年至1910年间担任第一海务大臣的第一代费舍尔男爵约翰·费舍尔，后文中出现的约翰·费舍尔爵士、费舍尔勋爵等均指他。

于在开阔地上前进的步兵的优势。在索姆河战役第一天的十八年前，英国人对这番预言充耳不闻。

——交战国将通过投入数以百万计的军队来解决由此产生的僵局，这些军队分布在一条巨大的战线上，被困在一场需要多年才能解决的长期冲突中。当时，指挥官们未能领会这些事实。直到1912年11月，德军总参谋长赫尔穆特·冯·毛奇才试图纠正德军最高统帅部的"速战幻觉"。[10]他警告称，这将是一场非常漫长的战争。基钦纳勋爵"在1909年便预言会有一场持续三年的战争"。[11]但布洛赫的观点并没有给德国最初战争计划的设计者阿尔弗雷德·冯·施里芬伯爵造成太大的影响，他预计这将是一场速战速决的短期战争，只需几个月（见第十章）。1914年8月5日——英国对德宣战次日——基钦纳在军事会议上表示，英国应召集一支百万大军；法国、德国和俄国的陆军都已经数以百万计了。

——可以预料到会有巨大的伤亡，同时也会付出极大的社会成本。这场战争将成为一场工业力量的决斗，拼的是经济总消耗。它将引发金融灾难和革命，还要冒着饥荒、疾病和"整个社会组织崩溃"的风险。

布洛赫试图在1899年的海牙和平会议上分发他的这部巨著。人们都不怎么关注。法国、英国和俄国不重视他的警告，直到它们在1914年8月遭遇了与他的描述完全吻合的那种战争。1901年，布洛赫气愤地写给一本英国杂志：

> 我埋首于战争研究十四年有余……我惊讶地发现，甚至连那些花钱请来保持戒备的职业警备员也几乎未曾留意那正在迅速铸剑为犁的惊人进展……我无法预见的是，（军人阶级）竟如此顽固，不仅对采取行动畏畏缩缩，还非要歪曲事实、指鹿为马。爱

第一代费舍尔男爵约翰·费舍尔　　伊万·斯坦尼斯拉沃维奇·布洛赫

国主义是非常可敬的，但把它等同于一个阶级的利益是很危险的。军人阶级固守着对已经消亡的事物状态的记忆，真是可悲又可敬。不幸的是，这也是代价高昂、充满危险的。因此，我在此斗胆向英国群众提出恳求，他们的切身利益岌岌可危，他们的裁决必须一锤定音。[12]

另外一些人则对完全机械化战争的人力成本提出了警告。一种令人感到绝望的先见之明沉甸甸地压在可怜的自由党政客、畅销书《英国现状》（1909）的作者查尔斯·马斯特曼心头。马斯特曼认为机器时代是一个大幻觉。他写道，机器并没有让我们更安全，而是预示着我们的健忘。

在20世纪初的所有幻觉中，最突出的可能要数对安全的幻觉。机械发明那已然巨大、新奇的力量……正在展现出一个开始变革的社会……欧洲正面临着各个工业化民族中一种国际性的不满，与此同时，各国就像是一座兵营，正在积攒着毁灭工具……几年前，人们还喜欢展望一个纯真的黄金年代……现如今，对未来不那么乐观的批评家公开宣称，现代文明本身就带着自我毁灭的种子。[13]

马斯特曼本人也将对这种愿景产生怀疑。1914年，他被任命为英国战时宣传局局长，他的工作是尽可能地丑化敌人，召集英国人支持战争事业，并敦促美国人及其机械发明的巨大力量站在英法这边参战。

第三章
德国的阳光普照之地

如果德国要成为一个殖民大国，我只想说"愿上帝保佑它！"

——威廉·格莱斯顿首相，1884年

1899年，一位从"黑暗大陆"归来的见证者给人类带来了一个残酷的消息：殖民冒险并没有给黑暗带来光明，也没有把"野蛮人"变得文明。比利时在非洲的活动不过是最残酷的剥削形式。在比利时的刚果自由邦，对象牙的争夺是野蛮的、有违基督教精神的，殖民者的手段之残忍简直超乎想象。这是约瑟夫·康拉德的小说《黑暗之心》的一个中心主题。

许多人把这部小说解读为一个道德寓言，而不是血淋淋的事实。然而，腐败的象牙商人"库尔兹先生"的遗言"可怕呀，可怕"是真实发生的。很多人可能知道德国在第一次世界大战中对比利时人做了什么，但如今又有谁知道比利时之前对刚果人做了什么呢？1885年至1908年间，刚果的1600万土著居民中，有近800万人死亡，这是比利时"无差别战争"的死亡人数，他们被饿死，被拒绝治疗，劳动到死，这是殖民主义者征服和奴役原住民计划的直接后果。

比利时是最早掠夺非洲的帝国主义者之一。那里的殖民竞赛在康拉德构思《黑暗之心》的二十年前就开始了，很快就将成为德国、英国和法国之间严重敌对的源头。它在1870年至1914年间以惊人的速度进行，并导致非洲大陆被完全霸占。

19世纪末，每个英国小学生都看过一张包裹在表示日不落帝国的粉红色或红色中的世界地图。1900年，英国人的重任扩展到了地球的每一个角落。伦敦统治着超过4.5亿人，占当时地球总人口的五分之一，他们生活在总面积3370万平方公里的殖民地或领土上，从东非大裂谷到澳大利亚内陆，从香港到孟买，从开普敦到开罗，都被1902年开通、叫作全红线的全球电报线连接。英国人决心维护并扩张这个帝国，誓死保卫它。任何对英国霸权的挑战，都会激起国内民众和新闻界的极端反应。此时，帝国不仅带来了即使在不断减少却依然可观的财富，它还获得了大量的无形资产：做梦也想不到的权力、巨大的威望和国际政治影响力。

声称大英帝国没有带来任何好处未免有些失礼，在独立时，比较开化的殖民地吸纳了英国议会的民主和司法制度，以及足球和板球等日常娱乐活动。法兰西帝国则不然，它的属民几乎没有保留什么明显的法国特色——除了某些地方的语言、街道名称和烹饪术。无论帝国的遗产是奶油蛋卷面包还是法兰绒，是木髓帽还是基督，帝国列强都有着同一个主要目标：夺取殖民地的资源，通常是打着文明教化的幌子进行（法国的文明使命）。英国在印度的统治，看上去可能没有法国人在西非或印度支那的统治那样恶劣，但对其占领下发生的苦难同样无动于衷。在被加冕为印度女皇的维多利亚女王治下，印度发生了战前历史上最严重的饥荒：19世纪末期，约有1500万印度人死于接二连三的饥荒，部分原因是东印度公司和英国统治者的不作为和放任态度。

即使英国人和法国人自称统治世界，他们也还是会定期卸下对世界人民的遭遇所负有的责任。事实上，在亚洲和非洲殖民地的暴行，使欧洲的自由派对他们寻求统治全世界的三百年里留下的道德遗产产生了质疑，即使还不至于质疑经济遗产。甚至连骄傲的英帝国主义者温斯顿·丘吉尔，也会在1913年英德就双方海军规模的争执进行到白热化时巧妙而含蓄地承认："我们已经得到了我们想要的所有领土，我们还要求不受干扰地享用主要通过暴力获得、大多通过武力维持的大好河山，这在别人看来往往不如在我们看来那样合理。"[1]

19世纪70年代末，欧洲列强把征服机制运用到了世界上最后一块未开发的大陆——非洲，那里有丰富的矿产、钻石、黄金、象牙和石油，还拥有大片可耕地和大量廉价劳动力。奴隶贸易已经结束；在过去的两个世纪里，数百万非洲男男女女被抓起来，关进畜栏，戴上镣铐，卖到美洲的庄园、欧洲的殖民地和加勒比地区的种植园。然而，废除人口买卖在阻止本土、非洲中部和南部的矿场、黄金海岸的种植园和刚果的象牙地带对非洲人民的实际奴役上，起到的作用微乎其微，在这些地方，他们被迫在骇人听闻的恶劣条件下劳作。诚然，有条约和传教士，有保护国和权力分享的约定，但目的和效果则是压迫和大规模的资源窃取。他们称之为"瓜分非洲"。

在这股热潮中，法国和英国争夺非洲大部分地区的控制权，意大利对阿比西尼亚（即埃塞俄比亚和厄立特里亚）虎视眈眈，比利时国王利奥波德监督着对比属刚果的劫掠。葡萄牙和西班牙认领了西非和北非的部分地区。姗姗来迟的德国要寻求立足之地。这些国家一起对土地和人民、河流和山脉进行交换、占领和买卖，并在这个极其分散的社会的传统版图上添加了新的名称和边界，却对它们这些新经济区最基础的民族或部族群体一无所知，抑或是漠不关心。马丁·梅雷迪思在他史诗般的关于非洲独立以来历史的著作中写道，部落及其土地"几乎成了棋盘上的棋子"。"瓜分结束时，非洲大约1万个政治实体被合并成了40个欧洲殖民地和保护国。"[2]

英国和法国抢占了大头。让法国人怒不可遏的是，英国在1882年占领了埃及（还将在1914年宣布埃及为保护国），并巩固了对南非殖民地的控制。英国军队在1879年击败祖鲁人后，又在1881年的第一次布尔战争中镇压了荷兰殖民者，并在第二次布尔战争中彻底击败了他们，这第二次布尔战争，本质上是为争夺对威特沃特斯兰德金矿的控制权而战的，英国在1902年取得了对德兰士瓦、开普殖民地、纳塔尔和奥兰治自由邦的完全统治权，并激怒了渴望在这片大陆分一杯羹的德国。事情也从来不是德国与老牌世界统治者之间的对抗那么简单。如果说普鲁士人是新的帝国觊觎者，那么意大利和葡萄牙也参与了这场争夺战。

到了世纪之交，英国控制着非洲将近30%的人口，这些人口遍布埃及、苏丹、尼日利亚、南非和当时被称为英属索马里兰、英属东非、罗得西亚、英属黄金海岸的国家以及其他很多较小的保护国和殖民地。仅尼日利亚就产生了1500万新的英国臣民，比整个法属西非或德国在非洲的全体臣民还多。

法国在被它命名为法属西非（包括毛里塔尼亚、塞内加尔、几内亚、象牙海岸等）、法属赤道非洲（加蓬、法属刚果和乍得）、法属北非（阿尔及利亚、突尼斯、摩洛哥）和法属东非（马达加斯加、科摩罗和其他印度洋岛屿，以及法属索马里兰）的地方谋得了更多的领土（375万平方英里，大部分是沙漠，相比之下，英国的200万平方英里领土要富饶得多）。在19世纪的最后二十年里，这种大肆抢占殖民地的行为使欧洲的殖民地增加了将近全球五分之一的陆地面积。[3]

代价是什么呢？最具分量的权威著作是托马斯·帕克纳姆的不朽论著《瓜分非洲》：

> 突然间，在半代人的时间里，欧洲通过瓜分，占有了整个非洲大陆：包括30个新的殖民地和保护国、1000万平方英里的

新领土和1.1亿茫然的新属民……非洲像一块蛋糕一样被切成片，这些碎片被五个敌对国家吞吃入腹……到了世纪末，瓜分所引发的狂热促进了欧洲政治气候的恶化，把英国推到了与法国的战争边缘，还促成了与布尔人的斗争，那是自1815年以来牺牲最大、时间最长、流血最多的战争……[4]

很明显，德国从瓜分开始就几乎是缺席的。19世纪快要结束时，它拥有非洲的一小块和太平洋的一些零碎地区，却渴望得到更多。19世纪80年代的德国是一个心急如焚的年轻国家。弗里茨·费舍尔写道："德国要求成为世界强国，是基于它作为一个'年轻的'、正在发展和崛起的国家的自觉。"[5]德国需要在海外迅速扩张，以满足国内的发展："德国正逐渐发展成为一个高度工业化的出口国，寻找市场和原材料以供养其人口的问题也越发紧迫。"[6]所有阶级比以前更多的财富，国际商业利益，以及对进口货越发严重的依赖，使德国决心加入对殖民地的瓜分。它是正在崛起的欧洲经济强国，却还没有一个帝国，这种反差是柏林长期、严重的挫败感的一个原因。

要了解德国为何落入这般境地，我们只需深入探究"德国"在19世纪最后二十年里的含义。在1871年以前，被称为德意志的地区包括一个由"邦国"组成的邦联，这是1815年维也纳会议建立的一个由王国、公国或亲王国组成的松散、混乱的联合体。1866年的普奥战争后，这些邦国合并为北德意志邦联，受到削弱的奥地利被排除在外。地图上的分界线反映的是当地对萨克森、巴伐利亚、汉诺威和最强大的成员国普鲁士王国等邦国的忠诚。

在奥托·冯·俾斯麦伯爵的坚定领导下，各亲王国常常被粗暴地捏合在一起，作为一个共同的民族，组成了第一个德意志"国"，定都位于普鲁士中心地带的柏林。到目前为止，普鲁士一直被视为"控制着一个国家的军队"，而不是"控制着一支军队的国家"；此时，它将发展成为一支比之前大得多的军队，对一个"铁血宰相"俾斯麦掌控下的统一国家仍有巨大的影响力。这个新的德国在1871年1月18日宣布正式统一为一个单一的行政和政治实体。

普鲁士在1870年至1871年的那场战争中战胜了法国，为这个新的国家注入了对外征服志在必得的信心。在那个世纪里，普鲁士军队已经是第二次打败法国人了。尽管法国很快便从这份屈辱中恢复了过来，但这次胜利在财政和心理上给新的德国带来了巨大的鼓舞，并巩固了国家的统一。德国决心跻身欧洲列强的前列，英明地投资本国制造业，建设国家经济。

德意志的统一是俾斯麦的杰作。这个新的民族国家有一个普遍特征，就是在共享一种民族——以及种族——身份这层意义上，公民对自身"德国人"身份的丰富概念。这在现在看来是很容易理解的；但是在当时，德国人身份的诞生是一个新奇的概念，矛盾的是，它同时也是一个古老的概念，可以越过拿破仑时代之后的普鲁士崛起，望向16至18世纪的浪漫主义和新古典主义思想观念、哲学、艺术和宗教成就，并进一步回溯至神圣罗马帝国、异教神话和古老的部落。这一切汇聚成了现代的、可以感觉到的德国人身份。

德国人民意识到，他们的国家是一个资源丰富的强大国家，最重要的是军力强盛，它的建立向欧洲和世界宣告了一股经济和文化力量的到来。德国的建立和人民对它有意识的自豪是相辅相成的，由此产生了一种完全忠于祖国的狂热爱国主义。这种新的情感引申开来，排除了非德意志人，或者用那个时代充满种族色彩的语言来说，叫非德意志人种，只是在之后的那些年里强烈程度不定。斯拉夫人和犹太人是明确的劣等人种。从这层意义上说，德国的建立远远超出了外交之争、小型战争和画在地图上的线；它表达的是一股**种族**力量，一种新意识的出现，那是一种完全成熟的"德国人"意识。

英国、法国和俄国政府以敬畏和忧虑的心情目睹了这一过程。

"德意志国"归于一统，是19世纪最后二十年间欧洲最引人注目的政治和经济事实。

德意志帝国自然叫嚣着要分到一块全球的蛋糕，并决心在尚未充分开发的非洲建立一个殖民帝国，无视已经在那里扎根的法国和英国帝国主义者。即便三大国——英国、法国、俄国及其卫星国和领地——实际上已经"拥有"了地球上当时已知的资源，并决心扩大其殖民地，德国也还是拒绝退而求其次，并渴望得到一处热带阳光普照之地。

俾斯麦起初反对德国建立殖民帝国，而是集中力量在欧洲树立德国的大国地位。他的"革命民族主义"（即现实政治）概念的主要目标是铸就德国在欧洲的优势地位，同时维护势力均衡，以保障欧洲大陆的和平。俾斯麦式的大同盟体系以共同的经济利益为纽带，帮助将欧洲的和平一直维护到了1912年。然而矛盾的是，它也制造了大国集团，在以力争压人一头的政策取代他的势力均衡政策的领导人的领导下，这些大国集团演变成了敌对阵营。

俾斯麦意识到了德国参与争夺的重要性，这是德国的民心所向。如果不能赢得一个殖民帝国，新德国的国威就会受到威胁。他判断，人民会投票支持德国拥有一处阳光普照之地，只是这判断为时已晚。19世纪80年代初，俾斯麦在德国民族自由党和自由保守党的支持下（他需要这两个党的选票），与热情支持他的新闻界联手，突然转变了长期以来的反帝国主义立场，鼓动德国在海外的势力扩张。

他的主要目的是缓和国内的经济萧条。德国的迅速工业化导致了生产过剩和失业问题，人们需要为德国的出口货寻找外国市场。德国帝国主义的成果目前为止还少得可怜，但德国想要一个可以与英国和法国相提并论的帝国，这种感知使得该新政策与柏林在欧洲的竞争对手产生了冲突。

势力强大的商业从业者帮忙说服了俾斯麦加速推进这项政策：实

业家需要新的出口市场。1884年，德国的商会、金融家和企业共同敦促政府加入争夺，确保海外市场。弗里德里希·法布里对1879年自己这篇备受赞誉的论文《德国需要殖民地吗？》[7]给出了肯定的回答。公开立场的白人至上主义者、德国历史教授海因里希·冯·特赖奇克给出了一个种族上的理由，他讲道："因为人类文化的目标是白种人中的最杰出者凌驾于整个地球之上，一个国家的重要性终将取决于它在跨大西洋世界的统治中占有多大份额……我们希望，也应该，在白种人对世界的统治中占有我们的份额。在这一点上，我们还有很多东西要向英国学习……"[8]

这几股势力在1882年成立的德国帝国主义者压力集团殖民协会中汇集在一起。它成立三年时有成员1万人，到了1914年，成员已有4.2万人。[9]他们往往会羡慕大英帝国，但自视甚高的妄想和单纯的经济机会主义说服德国加入了争夺殖民地的竞赛。颇有影响力的德国政治家弗里德里希·冯·荷尔施泰因说："目前，政府手里最好的牌，绝对是对英国采取严厉行动。它在商界的受欢迎程度简直令人难以置信。"[10]"严厉行动"并不意味着战争。它的意思是在经济上摆出一副好战的姿态，抢夺土地，粗暴地坚持要求进入英国市场。当时并没有军事干预的提案。

俾斯麦的新殖民政策希望实现这些目标。1884年，在民众支持的声浪下，德国加速了它的帝国野心。俾斯麦的直觉被证明是正确的：那一年的选举"唤醒了德国人民潜藏的仇英情绪和对殖民地的渴望"，成为众望所归。[11]为此，俾斯麦执行了一种渐进式的政策，在这位德国宰相最擅长的高层外交博弈之中。他开始施展外交策略，逐步撬开德国在非洲和太平洋地区的殖民地，从新几内亚开始，很快就囊括了东非（现在的卢旺达、布隆迪、坦桑尼亚大陆和桑给巴尔）、多哥兰（多哥和加纳的一部分）、德属喀麦隆（喀麦隆和尼日利亚的一部分）和德属西南非洲（纳米比亚）的保护国。按照英国和法国的标准，这些只是一小块蛋糕，但毕竟是个开始。

德国、英国和法国之间的殖民竞争并没有导致战争。德国根本没有强大到足以给英国和法国的殖民目标制造麻烦。1914年以前，德国从未对大英帝国构成严重威胁。正如尼尔·弗格森所示，英国在海外资产和金融财富方面一骑绝尘。[12]1880年至1913年间，德国虽然在世界制造业的份额上赶超了英国，但对外投资和国际金融影响力根本无法与英国相提并论。英国的海外资产按绝对价值计算，从1860年的3.7亿英镑到1913年的39亿英镑，增长了10倍。那一年，法国的海外资产不到英国的一半，德国约为英国的四分之一，而英国占了全球对外投资总额的44%左右。[13]

事实上，英国对自己的优势信心满满，起初是很欢迎德国参与殖民的。德国与英国同为新教国家、盎格鲁-撒克逊强国，德皇与英王有血缘关系，在英国与拉丁/天主教和斯拉夫/东正教殖民对手的斗争中，他似乎是英国的天然盟友。首先，德国的竞争可能有助于削减法国为孤立英国殖民地而例行征收的高关税。而德国快速的工业化也带来了额外的资本，这些资本将有助于为殖民扩张提供资金，扩展所有人的贸易，并且人们觉得总的来说还是会增加英国的财富。

英国首相威廉·格莱斯顿在1884年的一场下议院演讲中表达了这样的感受。"如果德国要成为一个殖民大国，我只想说'愿上帝保佑它！'它执行上帝的伟大旨意，为人类造福，就是我们的盟友和伙伴。"[14]在当时，他是认真的。英国统治阶级中的亲德派倾向于将德国人视为同种同宗的亲戚，在争夺大片大片的全球不动产所引发的冲突中，德国人作为盟友是很合适的。英国上层阶级与德国贵族在历史上就有血缘关系，这两个国家似乎明显是在搭伙过日子，尽管事实上家庭往往是交锋最激烈的战区。

威廉·格莱斯顿

然而，19世纪80年代中期，在世界的最远端，英国的小型"阻击战"曾经破坏过德国吞并领土的努力。澳大利亚和新西兰分别重新提出了对新几内亚和萨摩亚的要求，英国驻非洲东部和南部的领事馆也抢在德国建立霸权之前吞并领土。肯尼迪写道："不难理解俾斯麦为何会指责伦敦系统性仇德，也不难理解为何从1883年开始，他就在权衡各种可能的对策。"[15]这些紧张局势很快就被一一化解了。英国将驳回当地的反对意见，接受德国对巴布亚新几内亚、斐济和东非部分地区的要求，这些地方只是世界殖民地宝库中最不值钱的玩意儿。

相对而言，这对英国来说不太重要。在19世纪80年代，白厅还有比这重要得多的事情要做，例如分别就与法国在埃及、与俄国在阿富汗和与美国在白令海峡的殖民地争端进行磋商。姑息或是拒绝德国等新兴帝国主义者的宏图大志，这样的前景并不是很要紧。白厅的目光"并没有落在乞力马扎罗山或阿皮亚，而是在喀布尔和喀土穆，更进一步说，是在圣彼得堡、柏林和土伦"。[16]

柏林感到自己被无视了，没有赢得一席上位，因此怒火中烧。零零碎碎的领土没能平息德国重新抬头的野心，而英国和法国对待这个帝国觊觎者漠不关心或默默遏制的态度，让俾斯麦和他的政府怒不可遏。但德国最大的敌人是自己。它是一个年轻的国家，对全球外交的理解还很幼稚。在殖民地的赌局中，柏林拒绝光明磊落，又拒绝学习作弊。后来被视为德国最优秀政治家的俾斯麦，也没能在与英国外交政策的交锋中占到便宜，很容易对他眼里英国在非洲故意给自己使绊子的行为大发雷霆。

19世纪80年代末和90年代，由于对缓慢的进展感到灰心，德国采取了在殖民对手之间挑拨离间的策略，企图让英国对抗法国，并让两者一起对抗俄国。柏林给人的印象是一个肯合作的参与者，在争夺殖民地的竞赛中寻找朋友而不是敌人——同时也在寻求破坏现有的世界秩序，好处由它独享。

德国的准马基雅维利战略在很大程度上适得其反，在德国激发了强烈的反英情绪，又在英国和法国激发了反德情绪。19世纪90年代末，白厅粗暴地拒绝了德国的英德同盟提议。德国与英国的"殖民联姻"之梦基于一个过分简化的假设：它与英国人天生的亲缘关系。确实，至少在19世纪结束前，法国和俄国——而非德国——被视为英国在竞争埃及、西非、阿富汗和地球上其他广阔地方的所有权的未来战争中最有可能的敌人。

从更广泛的意义上说，欧洲列强之间的关系在千变万化的争夺世界霸权的热潮中，是不断变化的。19世纪的最后十年里，各种引爆点、条约、未遂条约和松散同盟打乱了任何关于政治忠诚一成不变的观念。一切都在不断变化中，等人来夺，权力关系一如既往地短命，各国政府没有朋友，只有利益这一自明之理也从未如此有力地呈现出来。当然，英国和法国是这场博弈中的老手。新的德国试图有板有眼地把局面固定下来，却没能领会这个没有朋友的世界朝三暮四的本性。

19世纪80年代，法国和德国曾一度在谁来控制埃及的问题上结成坚定同盟来对抗英国。19世纪90年代，德国和英国也一度达成排除并激怒了法国的殖民地解决方案。而在这十年里，俄国和英国自始至终都被视为最显而易见的对头。1884年2月21日，当驻扎在佐勒菲卡尔山口的俄国军队不仅威胁到阿富汗，还威胁到印度、让伦敦惊恐万状时，人们早就预料到的英俄战争几近爆发。1853年至1856年的克里米亚战争依然令老兵们记忆犹新。

目前，德国正在思忖着这样一个事实：作为欧洲发展最快的工业强国，它却是最没底气自称帝国的。正是这种底气不足使这个国家如此动荡、如此危险：它在国内急速发展的力量与它在海外的无能形成了鲜明对比，引起了一种奇怪的外交心理。基于德国在欧洲不断提升的实力，柏林要求占有一席上位，却缺乏帝国的威名来推动和巩固它。

因此，急躁和胆怯、恃强凌弱和缺乏安全感、狂暴和情绪化在德国身上轮番上演。它竟然被欧洲的帝国俱乐部排除在外，被它最显而易见的盟友英国和近来的敌人法国无视或贬低，这简直令人无法忍受。俄国和法国竟然谈到了结盟，目的显然是钳制初露锋芒的德意志帝国，是可忍孰不可忍。这就是19世纪最后几年里柏林对这个世界的主要感受。

第四章
塞尔维亚的积怨

> 凡是不在科索沃作战的人，
>
> 愿他的手种什么都不长
>
> ——塞尔维亚史诗

当大国为帝国的战利品而争论时，一个新的冲突源头出现在白厅和奥赛码头*的绅士们往往认为无关紧要的欧洲一角：一个充满宗教和种族冲突的落后边区，羊倌、养猪人、腐败贵族、愤怒革命者和家族性疯癫的大乱炖——同时也是文化断层线，因为这里恰好是伊斯兰世界与基督教世界在欧洲相遇的地方。它就是被奥斯曼土耳其人统治了五百多年的巴尔干半岛。

土耳其人的渐渐撤出，宗教和种族仇恨的爆发，以及大国集团在一系列小规模战争中对当地国家的赞助：这就是19世纪末20世纪初撼动巴尔干半岛并塑造了欧洲战线的几股力量。1880年至1914年间，三个以宗教和种族区分的庞大大国集团将在这里两两相撞，为争夺霸权进行一场恶战。深陷巴尔干乱局的，是三个互相敌对的种族：土耳

---

*法国外交部所在地，该地名通常用来指代法国外交部或外交界。

其人/穆斯林、德意志人/新教-天主教、斯拉夫人/东正教。原因有哪些？这些势力为何聚集在这个半岛？

路易吉·阿尔贝蒂尼依然被认为是研究第一次世界大战起因最伟大的历史学家，他采访了当时的许多政治领袖，为理解巴尔干半岛的乱局提供了一个出发点：俄国将斯拉夫人和希腊人从土耳其人的占领下解放出来的古老使命。阿尔贝蒂尼提醒我们："（俄国）向土耳其人发动了至少八场战争，不是为了夺取他们的领土，就是为了帮助信仰东正教的斯拉夫人和希腊人摆脱土耳其人的压迫。"[1]抛开圣彼得堡那些亲斯拉夫的花言巧语，俄国的目标是自私自利的：从土耳其人的控制下夺取达达尼尔海峡和黑海，并确保有一条直达地中海的海上通道。这是俄国的夙愿，它在巴尔干半岛的大部分行动也必须从这个角度来看。

但如果对俄国与巴尔干半岛在种族和宗教上的无形纽带轻描淡写，则是很愚蠢的。即便它们经常充当俄罗斯帝国主义的假面具，这些纽带也能够让人强烈地感觉到。塞尔维亚、保加利亚和波斯尼亚-黑塞哥维那这几个斯拉夫国家，与俄国有着同样的种族和宗教信仰。东正教是大多数俄国人、塞尔维亚人、保加利亚人、希腊人、黑山人和马其顿人的信仰。

19世纪末，俄国以为自己就要实现梦想，让巴尔干半岛摆脱它的穆斯林老对手了。然而，斯拉夫文化从伊斯兰化的土耳其控制下解放出来，要到1913年才能彻底实现，也绝不会导致一个新的、统一的斯拉夫王国的建立。相反，土耳其的撤退和20世纪90年代苏联的撤退一样，预示了无政府状态和革命的危险，还将另一个老牌帝国强权深深地拖进了巴尔干半岛的大动荡：它就是奥匈帝国（见第五章）。

塞尔维亚人，或者说斯卡拉维尼亚（Sklavinia，意为"斯拉夫人的土地"）的居民，几千年来一直生活在该半岛的中心地带，时不时被扯得四分五裂，好似动物打架时爪子上的一块碎布。除了现代的波兰之外，没有一个国家的生计、希望和梦想在帝国的螯钳下被如此彻底地反复挤压。无尽的斗争，施加于人民和被人民施加的暴力与暴行，造就了一个拥有罕见的坚忍与冷血韧性的民族。这个小国在罗马帝国、拜占庭帝国、中世纪基督教帝国和奥斯曼帝国的大风大浪中幸存了下来，宛如滔天巨浪中的一个软木塞，上下翻飞，却从未忘记自己是一个单独的实体——时而是一个凯尔特部落，时而是一个基督教公国，一个斯拉夫民族，一个欧洲国家。

事实上，塞尔维亚尽管面积小、人口少，却有着漫长而坚强的、追求合法性的暴力斗争史，因此历来是巴尔干半岛最有资格自称首席斯拉夫大国的。塞尔维亚的罗马化程度很高——包括第一位基督教皇帝君士坦丁大帝在内，共有十七位罗马皇帝出生在这里——公元395年，罗马帝国分裂时，塞尔维亚属于拜占庭帝国这一半。这对塞尔维亚人的身份认同来说正是时候：立刻开始脱离东方。塞尔维亚斯拉夫人的土地最初是独立、自治的，9世纪，塞尔维亚公国"已覆盖达尔马提亚的大部分地区"。[2]

在中世纪晚期的尼曼雅王朝统治下，塞尔维亚逐渐在巴尔干地区取得了支配地位。1196年，王朝之父斯特凡·尼曼雅选择了君士坦丁堡教会而不是罗马教会。塞尔维亚研究专家蒂姆·朱达写道，斯特凡的儿子拉斯特科（即圣萨瓦）"巩固了塞尔维亚人对东正教的宗教认同"。[3]塞尔维亚人和希腊人的皇帝杜尚大帝扩大了塞尔维亚的领土，并入了包括希腊在内的巴尔干半岛大部分。1346年，大塞尔维亚的势力达到了巅峰。

奥斯曼帝国注意到了巴尔干半岛在地中海和达达尼尔海峡的战略价值，很快便大举入侵。土耳其人挫败了塞尔维亚人的抵抗，最终，在1389年6月28日的科索沃战役中，塞尔维亚人败给了奥斯曼人，在塞尔维亚，这个日子作为圣维特日被人们纪念。科索沃是塞尔维亚人灵魂的故乡，也是这个国家象征性的心脏地带，它向奥斯曼帝国的统治屈服了，却也经历了一场在塞尔维亚诗歌中流传千古的史诗般的斗争。诅咒，或者说血仇心态，始终存在着：

> 凡是不在科索沃作战的人，
> 愿他的手种什么都不长，
> 无论是田里的白麦，
> 还是山上的葡萄藤。[4]

关于科索沃战役的事实少之又少。留存在塞尔维亚人记忆中的，是对已经发生之事或应该发生之事的一种感知，正如朱达在对"科索沃神话"的深入分析中所展示的那样：塞尔维亚骑士战斗前"最后的晚餐"；他们对苏丹的英勇搏杀；塞尔维亚领袖被他们自己的"犹大"背叛；以及塞尔维亚英雄拉扎尔之死，他选择了自我牺牲，宁死不屈。他的选择刻进了民族之魂：塞尔维亚永远都会选择像基督一样殉难，永不为奴。

科索沃失守后，塞尔维亚继续战斗，保卫基督教世界数十年，直到君士坦丁堡陷落两年后的1455年，这个国家的大部分地区才落入土耳其人之手。在接下来的七十年里，贝尔格莱德独自抵抗着奥斯曼人的围攻，终于在1521年陷落。至此，整个国家沦为土耳其的附庸国。然而，当土耳其人横扫塞尔维亚这个国家的时候，东正教会却坚守在塞尔维亚人的精神中，正如朱达所强调的那样：

> 教会将尼曼雅王朝的许多君主封圣，使他们永垂不朽……这意味着几百年来，经常去教堂的塞尔维亚农民眼前看到的都是基督、使徒和失落的黄金时代神圣的塞尔维亚诸王形象。换句话说，复活不只是精神上的事情；有朝一日，塞尔维亚本身也将死而复生。[5]

塞尔维亚的复活，就像基督再临一样，将结束这个民族的斗争循环。这个故事在塞尔维亚历史上如此重要，以至于在民族之魂中深深嵌入了一种意识，即塞尔维亚人民是这个世界的长期受害者，和犹太人一样，是被上帝选中的人，或者说是"天人"。[6]

之后的几个世纪里，奥地利和俄国多次尝试将奥斯曼人赶出塞尔维亚，均以失败告终。实现这一目标还是要靠塞尔维亚人的决心，他们发动了两次流血起义，第一次是在1804年至1813年间，第二次是在1815年，在那之后，塞尔维亚人民赢得了自治权，并最终于1835年从土耳其完全独立。塞尔维亚独立国家被正式承认，则要等到1878年的维也纳会议。

塞尔维亚走向独立的漫漫长路，始终笼罩在同样信仰东正教的俄国若隐若现的阴影下。例如，圣彼得堡的外交支持对1812年《布加勒斯特条约》第八条的实施起到了决定性的作用，根据这项条款：

> 土耳其政府承认奥布雷诺维奇为塞尔维亚大公，规范了塞尔维亚农民应向土耳其地主（spahis）缴纳的税款，并授予塞尔维亚人自己收税的权利。在贝尔格莱德设立了人民总理府——地方（nakhi）诸侯有权参与其中的最高行政和司法机构。[7]

如果没有俄罗斯母亲，塞尔维亚绝不会在更大的世界中找到立足点。弗里德里希·恩格斯和卡尔·马克思毫不怀疑塞尔维亚对俄国军事、物质和外交支持的严重依赖。恩格斯写道："当1804年塞尔维亚革命爆发时，俄国立即将叛乱的'莱雅'*保护起来，在两场战争中支持他们，并在两个条约中保证了他们国家的内政独立。"[8]

---

* Raija，土耳其人统治下的非伊斯兰教臣民。

卡拉乔尔杰

塞尔维亚的血腥历史似乎给这个独立国家的血管里注入了一股反抗的力量，在这个国家的历史上，暴力和抵抗行为拥有巨大的感召力。它的英雄是战士和起义者，特别是第一次反抗土耳其起义的领袖和独立国家的奠基者卡拉乔尔杰。这位1802年被推举为起义领袖的彪形大汉，于1806年8月14日指挥9000人和两门大炮在米萨尔战胜了四倍于己的土耳其人。阿尔贝蒂尼写道："他是一个身材高大的农民，没有一点儿文化，却拥有一种军事天才，狡猾、凶暴、专横，他的罪行罄竹难书，甚至谋杀自己的父亲和兄弟，而后者在他的战友间声望颇高。" 9

　　一路走来如此坎坷，让塞尔维亚对真实和想象中的敌人积怨颇深。找替罪羊的传统演变成了文化中的一个核心要件，一种长期的血仇心态——有时甚至不管这份仇恨的缘由是否正当。塞尔维亚民族就像一个落魄的古老家族，紧紧地抓着这些远古秘方不放，把自己暗无天日的命运归咎于他人。经济困难时，塞尔维亚需要、渴望替罪羊。似乎没有什么能改变塞尔维亚受害者意识的化学反应——无论是理性还是报酬。一个反抗的传说出现在塞尔维亚的潘诺尼亚平原、喀尔巴阡山脉和多瑙河谷，在祖先的鲜血中受洗，因自己的土地被强取豪夺而受尽摧残，并决心永远不再受制于人。

　　从这个角度来看，斯拉夫民族在很大程度上是根据它在任何一个特定时间点的敌人来定义自身的，这里的敌人可以是土耳其人、奥匈帝国人、德国人、穆斯林、非斯拉夫人、北约——实际上是任何胆敢干涉其事务的外人。这当然也有一定的道理：塞尔维亚同波兰很像，曾经是一个受制于人、受到威胁的国家。与这些国家不同的是，塞尔维亚的发展似乎靠的是寻找用来反抗的敌人，而不是培育国内的和平。替罪羊一说始终活跃在塞尔维亚政坛，尽管中产阶级的克制论调已经出现，可他们就算受过高等教育，终究只是一个很小的群体。对于一个在20世纪头十年完全称不上经济或军事强国、才刚刚摆脱农业国状态的国家来说，这或许也是可以理解的。然而在某一点上，只有塞尔维亚有资格要求得到欧洲人的垂爱：除了希腊之外，没有任何一个国家如此长久、如此出色地反抗了土耳其入侵者，这滋养了塞尔维亚人作为保卫欧洲文明的殉难者更广阔的叙事。

远方的殖民地冲突似乎不太可能引发一场欧洲战争。这些冲突往往通过谈判解决。这类事件实在太过遥远——在非洲、远东、印度——大国不会为了这种事在本土发生冲突。本土的战争更有可能为了一个列强毗邻、直接利益攸关、竞争白热化的地区而爆发。巴尔干半岛就是这样一个地方。在这里，德意志人和斯拉夫人之间的种族仇恨加剧了奥匈帝国（连同它那个更强大的盟友德国）与塞尔维亚和保加利亚这两个事实上的斯拉夫国家之间的政治紧张关系，这两个国家为了得到保护，紧紧地依附着东正教的母舰——俄国。

这种按照种族划线的做法，即使看上去简单粗暴，却也准确反映了当时的思想。在一个热衷于社会达尔文主义的时代，种族的作用不可低估。几十年来，巴尔干半岛就是大国层面上的种族仇恨的缩影。因此，巴尔干国家很可能定期因种族和宗教分歧而爆发事端，并把它们那些强大的赞助者拖入当地的烂摊子，这就预示了一场大规模冲突。事实上，人们已经预料到了这种情况。

1885年至1888年就出现了这样一场骚动——又是一次"保加利亚危机"——当时，一场小规模的地方叛乱（东鲁米利亚违反1878年的《柏林条约》，谋求与保加利亚合并）几乎使德国和俄国进入战备状态。俾斯麦在1888年2月的帝国议会演讲中，发表了一番引起了强烈共鸣的言论，如果我们把其中的"保加利亚"替换成"塞尔维亚"，便能感受到一种大事不妙的预言性口吻：

"保加利亚，这个位于多瑙河和巴尔干半岛之间的小国，远没有那么重要，可以使从莫斯科到比利牛斯山脉、从北海到巴勒莫的欧洲陷入一场无人能够预知后果的战争中。冲突结束时，我们根本不知道为什么要打。"[10]

第五章
奥匈帝国进场

没有其他家族能够如此经久不衰，在欧洲留下如此深刻的印记：哈布斯堡是现代欧洲最伟大的王朝，中欧的历史围绕它们展开，而不是反过来。

——A.J.P.泰勒，《哈布斯堡君主国，1809—1918》

1867年1月签署折中方案时组成的二元君主国奥匈帝国，密切关注着奥斯曼土耳其人渐渐被驱逐出巴尔干半岛部分地区的过程。哈布斯堡家族极其保守的老族长弗朗茨·约瑟夫皇帝统治着这个由历史的震颤扬起的碎屑组成的怪异团块——十几个民族，全都渴望着权利和代表权。它有九种官方语言和五种宗教。A.J.P.泰勒写道："哈布斯堡的土地既不是因为地理，也不是因为民族而结合在一起的。"[1]这些土地曾被称为"神圣罗马帝国的土地"，但在1740年至1745年失去了帝国的称号，之后被称为"多瑙河流域的土地"，或者干脆叫"哈布斯堡家族的土地"。好兵帅克在世界大战中对自己应该为哪个国家而战的困惑，是奥匈帝国身份认同危机最滑稽的表达。

没有人完全了解这个地区真正的起源，因为将它捏合在一起的往往是哈布斯堡家族，而不是边界、种族或宗教。哈布斯堡家族是地主，而不是统治者，他们管理的是一堆限定继承的不动产，而不是一个国家。泰勒写道："没有其他家族能够如此经久不衰，在欧洲留下如此深刻的印记：哈布斯堡是现代欧洲最伟大的王朝，中欧的历史围绕它们展开，而不是反过来。"[2]哈布斯堡君王是该地区的化身，他们有的仁慈，有的贪婪，有的无能，有的软弱——这让他们成了居住在他们的附庸国或被并吞而来的保护国的那些不满"佃户"的主要靶子。

皇权通过奥地利和马扎尔精英将这口装着贵族和农民的大锅保持在文火慢炖的状态，共同的敌人将他们联结在一起。哈布斯堡家族在一场始终不变的分而治之游戏中，在各个组成部分之间挑拨离间。奥斯曼土耳其人历来是哈布斯堡统治的最大威胁。而随着土耳其被部分驱逐，维也纳将贪婪的目光投向了南边复兴的斯拉夫人。弗朗茨·约瑟夫皇帝及其反斯拉夫情绪激烈的宫廷，决心对土耳其人腾出来的巴尔干领土提出要求，并在德国的支持下，将俄国封堵在巴尔干半岛之外。

奥匈帝国皇帝弗朗茨·约瑟夫

为此，奥匈帝国在19世纪70年代着手破坏斯拉夫国家按照俄国和塞尔维亚想要的方式统一的希望。在这项事业上，维也纳赢得了新德国的支持，德国也认为斯拉夫民族是劣等人种。这不仅仅是歧视，而是更深层次的：在外交的虚饰下，在社会达尔文主义时代新近统一的德国傲慢的种族优越感的滋养下，古老的种族仇恨再度出现。在德国人眼里，斯拉夫人是劣等民族，无权跻身头等民族之列。

在实践中，这意味着斯拉夫人的世界要稳定地服从德意志人的统治。哈布斯堡家族参加柏林会议的谈判时，就清楚地阐明了这一计划。他们的目标是征服塞尔维亚人（事实证明，奥斯曼人做不到这一点），阻碍老对手俄国的扩张主义希望，以及控制巴尔干半岛。奥匈帝国的眼前利益，本质上反映的是它的长期政策，而这与德国是一致的。

为回应这些压力，柏林会议把奥匈帝国要求的东西交给了它：占领并管理波斯尼亚和黑塞哥维那的权利。除此之外一点儿都没多给。即使这被视为维也纳得寸进尺的开端，俄国人也并没有反对。原因何在？从表面上看，他们是两害相权取其轻：他们宁愿让奥地利人来统治这里，也不愿让土耳其人来统治，至少短期内是这样。俄国人没有反对，更真实的原因在于，奥匈帝国占领波斯尼亚，便是迎来了一种反向殖民。现在，斯拉夫人的影响力可以自由地涌入哈布斯堡的领地，并发挥它的致命作用。从某种意义上讲，波斯尼亚塞族人找到了一个进入奥地利帐篷的口子。

这些谈判根本不给塞尔维亚说话的机会。随着巴尔干半岛的部分地区逐渐落入维也纳的控制下，塞尔维亚的抗议被无视了。参加柏林会议的塞尔维亚代表没有被邀请参加决定奥地利对波斯尼亚占领权的会议。贝尔格莱德得到了一些先前划归保加利亚的省份作为补偿，暂时得到了安抚。但整个事件足以表明大国打算如何对待巴尔干半岛：把它作为一块可以切开分发的蛋糕，几乎不与生活在那里的人民商量。大国的这种做法严重低估了贝尔格莱德受伤的自尊。就目前来说，维也纳无疑赢得了一场外交上的大胜，获得了兵不血刃占领巴尔干地区大片领土的权利。

事实上，奥匈帝国是唯一一个对谈判结果感到满意的与会国。按照阿尔贝蒂尼的说法，作为会议产物的《柏林条约》留下了"不满情绪这份灾难性的遗产"。他接着写道：

> 土耳其失去了它在欧洲的一半领土；保加利亚只得到了《圣斯特凡诺条约》划归它的领土的一半；塞尔维亚的波斯尼亚-黑塞哥维那没有到手……俄国的胜果化为乌有，而奥地利却白捡了两个斯拉夫大省。[3]

塞尔维亚得到的抚慰不会持续太久。俄国放弃波斯尼亚时没有一句反对的话。当塞尔维亚代表向俄方提出控诉时，后者回答说，这种局面只是"暂时的"，"最晚不超过十五年，我们将被迫与奥地利交战"。[4] "徒劳的安慰。"塞尔维亚人回答道。俄国人的预言反映了一种渗入斯拉夫人意识之河的普遍感受：与奥匈帝国似乎必有一战。沙皇本人也在1879年8月15日给俾斯麦的一封信中促进了俄国与德国/奥匈帝国这种逐渐脱钩的意识，他在信中指责这位宰相与维也纳站在一边，却忘了俄国曾在普法战争中保持中立。他写道，结果可能"对两国都是灾难性的"。[5]

俾斯麦并不需要沙皇的信来说服他转变对军事同盟的排斥态度。很显然，他需要某种对抗俄国的同盟，尤其是有传言说圣彼得堡打算与巴黎或罗马建立类似的"防御"同盟时。9月，俾斯麦前往维也纳劝说奥匈帝国外交大臣安德拉希·久洛，尽管弗朗茨·约瑟夫起初很不情愿，但说服外交大臣并没有花费太大力气。1879年10月7日，德国和奥匈帝国签署了建立德奥同盟的条约，承诺如果任何一方受到攻击，另一方都将出手相助。这是一份明确的防御条约。俄国是默认的侵略者，但并没有被提及——事实上，考虑到德皇威廉一世对该条约可能会促成俄法联合的担忧，俄国的威胁被刻意淡化了。

德奥同盟是德国和意大利统一后，19世纪最后十年里出现的第一个欧洲大国集团。这份条约将德意志人的世界结合在一起，它严格、固执、看似牢不可破，将一直持续到第一次世界大战结束。1882年，两国与意大利谈妥了新的条约，将罗马纳入一个三方同盟（这并没有让俾斯麦感到多么高兴，他认为意大利很弱，还不受约束）。结果就是1882年5月20日在严格保密的情况下签订的所谓的三国同盟。这个同盟虽然是防御性的，却要求在欧洲中心建立一个军事强权。它的目的是确保同盟国能够对抗俄国，后者迅速增长的人口对德国和奥匈帝国的安全构成了最大的威胁。

前面的几条触及了问题的实质：

第一条　各缔约国（德国、奥匈帝国和意大利）……将不会缔结不利于它们中任何国家的同盟或契约。

第三条　如果一个或两个缔约国在没有直接挑衅的情况下受到攻击，并与两个或两个以上未签署本条约的大国交战，履约条件将适用于全体缔约国。

第四条　如果一个未签署本条约的大国威胁到缔约国之一的国家安全，且该受到威胁的缔约国因此被迫与之开战，那么另外两个缔约国将对其盟友保持善意中立。在这种情况下，它们中的每一个都保留如自身认为合适则与盟友合作参战的权利。

第五条　如果任何缔约国的和平在上述各条所预见的情形下受到威胁，各缔约国应有充足的时间共同商讨将要采取的军事措施，以期最终合作。它们保证，从此以后，在共同参战的所有情况下，除非经全体一致同意，否则不会缔结停战协定、和约或条约。

第六条　各缔约国共同承诺对本条约的内容和存在保密。[6]

简而言之，如果一方成为"无端"攻击的目标，每一方都要保护另一方。严格意义上讲，在德国挑起的战争中，奥地利和意大利都没有义务保护德国。但"挑衅"要如何定义或判断呢？战争无一不是各方彼此之间关系紧张和挑衅的结果。

条约中的条款很快就泄露给了欧洲各国的大使馆。如果说同盟的防御性质旨在让欧洲放心，那么它失败了。法国和俄国对这个秘密同盟感到愤怒，而一系列挑衅性的修正案则使他们的情绪更加强烈——比如与西班牙的私下交易，不准其加入任何可能威胁到缔约国利益的条约。事实上，三国同盟的消息很快便促进俄国和法国建立了一个类似的集团。

在这个阶段，三国同盟的成员与英国之间的战争简直无法想象。事实上，有一项补充条款规定，该条约"在任何情况下，都不能被视为对英国不利"。[7] 英国被排除了，根本就不是假想敌（俄国和法国则不然）。事实上，柏林希望说服英国加入同盟。谈判从未推进，部分原因是柏林担心伦敦内阁中亲法的同情者会把同盟的存在告知法国。但更普遍的原因是英国拒绝加入任何大陆同盟，它坚持的是一种"静观其变"政策——这让德国、俄国和法国都感到愤怒和沮丧——直到1914年8月宣战。

第六章
德皇的世界

世界政策将是"一种和平意义上的……拿破仑式霸权"。

——德皇威廉二世论德国的"世界政策"

欧洲的极轴正在慢慢校准。德国和奥匈帝国真真切切地意识到了他们在未来战争中可能的敌人。最大、最具威胁性的那个敌人就在正东方。早在1888年春天，德国就认为与俄国的战争就算不是必然，也是很可能发生的，德军总参谋部讨论过预防性打击，以便挫败俄国崭露头角的军事强权。俾斯麦坚决反对这一主张，并坚持自己维持欧洲势力均衡的核心目的。

俾斯麦继续着他的和平方针，对挡在路上的任何人都冷漠以待；重要的是高远的政治目的。他利用魅力、欺骗、暴力，以及不屈不挠的绝对意志——任何能够增加他的手牌厚度并得到预期结果的牌。但最重要的是，他的方法包括准确预测同场竞技者的动向。"俾斯麦独有的政治天分很适合用来在头脑中排演对手种种可能的行动。"乔纳森·斯坦伯格总结道（他的俾斯麦传记对传主毫不留情，他笔下的俾斯麦几乎没有其他的优秀品质），"他曾经是，并且一直是微妙协调的外交策略的宗师……他可以胜过其他国家最聪明的人，无论是拼技巧还是拼智谋……"[1]

德国先发制人的构想并没有打动这位骄傲的普鲁士贵族,他的外交政策,如果说有什么用意的话,那就是保持和平,即使是德国在欧洲和海外扩张时。正是这种自相矛盾——**和平夺权**——引出并挑战了俾斯麦对政治的著名定义,"可能性的艺术"。

他在1888年2月6日向帝国议会发表的伟大演说中提出了这个主题。这是在祈求披着德国国旗的和平,发表于他将此前一直秘而不宣的德奥同盟条款公之于众的三天后。这次披露让德国人民欢欣鼓舞,却被俄国以最恶意的方式解读,它立刻认为自己是被针对的目标。因此,俾斯麦强调了他对自卫战争的信念,却把他的和平意图用暴力语言表达了出来。他的演说诉诸作为一个独立民族的德国人身份,并确认了德国人的不安全感和对未来疑神疑鬼的根源,即这个国家挤在法国和俄国之间的地理位置,从而激起了强烈的爱国情绪:

> 当我说我们有责任尽力在任何时候、为所有紧急情况做好准备时,我的意思是,为了同样的目的,我们由于地理位置的缘故,必须付出比其他民族更大的努力。我们位于欧洲的中心,至少有三面可能受到攻击。法国只有东面,俄国只有西面可能受到攻击。上帝将我们置于此地,多亏了这些邻居,我们才不至于变得懒惰、迟钝。他把所有民族中最好战、最不安分的法国人放在我们身边,他还允许俄国的好战意愿变得比以前更加强烈。因此,我们可以说是受到了来自两边的鞭策,并被迫做出了在其他环境下可能不会做出的努力。欧洲鲤鱼池中的狗鱼,让我们在两边感觉到它们的利齿,从而阻止我们成为鲤鱼……

> 如果我们德国人希望倾举国之力发动一场战争,它必须是一场能让所有参加战斗的人、所有为之奉献的人,总之是全体国民

都满意的战争。它必须是一场全民战争，一场以1870年我们受到卑鄙攻击时的那种热情进行的战争。如果合法当局认为有必要而宣战的话，确实会发动一场有违人民意志的战争；我们曾经闻过硝烟、尝过鲜血，在那之后，我们甚至会很大胆地发动这样一场战争，还可能取胜，但它从一开始就会缺乏在我们受到攻击的战争中才有的那种勇气和热情。在这样一场战争中，从梅梅尔到阿尔卑斯山湖区的整个德国都会像火药雷一样突然爆炸；那将是枪林弹雨，没有敌人胆敢迎接我们受到攻击时油然而生的条顿人之怒。

因此，我不赞成任何形式的侵略战争，即便战争只能因我们的进攻而起——那也必须有人来点火，我们不会去点这个火。无论是对我所描述的自身实力的认识，还是对我们签订的条约的信心，都不会阻止我们将此前为维护和平而付出的努力继续下去。在这一点上，我们不允许自身受到烦恼或嫌恶的影响。外界的种种威胁、侮辱和非难，无疑也激起了我们的愠怒情绪，这在德国人身上并不容易发生，因为他们比任何其他民族都更不容易产生民族仇恨。我们德国人敬畏上帝，除此之外再无其他！正是这种对上帝的敬畏使我们热爱并珍惜和平。尽管如此，如果有人破坏和平，他会发现1813年那种热情的爱国主义，让当时还很弱小、一穷二白的普鲁士全体人民众志成城的爱国主义，如今已经成为德国全体国民的共同财产。随便在什么地方攻击德国，你都会发现，这个民族已经武装到了每个人，每个人心中都有一种坚定的信念：上帝与我们同在。[2]

最后这段话引起了雷鸣般的掌声，帝国议会的代表们起立喝彩。

俾斯麦在1890年下台后，他的继任者们放弃了这种克制政策。被解职前的几个月里，宰相显得很孤独，他的意见被边缘化，他的同侪疏远或蔑视他。他失去了皇帝这座靠山。1888年3月9日，年过九旬的德皇威廉一世驾崩，随后，他病重的儿子腓特烈三世当了三个月皇帝后也撒手人寰，皇位传给了腓特烈之子，维多利亚和阿尔伯特的直系外孙威廉二世。

这位二十九岁的新皇帝反复无常，性情暴躁，心智不健全。据为调查战争起因的帝国议会委员会撰写了《欧洲政策与七月危机》（1930）的德国公务员赫尔曼·卢茨称，皇帝最亲近的朝臣都认为他很孩子气，或者说疯狂。[3]斯坦伯格称，德皇的"浮夸作风、他那些咄咄逼人的言论、他的公众形象和穿着打扮、他的小聪明和创造口号的能力、他对制服的过分执迷和好战"，使德意志帝国在19世纪90年代至第一次世界大战期间的爆炸式发展具有了"威廉的"性质。[4]像新皇帝这样一个能力有限的人，很难说他能体现出这么多东西；就算没有他，爆炸式发展也还是会出现。但他的冲动、情绪波动和残忍无情，必定对新政府产生了惊人的早期影响。

较为明智的政客们后来试图控制这位任性的君主，堵住他的嘴，他的出言不逊让许多国宴不欢而散。最终，事实证明威廉是个无法胜任其职的胆小鬼。在战争年代，他的将军们根本不把他放在眼里。但是就目前来看，德皇的统治正值他年轻气盛之时，他恐吓任何与他意见相左的人，并且深得民心。他这种矫揉造作的男子气概，或许是源于童年时因臀位出生而落下的残疾，他的左臂萎缩，比右臂短15厘米，这使他无法参加运动或者在军队服役。他学会了持剑柄或手杖来掩饰那只残废的胳膊，"让人感觉这是一只有用的胳膊，摆出了威严的角度"。[5]

俾斯麦这位老人习惯了威廉一世统治下较大的自由度，很快便觉得为新皇帝工作简直无法忍受。他在1892年10月向一位朋友透露道：

在我被解职前的最后几个月里，有一个问题一直在不眠之夜盘桓在我的脑海，那就是我到底还能不能继续忍受在他（德皇威廉二世）手底下做事。对祖国的热爱告诉我："你千万不能走，你是唯一一个还能与他的意志相抗衡的人。"但另一方面，我也了解陛下的精神状态，正因如此，展望未来，只有让人扼腕长叹的麻烦事儿……皇帝也暗示他不再需要我了，以此亲手了结了我内心的挣扎。[6]

俾斯麦的退场使德国的政策发生了重大变化。到目前为止，俾斯麦尽管有种种"铁血"言论，普鲁士人的豪言壮语，但他推行的是一种绵柔的方法，精明、渐进，最重要的是和平。这在某种程度上也奏效了。他试图避免的是一场欧洲战争，在普鲁士统治阶级高层中，似乎只有他一个人能够领悟到这样一场战争的残酷规模。

威廉二世最初的行动中，有一件事将把这个噩梦拉得更近。在新宰相莱奥·冯·卡普里维和其他反对俾斯麦的大臣们的建议下，德皇拒绝续订与俄国的秘密《再保险条约》。该条约自1887年以来一直是俾斯麦世界的基石。它使德国和俄国不得不在对方参战时保持中立。症结在于，它要求德国在俄国占领达达尼尔海峡时袖手旁观——新政权发誓要杜绝这种情况。实际结果将斩断脆弱的德俄关系的最后一根筋。与此同时，德皇也强硬地表示赞成与俄国打一场先发制人的战争，尽管俾斯麦坚决地劝告他不要走上这条路（并没有多少人把威廉的好战言论当真；他今天大肆宣扬战争，明天又会大肆宣扬和平）。

俾斯麦的远见和他将欧洲玩弄于股掌之间的高妙"戏法"被一举推翻。19世纪90年代，德国走上了一条"新路"，即德皇著名的"世界政策"，其定义不过是基于德国自诩的、作为世界最终统治者的天命，厚颜无耻地争取全球霸权。这种宏大的妄想源于德国自视为大英帝国篡夺者的想法。以俾斯麦曾经的门徒荷尔施泰因和新宰相比洛为

伯恩哈德·冯·比洛

首的德皇大臣们，此时正着手拆除俾斯麦遗留下来的每一个支撑物，以执行世界政策。

德国像被宠坏的孩子一样，认为自己**有资格**拥有一个帝国。德皇为"一种和平意义上的……拿破仑式霸权"的梦想而欢欣鼓舞。[7]比洛说："问题并不在于我们想不想殖民，而是我们必须殖民。"[8]换句话说，"说德国应当终止世界政策，就像是父亲对儿子说：'你这个讨厌的小鬼，要是不长个子就好了，那样的话我就不用给你买更大号的裤子了！'我们只能执行世界政策，别无他法"。[9]诸如阿尔弗雷德·冯·提尔皮茨海军上将等社会达尔文主义者更进一步：在他看来，德国的全球主导地位是必然的，就像"自然规律一样不可抗拒"。[10]

争夺殖民地的竞赛造就了1890年柏林和伦敦之间短暂的英德"殖民联姻"。它使人们对一段持久的友谊，甚至是英国加入三国同盟的情形寄予厚望。这些殷切的期望也使联姻失败后的决裂更加彻底。东非的一份殖民地协议使双方的关系达到顶点，根据这份协议，德国将获得黑尔戈兰岛，作为交换，在东非和桑给巴尔要向英国的利益让步。这虽然只是一笔相对较小的买卖，却标志着英德在非洲战利品上的合作达到了最佳状态。肯尼迪写道：

> 从范围和目的上看，它都是与1904年的英法协定最接近的：但后者标志着一份历久弥坚的协约的开始，而《黑尔戈兰–

桑给巴尔条约》签订后没过多久，双方就对彼此感到失望，互不信任。[11]

条约毫无结果，友谊也破灭了。曾经有过稍纵即逝的善意表达（《泰晤士报》很没说服力地报道称"德国，我们的天然盟友"），但英国的光荣孤立政策在1892年格莱斯顿的新自由党政府领导下得到了加强。在德国看来，英国只是在处理帝国的边角余料。柏林开始明白，英国与德国、意大利和奥匈帝国组成某种四方同盟的想法完全就是白日做梦。不出几年，英德关系就恶化了，彼此间的极端敌对使德国的世界政策走上了一条危险的道路。

19世纪90年代中期，在1891年成立的极端民族主义政治组织泛德意志联盟的推动下，德国发起了一场新的争夺殖民地的竞赛——不管对手中包不包括英国。该联盟不仅追求德国在欧洲和海外的利益扩增，还追求德国在种族和文化上的优越。它的成员迅速增加，他们认为德意志民族的地位理所当然要高于被视为低等的"种族"，主要指的是斯拉夫人、犹太人和拉丁人。对他们来说，社会达尔文主义意味着德意志民族的积极繁衍和保持德意志血统的纯洁。

表现泛德意志优越性时，却要面对大英帝国这个难以忍受的地理障碍。德皇经常对英国人的两面三刀、骄傲自大表示愤怒。在1895年12月29日关于南非的一次小小的争论中，他以一种惊世骇俗的方式暴露了本性，这次争论也使英德关系陷入了十年来最糟糕的境地。它是由"克鲁格电报"引发的，德皇发电报祝贺德兰士瓦共和国总统斯特凡努斯·约翰内斯·克鲁格击退利安德·斯塔尔·詹姆逊指挥的600名英国士兵的进攻。"我向您表示衷心的祝贺，"德皇对他的荷兰朋友说，"您和您的人民没有请求友好大国的帮助，便对入侵贵国的武装团伙采取了积极有效的行动，并取得了成功……"[12]

德皇的电报，尤其是"武装团伙"这一贬称，激怒了英国外交界和新闻界，并揭示了德国世界政策令人不安的新面貌：富有侵略性的扩张主义，并愿意去争夺英国对世界的推定权利。在柏林眼中，英国人站在帝国的高地上，很容易被触怒，目睹他们那傲慢的脆弱简直让人拍手称快。这一事件造成了严重的后果和政策影响。格奥尔格·冯·米勒海军上将是德皇在大战前和大战期间的顾问，他在1896年的一份著名备忘录中正式言明了这些问题。备忘录中说，德国的目的是瓦解"英国对世界的统治，以便为需要扩张的中欧国家腾出不可或缺的殖民地"。[13] 不过它并没有以战争相威胁，尽管首次正式讨论了英德开战的可能性。

世界政策对国民心态产生了一种普遍的影响。德国人民开始意识到，他们的时代已经到来。在普鲁士军官俱乐部、学术界、军队、帝国议会和啤酒馆，能够明显察觉到这种时代精神和幸福感。德国的知识分子、作家和经济学家欣然为德国的天命摇旗呐喊，仿佛德国不知怎么着，从种族或神圣的角度，注定会获得"作为世界强国应得的份额，那是人性和更高的天意分派给文明民族的"。[14] 哲学家马克斯·韦伯，以及他在自由派帝国主义团体和泛德意志运动中的同僚，为这种新政策提供了知识上的定海神针。1895年，韦伯在弗赖堡大学的就职演讲中表示，德国的统一如果不是德国世界扩张的"起点"，就将被视为"年轻人在犯蠢"。[15]

追求这些宏大的幻想，是否会使战争成为必然呢？德国宰相比洛（以及之后的贝特曼-霍尔韦格）谨慎地避免使用好战措辞。他和俾斯麦一样，希望德国的帝国能够通过和平手段得到。甚至连德皇也小心翼翼地往他的好战言论中添加和平的补充材料。另外一些人则相信，如果德国未能履行"天命"，战争必将随之来。他们通常是知识分子、记者或危险的军国主义者（见第十四章），旁敲侧击地发出好战的声音，但并不能直接左右政策。例如，历史学家汉斯·戴布流克在

1899年表示：

> 我们想成为一个世界强国，并大张旗鼓地推行殖民政策……在这件事情上，我们无路可退。我们民族在大国之间的未来完全取决于此。无论是否和英国一道，我们都可以推行这一政策。与英国一道，意味着通过和平的方式；与英国对抗，则意味着——通过战争的方式。[16]

与认为德国霸权必将导致冲突的那些人的想法相反，这并不意味着战争是必然的。迄今为止的大多数殖民地冲突都得到了控制，或者通过谈判解决了，例如在葡萄牙、萨摩亚、西非问题上，还有其他很多例子。柏林—巴格达铁路曾经一度涉及一个英国投资财团。克鲁格电报的危机逐渐消退。即使是布尔战争，虽然加剧了英德之间的紧张关系，却并没有导致战争威胁。如果说欧洲要发生战争，随着时间的推移，似乎也不太可能是为了殖民地。事实上，在1898年至1901年间，布尔战争最激烈的时候，英国政府企图与德国结盟，以应对法国对殖民地的威胁——却被拒绝了！试图调解全球与欧洲大陆的紧张关系时，政治关系就是这么善变。

到了1900年，德国似乎正在将它在经济意义上的天命化为现实，即使还没有实现帝国意义上的天命。统一后的三十年里，这个国家拥有世界上最令人羡慕的经济成绩，仅次于美国。对本国工业的巨大投资使德国成为欧洲最强大的制造业基地。其中一个原因就是兴旺发达的本地市场，全凭人数力量推动。德国的人口从1871年的4100万增加到了1900年的5600万；而法国和英国的人口数量在这一时期几乎纹丝不动，世纪之交时各有3800万。新的民众聚集在工业腹地的各大城市，寻找工作机会——导致了德国的迅速工业化，特别是在鲁尔河流域、洛林、萨克森和西里西亚这些主要的采矿和制造业地区。

德国国家支持的"新重商主义"政策使工业繁荣发展：1878年至1905年间，纺织品产量增长了10倍。弗里茨·费舍尔总结道，自1871年以来，煤炭和钢铁产量加速增长，"其速度之快是欧洲其他地方无可比拟的"。[17]在那段时间里，德国的煤炭产量增长了8倍，而英国的煤炭产量仅仅翻了一番。20世纪的头十年，只有美国的煤炭产量超过了德国。1912年以前的二十五年里，德国的钢铁产量轻而易举地超过了它在欧洲的那些对手。原铁矿石产量从1887年的400万吨猛增至1912年的1550万吨，增长率为387%，相比之下，美国的增长率为368.5%，英国仅为30.6%。德国钢产量的增长率领跑世界，在此期间增长了1335%，从1886年的90万吨增至1360万吨。1912年以前的五十年里，进口和出口量暴增，分别增长了约240%和185%，德国也轻松成为欧洲最大的进口国，而英国和法国的增长率还不及德国的一半。

这反映了德国对来自拉丁美洲和其他外国市场的进口商品的巨大需求，以便推动其扩张，这种急剧增长堪比一个世纪后的中国。19世纪末，德国对外贸易的增长速度是英国和法国的两倍多。德国银行在海外发展的融资方面发挥了关键作用，从英国商人银行手里抢生意。正如弗里茨·费舍尔在其巨细靡遗的分析中所展示的那样，德国四大银行通过海外子公司为非洲西南部的奥塔维矿业和铁路公司、小亚细亚的巴格达铁路、中国的山东铁路和矿业公司、津浦铁路和其他主要铁路，以及罗马尼亚（当时的拼写为Roumania）和伊拉克的石油企业融资[18]——所有这些项目历来都是要落入英国、法国或俄国囊中的。

如此惊人的增长、对海外合同的抢夺、货物和人员的大量流动、对全球市场的全面投入，驱动了打造一个庞大的商船队、用现代轮船取代19世纪80年代的德国老式帆船的需求。与此同时，人们也开始产生这样一种认识，即德国必须建立一支新的海军，不仅要保护它的海外利益和商船队，还要挑战英国的海上霸权。德国的海外利益需要保护，而柏林也一直对英国的海上霸权既眼红又恐惧。这样一来，德国就有了借口，可以建立一支即使不能实际威胁到英国海军，至少也能恐吓他们的海军。世界政策不只意味着拥有更大的阳光普照之地的梦想（见第三章），铁证在此。

德国海军的规划与德国港口的发展齐头并进——建造港口是为了处理商业和军事航运的巨大周转量，在截至1912年的二十五年里，这个数字增长了300%，虽然以英国的标准来看并不大，却超过了欧洲大陆各国的增长率。从这个角度来看，德国是要通过承认彼此的实力，**强行**与英国交好。费舍尔说："德国海军要强迫英国把德国视为与自己旗鼓相当的理想盟友和朋友，从而成为德国有资格称雄世界的象征"[19]——关键词是"强迫"。

19世纪快要结束时，德国也因此逐渐打消了与英国结成殖民同盟的想法。英国对德国初生的外交政策无动于衷，或者说是未能参与其中，因此激怒了柏林。在大多数情况下，这样一个同盟的经济利益在英国的贸易优先事项中根本排不上号。柏林努力和高于自己重量级别的对手较量，自己却没长出殖民地的肥膘。无论如何，对德国做出回应都绝不是白厅的优先事项。改善对德关系的讨论，与政治压力、媒体反对和与德国迅速激化的海军军备竞赛相冲突。英国与法国、俄国、美国的殖民地交易比这重要得多，往往会把"德国问题"置之不理。

这才是伦敦拒绝与柏林结盟的真正原因。与英国结盟的前景破灭，是因为德国太**弱**，而不是像人们普遍认为的那样，是因为德国太强。伦敦认为这样的同盟没什么价值。"说到底，是英国人和德国人一起扼杀了结盟的想法，"尼尔·弗格森解释说，"他们这样做并不是因为德国开始对英国构成威胁，恰恰相反，是因为他们意识到德国**构不成**威胁。"[20]（强调为弗格森所加）从这个角度来看，我们更容易理解为什么在20世纪头十年，当德国崭露头角的财政和军事力量**确实**开始让英国、法国和俄国感到担忧时，它们会走到一起，加入三方协约，以便更好地维护它们的帝国……并且把德国晾在一边。

第七章
法俄之虎钳

> 如果法国受到德国攻击……俄国应动用全部可用兵力攻击德国。如果俄国受到德国攻击……法国应动用全部可用兵力攻击德国。

——《法俄同盟协定》第一条

阿尔萨斯和洛林：学童们有多少次听到它们被拿来充当大战的原因？但它们到底有多重要呢？德国在1871年普法战争胜利后对法国施加的苛刻条件使欧洲警觉起来，注意到它们之中存在着一个强取豪夺的军事贵族统治的国家，热衷于掠夺和没收邻国的领土——这实际上与八十年前的拿破仑很像。

普鲁士在《法兰克福条约》中的解决方案激怒了法国人民（同理，1918年的《凡尔赛和约》也将激怒德国）。尤为屈辱的是失去了东部边境省份阿尔萨斯和洛林，它们被并入了统一的德意志帝国。俾斯麦本人反对吞并，但被皇帝威廉一世支持下的老赫尔穆特·冯·毛奇将军和他手下的将军们驳回了。宰相正确地指出，法国"将永远仇视"[1]德国，因为它抢走了法国的两个省份，并强行将那里的居民"德国化"。在奉行孤立主义的英国，甚至连首相威廉·格莱斯顿都谴责这一行为是"暴力撕裂"。[2]

法国失去阿尔萨斯和洛林，造成了严重的军事后果。若是再与法国开战，德国就有了一个防御"缓冲带"和进攻"跳板"。拿破仑战争的记忆从未远去。这两个省份交出资源，以满足德国贪得无厌的胃口。洛林的主要吸引力在于巨大的铁矿石储量，其产量在过去的十年里增长了四倍，还将随着一种新冶炼方法的发明而进一步加快。这些铁矿石流入了德国的铸钢厂，法国的矿山却要为德国将来的对法战争出力，如此让人痛心疾首的前景也随即浮现。

在这两个省份，可以强烈感受到情感和政治上的后果，至少一开始是这样。即使一些阿尔萨斯人讲的是一种德语方言，"他们仍然坚定地忠于法国，德国人对他们的同化从未成功"。[3]另一方面，《法兰克福条约》允许阿尔萨斯人和洛林人在1872年10月1日前做出决定，是迁往法国，还是留在家乡，接受德国国籍。到了1876年，大约有10万人选择移民并保留法国国籍，仅占阿尔萨斯-洛林居民的5%。[4]大多数人更愿意留住他们的家园，这是理所当然的；这些新"德国人"中的大多数拒绝接受他们的身份。19世纪80年代，两省派往帝国议会的15名代表始终反对吞并，拒绝接受他们的新国籍。他们被称为"抗议代表"，他们以这样一项动议来反抗吞并："提请帝国议会决定，没有被征求意见就被《法兰克福条约》并入了德意志帝国的阿尔萨斯-洛林居民，必须特别站出来反对这次吞并。"[5]

法国人对阿尔萨斯和洛林的感情随着政治和经济环境的变化而起起伏伏。政客们例行公事般地呼吁收回这些地方，以煽动爱国热情。这并不总是一种政治策略。一些政客——主要是那些为了保留法国国籍而被迫背井离乡的人——坚定地致力于收复这两个省份。

在普法战争之后的十年里，法国的赔款很快便付清了，国家的经济也得到了惊人的复苏——这证明了法兰西民族的自信和经济实力。

到了19世纪70年代末，人们重新开始讨论收复阿尔萨斯和洛林的事情。德国还要继续控制这两个省份，这着实激怒了法国和英国。伦敦对这种肆意亵渎法国主权的行为感到"震惊"——当然，英国并没有将这一标准应用在自己的帝国征服上。[6]

民众要求两省回归的呼声在19世纪80年代逐渐消失了。即使大多数法国人民仍然盼望它们回归，也很少有人愿意为收回它们而打一场复仇战——一场新的收复失地战争。事实上，法国和德国享受了几年的缓和期（1878—1885）。共和派在1877年的法国大选中获胜，粉碎了君主主义复辟的可能性，俾斯麦对此喜闻乐见，对"复仇战"的恐惧在他掌权的最后几年里一直困扰着他，此时也彻底消退了。

实际上，在19世纪80年代，俾斯麦为了将巴黎的注意力从"失去的省份"上引开，还曾鼓励法国的殖民扩张。这构成了缓和的基石。"我希望能走到这一步，你们不再对色当耿耿于怀，就像你们不再介怀滑铁卢一样，"俾斯麦表示，"放弃莱茵河吧，我会帮助你们在其他任何地方获得满足。"[7]俾斯麦言而有信，支持法国在19世纪80年代向突尼斯、摩洛哥、西非、埃及、马达加斯加和东京*扩张。

19世纪90年代，很多法国人开始厌倦关于"复仇战"的讨论。与德国更紧密的经济和文化联系，几乎将这个问题从法国的政策中剔除。历史学家约翰·凯格写道："19世纪的最后十年，阿尔萨斯-洛林迷思显然已经严重式微，法国几乎没有人建议为了将这些省份收归法国而开战。一些人仍然希望它们能在未来的某个时候和平回归，但真正的'复仇战'已经没有市场了。"[8]

法国和德国成了重要的贸易伙伴，尽管在德国商品入侵法国市场后，法国人还会定期抗议这场"经济上的色当之战"。到了1890年，

---

*Tonkin，中南半岛上的历史地名，位于今越南北部。

德国已经是法国的第三大供应商和第四大买家。[9]法国人对德国的情绪也并非全然敌对。法国知识分子对德国同行十分钦佩，与他们多有来往。瓦格纳的音乐，以及从康德到尼采的德国哲学家，无不让法国的文化精英为之着迷。

甚至连阿尔萨斯-洛林的情况也并非一边倒。即使许多阿尔萨斯-洛林人梦想着他们的省份能在某一时刻回归法国，也还是有相当数量的少数派对他们的新家长感到满意，急速发展的德国提供的经济保障给他们带来了慰藉。19世纪90年代末，在阿尔萨斯和洛林15名当选的帝国议会代表中，有少数人支持地方自治。一位前阿尔萨斯人保罗·德勒斯伯爵在他的《法德关税同盟下的和平》一文中提出了建立法德内部市场的构想，领先时代一个世纪。

确实，正如凯格的研究所示，缓和时代逐渐进入了修好阶段，甚至还讨论起了法德结盟。"有了这样一个联盟，法国将一举恢复往日的地位，"法国前战争部长让-巴蒂斯特·康珀农将军说，"法国和德国联合起来，将会统治世界。"虽然茹费理的两届政府对这种新的关系表示赞许，但他没有把这样一个联盟说出来。法国公众只能容许与德国进行"偶尔的合作"。[10]

法国政坛的激进派和保守派两端都不吃这一套。他们厌恶茹费理政府的亲德政策。法国保守派从未放弃对那两个省份的追索，这种追索在1882年茹费理与极端爱国者、爱国者联盟创建者保罗·德鲁莱德的著名交锋中达到了高潮。茹费理宣称："到最后，您给我的感觉是您喜爱阿尔萨斯-洛林甚于法国。"德鲁莱德在回应时说出了那句名言："我失去了两个姐妹，您却给了我二十个女仆。"[11]

但左派对法国与德国眉目传情的抨击最为猛烈。未来的总理乔治·克列孟梭作为一个年轻的政治玩家开始进入状态，指控茹费理政府犯有叛国罪。这已经是极限伤害了。茹费理在1885年的大选中失利，加速了缓和期的结束和法德紧张共处的新时代的开始，在此期间，法国民族主义时不时地爆发一阵子，几乎使两国兵戎相见（例如新任战争部长布朗热将军咄咄逼人的姿态，以及德国警察在德国边境逮捕了一名法国海关高级官员的施奈贝勒海关事件）。

然而，随着19世纪的终结，欧洲的秩序恢复和平的均势状态，阿尔萨斯-洛林再次失去了重要性，进一步滑入德国的轨道。德国人现在占到了斯特拉斯堡人口的40％，占梅斯人口的一半以上。在这两个煤炭资源丰富的省份，通婚现象蔓延开来，曾经强烈的法国人身份认同也变得模糊，被德国化了。到了1900年，阿尔萨斯和洛林几乎都无法在晚宴上引发争论了，更不可能将这两个国家推向战争。正如德国驻巴黎大使在1898年报告的那样，大多数法国人开始"忘记阿尔萨斯-洛林"。[12]

随着新的民族主义势力再次集结起来，要求归还失去的省份，这种情况将在20世纪头十年中期再次发生变化。法国涌现出两位青年才俊，他们蔑视色当的罪人和法国人骄傲的残害者，为复仇主义立场带来了生气：他们分别是出生在洛林的知识分子雷蒙·普恩加莱，他的家人在这次吞并中失去了家园；以及费迪南·福煦，他在普法战争中作为一名年轻军官，目睹了德国人在阿尔萨斯对法国军人的羞辱。普恩加莱将在1913年成为法国总统，而福煦将在1914年的马恩河战役中担任法军第9集团军司令，成为巴黎的救星（见第四十三章）。

1897年，法德关系恶化为一种冷战，一直持续到1914年宣布真正的战争时。那一年，法国政府透露了法国和俄国在1892年8月17日签订的一份秘密军事协定的存在。它是作为回应三国同盟的另一个"防御性"条约而构想出来的，它的存在和个中条款一直是保密的，以至于"在第一次世界大战前，甚至没有多少法国部长了解详细情况"。[13]

东西两大强邻出于怎样的战略谅解而结合，德国看得一清二楚。

费迪南·福煦　　　　　　雷蒙·普恩加莱

俄国意欲通过塞尔维亚这个小弟控制巴尔干半岛，法国则力求收回阿尔萨斯和洛林。在这两件事情上，德国都是终极障碍。

俄国更广义的战略利益在于遏制德国势力。如果德国再次打败法国，就会让德意志世界腾出手来全力东扩。法国则拒绝允许一个新统一的、与它接壤的强大德国的存在。从这个角度来看，很难不把俄国和法国视为法俄之虎钳的两片夹板。

即便如此，沙皇起初对与法国结盟还是犹犹豫豫。他的专制政权对法兰西第三共和国满腹猜忌。但他对夹在两国中间、德国领导下的大国集团的深切怀疑压倒了他的忧虑，两个大国很快就在遏制德国的政策上找到了共同立场。当然，俄国和法国早已是共犯了。它们在金融和外交领域关系密切。自1888年以来，俄国在法国证券交易所筹集低息贷款，为军火采购提供资金，两国共同开展军事演习，俄国贵族也钟情于法国文化（法国往往不会投桃报李）。这种友好关系伴随谈判始终。德皇拒绝与俄国续订《再保险条约》一事成了最后一根稻草，圣彼得堡热切地寻求与巴黎正式结盟。

1892年8月7日缔结的法俄同盟，通过签订一份极具挑衅性的防御性条约宣告了缔约国军事孤立的终结。它的步子迈得比柏林与维也纳和罗马的条约大很多；它正式将德国、奥地利和意大利认定为敌人，从而加深了这道纵贯中欧的裂痕。它简单粗暴：俄国和法国要在受到攻击时互相保护。它明确将德国或德国支持的侵略认定为威胁。在更隐晦的层面上，《法俄同盟协定》似乎是预料到了欧洲的全面战争，因为它在不经意间假定了一个充满暴力的世界。协定内容如下：

> 法国和俄国出于维护和平的共同愿望，仅为满足因三国同盟的军队攻击其中任何一方而引发的自卫战争需要之目的，就以下条款达成协定：
>
> 1. 如果法国受到德国（或德国支持下的意大利/奥匈帝国）攻击，俄国应动用全部可用兵力攻击德国。如果俄国受到德国攻击……法国应动用全部可用兵力攻击德国。
>
> 2. 如果三国同盟的军队……动员，法国和俄国应在得知这一情况后的第一时间……立即动员，同时尽可能地将全部军队（转移）到边境。
>
> 3. 对抗德国可动用的兵力，法国方面为130万人，俄国方面为70万或80万人。这些兵力应完全投入进去，其速度要能够使德国不得不在东西两线同时作战。
>
> 4. 两国军队的总参谋部在任何时候都应互相配合……和平尚在之时，它们应互通已经掌握或将要掌握的有关三国同盟军队的所有情报……
>
> 5. 法国和俄国不得单独缔结和约。
>
> 6. 本协定与三国同盟的期限相同。

7. 以上所列的全部条款应绝对保密。[14]

该协议将大差不差地以这种形式持续下去，直到1914年，到了那时，它很快就将因缔约国受到大军来袭而被视为作废。

谈判的一个关键时刻是对"动员"意味着什么的讨论。俄国将军们的意思很明确。尼古拉·奥布鲁切夫将军说，动员"现在已经不能被视为和平行为了；相反，它现在是再明确不过的战争行为；也就是说与**进攻**分不开了"。他的同行拉乌尔·德布瓦代夫尔也表示同意：

> 动员就是宣战。动员就是要迫使邻国也这样做……如果允许100万人在自己的边境上动员，而自己却不马上做同样的事情，就等于放弃了如法炮制的全部可能，就等于把自己放在了一个自己口袋里有枪却不掏、任由邻居用武器顶着头的位置上。

沙皇亚历山大三世也表示赞同："我也是这样理解的。"[15]

1914年，俄国人将坚持对动员的一种不同的定义。根据这种新的含义，将100万人调到德国边境并不一定会导致战争。考虑到1914年以前人们对动员的普遍理解，怎么能指望德国或任何大国相信这一说法呢？在普鲁士人的心目中，动员士兵与把他们送上战场是分不开的。1912年，俄国杜马在试图将这一过程分为几部分，在部分动员或全面动员之前还有一个叫作"备战"的时期，但完全没有澄清这一问题。德国人看不出有什么区别。

第八章
变　数

英国人再也没有回到我们这边。他们反而去了我们的敌人
那边。

——德国历史学家埃里希·勃兰登堡

英国是个变数。没有人能够预见到英国的孤立主义将如何结束；
如果它真的结束了，大英帝国又将在欧洲和谁眉来眼去。大多数情况
下，英国在它的岛屿堡垒中安然旁观，被大海和自愿实施的光荣孤立
政策隔绝在外。但英国人很快也将不得不做出选择。在伦敦观望和
等待的同时，法国和英国在非洲一处偏远之地发生了另一场殖民地
冲突。它的影响将重新调整伦敦在欧洲的敌友关系，使英国人摆脱
孤立。

与俄国的军事协定给了法国行动自由，它带着重燃的信心投身于
殖民竞赛，以全新的活力投入对非洲的瓜分。这项由法国外交部长加
布里埃尔·阿诺托牵头的政策，使巴黎在对东非，特别是埃及和尼罗
河上游长期秉持的主张上与伦敦发生了冲突。在苏丹河流域的法绍达
的对峙，将这两个大国推到了战争边缘。

1898年9月，英法两国军队在位于英国的开罗–开普敦轴线和法

国的达喀尔-索马里兰轴线交叉点的这座孤立的南苏丹要塞相遇，法
绍达危机达到顶点。法军从布拉柴维尔出发，经过十四个月史诗般的
长途跋涉穿过非洲，他们的人数超过了英军；但英军的火力超过了法
军。两军都试图控制埃及的水源、对农作物灌溉至关重要的尼罗河上
游——最终控制埃及本身。自1882年以来，英军已经占领了埃及的大
部分地区，而法国拒绝接受这一殖民地主张的合法性。

在这次事件中，双方并没有在法绍达开火，但对峙激起了国内的沙
文主义，消息灵通的法国和英国新闻界对他们认为的对方的侵略行径大
加指责。两个帝国都不准备在埃及的权力分掌一事上做出让步。但英国
人显然占了上风：他们已经占领了这个国家的人部分地区，自认为有资
格代表亚历山大港发言。伦敦声称，英军占领尼罗河源头，是为了"埃
及的利益"。就算不是所有的埃及人都相信这套说辞，那些比较精明的
法国人、老谋深算的帝国主义者还是接受了。法国新任外交部长泰奥菲
勒·德尔卡塞认为，在非洲的一处偏远地区与一个控制着海洋的敌对大
国打一场陆战纯属徒劳。这场争端以对英国有利的方式解决了。1898年
11月3日，法国人承认了英国在埃及的自主权，乖乖地撤军了。

法绍达危机产生了不可思议的深刻影响。从短期来看，这场冲突
伤害了法国和英国的关系，并驱使这两个大国毫无节操地寻求与德国
这个舞会上不受待见的小可怜恢复友好关系。法国突然间萌生了亲近
德国的想法，支持它的殖民野心。但正如凯格向我们展示的那样，这
个问题将法国奇异的两面派作风暴露在了众目睽睽之下。一方面，巴
黎向柏林献殷勤，想要阻止英国在海外的野心；另一方面，巴黎又求
助于圣彼得堡，想要遏制德国在本土的扩张。法国做不到两手抓，在
非洲与英国人的冲突中也没有得到德国的支持。法国对殖民地和欧洲
大陆的渴望，在政治上是无以为继的。

伦敦也提出要让德国当自己的第一位舞伴。法绍达事件爆发前，

伦敦一直在央求德国签订一份殖民地协议，与法国对埃及、尼罗河上游和非洲其他地区咄咄逼人的主张叫板。法绍达事件加速了这些努力。1898年、1899年和1901年，索尔兹伯里联合政府的殖民地大臣约瑟夫·张伯伦（也是未来那位绥靖者内维尔的父亲）曾三次力劝英德结盟，均以失败告终。这三次，德国都拒绝了英国的提议。

张伯伦坚信英国的未来与德国人息息相关。1899年11月30日，他在莱斯特发表了一场著名的演说，将德国和英国的利益捆绑在一起，甚至号召建立一个包括英国、德国和美国的"新三国同盟"——"德意志民族和盎格鲁-撒克逊民族横跨大西洋的两大分支"——目的是遏制法国和俄国的势力。[1]

这个构想让未来的外交大臣爱德华·格雷痴迷了一阵子，他设想出了"世界上最大的舰队"和"世界上最大的陆军"联合的样子。[2]不过就算德皇青睐这一构想，德国民众和新闻界也不买账。英国和德国的新闻界都没有忘记过去的那些芥蒂（例如克鲁格电报），也没有释怀。由于鲁莽地使用了"同盟"一词，张伯伦在《泰晤士报》上受到了猛烈抨击。德国报纸也把这个构想贬得一文不值。在这样的持续攻击下，宰相伯恩哈德·冯·比洛拒不考虑英德修好，并放弃了给张伯伦答复的承诺。

相反，仅仅过了两个星期，比洛就在帝国议会面前为《第二海军法案》辩护。他刻意不提张伯伦的结盟提议，并愚蠢地将英国描述为一个日薄西山的国家，对德国眼红。他宣称，德国必须拥有一支强大到足以威慑任何大国的海军，这是在直接叫板英国的海上霸权："在即将到来的世纪里，德国要么做铁锤，要么做铁砧。"[3]

在这样的时刻，门关上了，再也不会打开。张伯伦是一个白手起家的商人，言出必行，他放弃了与德国结盟的信念。"关于比洛对我的态度，我在这里就不再多言了，"他在1899年12月28日给一个朋友写信说，"但无论如何，我都认为我们必须放弃关于结盟的所有进一

步谈判……"⁴

因此，从长远来看，法绍达危机迫使英国和法国认识到了它们真正的利益之所在：说来也怪，这利益竟然是相互依存的。这两个大国都控制着大片的海外领土，两国都想要保护这些领土。德国拒绝了它们的恳求。它们决定转而采取一种互相妥协、彼此和解的新方针，正如它们在法绍达事件中的做法，而这也成了处理未来殖民地争端的样板。

确实，即使法国的"法绍达综合征"有时会引起法国人对英国人的愤怒，它终究还是巩固了两国的关系。这两个拳击赛中的老对手就像维恩图上的圆圈一样共存：在一些地方重叠，他们在那里争吵、打斗；在另一些地方各自独立，保持原样，他们在那里伸出友谊之手。从这个角度来看，法绍达事件的影响对英法关系大有裨益。它们的私利，对各自帝国的维护，依赖于合作和共存，而这种认识将让这并非天生一对的伙伴走到一起。正如我们将要看到的，1904年《英法协约》的签订，正好可以追溯到法绍达事件之后这两个帝国的和解。《英法协约》将让使欧洲分裂的大国关系完成站队，并使德国产生自己正在被渐渐包围的痛苦感受。

比洛和德皇着眼于长线，这使他们成了无人搭理的弃儿。他们坚持认为伦敦会继续"（向我们）靠拢，正如我们所期待的那样"，1901年1月，威廉向他的宰相保证。比洛回答道："陛下觉得一定得是英国人向我们示好，这完全正确。"⁵他列举了所有的原因，为何英国需要一个像德国这样更强大的伙伴，以便"在这么多对手面前……维持他们的世界帝国"。他驳斥了英国可能决定放弃孤立、与法国或俄国联手的前景——张伯伦曾以此相威胁。比洛写道："英国与（俄国或法国）达成协议的威胁，只是英国人多年以来一直用来吓唬我们、胁迫我们的幽灵。"这些交流显示出德皇和比洛对英国的决议误解得多么深。

1901年1月22日，维多利亚女王在她的德国外孙怀里与世长辞。未来英德同盟的所有希望都随她而逝。新王爱德华七世蔑视威廉，支持旨在孤立他外甥的王国的反德政策。英国和德国都不愿意将当时正在进行的关于"防御性条约"的小声会谈继续下去。会谈戛然而止。

年迈的首相索尔兹伯里勋爵最终拒绝与德国或其他任何大国结成军事同盟，因为如果发生战争，英国政府要对自己的选民负责，而不是对某个外国政权负责。他在1901年5月29日的一份著名备忘录中宣称："如果政府承诺为一个不受舆论欢迎的对象宣战，那么这个承诺就会受到唾弃，政府也会被赶下台。"[6]没有比这更能界定英国与德国政体差异的声明了。伴随着这份声明，与德国结盟的前景彻底告吹，英国人背过身去，再也不会回来。

德国历史学家埃里希·勃兰登堡一针见血地总结道：

> 我们的政治领袖试图……规避被英国利用完之后又被遗弃的危险，却招来了比这严重得多的危险，那就是把我们的天然盟友送入对手的怀抱，自己却陷入孤立。然而他们始终坚信，他们的行为是明智的，因为英国最后一定会回来……英国人再也没有回到我们这边。他们反而去了我们的敌人那边。[7]

第二部分

视而不见与鼠目寸光

1900年至1914年

第九章
失控的战争

法国自1870年至1871年的那场战争以来最能戳到我们痛处的战略打击之一。

——德军总参谋长小赫尔穆特·冯·毛奇
论法国向俄国提供的铁路贷款

在德国政权迫切关注的所有事情中，保卫祖国的需要让最重要的专家智囊伤透了脑筋。西边是昔日的敌人法国，东边是幅员辽阔的俄罗斯帝国，被夹在中间的德国人民自统一以来，就有一种挥之不去、阴魂不散的被包围的感觉。久而久之，这种感觉以一种国民幽闭恐惧症的形式表现了出来。无论邻国是否有敌意，对敌意的感知本身就足以使德国领导人将注意力集中在战争的前景上。人民很容易想象这样的情景，俾斯麦已经在他的演讲中将这种威胁表达得一清二楚。

20世纪头十年，德国并没有打算征服欧洲。它的世界政策构想的是一个殖民帝国。这一区别对于理解德国与欧洲邻国的关系至关重要。1914年以前，德国觉得自己在欧洲受到了威胁，德国并不认为自己对欧洲构成了威胁。这才是柏林和普鲁士将军们将对俄国的战争理解为"防御性"战争的原因：要保证德国未来在两个不友好的邻国之间的生存。他们很容易预料到俄国的大部队会从东面杀过来，他们还觉得法国自从普法战争失利后就一直复仇心切。德国想要打一场先发制人的战争，目的是保证国家的生存，而非开疆拓土。德国人的计划也是据此制订的。

约翰·基根以"军队制订计划"开启了他那部著名的第一次世界大战史。[1]他的观点是，军队会事先提出行动计划和想定。更广义上说，他们为战争制订计划：他们训练和装备人员，开发运输系统，研究地形，设计行动计划和战略，并大量储备武器。这显然是任何国家自卫的一部分。然而，基根觉得有必要陈述的这一事实，是很有益的提醒，提醒我们战争并不是随随便便发生的；战争是人为决定的，通常是由一小撮上了年纪、有权有势的人决定的，而不是由上帝或达尔文，再或者是某种"主义"决定的，例如民族主义或爱国主义。

开战的决定中暗含着决定不开战的自由。如果情况有变，战争策划者也有能力撤销他们的计划，修改或取消他们的设计方案，推迟或全然避免战争——至少应该有这个能力。策划战争的行为，并不意味着战争是必然或必要的。计划和制订计划的人是一样的：可以是野心勃勃的、有缺陷的、有改善空间的、不切实际的、愚蠢的、才华横溢的，也可能兼而有之。只有一点不应该，计划不应该是不可撤销的。

1914年8月爆发的那场战争远不至于让文明世界的统治者们大吃一惊，而是被普遍预料到的，经过了严谨的排演，得到了大量的资金支持，并且计划缜密。当时没有人意识到，这场战争会变成一场持续了四年的全球战争，并使数百万年轻人失去生命或留下终身伤残。大多数人，上自大权在握之人，下至无家可归之人，都以为这场战争会在短短几个月内结束。但是在德国、法国、英国和俄国，他们确实策划了这场战争，只是以不同的方式，而且详细程度各异。

这些计划是在无比严格的保密状态下制订的，只有主要大国的军方最内部人士知晓。数百万人的生命被几个几乎不对议会负责的老头子玩弄于股掌之间。正如基根所指出的那样，交战国中也没有任何一个国家制定了统一的国家安全政策，可以让政府部门、武装部队和情报机构共商大计。

对于军事策划者暗中运作时几乎不受文官约束的情况，英国至少在一定程度上是个例外。英国的政治人物、指挥官和公务员都在帝国国防委员会（CID）中任职。换句话说，对话是在英国陆军指挥官与国家的民选代表之间展开的，而前者在帝国国防委员会中占据主导地位。[2]

试比较英国军民对话的例子与德国近乎拜占庭式的情况，在德国，战争策划由德军总参谋部一手包办——之所以造成这种情况，是因为德皇和陆军长官在1889年决定不让德国议会和陆军部与战争策划有任何牵扯。这实际上意味着德国的陆军军官在他们的国家何时开战——甚至是否开战——的问题上握有非同一般的权力，而几乎不对议会或政客负责。从1909年起担任宰相的贝特曼-霍尔韦格甚至直到1912年才知晓德国的全面战争计划。在这个普鲁士陆军占据优势的国家里（与英国的情况完全相反），刚刚起步的德国海军也无法了解计划的进展情况。"海军将领们被只言片语打发。"基根评论道。[3]

铁路对欧洲的每一个计划都至关重要。铁路顺应了将军们的宏图大志。19世纪的这一革命性发明改变了未来军队的部署和补给方式。铁路大大缩短了"动员"令——把军队调往前线——与实际攻击之间的时间。到了20世纪头十年，欧洲铁路网已经能够在数日之内将数百万人的部队运送到遥远的战场。

从这个角度来看，动员涉及举国上下的通力合作。根据策划者的计算，后勤工作的规模大到惊人。到1914年，动员德国陆军需要20800列火车，来运送207万人、11.8万匹马（每匹马的食量是一个人的十倍）和40万吨物资。据历史学家戴维·史蒂文森称，法国需要10000列火车，英国需要1000列火车来动员军队。[4]这个动员阶段会把军队运送到补给站，他们将从那里搭乘火车前往边境地带的铁路终点站——是为"集结"。部队在这里下车，距离前线剩下的路程则通过行军走完。

更快的火车和更完善的铁路网一方面提供了绝好的机会，另一方面也带来了可怕的威胁：将军队直接派往敌国边境前线的机会，以及敌国火车系统抢先一步的威胁。决定发出第一列火车，在某种程度上就相当于在我们这个时代按下核按钮。两者都会引发战争……前者在几天之内，后者几乎是立刻。铁路系统因此为一场横跨欧洲的后勤竞赛设立了条件。赢家将是能够尽可能快地把最多的人运送到前线的国家。火车一旦上路，就很难停下来（见第三十四章）——虽然在技术上并非无法实现——因为它们的出发会引起敌人的火车沿着相反的路线出发。

A.J.P.泰勒有句名言，铁路时刻表把战争"强加"给了欧洲的政治家。[5]他的意思是说，新的铁路时刻表把一场"无意的"战争强加给了那些无力阻止"失控列车"的政府。这些塞满了军队的"失控列车"向前线飞驰，使战争成为必然——只要火车不误点。常识表明这是一派胡言，然而这个比喻中包含着一个可怕的真相。

谁有权力让火车开动或停下？名义上是各国政府的陆军部。可实际上起到决定性作用的却是将军们。至少在1911年之前，英国陆军部对英国铁路网的建设和管理没什么影响力，因为英国铁路网主要由私人公司经营，这一点很不寻常。根据1871年的《部队管控法》，政府授予自己在动员时征用铁路的权力，而战争铁路委员会则向铁路公司提供它们"开始制定时间表"所需的信息。但是直到1914年，武装部队和铁路公司之间几乎都不怎么沟通。英国人一如既往地胡乱应付着，直到他们找到了做这份工作的合适人选，那就是令人生畏的亨利·威尔逊爵士，他从1910年起担任陆军部军事作战局局长，并说服了首相赫伯特·阿斯奎斯加快铁路铺设的速度。英国的铁路网很快便发展成为欧洲最密集的铁路网。

法国、德国和俄国的铁路在20世纪头十年已经被部分国有化了。法国政府拥有路基，经营着铁路网，并拥有六家铁路公司中的一家。俾斯麦在1879年后将德国的大部分铁路国有化，以适应军事需要，奥匈帝国也在1892年至1905年间完成了这件事。到了1914年，沙皇俄国已经将大部分铁路国有化，其中一个动机是私人铁路运营商在1877年至1878年与土耳其的战争中表现不佳。

德国为对欧洲铁路系统的军事控制设立了规范。根据1871年宪法，将军们实际上拥有"为国防利益而监督铁路建设、设备和运营"的"常设权利"。[6]帝国铁路部负责监督动员日程表的起草，这些日程表每年都会修订，并被锁在铁柜里，以便在需要的时候印刷和分发。从1906年起担任德军总参谋长的赫尔穆特·冯·毛奇继承了他的前任老赫尔穆特·冯·毛奇（1857年至1888年担任此职）和阿尔弗雷德·冯·施里芬（1891年至1905年担任此职）对铁路重要性的深入理解。毛奇劝告他的同胞多修铁路，而不是要塞。法国将军德雷卡盖也在1885年写下了类似的话，称国家的头等大事必须是"用能够确保尽可能迅速集结的铁路网覆盖其领土"。[7]

尽快将尽可能多的人员运往前线的要求，激励各国竞相建设最精良、最灵活的铁路网。1870年至1914年间，欧洲的轨道长度增加了两倍，从10.5万公里增至29万公里。钢轨取代了铁轨，复线线路迅速取代了单线线路。到了1914年，俄国只有27%的火车线路是复线，相比之下，德国是38%，法国是43%，英国是56%。[8]这些统计数字看似枯燥无聊，但想想它们意味着什么吧：至少两倍数量的火车，载着两倍数量的军人冲向遥远的前线，他们在那里蜂拥而出，直接投入战斗。在俄国，单线线路上每天有14列火车隆隆驶过，复线线路上每天有32列火车驶过。20世纪头十年铁路网的扩增，在当时就是一场军备竞赛，其意图与我们这个时代的弹道导弹竞赛一样致命。

20世纪头十年，这场竞赛进行得如火如荼。法国和德国匆忙建造更多延伸至两国交界处的铁路线。1870年，德国人有9条延伸至两国交界处的铁路线，法国人有4条。到了1886年，法国有12条，德国还是9条；到了1913年，法国有16条，德国有13条。到了1914年，法国的每条铁路线都能将三个军（8万至13.5万人）运送到部署区域后方的一座车站，部队将在那里下车，行军至前线。[9]

整个20世纪头十年，法军和德军都在根据战争计划不断测试和改进铁路网。1911年，新上任的法军总参谋长约瑟夫·霞飞下令对法国的战争计划进行全面修正。新的"第十七号计划"将在前线集结兵力的时间缩短到两天，并使他能够将每个军的下车地点"沿着横贯铁路线向前、向后甚至向侧方转移"。[10]德国和俄国的策划者们同样也在研究，怎样才能利用铁路将他们的兵力快速、灵活地动员起来。

赫尔穆特·约翰内斯·路德维希·冯·毛奇，通称小毛奇　约瑟夫·霞飞

俄国的铁路发展得最不顺利。直到1908年，俄国庞大铁路网的状态都还很糟糕：铁轨生锈、破损，火车老旧、维护不善。之后，随着国家经济从对日战败中恢复过来，俄国政府开始改良铁路网。到了1910年，政府已经铺设了10条通往德国边境的新铁路线。1912年，它决定投资建设一个新的大型铁路网：那一年铺设了900公里长的新轨道。这仅仅是个开始。俄军总参谋部旨在实现两个目标：动员生活在俄国广阔内陆的数百万人，以及大幅缩短从开始动员到假定入侵德国的时间。目标是在动员后的第15天将100多万人运送到作战阵地，或者更早。

1913年12月，法俄达成了第二笔贷款协议，这25亿法国法郎给俄国陆军大臣弗拉基米尔·苏霍姆利诺夫提供了所需的资金，使他能够在1914年至1918年的四年时间里，进一步铺设深入国境、长达5330公里、具有战略意义的铁路线。这个巨大的工程将使俄国不仅能够彻底打败德国，还能荡平整个欧洲大陆。这一前景令德国政府毛骨悚然。小赫尔穆特·冯·毛奇将法国的铁路贷款形容为"法国自1870年至1871年的那场战争以来最能戳到我们痛处的战略打击之一"。俄国和法国的铁路系统在德国边境聚合，这将成为"一个对德国不利的决定性转折点"。[11]

到了1914年，法、德、俄三国铁路系统的触角已经完全插入了共同的边界，随时可以向一条巨大的前线倾注数以百万计的军人。从这个角度看，正如戴维·史蒂文森所展示的那样，这些新的铁路网不仅仅是一场欧洲战争的先决条件；它们还促成了德国在未来某个时间点打一场先发制人的战争的计划——也就是说，要抢先出手，不能给俄国留出建立一支不可战胜的高机动陆军的时间。这个星球上从未有过如此规模的战争，而这场战争的策划工作委托给了普鲁士统治集团中一个可以一手遮天的人，他对人性的洞察令人不寒而栗。

第十章
施里芬的启示

> 他们正在努力将所有这些大国团结起来，集中攻击同盟国（德国、奥匈帝国、意大利）。在特定的时刻，吊桥将被放下，大门将被打开，百万大军将倾巢而出，翻过孚日山脉，渡过默兹河、尼曼河、布格河，甚至越过伊松佐河和蒂罗尔的阿尔卑斯山，荼毒生灵，大肆破坏。这看上去相当危险。
>
> ——施里芬计划的缔造者阿尔弗雷德·冯·施里芬伯爵论
> 德国人对被包围的恐惧

能够为受众带来荣誉感，并且将构思中暗含的胜利夸大，这样的战争计划具有一种奇异的力量。它存在于人们的心里，也存在于办公桌上，积聚着一种不可思议的潜在能量。它可以调和异议或敌对意见。它让指挥官们激动万分，他们一厢情愿地想象着它将沉睡的力量发挥出来的情景。这个计划由此获得了自身的正当性和说服力。战争策划者将动员数百万人和数千台机器的场面落到纸面上，不知怎么就预见了他们自己获胜的命运。这样一个计划通过将依靠它来实现的梦想和事业结合起来，甚至可以说是指定了，在某种意义上也**预测**了起草它想要达成的结果。在某些慷慨激昂的好战者心目中，它成了一个自证的预言。

到1905年，德国已经想出了这样一个计划。他们称之为"施里芬计划"，它是阿尔弗雷德·冯·施里芬伯爵的作品，这位严厉、顽强的普鲁士将军自1891年起担任德军总参谋长，此时已经离退役不远了。该计划从1897年到1905年花了他八年的时间制订，此后每年都会更新。施里芬和他手下的一小群高级军官不断测试、探究、修订他的大作。他们的努力都是秘密进行的，不对德国政府负责，事实上，德国政府直到1912年才知晓他们的工作范围。在普鲁士军方势力的内殿里，爱管闲事的文官是不受欢迎的。

整个构想在1914年之前多多少少保持了原状——只有几处关键的修改。施里芬计划描述了一场大规模的两线作战，在这场战争中，德军的大部分兵力将首先动员起来对付法国，并在42天这个令人惊异的期限内击败法国。然后陆军将会重新整编，全力对付俄国。施里芬计划的成功取决于三个关键因素：俄国人较慢的动员速度；德国军队在比利时的自由通行；以及德国铁路的高效运转，以便为军队提供补给。时至今日，围绕着该计划仍有争议：它规定的是一场"防御性"战争，还是"进攻性"战争？抑或是一场"先发制人"的战争？该计划仅仅是为了给陆军筹款吗？它能称得上是"计划"吗，抑或更像是一个宏大的想定？1905年的版本可以应用于1914年的世界吗？

为了找到答案，我们有必要了解一下它的设计师。施里芬1833年出生于一个古老的普鲁士家族，起初学习法律，对军事兴味索然，直到服完一年的义务兵役后被选为军官学员。他在普鲁士陆军中53年的职业生涯由此开始，在此期间，施里芬在普奥战争（1866年）中担任参谋，并在普法战争（1870年至1871年）最艰苦的一场战役中率领一小支部队。在他身为坐办公室的地形学专家、参谋和理论家的漫长职业生涯中，以上这些都只是短暂的中断。

施里芬的生活被德国陆军的战略计划占满了。"他是一个没有爱好的人。"基根总结道。他的消遣方式就是给女儿们读军事史。[1]他不是为政客服务的军人,在普鲁士将军们倾向于压制政客的时代,他也没必要成为这种人。他对拖拖拉拉的外交策略拒不考虑,对政治进程也没什么耐心。他和许多普鲁士将军一样,认为战争是解决自己国家问题最崇高的办法。他在思考问题时具有宏观视野,能够顾全大局,并落实到最精密的细节上。临近退役时,他思想的核心是对武力至上近乎痴迷的信念。普鲁士陆军的压倒性力量将解决德国所面临的重大问题。在这种可怕的想定中,力量无疑是正当的。

柏林认为他是理想的人选,可以就德国对逐渐被包围的恐惧制订一个军事解决方案。德国的军队指挥官警告德皇威廉二世,敌对大国正在逐渐挤压他们的祖国。作为回应,德皇和普鲁士总参谋部选择了施里芬东西两线作战的宏大构想。这是从被围困的德国堡垒中突然发起大型冲锋的绝妙秘策。

施里芬计划将充当一种公约:所有未来的军事战略,都要与德军总参谋部这位任职时间最长、最受尊敬的长官的想法步调一致。简而言之,这是他们唯一的计划。施里芬的参谋从各个角度研究了德国的战略问题。他们的最终成果拟定了哪些日子应当推进到哪里,在特定时间内要攻占的城镇,战斗中可能的死亡人数,当然还有火车时刻表:可以在特定的时间将多少人、多少物资用火车运送到特定集结点。

到1905年底,施里芬已经把他那些非常宏大、极具侵略性的构想归纳成了一份可以实现的战争计划。德国人坚持他们的主张,称这将是一场自卫战争,直到1914年的炮声响起。这样的辩解在两个方面缺乏可信度:首先,每一个大国都声称准备打一场"自卫战争",因而使这个词组完全失去了意义;其次,施里芬的构想必定是有史以来在欧洲版图上规划的最具攻击性的"自卫战争"。想要跳出这个语义上的陷阱，最巧妙的方法是称之为"先发制人的战争"：现在就摧毁俄国军队，以防未来不可战胜的俄国崛起。换句话说，就是根据一种假设来发动战争，而这个假设是基于这样一种设想，即俄国会在若干年内对德国发动大规模入侵——可能是在1917年，那时，俄国处于战备状态的军队预计将达到200万人。

施里芬设想出了一个惊世骇俗的开局，可以在一场短期战争中取得完胜。这要如何实现呢？少量德国和奥匈帝国军队（占总兵力的9%）将在东线暂时抵挡住俄军的推进，而德国陆军的大部分（91%）将冲过法国边境，通过取道比利时的大范围迂回包抄歼灭法国军队。然后，德国将把它剩余的军事力量投向东线，一举歼灭斯拉夫人的军队。这是一招"不成功便成仁"的开局策略，严重依赖在战斗的头几个星期里击败法国这一条件——也就是在俄国人能够有效动员其巨大的人口之前。从这个角度来看，我们便能够理解在敌人之前，或者比敌人更快地动员起来是何等重要了——法国在普法战争中就被上了这么一课。任何一个交战大国的动员都会迫使其他大国在慌乱中颁布动员令，结果就是巨大的、不可阻挡的军队会开动起来。

两线作战并取得胜利，需要德国拥有惊人的武功。施里芬后来写道（1909年）："整场战斗及其各个部分，单独的战役和连续的战役，都将在战场上、跨区域上演，其范围之广足以使早先的军事行动战区相形见绌。"[2]施里芬把这次壮举比作汉尼拔大获全胜的坎尼之战：

> 当今，一场歼灭战也可以按照汉尼拔在早已被遗忘的时代想出来的那个计划实现。敌人的正面不是主要攻击目标。大量部队和预备部队不应集中针对敌人的正面；重要的是要摧毁敌人的侧翼。两翼不应在敌人正面突前处展开，而应沿着敌人队形的整个纵深展开。通过攻击敌后来完成歼灭……想要取得一场决定性歼

灭战的胜利，需要攻击敌人正面和一面侧翼，或左右两翼……³

施里芬的计划像磁铁吸引铁屑一样，聚合了身为忠实拥趸的一批德军高级指挥官，他们在他的宏伟愿景中看到了德国被拯救的希望。该计划赫赫有名的创造者为之增添了近乎神秘的色彩。基根警告说："绝不能夸大书面计划对事态发展的影响。计划并不能决定结果。"⁴

当然，施里芬计划并没有决定或促成1914年的战争；做这些事情的是人。问题是：这些人——主要是赫尔穆特·冯·毛奇和总参谋部——在多大程度上受制于施里芬的愿景呢？施里芬确实对德军指挥官产生了巨大的影响，他们的行为往往拘泥于他那令人惊愕的愿景。他的想法为渐渐缠住德皇和毛奇以及总参谋部高级成员的"受围心态"提供了一种缓和的办法。基根总结道：

> "施里芬计划"是20世纪头十年里任何一个国家所撰写的最重要的政府文件；可以说它将被证明是过去一百年里最重要的官方文件，因为它在战场上引起的后续、它激发的希望、它击碎的希望，都将产生持续至今的影响。⁵

如果他的杰作中出现了破绽，施里芬自信，没有一个能逃过他目光如炬的细查。事实上，破绽并不是细节上的错误，而是构思本身的缺陷；病的是树干，而不是树叶。但承认这一点就等于承认失败，而失败对于施里芬这种性格的人来说是无法想象的。施里芬是一个顽固的、极度自信的人，他的世界里只有必须应对的"意外事件"。如果英国人站在法国一边作战，会发生什么？施里芬回答说，那样的话，德国人将"击败英国人，继续对法国人的作战行动"。⁶会有足够的兵力可用吗？施里芬建议招募八个新的军，部署在右翼。如何将这么多部队运送到前线呢？乘火车到边境的铁路终点站，然后走公路，每天行军12英里（19公里）。比利时人会乖乖让路、目送德军的蒸汽压路机通过吗？施里芬干脆假定他们会。

施里芬规定的战争类型对这一构想至关重要：德国要速胜，这不禁使人回想起1871年普鲁士对法国那场惊世骇俗的胜利。施里芬排除了德国负担不起的长期消耗战："如果得不偿失，消耗战略就行不通。"[7]为了避免这种代价高昂的错误，部队将被迫按照计算到每一个日子的精确时间表来完成对法国的征服："因此必须尽可能加快德军右翼的推进速度。"[8]

穿过比利时进行大范围的迂回包抄，原因在于法国与阿尔萨斯和洛林的边界，普法战争后，法国在从凡尔登到贝尔福一带建造了由大型防御工事组成的一道防线。必须想办法突破这些防御工事。德军炮兵的火力不足以在深入法国内陆、征服巴黎、重新整编以攻击东部的俄国人所需的时间内摧毁法国的要塞。施里芬的答案是完全避开这些要塞，经由列日和那慕尔这两座城市，从比利时入侵。他早在1897年就得出了这个结论，当时他私下里想着，德国"必须毫不退缩地破坏比利时和卢森堡的中立"。[9]

因此，比利时将成为进入法国腹地的自由通道；比利时将加速德军的攻势。因为不会遇到抵抗，可以抵消路线更长这一劣势。没有人相信比利时胆敢反抗势不可挡的德军，这个计划的成功完全取决于这一点。在这种想定下，在有史以来为打败一个敌对国家而进行的最大规模的军队调动中，几乎全部的德国陆军将破坏本应根据1839年《伦敦条约》由法国、英国和普鲁士予以保证的比利时中立。A.J.P.泰勒写道，比利时将充当"一种漏斗，德国军队可以通过它，然后涌向法国军队后方，包围他们"。[10]我们要时刻提醒自己，这是为了一场先发制人的战争而制订的自卫计划。

施里芬在1905年12月的重要备忘录中首次公开将比利时指定为入侵法国的通道，这份（经过修改的）备忘录将应用在1914年（见地

图2）。它的设想是，德国陆军的大部分——约有70万兵力——在22日内从比利时南部绕过，到达法国边境。在那之后的10日内，入侵者将从西面包围巴黎，然后挥师向东，与德军左翼会师。这样一来，余留的法国陆军将被挤在这个"周长400英里（645公里）、钳口相距200英里（320公里）的巨大半圆形钳子"里。[11]西线的战事将在42日内结束，德国会腾出部队来攻打俄国。

施里芬坚信，如果资源充足，他的计划会成为德国的救星。然而，正如我们将要看到的，施里芬、他的参谋及其继任者犯了一连串可怕的错误：他们误判了比利时的决心，误解了英国人的意思，严重低估了俄国的动员速度，错估了狭窄的公路对如此大规模的武器和人员集结所造成的妨碍。如果说施里芬计划"梦想的是一阵旋风，那么计算结果则发出了警告，会有一场末期雷暴"。[12]

1909年，退役后的施里芬还在继续操心他的计划，考虑新的想定和结果，直到1913年去世。年老昏聩的他倾向于抽象地看待战争，视其为地图或棋盘上的大规模行动，与他执笔的方案所代表的生命的血腥冲突相脱节。他对包围难题深感忧虑，在退役后的文章《当前的战争》（1909年1月）中继续探讨着这个主题。1906年11月，比洛在帝国议会首次使用了"包围"一词。从那时起，大众媒体就抓住了这一口号，人们一致认为"包围已成事实"。[13]按照这套理论，法国渴望为失去阿尔萨斯和洛林复仇；英国嫉妒柏林的经济奇迹，决意粉碎德国的新生帝国；俄国的斯拉夫人对德意志民族怀有一种与生俱来的仇恨。自从法俄达成军事协议后，这些主题便一直在德皇的脑海中挥之不去。

施里芬在八十岁时写道：

他们正在努力将所有这些大国团结起来，集中攻击同盟国

（德国、奥匈帝国、意大利）。在特定的时刻，吊桥将被放下，大门将被打开，百万大军将倾巢而出，翻过孚日山脉，渡过默兹河、尼曼河、布格河，甚至越过伊松佐河和蒂罗尔的阿尔卑斯山，荼毒生灵，大肆破坏。这看上去相当危险。[14]

1912年1月2日，德皇向他的将军们宣读了这番关于德国受到包围的耸人听闻的描述，并以"太棒了"作为结束语。[15]施里芬的继任者小赫尔穆特·冯·毛奇将军盛赞这篇文章，陆军大臣卡尔·冯·艾内姆将军认为没有理由不把它发表并广泛传播。

第十一章
英国摆脱孤立

是的，（德皇）喜欢让自己被人议论。我们谈判达成的协议没有带上他，没有得到他的允许和帮助，让他惊呆了；这些协议使他产生了一种受到孤立的感觉，他因此烦躁不安、心情恶劣。

——英王爱德华七世论德皇对《英法协约》的反应

在新世纪的头几年里，英国放弃了长期以来的光荣孤立政策，寻求与欧陆强国建立新的关系。伦敦的目的是通过寻求与站稳脚跟的帝国主义者法俄互相纵容来保护自己的帝国。它关心的次要问题是要压制来自中欧的世界政策的怪异冲击波。伦敦别无选择，只能摆脱孤立。由于它的殖民地受到威胁，这个独来独往的老牌帝国主义者在一个冰冷的世界里需要新的朋友。英国与欧洲大陆重新接触是迫不得已：只为找到一种和平的方式来保护自己的帝国。

欧洲列强一开始并不欢迎这个老拳击手重回拳击场。法国和英国在它们漫长、血腥的历史中几乎未曾有过相安无事的时候。没有人忘记滑铁卢。而在1856年的克里米亚战争和远东地区的一系列殖民冲突之后，俄国和英国也绝不是朋友。非要说的话，英国和德国才是天生的合作伙伴。这两个国家曾经一起对抗拿破仑，共同信仰新教。它们既不属于拉丁人种也不属于斯拉夫人种，就这一点而言，它们在种族上也很相似。然而它们结为同盟的尝试却失败了。英国打破了与德国的"天然"友谊，这是一个漫长的、让人肝肠寸断的过程，好比与一个被赶出家门的家庭成员断绝关系。"必须陆续斩断这千丝万缕的联系，"未来的外交大臣爱德华·格雷写道，"英国对俄国在亚洲动向的猜忌，与法国的世仇，对布伦海姆*、明登†和滑铁卢的记忆，在埃及和殖民地范围与法国持续不断的纷争，德国与英国密切的商业联系，两国皇室之间的亲属关系。"[1]

在1902年1月30日缔结的英日同盟的加持下，英国开始染指欧洲大陆。这为英国的大陆外交设立了一个框架：一种通过相互承认而不是枪炮来维护帝国的和平手段。英日同盟的缔约国分别承认对方对中国和朝鲜领土的主张（双方都没有问过中国或朝鲜是否愿意被占领），并同意如果对方受到攻击则保持中立。这次在亚洲取得了成功后，英国开始毅然决然地与最有可能威胁它全球利益的两个欧洲大国——法国和俄国——重新接触。

20世纪头十年初的德国面临着一个大不相同的世界，它被德皇的唯我论狂言和世界政策的混乱方向扭曲了。德国想要一个帝国，却根本不懂如何取得。随着时间的推移，世界显然并没有转变为德国的所有物，"世界政策"这个词也失去了它本可以具有的任何意义。该政策的设计者、宰相冯·比洛从未提出过立意明确的政策声明。1900年1月，阿尔弗雷德·冯·瓦德西将军在日记中写道："我们应该推行世界政策。我要是知道这应该是怎么一回事儿就好了。"[2]

---

* 西班牙王位继承战争中，英国、神圣罗马帝国、荷兰联军与法国、巴伐利亚联军于1704年在巴伐利亚布伦海姆村进行的一场意义重大的决定性会战。

† 七年战争中，英国、普鲁士、汉诺威联军与法国、萨克森联军于1759年在普鲁士明登地区进行的一场重要战役。

德国似乎给自己套上了与自身不符，并且可能永远不符的定义。它不是法国或俄国的朋友。它不是世界强国。这种观点滋养了一种常年处于劣势者的弱者心理。如果法国和英国成为新的朋友，那么在德皇的心目中，**这件事情本身**就意味着它们的友谊是反德的，不管缔约国是否对德国怀有恶意。这种受围心态不断加剧，促使柏林在1902年6月与奥匈帝国和意大利续签了三国同盟。这又加剧了最初造成这种心态的分裂过程，并将法国和英国进一步推入彼此的怀抱。然而，英王爱德华七世在1903年乘船前往巴黎，开启英国与法国那次著名的修好时，根本不在乎德国会怎么想。

从对欧洲关系的影响来看，国王在1903年5月1日对巴黎的访问事后被视为20世纪最重要的王室旅居。他受到的接待一开始并不友好，布洛涅森林车站零星响起了"布尔人万岁"和"法绍达万岁"的喊声。不过即使法绍达危机将法国和英国推向了战争的边缘，人们的记忆也并不长久，这些大煞风景的提示并没有对王室的魅力攻势造成太大的妨碍。国王把亲善和全盘亲法的态度表现得很了不起，比职业外交官更迅速、更有效地诱惑了他的东道主们。

国王对他的东道主们说："我们都对法兰西民族和他们的光荣传统感到友好和钦佩，在不久的将来，这种感情可以发展成为两国人民之间最热烈的钟情和依恋。实现这一目标是我不变的愿望。"次日，他在爱丽舍宫为他举行的国宴上重述了这些情感；1903年7月6日，在伦敦为当时的法国总统卢贝举行的答谢宴会上，国王再次重申并进一步强调了这些情感，表达了他"对两国修复的友好关系地久天长的殷切希望"。[3]

国王的愿望得到了满足。爱德华时代外交的圆滑路线施展了王室的魅力。两国努力寻找共同点，达成了一项旨在保护和巩固两国殖民地财富的协议。结果便是1904年4月8日签订的《英法协约》。它标志着自拿破仑战争以来持续至今的和平共处关系圆满结束，并正式确立了英法友好的新时代，在被几乎习以为常的冲突、阴谋、入侵和反入侵所充斥的一千年里，这两个大国之间很少有过这样的友谊。

《英法协约》并不是任何法律意义上的条约或同盟。正如贝纳多特·施米特所解释的那样，与法国正式结盟会逼得德国人铤而走险，并且有可能毁掉阿斯奎斯的自由党。[4]它更像是一份协议，字面意思即为"挚诚协定"，根据这份协定，签字国承认彼此对争议殖民地的主张。例如，法国承认英国在埃及的势力，作为交换，英国则承认摩洛哥为法国所独占。从表面上看，《英法协约》似乎只是解决了一堆乱七八糟的殖民地问题。然而，它将仕法绍达、纽芬兰和暹罗（泰国）的争端中本已心照不宣的默契正式化了。因此，这份协议开启了一个符合帝国扩张利益的愉快和解期，这在两国历史上实属罕见。

严格来说，《英法协约》并不是一份反德条约——"至少从白厅的角度来看并不是，而是一份旨在缓和与法国因殖民而产生的紧张关系的条约。"克里斯托弗·克拉克写道。[5]《英法协约》也没有军事约束力。这两个大国都没有承诺在发生战争时保护对方。这样一来，如果德国像许多人担心的那样再次入侵法国，英国的立场仍将待定。英国既不中立，也不对法国承担义务，而是继续持观望态度，直到1914年8月，这就埋下了一个会曲解两国关系的隐患。

然而，《英法协约》的精神会演变为一种准军事义务，至少在未来的法国总统雷蒙·普恩加莱心目中是这样的。对他来说，《英法协约》将保护法国，正如他后来向俄国外交大臣萨宗诺夫解释的那样，"根据这份协约，英国已经表明准备在德国进攻时对法国出手相助了"。[6]英国人在这件事情上还远远没有下定决心。英国外交部似乎认为《英法协约》只不过是一种心态，一份口头协定，只要它能保证英国资产不受法国干涉就行了。

谢尔盖·萨宗诺夫

然而在德国人眼中，《英法协约》却是一笔居心叵测的交易。这可不是英国和法国抛硬币决定几块殖民地的归属那么简单。对柏林来说，它发出了英国未来在欧洲对谁忠诚的最明确信息。它回答了19世纪末的一个重大问题：如果发生欧洲战争，英国会支持谁？而答案让柏林大惊失色。主要的保守派人士认为，德国完全有理由担心自己被老牌帝国主义列强包围。

宰相比洛对这样的事态发展故作镇定。他驳斥了说他的政策使德国陷入孤立的指责，并假装对"法国与英国冰释前嫌"表示喜闻乐见。[7]他试图让帝国议会放心，德国在摩洛哥的商业利益（"这份协议的要点"）不会受到损害。

如果说比洛是强颜欢笑，那么《英法协约》则让德皇目瞪口呆，他在一系列近乎疯狂的演讲中发泄着自己的愤怒，其中一次在卡尔斯鲁厄的演讲中，他甚至为1870年至1871年对法国的胜利而欢呼。德皇的好战态度对英国王室起了作用。国王爱德华七世于1904年6月25日访问基尔，想要让他这个正在气头上的外甥放心，英法之间的协议并没有恶意。

两个多星期后，国王回来，告诉法国驻伦敦大使保罗·康邦，他发现威廉的宫廷"对我们的亲密关系深感不安"。他接着说："我让他们放心，提醒他们英国和法国有许多并行不悖的共同利益……两国达成充分谅解，欧洲的和平就又多了一份保障。"[8]

在答复中，康邦将国王的注意力引向"似乎让威廉深受其苦的紧张情绪的真正原因"：

几个月来，（德皇）从不相信英法达成协议的可能性；他继续猜测我们两国之间的误解，就像他猜测列强之间存在的所有不和的根源一样；他试图让自己成为别人眼中的欧洲最高仲裁者、天下太平的捍卫者和担保人；总之，他希望在所有的地方唱主角。他痛苦地看到陛下从他手中夺走了这个角色。[9]

对此，爱德华回答说："是的，（德皇）喜欢让自己被人议论。我们谈判达成的协议没有带上他，没有得到他的允许和帮助，让他惊呆了；这些协议使他产生了一种受到孤立的感觉，他因此烦躁不安、心情恶劣。"[10]

德国的反应越来越慌，开始了一系列注定失败的尝试，想要与列强建立新的关系。德国失败了一次又一次。1905年，它未能建立俄德同盟，就是那胎死腹中的《比约克条约》，德皇单方面修改了该条约，将其适用范围限制在欧洲，不包括亚洲。威廉在外交上的胡闹使该条约与三国同盟不兼容。正如沙皇（在条约签署后）耐心地表明的那样，如果法国和德国开战，它要怎么才能适用？沙皇的声明实际上已经废除了该条约。

这一整段经历使人们注意到了德皇对实际情况的把握有多么差劲。历史学家阿尔贝蒂尼感叹道：

世界命运的这么大一部分被托付给了这样一个人！那些为他效力的人——以比洛为首——多次自问，他的心智是否健全，是否应该管管他，但他们从来不敢这样做。他们不敢，因为无论是聪明还是迟钝，他们作为政治家之前，首先都是朝臣，俾斯麦除外。[11]

德皇很快就以夺人眼球的方式展示了他冲动的、爱出风头的本性。《英法协约》引发了德国和法国就后者对摩洛哥主张的激烈争执。得到了英国对这块领土的首肯之后,巴黎迅速采取行动,巩固法国的占领,于1905年1月派出一个外交使团。这激怒了德国人,不是因为柏林对摩洛哥有什么特别的主张(它并没有),而是因为法国外交部长泰奥菲勒·德尔卡塞没有提醒德国注意法国对摩洛哥的占领——这是巴黎习惯性的政治礼节。克里斯托弗·克拉克写道:"德尔卡塞决定排挤德国人,这就在他的北非政策中加入了完全没有必要的挑衅意味……"[12]德尔卡塞的同僚们对这种乱来的挑衅感到惊讶,并恳求他至少与柏林交涉一下。但这位外交部长拒绝与德国人产生任何关系,他认为德国人"很讨厌",是"骗子"[13]——甚至连法国殖民党领袖欧仁·艾蒂安都认为这种立场太欠考虑。

德国对这样的事态发展越发愤愤不平,1905年3月31日,在法国人登陆并向地方当局索要对摩洛哥军队的控制权三个月后,德皇本人对丹吉尔进行了一次盛大访问。面对热烈的欢迎,威廉提出了德国对该殖民地的经济要求,然后匆匆离去。他的访问持续了两个小时。这

1905年3月31日,德皇威廉二世访问丹吉尔

两个小时激怒了法国人——根据以前的公约，他们必须承认德国在摩洛哥的利益，如果有的话。这场风波导致德尔卡塞被免职。暂时取得了胜利的德国人坚决要求在国际会议上解决这场争端。

阿尔赫西拉斯会议对德国来说是一场巨大的灾难。法国人准备充分，还得到了其他欧洲大国的支持。俄国人支持他们的盟友，英国人同样也希望看到法国能保住伦敦在《英法协约》中应允的东西。在这次事件中，摩洛哥获得了半独立，代价是法国人对关键机构的控制，包括"独立"的警察部队，以及对国家银行的控股权，这让法国有效地控制了该国的经济发展。

会议结果又　次羞辱了德国。"二国同盟的无效性暴露在众目睽睽之下，"克拉克写道，"德国的决策者们把事情搞砸了。"[14]这次失败对德皇来说尤为严重，他以为自己耀武扬威的摩洛哥之行会是一种将英国排挤出北非的办法，这也是威廉更疯狂的议程的一部分。他忌惮英国的国力，竟打算组织一个欧陆反英联盟。一切都要回到神秘的世界政策上来，奉行这一政策的威廉"渴望成为大西洋海军司令和耶路撒冷国王"。[15]阿尔赫西拉斯会议的失败将德国放逐到帝国权力大博弈的赛场外，并使英国壮起胆子寻求与当时正威胁着它的远东殖民地的俄国建立更牢固的关系。

在接下来的两年里，等待德国的是一次更大的冲击，因为英国逐渐被拉上了法俄的轨道，在1907年与之缔结了被世人称为"三国协约"的三方协议。伦敦和圣彼得堡都在引诱对方加入这个昔日敌人之间的特殊条约。俄国是在狼狈不堪的状态下来到谈判桌前的。由于在1904年至1905年的那场战争中输给了日本，再加上1905年的革命，俄国被严重削弱，正寻求一切机会改善与欧洲国家的关系，抵御德意志人的威胁。伦敦则抓住这个机会，向一个受到重创的大国伸出援手，作为交换，俄国放弃了对英国远东资产的所有要求。

英俄的协定为英国节省了不得不保卫印度帝国免遭俄国入侵而产生的巨大支出。按照基钦纳的说法，保卫印度不受"俄国的威胁进逼"，要花费"2000万英镑，还要加上每年150万英镑的费用"。[16] 这笔账单让1905年掌权的自由党政府心烦意乱，新任外交大臣爱德华·格雷决心把俄国拉到自己这边，通过和平劝导消除俄国对大英帝国亚洲边陲的威胁。

他成功了。格雷和外交部打消了圣彼得堡对中国、印度和波斯的兴趣，确保俄国承认阿富汗为英国的势力范围，并使俄德结盟的前景尽数化为泡影。[17]

英俄之间的协议必然导致被称为"三国协约"的三大国所组成的松散联盟。英帝国与法国和俄国团结一致、和平共处，这在历史上尚属首次。迄今为止，俄国和英国似乎是命中注定的宿敌；现在，他们在这份自私自利的友谊中故作热情地欢迎彼此。英国的法俄盟友怀着几乎不加掩饰的喜悦之情看待它们的新朋友，并一厢情愿地想象着有朝一日英国会与它们结成三方的、完全的军事同盟。爱德华七世则欣然接受了这座具有历史意义的里程碑，它使英国不再受到冷落，而是站到了法国和俄国一边。

然而，这三国之间的协议使德国民族主义者惊恐万分，他们比以往任何时候都更能深刻地感觉到自己受到了藐视和排挤。德皇对发生这种事情怒不可遏。英国竟然向它在亚洲的死对头俄国靠拢，他认为这简直令人震惊、不可理喻。即使《英法协约》和《英俄条约》都不被认为是明确反德的，这三个大国也都十分清楚，这些协议会对德国人的想法产生怎样的影响。仅仅是排斥德国这一行为，便激起了德国政府的初期妄想症。对三大国来说，维护它们的帝国并保证它们在欧洲的安全值这个价。

就这样，欧洲在十年内演变成了两个大国集团：三国协约和三国同盟。它们曾一度起到威慑作用。套用丘吉尔的话说，它们是"肩并肩，而非面对面"。历史学家们称，三国协约是"和平的"，没有恶意。[18]问题是德国显然并没有把三国协约视为友好或和平的。怎么可能呢？这种三方关系将世界上最大的几个帝国团结在一起，相比之下，德国、奥匈帝国和意大利经济不景气，政治上也乏善可陈。

事实上，三国协约将俾斯麦最害怕的事情变成了现实，他曾在1885年5月27日写道，倘若英法俄达成协议，"就将为一个反对我们的联盟打下基础，这比我们国家可能要面对的其他任何联盟都要危险"。[19]三大国让他一语成谶，而这位暴脾气的普鲁士老人鬼魅般的声音也回来在他的苦主身上作祟了。三国协约像一把巨大的虎钳作用在德皇身上，使柏林那种无依无靠的强烈感觉加剧到了难以忍受的程度。诚然，维也纳和布达佩斯是柏林的朋友，但意大利在三国协约的牵引下摇摆不定，看起来像是抛弃了同盟国。

在这个时候，我们很容易把柏林的恐惧看作一个封闭的、过于敏感的专制国家的偏执狂。不过德国的担忧显然也有一定道理。英国外交部的一些人——尤其是最有影响力的仇德者艾尔·克劳——把德国塑造成一个凶猛的掠夺者，或许是正确的。又或许在他们对普鲁士的优势所持的本能的反德观点之外，还存在着其他一些事实。例如，他们本可以试着去理解此时正困扰着德国的外界刺激。在三年的时间里，柏林发现自己面对的是：东有当时能够派出不知几百万大军的俄国的大量人口，西有复仇心切、心高气傲、越发想要报仇雪恨的法国，北有海上霸主、世界上有史以来最大帝国的拥有者英国——而这一切都发生在意大利的跳槽迹象暴露无遗之时。意大利本应是德国的盟友，却在摩洛哥问题上支持了法国！从德国人的角度来看，法俄英的友谊极大地加剧了这个国家被敌对势力包围的感觉，以至于普鲁士军方的资深人士此时强烈要求打一场先发制人的战争，以便突破在他们看来简直令人窒息、不堪忍受的包围。

第十二章
英国的恐德症

德国正在故意奉行一种本质上与英国的重要利益相抵触的政策，长此以往，免不了会有一场武装冲突。

——艾尔·克劳备忘录，英国外交部，1907年

在一些英国官员看来，英国与欧洲重新接触，是因为他们认为一个敌对的、经济强劲的德国总有一天会威胁到他们宝贵的殖民地。这种看法在出生在德国的外交部高级职员艾尔·亚历山大·巴比·维夏特·克劳爵士的话语中体现得最为强烈。克劳并不是像全职抨击德国的保守派杂志《国家评论》主编利奥·马克西、《观察家报》主编詹姆斯·路易斯·嘉文和《旁观者》主编约翰·圣洛·斯特雷奇那样的极端反德分子。[1]他也并不怀有以《蓓尔美尔公报》、《每日邮报》和《晨邮报》为主的大众媒体例行贩卖的仇德情绪。克劳的反德论证有条有理，有历史根据，而且非常明晰，使阿斯奎斯内阁中的亲德派深感不安。

克劳1864年出生在莱比锡，双亲分别是拥有良好社会关系的英国驻柏林商务专员约瑟夫·阿彻·克劳爵士和他的德国妻子阿斯塔·冯·巴比。约瑟夫爵士在19世纪60年代与德国王室和德国

自由派名流的友谊"使他成为或许是德国政界消息最灵通的英国人"。[2]与德国工商界和帝国议会议员的关系，使他对德国社会的深层政治趋势有着敏锐的理解，这一特点将在他儿子身上得到突出的体现。[3]1903年，艾尔·克劳与丧偶的德国表妹克莱玛*结婚，她的舅舅亨宁·冯·霍尔岑多夫注定要成为德国海军参谋长，并因在1916年给德皇的备忘录中力倡对英国展开无限制潜艇战而恶名远扬。这场战争完完全全是一场家族内战。

艾尔·克劳于1882年十七岁时首次来到英国，参加外交部录用考试。虽然英语不甚流利，但他的聪明才智克服了语言上的短板，他得到了一个职位。他的居住国对这个出生在德国的臣民没什么好态度。克劳无论怎样表现对英国的忠诚，都无法完全摆脱德意志民族留在自己身上的痕迹，也改不掉口音。在反德情绪高涨的时候，他的出身引起了某些政治圈子，当然还有英国新闻界的敌意。他对这些关于他德国血统的极端爱国主义情绪发泄并不太在意。维多利亚女王自己不就是德皇的外祖母吗？英国贵族中不也有很多人与德国的统治家族有联系吗？

外交部似乎比国家更难容身：这是老牌公学学生的天地，他们几乎都上过伊顿、温彻斯特或哈罗公学，以及牛津或剑桥。与这群令人生畏的同伴格格不入，似乎并没有阻碍克劳最初的发迹。事实上，他对德国的了解可能在他晋升为西方司高级职员的过程中帮了他一把——这是一个很有影响力的职位，他在新任外交大臣爱德华·格雷的手下做事。可是他从未实现自己的抱负，这也是他喜欢挑衅、有时不服管的脾气的一个原因。

作为一名非常有影响力的公务员，克劳披上了英国国旗，成为英国国土的坚定捍卫者。他高调的爱国精神可能过度补偿了他的那一

---

* 克莱玛是克劳的姨表妹，夫妇二人的母亲是同父同母的亲姐妹，亨宁·冯·霍尔岑多夫是这对姐妹同母异父的弟弟。

半德国血统。与之相对的情绪则是一种病态的怀疑,对于与德国有关的任何事物近乎偏执狂。在克劳的心目中,危及英国安全的一切都必须归结到德国头上。他认为德国海军是对英国生存的最大威胁(这一预言后来被证明是无稽之谈)。当然,他并不是不假思索地反德。他的结论是在细读普鲁士历史后得出的。他宣称,德国有意识地致力于"建立德国霸权,首先在欧洲,最终在全世界"。[4]在克劳看来,这是对德国侵略史的合理延伸。

如果克劳是对的——如果德国真的计划称霸欧洲,作为征服世界的前奏——那么英国肯定会非常担心吧?恰恰相反,1907年英国内阁的大多数人是亲德的,对柏林的殖民扩张表现出一种无忧无虑、满不在乎的态度,这是首相亨利·坎贝尔-班纳曼继承自格莱斯顿的自由贸易"旧自由主义"残迹。克劳自负地认为这些人都很愚蠢,误入歧途了,尤其是当时最有权力的亲德派内阁成员、财政大臣戴维·劳合·乔治。他自己才是明白人。

坎贝尔-班纳曼标榜的自由主义正在式微。他的内阁要员,包括阿斯奎斯(他将在1908年接替因健康状况不佳而退职的坎贝尔-班纳曼)、劳合·乔治、格雷和丘吉尔,都敢于谈及社会改革、福利国家、经济干预。他们面对的是一个充满愤恨和嫉妒的世界,急于瓦解英国视若珍宝的帝国。造成他们意见分歧的是德国问题:柏林的野心是否对英国的利益构成了主要威胁?对克劳来说,答案是响亮的"是",他把迫使新的外交部采取行动作为自己的使命。

克劳凭借这一身份,为主导外交部的反德鹰派充当一种非官方的发言人,或者说是避雷针。他把高级官员心里揣着但不愿意说出口的想法表达了出来。他们的队伍中包括:爱德华·格雷的私人秘书(1907年至1915年)威廉·蒂勒尔,典型的绅士公务员,彬彬有礼、机智诙谐、富有魅力,他与克劳交好,也与克劳所见略同,直到

戴维·劳合·乔治　　　　　　　　阿瑟·尼科尔森爵士

在1912年改变看法；将成为英国驻美国大使（1912年至1918年）的
塞西尔·斯普林-赖斯爵士，他对德国的偏执狂是出了名的；霍勒
斯·朗博尔德爵士，一名职业外交官，"普鲁士-德国扩张主义的老
牌批评者"，[5]对德国深感不信任；常务次官（1905年至1910年）查
尔斯·哈丁，一位卓越的职业外交官，未来的印度总督，非常担心
德国的扩张主义；驻法国大使弗朗西斯·伯蒂，在巩固《英法协约》
方面发挥了重要作用；以及英国驻俄国大使（1906年至1910年）阿
瑟·尼科尔森爵士，一名极力反德的外交官，认为英国应与俄国和法
国结成全面的防御联盟来对抗德国。[6]这些官员并不以"反德派"或任
何完全不讲外交策略的称谓自居；他们更愿意自视为"亲英派"，以
区别于议会中那些更刻薄的仇德者。

　　至少从1907年开始，克劳的部门领导、在摩洛哥危机的1905年
成为外交大臣的爱德华·格雷爵士就成了最愿意听取他意见的人之
一。[7]甚至早在进入外交部之前，格雷就将德国视为敌人。这一信念

从未改变……"[7]对于德国威胁的本质，格雷的看法与克劳一样："外交大臣不仅认为德国准备挑战英国的地位，还认为它有实现这个危险意图的潜力。"[8]得到了格雷的同意后，克劳便树立了白厅最强硬的反德代言人、"头号绥靖反对者"[9]的名声，他在备忘录中养成了一个"很不合适的习惯，就是向外交大臣及其内阁同僚指出，他们不仅消息不灵通，还很软弱，很愚蠢"。[10]

虽然克劳的诋毁者将他视为外交部仇德者的"恶灵"，[11]但他也曾一度被视为该部门最权威的反德官员。他的言论表达在一定程度上决定了英国战前对德政策的变化方向。虽然格雷否决了克劳与德国可能必有一战的设想，但外交大臣热衷于传播他的顾问直言不讳的意见——有人认为这些意见实在太过直白，分明就是在煽动战争。

甚至连和他最亲密的同事都对克劳《英国与法国和德国的关系现状备忘录》的煽动性语气猝不及防，虽然它起了这样一个温和无害的标题。第二次海牙和平会议（1907年6月至10月）之前的1907年1月，他向外交部呈递了这份备忘录。这份20页的备忘录是格雷要求的，字里行间颇有克劳为人所熟知的论战口吻，克里斯托弗·克拉克指出，它让人想起"男孩读本"*里面的寓意故事，故事中的恶霸永远都是德国。[12]这份备忘录远不止是一堂虚张声势的历史课，或者关于德国心怀鬼胎的青少年冒险故事。克劳的愿景中暗含着为了把欧洲从德国的征服中解救出来而战斗的号召。

从本质上讲，这份备忘录就是一本宣传册，对德国惊人的崛起所带来的政治和军事后果发出警告。它产生于克劳的热切信念，即英国必须阻止德国以大国自居。他想的是德国不断扩充的舰队对英国海上霸权构成的威胁。备忘录发出后，克劳的话对政府中的高级成员产生

---

* 指19世纪末至20世纪初英美涌现出的一批面向青少年男孩的报纸杂志，名称多以"Boys' Own"开头，内容以冒险故事为主，兼具教育意义和趣味性。

了很大影响，特别是格雷，他在备忘录上写下了"强烈赞同"字样的批注，[13] 并分发给了高级同僚。因此它值得我们更仔细地研究，因为如果说英国有哪份文件堪称战争的预兆，那就是艾尔·克劳这份煽动性的备忘录。

备忘录的核心假设是，一个统一的德国，就像拿破仑治下的法国一样，认为获得与英国和法国平起平坐的世界大国地位和属地是其不可剥夺的权利。克劳警告说，这些野心必将使柏林走上与英国发生经济和军事冲突的道路。

他开篇对欧洲的大联盟进行了简洁的概述。他否认了《英法协约》对德国有故意的观念。法俄同盟也并非本着针对德国的"好战的侵略精神"而构想出来的。同样地，他也并不觉得《英法协约》在本质上对德国的利益有什么敌意，它的目的单纯只是为了调停法国和英国的殖民地纠纷。在克劳看来，所有这一切都是和平的、不具威胁性的举措。有一种说法认为，俄国在日俄战争和1905年革命中被严重削弱之后，法国急于抱英国大腿，因此才有了《英法协约》，他认为这种说法完全没有道理。

克劳想要让德国对这些大忠大义的敌对反应站不住脚，这分明是在故意骗自己。他忽视了直到1914年7月敌对大国之间状态越发紧张的一个明显原因：德国**感觉**这些关系具有威胁性，因此决心挑战或瓦解它们。对时局的感受对于我们理解欧洲为何走向战争至关重要。法俄同盟的缔约国承诺在对方受到攻击时提供保护。这看似和平。然而，正如关于这场战争汗牛充栋的著作所证实的那样，挑衅是很难证明的。是谁挑起或"发动"了大战？目前仍未达成共识。虽说如此，在克劳和外交部的反德派看来，德国就是那唯一的挑衅者，永远都是。

克劳写道："皇帝的政府……决心采取任何可能导致一个新的政治联盟解体的措施，它认为这个联盟终将被证明是德国通往霸权之路上的又一块绊脚石，它之前也是这样看待法俄同盟的。"[14]

克劳声称，德国在阿尔赫西拉斯会议上贯彻了这一政策的精神。德国代表确信，法国会服软，撤出摩洛哥。然而，德国低估了英国拒不容许法国受辱的决心。这两个殖民"超级大国"联合起来反对德国这个"恶霸"（浑然不顾质疑法国的占领是德国所拥有的合法权利这一事实）。

正如克劳所写的：

> 冯·荷尔施泰因先生，以及被他说服的比洛侯爵，实际上是把他们的声誉押在了这样一个预言上，即受到严重威胁恐吓的英国政府绝不会站在法国一边，那个国家数个世纪以来处处与英国作对，而且还是英国的"世仇"俄国的盟友。[15]

德国代表暗中向英国代表灌输支持法国就是犯蠢的观念，"并把与德国合作推翻法国的政策描绘得分外诱人"。[16]德国人对这个"预言"的信任大错特错；英国坚守立场，并没有倒向德国，荷尔施泰因也在被比洛赖到他头上的这一政策失败后被解职。

克劳表示，摩洛哥危机使英法联姻擦出了新的火花。《英法协约》原本只是一份"挚诚协定"，而此时，一个新的因素必须纳入考量了，"其中有了共同反抗外部命令和侵略的成分，这是一个因特殊利益而结成的统一体，倾向于积极合作反对第三个大国"。[17]

在点出恶霸的名字后——这"第三个大国"当然指的是德国——克劳开始真正进入状态。他向他的读者——格雷和外交部高级成员——讲述了普鲁士漫长的侵略史：夺取西里西亚，瓜分波兰，吞并汉诺威和石勒苏益格-荷尔斯泰因，最终在1871年"收复"阿尔萨斯和洛林时达到极点。克劳承认，"其他国家也进行过征服，其中有很多规模更大，也更血腥"——想到他可能指的是自己的居住国，更是让人不寒而栗——但在他看来，普鲁士的征服具有与众不同的特征。克劳认为，英国的殖民战争、占领和吞并是水到渠成，是众望所归，克里斯托弗·克拉克语带挖苦地评论道，克劳的这种看法显示出一种"滑稽的倾向"。另一方面，德国的殖民野心却不言而喻是凶残的和歹毒的：

> 英国的霸权由于其政治自由和商业自由而受到所有人的欢迎和欣赏，没有人对此感到嫉妒和恐惧，然而德皇和泛德意志主义新闻界的叫嚣却表明，德国的霸权等同于"政治独裁"，将"摧毁欧洲的自由"。[18]

克劳更进一步。建立德意志帝国，是为了以德意志**种族**的名义扩张这个大德意志国家："在（德国），民族权利的维护和民族理想的实现，完全取决于每一位公民在最后时刻是否愿意赌上自己和自己的国家来为之辩护、为之正名。"[19]普鲁士精神通过"铁与血"注入了新的德国。但新的德国"必须拥有殖民地"，才能得到一块阳光普照之地和欧洲的一席之地。克劳用一个悲观的警告结束了他的历史课，称德国的殖民野心必将导致这个国家像癌症一样恶性发展，之后便是战争：

> 像德国这样一个拥有6000万居民、健康又强大的国家必须要扩张，它不能停滞不前，它必须有领土，好让过剩的人口能够移居，又不用放弃国籍……当有人反对说，这个世界现在实际上已经在独立国家间分配完毕，除非从合法拥有者手里抢来，否则就无法拥有可供殖民的领土时，又会得到这样的回答："我们不能考虑这些。迫不得已，无需讲理。世界属于强者。一个有魄力的民族不能因盲目地故步自封而阻碍自身的发展……！"[20]

如果我们揭开克劳近乎达尔文主义的主题——他早在贝特曼-霍尔韦格为入侵比利时辩护的演讲中使用这个词之前，就提到了"迫不得已"一词——就能得出他的中心思想：仅仅从德国的过去便可以推知柏林未来的行动——也就是说，侵略再生侵略，不可能偏离这一铁律。在克劳看来，德国的掠夺史注定了这个国家会继续走这条路，利用必要的侵略来获得强权。如果克劳将这种过于简单化的推断应用于法国和英国，比如从占领印度或法国大革命开始说起，那么这些国家是否也会受到类似的指责呢？克劳并没有说。然而，他确信欧洲存在着一个新的暴力政权，为了征服邻国，它会无所不用其极。

克劳最后的警告让英国的生存希望破灭了。他这项研究的目的是"确定英国与德国之间的对立到底有没有真正的、天然的根据"。他的答案是：

> 事实上，这种对立已经存在了很长一段时间，而且达到了相当的程度，但它是由一种完全单方面的侵略性所导致的，而英国方面一直秉持着最温和的态度，再加上我们始终愿意通过一再忍让换得重修旧好。

他用来指责德国"完全单方面的侵略性"的证据并没有什么说服力：只是关于非洲殖民地的一些纷争，关于中国的口角，以及德国新闻界的敌对情绪（反观英国新闻界也是一样）。诚然，比洛在1898年至1902年间曾多次拒绝英国强化两国关系的请求。然而这并不能得出"德国和英国极端敌对"这一"传统"的结论。在过去的二十年里，德国和英国在很多情况下都曾和睦相处。

然而克劳又往前迈了一大步。他坚持认为德国对英国的敌意是如此根深蒂固，以至于只有英国完全屈服才能让普鲁士领导阶层满意。简而言之：

德国正在故意奉行一种本质上与英国的重要利益相抵触的政策，长此以往，免不了会有一场武装冲突，除非英国牺牲掉那些利益，结果就是失去作为独立大国的地位，要么就让自己变得更强，不给德国在战争中取胜的机会。

克劳宣称自己已经提出了确凿的"证据"，能够证明柏林"正在有意识地致力于建立德国霸权，首先是在欧洲，最终是在全世界"。[21]

断言德国和英国正在走向一场"必然的战争"之后，克劳开始给自己的论据拆台——姑且这么说吧——承认他的论证有两大缺陷。第一个缺陷是，如果德国真的打算征服欧洲，柏林为什么要与邻国为敌，让它们处于战备状态呢？当然，德国会一直哄英国"开心，直到对英国势力进行致命打击的时刻到来"。[22]撇开敌人并不总是假扮朋友，以此作为战争前奏这种可能性不谈，他的想法在好几个方面都站不住脚。首先，英国、法国和俄国在1907年并不处于战备状态，离战备状态还差得远。德国也并没有试图让这两个国家处于战备状态。秘密的施里芬计划是只有在德国受到威胁的情况下才会发生的军事想定。德国海军的发展壮大并不会必然导致战争。德国好战的原因与最近订立的三国协约有关。事实上，在1914年7月之前的任何时候，德国**政府**都没有显示出任何想要与欧洲邻国开战的迹象。从这个角度来看，克劳的整个论题——德国政府谋求与法国、英国和俄国开战——似乎只是基于一个从普鲁士历史中得出的推断。

他的第二个自我诊断的错误更为严重，威胁到了他的整个论证体系。备忘录接近尾声时，他想知道自己到底有没有误解德国的意图和方法，或许"德国的宏图实际上仅仅体现了一种暧昧不明、颠三倒四、不切实际的政治才能，并没有充分意识到自己要往哪个方向走"。[23]考虑到这种可能性时，克劳承认俾斯麦时代是个例外；也就是说，俾斯麦的政策是有的放矢、一以贯之的，而现政权的政策是误入歧途、乱七八糟的。实际上，德皇的世界政策完全符合后一种描述。承认了这一点，克劳的锋芒就失去了效力，看似是对德国拿破仑式作风的严厉控诉，却更像是一个清空了沙子的沙袋。

这份备忘录引发了严重的分歧，现在依旧如此。当时，外交部最激烈的批评者是托马斯·桑德森，他拒绝接受克劳把德国历史过于简单地描绘成"信笔狂书的恶行记录"。[24]然而从那时起，历史学家就倾向于站在克劳这边。弗里茨·费舍尔的《争雄世界：德意志帝国1914年至1918年战争目标政策》是对德国谋求征服欧洲和世界这一观点最具争议性的深思。但他的书仅限于德国在**战争期间**的目标，即战争开始后，所有国家都在为活命而战时；这本书并没有找到令人信服的证据证明德国在战争开始前就打算通过武力**征服**世界。世界政策的确指的是仿效法国和英国获得殖民地，但并不是征服欧洲。费舍尔的学生伊曼纽尔·盖斯说克劳的备忘录是"对德国的世界政策最精辟、最准确的分析"，"在德国长期被认为是促成战争的一个主要因素"。[25]阿尔贝蒂尼称这份备忘录"令人叹服"。[26]在保罗·肯尼迪（《英德对抗的源起》）看来，它代表了英国政府的"官方思想"，"通常被视为伦敦为维护势力均衡而反对德国的战前政策的经典陈述"。[27]另外一些人则并没有被说服。尼尔·弗格森（《战争的悲悯》）质疑了德国意欲在欧洲打一场拿破仑式征服战争的整个概念——他称之为英国的"拿破仑神经症"——拒绝接受德国的**战前**目标包含全球霸权这一观点，并倾向于将克劳视为一个令人厌烦的仇德者。[28]

有一点很清楚：英国新闻界和英国公众对德国的普遍抗议往往反映了克劳的想法，即使这些想法并没有通过外交部的公学腔调和牛津剑桥散文表达出来。自19世纪90年代末以来，英国新闻界或多或少还是赞同克劳的观点的。事实上，反德情绪最歇斯底里的时候，甚至暗示了英国计划进攻德国，而不是反过来。

例如，在19世纪90年代，一本颇受好评、撰稿人中包括奥斯卡·王尔德和索尔兹伯里勋爵的杂志《星期六评论》发表了一系列以"德国必须毁灭"*为主题的反德文章。一篇文章(《我们真正的外交政策》)中写道:"现如今,我们在贸易和商业上的头号对手不是法国,而是德国。如果与德国开战,我们应该会稳赚不亏······"[29]另一篇文章表示:"从生物学角度看待外交政策,一切都再简单不过了。首先,将我们的各个殖民地结成联邦,以防地理上的孤立造成盎格鲁-撒克逊种族自相残杀。其次,为与德国作战做好准备,因为'德国必须毁灭'······"[30]

正如尼尔·弗格森的全面概述所显示的那样,在1914年以前,同样的主题一直充斥着报纸、期刊、书籍和讽刺漫画。[31]描述德国入侵的小说很畅销。有威廉·勒丘的《1910年的入侵》这样的廉价小说,也有萨基格调更高雅的《威廉驾到:霍亨索伦统治下的伦敦故事》。当然,德国出版商也匆匆推出了同样关于英德之间歼灭战的幻想小说。这两个国家的新闻界也确实乐于将反德或反英情绪煽动到毫无必要的程度,因为当被问到"什么能让报纸卖得好?"时,诺思克利夫勋爵旗下的一位主编替(当时和现在的)每一个人回答道:"战争。"[32]

那时,新闻界和时事评论员的影响力要大得多。弗格森写道:"不同寻常之处在于,英国高官和大臣竟然如此认真地对待这些危言耸听之人的主张。"[33]这些官员严肃地起草了可怕的想定,针对德国袭击帝国中心的情况。哈丁、克劳和格雷都认为"德国人从过去到现在一直都在研究入侵(英国)的问题"。[34]恰恰相反,德国的策划者们研究的是怎样才能最有效地保卫德国。所有这一切为我们提供了一个看待克

---

* *Germania est delenda*,此处化用了古罗马政治家老加图的名句"迦太基必须毁灭!"(*Carthago delenda est!*)。迦太基在第二次布匿战争中败给罗马。老加图在战后访问迦太基,目睹了迦太基的重建和复苏,视其为罗马的心腹大患。作为主战派的代表人物,他在元老院的演讲总要以这句话结尾。

劳备忘录的不同视角，它可以被解释为在任何一间英国酒吧发表的反德长篇大论的博雅版。在更隐晦的层面上，克劳也反映出了德国人所感受到的，对真正和想象中的敌人的偏执狂。

我们可以安慰自己，并不是每个人都与主战派想法一致。这两个国家的讽刺作家和讽刺漫画家都很活跃。1907年，德国一个爱胡闹的人制作了一张世界地图，上面的大英帝国缩小到只剩冰岛，剩下的地盘都被德国占领。对于这种歇斯底里，最绝妙的反驳是伟大的幽默作家P.G.伍德豪斯的《突袭！又名克拉伦斯如何拯救英格兰：大入侵的故事》（1909），它讲述了英格兰不仅被德国人，还被俄国人、中国人、瑞士人、摩洛哥人、疯狂毛拉*和摩纳哥人侵略的故事。在这套阵容中，人们对德国入侵的关心还不及一场乡村板球赛：

萨里表现糟糕

德军在英格兰登陆

……还有夹在板球赛比分和赛马结果之间的新闻：

萨里147分，8人出局。德军今天下午在埃塞克斯登陆。洛姆郡让磅赛：第一名，小鲜肉；第二名，莎乐美；第三名，Yip-i-addy。七匹未获名次。[35]

---

* 指索马里的宗教和政治领袖穆罕默德·阿卜杜拉·哈桑（1856—1920），他领导了索马里人民的抗英斗争。

第十三章
此时的波斯尼亚－黑塞哥维那

> 当然，我们不会做出任何不利于吞并的事情！但他们背着我偷偷做事，深深地伤害了我作为盟友的感情！……我竟然是全欧洲最后一个听到风声的！
>
> ——1908年德皇被告知奥匈帝国吞并
> 波斯尼亚-黑塞哥维那时的反应

1908年，一个秘密的土耳其社团正在摩拳擦掌，想要重新控制让给了奥匈帝国的巴尔干领土。社团成员一般被称为"青年土耳其党人"，他们在组织上隶属于名字并没有什么危险性的"统一与进步委员会"，这是一个由土耳其知识分子、学生和军校学员组成的伞状组织，模仿了意大利地下革命运动集团"烧炭党"。青年土耳其党人的起义在未来的战争领袖恩维尔帕夏的共同领导下，像藤蔓一样蔓延到了巴尔干半岛那些由土耳其人占据主导地位的地区，主要是马其顿，他们举起了革命的反旗，反对疾病缠身的奥斯曼帝国老朽的领导阶层。这个运动集团的民族主义议程志向远大：竟然要推翻土耳其的旧秩序，以一个决心恢复土耳其对保加利亚领土和波斯尼亚-黑塞哥维那省份的完全控制权的民选议会取而代之。

这些争议领土的近代历史与巴尔干半岛的一切一样复杂。它可以归结为三个集团之间的斗争，每个集团都试图为了自身的政治和战略目的而控制这个半岛。这些集团分别是以塞尔维亚为首、由俄国赞助的斯拉夫国家，它们梦想建立一个扩大的斯拉夫王国；奥匈帝国，它试图对巴尔干地区分而治之，从而抑制斯拉夫人和土耳其人的野心；以及老迈的奥斯曼帝国，它希望保留穆斯林在欧洲的强势存在，并控制达达尼尔海峡（拒绝俄国打通地中海）。青年土耳其党人为这场三方斗争注入了一股追求土耳其民主的强劲世俗力量。另一个变数是塞尔维亚。维也纳、圣彼得堡和土耳其对巴尔干领土提出要求，是出于政治和战略考虑，然而塞尔维亚在这里的利益本质上是民族主义的，因此无法预测，而且慷慨激昂。

在这些难以调和的要求之间通过谈判开辟出一条道路，将被证明是非常危险的。整个斗争取决于奥斯曼帝国一个小小的前哨站的命运，每个与该地区有利害关系的国家都声称这是他们的：它就是波斯尼亚-黑塞哥维那省。四百多年来，波斯尼亚-黑塞哥维那一直是奥斯曼帝国最西端的省份之一，是苏丹在欧洲腹地留下的足迹，那里的穆斯林占据主导地位。波斯尼亚-黑塞哥维那与克罗地亚、塞尔维亚和黑山接壤（见地图3），首府为萨拉热窝，那是农民和牧民的土地，有着青翠、起伏的丘陵，除了一条具有重要战略意义、长度仅为26公里的亚得里亚海海岸线外，均为内陆地区。谁控制了它，谁就能打通地中海，这对深居内陆的塞尔维亚特别有吸引力。

作为巴尔干民族的一个缩影，波斯尼亚-黑塞哥维那是土耳其人、塞族人、克罗地亚人和一系列小型族群以及各自宗教信仰的聚集地。他们似乎居住在一床补了又补的拼贴被子里，随着命运的盛衰起伏而翻来覆去，在东方与西方、基督徒与穆斯林的接缝处被扭扯着。这些族群争夺政治和经济影响力，并定期受到宗教和种族战争的搅动。最终，讲斯拉夫语的穆斯林逐渐占据了主导地位，这是基督教会的东正教和天主教信仰势不两立的结果。

信仰东正教的波斯尼亚塞族人是这个省份的第二大族群，他们发展出了一种强烈的部族主义，自视为由俄国支持的大塞尔维亚国家的一部分。波斯尼亚-黑塞哥维那对塞尔维亚的重要性无论怎么强调都不为过。如果说科索沃是塞尔维亚的灵魂，那么波斯尼亚-黑塞哥维那就是泛斯拉夫主义的未来沃土，会实现塞族人拥有统一王国的梦想。"它是所有关心政治的塞族人的敏感点，他们的宏愿和希望都围绕着这个中心展开。"凯莱在1870年写道。[1]这里是塞尔维亚民间传说中英雄的出生地，塞尔维亚诗人热衷于用波斯尼亚方言作诗。这个省份代表了塞尔维亚祖国一种想象中的扩张，而奥地利军队驻守萨拉热窝的景象则严重冒犯了塞尔维亚人的自尊心。

波斯尼亚塞族人为这些独立梦想努力奋斗着。他们可能是这个省份最独特的少数民族，从未接受维也纳对他们国家的占领。当塞尔维亚在1903年政变后建立了一个激烈反奥地利的政权时，他们的抵抗得到了大力支持（见第二十四章）。

大多数波斯尼亚-黑塞哥维那人倾向于对维也纳怀有这样的感情。然而，另一种选择——在贝尔格莱德统治下的生活——很难吸引那些与塞尔维亚并没有民族或宗教亲缘关系的人。他们只想独善其身，太太平平地做自己的事。可悲的事实是，在波斯尼亚-黑塞哥维那，没有人能够逃脱他们国家充满暴力的历史，这段历史时不时地回来作祟，经常造成毁灭性的后果。那么塞尔维亚最上面的主子俄国又扮演了怎样的角色呢？即使波斯尼亚塞族人看到了摆脱维也纳魔掌的光明未来，他们与贝尔格莱德的纽带终究还是要与东欧那个至高无上的斯拉夫赞助者联系在一起，解都解不开。

1880年，波斯尼亚-黑塞哥维那有50万东正教徒、20万天主教徒和45万穆斯林。他们大多是斯拉夫人，却在民族和宗教忠诚上有分歧。按照贝尔格莱德对一个扩大的斯拉夫国家的设想，要想办法把他们统一进来。1857年至1870年间，泛斯拉夫运动——在时间上早于泛德意志运动——将"解放所有斯拉夫人并将其统合为一个大联邦这项任务"托付给了俄国。[2]巴尔干半岛的斗争史可以追溯到斯拉夫人对统一的这种渴望，俄国通过头号党羽塞尔维亚发起了这场斗争。

1878年，这个梦想似乎就要成真了。这一年的6月13日至7月13日，列强齐聚柏林会议，开会的目的是稳定俄国在1877年至1878年的战争中战胜土耳其人之后的巴尔干半岛局势。1876年穆拉德五世苏丹被废黜后，事实证明，优柔寡断的继任者阿卜杜勒哈米德二世苏丹无法控制他的斯拉夫附庸国，于是，代表们聚集在柏林，以决定巴尔干半岛的新秩序。俾斯麦主持了会议——这是对他在欧洲日益提升的影响力恰如其分的认可——英国、法国、德国、奥匈帝国、意大利、俄国和奥斯曼帝国的领导人出席了会议。出乎意料的是，他们没有什么怨言，成功地敲定了《柏林条约》——这个名字本身就着重强调了德国在欧洲事务中的优势地位——这份条约正式承认塞尔维亚、黑山和保加利亚这些事实上的公国从奥斯曼帝国的统治下"独立"。

土耳其在巴尔干半岛的五百年统治从这里开始走向终结。事实上，这份条约更进一步，似乎满足了斯拉夫人的要求。它对此前的《圣斯特凡诺条约》进行了修订，当年3月3日签署的那份条约建立了自治的保加利亚，实际上将这个公国从奥斯曼帝国五百年的统治中解放了出来（这个日子在当今的保加利亚是作为解放日来庆祝的）。尽管土耳其人仍然保留着对马其顿和保加利亚部分地区的控制权，但他们的帝国在欧洲已然日薄西山。

一个帝国的退却引诱着另一个帝国前进。在哈布斯堡帝国看来，必须采取一些措施来控制这些不守规矩的波斯尼亚-黑塞哥维那人。列强插手了。柏林会议授予奥匈帝国占领并镇压这个名义上仍承认奥斯曼帝国宗主权的叛逆省份的权利，维也纳也迅速派兵驻守波斯尼亚－黑塞哥维那的城镇。对奥斯曼帝国自尊心的这记打击就是未能控制住波斯尼亚动乱的代价。塞尔维亚则对这一决定深恶痛绝，因为它扼杀了塞尔维亚将这个省份并入一个由贝尔格莱德控制的、扩大的斯拉夫国家的希望。表面上的胜利者奥匈帝国几乎没有意识到，它抓在手里的这块殖民地就像一只豪猪：竖起了满身的刺，随时可能勃然大怒。

柏林会议还建立了一个扩大了的斯拉夫国家保加利亚公国（根据《圣斯特凡诺条约》），然后又在同一年（根据《柏林条约》）推翻了这个决定，将保加利亚拆分成三个独立的部分（马其顿是其中之一），之后将它们交还给土耳其控制。

这些措施的整体效果是遏制了奥斯曼帝国和俄国在巴尔干半岛的野心，粉碎了塞尔维亚人对扩大的斯拉夫王国的希望，并授权给了维也纳。重要的是，1881年，奥地利得到了俄国和德国的授权，可以自行择时吞并波斯尼亚－黑塞哥维那。俄国的立场在1897年发生了变化，新沙皇尼古拉二世拒绝接受这份协议。从此以后，俄国将反抗奥地利吞并这个省份的任何尝试，这是一个隐患，会为巴尔干半岛带来阴魂不散的可怕后果。

之后到了20世纪头十年，奥地利人和青年土耳其党人将渴望的目光投向了奥斯曼帝国对巴尔干半岛越发力不从心的控制这等好事。1902年，青年土耳其党人首先在巴黎结成了流亡反对派团体，他们决心用民主的世俗政府取代阿卜杜勒哈米德二世苏丹领导下蒙昧的奥斯曼专制政府，并为君士坦丁堡夺回马其顿、波斯尼亚－黑塞哥维那和保加利亚的部分地区。但他们首先必须推翻苏丹的政权，这也是他们在整个20世纪头十年的革命推动力。

青年土耳其党人的雄心壮志让维也纳官员惊恐万分，因为复兴的土耳其会威胁到他们控制巴尔干半岛的计划。同样令人不安的是俄国资助的大塞尔维亚的前景。1908年，这些恐惧激发奥匈帝国采取了行动——去填补巴尔干半岛的权力真空，从而断送土耳其重返巴尔干半岛或者建立一个由俄国赞助的斯拉夫王国的梦想。

这样一来，奥匈帝国自然对维也纳已经派驻了军队的这个小省份垂涎三尺。吞并波斯尼亚-黑塞哥维那将成为完全征服斯拉夫人领土的前奏。对维也纳来说，这件事"机不可失，时不再来"，因为授权吞并该省的最初协议将在1908年到期。俄国是一个巨大的未知数：它会容许波斯尼亚被诱拐到维也纳的控制下吗？或许圣彼得堡会这样做，以换取奥匈帝国认可俄国军舰在博斯普鲁斯海峡和达达尼尔海峡——也就是所谓的"黑海海峡"——自由通行（而无需改变迫使土耳其向其他所有大国关闭黑海海峡的现行安排）。对一些俄国人，尤其是沙皇的朝臣来说，用巴尔干半岛的一小块打发奥地利，以此为代价独得进入地中海的权利，似乎是一笔很划算的买卖。于是，在1908年，惦记着这根胡萝卜的奥匈帝国开始实施一个吞并波斯尼亚-黑塞哥维那的计划。随之而来的危机将向全欧洲表明，为什么巴尔干半岛很有可能成为战争的试炼场。

这场外交斗争涉及欧洲最聪明、最自我中心、个人缺陷最严重的两位政治家之间的冲突：他们是奥地利外交大臣阿洛伊斯·莱克萨·冯·埃伦塔尔伯爵和他的俄国同行亚历山大·伊兹沃尔斯基。两人都在不择手段的外交艺术方面经验丰富、造诣颇深。埃伦塔尔1854年出生在一个富裕的犹太谷物商人家庭，一位传记作者这样评论他，"自负与狡猾、蛮力与诡计、现实主义与玩世不恭的混合体：他随时准备瞒天过海、避实就虚、以智取胜，这里面隐藏着一种严酷无情的意志"。[3]他聪明、冷静、耐心，外表的沉稳掩饰了他那"活跃的、凌驾于一切之上的想象，这种想象与其说是慧眼如炬，更多的是热血上

阿洛伊斯·莱克萨·冯·埃伦　亚历山大·伊兹沃尔斯基
塔尔伯爵

头"，阿尔贝蒂尼这样写道。[4]

伊兹沃尔斯基是一位俄罗斯正教贵族，容易做出无法预知的草率决定，他很有天赋，纵使他的野心大到危险的地步。一位同僚评论道："伊兹沃尔斯基无疑很有教养，也很聪明，但不幸的是，他一点就着的脾气和自尊心害他不浅。一篇报纸文章的攻讦就能让他彻夜难眠。"[5]

两人都渴望进行欧洲权力政治的大博弈。他们把国家的命运看成一连串由他们亲自掌控、责任重大的棋招：一记昏招就能扰乱所有民族，而一记妙招则可能增强这些民族的自主权。两人都不想要战争，但他们在本质上都参与了导致大战的种种事件。亚历山大·克伦斯基在著作中提议将"走向大战的欧洲"作为伊兹沃尔斯基私人通信的副标题，因为这位俄国外交官与将世界带到1914年的各路阴谋诡计关系极为密切。[6]

奥匈帝国和俄国的两位皇帝曾经结盟，签署了保证两国关系的三帝同盟，埃伦塔尔见三帝同盟恢复无望，便决定通过大胆介入巴尔干半岛来恢复旧哈布斯堡帝国受损的威望。他注意到维也纳曾经宣示过"在它认为合适的任何时候"吞并这些省份的权利，现在他打算实现这个计划了。[7]他还有更宏大的野心，那就是将克罗地亚人（和塞尔维亚人以外的其他斯拉夫人）纳入一个由奥地利、匈牙利和南斯拉夫人组成的扩大化的三元帝国。他的目的是孤立塞尔维亚，使其成为"（奥匈）帝国内部一个巨大的、由克罗地亚人主导的南斯拉夫人统一体的断肢"。[8]

1907年10月至1908年9月间，埃伦塔尔做出了一连串的让步，这些让步将为完全吞并波斯尼亚-黑塞哥维那铺平道路，并改变欧洲的秩序。他的这个计划需要得到俄国的默许。他的开局策略很狡猾，因为他放弃了新帕扎尔的桑贾克（奥斯曼帝国的一个行政区划单位），这是位于当代黑山的一块领土，当时被奥地利军队占领。显然，它并没有什么军事价值。他的意图表面上是通过放弃奥匈帝国对桑贾克的主张来安抚敌对大国，尤其是土耳其和俄国。这看似下了血本，因为根据《柏林条约》，奥地利保有占领桑贾克的权利。然而，1908年1月27日，埃伦塔尔用一个附加条款暂时拖延了他的计划：他得到了苏丹的特许，可以修建一条穿过桑贾克、通往塞尔维亚边境的米特罗维察的铁路。

这处改动激怒了伊兹沃尔斯基（和贝尔格莱德），他把计划修建的这条铁路线视为"扔在他两脚之间的一颗炸弹"[9]——这是一种军事策略，旨在把奥地利军队输送到塞尔维亚边境，威胁俄国的斯拉夫亲戚。奥匈帝国会不会就此成为德国进入斯拉夫人国度的特洛伊木马呢？由国家控制的俄国新闻界的反应也是意料之中的激烈，声称这必将导致德国控制巴尔干半岛；一些社论作者甚至推测会发生战争。

伊兹沃尔斯基决定不公开反对修建铁路。相反，他表示自己愿意像维也纳希望的那样，默许对方吞并波斯尼亚-黑塞哥维那，以换取奥地利认可俄国最垂涎的目标：海军控制土耳其海峡。伊兹沃尔斯基进行了一番推论，把已经被奥地利占据的波斯尼亚-黑塞哥维那送给它，相对于这样一份大奖来说，似乎只是很小的代价。

伊兹沃尔斯基带着这笔得到了沙皇本人担保的交易，与他的对手接洽。当然，俄国接受这笔交易很可能激怒塞尔维亚，所以伊兹沃尔斯基请埃伦塔尔发誓保密，希望向塞尔维亚朋友隐瞒俄国的共谋，因为塞尔维亚人显然**不想**让奥地利吞并这些省份。就这样，伊兹沃尔斯基把一件毁灭性武器递到了埃伦塔尔手里：以曝光俄国人秘密参与将波斯尼亚-黑塞哥维那送给维也纳一事相威胁。

1908年7月2日，伊兹沃尔斯基向埃伦塔尔提议："鉴于看到（波斯尼亚-黑塞哥维那的未来）以符合两国共同利益的方式决定下来对我们两国极为重要，帝国政府将做好准备，本着友好互惠的精神开始讨论。"[10]

完完整整的国家就是在这种无害的语气中被击垮，落入敌国之手的。埃伦塔尔瞅准时机出手了。他故意装出一副对俄国的"妥协"无动于衷的样子，他一眼就看出，伊兹沃尔斯基匆忙献上波斯尼亚-黑塞哥维那，犯了一个可怕的错误。伊兹沃尔斯基由此暴露了俄国海军的野心有多么迫切，一下子打光了圣彼得堡所有的牌。奥地利外交大臣决心采取这样一种方针，它将欺骗他的俄国对手，并使奥匈帝国与斯拉夫世界的关系陷入公开的、旷日持久的冲突。

埃伦塔尔迅速采取行动以巩固他的机会。1908年7月，青年土耳其党人革命进行得如火如荼，传遍了马其顿，宣布结束土耳其过去三十年的专制统治，恢复1876年的自由宪法。青年土耳其党人希望尽快把他们在巴尔干半岛的利益拿到手。埃伦塔尔也是这样想的，他打算尽快推进这次吞并。结果证明，土耳其起义的大棒和俄国秘密提议的胡萝卜让人无法抗拒。

埃伦塔尔当然拒绝与伊兹沃尔斯基分享这个新的权宜之计，后者还在固执己见，幻想着一笔对俄国非常有利的秘密交易已经触手可及。两位外交大臣于9月16日在布赫劳城堡重新开始谈判，在两场长达六个小时的马拉松式会议上，他们敲定了一份"协议"的条款，其核心内容是俄国同意奥匈帝国吞并波斯尼亚-黑塞哥维亚。

换来了什么呢？这简直是欧洲外交史上最奇怪的一次收场，俄国没能将这次交易的内容落实到书面上；只有几份断断续续的备忘录跟踪记录了这次商讨，而这些备忘录也没能将条款定死。在接下来的几个星期里，双方都试图重新定义他们认为已经达成一致的内容。埃伦塔尔声称，俄国代表团已经同意，在未来关于黑海海峡的任何谈判中，都"不会再出现波斯尼亚-黑塞哥维亚的字眼"（即这次吞并与俄国海军进入地中海之间没有明面上的联系）。这就使俄国对黑海海峡提出要求时完全不能提及这些省份——还将阻止伊兹沃尔斯基"把这次吞并和黑海海峡问题放在同一个平面上讨论，也就是让他两手空空——事实上也确实如此"。[11]伊兹沃尔斯基则表示，他认为吞并计划之后会提交到10月8日的一场会议上做进一步讨论。

维也纳在两天前就着手进行吞并了。埃伦塔尔给欧洲各国大使馆发了一连串信函，委婉提及即将发生的这件大事，但拒绝给出准确日期，通过这种方式让各国比较平静地接受了弗朗茨·约瑟夫皇帝于1908年10月6日宣布正式吞并波斯尼亚-黑塞哥维那的消息。一天前，保加利亚国王宣布他的国家正式独立。这两件事都违反了《柏林条约》，并引起了俄国、法国和塞尔维亚极为强烈的反应，它们见波斯尼亚和黑塞哥维那两省完全落入奥匈帝国的控制之下，简直怒不可遏。俄国受到了莫大的侮辱。这次吞并直接造成了后来引发奥塞战争的紧张局势。

随着这次吞并通过外交的消化道往下走，很明显，维也纳戳穿了欧洲的虚张声势，赢了一手。原因在于德国，奥匈帝国大胆的外交举措是成是败，全凭这个大国的脸色。柏林对吞并的支持，在它与维也纳的关系中确立了一种模式。从这时起，德国便倾向于对奥地利遏制塞尔维亚野心——引申开来的话，还有俄国的野心——的任何行动或声明都不假思索地同意。这样的联系并没有被三国协约的成员所忽视，它们一如既往，已经非常习惯柏林对中欧任何违反和约行为的反应了。

这次吞并也暴露了德国的另外一件事情：德皇被边缘化到了何种程度。威廉闷闷不乐地声称，他是在头一天通过土耳其那边的消息来源才得知了奥地利的行动，而不是通过他自己的政府。"当然，我们不会做任何不利于吞并的事情！"他写道，"但皇帝他们背着我偷偷做事，深深地伤害了我作为盟友的感情！……我竟然是全欧洲最后一个听到风声的！"[12]

这件事情的影响是痛苦的、长期的。在俄国人看来，这是一个帝国强行消化了一个主权国家。然而伊兹沃尔斯基并没有把他的秘密交涉和对吞并的默许告知他在圣彼得堡的同僚。当他们通过他7月2日的信件得知他是同谋时，这一消息震惊了圣彼得堡政府。德高望重的首相彼得·斯托雷平威胁称，如果允许德国支持的奥地利继续吞并进程，他就要辞职。俄国人坚持要求召开一场国际会议，以确认1878年条约中各项条款的有效性。

历史学家詹姆斯·乔尔写道，在最初的迟疑之后，德国向奥匈帝国伸出了援手，并利用"隐晦的战争威胁"，"迫使俄国政府让步，默许奥地利的行动"。根据乔尔的说法，"这场危机表明俄国和奥地利在巴尔干半岛的对抗多么容易牵动整个欧洲"。[13]德国首次显示出它对军事条款的忠诚。德皇相当愚蠢地宣称，他"穿着闪亮的铠甲"站在奥地利人这边；而德军总参谋长赫尔穆特·冯·毛奇对他的奥地利同行弗朗茨·康拉德·冯·赫岑多夫将军说："俄国一动员，德国也会跟着动员。"[14]

法国和英国同情塞尔维亚人，也温和地反对吞并，但没有人考虑过动武。克列孟梭的反应可能是最激烈的。对他来说，这次吞并是"对契约义务的严重违反和对公共道德的侵犯，如果任其发展下去，就会开一个坏头"。[15]

在伦敦，外交大臣爱德华·格雷通过10月3日收到埃伦塔尔私下通知的哈丁得知这一消息后，迅速敦促维也纳重新考虑这一严重违反1871年《伦敦条约》中订立的国际协议的行为，该条约规定，任何大国未经签字国同意，不得违背涉及邻国的承诺。对"国际法"的尊重倒是颇有英国人风范，但维也纳根本不予理睬。

爱德华国王在10月9日与奥地利大使冷冰冰的会面中也表达了这种情绪。与此同时，伊兹沃尔斯基却在伦敦受到了盛情款待，人们认为这是安抚三国协约中蒙受屈辱的成员必须要有的。几天之内，欧洲的断层线已然硬化成了一道无法逾越的分水岭。

然而没有人出手反抗维也纳的行动。除了愤慨的嗤之以鼻外，攻击它的言语比抵抗它的行动更多。在圣彼得堡、巴黎和伦敦，头脑冷静的人们为一线生机绞尽脑汁。要不要对塞尔维亚做出补偿？或者让维也纳让步？奥匈帝国为何没有提出把波斯尼亚-黑塞哥维那分出一小块给贝尔格莱德，以此安抚他们呢？在布赫劳的那场会面中，埃伦塔尔拒绝了伊兹沃尔斯基瓜分波斯尼亚的建议，现在他认为没有必要重启谈判，他声称谈判已经尘埃落定。当然，没有人征求过波斯尼亚-黑塞哥维那人的意见，问问他们更愿意被谁统治。

为解决这一问题而提议召开的会议，因议程的混乱和德国的反对而失败。柏林不希望被视作维也纳和三国协约之间的调解者。无论如何，在海军通过达达尼尔海峡问题上，俄国在预判土耳其的立场时遇到了各种错综复杂的情况，而海军通过达达尼尔海峡正是出了丑的伊兹沃尔斯基希望获得的秘密补偿。如果没有土耳其的同意，圣彼得堡政府就要冒给俄国埋下另一颗雷的风险。

塞尔维亚和俄国对失去波斯尼亚－黑塞哥维那的反应最为激烈（考虑到伊兹沃尔斯基的秘密背叛，后者的反应颇有讽刺意味）。贝尔格莱德下令动员12万人，并使国家处于紧急警戒状态。10月17日，塞尔维亚外交大臣米洛瓦诺维奇动身前往欧洲各国首都进行巡回抗议。只是奥地利采取军事行动的威胁让塞尔维亚放弃了自己的立场，发表声明表示接受，保证做一个好邻居。然而整个问题却造就了深仇大恨。

历史学家宁契奇写道：

> 人们感觉到，不可挽回的伤害已然造成，我们国难将至，塞尔维亚和塞族人的不共戴天之敌奥匈帝国正准备消灭一个想要独立自由地生活的民族的每一个抵抗迹象。[16]

他还称，这次吞并危机包含了"将在1914年再现、作为大战直接原因的所有因素"。[17]

奥地利的冒犯触及了塞尔维亚政府及其情报机构的核心。1908年10月8日，就在奥地利吞并波斯尼亚两天后，塞尔维亚的大臣、官员和将军们在贝尔格莱德市政厅举行了一次会议。他们的目的是成立一个名为"民族自卫组织"的半秘密社团，它将充当巴尔干半岛泛斯拉夫主义的组织机构。正如迈克尔·沙克尔福德所言，更具体地说，它的目的是"为塞尔维亚和奥地利之间可能发生的战争招募并训练游击队员"，通过宣传、间谍活动和破坏活动反对奥地利在巴尔干半岛驻扎。[18]在波斯尼亚－黑塞哥维那、斯洛文尼亚和伊斯特拉半岛也将设立一些卫星团体。

不出一年，民族自卫组织便已在提升泛斯拉夫意识方面大获成功，以至于维也纳强迫塞尔维亚政府制止了这样的煽动。由于俄国此时不愿意支持塞尔维亚的"反奥地利叛乱"，贝尔格莱德不得不勉强服从。自那以后，民族自卫组织便"专注于塞尔维亚境内的教育和宣传，试图将自己打造成一个文化组织"。[19]一个名为"统一或死亡"的更致命的泛斯拉夫组织很快取而代之。

波斯尼亚-黑塞哥维那危机最不祥的后果是人性的，太人性的，这些后果也烙印在了俄国领导阶层的内心深处。圣彼得堡当着全世界的面出了丑，很快就将把这种情绪反应转化成政治和军事行动，正如休·斯特罗恩所指出的那样。在俄国人眼里，这次吞并是奥地利在巴尔干半岛扩张野心的证据，并且可能"最终将二元君主国带到君士坦丁堡城门口，使之成为黑海海峡的陆上主宰者……"[20]俄国政府甚至拨出了重整军备的资金。从那以后，它的整个外交政策将力求在中欧和东南欧建立一个反奥地利的国家组织。为了这个目的，俄国和塞尔维亚的关系变得更加坚固，成了一个看似牢不可破的斯拉夫集团。

第十四章
受到围困的条顿人——和一个意大利人

军队斗志昂扬，等待任务的召唤。我们是带着帝国未来取决于我们的觉悟投入战斗的。如果我们胜利归来，那么我们将不仅征服外国的土地：我们还将赢回奥地利的自尊，为帝国理想赋予新生……我们热血沸腾，我们摩拳擦掌。陛下！只要您一声令下！

——奥地利军事刊物《丹策尔军报》
1909年1月7日的头版文章

这只不过是维也纳报纸上的一篇文章，但这种官方的好战姿态和将奥匈帝国的分裂状态归咎于除德国以外所有欧洲国家的倾向，暴露出了一个政权担惊受怕的心理状态，这个政权的军事领袖认为，战争是维护哈布斯堡王朝自尊和延续的唯一手段。这篇题为《战争前夕》的文章在欧洲各地引发了严重恐慌。这篇文章于1909年1月7日发表在奥匈帝国武装部队刊物《丹策尔军报》上，反映了最高统帅部的观点，并得到了那位脾气暴躁、留着浓密八字胡的奥匈帝国总参谋长康拉德·冯·赫岑多夫的认可。

康拉德将冲突理解为"残酷无情的生存斗争"的必要表现，这很符合他的社会达尔文主义信仰——意味着相信战争是对适者种族的考验。在这个意义上讲，战争是政治的代替品，而不是延续。[1]他的观点与奥匈帝国陆军中那些受过教育的普通参谋没什么不同，对他们来说，战争将决定谁来承受地土[*]。[2]康拉德解释道：

> 承认生存斗争为万事万物的基本原则，乃是制定政策唯一真实、合理的根据……任何人倘若仍然对日益严重的危险视而不见，或者认识到了危险却仍然懒得武装自己，并且优柔寡断，无法在适当的时刻予以打击，那么他就是自作自受。[3]

康拉德热衷于将他的理论付诸实践，不断敦促奥匈帝国政府入侵并征服塞尔维亚。只有武力才能保障二元君主国未来的安全。

康拉德在他的私生活中也采用了类似的策略，这种公私如一的作风倒是很值得玩味。他不遵守传统道德，完全没有谨慎意识，侵犯了一个年龄只有他一半大的女人的家庭安宁，她就是二十八岁的吉娜·冯·赖宁豪斯，六个孩子的母亲，富商汉斯·冯·赖宁豪斯的妻子。吉娜是一个身材高挑的意大利美女，有着一头乌黑飘逸的秀发。康拉德是一个热情有魅力的男人，身材瘦削结实，留着八字胡。他们于1907年1月20日在一场晚宴上相识，康拉德被她迷住了。有朝一日娶她为妻的想法在他的脑海里挥之不去。他始终都在主动献殷勤，还经常向她求婚。他锲而不舍地给她写信；他在私人的"痛苦日记"中倾诉他的悲伤，里面是一大堆感伤、自怜的冗长废话，大多未寄出，这些文字使人联想到一个比他年轻得多的男子突然萌生的情欲。他写道，她驱策他"成就一番伟业"。康拉德在一封未寄出的信中幻想自

---

[*] 典出《圣经·马太福音》（5：5）："温柔的人有福了，因为他们必承受地土。"

己将在波斯尼亚危机期间出人头地，作为指挥官获得胜利，荣归维也纳，然后"再也顾不得小心谨慎，便娶吉娜为妻"。[4]尽管她看似因这份持续不断的殷勤而沾沾自喜，即使可能也有些不知所措，但康拉德苦恼地发现，他无法说服她为了一个似乎情难自抑的五十四岁男子而离开自己的丈夫和孩子。

康拉德的传记作者将这位奥地利人的痴情与拿破仑对约瑟芬的追求进行了一番很有趣的比较。和拿破仑一样，"康拉德对战场攻势的狂热信仰反映在了他对吉娜的追求上。他的'进攻'是持续不断的，没有对成功机会的理性思考，也不关心'伤亡'，无论是道德上的还是情感上的"。[5]1907年至1915年间，康拉德总共给吉娜写了3000封信，包括寄出和未寄出的。他们可能是在1908年或更早的时候成为情人的——她的丈夫似乎是忍气吞声了。如果不是因为他的痴情影响到了他的精神稳定和职责的履行，我们定会忽略这位被爱情冲昏头脑的奥地利总参谋长的私生活。这段为情所困的关系影响了康拉德的情绪，刺激了他的倔脾气，给了他成就大业的勇气，等等，而这些并不都是好事。

波斯尼亚被吞并几个月后，《丹策尔军报》（一份他偶尔投稿并且读得很起劲儿的刊物）刊登《战争前夕》时，康拉德和吉娜已经彻底搞在一起了。为了将影响最大化，这篇得到了康拉德认可的文章特意安排在三国协约对奥匈帝国的吞并感到愤怒、俄国对此深感屈辱之后的这个时间点发表。

虽然奥地利在那次外交冲突中取得了胜利，但《战争前夕》把这个国家描绘成受伤的一方，就像康拉德在他的痛苦日记中一样。事实上，在这篇文章令人毛骨悚然的语气中，不难听出征服者康拉德的挑衅之声。普鲁士贵族也有这种弱者心态，举目四望，是一个没有朋友的世界。意大利与德国和奥地利的关系正在冷却，它们已经把这个挂名盟友视为大敌。意大利刚刚遭受了可怕的墨西拿地震，可康拉德手下的笔杆子们却把这看成对意大利落井下石的机会（想到出生在意大利的吉娜对这种麻木不仁的态度会作何反应，真是让人不寒而栗）。

然而，我们不能把《战争前夕》视为又一个战争贩子的长篇大论。这是在号召战争，号召对奥匈帝国和德国的敌人进行一场先发制人的战争。这篇文章显然是为柏林和德皇，以及哈布斯堡的老皇帝弗朗茨·约瑟夫而写的。作者对他们的行为后果浑然不觉，这透露出一种无法理解其他国家的观点、只能感知潜在敌人的官方心态。即使他们笔下一个被围困帝国的挑衅号叫对具体政策没有什么直接影响，这毕竟还是充当了奥匈帝国军方上层的情绪风向标，是异口同声、越发响亮的战争预言中最喧嚣的呐喊。由于以上种种原因，我们应该把《战争前夕》摊开来读一下：

时间已到。战争不可避免。

从未有过如此正义的战争。我们对胜利的信心也从未如此坚定。

我们正在被推进战争。俄国驱使着我们。意大利驱使着我们。塞尔维亚和黑山驱使着我们，土耳其也驱使着我们。

俄国驱使着我们：……当今的俄国已经为一场进攻战做好了准备：因此，眼下它承认奥地利对波斯尼亚的主张（很久以前，俄国就通过许许多多的条约和承诺，保证承认对波斯尼亚的吞并，这一事实被俄国视为区区次要考量）；但伊兹沃尔斯基说，俄国正准备适时履行它在巴尔干半岛的历史使命，同时也将用尽一切手段促进巴尔干半岛的所有国家联合起来反对奥匈帝国……（我们必须）要么趁俄国还在为最近那场（与日本的）战争和国内（1905 年）革命的后果所苦时立即出击，要么就只能收住拳头，直到它再次攒足力气，并通过外交手段使罗马尼亚和保加利亚与我们作对，使我们陷入完全孤立。

意大利驱使着我们：因为即使官方层面上我们仍把意大利看成是我们这边的，也只是为了让它晚点儿对我们突施杀伤力更强的冷箭。咬牙切齿的意大利装作忠诚的盟友，只因它知道自己还没有准备好。但它正大踏步地纠正二十年来受到的怠慢。难道我们要等到意大利看准对我们发动战争的有利时机吗？

（提到在墨西拿地震中丧生的十万多人之后：）……作为人类，我们被（1908年）12月28日的可怕事件激起了无比深刻的、由衷的同情。但政治是一个无情的行当，我们必须将墨西拿地震视为一个有利于我们做打算的因素。五年前，头脑简单的我们体谅俄国在远东的灾难，放走了以让我们满意的方式彻底解决巴尔干问题的机会。我们的骑士精神很快就得到了对方的感谢：俄国如今站在了我们敌人的队伍中！我们已经戒除了这种骑士精神，即使在这种举国哀悼的日子里，我们也要毫不犹豫地对意大利放狠话。

塞尔维亚驱使着我们：塞尔维亚首相的言论已无需多言。像他这样的嘴巴就该用拳头来回应，如果自己服役的国家乖顺地屈服于这样的挑衅，皇家和王家军队的任何一名军官都会以他的佩剑为耻。

土耳其驱使着我们：我们在君士坦丁堡的代表受到了蔑视和嘲笑。我们在那里的威望已经所剩无几。对我们的抵制无非是一场无休无止的暗战。土耳其目前正掌握在一个卖国集团手中，他们被英国人用金钱收买，为英国的利益服务；土耳其也处在一个过渡阶段，因此目前没什么能力采取行动，并且可能会继续这样下去，即便我们不得不利用这一内部危机，错也不在我们。

如果我们的强权能够像德意志帝国那样组织严密、不受挑战、令人服膺，那么我们就可以轻轻松松地省却最后通牒，从容不迫地静待事态发展。但由于我们在外国人眼中的威望受损，由于我们在别人看来比实际情况更弱，由于我们被无限低估，所以我们不得不采取作为一个国家的最后手段，抓住有利时机，首先以与我们的自尊和利益需求相匹配的方式，用武力激烈、断然地回应塞尔维亚的挑衅。

这第一步行动能否结束这生死攸关之年的军事行动，将取决于它的速度和成功。

我们已经正式占有了长久以来便属于我们的波斯尼亚。为此种情况所迫，我们现在要对塞尔维亚出手了，通过我们的保护，给这片饱经沧桑的土地一个在我们的保护制度下开始新生活的机会……

军队斗志昂扬，等待任务的召唤。我们是带着帝国未来取决于我们的觉悟投入战斗的。如果我们胜利归来，那么我们将不仅征服外国的土地：我们还将赢回奥地利的自尊，为帝国理想赋予新生，不仅战胜外敌，还将战胜我们当中的敌人。

我们热血沸腾，我们摩拳擦掌。陛下！只要您一声令下！[6]

这就是从武装部队高层发出的奥匈帝国军事偏执狂的真实声音。它透露出一种将在1914年7月盛行的心理状态。如果我们想要理解它，就必须颠覆我们现代人将战争视为外交失败后的最后一招的假设，还要去了解战争是必然、必要、**可取**的思想。根据这种理论基础，战争就成了达尔文学说的终极斗争中适者的试验场，尼采学说中金发超人（和女超人）的完美种族将从中产生，他们在恢复哈布斯堡皇室的威望后，接着就将统治世界。康拉德的激烈言论以维也纳的丑态结束，这个窃取了波斯尼亚-黑塞哥维那的贼把自己塑造成一只走投无路的狗，"摩拳擦掌"，想要为恢复"奥地利的自尊"而征服大塞尔维亚。即使这篇文章暴露了康拉德旺盛的性冲动和男性气概危机，它肯定也让能德皇赞不绝口。

事实上，德国对奥地利盟友的赞许，带着仿佛困惑的家长试图管束不听话的青少年一样的关心。柏林感到烦恼和疑虑。毫无疑问，如果打起仗来，奥匈帝国会与它的可靠盟友德国并肩作战，但如果动起手来，这个古老的帝国会将谁作为对手呢？维也纳和布达佩斯会把他们军队的打击对象限定为塞尔维亚和意大利吗？意大利是个观望的看客，虽然名义上忠于三国同盟，但不会有人真的相信。（埃伦塔尔本人就曾在1908年12月8日给比洛的信中表达过对意大利的担忧，建议让康拉德和毛奇"仔细研究一下意人利中立这种假设"。）7还是说奥匈帝国会重新振作起来，与德国最畏惧的敌人俄国交战——如果俄国大军压境，则帮忙抵挡住他们？德国坐在那里，研究着它的条顿亲戚，却捉摸不透。

就此而言，从展现出来的种种思想、观念和情绪来看，德国政府在1909年的心态是很难评估的。从德皇的歇斯底里和反复无常，到新任宰相特奥巴尔德·冯·贝特曼-霍尔韦格相对的沉稳和温和的观点；从普鲁士军方对先发制人战争的信念，到自由主义者和社会主义者的通融与妥协，不一而足。将这些极端联结在一起的一个共同点，便是德国奇怪的民族唯我论，一种集体的自我指涉叙事，在这种叙事中，德意志帝国是其他国家联盟与友谊的原因或催化剂。俄国、法国和英国之间的关系一直是在排除了德国的情况下构设的。麻烦之处在于，随着1908年结束，1909年至1914年这段至关重要的时期到来，德国的叙事有了实质性内容：德国已经成为欧洲列强所围绕的争论点。

值得称赞的是，贝特曼-霍尔韦格试图阻止德国陷入孤立、受围的境地，并与英国结成一种新的关系。这一目标将会被证明是难以实现的，尤其是因为贝特曼-霍尔韦格没能理解英国人（正如我们将要看到的那样）。那么我们就试着去理解一下他吧。在我们感兴趣的贝特曼-霍尔韦格宰相的所有生活细节中，有一点对于理解他那些导致1914年宣战的行动至关重要：他从未在武装部队中服役。他不是军人。这让名义上听他指挥，但实际上会毫不客气地表达自己意见的普鲁士将军们很不服气。他们给的压力让他恐惧，也解释了为什么他会在即将到来的危机中松开掌权的手。贝特曼-霍尔韦格精神上是一名知识分子，来自一个显赫的普鲁士律师和公务员家族。他能讲好几种语言，还能阅读希腊和罗马典籍的原文。在一个重视古典教育胜过外交和谈判技巧的时代，这些品质能否让他做好发挥治国之才的准备，并不成问题。

年轻时的贝特曼-霍尔韦格享受着普福尔塔学校与世隔绝的生活圈，他在这所精英寄宿学校丢弃了"对军国主义的个人需求"，把自己塑造成了一个孤独的思想家，"来自霍恩菲诺（他的出生地，位于勃兰登堡）的哲学家"[8]，一种歌德式英雄。"他拒绝加入兄弟会，活在自己的想象中，更喜欢思想与理想的世界，而不是乏味的现实。"一位传记作者写道。[9]即便如此，他还是保持着冷静，在学校里是首屈一指的优等生，在法律考试中取得了优异成绩，并作为狩猎协会的优秀主办人获得了社会名望："总的来说，（他）是俾斯麦那句隽语的绝佳例证：普鲁士出产卓越的枢密院顾问官和平凡的大臣，却不出产政治家"。[10]

贝特曼-霍尔韦格对实现"奇志"的渴望超出了他的才能和个性，他也成了一个把自己逼得很紧的自学者。例如，他在正式的学术成就和文学表达方面并不成功，这就驱使他在人生的其他领域做得比预期更好，并寻求权力转瞬即逝的慰藉。"他的性格是这样的，"贾劳施写道，"既冷漠又火热，既玩世不恭又理想主义，既是保守派又是改良派。"二十三岁的他"老成得令人惊讶，为人又很天真，并且已经准备好将'对未来的模糊想法'具体化了"。[11]政治比其他任何追求都更能适应这种反其道而行之、奇怪的是竟然还没有定型的性格，由于没有令他心动的替代选项，贝特曼-霍尔韦格便很务实地着手将自己的一生奉献给国家。

他在民族主义保守派的政治梯队中步步高升，于1907年成为帝国内政大臣。1909年，他在比洛辞职后接任宰相。执掌大权后，他立刻将工作重点放在英国身上。必须想办法再次与英国人"交好"。事实将会证明这件事很难办，因为德国在1898年至1902年间曾经多次拒绝英国的结盟邀请，在驱使伦敦与巴黎签订《英法协约》一事上发挥了关键作用。贝特曼-霍尔韦格看出了这个错误，他试图引诱伦敦重回德国的怀抱，远离法俄同盟。贝特曼-霍尔韦格写道，三国协约"包围"了德国。[12]

为此，贝特曼-霍尔韦格在1909年成为宰相后首先要做的，就是将德国与奥匈帝国的同盟置于"防御性"战争的立场上，他声称是三国协约的形成迫使他结成这个同盟的。根据贝特曼-霍尔韦格的解释，德国被包围，并不是它自己挑起来的。在他看来，德国人是一个热爱和平的民族，却要面对一个正在慢慢把自己包围起来的凶巴巴、恶狠狠的世界。他声称，法国、俄国和英国的"官方政策"就是要限制德国的经济优势，并抑制泛德意志运动。

贝特曼-霍尔韦格在回忆录（写于1919年至1920年，也就是他去世之前）中展现出来的思想，采用了自我开脱、闪烁其词的笔法，筛除了一种将德国作为常年被误解的受害者的历史阐释。然而作者确实描绘了1909年柏林的受围心态，并将泛德意志主义的兴起毫不含糊地归咎于三国协约：

> 泛德意志主义如此猖獗，在很大程度上是协约国沙文主义激烈爆发所造成的结果，这一点我再怎么强调都不为过。但这种

沙文主义与德国的情况不同，它源于这些（协约）国的官方政策……但如果说我们是犯了民族感情过于充沛的毛病，那么从另一个阵营传来的、在留神倾听的世人耳边响起的口号——德国必须毁灭——则是来自无比清醒的商业算计。毫无疑问，这让它变得更加有效。[13]

按照贝特曼-霍尔韦格的说法，在德国的各路敌人中，法国人是一个拥有"好战野心"的民族，他们越发受到普恩加莱的影响，对修好或自治毫无兴趣，一心只想着收复阿尔萨斯-洛林。[14]英国人阴险狡诈、背信弃义，他们的自由党政策就是想遏制德国海军的雄心壮志，如果继续推行下去，就会"越发危及世界和平"。[15]俄国人则是最危险、最心术不正的骗子，屡次欺骗德国，使其在接二连三的巴尔干危机中越陷越深。

这些断言真实与否并不是重点。在这场观念之战中，重要的是德国领导人坚信，这个由他们的欧洲对手控制的世界已经处于这种固化状态，对手们的邪恶计划就是要限制德国"生存空间"的边界，即使他们自己还在亚洲和非洲将帝国的成果狼吞虎咽。而贝特曼-霍尔韦格是属于温和派的。

毫无疑问，在帝国议会中有更多有影响力的温和派——社会民主党、自由党——他们试图抑制疯狂的德国新闻界和德皇那些骇人听闻的言论。问题在于，这些克制的声音在德国以外的地方很少能听到，在最需要听到这些声音的英国和法国则完全听不到。

另一方面，德皇却让自己被全天下人看到。威廉有一个不良习惯，就是公开捍卫他在德国天地间的至尊地位，好像那会被人抢走似的。有一次，他公然宣称："外交部？呵，我就是外交部！"[16]（爱德华成为国王之前）他在给舅舅的一封信中写道："我是德国政策唯一的主宰者……我的国家必须跟我走，无论我走到哪里。"即便赞同这种观点的德国政客越来越少，德皇立于德国政府和武装部队之巅也是不争的事实。作为总司令和国家元首，他的个性对决策的影响无处不在——至少在1908年以前是这样，这一年，将军和政客们厌倦了他欠考虑的想法和反复无常的言论，试图堵住他的嘴，把他边缘化。

威廉将自己等同于"德国精神"，以至于这两个概念在他的思维中已经变得无法区分了。他在无穷无尽的演讲、评论、采访和公函旁注中一吐为快，对让他心血来潮的所有国家事务发表意见。在他三十年的统治中，他提笔写下和脱口而出的幼稚到令人惊奇的出格言论，通常会被公之于众，被外国媒体报道。如果这些话没有那么大的煽动性，没有被严重误解，人们大可对其嗤之以鼻，或者一笑而过。然而这毕竟是德国的一国之君，而不是美国官员读了德皇写给美国总统的一封奉承信后给出的评价——"一个头脑发昏的小学生"。威廉象征着巨大的权力。

鉴于此，世人还是愿意听一听德皇的想法的——即使他的大臣们听到后会吓得面无血色。整个20世纪头十年，他都在计划与地球上几乎所有的大国结盟，为实现他心爱的世界政策而疯狂、冲动地行事。在他令人气恼的统治期间，他曾多次要求与法国、俄国、英国、美国、中国、日本和三国协约结成军事同盟，对抗其他一长串国家。他这个星期亲近俄国，下个星期亲近英国，然后是法国。他在理论上措辞强硬，在实践中却不与人争。似乎唯一能让他的发作消停下来的，就是使德国陷入实际战争的风险；只要一闻到真正的、近在眼前的危险气息，他就倾向于逃跑或让步。

历史学家克里斯托弗·克拉克援引了德皇口不择言的两个非同寻常的例子，让我们得以了解他滑稽可笑的行为举止。1906年4月4日，在美国驻柏林大使馆举办的晚宴上，威廉谈起了德国人口过剩的话题——或许是在开玩笑；自他登基以来，德国的人口已经从4000

万增加到了6000万。为了减轻食物供应的压力，德国需要额外的生存空间。法国的大部分地区似乎人口不足、发展迟缓，何不同意将它的边界往西缩一缩，来容纳急速发展的德意志帝国呢？1904年1月，在自己的庆生晚宴上，他向大惊失色的比利时国王利奥波德吐露，如果布鲁塞尔在未来德国与法国的战争中站在德国这边，比利时人将得到从法国人手中夺来的新领土，利奥波德也将被加冕为旧勃艮第国王。利奥波德回答说，他的大臣们会拒绝这样一个异想天开的计划，对此，威廉反驳道，他无法尊重一位自觉承蒙议会之恩"而非上帝之恩"的君主。威廉继续道，如果这就是比利时的立场，那么德国将不得不"按照纯粹的战略原则行事"——入侵并占领比利时。据说利奥波德被这番话吓得不轻，宴后把头盔都戴反了。[17]克拉克总结道，这个无礼的提议"不应被视为一种具有攻击性的冒险行为，而应被视为德国对法国进攻的部分回应"。[18]引起举世哗然的，与其说是破坏比利时的中立（对于这件事已经暗地里进行了充分仔细的研究），毋宁说是德皇竟认为在国宴上与比利时国王讨论这个问题并无不妥。

德皇杀伤力最大的冒失行为是1908年10月28日接受伦敦《每日电讯报》的荒诞采访。威廉开口便是这段名言："你们英国人疯了，彻彻底底地疯了。你们到底是怎么回事，竟然沉溺于简直给一个伟大国家跌份儿的怀疑之中？"[19]他继而承认德国对英国的敌意，直言德国海军的威胁，还泄露了国家机密。这次采访使德国颇为难堪，使英国、法国和俄国与之疏远，并引发了要求德皇退位的呼声。根据一位传记作者的说法，他失去了以前在国内和外交政策上的大部分影响力，由此陷入了抑郁，并且从未完全走出这份屈辱。[20]比洛最终因为这次灾难性的采访而丢了工作，并在回忆录中大吐苦水：

> 被（威廉）免职的俾斯麦侯爵发出的所有警告，所有可怕的预言，都回到了民众的脑海中。许多德国人都有一种不祥的预

感，这种……愚蠢甚至孩子气的行为，出现在最高国家元首身上，只能导致一件事——灾难。[21]

德皇就像是一个没脑子的小丑，对自己在世界上的地位产生了错觉，为此困惑不已，长期以来被欧洲当成沙包的感觉也让他不堪重负。克拉克写道：

> （威廉）浮夸的威胁恐吓，总是与德国是**受攻击**一方的想象情景联系在一起……德皇有许多奇特之处，其一便是他完全无法按照对身居高位者的要求来调整自己的行为。他讲话时往往不像是一国之君，而是像一个兴奋过度的青少年在随心所欲地表达自己当前的所思所想。他是爱德华时代一个社会类属的极端典型，就是那种俱乐部里向坐在旁边的人没完没了地解释自己拿手项目的烦人精。[22]

即使画漫画讽刺他轻而易举，他的大臣们也会小心翼翼地避免对他不敬。他享有很高的声望，即便是一阵一阵的。由于这个原因，他的大臣们不得不容忍并监督他们这位不安分的统治者，而威廉的愚蠢想法对德国的公共政策也并没有太大的影响。然而，他的鲁莽间接影响了德国的领导阶层，因为他倾向于将行政决策权集中在一小撮极度自信、公然挥舞着扩张主义大棒的人手中。在管控或消除德皇的过火行为时，德国政府也发现自身很容易受到军方领导人的欺压，那些人利用与总司令的关系，往往会用皇帝的首肯来推进他们自己的计划。

比较突出的例子包括藏在暗中的德国外交部政治司司长弗里德里希·冯·荷尔施泰因，他决定了19世纪90年代的外交政策，为德国赢得了萨摩亚殖民地，在1905年的摩洛哥危机期间也具有很大的影响力，当时，他希望撕裂英法的缓和关系，却未能如愿。他在1909年去世时留给德国政府的最大一笔遗产，或许就是他对如何"驾驭"德皇一以贯之的示范。贝特曼-霍尔韦格对这个问题有着深入研究，事实证明，他很擅长抑制威廉的狂热情绪，会在关键时刻把他拉去度假。

时光荏苒，德皇戴着镣铐歌唱，人们征求他的意见，主要是出于礼节的要求，而不是因为人们认为他能够提供中肯的建议或指导。从这个角度看，他很难称得上是英国和法国课本中那个渴望战争的怪物，反而更像是一个穿得五颜六色、身上挂满勋章、喜欢装腔作势的人。在贝特曼-霍尔韦格看来，他是一个和蔼可亲、热爱和平的人，他的意图"实际上完全是和平的"，他被描绘成一个"渴望战争、称霸世界和大屠杀"的暴君，分明是对一个本性纯良、敬畏上帝之人的"恶意讽刺"。[23]许多对德皇滔滔不绝的好战叫嚣有所耳闻的人，都不会同意这样的评价。然而在面对威胁时，威廉确实是在躲避暴力，倾向于躲在他的羽毛帽子下求和。

第十五章
驶向阿加迪尔的一艘炮舰

但如果我们被逼到这步田地,只有放弃英国通过几个世纪的英勇和成就才赢得的重要、有利的地位,任由英国在利益受到重大影响的地方被当作列国中无关紧要的一员对待,才能维持和平,那么我要斩钉截铁地说,以此等代价换取的和平,对我们这样一个伟大的国家来说,将是无法忍受的屈辱。

——1911年财政大臣戴维·劳合·乔治在伦敦市长官邸的演讲

在这种视而不见、偏执狂和不信任的气氛中,外交之争迅速升级为欧洲的战争威胁。1911年7月1日,一艘破旧的德国炮舰"豹号"在摩洛哥的大西洋港口城市阿加迪尔起锚。这艘两年前就该被送去废品堆放场的破船威胁不了任何人。然而,在欧洲的偏执狂和猜疑气氛的作用下,它的出现几乎引发了一场欧陆战争。

这艘配有9名军官和121名船员的船,表面上是派去在摩洛哥的反阿卜杜勒哈菲德苏丹叛乱中保护德国人生命财产的,当时,这位苏丹被围困在非斯的城堡里。"豹号"更确切的作用是威胁恐吓,迫使法国交出非洲殖民地的特许权。对柏林政府来说,有一点是很清楚的:"豹号",或者更准确地说,是它所代表的德国强权,对在摩洛哥获得进一步优势毫无兴趣，摩洛哥当时并不包括在德国的外交政策中。

　　相反，德国是在表达对法国军事干预摩洛哥的不满，此举明目张胆地违反了第一次摩洛哥危机后签署的《阿尔赫西拉斯条约》，而德皇曾极其高调地参与其中（见第十一章）。"豹号"的粗暴干预也是为了在国内激起本国人的同仇敌忾。"贝特曼-霍尔韦格和基德伦（帝国外交大臣阿尔弗雷德·冯·基德伦-韦希特尔）需要一场外交上的胜利，"斯坦纳和尼尔森写道，"他们希望这次对'世界政策'的演示宣传和法国的撤退能够引起帝国情怀的高涨，这将巩固他们在国内的地位。"[1] 炮舰只不过是一种挑衅，被派去挑战《英法协约》过于滋润的殖民特权。

　　贝特曼-霍尔韦格写道：

　　（德国）不能默不作声地放任（法国军队）如此飞扬跋扈地

德国炮舰"豹号"

向前推进，而他们的这种行为绝不是我们挑起的……派出"豹号"只不过是想通知大家，我们不会允许法国无视我们进行深入讨论的愿望，通过巴黎内阁拖拖拉拉的程序强迫我们接受。2

法国和英国却并不这么认为：他们通过"豹号"察觉到了德国在摩洛哥进行军事干预，可能还要占领阿加迪尔港的计划。在媒体惯常的歇斯底里煽动下，这种感知越发强烈，已经到了很危险的程度，将法国和德国带到了战争的边缘，并促使英国内阁警告德国大使，皇家海军将进行干预，以保护英国在这一地区的利益。

在这件事情上，贝特曼-霍尔韦格是对的。法国才是1911年在摩洛哥陷害、挑唆的那个。那年4月，法国外交部的鹰派说服奥赛码头派遣法国军队的一支别动队去镇压摩洛哥的叛乱。然而他们的真正目的是实际占领摩洛哥，作为将其彻底纳入法兰西帝国的前奏。问题在于，法国军队在摩洛哥的出现违反了1909年《法德协议》和1906年与德国签署的《阿尔赫西拉斯条约》的精神和字句，这些协议已经解决了如今被称为第一次摩洛哥危机的问题，即便只是暂时的，而且也不允许法国在该地区进一步夺取殖民利益。这些违约行为给德国提供了一个讨价还价的筹码，可以用来提出新的要求，夺取法国在刚果和西非的领土。"炮舰外交"一词便由此而来。

"豹号"引发了第二次摩洛哥危机。这艘小小的炮舰，在三国协约的成员看来具有强烈的敌意，尤其是法国和英国外交部的仇德者，他们对柏林的干涉感到愤怒，发起了一场猛烈的新闻攻势，就差向德国宣战了。法国的新闻攻势是法国外交部办公厅主任莫里斯·埃尔贝特的杰作，那些听话的主编们一向对他唯命是从。埃尔贝特和他的同事们决心破坏法国为德国利益行方便的任何尝试，招募了新任外交部长朱斯坦·德塞尔维，他是一连串平庸的法国外交部长之一。作为埃尔贝特派系心甘情愿的帮凶，德塞尔维敦促政府向阿加迪尔派遣巡洋舰——这招被总理约瑟夫·卡约否决了。结果政府分裂成了两派，一派是赞成军事行动的德塞尔维和鹰派，另一派是赞成谈判的卡约和温和派。克里斯托弗·克拉克评论道，卡约对埃尔贝特屡次三番破坏所有和解努力的行为十分恼火，召见了这位倔强的外交官，啪地一声折断了他的铅笔，说："我要把你像这支铅笔一样折断。"[3]

卡约的温和立场最终占了上风，德国同意了一个补偿方案，作为承认摩洛哥完全由法国支配的交换条件。但这笔交易之所以成功，全因卡约通过法国驻柏林大使儒勒·康邦与德国政府谈判，并巧妙地绕过了奥赛码头惯常的沟通渠道。正如克拉克所言："结果就是，到了8月初，卡约已经秘密接受了与柏林的补偿交易，而他的外交部长朱斯坦·德塞尔维还在坚决反对。"[4]

更多的误解和特殊利益很有可能使该协议失效，特别是参与到这场完全不符合本国政府政策的辩论中来的德国报界那些耸人听闻的大标题。"摩洛哥西部归德国！"这样的大标题，与负责这方面事务的大臣基德伦-韦希特尔和德皇的目标完全不搭调，两人都没有兴趣对摩洛哥的一块领土提出要求。基德伦反而是希望利用法国在摩洛哥的军事干预来确保德国在其他地方有所斩获，主要是法属刚果。

英国政府对摩洛哥事态发展的反应从关切到愤怒，不一而足——这是那种奇怪的嗜杀气氛的又一个例证，在这种气氛中，德国但凡有一点儿插手英国殖民事务的迹象，都会掀起一场谴责和贩卖战争的风暴。在一些内阁成员心里，"豹号"让人联想到德国在大西洋建立海军基地的骇人前景。英国海军部摆出一副不可一世的姿态，谴责了德国的入侵。如果德国的这一行动是打算在阿加迪尔登陆，那么英国将被迫派出军舰来保卫它在那里的利益。

一种更具洞察力的观点认为，德国的行为不是为了获得领土利益，而是为了瓦解三国协约。艾尔·克劳派——如果可以这样形容英国仇德者的话——担心法德在摩洛哥问题上达成协议会使欧洲的势力天平发生倾斜，并破坏三国协约。他们敦促外交大臣爱德华·格雷向德国大使发出正式警告。克劳写道，德国的干预"非要说的话，是对实力的考验"。"让步并不意味着利益受损或者丧失威望。它意味着失败，及其所有的必然后果。"[5]这纯属夸大其词。德国派遣"豹号"是为了抗议法国对摩洛哥的军事占领，这明显违反了条约中规定的义务，正如贝特曼-霍尔韦格后来所写的：

> 但那些指责德国扰乱世界和平的大国……一定十分清楚，如果我们有意对法国进行军事威胁，我们应该会选择一种截然不同的方法，而不是将一艘小型炮舰停泊在阿加迪尔港。[6]

相反，克劳、伯蒂（英国驻巴黎大使弗朗西斯·伯蒂爵士）、尼科尔森（外交部常务次官、前驻圣彼得堡大使阿瑟·尼科尔森爵士）和其他的反德派代言人要求英国展示实力，并敦促格雷在必要时派出一艘炮舰与"豹号"相抗衡。尼科尔森报告称，他怀疑德国人的居心，怀疑基德伦-韦希特尔希望看到谈判失败，而且"形势依然非常严峻"。[7]

起初，冷静的头脑占了上风。7月4日的内阁会议决定走宽容路线，要求德国就摩洛哥问题的解决方案与伦敦商议。在发往柏林的一封电报中，格雷要求"豹号"撤离，并请德国对在阿加迪尔的意图做出解释，这也算合情合理。丘吉尔在1911年7月5日给妻子的信中写道："我们决定对德国使用浅显易懂的语言，并告诉它，如果它认为可以在没有约翰牛的情况下分割摩洛哥，那就大错特错了。"[8]这也纯属异想天开："豹号"根本无意威胁英国的利益。

两天后，在对议会的一场演讲中，格雷再次坚持要求德国澄清意图。气愤、愠怒的柏林没有做出回应。贝特曼-霍尔韦格认为德国没有义务向伦敦解释自己的外交政策。毕竟，英国也没有满足外国势力索要"解释"的蛮横要求的习惯。柏林辩称，不管怎么说，摩洛哥事件都是德国和法国之间的事情。

在伦敦，人们对这件事越发关切。这些德国人竟敢对大英帝国如此放肆！英国人怒发冲冠。外交部的反德派代言人也提高了嗓门。阿瑟·尼科尔森爵士在 7 月 18 日警告称，德国人打算把阿加迪尔转变成加那利群岛攻击距离之内的一座要塞，从而对英国的利益构成威胁。

直到 7 月中旬，格雷都很明智地对反德派同僚们的挑拨不予理睬，并容许德国在刚果获利，作为法国控制摩洛哥一事的回报。然而，鹰派现在不想为法国光天化日之下的抢劫给予德国**任何**补偿。16 日，德国狮子大开口，要求得到**整个**法属刚果，英国外交部对此"甚为警觉"。[9]格雷被迫采取更为严厉的手段。他提议就摩洛哥问题召开一次国际会议——这是格雷被迫做出选择时最喜欢采用的策略——但他推迟了这一决定，使内阁陷入了严重分歧。

到了 7 月 21 日，德国仍未回应格雷 17 天前首次提出的解释要求。格雷对柏林的无礼感到愤怒，在所辖部门越发响亮的反德声音的压力下，他警告德国大使保罗·沃尔夫·梅特涅，英国"不会承认任何没有我们表态的摩洛哥问题解决方案"。[10]必须得做点什么，而正是在这种紧张的情况下，内阁中迄今为止最有影响力的反帝国主义者、对德宽容的代言人、财政大臣劳合·乔治要在伦敦市长官邸发表一年一度的演讲了。

听到内阁中这位左翼鸽派人士的沙文主义情绪爆发，英国人民还是很不习惯的。作为阿斯奎斯自由党政府中的一名"激进"成员，出生于威尔士的戴维·劳合·乔治在布尔战争期间支持布尔人，并且强烈反对政府在南非的政策。他支持社会改革、老年人的养老金和国家保险制度。他被认为是一位优秀的演说家，拥有很强的政治洞察力，擅长审时度势，懂得灵活变通。在这样的背景下，他本可以提议对摩洛哥问题采取谨慎态度，甚至敦促英国在一定程度上从它与欧洲日益加深的纠葛中抽身。

可劳合·乔治反而为英国打出了一记重击，英国这种张牙舞爪的示威，是这个世界上最强大的帝国自克里米亚战争或滑铁卢以来未曾有过的。他的演讲得到了阿斯奎斯和格雷的充分肯定，他们也撰写了一部分演讲词，虽然他并没有对外国势力指名道姓，但全国人民都想当然地认为他的这番话是针对柏林的。劳合·乔治表示，除非德国不再威胁英国重要的涉外利益，否则英国和德国极有可能开战。他想到的似乎是德国最近对英国海上霸权的挑战，以"豹号"为象征，这也太寒酸了些：

> 就我个人而言，我由衷提倡采取一切手段，通过诸如文明世界为调停人与人之间的分歧而成功设立的方法，来解决国际争端……
>
> 但我也不得不说——我认为英国应不惜任何代价保持它在世界强国中的地位和威望，这不仅对于这个国家的至高利益，对于全世界的至高利益都是不可或缺的。
>
> 它的强大影响力过去曾多次对人类的自由事业产生无可估量的影响，将来也仍然可以。这种影响力在过去曾不止一次拯救欧洲大陆国家免于灭顶之灾乃至亡国，而这些国家有时太容易忘记这份功劳了。
>
> 我将为维护和平而做出巨大牺牲。我认为，除了关乎国本的问题外，没有什么能为扰乱国际友好的行为开脱。但如果我们被逼到这步田地，只有放弃英国通过几个世纪的英勇和成就才赢得的重要、有利的地位，任由英国在利益受到重大影响的地方被当作列国中无关紧要的一员对待，才能维持和平，那么我要斩钉截铁地说，以此等代价换取的和平，对我们这样一个伟大的国家来

说，将是无法忍受的屈辱。[11]

演讲全文刊登在《泰晤士报》上，成了国际新闻。英国人民为财政大臣复苏的民族主义精神而欢欣鼓舞。这场演讲透露出演讲者一反常态的好战性，并向世人宣告了他对阿斯奎斯内阁中那些反德派成员的忠诚，其中的领军人物是格雷，他的鹰派同僚尼科尔森、克劳、伯蒂等人也都拥护他。劳合·乔治的声明得到了颇具影响力的军事作战局局长亨利·威尔逊准将的盛赞（见第十七章）。这位财政大臣突然向强硬派认输了，对他们来说，德国是国家的最大威胁。

德国人的反应是震惊和沮丧。柏林确实没有回答英国的询问。但这足以成为英国财政大臣在一场重要的公开演讲中以实际上的战争威胁作答的正当理由吗？梅特涅在这场演讲后三天，即24日的第一次会面中告诉格雷，德国对摩洛哥没有任何要求，只想让法国为违反《阿尔赫西拉斯条约》的入侵行为做出补偿。柏林仍然期待并希望在法属刚果分得一杯羹。

格雷的态度软化了下来，他请求允许在议会上引用梅特涅的话。但是在随后一次交锋激烈的会面中，梅特涅拒绝了，并重申了他的要求，即如果没有从法国那里得到满意的补偿，德国将被迫在摩洛哥采取武装干预措施——针对的是法国。格雷却将这番话理解为对英国海军的直接威胁，并警告丘吉尔，"舰队随时可能受到攻击"。[12]格雷曲解了德国外交官的意思：柏林绝无打算为了与法国在摩洛哥的殖民地之争而挑战英国海军。

劳合·乔治的演讲就这样在一个很危险的时刻发表了。贝特曼-霍尔韦格谴责这场演讲在德国引起了"群情激奋"："英国在此提出了对世界帝国的要求，后来却虚伪地反咬一口，指责我们觊觎这样一个世界帝国。"[13]它引出了后来的一系列解释，其中最极端的是A.J.P.泰勒，他声称劳合·乔治的演讲是打算对法国人破坏世界秩序的行为做出回击，而不是针对德国人。这种解释与格雷、丘吉尔和阿斯奎斯的所思所想相矛盾，他们将这场演讲视为对德国的直接警告，这才是正确的。

劳合·乔治的演讲作为对德国侵略的回应是否**得当**，则是另一回事。德国在阿加迪尔的行动是否严重"挑战了《英法协约》的效力"？[14] 是否对英国的海上霸权构成了威胁？任何合理的评估都必然会得出否定的结论。但格雷是在收到德国对摩洛哥主张的警告后才采取行动的——而柏林并不以此为目标。他轻信了对德国人意图彻彻底底的误解，这种误解不仅来自尼科尔森，也来自英国驻法国大使伯蒂在7月发出的一封信。根据伯蒂的说法，德国根本就是寻求在大西洋上建立一个海军要塞，而格雷也已经准备好部署英国军舰来对付它了。

阿斯奎斯政府没能看清阿加迪尔事件的实质：德国对法国未与《阿尔赫西拉斯条约》的共同签字国协商就向非斯派兵的背信弃义行为的过度反应。格雷本可以推理出来，德国这样的武器装备是根本不可能占领阿加迪尔的。德国在摩洛哥的行动，真的像历史学家休·斯特罗恩所说的那样，"直接威胁到了世界最强海军"吗？[15] 德国人的好战，更像是因为在瓜分非洲的过程中只捡了几口残羹剩饭而产生的失落的残喘。似乎没有人理解柏林对法国向阿加迪尔冲动派兵有多么沮丧，这种明显的侵略行为违反了国际法（多少是那个意思），却没有像德国的炮舰一样成为千夫所指。相反，伦敦咬住这个小问题不松口，还把它作为劳合·乔治莫名其妙地喊打喊杀的借口。

一场很容易抑制的纷争，竟然可以将三个大国刺激到差点采取军事行动，这件事本该向欧洲各国的大使馆发出响亮的预警信号——警告他们，现有的外交渠道完全无法阻止军事升级的进程。"阿加迪尔危机有一点非常怪异，"克里斯托弗·克拉克总结道，"人们竟能允许它升级到一场西欧战争似乎迫在眉睫的地步，然而对立各方所提出的立场并非不可调和，最终也为一份持久的解决方案奠定了基础。"[16]

阿加迪尔危机是由错误印象、视而不见和对殖民地的贪婪所促成的。法国对摩洛哥的非法入侵点燃了火种，德国愚蠢地派出一艘炮艇火上浇油，英国、法国和德国的报纸大肆煽动，英国和法国政府威胁要派陆军或海军来灭火。英国和法国的反德派极端分子对详细情况一无所知，在气头上只想着复仇。伦敦的激进分子在议会开展了驱逐格雷的运动，他们认为他过于温和，他也被迫在1911年11月的一场演讲中为自己的摩洛哥政策辩护。然后，这场危机就草草收场了。

事实上，这场危机根本不必发生。大多数人——包括新闻界——都不知道的是，法国和德国的领导人（卡约和贝特曼-霍尔韦格）正在幕后冷静行事，想要通过协商达成和平协议。最终，法国和德国在1912年3月30日签订的《非斯条约》中达成了一个持久的解决方案，根据这份条约，德国承认摩洛哥为法国的受保护国，法国则将法属刚果的一部分割让给德国。阿加迪尔危机的解决没有威胁到任何人，无论是三国协约还是英法协约，更没有威胁到英国海军。输家只有苏丹（他退位了），以及摩洛哥和法属刚果的人民，他们只是被当成了远方木镶板房间里的谈判中的殖民战利品。尽管最终得以和平解决，但这场纷争将最好战的倾向暴露了出来，也让执迷不悟的欧洲沙文主义"激情澎湃"地表达了出来。[17]

第十六章
弗里德里希·冯·伯恩哈迪的适者

> 如果没有战争，劣等或腐朽的种族就将轻而易举地扼杀含苞待放的健康种族的生长，随之而来的将是全人类的腐坏堕落……由于全球几乎每个地方都有人居住，因此，一般来说，获得新领土势必要损害其所有者的利益——也就是说，要通过征服，这也因此成为一种必然律。
>
> ——《德国与下一场战争》，
> 弗里德里希·冯·伯恩哈迪将军，1911年

一位德国将军正在阿加迪尔事件的阴影下著书立说，他没有被人类和平共处的可能性扰乱心神，而是把战争理解为一种达尔文主义的需要，因此是不可避免的。他写道，人们必须为生存而打仗。战争不仅是一种责任，也是一种生物学意义上的必然。德国和奥匈帝国的军界最高层也认可伯恩哈迪对人类状况的解释。

在弗里德里希·阿道夫·尤利乌斯·冯·伯恩哈迪将军的心目中，人类的行为同样要受制于支配着野兽的生存规则：战争是"达尔文的研究成果所认可的"。人类必须在扩张主义或必死无疑之间做出决断，"是成为世界强国，还是走向衰亡"。适者生存的准则，并

不意味着伯恩哈迪将军把为生存而战的人类视为与野兽无异。相反，战争是一种崇高的抱负，是一份责任——事实上是一项"神圣的事业"——它凌驾于政治劝导的艺术、理性的力量和宽容的境界之上。

另一方面，伯恩哈迪完全不会去考虑外交手腕、克制、宽容、条约、缓和以及谈判，他认为这些都是弱点。他美化了用武力来表达强权的残忍做法。他写《德国与下一场战争》（《当今战争》第二卷），一部分是对阿加迪尔事件的回应，按照书中一篇序言中的说法，在此期间，他"几乎无法掩饰自己的焦躁和恐慌，因为政府不够坚决"，在惩罚法国一事上。[1]他的论述中暗含着这样一层意思，即德国本该在阿加迪尔打垮法国人——而这可能会引发一场欧洲战争。

伯恩哈迪并不是一个怪人。他是一位很有影响力的军事历史学家，他的观点代表着德国统治阶级中一种很普遍的意见。他是当时最受尊敬的德国军事作家，在普鲁士军官圈子里威望颇高。简而言之，他作为当时的军事观点和文化强有力的代表，需要得到认真对待。他对全面世界大战的预言准得令人不寒而栗。然而这位将军既不是决策者，也没有反映出德军总参谋部的确切立场，实际上也没有反映出德国人民的立场。在普鲁士精英阶层之外，他最大的影响力是在国外，尤其是在英国，他的书在那里是很抢手的畅销书，在1911年至1914年间印了九版，这主要是因为它似乎证实了英国对德国侵略的最严重的担忧。

伯恩哈迪向成千上万的英国读者展示了一个普鲁士军事机器和泛德意志运动核心人物的画像，其信念的热切程度也暗示了军人集团对柏林文官领导层的支配地位。因此，伯恩哈迪的长篇大论是极其危险的。它影响了反对德国的外国人，却无法代表诸如贝特曼-霍尔韦格等相对温和的德国文官统治者的真实政策。在人类可悲地陷入迄今为止所经历的最可怕的战争这一过程中，激愤的感受再次凌驾于对真相的冷静判断之上。

伯恩哈迪1849年出生于圣彼得堡，双亲有爱沙尼亚和德意志血统，但他是典型的普鲁士贵族出身。他参加了普法战争，据称他是战争结束时第一个骑马穿过凯旋门的德国人。1898年至1901年间，他担任总参谋部战史处处长，此后一路晋升，直至1907年成为第七军的将级司令官。即使以当时的标准来看，他的络腮胡子也算得上浓密，他于1909年退役，开始安心写作（他后来还将重新出山，在大战中指挥一个师）。

伯恩哈迪的《德国与下一场战争》一书于1911年问世，随即轰动整个欧洲，并在三国协约中引起了极大的不安。他把最大的敌意指向了英国，他坚决主张，要想在与英国的海战中取得胜利，德国必须在欧洲的陆战中取得胜利。他号召把采取攻势、先发制人作为最好的防御手段。他的作品证实了英国、法国和俄国对一个具有侵略性、奉行扩张主义的德国所有的担心。"他以一种近乎恐慌的紧迫感鼓吹战争的必要性。"一篇序言中总结道。[2] 他为德国的"和平主义者"悲叹，但在将军的观点面前，这个词完全无法自洽，因为他把战争视为人类的一种自然、永恒的状态，而"和平"与"和平主义"则是不自然的反常现象。他以一种犀利的、颇具说服力的散文风格写作，证明了一个老练的作者可以表明任何想法，无论是多么扰乱人心、疯狂愚蠢或大错特错的想法。

对伯恩哈迪中心思想的摘要，揭示了普鲁士军方最核心梯队的想法。[3] 他表示，追求和平是"有害的"。德国有"发动战争的权利"。他接着写道：

> 对和平的渴望使大多数文明国家缺乏血性，并标志着精神和政治勇气的衰落，就像后辈英雄（Epigoni）的种族经常表现出来的那样……
>
> 如果没有战争，劣等或腐朽的种族将会轻而易举地扼杀含苞

待放的健康种族的生长，随之而来的将是全人类的腐坏堕落……强大、苗壮、繁荣的民族在数量上有所增加……由于全球几乎每个地方都有人居住，因此，一般来说，获得新领土势必要损害其所有者的利益——也就是说，要通过征服，这也因此成为一种必然律。征服的权利已经得到了普遍承认……

我们必须唤起我们的人民对权力的一致愿望……连同在爱国主义的祭坛上献祭的决心，不仅要牺牲生命和财产，还要为了共同的福祉而牺牲私人观点和偏好。只有这样，我们才能履行未来的伟大职责，成长为一个世界强国，将德意志精神烙印在很大一部分人类身上。相反，如果我们继续保留我们现在政治生活的标志，也就是对精力的挥霍……那么我们将被可耻地击败；灾难的时日在未来等着我们，我们将再次听到那位诗人*的悲叹，犹如身在从前的堕落岁月中：

啊，德意志，最高贵的民族

你的橡树依然矗立，但你已然倒地！[4]

德国民族主义者和军国主义者对《德国与下一场战争》喜闻乐见，但这本书在英国卖得最多，它在那里把反德派团结在了一起。它问世的第一年就在德国发行了五版，在国外也卖出了几千本。对于伯恩哈迪的这本书，大多数英国人的反应是认为将军表明了德国的政策。然而他并没有。没有证据表明，在1911年至1912年，德国正在策划一场世界大战，想要打垮它在欧洲的对手。即使这些目标存在，也是在战争开始**之后**的1914年9月才正式表明的。然而，伯恩哈迪确实试图给世界政策下一个粗略的定义："是成为世界强国，还是走向衰亡。"事实上，他的理论中暗含着"分步计划"的概念：老毛奇也

---

* 指德意志爱国诗人、参加过反拿破仑战争的军人卡尔·特奥多尔·克尔纳（1791—1813）。文中引用的诗句出自他的诗歌《橡树》。

有同样的想法，即德国必须先征服欧洲，再征服世界。历史学家霍尔格·赫维希写道，伯恩哈迪设想了"一场漫长的、生死攸关的斗争，一方是德国和奥匈帝国，另一方是法国、英国和俄国"。

在对伯恩哈迪作品的众多英文评论中，《文学文摘》提供了一个相当典型的例子。"柏林的政策从未被如此明确、如此大胆地公布出来，"1912年5月4日的《文学文摘》上写道，"这位将军的书直言不讳地表达了这样一种观点，即他的国家必须罔顾其他民族的权益，通过打仗取得优势地位……他认为'强权即公理'，而这只能通过战争来决定。"[5]

备受尊敬的历史学家、自由党政治人物、被认为是英国最重要军事权威之一（曾受邀出任陆军大臣，但拒绝了）的伊舍勋爵（Lord Esher）在1912年读到伯恩哈迪的书后，写下了极具说服力的谴责之言：

> 很难想象，接受了两千年的基督教教义后，在一个诞生了人类中一些最崇高的思想家和最伟大的科学守护者的民族中，竟然有人表达这样的观点。而且这些观点竟然来自一位迄今为止一直受到战争研究者无上尊崇的军人，他们可是把战争作为一种令人厌恶的可能性来研究的，它本身并不是一个理想的目标。谁也未曾想到，如此低级、幼稚的想法，竟然能够在近代的觉醒进程中残存下来。[6]

第十七章
亨利·威尔逊爵士准将的计划

一方是德国，另一方是法国和英国，俄国当然也有份儿，我认为，如果满足以下三个条件的话，这样一场战争便会以德国战败而告终。

——英国军事作战局局长亨利·威尔逊爵士准将
1911 年 8 月 23 日对帝国国防委员会的讲话

两次摩洛哥危机的强烈刺激加快了英国和法国的战争计划。从1905 年起，英国和法国的战略家们便开始共同将与德国的战争预测为他们最大、最可能的威胁，并改变了他们的整套观念，做好一切准备（1906 年初，这些会谈还曾在短时间内包括了比利时总参谋长）。

1906 年，由伊舍勋爵担任主席、权限很大的伊舍委员会负责在陆军大臣理查德·霍尔丹的指导下实行军事改革。他们起草了一份建立15.6 万人远征军的基本纲要，却对部署方式和部署地点避而不谈。在那时，印度仍然被认为是战场。由于政治原因，不能把欧洲指定为未来的战区，"因为没有一个政府能够承认正考虑向欧洲派遣军队"。[1] 这些改革遇到了"海军派"和内阁"激进派"的强烈抵制，导致1907 年进行了一次"入侵调查"。这并未调和陆军部和海军部严重的意见分歧，前者设想的是一场欧洲陆战，后者则预期会有大规模的海战，而陆军在海战中无关紧要。

法国人特别急于确保英国对欧洲大陆的军事承诺。当时的法国总理克列孟梭（任期为1906年至1909年）非常重视欧洲陆战。在巴黎和伦敦，他手下的官员曾多次恳求英国做出坚定承诺，却被断然拒绝。格雷帮不上忙，警告他们必须依靠俄国人。1908年5月，哈丁有心无力地告诉一个法国代表团，"我们的陆军在欧洲大陆上充其量只能影响到士气，因为我们绝不可能派出一支超过15万人的远征军，而欧洲大陆的陆军可是以百万计的"。[2]主要原因是英国尚未推行征兵制，还有一个庞大的帝国需要保卫——这些借口完全无法让法国安心，它一个劲儿地催促英国采取征兵制。

正如英国驻巴黎大使弗朗西斯·伯蒂爵士所警告的那样，在法国人的心目中，阿尔比恩已经背上了背信弃义的恶名。他写道："法国人对德国有一种本能的恐惧，对英国有一种祖传的怀疑，因为这些特点，他们很容易认为自己会被英国抛弃，被德国攻击。"[3]他的判断准确地描述了20世纪头十年法国人的心理，也解释了法国驻伦敦大使保罗·康邦为何坚持不懈地试图将《英法协约》转变为全面的军事同盟。他的努力被英国人的分歧和法国人的猜疑搞得一败涂地，以至于《英法协约》似乎"取决于英国政府成员的个性和心血来潮"。[4]虽然外交部的反德派成员赞成与法国建立军事同盟，但阿斯奎斯政府一再表示对这个构想缺乏信心。格雷与德国零星的勾搭，以及缔结《英法协约》的同时与柏林建立新的友好关系的努力，让法国完全无法放心。

有两件事改变了这种英国迟疑不决、法国满腹狐疑的情况，并给英法的军事准备工作指明了一个有力的新方向：阿加迪尔危机的冲击，它迫使两国政府"重新考虑协约关系的方方面面"[5]；以及任命一个"狂热的亲法分子"为英国的欧洲陆战计划总设计师，如果这场战争来临的话。

1910年被任命为军事作战局局长（DMO）的亨利·威尔逊爵士准将是《英法协约》的一人宣传单位，很快就变得"比任何一位外交部官员都更有影响力"，历史学家斯坦纳和尼尔森得出了这样的结论。[6]威尔逊的性情和思维都属于保守党那一派，他喜欢自称"爱尔兰人"，还在战后成为阿尔斯特统一党的一名政治人物。他出生在爱尔兰的朗福德郡，在马尔伯勒接受教育，结果就成了一个奇异的英国-爱尔兰混合体：魅力十足，彬彬有礼，非常喜欢与人争辩，有时比英国人更像英国人。威尔逊建立了一个心腹密友网络，还接纳了法国大使馆全体成员以及他的法国同行们——这对一名英国军官来说颇不寻常。他单纯就是热爱法国。与不会说法语的格雷不同，威尔逊能说一口流利的法语。他最喜欢的夏季娱乐活动就是在法国东北部骑自行车，瘦高的身板摇摇晃晃地穿行在田野里，脑海里无时无刻不在想象德国大军穿过比利时向前推进的喧嚣；或者当同僚迫使威尔逊抛弃这个（正确的）预言时，他就会想象德军直接入侵默兹河以南的法国领土。与克劳、尼科尔森和伯蒂一样，他心意已决：德国是必须不惜一切代价加以阻止的头号侵略者。

威尔逊更进一步。他打算让英国做出保卫法国的坚定承诺。追求这一目标时，他违背了本应温和稳健、冷漠清高、不偏不倚的英国政府"官方头脑"的形象[7]——他当然也不愿意"做出让议会承担战争义务的秘密约定"，正如格雷在1911年11月告知议会的那样。[8]威尔逊的偏见和克劳一样，都很符合一篇精练版《泰晤士报》社论的特征：反德，亲法，对与德国开战的必然性听天由命。为了这种可能发生的情况，他一心扑在策划上。威尔逊是一位心思缜密的策划者和才华横溢的战略家——对于火车时刻表、马匹需求和现代军队的一大串必需品，他堪称人肉计算器——他正确预料到了德军可能入侵的方向。

1911年的整个春天，身为军事作战局局长的威尔逊都在巧妙地制订他的英国远征军动员计划。他的部门在光荣孤立的状态下酝酿着战争计划，隔绝了政府文官窥探的目光。威尔逊有时会充当自己的特工，瞒着名义上的上司煽动军队的忠诚。他对格雷的冷漠清高和优柔寡断很看不惯，经常表达自己对这位外交大臣深深的失望。这一点有时表现为目中无人地将责任重新分配给自己。例如，倘若阿加迪尔危机导致战争，威尔逊会决定向外交部隐瞒军事作战局局长与法国采取联合军事行动的计划，这就很不寻常了。

7月20日——劳合·乔治在伦敦市长官邸演讲的前一天——威尔逊前往巴黎，讨论联合动员的计划。他和他的法国同行奥古斯丁·迪巴伊将军都被摩洛哥近海的"豹号"惊呆了，制定了15万英军在鲁昂和勒阿弗尔登陆的提案纲要。他们没有指定指挥官，他们也没有解决要满足怎样的条件英国才会部署远征军的问题。威尔逊无权做出这样的承诺。然而，他带着一份签了字的英法联合军事行动协议回国了，该协议甚至圈定了位于阿拉斯-康布雷-圣康坦地区的英国占领区。斯坦纳和尼尔森指出："这份签了字的协议近乎军事同盟，而且比类似的法俄或德奥非正式协议要详细得多。"9

这是威尔逊作为英法军事联络人一次令人惊讶的政治示威。格雷并**没有**承诺英国会在德国入侵的情况下保卫法国。威尔逊已经逾越了他的职权范围。外交部和内阁被蒙在鼓里，对细节一无所知。然而，威尔逊的英法秘密协议逐渐取得了《英法协约》中非官方联合战争计划的地位。它设计出了一个结果，在决策圈内为数不多的指挥官和政治人物心目中，这个结果的可能性与日俱增，毫无争议。至关重要的一点是，它启动了法国军队指挥官——很快还要加上奥赛码头的官员——相信他们可以依靠英国军事支持的这一过程。

当时身为准将和政府高级官员的威尔逊如何能够以此种方式左右局势，这个问题的根源在于他的为人，而非官方的权力结构。他的私人摘记描绘出一个在智力上目空一切的人，总会嘲笑任何反对自己方案的人。他犀利的批评主要针对自己的上司，他认为其中有几个人很愚蠢，或者是力有不逮。威尔逊在与帝国总参谋长威廉·尼科尔森爵士的一次会面后写道："总参谋长废话连篇，暴露出他对这个问题比我曾经以为的还要无知。他甚至不知道桑布尔河在哪里。"威尔逊把他最难听的批评留给了还在拒绝向协约国提供军事定心丸的格雷。在1911年8月9日的一次会议上，格雷、霍尔丹甚至克劳都未能满足威尔逊对法国做出坚定承诺的期待，这位将军为此失望至极，将外交大臣描述为"一个无知、虚荣、软弱的人，完全无法胜任比葡萄牙更大的国家的外交大臣。这个人对相辅相成的政策和战略一无所知"。[10]

这里面暗含着威尔逊所定义的自己，一个深知如何协调政策与军略的人，而他对智力的自信也在他的战争计划中大放异彩。一个世纪后，他那非同寻常的先见之明简直让人毛骨悚然："德国人当然有可能在动员的头几天里攻占列日，然后向北展开，给自己带来足够的活动空间，以部署他们的大军……"[11]

威尔逊很快就有了一个机会提出他的想法。阿加迪尔危机促使帝国国防委员会于1911年8月23日召开了一次特别会议。威尔逊希望这场阿斯奎斯两天前与格雷和霍尔丹共进晚餐时紧急召集的全天会议能够实现他的部分愿望：自己的战争战略得到官方认可。让他感到安心的是，鸽派——也就是"激进派"——内阁成员没有被邀请参加会议，其中包括殖民地大臣刘易斯·哈考特，他后来大发雷霆，说这次会议是"提前安排好的，选了一个我们应该都不在伦敦的日子……以决定英国军队在何处以及如何登陆，支援默兹河的法国军队！！！"，[12]还有伊舍勋爵，他后来将这次会议描述为"一个偏袒一方的国防委员会"和"一个内阁大臣小团体"。[13]出席会议的有：首相阿斯奎斯（主持会议），财政大臣戴维·劳合·乔治，外交大臣爱德华·格雷爵士，内政大臣温斯顿·丘吉尔，第一海军大臣雷金纳德·麦克纳，第一海务大臣阿瑟·威尔逊爵士，海军情报局局长A.E.贝瑟尔，陆军大臣霍尔丹子爵，帝国总参谋长威廉·尼科尔森爵士元帅，军事作战局局长亨利·威尔逊准将，陆军总监约翰·弗伦奇爵士将军，皇家海军少将查尔斯·奥特利爵士（秘书），以及军事训练总监A.J.默里爵士少将。

这一天至少对威尔逊来说是成功的。他是有备而来的。他对"德国与法国之间的战争"进行了详细的研究，计算出在动员后的9天之内，德国将在亚琛和阿尔特基克之间的边境部署39个师的部队。他对这场可能发生的冲突的规模给出了骇人的描述："到动员的第13天晚上，这个战区的德国军队将从39个师增加到57个师，而法国军队将从34个师增加到63个师。"[14] 也就是说，假设每个师约有17 500人的话，大约是100万德军对阵110万法军。[15] 阿斯奎斯曾一度问起需要一支多大规模的英军才能有效地干预欧洲。威尔逊回答说，"5个步兵师对士气的影响和6个师差不多大，4个师也总比没有好"[16]——总而言之，需要10万出头。

面对丘吉尔和弗伦奇将军对这一细节的盘问，威尔逊拒不考虑德军冲破莫伯日-里尔缺口的可能性。然而，威尔逊所掌握的情报却暴露出了一些奇怪的空白。他承认自己并不了解法国针对这种情形的应急计划，而且似乎也不知道对法国对第十六号计划*最近的一次评估。

威尔逊的战争计划，即便只透露了一部分，却十分巧妙地呈现了出来，得到了官方的认可，他也被鼓励继续为一场欧陆战争拟订计划。会议记录总结道：

---

　　* 法军总参谋部在1875年至1914年间制订了一系列军事动员计划。其中的第十六号计划制订于1909年，预测法军在面对德军攻势时采取防御姿态。1911年9月，新任总参谋长约瑟夫·霞飞下令将第十六号计划修改为一个更具进攻性的版本，最终成品就是第九章中提到的第十七号计划。

委员会考察了总参谋部的计划，认为在一场政府决定支援法国的法德之战的最初阶段，总参谋部优先考虑的（即威尔逊的）计划很有价值，因此总参谋部应当据此制定出所有必要的细节……在英国成为法国积极盟友的第二种假设中……我们应当在战争爆发后立即动员，并派遣我们所有可用的正规军，即六个步兵师和一个骑兵师，与法国人和德国人在同一天动员。[17]

这里的关键词是"假设"。英国政府直到战争前夕才会阐明，如果德国入侵，它是否会对法国出手相助。

帝国国防委员会会议在两个重要的方面失败了。首先，它暴露了被捧上天的皇家海军的无能，皇家海军此前拒绝为远征军安全渡过英吉利海峡提供担保。第一海务大臣费舍尔的继任者阿瑟·威尔逊爵士是一位"个性粗暴、不善表达、独断专行"的海军将领，[18]他在会议上强化了皇家海军这种弱不禁风的印象。他说，皇家海军无法抽调额外的水兵、军官或船只协助陆军渡过英吉利海峡，因为它要倾尽全力封锁德国，并摧毁德国的北海舰队。会议纪要显示，他对这悲凉的前景提出了一个不怎么牢靠的支撑物："然而，英吉利海峡会受到主要作战行动的掩护，只要法国人能够保护住他们自己港口里的运输船，海军部就能对远征的安全提供必要的保证。"[19]考虑到法国舰队将全部投入到地中海这一事实，这样的保证实在没什么说服力。

其次，这次秘密会议在内阁中激起了更严重的分歧。政府中的鸽派听说他们被排除在一次关于战争政策的关键会议之外，顿时勃然大怒。后座议员的反叛也随之而来。激进派要求将亨利·威尔逊免职，并要求政府公开声明，只有内阁才能决定重大的军事政策。格雷和阿斯奎斯被迫为他们的行动辩护。格雷装聋作哑。他在11月27日对议会说："如果不是头等大事，政府做出这样的秘密安排是有原因的。"[20]

这种说法毫无逻辑可言。对一场欧陆战争军事计划的讨论，如果不是"头等大事"，又是什么呢？相反，正如斯坦纳和尼尔森所写的那样，帝国国防委员会会议是"1914年以前陆海两个军种唯一一次详述各自的战略，并且……实际上较为详细地讨论了英国干预法国的计划"。[21]

总而言之，帝国国防委员会会议暴露出了海军部一些根深蒂固的问题（促使阿斯奎斯后来用丘吉尔取代了麦克纳），为英国干预欧洲陆战提出了充分的理由，并认可了亨利·威尔逊的以下主张：

> 一方是德国，另一方是法国和英国，俄国当然也有份儿，我认为，这样一场战争如果满足以下三个条件，便会以德国战败而告终：
>
> 第一，我们的动员令必须与法国同一天下达。
>
> 第二，必须（向法国）派出……全部6个师……
>
> 第三，必须做好能够使远征军在整个战争期间保持战斗力的安排，如有可能，应尽快将来自本土、印度或各自治领（主要是澳大利亚、加拿大和南非）的其他编队带到战区。[22]

第十八章
法国的复仇

> 德国人下定决心要让我们感受到他们胜利的压迫。他们通过暴力和野蛮向我们表明，他们认为胜利给了他们为所欲为的权利，甚至连最微不足道的借口都不屑于找了。
>
> ——费迪南·福煦元帅回忆普法战争结束时

雷蒙·普恩加莱是一位非常聪明、清廉的政治人物，曾担任法国外交部长、总理（从1912年至1913年的那届内阁开始，一共五次）和法国总统（1913年至1920年）。他对自己的国家有一种得意扬扬的自豪感，这种发自肺腑的爱国心似乎是法兰西民族所特有的，没有沾染上英国人的那种玩世不恭和自嘲，也不像德国人那样偶尔会丧失自信，心如死灰。他于1860年出生在洛林。如果他出生在其他地方，比如说尼斯，法国的历史进程会有怎样的改变，这个问题根本不可能有答案，但他的出生地无疑深深地影响了他的世界观。在普法战争期间，他们一家人忍辱负重，被匆匆赶出家园，疏散到迪耶普，然后又被迫返回，生活在德国人的占领下——这位未来的法国领导人永远不会忘记这段经历，为此他也绝不会原谅德国人。他的"玫瑰花蕾"*就是让德国人也尝到滑铁卢的滋味。

普恩加莱在年轻时写道：

> 讨厌的德国兵待在我们家的房子里。有一个人在我们的餐具柜上画了个骷髅图，还有个人像哥萨克人一样，往我们的炖肉上吐口水。我们无时无刻不被监视着。我们知道，他们会揣摩我们的话语，留意我们的手势……当钟声响起，宣布最后一个德国兵离开了我们镇，家家户户喜气洋洋，挂起了随风飘扬的国旗，那一天多么美好。[1]

普恩加莱是一名高才生，对待艰苦的工作有一种像西绪福斯一样锲而不舍的能力，他在法国的法律体系中打拼，取得了律师资格，然后进入政界，在三十三岁时获得了他的第一个部长职位——教育和文化部长。他身上兼具现代版文艺复兴时期人的艺术和数学天赋（他的堂兄是伟大的法国数学家亨利·庞加莱）。他在1894年担任财政部长时表现出色，于1906年再次担任此职。1909年，他又多了一项令人钦佩的成就：当选为法兰西学术院院士，以表彰他的文艺才能。在德雷福斯事件中，他谨慎的政治敏感使他采取了中庸路线，他在这场大混乱中基本上可以说是毫发无伤。但他没有能力采取果断行动，这使他成了政治上的骑墙派，尤其是在瓦尔德克-卢梭政府的极端反教权政策所引发的激烈争论中，而他起初是支持政府的。激进派渐渐开始欣赏他，但还是会奚落这个冷静又能干的人，按照当时的激进派领军人物克列孟梭的说法，他把全部精力都浪费在"计算利弊上，却偏偏拿不准到底要怎么办"。[2]

如果说普恩加莱和哈姆雷特一样，会在决定如何行动之前进行正

---

* 电影《公民凯恩》（*Citizen Kane*）中贯穿全片的线索和象征，人们对其有着丰富多样的解读，在这句话中可以理解为一种始于童年、终其一生的执念。

反两方面的分析，那么与哈姆雷特不同的是，他更有可能弃权，而不会采取任何行动。克列孟梭写道，他把平衡自己想法与政策的分类账变成了一门"艺术"，仔细权衡贷方和借方，就像会计师结算账簿一样。甚至连他最亲密的朋友也对他的优柔寡断感到恼火。他的朋友亚历山大·米勒兰写道："公民勇气从来都不是普恩加莱的作风……他对责任的恐惧程度，在我看来实属罕见。"[3]

有时他就像一个风向标，被媒体对他的决策支持或反对的论调牵着鼻子走。在保罗·康邦看来，他根本没有"胆略"，但是在另外一些事情上，他也可以"像拿破仑一样专横"。这一切致使历史学家约翰·凯格在一本精彩绝伦的专著中得出结论，普恩加莱的特点是"某种程度上的自我怀疑，这是他最大的弱点，导致他在做出关键的政治判断时总要经历漫长的煎熬，每次都不愿意尽可能地贴近**现状**"。[4]

普恩加莱是那种会把权力抓在自己手里的领导人，不是因为他有自大狂的倾向，而是因为他对自己不得不委托的那些人缺乏信心。因此，他的工作非常繁重。他花了大量时间改革外交部，剥夺它的权力。从此以后，将由**他**来将执掌外交部，而不是奥赛码头那帮固执的官僚们，他们迄今为止一直作为独立实体自行其是，疏远政府，自作主张。普恩加莱把他们一棒子打回了现实。对待职业外交官，他也采取了同样慎重超然的态度，明显不像他们已经习惯的那样顺从。将由**他**来做出关键的外交决策，将奥赛码头那些自高自大的精英降至新的、完全陌生的下属地位。巨大的工作量并没有烦扰到他；他对自己给自己设定的任务甘之如饴，渐渐地，他完全掌控了外交政策的方向。

普恩加莱的决心在一件事情上坚定不移，没有任何限制条件，也不容妥协：他从骨子里就不信任德国。这一点与他的个人经历息息相关，要追溯到1871年的那份屈辱——他与当时的许多法国领导人都有这样的特点。他的头等要务是维护三国协约，作为法国对德国的威慑。这意味着要维持欧洲的势力均衡，而不能晃动它——即使对法国有利也不行。

作为外交部长，他埋首于两个巨大的大国集团之间的法律区别中，并难得果断地遵守着将三国同盟和三国协约明确区分开来的那些协议的精神实质和法律条文。他不愿意把意大利从三国同盟中拉拢过来，使其加入三国协约，这便是最好的例证；他认为意大利不值得信任、反复无常。他排挤外交部门中的亲意大利派，主要是势力强大的法国驻罗马大使卡米尔·巴雷尔，此人曾不知疲倦地把意大利人往法俄这边拽。

如果说普恩加莱对意大利的直觉是正确的，那么他对德国的判断则是完全错误的。1911年底和1912年初，柏林采取了与法国缓和关系的政策。贝特曼-霍尔韦格对阿加迪尔事件轻描淡写，并通过法国驻柏林大使儒勒·康邦（保罗的弟弟）呼吁使法德关系走上全新的方向……奔向友谊！至少柏林是在寻求缓和两国之间因摩洛哥问题而产生了战争威胁的紧张关系。德国觉得法国人误解了德国在阿加迪尔事件中的意图，这也是理所当然的。

儒勒·康邦支持德国人的倡议并加以利用，敦促普恩加莱接受与柏林修好的精神。外交渠道和报社编辑部都充斥着关于法德关系彻底转变的讨论；据德国外交副大臣称，"如果法国的政策向对德友好的方向转变"，德国即使不把阿尔萨斯和洛林归还给法国，也会承诺使其获得完全自治权。[5]自1870年至1871年的那场战争后，"失去的省份"落入普鲁士人之手以来，这是德国愿意做出的最大让步。心动不已的康邦等待着巴黎下达关于如何回应这些提议的指示。

这些提议被置若罔闻。普恩加莱这位老派的洛林人，认为德国人的恳求只不过是在法国和它的既定盟友英国和俄国之间制造事端的狡猾图谋。这种观点不无道理，但普恩加莱对德国的提议没有说上一句客套话，没有抛出一片橄榄叶。他反而下令终止与德国的一切会谈，说：

> 如果听信这样的提议，我们就会与英国和俄国失和，我们就会失去法国多年来一直奉行的政策所带来的全部好处，我们只会为阿尔萨斯画大饼，我们会发现自己第二天就会被孤立、贬斥、踢出队伍。[6]

对此，儒勒·康邦很纳闷：英国和俄国会因为法国与德国商谈而对法国施加如此严厉的惩罚吗？它们会做到将法国"孤立并踢出"三国协约这一步吗？法国和德国之间的关系得到改善，无疑对避免欧洲战争至关重要吧？康邦认为是这样的，他坚信法国应当趁机会窗口仍然开放时与德国修好。他预见到，如果巴黎砰然关上这扇窗，未来将暗无天日："锅炉被堵住了太多出口，岂有不爆炸的道理？"[7]

普恩加莱对这种风险视而不见，拒绝考虑与德国进行**任何**商谈的可能性。他的反德本能驱使他怀疑柏林在使诈，在设陷阱，但这纯属无稽之谈。贝特曼-霍尔韦格寻求与法国真正缓和关系，而德皇本人也希望实现某种意义上的和平共处。这些情感未能拨开笼罩着奥赛码头的恐德症迷雾，这层迷雾使法国与柏林的关系在阿加迪尔危机的阴霾消散很久后仍然处于停滞状态。贝特曼-霍尔韦格回忆道，在普恩加莱接手后，一向爱好交际、积极乐观的大使儒勒·康邦"简直判若两人"。贝特曼-霍尔韦格写道：

> 我再也没有与他私下接触的渠道了。大使先生频频返回巴黎，他在一次巴黎之行后前来拜访我时，尽管仍然像以前一样亲切友好，但每当谈话内容涉及法国的公众舆论时，他就会变得少言寡语，尽管不乏法国人的机智妙语。上届内阁执政时，他时刻

准备表明一种和解精神，而没有任何迹象表明普恩加莱内阁也受到这种精神的指引。[8]

在一个传统的世界里，人们会认为，鉴于阿加迪尔事件是法国挑起的，所以应该是由巴黎主动与德国改善关系，而不是反过来。然而，在一个将德国视为日益强大的侵略者的世界里，人们不会去思考这样的人情礼仪。事实上，在1911年底和1912年初这段短暂的时期里，德国正试图与它的欧洲邻国建立和平的关系，而此时所有人都坚信柏林只想要战争，这可真是莫大的讽刺。康邦的压力锅看起来一天比一天更接近爆炸了。

与此同时，法国民族主义一点就着的倾向再度萌生，使和解的希望尽数化为泡影。普恩加莱对公众舆论的顺从更是加剧了这种结果。他作为法国人的强烈自豪感和作为洛林人的挑衅态度起到了火上浇油的作用，有意无意间，他的总统任期在20世纪初的法国释放了一种新的危险趋势：猖狂的沙文主义势力，叫嚣着要恢复法国的"荣耀"。失去的阿尔萨斯和洛林两省，即使在精神上向着法国，却还是搭上了德国的火车头，享受着巨大的经济利益，但这无关紧要；事实上，大多数洛林人和阿尔萨斯人宁愿维持现状，也不想再来一场战争了，他们知道那将再次摧毁他们的家园。许多人对要求"解放"他们的刺耳呼声漠不关心。通婚很普遍，第二代法德混血儿正在那里长大。但这完全无法阻挡法国的复仇主义势力。

从某种意义上说，儒勒·康邦是这些势力的受害者。整个1912年，他频繁催促普恩加莱对德国采取更加积极的态度。在意大利打败土耳其后，他抓住机会，提出了法德和平调解的建议，普恩加莱当即毙掉了这个提议，他对任何不涉及俄国和英国的提议一向如此。这反映了普恩加莱一厢情愿地将《英法协约》拔高为某种近乎同盟的存在——而英国拒绝考虑结盟，这个发现让亨利·威尔逊气愤不已。格雷还将多次拒绝向法国保证英国会在德国入侵时提供支持。所以现在是普恩加莱考虑到了伦敦的敏感性，将德国改善关系的诉求拒之门外，即使英国政府拒绝给法国任何军事支持的希望。

即使乔治·克列孟梭在某些方面是普恩加莱的眼中钉，他在外交政策上还是和这位政敌追求着同一种理念：让法国永远摆脱德国的威胁。他为这项事业（还有其他很多事业）奉献了一生。作为法国中西部的旺代人，克列孟梭似乎具有该地区顽强的反叛精神。这个位于大西洋沿岸的省在宗教战争期间血流成河。1793年至1796年间，一场反对统治阶级的血腥农民起义夺去了将近25万人的生命。克列孟梭是"典型"的旺代人：激进、多疑、顽固、独立。因此，难怪这个早慧的医学生会对其他激进分子有亲近感了，特别是对美国伟大的废奴运动推行者撒迪厄斯·史蒂文斯。

不过随着政治嗅觉的成熟，克列孟梭对民主和社会正义的信念与他在医学院学习的科学原理，主要是查尔斯·达尔文的自然选择理论发生了冲突。和他那个时代的大多数聪明人一样，他认为适者生存法则可以应用于当今的人际关系。日耳曼人、斯拉夫人或拉丁人"种族"的生存，与黑人的生存一样，取决于他们品格的适宜性、思想的力量和战斗的意愿。性格决定命运，他写道："在人类社会进行的这场无情的生存斗争中，那些体格、智力或品德较弱的人最终一定会屈服于强者。"[9]与伯恩哈迪或康拉德不同，他并不认为弱者就应该放下武器投降。他的意思是，他们应该不断战斗下去，直到"正义"获胜；在这场为真理和正义而战的战斗中，不能有任何妥协。

普恩加莱经常找借口不采取行动，而克列孟梭喜欢战斗，用历史学家杰弗里·布鲁恩的话说：

他以一种逃避优柔寡断的心态投入到每一场新的争论中，以农民保卫自己田地时那种狭隘、好战的狂暴来对付每一个事端……对克列孟梭来说，理念就是武器，思想就是行动的一种形式，行动就是生活，而生活就是冲突。[10]

他与美国人玛丽·普卢默的婚姻在七年后失败了，两人育有三个孩子。婚姻的失败使这个性格火暴的年轻人产生了深深的孤独感，一种与人类同胞的疏离感。然而他从未沦落至玩世不恭的境地。克列孟梭始终与"凝重、悲伤的人性音乐"同调，[11]体恤着穷人的命运，并思考自己要如何帮助他们，又为何必须帮助他们。

普法战争给这位青年医生提供了一个情感宣泄的渠道，把他改造成了一个激进的共和主义者，并使他的政治意识形态有了一个坚定不移的方向。他成了一种固执己见的政治理念引擎，围绕着一个摆脱了德国祸害、强大而自由的法国这一核心愿景运转。他的想法总是倾向于**可能**发生的事情，而不是已经发生的事情。只有一个充满活力的法兰西共和国才能抵御好战的邻国带来的无妄之灾；只有一个强大的法国才能拯救法兰西民族，它不能由僵化的保王党或宗教机构来领导，而是要由意志坚定、行动果决的共和主义者来领导。

离异、孤独、愤怒的他带着这样的想法，怀着坚定不移的信念，踏上了政治和新闻生涯，首先在血腥的巴黎公社期间出任蒙马特区长——"这个职位迫使我深深认识到公共生活的愚蠢，因为我发现自己被夹在两个党派之间，两派都想要我的命"[12]——然后是作为激进的共和党人、锋芒毕露的辩论家（每一个让他气恼的社会问题都不放过，在他对德雷福斯案中的谎言与不公的抨击中达到了极致）、内阁部长，最终以总理身份执掌国家权力，这个被叫作"老虎"的男人，也是法国的战时领袖。

然而，随着他在政府中的级别越升越高，这个狡猾的老战士也变得更加实际，更少受到意识形态偏见的影响。1907年，身为总理的他着手增加武装部队的自主权，并巩固《英法协约》。他的动机与他最早对德意志帝国主义的担忧是一致的。克列孟梭对德国陆军的相对力量感到不安。据《政治家年鉴》估计，1907年，法国的国防预算占国家预算的27%，而德国占37%。[13]到了1909年，德国将能够动员170万做好战斗准备的军人，而法国只有130万。这些估算将会被证明是夸大其词。尽管如此，这些估算还是对法国的政策施加了强大的推动力。受制于预算紧张和政府的不作为，克列孟梭几乎没有着手处理这种险境的余地；于是他在自己的权限范围内采取行动，巩固法国的对外关系，主要是与俄国和英国的关系，并增强现有的军队。

为此，他不惜践踏激进派同僚的反宗教精神，提拔了一名虔诚的天主教保守派来掌管享有盛誉的法国军事学院，这是法国首屈一指的军官训练学院。费迪南·福煦将军，一位热衷于"现代战争"战术战略的炮兵，就这样掌管了法国陆军未来军官的训练工作。事实证明，福煦和基钦纳一样，是为数不多预见到下一场冲突的规模和性质的指挥官之一，现在，他负责让法国军人为这场冲突做好准备。

除了对他的直接要求外，还有更深层、更神秘的因素驱动着福煦的行为。与普恩加莱和克列孟梭一样，福煦也生活在色当之耻的阴影中，这段记忆早已刻入他的脑海。彼时，年轻的他应征入伍，但战争在他参加之前就结束了。他反倒被迫理解了战败的含义。作为一名年轻的数学专业学生，他在梅斯继续学业，与第37波美拉尼亚团的德军共用宿舍，并目睹了其他部队耀武扬威地穿城而过的情景。"德国人下定决心要让我们感受到他们胜利的重压，"福煦后来写道，"他们通过暴力和野蛮向我们表明，他们认为胜利给了他们为所欲为的权利，甚至连最微不足道的借口都不屑于找了。"[14]

军队占领阿尔萨斯和洛林时，德国人对法国人民施加了更多的侮辱。福煦目睹了德国指挥官、王公和官员的队伍大摇大摆地进入他当时居住的南锡：

> 每一次抵达，迎接他们的都是同样山呼海啸般热烈的喧嚷，同样的阅兵式和典礼，致敬那些率领德军取得胜利的将军，或者罔顾相关居民的一致抗议，将阿尔萨斯和洛林从法国身上扯下的政治家。[15]

这样看来，福煦的动机之一是恢复法国的荣耀，便不足为奇。另一个动机是复仇。他后来谈到普法战争时写道："我们刚刚走出的那场灾难性战争，将一项神圣大业派给了我们所有人，特别是国民中的年轻人，那就是建设我们的国家，这个现已惨遭肢解且时常面临尽毁之危的国家。"[16]

他加入了被称为"小帽子"的炮兵，这是一个正在经历伟大革新的战争领域。他继承了教官们的观点，即自1870年以来，火力已经成为战斗中的主导因素，"甚至到了部队如果不具备无可置疑的火力优势就无法向前推进的程度"。[17]就这样，福煦和数千名青年军官一道，致力于从头开始再造法国陆军，以备未来与德国的战争，他和他的部下都认为这样一场战争是必然的。

然而，未来的福煦元帅很容易被他对德国的仇恨影响判断力。他在失意的时候，会想象出一个被德国人彻底蹂躏的世界，他们会像病毒一样蔓延，占领地球上的每一个国家，"没有一个政府，尤其是民主政府，敢于采取有效的保护措施，以免招致被自己的人民骑到头上这一终极灾难"。[18]福煦警告称："到了1914年，整个德国已经完全普鲁士化，每一个德国人都认为强权即公理。"[19]他写道，如果1914年的战争没有打响，"世界将发现自己已然德国化，人类被套上了枷锁"。[20]克列孟梭和普恩加莱不会使用这种不当的措辞，但他们也赞同这位将军的指导思想：伸冤在他们。*

---

* 此处化用了《圣经·罗马书》12：19的一句经文。主说："伸冤在我，我必报应。"

第十九章
海上霸权

> 我不希望以牺牲德国海军的扩充为代价与英国建立良好关系……（1908年海军）法的任何一个细项都要被执行；这是否称英国人的意并不重要！如果他们想要战争，尽管放马过来，我们不怕！
>
> ——德皇威廉二世论德国与英国的海军竞赛

1897年至1912年间，德国和英国进行了一场耗资巨大的海军军备竞赛，只为打造一支能够凭借无懈可击的制海权统御世界的舰队。对海上霸权的追求即使不是这场战争的直接原因，也是一股强大的推动力。海军竞赛激起了互相猜疑、不信任和偏执狂搅在一起的心态，这种心态又导致了战争。保罗·肯尼迪总结道："就当时的舆论而言，使英德关系恶化的最重要因素是海军问题。"[1]

20世纪头十年，英国轻松占据着海上最强国的地位。皇家海军在英国人心目中的崇高地位无与伦比：特拉法尔加战役的胜者，战胜了西班牙无敌舰队，纳尔逊、安森、霍克、雷利、德雷克这些名字的同义词，世界的征服者，帝国的守护者……受到无穷无尽的赞誉。海军部的权力在20世纪的第一个十年里达到了巅峰。英国在海上的"绝对霸权"获得了一种不言而喻的合法性：英国拥有最大的帝国，在某种程度上就有权统治海洋。丘吉尔本着这种精神，宣称舰队是英国赖以生存的"必需品"。他认为德国海军是"奢侈品"，目的只是"扩张"。[2]鉴于英国计划在战争爆发时封锁德国，使其断粮而降，我们很难不同意弗格森的观点，即丘吉尔在这件事情上撒了个"弥天大谎"。[3]

因此，公海上冒出来一个竞争对手的前景不仅是一个常规的军事威胁，它还在英国引起了一种深层次的情绪反应。人们担心，德国的海军野心将对帝国的存在提出挑战。然而，尽管德国海军部怀着狂热的野心，德国却绝不会真正威胁到英国的海上霸权。英国早在1914年之前就赢下了这场海军军备竞赛，在战争爆发时也完全有能力封锁德国港口，并控制北海航道。考验英德关系忍耐极限的，是随着海军竞赛而产生的暴力心理，而不是竞赛的实际结果。

这个故事充斥着司空见惯的误解、媒体的歇斯底里和彻头彻尾的谎言。声称普鲁士总参谋部打算大举入侵不列颠群岛（这一构想早在1898年就被彻底毙掉了），是很能煽动人心的，而英国人在20世纪头十年中后期正是这样做的。尽管英国新闻界充斥着荒唐可笑的论调，但一支强大的德国海军并不一定意味着要与英国开战。如果没有一支强大的海军来保护它，对德国迅速发展的海外贸易至关重要的德国商船是葬身大海还是顺利航行，就完全看英国海军部的脸色了。从这个意义上说，一支更强大的德国海军可以被解释为一种完全正当的防卫措施，特别是考虑到英国船只可以轻而易举地封锁德国港口这一点。德国人辩称，他们的国家需要一支和英国一样强大的海军，只是为了保护商船。然而，这种半真半假的说辞激怒了艾尔·克劳：

> 以"保卫德国商业"的需要等借口作为扩充舰队的理由，以
> 为这样就能骗过我们，实在是太可笑了。保卫商业的方式有且仅

有一种，那就是摧毁对手的海军……[4]

当然，暴力并不是保护海上商业的唯一方式，但是在涉及德国人时，克劳往往不会承认还有和平的选项。

为了了解海战是如何发展的，我们要把时间稍微往回倒一下。19世纪的最后几年，德皇产生了德国需要一支新海军的执念，一方面是因为他对英国海军这种家人之间的嫉妒，一方面是因为他读到了海军少将阿尔弗雷德·塞耶·马汉极具影响力的《海权对历史的影响》，这部著作使他相信，更多的战舰对德国的帝国壮志至关重要。在这项事业上，德皇找到了一个能够明确表达他这份执念的海军盟友：海军元帅阿尔弗雷德·冯·提尔皮茨。

提尔皮茨留着长长的分叉山羊胡，也许会让人联想到海神尼普顿，他不仅是一个军衔很高的水兵，他还是一个诡计多端、具有独立思想的政治调停者。当他在1887年与（将于次年登基为帝的）威廉建立友谊时，他在海军部艰难的晋升之路便顺畅了起来。威廉赞同并鼓励提尔皮茨使德国海军凌驾于大不列颠之上的狂妄愿景。两人一拍即合，提尔皮茨的晋升速度也因此加快，先是在1892年成为海军参谋长，之后在1895年成为海军少将，最后在1896年成为海军大臣。1897年，提尔皮茨进入帝国议会，决心利用他最近获得的政治影响力来实现德皇的梦想，让德国成为世界第一的海上强国。

1897年12月6日，提尔皮茨向帝国议会透露了他对于海军的宏图大志：建立一支能够挑战英国迄今为止举世无匹的海军优势的战斗舰队的计划。随之而来的是1898年和1900年的两条海军法案，更有1906年、1908年和1912年更进一步的法案对其进行补充。这些法案共同构成了提尔皮茨计划的立法基础，该计划旨在筹集超过4亿马克的资金，建立一支由60艘主力舰组成的舰队，部署在黑尔戈兰岛和英吉利海峡之间。

因此，这支新的舰队将对英国的北海制海权构成直接威胁。提尔皮茨透露了他的愿景，这种做法甚至在建设开始前就将柏林放置在了会与伦敦发生政治冲突的航道上——标志着一场规模和成本空前的军备竞赛的开始。对白厅的德国外交政策监视员来说，提尔皮茨计划的潜台词更加令人不安。这是迄今为止人们所看到的德国完全放弃俾斯麦式和平共处原则、以世界政策取而代之的最明显表征。大不列颠统治海洋这一假设将首次经受严峻考验。

提尔皮茨在帝国议会激烈主张，如果没有一支新的舰队，德国既不能实现帝国壮志，也不能实现它试图强加给欧洲的"不完全霸权"。对提尔皮茨来说，只有大兴船舰才能在1920年至1921年"将帝国推上超级大国的位置"。在即将到来的世纪脱颖而出的四个大国——俄国、英国、美国和德国——中，英国仍然拥有最强大的舰队。新的德国海军不仅要力求挑战英国的海上力量，保卫德意志帝国，还要确保一个海外帝国（按照福尔克尔·R.贝格汉对提尔皮茨计划的权威分析）。[5]在提尔皮茨毫不妥协的心中，舰队"对德国来说是绝对必要的，如果没有舰队，德国将遭到毁灭"。[6]他向德皇保证，为了实现称霸世界的雄心壮志，德国必须孤注一掷在"海军至上主义"上。按照保罗·肯尼迪的形容，舰队将化身为"一把利刃，在距离德国最可能的敌人颈静脉只有几英寸的地方闪着寒光，时刻准备着"——而这个敌人就是英国。[7]

提尔皮茨预见到，德国将在黑尔戈兰岛近海对英国的海军力量一击致命，这也呼应了施里芬计划，令人深感恐惧。在这海上的诸神黄昏（即世界末日）中，不会有任何妥协或折中办法：要么是"公海上的决战"，要么是"不作为，也就是精神上的自我毁灭"。[8]他的目的是制造出这样一种可怕的威胁，好让英国拒绝在海上交战，并不是因为怕输，而是因为主力舰的损失会伤及伦敦保卫帝国的能力。这就是提尔皮茨的想法，德皇也很赞同。在这种意义上，新的德国海军将会是一件必杀的军事和政治武器，充当一种致命的威慑，就像冷战时期的核武库一样。提尔皮茨告诉德皇，对手的一支强大海军将打消英国"所有攻击我们的意愿，因此使陛下获得颇为可观的海上影响力，并使陛下能够执行大手笔的海外政策"。[9]

并非所有人都同意这位海军将领的判断。当提尔皮茨在1898年将他的最终计划呈交帝国议会审查时，革命社会主义者、德国社会民主党的创始人之一奥古斯特·倍倍尔谴责其为恐英的疯狂。倍倍尔认为，想象一支德国舰队可以与皇家海军掰手腕，简直是脑子坏掉了，说这种话的人，有一个算一个，都应该被送进疯人院。[10]议员们对这种失败主义言论无动于衷，得出了截然相反的结论。1898年3月26日，提尔皮茨的第一条法案以212票对139票的多数通过。他的第二条法案在两年后通过，该法案要将战舰的数量翻倍，从19艘增加到38艘，并计划在1920年建成世界第二大海军。

德皇圈子里的人们为这一成功而欣喜若狂，如释重负。德国终将在公海上得到应有的地位。这次胜利推动了德国海军联盟的建立，其目的是增进德国成为世界强国的资格。会员人数从1898年的7.8万人上升到1901年的60万人，再到1914年的110万人。提尔皮茨则被晋升到政府大臣的前列，并在普鲁士内阁中赢得了一个席位。这些年来，他在政府和宫廷都拥有巨大的影响力，得到了德皇、外交部，一度还有宰相的无条件支持。直到20世纪头十年中期，他一直占据着"德国政界的中心舞台"。[11]

然而，提尔皮茨海军优先的信念面对着一个强大的对手：德国陆军，这么多钱都用来造舰了，他们既不满意，也不服气。普鲁士将军们指望施里芬和伯恩哈迪来说明情况，国家的生存更依赖于陆军而不是海军。伯恩哈迪在《下一场战争》中语气不善地宣称："我已经较为详细地研究了下一场海战的可能情况。"他继续写道：

除非我们在陆地上取得胜利，否则无法指望在海上取得最终胜利。如果一支英法陆军联军通过荷兰入侵德国北部，并威胁到我们后方的海岸防御，它将很快使我们的海上防御变得形同虚设。同样的理由也适用于东部战区。如果俄军的胜利之师沿着波罗的海前进，并与我们对手的联合舰队配合，那么海战无论怎么继续，都会因敌人的陆上作战而变得毫无意义。

伯恩哈迪认为，只有保证陆地上的"绝对安全"，德国才能推行成功的海洋政策：

> 只要罗马在意大利受到汉尼拔的威胁，建立帝国的构想就不可能实现。它直到自己的国家彻底安全了之后，才开始在历史上一路高歌猛进。[12]

当提尔皮茨的设想开始经不起普鲁士将军们的审视时，他对自己的海军计划的信心发展成了一种危险的执念，压倒了他的判断力，使他失去了可信度。这位海军将领毫无理由、毫无节制地追求他的新海军，就像一个偏执狂的渔夫，一门心思想要钓到某种总能溜走的巨型猎物。

事实上，提尔皮茨计划在构思之时就已经失败了。它贵得离谱，战略上计划不周，挑衅性也太强。帝国议会的大多数议员对这些残酷的事实视而不见，因为在德皇统治的最初几年里，除了少数勇敢的特例，他们都倾向于支持德皇的愿望。然而，令人敬畏的约翰·费舍尔爵士领导下的英国海军部一听到这个计划的风声，伦敦就以自己的海军大集结作为回应。"我们唯一可能的敌人就是德国，"费舍尔告诉威尔士亲王，"德国始终把它的整支舰队集结在距离英国几个小时的航程之内。因此，我们必须保有一支比它强一倍的舰队……始终集结在距离德国几个小时的航程之内。"[13]

英国海军发展的矛头是新型无畏级战列舰。1906年2月下水的第一艘无畏舰配备了蒸汽涡轮推进机和数量空前的大口径火炮。无畏舰从本质上改变了海战。从此以后，所有的主力舰都必须达到这个新标准。德国是第一个更新换代的国家，在1907年建造了三艘无畏舰，在1908年和1909年又建造了四艘。与英国的无畏舰竞赛在1910年和1911年达到高潮，在这段时间里，德国建造了四艘无畏舰，而英国也只建造了五艘。在关键的1908年，德国似乎短时间内加快了海军舰只的建造速度，英国不再遥遥领先，这也让英国海军部惊恐万分。费舍尔勋爵否定了这种可能性，警告人们不要陷入"对德国的歇斯底里"。然而，甚至连他也被迫承认，英国将不得不扩大自己的计划。[14]

同年10月，德皇接受了那次声名狼藉的《每日电讯报》采访。他对德国海军的看法极大地加剧了这种歇斯底里的情绪：

> 但你们又要问了，德国海军是怎么回事？那确实是对英国的威胁啊！除了英国，我的分舰队还准备对付谁呢？如果那些一心想要建立一支强大舰队的德国人心中所想的不是英国，那么为什么要求德国同意这些新的、沉重的税负呢？我的回答很清楚。德国是一个年轻的、正在成长的帝国。它遍及全世界的商业正在迅速扩大……德国必须有一支强大的舰队来保护这商业，甚至是远在天涯海角的种种利益。它希望这些利益继续增长，它也必须能够在全球的任何地方勇敢地捍卫这些利益。它要望向远方。[15]

德皇的想象力也起到了同样的效果。他和他的海军将领们拒绝了英国再三提出的限制海军开支的提议，认为这有辱国格。1908年7月14日，格雷和德国大使在会谈中讨论了一项海军协议，威廉在为会谈内容文本所做的一个脚注中潦草地写道：

> 我不希望以牺牲德国海军的扩充为代价与英国建立良好关
> 系……（1908年海军）法的任何一个细项都要被执行；这是否称
> 英国人的意并不重要！如果他们想要战争，尽管放马过来，我们
> 不怕！[16]

聪明一些的德国人早在1908年11月就知道他们败了。德国人的
理性在《海军评论》发表的一篇匿名文章中走了个过场：

> 英国只能被一个永久掌握英国海域制海权的大国打败……德
> 国被夹在法国和俄国之间，不得不维持世界上最大的陆军……同
> 时还要供养一支可以把英国比下去的舰队，这显然超出了德国的
> 经济能力。[17]

1909年，当时的宰相比洛考虑到这一点，提议双方"放缓"海军
建设。6月3日，在柏林的一次有提尔皮茨、毛奇、贝特曼-霍尔韦格
和梅特涅（德国驻伦敦大使）出席的会议上，他提出了这个想法。如
果英国能提供一些"实实在在"的回报，德国可以每年建造三艘而不
是四艘战舰。提尔皮茨狡猾地同意了，但建议他们"静待"英国迈出
第一步。这实际上扼杀了这个想法。比洛很快便辞职了，而德皇也无
视了前任宰相对局势严重性的警告。

比洛的继任者贝特曼-霍尔韦格继续秉持着与英国达成海军协议
的想法。他的脑海中生成了一桩异乎寻常的交易：他竟敢把德国限制
造船的提议与英国的中立承诺联系在一起。这个提议是在英国陆军大
臣霍尔丹子爵于1912年2月8日至12日访问柏林期间提出的——这次
访问也是在试图缓和在海军军备竞赛一事上的摩擦。贝特曼-霍尔韦

格提出，如果英国同意在欧洲发生战争时保持中立，那么德国舰队的造舰规模将限制在每年三艘主力舰。

很明显，鉴于英国对三国协约的义务，它无法履行这个无礼的侮辱性提议。霍尔丹想要的是一份能够遏制海军竞赛的政治协议，而不是在未来的某场战争中保持中立的承诺。个中含义令他困惑不已。据贝特曼-霍尔韦格称，霍尔丹"表现出他显然真的害怕了，怕我们如果对英国的中立有把握，就会放开手脚对付法国"。[18]宰相又改进了这个提议，使其更合对方的意："假如德国被迫开战"，英国会对德国保持"善意中立"吗？

格雷坚定地拒绝了。英国不能与德国达成任何"可能危及与其他大国业已存在的友好关系"的协议。[19]斯坦纳和尼尔森写道，这样做就意味着要"抛弃过去六年里精心养护的整个协约体系"。[20]贝特曼-霍尔韦格确实低估了英国与法国和俄国的"约定的约束力"，他自己也承认。[21]在德国人眼里，如果发生战争，英国对欧洲到底有多忠诚，很快就会暴露出来。霍尔丹此行未能使德国在海军方面做出任何让步。之后也没有达成政治上的和解。英国外交部认为海军谈判是一场"外交灾难"，会惹法国人和俄国人不高兴，自己也一无所获。[22]随时准备提高要求的克劳写道："允许德国政府逼我们让步，让他们自由自在地奉行精心筹划他们对我们的必然之战的政策，将是头号政治错误。"[23]

于是，海军竞赛继续进行，只是由于缺乏资金而渐渐偃旗息鼓。在1912年12月德皇所谓的"军事会议"上，毛奇主张早日开始一场先发制人的战争，但提尔皮茨请求再宽限18个月，因为德国海军还没有准备好。它永远不会准备好了。1912年的德国海军法提出再建造33艘德国战列舰和战列巡洋舰，如果建成，其数量将超过皇家海军在本土水域的数量。伦敦的回应是，计划用1912年和1913年的预算建造

10艘超无畏舰。德国最终只造得起这个数字的一半，真金白银决定了海军竞赛的未来。双方都急于结束这场耗资巨大的冒险，抑制造舰速度。海军竞赛结束了，英国保住了它的霸权。

代价如何呢？在财政和政治意义上的花费都是惊人的。而德国也呈现出了一个可怕的海军大国的样子，即使还不是一个完全意义上的对手。到了1913年，提尔皮茨计划已经使德国拥有了世界第二大的海军，尽管军力比皇家海军要小40%。它包括17艘现代无畏舰、5艘战列巡洋舰、25艘巡洋舰、20艘前无畏舰以及40多艘潜艇。英国人大受震撼，以至于要向法国求助。另一种选择是推行一个昂贵到令人咋舌的造舰计划，还是在社会福利需要大量预算的时候。1912年成为第一海军大臣的温斯顿·丘吉尔推行了一种新的方针，让法国海军负责地中海——这个问题是在1911年8月的帝国国防委员会会议上提出的——而英国将保护法国的北部海岸。总之，提尔皮茨的所有努力最终达成了这样的结果：英国海军的军事存在得到了极大的扩充，变得更加致命，完全集中在北海和英吉利海峡。

到了1913年底，英国与法国新的海军伙伴关系已经把英法协约变成了一种准军事关系——甚至促进了关于英俄海军合作的会谈。英国海军比以往任何时候都要强大，其无畏舰以20比13的数量超过德国，战列巡洋舰是9比6，前无畏舰的战列舰数量则是德国的两倍以上。德国在海军竞赛中败下阵来，面临着四面八方卷土重来的敌意。这种严峻的形势使得一向愤愤不平的那些人更加气急败坏，主要是德皇，他老调重弹，搬出了最初引发海军竞赛的所有旧论：卑怯的英国拒绝与任何其他大国共享公海。

几位大权在握的德国领导人——主要是比洛、贝特曼-霍尔韦格和毛奇——也深受这一痛苦过程的影响，他们注意到了提尔皮茨计划令人发指的愚蠢，却无力反对。在他们眼里，得到扩充的德国作战舰队"只会使德国的处境恶化，结果只能引起所有认为国家真正的敌人不是英国，而是俄法的德国人的反感"。[24]

提尔皮茨计划败在了自相矛盾上，并迫使德国做出一个糟糕的选择。在德皇和提尔皮茨所倡导的全球霸权政策，或者说世界政策中，海权是至关重要的，柏林会继续推行这种政策吗？还是说它会放弃海外扩张，而选择宰相贝特曼-霍尔韦格所青睐的将法俄视为德国的主要敌人，旨在通过与英国重新接触来分裂三国协约的本土政策？第二种方针要依靠一支庞大的陆军，在德国挑战英国的海上霸权时不可能实行。柏林不可能同时既威胁英国人，又与他们交好。越发受到孤立的提尔皮茨无视这些论据，直到战争爆发后很久还在坚持他的计划——却从未实现他的目标。正如施里芬和伯恩哈迪所主张的那样，普鲁士人领导的庞大陆军从此在德国的军事战略中占据了核心地位。

第二十章
巴尔干半岛的危机

战争是必然的，对德国来说越早越好。

——德军总参谋长冯·毛奇1912年12月8日

在德皇"军事会议"上的发言

欧洲列强的大博弈此时就要在巴尔干半岛这个代理人战场进行。这一小群仅能勉强糊口的农业社会，做出的行为却好像已经是完全独立的国家了，相信无论为追求更多的领土、更长的边界或者出海口而采取了什么行动，流了多少血，毁灭了多少生命，他们的斗争都将提升他们在世人眼中的勇气和声望。事情并非如此。他们觊觎着邻国的土地和财富，可悲的是，这正是大国层面的血腥争夺战的缩影。

在战术层面上，他们自行其是。贝特曼-霍尔韦格抱怨说："巴尔干地区那些野心勃勃的民族并不是强者手中驯服的工具，我们无法凭一句话就让他们推翻他们的国家目标，或者抑制他们的种族仇恨。"[1]在战略层面上，他们多多少少是被迫在占领势力的支配下采取行动的，无论这势力是奥斯曼帝国还是欧洲列强。偶尔，在历史上难得一见的时刻，当在位的霸主被赶走（1912年的土耳其人）或者抛弃他们（20世纪90年代的苏联）时，他们会震惊地发现自己真的自由了，可他们不去试图解决他们之间的分歧，享用和平果实，反而以穷兵黩武、流血冲突和对欧洲产生的后果来实施他们的意志。这就是1912年至1913年的两次巴尔干战争期间（以及20世纪90年代南斯拉夫解体期间）所发生的事情。这两场战争为1914年世界大战的爆发所创造的条件，要甚于其他任何事件。

为什么列强把它们的未来拴在一个到处是农场和牧羊人，并没有什么经济或殖民价值的半岛上，这是1914年的故事中最令人困惑的问题之一。答案在于一个由各种同盟、战略便利、历史积怨和种族仇恨所组成的网络。因为一个可悲的事实是，一旦俄国和奥匈帝国将自己与巴尔干半岛绑上死结，它们各自的盟友就多多少少被卷入了该地区的轨道。正如德国大众媒体所报道的那样，这里面有血缘关系和种族差异，是"金发碧眼的人"与"斯拉夫人"的对抗；而巴尔干半岛作为从黑海通往地中海的门户，具有巨大的战略价值。

即便如此，欧洲列强也并不是巴尔干战争中充当旁观者的热情啦啦队。英国强烈反对将自身利益与巴尔干半岛的任何战争挂钩。法国起初也是反对的。德国等到奥匈帝国出手之后才表示赞同。甚至连俄国也拿不定主意，当牵涉到更大的利益时，到底还要不要支持斯拉夫国家对抗奥斯曼帝国以及之后的奥匈帝国。但没有哪个大国能否认它们在欧洲大国集团中的关系与它们的巴尔干小弟们难解难分。例如，俄国通过赞助塞尔维亚的侵略与奥匈帝国开战，这意味着法国被卷入（根据法俄同盟），与奥匈帝国对立，而奥匈帝国则会请求德国帮助（根据三国同盟）。即使这一连串的行动听起来不可阻挡——就像一台有了自己生命的机器一样——它们也能表明链条上的各个环节是如何使一场由巴尔干半岛的仇恨引发的欧洲战争变得更容易为人所觉察的。

简单来讲，两次巴尔干战争是1911年9月至1912年10月意大利征服土耳其人在非洲的利益而引发的两场小型恶战。这场所谓的利比亚战争——意大利夺取奥斯曼帝国的的黎波里塔尼亚、昔兰尼加和费赞三省，导致了现代利比亚的建立——强烈刺激了巴尔干半岛的不满情绪。并不以武功著称的意大利军队轻而易举地获得了土耳其人在非洲的利益，这激励了塞尔维亚和保加利亚在巴尔干半岛做同样的事情。它们携起手来，力争将元气大伤的土耳其人一劳永逸地赶出巴尔干半岛。他们的梦想始终如一，那便是建立一个自由的斯拉夫国家。在更高的层面上，战争在巴尔干半岛留下了权力真空，对欧洲列强之间的关系产生了惊天动地的影响。战争的直接影响是：土耳其人在占领巴尔干半岛数世纪后被打败，最终被驱逐出去；该地区的边界被重新划分，结果谁都不满意，特别是保加利亚；阿尔巴尼亚独立建国，令塞尔维亚愤怒不已；出现了一个扩大了的塞尔维亚国家，这个俄国在巴尔干半岛仅存的盟友需要一个新的敌人，它那满脑子都是血仇的"外交政策"盯上了奥匈帝国。

第一次巴尔干战争的起源可以追溯到奥匈帝国对波斯尼亚-黑塞哥维那的吞并。正如我们已经看到的那样，这一事件狠狠地羞辱了俄国，激怒了塞尔维亚。担责的俄国官员、前外交大臣亚历山大·伊兹沃尔斯基随后被革职，被派去巴黎担任俄国大使。在那里，他满脑子都是复仇。接替他的是意志薄弱、易受外界影响的谢尔盖·萨宗诺夫，在圣彼得堡的极端亲斯拉夫分子眼中，他的主要罪行是在巴尔干半岛采取温和路线。然而在实践中，萨宗诺夫服从伊兹沃尔斯基的权威，而后者还在他的巴黎堡垒中坚持不懈地酝酿着向奥匈帝国复仇、羞辱他在维也纳的对手埃伦塔尔的计划。伊兹沃尔斯基定下了一个会带来残酷后果的方针：促使巴尔干国家结成一个联盟，该联盟将形成一个斯拉夫超国家，强大到足以将可恨的奥斯曼人赶出巴尔干半岛，并能够充当奥匈帝国（和德国）扩张的缓冲国。一个"纯粹的"斯拉夫人据点将确保俄国打通地中海并在该地区占据主导地位，还能挽救伊兹沃尔斯基已经扫地的名誉。

圣彼得堡将一个名叫尼古拉·哈特维希的狂热亲斯拉夫外交官派往贝尔格莱德，实施这一野心勃勃的计划。哈特维希对奥匈帝国恨之入骨，对塞尔维亚的一切却怀有一种病态的爱恋。有人认为他"比塞尔维亚人更像塞尔维亚人"，作为慈母俄罗斯的耳目，他与塞尔维亚人同心同德，在塞尔维亚首都受到了狂热崇拜。他与塞尔维亚首相尼古拉·帕希奇建立了亲密的友谊。随着时间的推移，哈特维希做事经常超出圣彼得堡给他划定的职权范围，他还时常夸大俄国对塞尔维亚和斯拉夫人事业的同情。他觉得自己既代表俄国官方，也以非官方大使的身份代表了泛斯拉夫运动。他经常推行亲塞尔维亚的议程，这与他名义上的上司萨宗诺夫较为温和的路线相抵触，他还擅自代表强硬亲塞尔维亚的俄国宫廷和沙皇本人发言。

哈特维希抓紧时间促进泛巴尔干对话，塞尔维亚与保加利亚、希腊和黑山的同盟体系也是在他的帮助下建立的，该体系于1912年初谈判达成，被称为巴尔干同盟。这些都是明确的军事协议，规定的内容简直可以说是进攻战。例如，3月缔结的塞尔维亚-保加利亚同盟要求缔约国承诺为保护对方不受外国攻击而战。但该协议还规定，如果有外国势力试图吞并或占领当时处在土耳其人统治下的巴尔干领土的**任何部分**，它们就必须开战。这是潘多拉的盒子。一份秘密附录中包含了武装干涉的先决条件，即如果情况允许，必须征求俄国的同意——举个例子，如果奥地利要入侵阿尔巴尼亚的话。该附录规定："如果就采取军事行动达成一致，应通知俄国，如果它不反对，盟国应立即着手进行拟议的军事作战。双方务必接受沙皇陛下认为妥当的边界线作为最终边界，这一点是不言而喻的。"[2]这两句话揭示了俄国作为斯拉夫小弟们的主要幕后操纵者这一秘密身份。

德国人满腹狐疑，即使他们并不知道这个秘密条款。"我们自始至终都看到俄国在伸手，"贝特曼-霍尔韦格后来写道，"（巴尔干地区）所有纷争的最终决定权都保留在沙皇手中。战后的领土分割将由他来最终拍板。"[3]

然而，俄国任命了一个力不从心、愚蠢可笑的操偶师萨宗诺夫。这位新的外交大臣（人在巴黎的伊兹沃尔斯基依然保有对外交政策的强大影响力）是一个虚弱无力的操作员，无法胜任这项任务。哈特维希把给他挖坑或无视他当成了自己的工作。据俄国外交部的一位常务官员陶贝男爵称，萨宗诺夫"生性阴沉、非常敏感……性格柔弱、态度含糊，他的印象和'直觉'始终变化不定，很难持续努力思考问题，无法通过环环相扣的论证得出符合逻辑的结论"。[4]即使其他人的评价没这么苛刻，似乎也并没有人对这个被委派来指导俄国外交政策度过这段危如累卵时期的人有什么信心。阿尔贝蒂尼想知道："萨宗诺夫是否认识到了（巴尔干）条约的意义？这些条约势必会在不久的将来导致一场可能蔓延到欧洲其他地区的战争。可以肯定的是，这位新的外交大臣根本无法应对即将发生的大事。"[5]

大国痛苦地意识到，巴尔干同盟是欧洲中心的一个火药桶。他们试图在不同程度上抑制其中那些更具煽动性的要素。1912年8月普恩加莱访问莫斯科时，萨宗诺夫向他展示了塞尔维亚-保加利亚同盟的文本。当时的法国总理唐突地评论道，这是"一份战争协议"。[6]他建议巴黎早做打算，会有一场针对土耳其和奥地利的斯拉夫战争，让俄国实际控制保加利亚和塞尔维亚。萨宗诺夫也承认这一点。他说，塞尔维亚和保加利亚"未经他同意就不能动员"。[7]

甚至在意大利人在非洲打败土耳其之前，巴尔干半岛的斯拉夫人就已经蠢蠢欲动了。点燃引信的火花是1912年夏天阿尔巴尼亚反对土耳其人的流血起义。塞尔维亚、保加利亚和黑山在私下里对阿尔巴尼亚独立建国的前景感到惊骇，却还是公开支持了这次起义，它们抓住机会，在整个半岛动员起来，对抗土耳其军队（根据《塞尔维亚-

保加利亚条约》)。维也纳对这些事态发展越发警惕：迄今为止，土耳其人一直充当着巴尔干半岛斯拉夫民族主义的制动器。眼下，塞尔维亚-保加利亚的军事同盟如果战胜了土耳其人，就将直接挑战奥匈帝国的强权。

俄国外交大臣萨宗诺夫后知后觉地意识到，如果维也纳参与到这场冲突中来，与巴尔干同盟为敌，那么俄国将面临被卷入这场局部战争的可怕风险。他没有证据表明这种情况必将发生，这只是他的直觉。与深入人心的不实说法相反，奥匈帝国并没有制订任何在1912年至1913年干涉巴尔干半岛的计划。在1914年之前的那些年里，人们的感受经常脱离现实。

萨宗诺夫和伊兹沃尔斯基被欧洲战争的前景吓得不轻，他们就像两个俄国的弗兰肯斯坦，试图驾驭他们创造出来的巴尔干怪物。在1912年9月20日的巴黎会谈中，以及向新闻界和法国官员发布的声明中，这两个人触怒了俄国的斯拉夫朋友们，因为他们说，如果爆发全面战争，最好土耳其能够**打败**巴尔干同盟（这还是他们直接参与创建的！），因为"塞尔维亚-俄国的巨大成功会导致奥地利的介入"。[8]

俄国离奇的变卦遭到了谴责：塞尔维亚人感到愤怒，哈特维希尴尬至极。其他人对俄国外交官明显挑起战争然后又寻求和平的做法感到厌恶。萨宗诺夫尤其受人鄙视。法国驻君士坦丁堡大使在9月27日写道：

> 他草率地松了手，任其作乱，然后又突然被自己的行为吓坏了，放弃了他的计划，控制住了他自己煽动起来的欲望，冷不丁地给他自己开动起来的小国踩了刹车，从而在巴尔干半岛……制造了一种乱无秩序、过度亢奋的普遍状态，天知道这种状态会孕育出什么东西来。还不到一年，他就把巴尔干半岛搅得天翻地覆。[9]

到了那时，一切都太迟了。俄国的巴尔干傀儡们的线已经绷断了，它们有了自己的生命，脱离了束缚。10月，黑山向土耳其宣战，塞尔维亚、保加利亚和希腊也紧随其后。塞尔维亚国王彼得一世向他的人民发表声明说：

> 土耳其政府对它们对公民的责任漠不关心，对所有的控诉和建议充耳不闻。事态已经完全失控，没有人对土耳其在欧洲的状况感到满意。这对塞尔维亚人来说已经无法忍受了……因此，我承蒙天恩，命令我勇敢的军队加入这场圣战，解放我们的兄弟，确保更美好的未来。[10]

强硬派的斯拉夫人寻求的不仅仅是摧毁土耳其在欧洲的存在。一旦奥斯曼恶魔被赶走，他们就将把奥匈帝国作为终极猎物加以攻击。在这个意义上，第一次巴尔干战争是一场更具挑衅性的赌博的序幕。因此，在具有历史意义的斯拉夫人复兴前景的鼓舞下，1912年10月至12月间，巴尔干同盟对奥斯曼土耳其人发动了一系列凶猛的攻击。就平均人力而言，这些战役是毁灭性的，意味着这些交战的小国伤亡巨大。它们迅速增长的人口"并没有伴随着可以吸收可用劳动力的工业化，这使得巴尔干国家得以组建庞大的农民军"。[11]保加利亚在区区430万人口中派出了将近60万人，塞尔维亚动员了290万人口中的25.5万人。他们在桑贾克、色雷斯和马其顿三个战区与33.5万土耳其军队交战。

巴尔干同盟打了一场漂亮的胜仗。在三个月内，他们取得了欧洲列强几个世纪都没有取得的成就：打败了土耳其在欧洲的军队。到了1912年12月，除了少数还在抵抗的小块地区外，大部分土耳其人都被赶走了。奥斯曼人蒙受了大约33万人的伤亡——死亡、受伤或被俘——近乎全军覆没，巴尔干同盟遭受了10.8万人的伤亡。到了1912

年12月，第一次巴尔干战争实际上已经结束。土耳其的惨败对德国和奥匈帝国来说是一个沉重的打击，它们失去了在黑海抵御俄国以及在埃及和波斯抵御英国的主要屏障。[12]

伦敦召集了一次和平会议。由此产生的《伦敦条约》将奥斯曼帝国被占领的全部领土割让给了巴尔干同盟，并宣布阿尔巴尼亚为独立国家。该"协议"让它的参与者愤愤不平，主要是保加利亚——它在战争中出力比盟友多，损失也比盟友多。战利品的分配，也就是新的边界——主要是在马其顿——给塞尔维亚的领土份额让保加利亚无法接受。因此，保加利亚拒绝承认该条约。于是，塞尔维亚和保加利亚之间一场新的战争迫在眉睫。事实上，在《伦敦条约》墨迹未干之时，保加利亚已经开始向西调集军队了。

第一次巴尔干战争向伦敦、柏林、巴黎和圣彼得堡发出了严厉警告：巴尔干半岛的另一场对抗可能引发欧洲的大规模冲突。第一次巴尔干战争引出了这样一个问题：奥匈帝国为什么不去挑战南面出现的这个强大的斯拉夫联盟，并在有机会时设法遏制它的狂暴野心呢？流行的说法是，德国否决了奥匈帝国的任何干预。事实却并非如此。德国是准备支持奥地利在巴尔干半岛的军事行动的，却要指望奥地利采取主动并制定计划的意愿。维也纳没能做到这一点。原因可能在于奥地利新任外交大臣利奥波德·贝希托尔德伯爵摇摆不定的表现，他未能胜任令人敬畏的前任埃伦塔尔留下的这个职位。贝希托尔德是一位富有的贵族，拥有一个赛马饲养训练场，据说他绝不会错过任何一场赛马，无论肩负着怎样的政治职责。据海因里希·坎纳称，他衣着华丽、身材高大、温文尔雅，"做决定时总是犹豫不决，而且无知到令人难以想象的程度"，他把外交大臣的角色当成一种次要的兴趣，"对他来说还没有衣服或赛马场来得重要"。[13]

在1912年9月与贝特曼-霍尔韦格在布赫劳一次众人皆知的会面

中，贝希托尔德暴露出他对奥地利家门口的严重事态一无所知，态度也很敷衍。尽管德国予以默许，奥地利却没能采取行动。在这场斗争期间，贝希托尔德有时会说服自己相信土耳其会打败巴尔干同盟——这是他无所作为的另一个原因。俄国人甚至向他保证，即使奥地利被迫抵抗塞尔维亚对毗邻的桑贾克的入侵，他们也不会去干预。[14]然而，贝希托尔德仍然无所作为——不是因为高尚的克制，而是因为无知和优柔寡断。他没能领会到，俄国已经为奥地利提供了一个千载难逢的机会，可以在不担心"俄国熊"干预的情况下遏制塞尔维亚的扩张。

在一个问题上，奥匈帝国给塞尔维亚的愿望划定了界限：塞尔维亚无论如何都不能得到亚得里亚海的出海口。贝尔格莱德垂涎地中海的海港，盯上了阿尔巴尼亚的斯库台港。维也纳决定了，这个坚决不能给。贝希托尔德坚持要求阿尔巴尼亚"建国"，就是明确表示不给塞尔维亚地中海港口。[15]他亲自以极尽粗暴的方式拒绝了塞尔维亚首

尼古拉·帕希奇

利奥波德·贝希托尔德伯爵

相帕希奇前往维也纳讨论问题的和平提议，这些问题中就包括塞尔维亚可能的出海通道。相反，奥匈帝国在1913年10月18日起草了一份最后通牒——相对于维也纳在1914年向塞尔维亚发出的那份远比这更恐怖的最后通牒，可以说是一个阴魂不散的先例——迫使塞尔维亚军队撤出将被赐予"独立"的阿尔巴尼亚。

在俄国和法国的压力下，塞尔维亚人和黑山人不情不愿地勉强同意并撤出了。无论协约国有几分忠诚度可言，它们都知道，送一个海港给塞尔维亚，相当于扔了一块骨头给三国同盟，一定会惹得它们猖猖狂吠。然而，为了安抚没有得到港口的塞尔维亚，俄国迫使维也纳对这个巴尔干国家做出了屈辱的让步。为此，维也纳政府受到了公开的嘲笑，甚至连皇帝也不免受到指责。人们痛骂贝希托尔德，说他是一个可怜的蠢货，把君主国的威望赌在为阿尔巴尼亚而进行的争斗上——奥地利总参谋长康拉德·冯·赫岑多夫称之为"穷得掉渣的牧羊地"。[16]值得一提的是，康拉德从未停止过为立即血腥镇压塞尔维亚和斯拉夫联盟摇旗呐喊，如果不加以制止，它们的威胁将"渗入德意志的骨髓"。[17]

这一切都标志着奥匈帝国和哈布斯堡王朝的威信遭受了无可挽回的损失，也暴露出了它们的弱点。奥匈帝国无所作为，或许不经意间避免了一场欧洲战争的可能性。然而，维也纳和布达佩斯呈现出一副意志薄弱、优柔寡断、元气大伤、心浮气躁的样子。蒙羞帝国的暗影可不是什么振奋人心的景观。

斯拉夫人的精神却为之一振，这也是必然的结果。说他们因为对土耳其人的胜利而飘飘然，都还不足以说明席卷巴尔干同盟，特别是塞尔维亚的自信流露。毫无骨气的奥匈帝国给了他们额外的推动力，甚至引发了关于波斯尼亚-黑塞哥维那重回斯拉夫人大家庭的讨论。

欧洲列强的反应给这个故事蒙上了不祥的色彩——不是因为他们

的行为或言论，而是因为他们对时局的**感知**：偏偏是错的。第一次巴尔干战争使人们担心俄国会和巴尔干同盟一起与奥匈帝国/德国交战（一种假设）。如果这样的话，法国会在这场战斗中与俄国并肩作战吗（基于一种假设的假设）？按照法俄同盟的规定，缔约国只有在**受到攻击时**才有义务互相**保卫**，因此答案是否定的。明显不需要法国要在巴尔干冲突中站在俄国一边进行干预。然而，普恩加莱粗暴的民族主义和对俄国的支持，使法俄同盟有了一种更具侵略性的解释。德国对巴尔干半岛的干预是否会触发"履约场合"，也就是一种启动该盟约并迫使法国进行干预的情况呢？普恩加莱似乎在给伊兹沃尔斯基的信中暗示了肯定的答案，后者于1912年11月17日正式将这封信的内容通过电报发送至圣彼得堡。伊兹沃尔斯基从中得出了这样一个结论，并体现在他的复电中："如果俄国开战，法国也会开战。"普恩加莱后来也证实了这一情报的主旨，只是辩称伊兹沃尔斯基的电报"太过笼统"。[18]换句话说，圣彼得堡险些认为德国但凡插手巴尔干冲突，都会触发法俄同盟！这模糊了盟约的条款，使同盟关系陷入了极其危险的境地，而普恩加莱也没有做出任何缓和事态的举动。

确实，第一次巴尔干危机似乎释放了法国人的敌意，当普恩加莱于1913年1月17日成为法兰西共和国总统时，这种情绪更加高涨了。事实上，这位新总统向圣彼得堡保证，法国将付出一切外交努力，支持俄国在巴尔干半岛的立场。这是伊兹沃尔斯基1913年1月30日在爱丽舍宫与总统及其新任外交部长若纳尔进行新一轮商议后得出的结论。在发给圣彼得堡的一封特别电报中，伊兹沃尔斯基描述了法国和俄国之间的新协定：

> 在当前形势下，由于现有的同盟和协约网络，任何大国在巴尔干事务上的任何单方面表态都可能很快导致欧洲的全面战争。法国政府完全理解并认可俄国政府的特殊立场，它必须考虑到民

族感情和我们强大的传统。因此，法国政府一点儿也不希望剥夺俄国的行动自由，也并不打算怀疑俄国对巴尔干国家所负有的道德义务。因此，俄国不仅可以指望法国在法俄协议所规定的情况下提供武装配合，**还可以指望法国在俄国政府为那些（斯拉夫）国家的利益而开展的所有事业中提供最有力、最有效的外交援助。**（强调为本书作者所加。）[19]

总之，法国对俄国的承诺加码，这让圣彼得堡觉得，它在巴尔干半岛对奥匈帝国/德国采取**任何**行动，都可以指望法国的外交和军事支持。对时局的感受与其实质一样，在欧洲各国的大使馆和政府中都很重要。它们这些同盟的跳弹作用坚定地指向一场欧洲战争——至少表面上是这样。

德国也像俄国和法国一样采取了行动，让它自己在该地区的小弟放心。柏林对奥匈帝国面临的泛斯拉夫威胁感到不安，不加掩饰地宣布，它将为保卫盟友而战。1912年12月2日，贝特曼-霍尔韦格告知帝国议会，如果受到威胁，德国将为奥匈帝国开战。三天后，面对斯拉夫人的威胁，德国、奥匈帝国和意大利（担心塞尔维亚得到亚得里亚海的出海口）续订了三国同盟。

之后的12月8日，德皇在情绪暴躁的状态下召开了一次"军事会议"，历史学家弗里茨·费舍尔如此形容这次在柏林皇宫举行的这次著名会议。参加会议的有毛奇、提尔皮茨、奥古斯特·冯·黑林根（海军参谋长）和格奥尔格·亚历山大·冯·米勒（德皇的海军内阁主任）。威廉召开这次会议，直接回应了英国陆军大臣霍尔丹对德国驻伦敦大使随口说的一句话，"如果俄奥战争导致德国进攻法国"，英国将援助法国。[20]这寥寥数语激起了德国的极度恐惧，激发了德皇的"诸神黄昏心态"。[21]"如果俄国支持塞尔维亚人……那么对我们来说，战争也将无可避免。"他说。[22]他展开了天马行空、令人心惊胆战的想象，向往着在这种情况下，保加利亚、土耳其和罗马尼亚军队会加入三国同盟，使奥匈帝国的军队能够腾出手来抵挡住俄国，同时德国则要对付法国。兴奋的毛奇对这个石破天惊的想定表示喜闻乐见。对他来说，"战争是必然的，对德国来说越早越好"。[23]

虽然海军参谋本部的成员们主导了德皇的军事会议，但提尔皮茨透露说，他大肆吹嘘的新海军无法及时做好准备，迎接这场大规模的武装冲突，他自己也因此被边缘化了（见第二十一章）。赫维希写道，这就是提尔皮茨计划的"丧钟"。[24]总之，这次军事会议既没有向任何人宣战，也没有确定战争的日期。它以一项决议结束：发起新闻攻势，让德国人民为与俄国的战争做好准备。米勒总结说："因此显然是零成果。"[25]

也不尽然。这次军事会议产生了计划外的效果，这也是可怕的预兆。会议使人们对提尔皮茨计划的信任化为乌有，德国也因此重新致力于陆军建设。两个星期后，贝特曼-霍尔韦格如释重负地说："我们因为海军而忽视了陆军，我们的'海军政策'在周边树敌。"现在，陆军将增至满员："我们不能漏掉任何一个可以戴上钢盔的新兵。"德皇在他的新年致辞中如实转达了这层意思："海军将把大部分可用资金交与陆军。"[26]和平时期最大的一次征兵发生在1913年3月5日，征召了4000名军官和11.7万名士兵，目标是召集一支75万人的陆军。

英国的情况又如何呢？格雷明确表示，公众舆论不会支持英国干预远方一场对英国利益影响很小的冲突。在第一次巴尔干战争期间，政府似乎缩回了半孤立状态。至少伦敦表面上采取了这种立场。但暗地里，伦敦也在越发积极地参与其中。例如，英国威胁要放弃约束俄国和法国的政策（见上文霍尔丹的话）。格雷在阿尔巴尼亚和斯库台问题上全程支持俄国，但坚决反对俄国占领土耳其在第二次巴尔干战争中从保加利亚人手中夺回的哈德良堡的决心。事实上，正是第二次巴尔干战争使英国永久性地解除了观望状态，卷入了欧洲的混战。

于是战争卷土重来……1913年6月，保加利亚就前一次冲突的战利品问题向塞尔维亚宣战，引发了第二次巴尔干战争。数十万年轻人再次遭受恐怖、伤残、俘虏或死亡，只为地图上的一条线。保加利亚派出了约57万人，对抗塞尔维亚、希腊、黑山、土耳其和罗马尼亚100多万人的军队。塞尔维亚人在进攻中打头阵，并战胜了保加利亚人。索非亚于1913年7月陷落。我们在此无需钻研这些战役令人毛骨悚然的细节，我们需要关心的是它们对欧洲和平的影响。

奥匈帝国的反应再次成为决定性因素。这一次，他们支持保加利亚，把它作为征服塞尔维亚人的工具，并以参战相威胁。贝希托尔德在1913年7月4日的一封电报中透露了二元君主国的动机："塞尔维亚的决定性胜利，不仅意味着这个历来与我们为敌的邻国会在精神和物质上得到很大的强化，还将导致泛塞尔维亚思想和宣传的扩散。"奥匈帝国必须干预，防止出现这种结果。然而，他警告说，维也纳的干预"虽然只是一种本能的自卫行为"，却可能使俄国"放弃旁观者的被动身份，从而使三国同盟和罗马尼亚（当时是奥匈帝国的盟友）卷入与俄国的战争，而这样一场战争将使欧洲陷入大乱，伴随着种种危险和后果"。[27]

由于这些原因，柏林和罗马阻止了他们。令奥匈帝国颇为不快的是，德国拒绝同意对第二次巴尔干冲突进行任何干预——这一立场激怒了贝希托尔德，这一次他看起来像是愿意采取行动了。不管他是否愿意，关键问题在于德国为阻止维也纳站在保加利亚一边作战而进行了干预。一年后的1914年7月，柏林将反其道而行之，与奥地利休戚与共。大国的站队——德国和奥匈帝国、俄国和塞尔维亚、法国和俄国——已经定死了，雷打不动。只有英国的立场还不确定。

《布加勒斯特条约》和《君士坦丁堡条约》对战利品进行了分割。巴尔干半岛再次被瓜分。社区、村庄和城镇的居民们一觉醒来，发现自己生活在新的国境内，挂上了新的旗帜，他们对这件事的感受却无人理会。保加利亚失去了它在第一次巴尔干战争中获得的大部分土地。塞尔维亚、黑山和希腊是彻彻底底的赢家：所有地区突然发现自己成了塞尔维亚或希腊的一部分。希腊的领土增加了68%。塞尔维亚的面积几乎翻了一番，人口也从290万增加到450万。然而，塞尔维亚人得到亚得里亚海出海口的希望化为了泡影：阿尔巴尼亚的独立和边界被正式确认。1913年夏天，格雷在伦敦主持了一次会议，巩固了这些成果，并设法安抚了大多数与会者。尼科尔森评论道，格雷的这种做法显露出了"我承认我认为他并不具备的才能"。[28]

贝尔格莱德是最没可能抱怨的。第二次巴尔干战争最长远的结果就是泛斯拉夫主义的塞尔维亚国家的崛起。对保加利亚的胜利将塞尔维亚册立为巴尔干半岛最强大的国家，它充满自信，主张扩张领土，热衷于为失去波斯尼亚-黑塞哥维那一事向新的主要敌人奥匈帝国复仇。与此同时，这个俄国最好的朋友和盟友也在为巴尔干半岛泛斯拉夫化的未来前景而欢欣鼓舞。

奥匈帝国皇位的下任继承人弗朗茨·斐迪南大公对这些事件的看法很有意思。但凡有人听他的，弗朗茨·约瑟夫皇帝的这个侄子似乎都很渴望与斯拉夫世界和平相处，并且能够容忍南方一个斯拉夫人联盟的存在。大公实际上是在塞尔维亚和俄国之间寻求和平，甚至希望恢复三帝（德国、奥匈帝国和俄国皇帝）同盟，对他的悲惨人生来说，这可真是莫大的讽刺。

大公这种自由主义、有点不切实际的立场，使他在国内的政治盟友寥寥无几，也让国外既包括三国同盟也包括斯拉夫世界的极端分子们盯上了他。随着1914年的临近，巴尔干半岛已经容不下宽容或温和的人了，特别是奥匈帝国皇位的第一顺序继承人。

巴尔干战争巩固了欧洲列强的地位，并勾勒出交战国及其盟友的站位。大国集团相互对峙，不再是肩并肩，而是面对面。人们普遍认为1914年震惊了世人，但实际情况恰恰相反，权力沙龙中的政客、指挥官和君主们现在已经在说战争是必然的了。欧洲的统治者们在电报、演讲和信件中以令人毛骨悚然的频率提及战争。听起来他们已经对战争听天由命了。

第二十一章
为"必然的战争"武装起来

> 德国的规划者们设计的更多是宏图大略而不是每日计划，其
> 范围往往囊括了一两代人的人生，这一点需要特别强调。只有在
> 起草了缺乏变通的蓝图之后，才会将潜在敌人的优势和劣势纳入
> 考量。
>
> ——历史学家霍尔格·赫维希

人们完全没有付出认真的努力，去通过谈判约束欧洲大国，阻止因奥匈帝国、俄国、德国、法国和英国外交部之间的困惑、误解、偏执、缺乏最基本的善意而启动的进程，这才是最令人震惊的。就好像欧洲领导人被这些年来越发紧张的局势折腾累了，竟然莫名其妙地对通过军事手段解决的前景产生了兴趣；仿佛他们在用尽外交渠道之后，除了向强大新闻界和纯粹偏执狂的战吼屈服之外，已经别无选择了。有一点是明确的：各国政府未能充分理解彼此。它们没有意识到，或者是故意忽略了那些如果不加以控制就会导致灾难的力量。

如果说这在事后说起来容易，那么在当时说起来也同样容易。部长们和指挥官们或多或少都知道正在发生些什么。他们已经摸清了同盟网络。两次巴尔干战争的多米诺骨牌效应此时已经暴露在众目睽睽

之下。将军们反复提及战争的"必然性"。制造了欧洲危机四伏的状态之后，大国按照惯例，认为战争"迫在眉睫"，"近在咫尺"。

奇怪的是，他们全都看清了**结果**，却未能或拒绝看清**原因**。例如，德国外交大臣戈特利布·冯·雅戈在1913年4月帝国议会的一次最高机密军事评估会议上提到了"即将到来的世界大战"。抑或是普鲁士陆军部的弗朗茨·古斯塔夫·冯·汪戴尔将军，他在1911年警告称，"我们被敌人包围了，与他们免不了一场大战，在这一过程中，我们将为我们的世界政策而战"。[1]在巴黎、伦敦、圣彼得堡和维也纳，类似提到战争的场合不胜枚举。这些人，还有其他许多人，都对战争听天由命，几乎没有齐心协力去阻止这一进程，也没有去理解他们的假想敌。宿命论的重压消磨了他们的精力和智识。"我们都活在一种隐约的压力之下，"毛奇在1905年写道，"这种压力扼杀了取得成就的喜悦，我们无论开始做什么事情，几乎都会听到内心的声音说：'有什么用？全都是徒劳！'"[2]

像康拉德、毛奇、克劳、哈特维希、贝希托尔德和贝特曼-霍尔韦格这样反复无常、性情暴躁或自以为是的人加速了走向湮灭的步伐。他们公开地、认命地、有时还很不耐烦地谈论着一场即将到来的战争。毛奇在热烈鼓吹战争和看似对战争的前景感到惊恐之间反复转变立场。在被他描述为"欧洲文明国家间的互相撕咬"的交战前夕，他陷入了绝望。[3]在1912年12月8日德皇的会议上强烈要求德国开战的就是这个人。贝特曼-霍尔韦格也表现出了类似的无奈，还带着几分蔑视。他对德国的相对软弱感到"非常苦恼"，写道："我们必须深信上帝，并指望俄国革命成为盟友，这样才能睡得着觉。"[4]他仅有的慰藉竟是上帝和布尔什维克？这些掌权者中似乎没有一个人察觉到，**自己**是可以采取行动阻止战争的。康拉德不喜欢参加被他斥为和谈的会谈。其他高级官员也会在不同时刻对调停的尝试表示不屑，只是没那么强烈。平心而论，只有格雷始终心向通过调停取得和平的可能性，之后却因没能表明英国的立场而在很大程度上扼杀了这一进程。

主要的政治参与者往往会相信那些煽动性的公报、彻头彻尾的谎言和狭隘或有偏见的论调（参见在摩洛哥和巴尔干问题上的纷纷扰扰）。他们要么混淆视听、优柔寡断，在关键时刻淡出人们的视线，要么没有给如此复杂的时局应有的关注。纯粹的怠惰、愚蠢、注意力不集中早已司空见惯。贝希托尔德似乎觉得整个进程很乏味，分走了他投入在爱驹上的精力。格雷极少错过逃离伦敦的紧张气氛、重新开始钓鳟鱼的机会。康拉德与一位已婚女子的热恋显然损害了他的判断力。正如我们将要看到的那样，1914年战争前夕，法国和德国政府的领导人都在度假。

大国之间明显缺乏理解，我们斗胆说一句，还缺乏共情。毫无疑问，他们的沟通渠道很不牢靠，电报会延迟，或者经常错开。嘈杂的声音用电码，用不同的语言发出来。这完全无法为高层会议上可怕的沉默开脱。没有人提议召开一次峰会来讨论欧洲的危机。阿尔赫西拉斯会议和巴尔干会议都坚持在有限的范围内讨论问题。从阿加迪尔危机到1914年前夕的这段时间里，没有一次泛欧会议来讨论世界的糟糕走向。诚然，有条约和电报。大使们你来我往。德国拒绝了格雷在阿加迪尔危机之后安排一场会议的英勇努力。英国外交大臣为平息紧张局势、找到第二次巴尔干战争解决方案所做的尝试很了不起，本可以加快更广义的和解进程。然而，没有一位掌权者提议达成一种共识，以纠正，或者至少是讨论欧洲可怕的前进轨道，而他们全都知道欧洲正在走向灾难。

当然，这并不意味着各国政府或人民想要战争。正如尼尔·弗格森令人信服地证明的那样，从民众对交战的渴望这层意义上来说，军国主义纯属虚构。它在经济上也并不符合人们的心意：自由贸易要依靠和平来发挥作用。虽然军火商在战争期间会暂时尝到销售额上涨的甜头，但资本主义制度显然并没有规定或暗示要摧毁各国市场和所有的经济体，这与社会主义者的断言相反，他们认为战争会使海盗资本家赚得盆满钵满，还会导致数百万工人互相残杀，养肥他们的老板。（事实上，在宣战时，欧洲各地的工会和社会主义运动都搁置了它们的政治斗争，转而为它们的国家而战。）

弗格森写道，银行家们对战争"前景感到惊恐万分"，"主要是因为战争有可能使从事国际贸易融资的大多数票据承兑行破产，就算不是全部"。[5] 毫无疑问，垄断军火商——例如新式机枪制造商维克斯和马克沁-努登费尔特，以及德国造船厂——积极为他们的武器寻找市场。但这并不能说明他们想要打一场世界大战，因为这将摧毁他们

第一次世界大战中英军的维克斯机枪

客户的经济体。弗格森总结道:"马克思主义理论难以解释的一点是,几乎没有任何证据表明这些利益使商人们**想要**打一场大规模的欧洲战争。"[6]

　　与此同时,对多管闲事的文官政客不屑一顾的德国和俄国军事指挥官们,已经对率军出击的命令迫不及待了。他们索要庞大的部队和巨大的军火库。1912年至1914年,武器的储备和军队的建设呈现出了狂热的势头,对德国受到诱惑冲出堡垒的恐惧更是加速了这一过程。行伍中的军人斗志昂扬。新兵渴望在战场上赢得荣耀。由于法国和德国的兵役延长(法国延长至三年),应征入伍的新兵和后备军人纷纷涌入军队系统。欧洲各地的主流媒体都在宣扬这种军国主义路线。一场大战的"必然性"似乎已经渗入公众的意识。战争是一种需要不惜一切代价避免的可怕灾难,这种想法在这些讨论中几乎没有容身之处。战争被认为是可能的,甚至是必要的,而且肯定不是最后的办法。

　　政客们从未认真尝试去控制他们的将军、遏制武器和人员的大量集结,而这也显然加剧了紧张局势,并导致历史学家A.J.P.泰勒得出了交战国"被他们的准备工作之巧妙所诱骗"这一结论。[7]他指的是各国的铁路系统和战争计划,主要是施里芬计划和法国的第十七号计划。往大了说,他还指的是这些战争计划所依赖的兵工厂、技术和军队。例如,如果没有能够把比利时要塞炸出洞来的巨型新式克虏伯火炮,德国所预想的对法国西北部的包围就无法进行(见第四十章)。

　　一种集体否认的态度没能正视这些计划中的明显缺陷。当德国因缺乏资金而放弃竞争海上霸权时,它发现自己正在准备一场大规模的陆战,却没有一支能够挑战英国的海军。这使得德国的港口很容易被封锁,德国人民也很容易挨饿。柏林的军事策划者反而去建设他们的地面部队,他们认为这将左右战局。1912年至1914年,柏林准备在两条巨大的战线上打一场先发制人的战争，却没有一支能够保卫北海港口的海军。

　　在这种情况下继续推进施里芬计划，在任何理智的人看来都应该是毫无意义的愚蠢行为。但德国的掌权者并不理智。早在1908年，一名年轻的德国上尉就看出了这个问题的核心所在，而在1914年，他的上司却没有认识到这个问题，或者是不相信：

　　　　一想到地球上有一个大国总能消灭其他任何国家的海军，从而切断当事国的海上联系，我们就会感到焦虑……只有当我们的舰队发展到能够成功地阻止任何封锁时，我们才能自由地呼吸，说我们的海上力量能够满足我们的需要。[8]

德国海军永远不会做到这一点了。

　　德国能否通过陆军和兵工厂的大反超来赢得陆战呢？时间来到1914年，三国同盟的常备军还没有达到三国协约合在一起的兵力。大多数英国人以为德国和奥匈帝国已经武装到了牙齿，但它们的军队人数还不及法国和俄国的一半。

　　德国按照普鲁士新秀、施里芬门徒埃里希·鲁登道夫将军在1912年12月的"伟大备忘录"中的建议，施行了普遍兵役制，来回应这一危机。这将征兵率从52％提高到了82％——两年内增加了30万新兵，使和平时期的德国陆军达到了74.8万人。加上奥匈帝国的部队，

埃里希·鲁登道夫

1913年两国陆军的总人数为124.2万人，约为法俄陆军总兵力217万人的一半。1914年，又额外增加了根据新的三年兵役制征召的11.6万法国人。[9]

鲁登道夫的改革也不会彻底改变战争爆发时的局面。1914年中期，德国和奥匈帝国将派出345万人的战时部队，面对塞尔维亚、法国、俄国和比利时的560万联军（英国最初将提供12万至15万人）。协约国陆军有218个步兵师，而德国和奥匈帝国只有137个；前者还有49个骑兵师，而后者只有22个。总之，从绝对数量上看，协约国军队比德国和奥匈帝国这两个所谓的欧洲主要侵略国要强大得多。法国是迄今为止军事化程度最高的国家，人口中的2.29%在陆军或海军服役，相比之下，德国为1.33%，英国为1.17%。[10]

这些数字只能说明一部分情况。例如，俄国的**潜在兵力**才是德国决策者真正担心的：几年内会有多少俄国人参军？柏林是否应该在俄国人仍然脆弱时发动一场先发制人的战争？对德国先下手为强的恐惧加速了俄国陆军的转型。自1906年以来，俄国陆军已经能够部署150万人，是德国陆军的两倍，比德国和奥地利的总和还要多30万人。[11]然而，俄国的目标是用法国人的钱建设一支200万人的常备军（它在1917年几乎达到了这个目标）。法国对俄国铁路的巨额投资，使德国的策划者更加专注于一场先发制人的战争。[12]

然而，一个国家可以立刻动员的后备部队对总人力来说至关重要。1913年，德国拥有76万名训练有素的预备役军人，使其和平时期的常备军规模翻了一番，与俄国相当。可是，法国只有8.7万名可以立刻投入使用的预备役军人，使它的总兵力略高于90万人。[13]这就使德国的人数劣势可以换一个截然不同的角度来看待，并鼓励柏林坚持修正版的施里芬计划。

计划继续进行着。准备工作是在半摸黑的状态下进行的，或者说是在一个脱离现实，之后又被一厢情愿地强加于现实的领域中进行的。欧洲的情报收集业务还处于初级阶段。他们对自己的缺点装聋作哑，危险的想法也因此盛行。对上帝、冲力和文化或种族优越感的信仰，取代了对弱点和不足的重视。德国情报机构依靠的是剪报部门。军官们仔细查阅法国（例如《巴黎回声报》、《高卢人报》、《人道报》、《晨报》和《时报》）、英国（例如《每日新闻》、《每日纪事报》、《泰晤士报》和《国家报》）和俄国（例如《证券交易新闻报》、《彼得堡快报》和《言论》）的日报；他们还要比照这三个国家的军方刊物（例如法国的《军队与民主》、《现代军队》、《法国军事》、《军事概况杂志》和《军事科学杂志》），特别关注在任将军们的文章。[14]

这种做法的缺点很明显。政府例行公事般地在报纸上编故事，用来蒙骗敌人。例如，英国海军泄露消息称，它将为"无敌号"配备9.2英寸火炮，轻信的德国海军部正好可以与之旗鼓相当；事实上，"无敌号"配备的是12英寸火炮。然而，根据历史学家赫维希的研究，德国人粗枝大叶的对照参考在某些地方竟然得出了准确到令人惊讶的结果。[15]柏林听说了1905年的第一次英法陆军参谋会谈，以及1911年秋天的法俄陆军联合演习（通过《晨报》）。[16]1913年，普鲁士总参谋部能够洞悉法国、俄国和比利时军队的规模，发现俄国的新格奥尔吉耶夫斯克、格罗德诺和科夫诺等大型要塞被改为部队集结中心，还发现了一个令人不安的事实，即复线的西伯利亚铁路将在1914年完工，"使沙皇能够把将近六个西伯利亚师运送到德国—奥地利—匈牙利前线"。[17]

然而，德国策划者对俄国动员速度的判断却大错特错，他们认为俄国的一线部队会在动员令下达后的五天内到达前线，二线部队会在八天内到达。事实上，1914年8月，俄国军队要花上15到21天才能全面动员起来。这个误判刺激德国在俄国的"部分动员"刚有苗头时就急匆匆地拿起了武器，从而加速了战争的爆发。

盟友之间也没有共享太多信息。深深的猜忌在所谓的朋友间制造了分歧。英国最资深的亲法分子亨利·威尔逊爵士承认，自己对法国修订后的计划一无所知。普鲁士总参谋部同样对奥匈帝国的备战情况一无所知，因此开始暗中调查他们的主要盟友。1914年初，他们的调查结果让人十分气馁。他们判定，拥有2.7万名军官和44.2万名士兵的哈布斯堡军队在理解力和受教育程度上远远低于德国的标准，步兵对现代战争准备不足，他们的训练和武器装备"还有许多有待改进的地方"。事实上，这些调查结果还是过于乐观了。德国未卜先知般地得出结论，康拉德的部队面对俄国和塞尔维亚联军，"将无法为东普鲁士的德军提供多少援助"。[18]

法国的情报完全不够，对德国威胁的低估近乎致命。法军最高统帅部误判了即将到来的德军攻势的强度和方向，并且"非常错误地将法军的战略建立在早早获胜的基础上"。[19]法国重燃的自信心似乎弥补了军事准备的不足，还很不可思议地鼓动了这样一种想法，认为纯粹的冲力可以刺穿德国的装甲队伍。

困扰各国政府和军队指挥官的大问题是，在新武器和庞大军队规定了迥异的作战条件时，到底哪个战争计划会成功？法国陆军受到了一种有缺陷的战略的妨害，尼尔·弗格森称之为"疯狂"。这就是1913年5月达成一致的霞飞的第十七号计划。它成了"进攻崇拜"的牺牲品——认为出其不意、能够迅速移动的进攻会赢得战争。[20]它的设想是利用骑兵和刺刀冲锋，冲入德军大炮的血盆大口，通过一次出乎意料的突进夺回失去的阿尔萨斯和洛林两省，英勇不假，却注定失败（见第四十一章）。直到战争前夕，霞飞都还相信法国有把握迅速取胜，尽管不断有人很扫兴地提醒他，法国的武器处于劣势。[21]事实上，在战争行为爆发的几个月前，法军指挥官就十分清楚，他们的重炮已经过时，攻城炮和要塞炮也难堪大用。[22]

在德国，施里芬预测的六个星期之内战胜法军，已经被最高指挥部估计的一场冗长乏味的斗争所替代。鲁登道夫和毛奇警告说，德国将不得不打

> 无数场艰苦而漫长的战役，直到我们打倒其中一个敌人……我们必须要在西方和东方的多个战区打赢……我们将长期需要大量弹药，这是绝对不可或缺的。[23]

年迈的施里芬将军既没有预料到人力的短缺，也没有预料到俄国军力的变化。俄国根据1914年的"大计"新修的铁路和陆军的大规模扩张，使德国的策划者陷入了慌乱：他们是否应该立刻进攻，以阻挠东方巨人的崛起？亨利·威尔逊爵士在年初指出："为什么德国对未来感到紧张，为什么它会认为'机不可失，时不再来'，现在就很好理解了。"[24]德国只有迅速召集后备部队并使其做好战斗准备，才有望打赢一场两线作战的战争。这样的机会稍纵即逝。

由于预见到了这些问题，1913年，施里芬计划在毛奇的手术刀下接受了大手术，他将把德国的军队集中在法国，更多地依靠虚弱的哈布斯堡军队在东边扛住俄国人。毛奇的修正有一个重大缺陷：它基于这样一种假设，即被斥为"巧克力士兵"的比利时六个师不会抵抗，这样一来，德军右翼对法国北部的大包抄——施里芬计划最重要的一环——就将以一种受到严重削弱的形式横扫比利时。[25]毛奇认为中路需要更多的部队，以迎击预计会发生的法军对洛林的入侵。这些调整反映出德国痛苦地意识到了自身的人力限制。它那预备役军人占了一半（76万人）的主力军队，面对的是一项显然难以完成的任务。

毛奇的修改是否破坏了施里芬计划的执行，这一点无法说清。原本的计划已经有了致命的缺陷，它所依据的假设本身就危害到了它的执行，主要是因为它的时间表缺乏变通，对部队的要求也是不可能满

足的。问题出在很深层次的地方。普鲁士军事领导人盲目接受施里芬计划，让人不禁对他们的理智抑或常识水平产生了怀疑。军事历史学家霍尔格·赫维希总结道：

> 德国领导人把他们的大战略……建立在某些僵化的意识形态信念和军事原则之上。我们首先需要认识并理解构成威廉时代德国精神面貌的历史决定论、种族主义和自闭症的怪异混合物。德国的规划者们设计的更多是宏图大略而不是每日计划，其范围往往囊括了一两代人的人生，这一点需要特别强调。只有在起草了缺乏变通的蓝图之后，才会将潜在敌人的优势和劣势纳入考量。[26]

无论普鲁士领导人是否意识到这些需要考虑的事情，都没有什么能动摇他们对施里芬的基本概念的执着：用一场贯穿比利时和法国东北部的大型迂回进攻，促成大规模的两线作战。总之，正如休·斯特罗恩所总结的那样，施里芬计划是德国人思想的"决定性声明"，[27]也最接近军事意义上的战争处方。施里芬于1913年1月4日去世，距战争爆发还有19个月。他在临终时似乎预料到了他的计划失败的原因。据说他的遗言是："记住：集重兵于右翼。"[28]

第三部分

权力沙龙里的1914年

第二十二章
更好的一年？

我们现在需要的是一场战争，但我担心弗朗茨·约瑟夫和小尼古拉不会成全我们。

——弗拉基米尔·伊里奇·列宁在1913年
写给马克西姆·高尔基的一封信

1914年的开端，前途似乎一片大好。确实，巴尔干半岛的暴行已成过去，人们是这样希望的。确实，世界似乎更稳定、更幸福了。有些人敢于这样想。一窥当时的欧洲，便可知人们对未来这欣欣向荣的一年感到欣慰，充满期待。这一年有个好兆头。大国——特别是英国和德国——之间的关系不那么紧张了，尽管巴尔干半岛依旧乱糟糟，还发生了四起政治暗杀事件，包括希腊国王乔治和土耳其军队指挥官侯赛因·纳泽姆帕夏的遇刺事件。[1]

幸福的心情在经济腾飞的德国和俄国格外强烈。英国处于相对的经济衰退状态，但这个国家的大多数人完全没有注意到，还在期盼帝国的繁荣昌盛能够持续多年。当然，没有人知道，1914年将是欧洲曲终人散的一年。回首往昔，就出口和经济增长而言，1870年至1913年这段时期会被视为欧洲历史上的一个经济黄金时代，在20世纪也只有1950年至1973年这段时期超过了它。[2]

从制高点来看，英国的相对衰落已经是肉眼可见的了。国际投资的兴盛似乎正在趋于平稳，这一点大多数英国人都浑然不知，但财政部却察觉得到。1870年至1913年间，英国为了给帝国筹措资金而向海外输出的资本，比其他任何时候都要多。到1913年底，英国的海外资产共计40亿英镑，其中大部分投资于非洲的矿山、南美的铁路和基础设施、亚洲的制造业——几乎遍及英国侨民所在地。

在国内，英国人度过了艰难的一年，经历了创下新纪录的罢工和贸易纠纷。举国哀悼在远征南极时遇难的罗伯特·斯科特船长和他的四位同伴。清一色男性的议会投票否决了妇女的投票权，令妇女参政运动成员愤怒不已。斗志高昂的妇女活动家艾米莉·戴维森在埃普瑟姆德比大赛中摔在，或者说是冲向了国王的马下。爱尔兰自治在上下两院造成了分歧。

在上流社会的灯红酒绿中，唯一的浊音似乎是新国王乔治五世，与他在1910年驾崩的浪荡父亲爱德华七世不同，他是一个节制有度、尽职尽责的人，对这个歌舞升平的时代不以为然。尽管他的性格像他自己描述的那样"无趣"，但乔治多多少少也算得上是一位开明君主，为创建一个政治上更加自信的国家出力良多。他加冕一年后，平民院，即选举产生的下议院，通过《1911年议会法》赢得了对非选举产生的上议院的执行权。新国王促进了该法案的通过，这也加强了议会与人民之间的联系。竟然是专制的德皇威廉二世和沙皇尼古拉二世（乔治和他的相貌惊人地相似）这两位表兄弟推动了英国的民主，这可真是个绝妙的讽刺。然而，作为统治英格兰、苏格兰、威尔士和北爱尔兰的"德国"国王，萨克森-科堡-哥达家族的族长，他的尴尬出身让英国人民感到不安——1917年，考虑到英国的极端反德情绪，乔治五世将其家族名改为温莎。

德国期盼着另一个"喜庆年"。[3]德皇比以往任何时候都更受欢迎，热衷于穿着骷髅骠骑兵的黑白制服，骑着一匹高大的白色纯种马，在蒂尔加滕公园与民同乐。对威廉来说，之前的一年是个很重要的年份。他决定将普鲁士战胜拿破仑一百周年纪念日与他登基二十五周年纪念日合并，希望让他过生日时通常会有的那种空洞死板的庆祝活动变得更有

比利时国王阿尔贝一世

活力。[4]他也由此将自己与打败拿破仑治下的法国人这项伟业建立了联系。这两件大事的结合在许多人身上激发出了一种"战争心态"，这种心态将在1914年8月更加强烈地显现出来。[5]德皇精神饱满地重申了自己的权威——在《每日电讯报》事件中出了大丑之后——结果又酿成了大错。1913年11月，他告诉正在访问柏林的比利时国王阿尔贝，德国与法国必有一战。阿尔贝国王对此感到不快，但德国人民并不了解这些令人毛骨悚然的细节。事实上，整个1913年和1914年，国家的宣传人员都在努力将威廉重新塑造成一位深得民心的统治者——一位人民的皇帝（Volkskaiser）。他们旨在将君主政体与人民等同起来。这似乎行之有效。威廉把自己塑造成了另一个腓特烈大王，领导他的人民对"那些胆敢侵犯德国的人！"（即法国人）进行一场圣战，这种做法受到了热烈欢迎。[6]

这与人们对又是一年辉煌经济成就的预期相吻合。德国拥有欧洲最先进的产业、快速发展的城市和雄心壮志。德国的矿山和工厂现已在生铁、铁矿石和钢的产量上超过了英国。欧宝、奔驰、狄塞尔和克虏伯这些名字跻身世界最大的公司之列。

在一片大好的前景中，唯一的美中不足之处似乎就是俄国——在德国人眼里，永远都是俄国——它复苏的经济成就和庞大的军队，使德国的东部边境看上去凶多吉少。德皇在1913年底写道："作为一名军人，从收到的所有信息来看，我毫不怀疑俄国正在有计划地准备与我们开战，我也制定了相应的策略。"他把这些情绪带进了1914年。他的政府找到了一个高兴的理由：正如宰相贝特曼-霍尔韦格在1913年12月对帝国议会所说的那样，与英国的关系已经大为改善。贝特曼-霍尔韦格对"同种同宗的民族间永久亲善的关系"充满希望。[7]他指的显然不是斯拉夫人。

从1913年迈入1914年时，俄国人面对的是一个被冬季的黑暗、冰雪与寒风所笼罩的世界。沙皇政权的厉行节俭更是加重了这份阴郁。尼古拉比他的表兄威廉做得更过火，禁止了探戈**以及**两步舞。社会精英似乎并没有注意到。圣彼得堡的贵族们跳着华尔兹和四方舞度过这个季节，伴随着雪橇铃的叮当声，抵达玫瑰舞会和化装舞会的会场，而这些舞会往往又会沦为对城市边缘吉卜赛人聚居地的夜访。他们光顾最好的沙龙，例如沙皇军事内阁首脑弗拉基米尔·奥尔洛夫公爵之妻奥尔加·奥尔洛娃公爵夫人那座上流人士群集的豪宅。皇后不参与；她把自己排除在社交界之外，并不断受到拉斯普京的影响，这个放荡的"僧侣"自称是信仰治疗师，她相信他的照护能够缓解她患有血友病的儿子阿列克谢的痛苦。

俄国的经济很强劲。股市一路飙升。少数非常富有的投资者（例如"圣彼得堡三巨头"）猖狂的投机，把成千上万希望积蓄大量财富的人吸引到了证券交易所。在1913年的一次人口普查中，有4万俄国人自称"股民"。[8]沙皇的妹夫、感觉较为敏锐的贵族亚历山大大公写道："各个省份都加入了首都的投机狂欢。"他继续道：

傲慢的社会领袖将股票经纪人列入他们的访问名单。皇家卫队的贵族军官们虽然分不清股票和债券，却开始讨论起了"宽"钢价格即将上涨的问题……上流社会的女主人养成了一个习惯，就是介绍在场的"那位来自敖德萨的绝世天才，他在烟草上大赚了一笔"。教会的圣人们订阅金融类出版物，在证券交易所附近经常能够看到大主教们的天鹅绒软垫马车。[9]

这种轻浮之风一直持续到1914年。

杜马是1905年革命后成立的俄国议会，软弱无力，努力调和着俄国政治的两个极端。一边是在议会中占据主导地位、拥护沙皇专制的右翼。另一个极端是少数布尔什维克，听命于他们的流亡领袖弗拉基米尔·伊里奇·列宁，他慷慨激昂的演说辞得到了广泛传阅，号召人们暴力推翻沙皇专制制度，用无产阶级专政取而代之。列宁渴望与德国开战，因为他认为这将有助于摧毁俄国的统治阶级，促进布尔什维主义的崛起。事实将证明他的判断非常准确，准到令人不寒而栗。"奥地利和俄国之间的战争非常有利于革命，"1913年1月，他给马克西姆·高尔基写信说，"但（奥匈帝国皇帝）弗朗茨·约瑟夫和（沙皇）尼基不太可能成全我们。"[10]

在农村地区，杜马的政策也曾试图改善农民的生计。1906年至1914年间，国家农民土地银行将此前由地主所有、超过2000万英亩的地产转卖给了农奴。但农业改革的进程慢得令人发指。从城镇和城市里传来了不和谐的怒吼：俄国的城市位居欧洲最贫穷之列。莫斯科每住宅单位的人口密度是西欧城市的两倍，死亡率也高达近两倍。

与此同时，俄国巨大的战略铁路网也已经开始施工，资金由法国政府的巨额贷款提供，人们认为它对与德国交战的可能性起到了决定性作用。在主宰沙皇宫廷的军国主义者和泛斯拉夫主义者中，煽动战争已然形成了风气。让德国感到惊恐的是，他们为战争的前景欢欣鼓舞，正如1913年最后一个星期的俄罗斯帝国陆军报纸所刊载的那样："我们都知道，我们正在为西方的战争做准备。不仅是军队，整个国家都必须习惯于这样一种理念，即我们是为一场针对德国人的歼灭战而武装起来的……"俄国陆军的指挥官们虽然缺少大炮、炮弹、军靴和制服，却宣称："我们已经准备好了。"[11]

在政治、军务、外交和时尚方面，法国人似乎长期处于一种逆反状态。在政界，普恩加莱藐视激进派，并（在1913年）成为总统，饱受乔治·克列孟梭指摘，后者认为新政府气势汹汹的沙文主义使法国与德国必有一战。社会党领袖让·饶勒斯走得更远，他向工人发出反抗的呼吁，如果资本主义领导人贸然开战，就罢工，无视任何征兵令，拒绝为他们作战。

普恩加莱的优先事项是国防和维护三国协约。他继续拒绝支持与德国修好，无论基于什么理由。他用面色红润、感情冲动、咄咄逼人的反德分子莫里斯·帕莱奥洛格取代了备受尊敬的驻俄大使乔治·路易，后者一直建议巴黎不要与俄国联手参与巴尔干战争。普恩加莱的演讲一直在诉诸"强大的法国"和"伟大的法国"，正如克列孟梭所担心的那样，这使举国上下洋溢着一种自1870年以来从未有过的对外强硬主义情绪。

在军事上，霞飞无视对他的第十七号战争计划依靠过时的武器装备、很可能一败涂地的警告——该计划的核心是法军向阿尔萨斯和洛林的德军发起声势浩大的冲锋。法军采取攻势的构想是法国战略的核心，而且越发得势。一部名为《阿尔萨斯》的舞台剧给复仇主义者带来了新的希望。

1913年在巴黎进行的决斗比其他任何欧洲国家的首都都要多，大多发生在读者和冒犯了他们的记者之间。1914年，这一趋势仍在继续。激情犯罪案件——杀害不忠的恋人——异常增加，导致了一条承认激情犯罪的新法律，该法律将以一种家喻户晓的方式应用在卡约案中（见第二十六章）。1914年伊始，巴黎举行了盛大的庆典，被神职人员斥为"令人作呕的低级舞蹈"的探戈大行其道。

乐观的气氛下潜藏着仇恨的暗流和灾难的预感。1914年春天，美国总统伍德罗·威尔逊派他的首席顾问E.M.豪斯上校去评估欧洲的事态。豪斯向总统报告称：

> 情况非同寻常。军国主义已然走火入魔。除非您的某位代理人能促成一份别样的协定，否则总有一天会发生一场惨烈的浩劫。然而在欧洲没有人能做到这一点。这里有太多的仇恨，太多的猜忌。无论什么时候，只要英国同意，法国和俄国就会向德国

莫里斯·帕莱奥洛格

和奥地利进逼……[12]

只是他看错了可能的侵略者。1914年，法国无意发动一场欧洲战争。另一方面，俄国和德国则是在提心吊胆地彼此打量。没有人知道英国会怎么做。

第二十三章
爱德华·格雷的"四角关系"

俄国与英国之间的协定……涉及两国海军作战部队的积极配合，倘若俄国和英国商定的作战行动随着法国的参与而发生的话。

——1914年5月13日至26日，俄国外交大臣萨宗诺夫向他的大使去信，建议伦敦和圣彼得堡展开秘密的海军合作

英国外交大臣爱德华·格雷好似一个出没在白厅的幽灵。从表面上看，格雷是一位教养良好、正直体面的人士，符合爱德华时代贵族绅士的气质。他长着一张棱角分明的脸，眼窝深陷，眼睛炯炯有神，出身自英格兰最古老的一个"地主家族"。[1]他在温彻斯特公学和牛津大学接受教育——他在牛津拿的是三等学位——他的气质是纯正的"老辉格党人"。如果说格雷有什么爱好的话，那就是飞蝇钓和观鸟（他在1927年出版了一本关于观鸟的书《鸟类的魅力》）。他在树林里和小河边度周末，在那里，"华兹华斯比议会演讲来得顺口"。[2]

格雷是个心中有数的人，他的行动符合他所在阶级严格规定的惯例，不会逾矩。情感的流露，或者说是真性情，反而让他感到惊恐。他认为，表达坚定立场，表明自身态度，是天真、拙劣的表现，不太

符合英国人的做派。这种做法将一个人的行动与一个原则绑定，是很危险的。在格雷看来，从长计议、两边下注、尽力从双方身上都捞到好处要高明得多。他心甘情愿地选择了泰然自若的无为。他会对事情做出反应，但他很少挑起事端。仅用阶级因素无法解释格雷这种出了名的拘谨。他经历过巨大的个人悲剧，第一任妻子和弟弟相继离世，他似乎已经把悲伤内化到了自我放逐的地步。有时，他似乎活在另一个世界。

仔细观察就会发现，他是一个很有想法的人，比别人以为的更有能力，但他常常显得心事重重：莫非是在想他心爱的鸟？不，他太认真了，不会让消遣干扰到自己的本职工作。然而，他的心思似乎确实在别的地方——在一个不同的议程上——这倒也让人消除了疑虑。没有人知道他的确切感受，也没有人知道他到底是怎么想的。在外交部这个封闭的圈子以外，没有人知道格雷对协约国的支持到了什么程度——甚至连同事都对外交大臣的思维活动感到费解。因此，法国和俄国也察觉到了他的爽朗表象下略有些阴险的意味。

然而，他的改革思想挫败了任何把他描绘成古板守旧之人的企图。他是一个极其矛盾的人。用政治术语来形容的话，格雷是一个真正的自由主义者。他推动上议院改革，拥护妇女参政论者，并鼎力支持《国民保险法案》。他深切体察新的产业工人阶级的需求，即便是站在高高在上的英国贵族立场上俯视他们的困苦。他的性格就是如此**多面**。他在上层阶级社交圈如鱼得水，却也能敞开胸怀，去理解人民的需求。

毫无疑问，格雷和他的外交部同事都在真心实意地试图避免战争。在格雷的心目中，英国是明智的老牌帝国主义者，维护欧洲和平是英国的责任，是贵族义务。然而阿尔贝蒂尼指出，格雷对即将到来的七月危机的处理方式"如此笨拙、拖沓，以至于未能避免这场灾难"，这种说法未免过于严厉了。[3]指望一个人能够避免走向战争的进程，这要求太高了。没有人能够抓住命运的缰绳，在1914年7月这个关键月份将世界拉回理性的轨道上。只有齐心协力才能做到这一点，而这显然是欠缺的。

但格雷的外交才能完全不足以应对1914年的挑战。他拒绝承诺，拒绝担当，似乎以为自己绝对的老好人性格会取悦所有人。然而，这样的时代需要的是更加强硬的做派。格雷"静观其变"的作风，他无论敌友一律笑脸相迎的做法，产生的效果却是引发怀疑、加剧紧张。他越是努力想要调解，与所有来者交好，就越是无法取悦他们中的任何一方。当欧洲需要一个说一不二的英国硬汉时，他们得到的却是一个优柔寡断的飞蝇钓客。

所有这一切似乎都是一种决定性的宿命论的产物，而这种宿命论普遍存在于格雷所属阶级的心态和他自身的经验教训中。一个人只能尝试去影响时局，却无法逆天改命，该发生的总会发生，太阳底下没有新鲜事，只有英国的利益。他成熟时的观点似乎可以如此总结。然而，年轻时的格雷也曾热烈地相信原则，相信政治带来改变的可能性。

1914年指导英国外交政策的，是年龄增加，智慧却未必增加的爱德华·格雷。在外交艺术上，格雷唯一不变的是他的善变。即使他真的像自己经常表示的那样，一直把德国视为真正的敌人，他也从未展现出坚持这种信念的勇气。他拒绝向协约国提供英国的军事支持，而这种力量展示本可能打消德国人侵略的念头，使他站在优势地位进行调解。

到了春天再表明这种立场，似乎为时已晚。格雷花了太多时间来施加英国的影响力。他将互相冲突的忠诚掰开来喂给他的欧洲"朋友们"，这使他们的困惑达到了无以复加的地步。直到最后一刻，他还在挑逗协约国和德国人，分别向他们示好。迈克尔·埃克斯坦写道：

"在寻求与欧洲两个大国集团的友好关系时，格雷将自己置于一种不愿与任何一方撕破脸皮的立场；因此，在1914年7月，他缺乏采取决定性行动的能力。结果就是由其他更有担当的国家来带这个头。"[4] 无论是有意还是无意，总之格雷任由柏林相信英国中立的可能性，直到战争爆发。正如我们将要看到的那样，他的犹豫不决和外交佯攻给欧洲战争的处方添加了一剂猛药。这种政策最危险的地方，莫过于他想要拉拢德国人的全新尝试。

在柏林看来，与俄国的战争越来越近了。这样一场战争的目的是**防止**俄国变得过于强大，以致无法战胜，要在还来得及的时候将它击倒。1914年年初，德国和奥匈帝国高官认为出击的时机已到。双方各自的总参谋长毛奇和康拉德表达这一信念时最为积极。

英国外交部那些密切监视着德国的人，包括爱德华·格雷在内，都很清楚个中原因。德国尽管国内经济很成功，却在一些方面失败了，而这些方面使这个国家成了一个严重的威胁：它未能建立一支大到足以与英国匹敌的海军；它未能建立一个殖民帝国；它未能实现世界政策的愿望。在心理上，德国感觉被逼上了绝路。在军事上，柏林准备通过武力夺取它声称别人拒绝给予的东西。德国人民面对的是一个充满敌意的世界，它遏制了他们称霸全球的抱负。

俄国的经济和军事成就又在这些伤口上撒了盐。几年之内，沙皇军队的规模就将至少达到德皇军队的两倍。"战前一年左右，俄国不断扩充的军事力量是国际关系中主要的事态发展。"埃克斯坦写道。[5] 社会达尔文主义增加了德国应当马上出击、扼杀俄国不受控制的兵力这一论调的分量。

1914年初，爱德华·格雷试图从柏林的角度来理解这个世界。他认为，德国很可能会发动一场先发制人的战争，仿佛从它的堡垒中突然出击一样。英国驻圣彼得堡大使乔治·布坎南向他发送了一连串关于俄国军事实力的报告，警告称"除非德国准备为军事目的做出更进一步的财政牺牲，否则它在欧洲的霸权时日无多"。[6]此外，俄国由法国出资的战略铁路很快就将铺到德国边境。这两方面的进展都使德国领导阶层感到非常不安。

俄国复苏的强权改变了三国协约内部的关系。法俄同盟作为契约的核心和对德国的决定性威慑力量，在1914年比以往任何时候都要坚固。法国人的精神振作了起来。它的武装部队已经恢复到满员，法国人民的爱国情怀汹涌澎湃。法国和俄国成了形影不离的朋友，变得傲慢、郁闷，并要求伦敦为与它们结成友好关系而付出更加高昂的代价。它们向英国政府施压，要求它表态：在对德国的战争中，英国人民到底支不支持它们？

阿斯奎斯政府的犹豫不决尤其令俄国担心，它开始要求英国公开表示支持，作为加入协约国的代价。到目前为止，并没有任何正式条约或同盟关系将英国与它的协约国伙伴们绑在一起，只有私利和暧昧的善意。这种不确定性促使巴黎和圣彼得堡的人们不断地猜测。如果真的打起来，英国会参战吗？还是会弃权呢？英国人骑墙观望的态度已经让人忍无可忍了。

俄国外交大臣谢尔盖·萨宗诺夫在2月19日给他的驻伦敦大使本肯多夫伯爵写信说："三国协约的真实存在和大海蛇一样难以证实，只有到三国协约转变为一个没有秘密条款，并且在全世界的报纸上公开宣布的防御联盟的那一天，世界和平才能得到保障。"[7]

1914年初，柏林和伦敦之间的关系莫名其妙地得到了改善，以上可能性骤降。的确，它们享受了一阵难得的缓和关系。甚至出现了英德结盟的传言，在巴黎和圣彼得堡引起了深切的焦虑。英德关系的缓和，一如既往地与维护大英帝国和伦敦为保护大英帝国而不断进行的平衡各方利益的棘手工作有关。这次是因为法俄与英国的殖民竞争威胁到了英国在中东和亚洲的资产，而德国在这场大博弈中提供了一个有用的契机。

在格雷眼中，柏林似乎更容易亲近了，而且在某种程度上也更加成熟了，这是很有帮助的。在巴尔干半岛、葡萄牙殖民地和柏林至巴格达铁路的纷争中，德国领导阶层不是表现得很积极吗？最后一点尤其敏感，因为它将给德国一个波斯湾的港口，威胁到英国在这一地区的贸易。这一年年初，达成协议希望很大（将于1914年6月15日签署一份协议，消除英德在铁路问题上的紧张关系，同时也消除它作为战争诱因的可能性）。有鉴于此，格雷重新审视了德国，视其为潜在的朋友。

英国匪夷所思的边缘政策时期由此开始。它一边与德国打情骂俏，同时又对协约国表忠心，并且极大地加剧了欧洲的紧张局势。英国的协约国伙伴们无法容忍伦敦与德国眉来眼去。格雷异想天开地以为，他可以挑拨法国和俄国来对付德国，这看似一招妙棋，但这种战术无法持续下去。正如布坎南在1914年4月给格雷的急件中说明的那样，纵使外交部对忠诚的解释再怎么灵活多变，也扯不到这么远：

> 最大的问题是我们与俄国的协定是否应当巩固为一个防御联盟……与俄国成为亲密朋友的好处是否大于……与德国保持以前那种冷淡关系的坏处。我怀疑，不，我确信，我们无法做到两全其美，即：与法国和俄国结成防御联盟，同时又与德国保持热络的关系。[8]

布坎南选择了俄国和法国。他支持在三国协约内部建立更牢固的关系，或许是英国与事实上的伙伴结盟。克劳、尼科尔森、伯蒂（驻巴黎）、戈申（驻柏林）以及其他英国资深大使和外交官也都在不同程度上支持这一观点。英国的军方领导人也严重偏向协约国。例如，亨利·威尔逊爵士就对英国迄今为止一直拒绝公开站在法国一边感到愤怒。然而，年轻一些的英国外交官更亲近柏林，并且认识到了与受到孤立的德国政权对抗的危险。对他们来说，俄国代表着一个冷酷、反动的独裁政权，没资格与英国为友。内阁和政府在这个问题上分歧严重。在某个阶段，一半以上的自由党国会议员不是亲德，就是中立或反战。

选择权掌握在格雷手中。他一如既往地拒绝做出任何决定。他继续在宽慰他的协约国伙伴和安抚他的德国新朋友之间走钢丝。任何一方敦促他做出选择时，他都无所作为。他一直在给他们希望，或者说一些热情的套话，再或者根本就是举棋不定。一直到8月初，格雷都在推行这种"政策"，或者说是长期犹豫不决的状态。

1914年初，圣彼得堡在法国的支持下采取了行动，想要一劳永逸地巩固与伦敦的关系。一个强烈的动机便是这十年间俄德关系极为糟糕的倒退。事情的催化剂是1913年到1914年的那个冬天所谓的利曼·冯·桑德斯危机。这是压垮俄国那位很容易惊慌失措的外交大臣萨宗诺夫的最后一根稻草。

个中细节看似无伤大雅，却在这个封闭的外交界产生了巨大的影响。柏林挑衅般地任命波美拉尼亚富家子弟奥托·利曼·冯·桑德斯将军为一个42人的军事代表团团长，前往君士坦丁堡重新训练在巴尔干战争中一溃千里、颜面扫地的土耳其陆军。这次为期五年的任命实际上就是让一个德国人来统率土耳其军队。利曼·冯·桑德斯将会拥有异乎寻常的影响力：在土耳其战争委员会中占有一席之地，因而有权提拔土耳其高级军官。

这份告示激怒了萨宗诺夫。德国派往土耳其的代表团相当于给俄国对黑海和达达尼尔海峡的渴望奉上了"致命一击"。[9]统率土耳其军队让冯·桑德斯实际上控制了君士坦丁堡，萨宗诺夫后来写道，这是

"位于欧洲和亚洲的交界处的枢纽"，"著名的汉堡—巴格达交通线上最重要的地点"。[10]在萨宗诺夫看来，柏林托付给德国代表团的"任务是牢固树立德国在土耳其帝国的影响力"。[11]（事实将会证明他是对的。1915年，利曼·冯·桑德斯指挥达达尼尔海峡的土耳其部队，并做出了一个堪称神来之笔的决定，那就是提拔穆斯塔法·凯末尔指挥土耳其军队第19师，该师将在加里波利大胜英军和澳新军团，从而为奥斯曼帝国保全这个半岛，使协约国无法开辟对德国的"第三战场"。）

萨宗诺夫立刻采取了行动。他打算利用这次危机，把伦敦硬塞进与圣彼得堡和巴黎的全面军事同盟中。他的游说活动以一次会谈提议开始。1914年3月，萨宗诺夫建议英国和俄国举行海陆军联合研讨，以便采取共同行动。白厅的亲俄派对这一提议表示欢迎，但格雷发现自己的立场十分尴尬：他怎样才能在与俄国举行海军会谈的同时与柏林交好呢？圣彼得堡和柏林就像在舞会上抢舞伴的对手一样，都想让伦敦当他们的舞伴。埃克斯坦写道："此时，每个大国都试图把英国拽过来，不让它受另一个大国的影响，但格雷希望与这两个大国都保持良好关系。"[12]

1914年4月，乔治国王对巴黎进行了国事访问，庆祝《英法协约》十周年，这也加剧了格雷的窘境：英俄陆军会谈将被列入巴黎的议程。在巴黎，格雷尽其所能削弱这些会谈的重要性。他和往常一样含糊其词、犹豫不决，并在关于会谈和三国协约性质定义的会谈中躲避风头。他回到伦敦后，内阁开会并同意与俄国举行海军会谈，但要完全保密。但这起到的作用只是加强了伦敦的两面派作风：一边拥抱柏林，一边却与俄国举行关于战舰的秘密会谈。这个秘密一旦泄露，必将造成巨大的损失。英国外交大臣以为他可以做到两全其美：一边壮大三国协约，另一边又向德国人保证他们不必担心。他的外交欺诈后果很严重。

一桩间谍案彻底搞砸了格雷平衡各方利益的操作。1914年初，在俄国驻伦敦大使馆为德国工作的间谍本诺·德·西伯特，将关于伦敦和圣彼得堡之间拟议的海军会谈的高度敏感情报发给了柏林。事实上，这些"会谈"自始至终收效甚微（并因战争的爆发而陷入停滞），但这并不是重点。重点是贝特曼-霍尔韦格获悉这些情报的同时，英国还在公开否认与俄国进行过任何此类会谈。他深感背叛。德·西伯特发来了俄国驻伦敦大使亚历山大·本肯多夫伯爵和萨宗诺夫在1914年4月至5月期间的通信摘录。这些内容断送了格雷与德国保持更友好关系的希望。以下是一些简短的摘要。

关于海军联合行动（在本肯多夫1914年5月3日给萨宗诺夫的信中）：

> 正如英国与法国订立的协议中规定了……陆军间的合作，因此按照爱德华·格雷爵士的意思，与俄国的最终协议理所当然要与海军有关。

关于阿斯奎斯首相对英俄联合行动的支持（在5月5日至18日的信中）：

> 阿斯奎斯……非常赞成……俄国和英国最终签订类似于法国和英国之间那种军事协定的东西。[13]

5月15日至28日，萨宗诺夫给俄国大使的一封信中极为失策地披露了一系列信息：英俄在北海可能的行动范围，以及共用的暗号、电缆和密码——德国情报部门收到后感到惊恐万分。萨宗诺夫写道：

> 1914年5月13日至26日，在海军参谋长办公室磋商……关

于俄国和英国之间的协定，涉及两国海军战斗部队的积极配合，倘若俄国和英国商定的作战行动随着法国的参战而发生的话……

萨宗诺夫要求英国向地中海派遣更多的舰只，并允许俄国船只使用英国港口，他非同寻常的购物清单以此作结：

> 会议认为，理想情况是，俄国和英国海军之间关系的所有细节……都能够确定下来。为此，有必要就暗号和专用密码、无线电通信以及英国和俄国海军参谋之间的关系达成协议……[14]

收到这一情报后，柏林陷入了深深的沮丧。格雷的骗术大白于天下，一向隐忍的贝特曼-霍尔韦格也大发雷霆。白厅的背叛确实不仁不义，但他还需要真凭实据来证明英俄海军会谈是认真的、有敌意的。

贝特曼-霍尔韦格决定在德国报纸《柏林日报》上刊登一篇"消息来源"为巴黎的"独家"报道，套伦敦的话。这篇文章首先报道了俄国和英国之间的"海军会谈"，在英国下议院引起了激烈的争论，这正中贝特曼-霍尔韦格下怀。一位国会议员问外交大臣格雷，能否解释一下据传与俄国的海军会谈。格雷给出了一个难以令人信服的回答，完全无法让伦敦与柏林逐渐冷却的关系升温。格雷后来写道，德国政府"现在是真的被俄国的军事准备吓到了……"[15]他自己的行动也起到了惊动他们的作用。

英德关系的缓和就这样来也匆匆，去也匆匆。格雷拒绝接受这次失败。他把自欺变成了一门外交艺术。在欧洲孑然一身的他，想象着自己可以沉溺于一种四角关系：与德意志鹰交好，让俄罗斯熊冷静下来，安抚高卢雄鸡——这一切都符合英国的利益。结果他一个都满足不了。与此同时，欧洲强权的真实面貌也暴露在众目睽睽之下：如果说三国协约和三国同盟不是想要让世界陷入战争的敌对集团，那么它们就什么都不是了。这就是德皇、贝特曼-霍尔韦格、毛奇、贝希托尔德和康拉德在1914年初对协约国的看法。这就是柏林和维也纳收到萨拉热窝暗杀消息时可怕的心理状态。

第二十四章
死人弗朗茨·斐迪南的用处

> （德国）将被环伺的各路敌人扼杀……有斯拉夫民族对德意志人的仇恨，也有对1870年的胜利者见不得光的恶意。这就是为什么德国的政策认为，赞成奥地利对塞尔维亚采取行动的决定，是理所应当的。
>
> ——德国宰相贝特曼-霍尔韦格

1914年6月28日，圣维特日，波斯尼亚塞族人在庆祝神圣的科索沃战役的周年纪念日。奥地利大公弗朗茨·斐迪南决定在这一天对波斯尼亚-黑塞哥维那首府萨拉热窝进行国事访问，可以解释为鲁莽、傲慢或愚顽。或许是三者兼而有之。奥匈帝国皇位继承人斐迪南是一个虚荣、冲动的男人，才智有限，沉湎于对帝国未来不切实际的想法。1914年，五十岁的他还相信着这样一套谎言，即他的声望已经超出了点头哈腰的廷臣小圈子的范围，这帮人渴望在他登基时被安排妥当，其中许多人被他斥为"马屁精"。

事实上，廷臣和奥地利精英阶层普遍讨厌他。他总是对诋毁他的人大发雷霆、大加斥责。德皇那种被宠坏的熊孩子脾气，在他身上可不是一星半点（两人还是朋友）。他曾对康拉德说："我当上总司令时，要随心所欲地行事；如果有人搞其他动作，我就把他们全部枪毙。"[1]
然而，作为哈布斯堡家族的一员，他却有着难得一见的改革意向：他支持塞尔维亚人以外的斯拉夫人和匈牙利少数民族的民族自决，这让马扎尔精英怒不可遏。他的长处可能在于行政管理：他对奥地利军队做出了合理的改变。还有另一个方面，也就是私人方面。他对所爱之人的温柔救赎了他。在一个幸福婚姻犹如凤毛麟角的圈子里，他是一个婚姻幸福的男人，很宠爱被奥地利宫廷轻蔑地嗤之为"庶民"的妻子，还有他们的孩子，而他的家人也为他提供了一个远离维也纳宫廷的冷漠、充满温暖和爱意的避难所作为回报。

那是萨拉热窝一个阳光灿烂的夏日。大公和女公爵*在之前的两天里完成了他们的职责——他检阅了军事演习，她参观了学校和孤儿院——此时，他们正要进城出席欢迎仪式，并正式庆祝他们结婚十四周年。面对来访的哈布斯堡继承人，波斯尼亚首府勉强摆出了一副忠诚的样子。皇朝红鹰居中的黑黄旗帜在街道上飘扬，也装饰着大公的车队。十几位不同少数民族的代表毕恭毕敬地穿着宗教和军人服装出现。亚当·霍赫希尔德写道："光是这些帽子便能反映出这个很可能分崩离析的别扭帝国拼布般的质地：洪堡帽、圆顶小帽、主教冠、土耳其毡帽、头巾，还有骑兵头盔和带檐军帽……"[2]

不过这座城市的氛围很紧张，当局也很忐忑。访问的时间安排严重冒犯了波斯尼亚的塞族少数民族。在过去的几天里，波斯尼亚总督奥斯卡·波蒂奥雷克将军忽视了有关波斯尼亚塞族暴力团体的明确警告。似乎只有波斯尼亚警察长埃德蒙·盖尔德博士意识到了在圣维特日进行国事访问是一种挑衅，并呼吁城市的军事委员会采取额外的预防措施。委员会主席是一个教养良好的奥地利人，他回答说："别担心，这些下等人什么都不敢做。"他一边将盖尔德关心的事情记录下

---

* 弗朗茨·斐迪南大公的妻子因贵庶通婚遭到皇室反对，没有得到"大公夫人"头衔，只得到了"女公爵"头衔。

来，一边轻蔑地补充道："您看哪儿都有鬼。"[3]安保工作极其松懈。盖尔德要求增加一条由士兵组成的警戒线，以加强警力（他手下只有120人），但他的要求被驳回了。大公的行程表甚至登上了前一天的报纸。

确实哪儿都有鬼。一支由波斯尼亚人和塞族人组成的七人暗杀团被派去刺杀弗朗茨·斐迪南。他们在塞尔维亚受训，几个星期前偷偷越过了边境。他们听命于1911年成立、名为"统一或死亡"的塞尔维亚"革命"网络，敌人则称之为"黑手会"。黑手会以"民族主义运动集团"自居，与波斯尼亚-黑塞哥维那被吞并后成立的塞尔维亚革命团体"民族自卫组织"（见第十三章）关系密切。迈克尔·沙克尔福德写道，民族自卫组织最初的目的是"为塞尔维亚和奥地利之间可能发生的战争招募并训练游击队员"。它演变成了一个泛斯拉夫主义文化运动集团，并失去了对黑手会强力核心集团的支配力，后者接管了恐吓和暗杀塞尔维亚的敌人这类脏活。[4]黑手会的新成员必须"在上帝面前，以我的荣誉和生命起誓，我将毫无异议地执行所有的任务和命令。我在上帝面前，以我的荣誉和生命起誓，我将把这个组织的所有秘密带进坟墓"。[5]

黑手会的指挥官是德拉古廷·迪米特里耶维奇上校（代号"阿皮斯"），他主持着一个由十名成员组成、总部设在贝尔格莱德的执行委员会，各地区委员会和支部最终都要听命于他。尽管这些人与塞尔维亚政府有关联，但无论是委员会还是政府，都没有批准杀害大公的阴谋。这是迪米特里耶维奇的个人计划。他策划了这次暗杀，并挑选了刺客，却没有得到塞尔维亚当局的支持，因为当局认为这可能导致与奥地利的战争。

由此看来，迪米特里耶维奇和黑手会成员并不像他们自己描述的那样"隐秘"。迪米特里耶维奇为塞尔维亚政府所熟知，曾任塞尔维亚总参谋部情报局局长，与政界高层关系密切。他经常出入贝尔格莱德上流人士群集的咖啡馆，他喜欢在那里暗示自己的这份秘密工作。黑手会的其他成员也都担任着重要的军政职务，并影响着政府的政策。"塞尔维亚政府对黑手会的活动十分了解，"沙克尔福德写道，"亚历山大王储是一位热心的资助者。"[6]然而它们之间的友好关系到1914年已然冷却。塞尔维亚首相尼古拉·帕希奇似乎惹怒了该组织——特别是迪米特里耶维奇——因为他在推动泛塞尔维亚事业方面表现得不够积极。即便如此，塞尔维亚政府事先知道杀害弗朗茨·斐迪南的阴谋这一点几乎也是没有疑问的。问题是贝尔格莱德政府到底有没有积极支持黑手会实施这次暗杀（见第二十六章）。

有鉴于此，迪米特里耶维奇应该被更加仔细地研究。到了1914年6月，他已经可以说是暗杀这一恐怖行当的传奇人物了，长期代表塞尔维亚国家实施暴力。他诡计多端，富有教养，能说会道，是一个绅士型杀手，与塞尔维亚过去那种比较粗野的英雄截然不同。他的敌人斯塔诺耶维奇钦佩地写道："他拥有让人着迷的特点。"[7]他是一名卓越的组织者，心狠手辣，忠贞不贰。他的主要缺点是，他有一种自己没有缺点的错觉。"迪米特里耶维奇坚信自己的想法在所有的问题上、所有的事件中、所有的情形下都是正确的，"斯塔诺耶维奇写道，"他认为他的观点和活动可以垄断对爱国主义的解释权。因此，在他眼里，任何不同意他观点的人都不可能是光荣、明智或者爱国的。"[8]

换句话说，阿皮斯在政治上并不太精明。如果说他拥有敏锐的军事头脑，那么他的政治思想则是"模糊、混乱的"，基本上只是被对奥匈帝国和奥斯曼帝国的仇恨所驱使。他以闪电侠般的频率回想此前那些以塞尔维亚的名义上演的血腥场面和流血事件。1903年，迪米特里耶维奇代表不赞成当时王室、当朝作风的政府，领导了对奥布雷诺维奇王朝末代君主亚历山大一世国王和他的妻子德拉加王后的暗杀。他们被塞尔维亚人惯用的过度暴力的方式杀死。二十六岁的国王和他年轻的妻子被人从他们的藏身处——卧室的橱柜，或者如某些人所称，是一间"安全室"——揪出来枪毙、断肢、开膛破肚，又从王宫的二楼窗户扔到了花园的粪肥堆上，生怕他们还没死透。[9]由于迪米特里耶维奇在这次暗杀中所扮演的角色，议会称赞他为"祖国的救星"。

迪米特里耶维奇升任军事学院的战术学教授，他擅长兵棋推演，并在1912年至1913年的巴尔干战争中策划了几场胜仗。从1911年起，他兼任黑手会领袖，并拟定了一份暗杀目标名单。他的计划是从上往下开始，谋杀弗朗茨·约瑟夫皇帝——这个目标定得够大，满足了阿皮斯的野心。计划落空了，于是在1914年初，迪米特里耶维奇将注意力转移到了皇位继承人身上。

弗朗茨·斐迪南承诺对仍在奥匈帝国统治下的巴尔干半岛南部国家——例如波斯尼亚-黑塞哥维那和包含很多塞族人的克罗地亚——做出让步，从而使自己成了头号目标。这在宫廷里没有得到什么支持，斐迪南招致了皇帝伯父和反斯拉夫运动集团的愤怒。这也并没有对塞尔维亚人起到安抚作用。斐迪南的计划如果成功的话，塞尔维亚将斯拉夫人统一为一个以贝尔格莱德为首都的单一国家的希望就将化为泡影。弗朗茨·斐迪南因此被夹在了维也纳的仇斯拉夫者和贝尔格莱德的仇哈布斯堡者之间。巴尔干半岛没有温和派和绥靖派的容身之地。他也不讨匈牙利人喜欢：他的反马扎尔观点激怒了马扎尔精英。皇位继承人是众矢之的——对政界各方来说都是。

1914年，迪米特里耶维奇和他的党羽选出了这个暗杀小队：七名穷困潦倒的波斯尼亚青年，被穷苦的出身、革命的热情和对奥匈帝国的仇恨束缚着。其中三人——加夫里洛·普林西普、内德利科·查布里诺维奇和特里夫科·格拉贝日——接受了投掷炸弹和射击术的训练，并在圣维特日的几个星期前偷偷潜回了波斯尼亚。接下来是一段令人困惑的时期，在此期间，黑手会的最高委员会在没有得到阿皮斯同意的情况下，下令取消暗杀行动并召回这一行人。这道命令为时已晚，或者被忽视了。后一种情况似乎是最有可能的，因为黑手会特工网络本可以将消息传给这些刺客，可刺客们却"在萨拉热窝闲逛了一个月。上面没有采取任何进一步措施来阻止他们"。[10]

七名刺客中，加夫里洛（"加夫罗"）·普林西普是领导者和推动者——他是一个沉默寡言的小伙子，有着与阿皮斯一样不肯善罢甘休的坚定决心。他于1894年出生在贫穷的波斯尼亚奥伯拉尔村，他那惨不忍睹、卫生状况恶劣的成长经历是波斯尼亚农民的典型代表，令人感到压抑。他是在一间小茅屋里长大的，地面是泥土，家具包括一些橱柜、一把石凳和一座敞开的壁炉，上方挂着几口金属大锅。他们家共有九个孩子，其中六个在出生时或婴儿期就夭折了。[11]他的父亲是农民和邮递员，一个艰苦朴素的虔诚东正教徒。他的母亲是常年辛劳的妇女，更讲求实际，似乎像忍受另一个婴儿和天气一样不以为苦地忍耐着上帝之怒。对年少的加夫罗来说，大千世界是通过传说和故事呈现在他面前的。普林西普家族的人有着反抗奥斯曼人的悠久而光荣的传统——现在，他们把这种反抗精神对准了奥匈帝国。他们在村子里分享塞尔维亚人伟大胜利的记忆和传说，这些娱乐和诗歌朗诵的乡村聚会是人们发泄诸多不满情绪的渠道。

加夫罗是一个好学的学生，他安静地读书，吸收了大量知识，显现出一种强烈的课堂正义感。曾有人引用他母亲的话："他每挨一次打，必将双倍奉还。"[12]在二十岁的哥哥的帮助下，他进入萨拉热窝的一所商业学校学习，但他的兴趣转向了学生政治。他后来入读萨拉热窝高中，那里是学生激进主义的温床。他写了一些浪漫的、唯我论的诗歌和抒情小品文。一段短暂的恋情绽放又凋谢。他对波斯尼亚的奥地利领主的普遍憎恨激化为一种对行动的渴望。他的监狱医务官马丁·帕彭海姆医生后来写道，这个"多愁善感、喜欢独处"的青年梦想着"奥地利架构之外的南斯拉夫人联合起来"，这要通过革命和暗杀来实现。[13]加夫罗因为偷懒和从事学生活动而被学校开除，离家步行300公里前往贝尔格莱德，他后来声称自己在塞尔维亚边境亲吻了脚下的土地。[14]在那里，他与一些自我放逐、渴望为他们这个小国复仇的波斯尼亚塞族人为伍。和其他波斯尼亚青年一样，这个身材瘦小、缺乏安全感、思维敏捷、密切关注政敌动向的青年，对黑手会来说可谓是天降厚礼，他们秘密招募并训练他。

车队沿着阿佩尔码头前行。弗朗茨·斐迪南和妻子坐在第三辆车中，那是一辆锃光瓦亮的格雷夫和施蒂夫特敞篷跑车，对面是波斯尼亚总督波蒂奥雷克将军。领头的汽车上坐着市长和警察长，其他达官显贵乘坐另外两辆车。大公身穿蓝色哔叽制服上衣和黑色长裤，戴着白手套、一堆勋章和装饰有绿色孔雀羽毛的尖顶帽，这是骠骑兵将军的仪式制服；女公爵戴着配有鸵鸟羽毛面纱的宽大白帽子，穿着系有红色腰带的白色丝绸裙子，披着白鼬皮披肩。

车队向三座桥的接合点前进，七名刺客正等候在那里：五人（达尼洛·伊利奇、茨维特科·波波维奇、穆罕默德·穆罕默德巴希奇、内德利科·查布里诺维奇和瓦索·丘布里洛维奇）在库穆里亚桥，配备了一枚炸弹和数支左轮手枪；加夫里洛·普林西普在拉丁桥，配备了一把手枪；特里夫科·格拉贝日在第三座桥。萨拉热窝大主教后来描述说，这是一条"货真价实的刺客大道"。[15]

大公在第一座桥逃过一劫。内德利科·查布里诺维奇扔出的一枚炸弹从引擎盖上滚落，在开过来的那辆汽车的后轮上爆炸，使波蒂奥雷克的副官受了轻伤，此人随后被送往医院。其他刺客勇气顿失，没能开枪。查布里诺维奇试图沿着河床逃跑，但很快被抓住并逮捕。他吞下了一颗氰化物药丸，但这药时间太久了，只引起了呕吐。斐迪南感到震惊，但决心表现得泰然自若，命令车队继续前进。没有采取任何预防措施，汽车的引擎盖仍然盖着。汽车疾驰而去，速度之快让剩下的两名刺客无法瞄准。

到达市政厅时，斐迪南才注意到女公爵脖子上轻微的擦伤，是被炸弹的雷管蹭到的。这引出了她丈夫的奇怪反应：自私的愤怒和逞强，而不是对妻子的谨慎或保护。有人建议拉一道安全警戒线，赶紧离开，他却斥之为怯懦的表现。斐迪南用洋洋自得的口吻打断了市长的欢迎词，以抒发他受到伤害的感情："市长先生，我来此进行国事访问，却被人丢了炸弹。简直是无法无天。现在您可以发言了。"[16]人们以惊愕的沉默回应这次怪异的打岔，官方程序继续进行。

坐在大公座驾前排的弗朗茨·冯·哈拉赫伯爵说，两位殿下表现得"无比沉着冷静"。炸弹袭击后，（据他回忆）斐迪南对他说："今天我们还要挨几颗子弹……"[17]波蒂奥雷克将军淡化了第二次袭击的风险——但与此同时，他也建议修改原计划。他建议不要按照原计划参观博物馆，而是沿着另一条路线全速折返。斐迪南反对：他一定要先去医院看望那个受了轻伤的人（梅里齐上校）——在这种情况下，这是一个有违常理的决定。这就需要沿着阿佩尔码头折返，与行程表上公布的路线相同。

当他们接近拉丁桥时，领头车的司机似乎方寸大乱，而普林西普就潜伏在莫里茨·席勒熟食店附近。司机向右急转弯，按照原定路线驶入狭窄的弗朗茨·约瑟夫街。大公的车紧随其后，但领头车的司机意识到了自己的错误，波蒂奥雷克也大吼着让汽车回到后改的路线上，于是他开始倒车，大公的车也不得不停下来。

就在这时，普林西普向前冲到那辆敞篷车右侧，大公和女公爵毫无掩护地坐在那里。第一颗子弹击中了斐迪南的颈静脉，第二颗子弹击中了他妻子的腹部。哈拉赫伯爵目睹了这对夫妇生命中的最后时刻：

女公爵殿下喊道："看在上帝的分上！你怎么了？"然后她从

座位上倒了下来，脸埋在大公的双膝之间……然后大公殿下说："索菲，索菲！不要死。为我的孩子们活下去！"于是，我抓住大公的衣领，防止他的头往前耷拉，并问他："殿下是不是很疼？"他清晰地回答说："不要紧。"这时他的表情变了，他重复了六七次"不要紧"，意识却越来越模糊。[18]

这对皇室夫妇到达医院时已经死亡。普林西普还没来得及开枪自杀或吞下氰化物胶囊，就被打倒在地。他被扭送到警察局。普费弗法官后来在审讯普林西普后评论道：

> 这个年轻的刺客被打得只剩一口气了，一个字都说不出来。他身材矮小、憔悴瘦弱、面色蜡黄、轮廓分明……他那双清澈的蓝眼睛，炽热、犀利，却很安详，眼神中没有丝毫的罪恶或残忍。这双眼睛透露出与生俱来的聪慧……他将皇位继承人视为残酷压迫南斯拉夫人的最高权力的化身。[19]

普林西普对法官说：

> 我从踏足板瞄准了大公……我不记得当时是怎么想的了……我只知道我开了两枪，也可能是好几枪，却不知道到底打中了没有，因为那时一大群人开始打我。[20]

与普林西普一起被捕的民族自卫组织领导人博里约韦·耶夫蒂奇与这名刺客同住一间牢房。据他回忆，普林西普半夜被叫醒，并得知将被带到另一座监狱时，向监狱长请求道：

> 没有必要把我带到另一座监狱。我的生命已经在消逝了。我

建议您把我钉在十字架上活活烧死。我燃烧的身躯将成为一把火炬，为我的人民照亮通往自由之路。[21]

在审判中，普林西普没有表现出悔意。关于黑手会，他保持沉默，只说：

> 试图暗示这次暗杀是有人指使的，就偏离事实了。这个主意是我们自己想出来的，也是我们自己完成的。我们热爱人民。我没有什么要为自己辩护的了。

由于不清楚他究竟是在犯罪前还是犯罪后年满二十岁的，法庭对他采取了疑罪从无的态度，他逃脱了死刑。他被判处终身监禁，于1918年4月因肺结核死在泰雷津监狱的医院里，距离战争结束只剩下几个月。

有那么几天，欧洲各国政府无动于衷。当时没有人想到这次行凶会引发导致世界大战爆发的一系列事件。没有一位国家元首采取任何紧急行动。这次暗杀是一场令人惋惜的悲剧，它将加剧奥塞紧张关系，仅此而已。新闻界和街头的泄愤——以及想要对塞族人处以私刑的暴民的肆意妄为——愈演愈烈，又渐渐平息。这一事件完全没有引起像阿加迪尔危机或巴尔干战争那样的极端紧张局势。过了四天，维也纳才开始为这次对君主国国格的无礼攻击而动怒。

例如，普恩加莱并没有把这一事件对奥塞关系可能产生的影响放在心上。法国总统听到这个消息时正在隆尚赛马场，他找不出任何理由放弃见证罗斯柴尔德男爵的马赢得头奖的喜悦。[22]他的头脑被其他的国事和前总理约瑟夫·卡约之妻轰动一时的谋杀案审判占据着。在伦敦，爱德华·格雷的政府同样无动于衷：不过是一个波斯尼亚塞族人犯下了十恶不赦的罪行，人们向维也纳致以同情而已。柏林的大多数高官都不在城里，认为没有必要回来处理这件事。德皇在基尔帆船赛，宰相在他的田庄，总参谋长毛奇和提尔皮茨在度假。甚至连德国新闻界在最初大动肝火之后，也表示希望奥地利保持克制，这一罪行不该引发一场新的巴尔干战争。

谋杀在维也纳和布达佩斯造成了更惨痛的后果。起初，除了按照惯例举行仪式的法令外，没有人在意；一些人如释重负，虽然有些可耻。对于侄子和皇位继承人之死，弗朗茨·约瑟夫皇帝流露出的懊悔之情少得可怜。获知这一消息时，有人听见他叹道："这是上帝的旨意！"[23] 他的意思是，上帝出面干预，从他讨厌的侄子手中保住了皇位。还有一种可信度较低的说法，说皇帝愕然地跌坐在椅子上，喃喃道："可怕……可怕！"然后突然自言自语般地惊呼："全能的上帝不容怠慢！……唉，我无力维护的秩序，被更高级的意志恢复了。"[24] 在公开场合，他甚至没有努力让自己看上去像是在为这对夫妇的死亡而难过。谋杀发生四天后，他接见了德国大使，与之谈论打猎、意大利总参谋长之死，以及其他拉拉杂杂的唠叨，唯独没有谈及暗杀事件。7月5日，他只是告诉康拉德，自己很后悔，没有劝斐迪南不要去波斯尼亚。

皇帝麻木不仁的反应有何缘由，在维也纳无人不知无人不晓。弗朗茨·约瑟夫不怎么待见大公，更不待见他的妻子索菲。皇帝一想到帝国要传到这对夫妇手里就害怕。他唯一的儿子鲁道夫皇储自杀身亡，这注定了皇位将由身为下一顺位继承人的侄子来继承，如果说这样的继承顺序还不足以让这位老人苦恼的话，弗朗茨·斐迪南又娶了一个"出身低微"的女人，让他更生气了。尽管索菲·霍泰克出身于波希米亚王国（今捷克共和国）一个显赫的贵族世家，但她在维也纳受到的待遇就好像她没有皇室血统，因此也就没有资格成为皇后一样（事实上，她是德意志国王鲁道夫一世的姐妹的遥远后裔）。

皇帝拒不允许这桩婚事，但急性子的弗朗茨·斐迪南一意孤行，使自己在宫廷中蒙羞，也使这桩婚姻成了贵贱通婚。宫廷勉强授予他的新妻子"霍恩贝格女公爵"头衔，但拒绝让她执行正常的"国务"——例如在合适的舞会上出现在丈夫身边。弗朗茨·斐迪南莫名具有颠覆性的思想进一步疏远了皇帝，维也纳宫廷和匈牙利的马扎尔精英认为这些思想错误且危险。他们尤其痛恨他"解放"匈牙利少数民族的计划，这可能会引发一场内战，使帝国解体。维也纳也并不待见他对南斯拉夫人的温和政策。他向波斯尼亚、黑塞哥维那、马其顿和保加利亚做出让步，以换取他们的忠诚。

因此，听到他的死讯时，维也纳和布达佩斯的宫廷都松了一口气。维也纳的著名记者海因里希·坎纳大胆地写道："抛开他特殊的拥护者群体不谈，弗朗茨·斐迪南大公之死在广大的政治圈子里，甚至对最高层官员的圈子来说，都是一种解脱。"[25]皇帝那些反斯拉夫的廷臣们暗自庆幸，马扎尔贵族则明显对这番事态变化感到安心。他们的权力将保持原状。匈牙利的瑟杰尼-马里奇·拉斯洛伯爵断定，暗杀实乃天意。

这对夫妇死后还要受辱，这份屈辱一直伴随他们进了坟墓。没有任何欧洲皇室成员受邀参加葬礼——特别是针对德皇，他被劝阻不要去。这对夫妇伤心欲绝的孩子们也不被允许参加。只有皇帝和朝廷高官出席。仪式进行得很仓促，很不体面。女公爵的灵柩很小，很廉价，只放了她的手套和扇子，没有任何表示地位的标志。

索菲的家人和斐迪南的朋友们都感到愤慨。阿尔贝蒂尼写道："君主国最高层对这位当然继承人百般嫌弃，在如此惨痛的悲剧面前全无一丝怜悯，还把葬礼安排得如此可耻，着实引起了公愤。"[26]这对夫妇有大约150名密友被对死者的不敬所激怒，在女公爵兄弟的带领下"硬闯进了送葬队伍"。[27]当遗体被送往最后的安息之所时，一场可怕的雷雨从送葬队伍上方倾盆而下，据西顿-沃森所述，遗体"被人抬过多瑙河，沿着向上的山路来到阿茨特滕，弗朗茨·斐迪南在那里建

斐迪南大公夫妇位于阿茨特滕城堡的石棺

造了纪念礼拜堂，因为他选择的妻子出身太低，不能在哈布斯堡家族令人窒息的维也纳嘉布遣会教堂拱顶下安息"。[28]

哈布斯堡家族对暗杀事件的"愤怒"也就到此为止了。如果说维也纳私下里对这个有如神助的继承问题解决方案感到满意——这样一来，皇位将由斐迪南的侄子、稳健的卡尔大公继承——政府则是公开对塞尔维亚大发雷霆。在宫廷里，大公遇害一事榨不出几滴眼泪，然而在外交层面上，它却被认为是"塞尔维亚"——而不是单独一个刺客——对帝国国格不可原谅的攻击。萨拉热窝谋杀案到处都有贝尔格莱德的指纹——维也纳的当权者对此没有任何怀疑。

问题是奥匈帝国应如何让塞尔维亚偿还？当然，世人无法否认，奥匈帝国有权要求塞尔维亚至少给出答复，并严惩涉案人员。为此，必须迫使贝尔格莱德展开彻查。然而，相对于维也纳考虑到的种种报复手段来说，伸张正义的愿望只占一小部分。奥地利渴望对塞尔维亚采取军事行动；只有这样才能满足维也纳政府膨胀的自尊心，差一点都不行。要求进行严厉军事报复的呼声不绝于耳，奥地利军队中一片欢腾。终于有了一个真正的战争借口。

康拉德一如既往地处于极为好斗的状态。6月29日，他在维也纳对同事们说："这桩暴行是塞尔维亚人的阴谋。"它将"导致与塞尔维亚的战争"，并"伴随着不得不将俄国和罗马尼亚算作敌人的危险"。[29]康拉德认为，奥地利是在保护自己免受肆无忌惮的侵略。对他来说，这是对国家的挑衅，要以复仇和大军出征来应对。他从未想过要听听塞尔维亚的解释，尝试将损害控制在局部，或者去抑制侵略的连锁反应。相反，针对塞尔维亚的动员是"必然的"。[30]康拉德这位"末日设计师"，[31]也不会拒绝推动并支持他长期以来对塞尔维亚和俄国的政策：

> 几年前，我们错过了铲除这一顽固威胁的有利时机。当时我就曾力劝采取行动，却只是徒劳。现在，要我扮演一个无人理睬的告诫者的角色，站在一边说"叫你们不听我的，这下好了，你们自己想办法脱困吧"，是多么容易啊。但现在不是责怪的时候……萨拉热窝的暴行让外交文件堆成的纸牌屋轰然倒塌，奥匈帝国的政策还以为可以在里面高枕无忧呢，而君主国已经被扼住了咽喉，被迫做出选择，是任由自己被勒断气，还是最后一搏，抵御攻击。[32]

康拉德是个始终如一的人。自1909年以来，他的派系就一直渴望与塞尔维亚开战：在吞并和塞尔维亚扩张问题上，以及巴尔干战争期间，莫不如此。把奥匈帝国的立场包装成"自卫"或"复仇"，只不过是为现有的侵略政策增添了一个新的权宜之计。事情远不止复仇那么简单。大公之死不仅为维也纳提供了军事干预的借口，还给了它一个机会粉碎塞尔维亚在巴尔干半岛建立一个扩大的斯拉夫国家的野心。这是一个可以将该半岛一劳永逸地并入奥匈帝国的机会。

法国驻维也纳大使迪迈纳先生于7月2日向巴黎发电报称：

> 萨拉热窝的罪行在奥地利军界和所有对允许塞尔维亚在巴尔干半岛保持已取得地位心有不甘的人群中激起了无比强烈的愤恨。他们想要在贝尔格莱德政府的尊严无法容忍的条件下，强行对罪行的起源进行调查，如果对方拒绝，他们就有了不满的理由，可以诉诸军事手段了。[33]

利奥波德·贝希托尔德伯爵抓住了这个机会，好像一个人头一天晚上还被发现在岗位上睡大觉，一听到黎明的号角声却马上立正站好了。这位无能的奥地利外交大臣大放异彩的时刻到了：一个与塞尔维亚和所有与之交好的国家——可能还包括似乎已经投靠了俄国阵营的罗马尼亚王国——开战、在政府中重新站稳脚跟的机会。奥地利和匈牙利的高级贵族和资深政治家、皇帝、康拉德和福尔加奇·亚诺什伯爵坚定了贝希托尔德的决心——他们全都是塞尔维亚人的不共戴天之敌。

唯一有些影响力的反对声音来自匈牙利首相第萨·伊什特万。第萨是一个坚毅的政治操作者，具有和平主义倾向，这种倾向是在僵化的加尔文主义教育中形成的，他反对战争，"即使是胜利的战争"。他在1914年8月26日给侄女写信说："战争意味着苦痛、苦恼、兵荒马乱、无辜之人的喋血、无辜妇孺的受难。"[34]第萨曾一度秉持这封给一位年轻女子的信中传达出来的精神。他在7月1日提醒皇帝，挑起与塞尔维亚的战争，理由并不充分，塞尔维亚政府仍有可能给出令人满意的解释，奥匈帝国的军事行动会引起一场大战。

这就很难办了。没有匈牙利人的支持，贝希托尔德就没有多少行动余地。没有匈牙利的同意，动员奥匈帝国的军队想都不要想。没有德国这艘母舰的支持，维也纳也不会考虑与塞尔维亚开战。因此，贝希托尔德向奥地利的强大盟友寻求发动战争所需的支持：如果能把柏林牢牢固定在奥地利主战派这边，那么匈牙利就会被迫跟随。

这从外交角度看是很棘手的。首先，三国同盟并没有明文规定德国有义务保卫奥匈帝国，例如当奥地利进攻塞尔维亚，作为回应，俄国又进攻奥地利的时候。因此，贝希托尔德和他的合作者需要一份来自柏林的新的支持声明——在瞬息万变的形势下支持奥地利行动的公开承诺。这就是德国"空白支票"的发端。

7月4日，维也纳收到了德国初始情绪的信号，即敦促奥地利保持克制。奥地利驻柏林大使瑟杰尼-马里奇·拉斯洛伯爵在电文中报告称，德国外交副大臣阿图尔·齐默尔曼认为二元君主国对塞尔维亚采取"强硬的行动方针"是"完全可以理解的"，但也劝它要"慎之又慎"，并且建议它"不要对塞尔维亚提出任何侮辱性要求"。[35] 那可

第萨·伊什特万

阿图尔·齐默尔曼

不行：贝希托尔德想的是，严厉的军事行动要依靠柏林的支持。瑟杰尼-马里奇的电报被塞进了抽屉，直到战争结束后才重见天日。

于是奥地利试图让德国采取远比这更强硬的态度：对军事行动的明确承诺。次日，奥地利皇帝召见了康拉德。他们的讨论为接下来的事态发展定下了基调。"如果答案是德国会站在我们这边，那么我们要不要对塞尔维亚开战呢？"康拉德问弗朗茨·约瑟夫。两个人都非常不愿意考虑没有柏林支持的战争。皇帝回答说："那样的话，就开战。"36

贝希托尔德决心让德国采取更强硬的态度，因此，他在7月4日派奥匈帝国外交部办公厅主任亚历山大·冯·奥约斯伯爵前往柏林。奥约斯是一位有西班牙血统的奥地利贵族，是埃伦塔尔的门徒，也是一个强硬的反斯拉夫分子。他碰巧还是发明鱼雷的英国工程师罗伯特·怀特黑德的外孙。他带着两份文件来到了柏林。一份文件为对塞尔维亚采取外交行动提出了充分的理由。这份文件在萨拉热窝事件之前就写好了，为了解释自这次"令人作呕的谋杀"以来的情绪而进行了更新，现在则强烈要求对塞尔维亚问题采取坚定的军事解决方案，邀请保加利亚和摇摆不定的罗马尼亚加入三国同盟。第二份文件是弗朗茨·约瑟夫皇帝给德皇的信，由贝希托尔德起草。信中清晰地阐述了奥地利开战的理由：

> 针对我可怜侄子的攻击，是俄国和塞尔维亚泛斯拉夫主义者煽动的直接后果，他们唯一的目的就是削弱三国同盟并摧毁我的帝国。
>
> ……萨拉热窝事件不再是一个人的残忍行为，而是一个组织严密的阴谋，线索直指贝尔格莱德，即使无法证明塞尔维亚政府是共犯——很大可能无法证明——我们也毫不怀疑，导致所有南斯拉夫人集结在塞尔维亚旗帜下的政策有利于这种性质的犯罪，

而这种状态的持续也对我的家族和国土构成了持续的危险。

弗朗茨·约瑟夫总结说，"塞尔维亚当前是泛斯拉夫主义政策的中心"，应当"作为巴尔干半岛的一个政治要素被铲除"。[37]

这样看来，这就是奥地利对萨拉热窝暗杀事件的最高层政策反应了。维也纳的目的不仅是惩罚塞尔维亚，还要终结塞尔维亚的国家组织，粉碎巴尔干半岛的泛斯拉夫主义——这些目标的实现取决于柏林的答复。

在柏林，奥约斯的使命仿佛火星落入火药桶。德皇对老友遭到暗杀的愤怒，已然凝结成了对行动的渴望：一个斯拉夫疯子谋杀了他的皇家盟友。威廉暴怒时会习惯性地在公函上乱写乱画，他的一次暴怒带着发号施令时令人毛骨悚然的威权。他在"最终应该与塞尔维亚人一决雌雄"旁边草草写下"机不可失，时不再来"（在7月2日奇尔施基给贝特曼-霍尔韦格的一封信中）。[38]

但这点火星并没有马上引发爆炸。德皇犹豫了，一如他在面对严峻现实时的常态。他支支吾吾，说要先征求宰相的意见再做答复。然而，在一顿丰盛的午宴之后，德皇的感情变得更加坚定。威廉的急性子上来了，表示无论奥地利选择在巴尔干半岛采取什么行动，德国都将"全力支持"。奥地利驻柏林大使给贝希托尔德发电报称，德皇认为"这次行动决不能拖延"。威廉警告说，"俄国无疑将采取敌对态度"，但他向维也纳保证，"如果奥匈帝国和俄国之间的战争不可避免"，那么德国将站在奥地利这边。[39]

就这样，奥约斯既完成了私人使命，也完成了外交使命。他和奥地利政权中的其他人一样，都想与塞尔维亚开战。"我们要灭掉塞尔维亚。"奥约斯向德国官员吐露道。[40]贝特曼-霍尔韦格和齐默尔曼也在当天的会议上坚定了奥约斯的期望：无论维也纳选择采取什么行动，德国都将与奥地利站在一起。这并不意味着他们想要一场欧洲大战或世界大战。目前，他们还是希望将战争限制在局部。

次日，德皇会见了宰相贝特曼-霍尔韦格，并重申他承诺参加奥地利的严厉军事行动。贝特曼-霍尔韦格表示同意。他告诉德皇，立即出兵攻打塞尔维亚，是他们在巴尔干半岛诸多难题的"最优解"。贝特曼-霍尔韦格认为，德国为保护唯一的盟友而提供无限支持，是对自己有利的。他后来写道：

> 如果这个盟友……因朋友未能保护其重要利益而崩溃，那么德国将陷入完全的孤立。（德国）将被环伺的各路敌人扼杀，它们联合起来为统治世界而共同作战……有斯拉夫民族对德意志人的仇恨，也有对1870年的胜利者见不得光的恶意。这就是为什么德国的政策认为，赞成奥地利对塞尔维亚采取行动的决定，是理所应当的……[41]

这就是宰相为德国向奥匈帝国开出的著名空白支票所做的辩护，他在当天晚些时候向维也纳发出了这张支票。德国将支持维也纳选择对塞尔维亚发起的**任何**行动。柏林敦促其盟友尽可能严厉地实行打击（全文见附录三）：

帝国宰相冯·贝特曼-霍尔韦格致电德国驻维也纳大使奇尔施基，1914年7月6日

柏林，1914年7月6日。机密。供阁下个人参阅和指导

……陛下想说的是，他并非对由于俄国和塞尔维亚的泛斯拉夫主义煽动而威胁到奥匈帝国，从而威胁到三国同盟的危险视而不见……就塞尔维亚而言，陛下当然不能干涉当下发生在奥匈帝国和该国之间的争端，因为这不在他的权限之内。不过弗朗茨·约瑟夫皇帝大可放心，陛下将忠实地站在奥匈帝国一边，鉴

于彼此间的同盟和历史悠久的友谊，这是应尽的义务。

贝特曼-霍尔韦格[42]

　　这样一来，奥匈帝国就可以为所欲为了，知道有德意志母亲为他们撑腰，心里就有了底儿。正如休·斯特罗恩所指出的，这张空白支票的惊人之处"并不在于它被签发了，而在于它竟然是空白的"。[43]当时没有人知道维也纳会在何时兑现这张支票，又会兑现多少。

第二十五章
奥匈帝国：对战争望眼欲穿

除匈牙利首相外，所有出席者都认为，纯粹的外交胜利，即使以狠狠地羞辱塞尔维亚而告终，也将是毫无价值的，因此，必须向塞尔维亚提出苛刻到它几乎肯定会拒绝的要求，这样就开辟了一条通过军事行动从根本上解决问题的道路。

——奥匈帝国大臣会议[1]

由贝希托尔德主持的共同事务大臣会议议定书。

1914年7月7日

出席者：奥地利首相施蒂尔克伯爵，匈牙利首相第萨伯爵，联合财政大臣冯·比林斯基骑士，陆军大臣冯·克罗巴廷骑士炮兵上将，总参谋长冯·康拉德男爵步兵上将，海军副参谋长冯·凯勒海军少将

议定书保管员：公使馆秘书奥约斯伯爵

会议主题：波斯尼亚问题。针对塞尔维亚的外交行动。

代表四个民族*的八个人坐在政府所在地维也纳球场广场的长桌旁，决定对塞尔维亚采取什么措施。贝希托尔德召开这次会议的前提是，军事行动是不可避免的，也是可取的。奥地利外交大臣抓住这个千载难逢的机会，"小心翼翼、礼数周全地分配着座位，仿佛在一场盛大的晚宴上"。[2]在场的有首相施蒂尔克，身材高大、饱经风霜，蓄着灰白、突出的长胡须，他是一个没什么能力、相当古板的贵族，升任如此要职，他似乎和世人一样感到意外。坐在他身边的是比林斯基，一个"苍白的狐狸脸的波兰人"、思维敏捷的操纵者，他洞悉帝国大大小小的秘密，"可能是这个房间里最危险的人"。[3]房间里最有影响力的是康拉德·冯·赫岑多夫，他与人疏远、沉默寡言，心安理得地让会谈进行下去，因为他已经事先警告过所有人，事情会发展到这一步，所以很享受这种幸灾乐祸的时刻。康拉德的两位军人同僚都支持他，他们是代表陆军的冯·克罗巴廷将军，以及卡尔·冯·凯勒海军少将，两人穿着绿色、白色和金色的帝国官服，显得光彩夺目。在毛奇的秘密鼓励下，康拉德与塞尔维亚开战的梦想眼看就要实现了。然而在接下来的几个星期里，即使是康拉德听到毛奇的这番断言，也会大惊失色，毛奇说，萨拉热窝提供了"一个完美的时机，可以打一场别样的战争，一场与俄国算总账的大战"。[4]

随着讨论的进行，除了匈牙利首相第萨伯爵以外的所有人都认为奥匈帝国必须用军事打击报萨拉热窝暴行之仇。第萨是那种难能可贵的政治人物，无惧于明确表达良心的刺痛。他静静地坐在他们中间，似乎执意要试图保护他们免于他们行为的后果。

他失败了。在接下来的几个小时里，七名奥地利政治家实际上将对塞尔维亚宣战，他们知道这样做要冒使欧洲战火纷飞的风险。他们的主要动机是对维护奥匈帝国威望的病态执念，对惩罚塞尔维亚国民

---

* 出席的八人中，第萨代表匈牙利人，冯·比林斯基代表波兰人，出生在摩拉维亚的冯·克罗巴廷代表捷克人，另外五人代表德意志人。

的渴望，以及铲除泛斯拉夫主义的更深层次目的。

官员贝特霍尔德·莫尔登在1914年7月6日发出的一份会议前内部备忘录中写道："当我们粉碎塞尔维亚时，我们国境内外的塞尔维亚帝国主义将在未来很长一段时间内一蹶不振。"他敦促道，如果维也纳现在出手，也会让俄国好好领教一番："今天，我们的命运仍然掌握在自己手里，明天就未必了。"[5]

也有深层的内部压力驱使维也纳开战。帝国正处于土崩瓦解的边缘。F. 罗伊·布里奇写道："到了1914年，二元君主国已经处于濒临分崩离析的临界状态，因此急需采取某种对外行动，用来转移注意力，或者是作为解决方案。"[6]用备受赞誉的奥匈帝国驻华沙总领事利奥波德·冯·安德里安－韦尔堡男爵更准确的话语来说："我们正在走向崩溃和分裂，而且无力自保……土耳其之后便是奥地利，这在东欧已经成了流行语。"[7]

因此，会议的讨论内容几乎完全集中在恢复奥匈帝国的荣耀上。为此，他们打算利用弗朗茨·斐迪南之死带来的机会与塞尔维亚开战。莫尔登敦促道："为了消除衰落和瓦解的印象，有必要采取引人注目的行动，打出致命一击……无可否认的是，这一行动的精神效应将是非常有利的。奥匈帝国……将再次相信自己。这将意味着：我愿故我在。"[8]

就破坏和生命损失而言，战争的可能后果并没有受到多少关注。会上唯一的问题是，奥匈帝国是应当现在就出击，还是先对塞尔维亚采取无论如何都会导致战争的外交行动？除了第萨，在座的每个人都想与塞尔维亚开战。他们为得偿所愿所采取的做法，将把二元帝国永远地钉在耻辱柱上。

会议开始了，其间充斥着一种牵强的逻辑，将哈布斯堡帝国持续的荣耀和存在与粉碎塞尔维亚画上了等号。[9]贝希托尔德，这个重新强硬起来的战士，以与寻求和平的第萨对质的方式开启了讨论。匈牙利首相代表着二元帝国的另外"一半"，贝希托尔德需要第萨的坚定支持才能采取行动。为了打动他，贝希托尔德带来了德国的空白支票。它的来源和决绝说服了第萨。他心力交瘁地接受了对塞尔维亚采取"战争行动"的可能性——即使还是很抗拒——但他绝不会同意对这个国家发动突然袭击。如果不事先向塞尔维亚人发出外交警告，奥匈帝国就会"招致巴尔干国家的敌意"（保加利亚除外，它在第二次巴尔干战争中战败后便考虑加入三国同盟）。

第萨力劝同僚们保持克制。他建议他们向塞尔维亚提出一份强硬要求的清单。如果这些要求被拒绝，"我们必须发出最后通牒"。他建议，最后通牒的条件应当苛刻，但"不能苛刻到让人无法答应"。他补充道："如果塞尔维亚接受这些条件，我们将取得辉煌的外交成功，我们在巴尔干半岛的**威望**也将大增。"[10]如果被拒绝，他们可以投票支持开战；但他警告称，有俄国撑腰的塞尔维亚无法被彻底消灭："不经过一场你死我活的搏斗，俄国是不会允许的。"第萨也不会同意吞并塞尔维亚的任何部分。他总结说：战争既不由德国决定，目前也不是必需或可取的——原因有很多。罗马尼亚的立场还不确定，它可能会加入反对三国同盟的战争。他说，另一方面，保加利亚和土耳其加入同盟国的可能性也会让维也纳在外交上更有底气。

贝希托尔德对参会人员的支持充满信心，拒绝了这一方针。他说，只有"动用武力"才能终结"大塞尔维亚"的自说自话和宣传活动。他拒不考虑罗马尼亚的威胁，并且相当任性地补充说，奥匈帝国不需要通过一场战争来获得威望。奥匈帝国已经享有巨大的外交威望。于是，蒂萨在会议上转变话题，提出了法国出生率下降将使德国能够征召更多的人来对抗俄国的观点。但贝希托尔德反驳说，俄国的出生率也在增长。

对此，施蒂尔克把参会人员摇曳不定的注意力拉回到了关键问题上：他们对暗杀事件的回应问题，以及"我们能否通过对塞尔维亚动武来解决波斯尼亚难题"。[11]他警告说，整个局面都已发生变化："现在的局面显示出了一种心理特征，而且绝对比以往任何时候都更加明确地指向通过暴力威胁解决问题。"他引用了波斯尼亚总督波蒂奥雷克将军的一份备忘录，此人将波斯尼亚的暴行归咎于塞尔维亚。只有对贝尔格莱德重拳出击，才能阻止叛乱的发生。

施蒂尔克提醒参会人员注意德国空白支票的说服力，并对第萨进行了尖锐的反驳：是否开战确实要由奥匈帝国来决定，但德国对这个决定有很大影响。柏林已经承诺"毫无保留的忠诚"，并建议维也纳"立即采取行动"。他在比林斯基的支持下警告第萨，要记住，"如果采取软弱、犹豫不决的政策，那么在未来的某个时候，对于德国人的支持，我们可能就不会像现在这样有把握了。这无疑是重中之重"。[12]他表示，外交上的成功毫无价值。

然后讨论就陷入了低潮。除了第萨以外的所有人都想开战，却无法决定如何实现。必须想办法通过外交挑衅来迫使塞尔维亚开战。关键是要避免"没有警告"就对这个巴尔干国家动武的做法引发国际社会的抗议。感受很重要。奥匈帝国的领导人必须显得很通情达理；他们必须看起来像是在跟塞尔维亚提条件，而不是剑指对方的喉咙。施蒂尔克首相似乎对这种恶毒的思路感到很自在："如果采取……上述外交行动（例如向塞尔维亚发出最后通牒），就应当下定这种行动只能以战争收场的决心……"换句话说，"外交行动"的制定必须以**保证**与塞尔维亚开战为导向。

在这一点上，陆军大臣克罗巴廷重拾了老一套的达尔文主义论调，即不采取行动会被视为可耻和软弱："外交上的成功完全没有用。这种成功会被理解为软弱。"奥匈帝国必须以武力行动来为它的荣耀复仇。他的言论针对的是第萨本人，而不是其政策，并含蓄地质疑了匈牙利领导人支持者的勇气和实力。没有人支持第萨，这个房间里没有人想让自己显得软弱。

克罗巴廷宣称："从军事角度来看（这种表述本身就暗示了致命的最终结果），最好尽可能迅速、尽可能保密地进行动员，动员完成后再向塞尔维亚发出最后通牒。"第萨对此表示反对。

对于这一为人所不齿的策略，会议记录的记载如下：

> 除匈牙利首相外，所有出席者都认为，纯粹的外交胜利，即使以狠狠地羞辱塞尔维亚而告终，也将是毫无价值的，因此，必须向塞尔维亚提出苛刻到它几乎肯定会拒绝的要求，这样就开辟了一条通过军事行动从根本上解决问题的道路。[13]

然后，他们转到了如何惩罚塞尔维亚的问题上。众人一致认为，在粉碎塞尔维亚后，应当用一位可靠的欧洲君王取代将要被废黜的王室（卡拉乔杰维奇王朝）。这样一来，被打败的塞尔维亚人就将成为帝国的附庸。所有这一切都是在自以为胜券在握之人组成的最高权力机构进行的。没有人预料到塞尔维亚人抵抗的强度，没有人认同他们的行动会导致自己的王国和帝国毁灭这种可能性。

第萨又插话进来。他说，最后通牒的条件不应太过苛刻，"以至于每个人都能看清我们的意图，也就是提出对方无法接受的要求"。否则"我们就没有合法的宣战依据了"。[14]第萨的抗议实际上被忽略了，或者是被曲解了。

随后，他们就即将到来的战争的性质展开了长时间的辩论。战争会局限在巴尔干半岛吗？俄国参战是意料之中的，这就需要德国也参与进来。然后，法国肯定会追随盟友的脚步。结果会是一场欧洲战争。第萨已经在凝视深渊了。作为声音微弱的理智代言人，他"再次恳请在场的所有人仔细考虑他们将要做出的决定"。[15]

他们决定继续起草这份无法被接受的最后通牒。会议结束了。代表们整装待发。贝希托尔德建议他们去度暑假，以维持一切正常的表象。

停下来仔细思考一下那天的决定吧。七名官员因为德国承诺会提供支持而再度振奋起来，一致同意通过外交欺诈强行与塞尔维亚开战，一刻都不要耽搁，也不管对弗朗茨·斐迪南遇刺事件的调查结果如何。他们将起草一份最后通牒，故意使用让人无法接受的措辞，从而做成这件事。他们拒绝考虑温和的替代方案，例如外交要求或经济制裁。暗杀事件对这些讨论并没有什么实际影响，基本上只起到了催化剂的作用，几乎没有被提及。这些人想要战争——可以说是望眼欲穿——为的是更深层次的原因：摧毁泛斯拉夫主义和维护帝国。萨拉热窝只是充当了一个公开的理由。总之，他们开始操纵一场外交欺诈，他们知道这可能会给欧洲带来全面战争。他们知道德国永远都会站在自己这边，特别是在俄国干预的情况下，所以才会放心大胆地进行下去。

这里面有一个重要的区别：这些是奥匈帝国的战争目标，但这并不代表德国也有着同样的目标。此时此刻，德国希望并认为战争会限制在巴尔干半岛。贝特曼-霍尔韦格和德皇都不想打一场全欧洲的战争。7月初，他们并不打算通过摧毁欧洲来获得一个帝国。"我认为战争不会发展得多么严重。"德皇在7月6日启程前往波罗的海巡游之前对舰队司令爱德华·冯·卡佩勒说。他又补充道："沙皇不会跟弑君者站在一边。而且俄国和法国也都没有做好战争准备。"[16]贝特曼-霍尔韦格和外交大臣雅戈也有同感，其他的文官领导人亦然。

德国没有将这些关切转达给维也纳。它给了奥匈帝国在巴尔干半岛为所欲为的自由，这成了决定性因素。这张空白支票，正因为是空白的，所以并没有施加任何限制或条件，也没有发出任何表明柏林希望将战争"限制在局部"的信号。正如我们所看到的，瑟杰尼-马里奇的电报极力主张宽大处理，却在抽屉里被人无视。德国空白支票这一"祸害"促使奥匈帝国无视保持克制的建议，在与贝尔格莱德的所有交涉中都带着极端的偏见。

第二十六章
异常的平静

（奥地利外交大臣贝希托尔德）仍在考虑可以提出哪些塞尔维亚人完全不可能接受的要求。

——德国驻维也纳大使海因里希·冯·奇尔施基男爵，

1914年7月10日

如果说德国人希望奥地利通过在巴尔干半岛开战来报塞尔维亚之仇，那么他们是用一种很轻松的方式来表明这一点的。德国人自我安慰道，维也纳会坚决采取行动，但不会鲁莽行事，任何战争行为都将限制在局部。德皇确信俄国会置身事外。所有关键部门的大臣都怀着这些乐观的想法度假去了。7月6日——德国把空白支票交给奥地利的那天——德皇开始了他的夏季巡游；宰相贝特曼-霍尔韦格准备去他的田庄（他将在那里通过电话治国）；外交大臣雅戈正在卢塞恩度蜜月；陆军和海军的指挥官毛奇和提尔皮茨已经在温泉疗养地或海边了；而对任何动员计划都至关重要的军需总监正在汉诺威参加一位亲戚的葬礼。

德皇曾提出要留在柏林，但贝特曼-霍尔韦格劝阻了他，说是要避免引起国外的恐慌。这毕竟是威廉已成惯例的暑假。于是，皇家游艇"霍亨索伦号"起航了，驶向斯堪的纳维亚海域，在长达三个星期的时间里只能通过无线电联系。仿佛可以听到贝特曼-霍尔韦格如释重负的叹息。回到德国本土，当时正在巴登的温泉小镇卡尔斯巴德的毛奇也同样被建议远离柏林。那些奥地利人和匈牙利人也都大摇大摆地动身出发，去度暑假。康拉德和克罗巴廷被建议一直在外地待到7月22日。贝希托尔德对康拉德说："如果您和陆军大臣暂时离开，将是好事一件，这样就可以保持一种无事发生的表象。"[1]他的意大利情妇吉娜一定很高兴。

这场高层政治哑剧就这样开始了。它并不像人们经常认为的那样，是为了掩盖德国向协约国宣战的险恶计划而放出的烟幕弹；在这个阶段，德国政府——如果不算毛奇和军方领导人的话——希望的是如果战争到来，就把它限制在巴尔干半岛。一切如常的表象是为了掩饰奥地利的行动而采取的计策，而这件事情与德国关系密切。然而，在泰然自若的背后，每个人都意识到了一场更大范围冲突的风险。柏林知道，俄国会觉得必须干预。如果这样的话，就极有可能酿成一场欧洲战争。据7月8日去度假的冯·瓦德西将军说，德军总参谋部处于警戒状态，一旦情况有变，"随时准备投入战斗"。他们都被要求在7月23日或之前回到柏林，那是向塞尔维亚发出最后通牒的日子。

度假者的队伍与他们在柏林、维也纳和布达佩斯的办公室保持着密切联系，暗杀事件发生后的那些日子里，在这些城市，一种匪夷所思的平静取代了街头的抗议。实际上，这些城市正在消停下来。奥地利官员采取行动约束当时正在与塞尔维亚媒体打口水仗的暴烈新闻界。柏林也封住了泛德意志主义者的嘴，他们关于统治世界的好战言论被认为是不合时宜的。德皇甚至说服儿子腓特烈·威廉皇储收敛一下"故意引战的行为"。[2]他对塞尔维亚尽到了惯常的宫廷礼数，尽管这不过是冷酷无情的伪装。塞尔维亚国王彼得一世甚至按惯例收到了威廉的庆生电报。战争的前景并不是皇家礼节松懈的理由。

"七月危机"就这样开始了，在这个月里，世界上的大多数人不知不觉中站在了深渊之上。正如丘吉尔指出的那样，这确实是一段"异常平静"的时期：所有的关键选手都在晒太阳。[3]国家机关已经将弗朗茨·斐迪南尸体的外交作用开发殆尽，奥匈帝国则在德国的鼓励下，小心翼翼地决定了悲剧的下一个阶段，许多人后来将这场悲剧描述为"不可避免"且"无法阻止"的一系列事件。相反，奥地利和德国政府的领导人对风险毫不在乎，决定了第三次巴尔干战争每一步的位置。

　　他们后来声称，没有人想要一场**欧洲**战争。然而，他们的观点和政策使得一场欧陆战争很有可能发生，并根据不可告人的议程而变化，以意想不到的可怕力量突然爆发、逐渐消失。德国的文官领导人期待维也纳在这一阶段将冲突限制在与塞尔维亚的局部斗争上。普鲁士将军们只在口头上支持这一政策。7月13日，总参谋长毛奇告知驻维也纳的德国武官："奥地利必须打败塞尔维亚人，然后迅速议和，要求把奥塞结盟作为唯一的条件。"[4]然而，在其他时候，毛奇时而热情洋溢、时而听天由命地谈到欧洲会有一场大难，这也是与俄国开战、执行施里芬计划、让德国与世界做个了断的机会。

　　然而德国并不想让自己成为别人眼里的交战国。柏林巧妙地从维也纳的深思熟虑中抽身而出——例如拒绝协助起草最后通牒——并站在后面观察它已经启动的进程。大臣们收到了指示，要在文件公之于众时对其苛刻程度故作惊讶状。巴伐利亚驻柏林参赞汉斯·冯·舍恩建议：

> 　　奥地利的照会呈递给贝尔格莱德后，我国政府将立即与各大国为将战争限制在局部而展开外交行动。它要声称自己和其他大国一样对奥地利的行动感到惊讶，指出德皇正在北方旅行、总参谋长和普鲁士陆军大臣正在外地休假的事实。[5]

这一政策并非由不计后果的自私自利所驱使，德国人和奥地利人真诚地相信这是一个有效且正当的行动方针。对他们来说，在这种情况下捏造一个战争借口再合适不过了。在烟幕弹后面，维也纳继续绞尽脑汁地忙活给塞尔维亚的最后通牒。柏林一直都很了解情况：雅戈已经结束蜜月提前返回，贝特曼-霍尔韦格偶尔也会偷偷溜回柏林。大使们仍然留守岗位。

最后通牒的要件在7月10日之前已经齐备。草案预示了最终定稿的苛刻程度。例如，维也纳将要求奥匈帝国驻贝尔格莱德的机构"密切关注……大塞尔维亚阴谋"；[6]塞尔维亚应在48小时内答复；塞尔维亚的重要官员应被解职。德国驻维也纳大使海因里希·冯·奇尔施基男爵向外交大臣雅戈如是汇报。

其中的大部分内容相当于对塞尔维亚主权的侮辱性干涉，当然，这正是他们的着眼点。尽管如此，贝希托尔德还是担心塞尔维亚人可能会真的接受这些要求，避免战争。奇尔施基写道，如果这样的话，"这将成为一个对他（贝希托尔德）来说'糟糕透顶'的解决方案，他仍在考虑可以**提出**哪些**塞尔维亚人完全不可能接受的要求**"（强调为奇尔施基所加）。[7]

德皇在这些最高机密公报中插入了他一向孩子气的边注，充斥着自吹自擂的嘲讽。例如，公报中提到了第萨伯爵，他错就错在建议他们设法表现得"绅士一些"，而德皇在旁边用潦草的笔迹写道："发生了这种事后，还要对杀人犯表现得'绅士一些'！简直愚蠢到家了！"[8]德皇甚至提议将"撤离桑贾克！"作为对塞尔维亚的额外要求。"这样的话，他们马上就会闹起来！奥地利必须立即无条件收回那个地方（桑贾克），以防塞尔维亚和黑山合并，让塞尔维亚人获得出海口。"[9]没有人按照皇帝的提议行事，但这些提议为这一过程平添了几分疯狂与混乱。

于是最后通牒继续从起草者的办公桌上无情地转移到官方领域，

吸纳意见和修正方案，并慢慢成形。这个过程因球场广场首席法律顾问弗里德里希·冯·维斯纳博士的一份报告而暂停，他被派往萨拉热窝监督调查，并评估贝尔格莱德是否对暗杀负有责任。维斯纳给贝希托尔德带来了坏消息。根据波斯尼亚的司法调查：

> 没有任何东西可以证明，甚至是假设塞尔维亚政府是诱导犯罪、犯罪预备或为之提供武器的帮凶。相反，有理由相信这是完全不可能的。[10]

贝希托尔德想听的不是这个。不过维斯纳给了奥地利外交大臣一些救命稻草：他点拨道，这个反奥地利"运动集团"可能源于塞尔维亚；塞尔维亚国家官员（齐加诺维奇和坦科西奇少校）共同提供了炸弹、勃朗宁手枪、弹药和氰化氢；刺客普林西普、查布里诺维奇和格拉贝日是"被塞尔维亚机关"偷偷送过塞尔维亚-波斯尼亚边境的。维斯纳谈到了民族自卫组织，却没有谈到黑手会和它的领导人阿皮斯，后两者都还没有受到牵连。[11]

贝希托尔德得其所需：发现了贝尔格莱德一些下级官员与暗杀事件之间的松散联系。他加紧完成最后通牒，计划于 7 月 23 日向塞尔维亚递交。这个日期是经过慎重挑选的：在收获季结束时——可以"减轻动员的困难"并"避免巨大的经济损失"[12]——也是普恩加莱结束对圣彼得堡国事访问的日子。奥地利人盘算着，是否可以把照会往后拖，以避免沙皇、普恩加莱一行人和众位大公在一个非官方作战室里共饮香槟的可能性。最后的递交日期被确定为 7 月 23 日星期四下午 5 点。塞尔维亚将有 48 小时的答复时间，到 7 月 25 日星期六下午 5 点截止。

奥匈帝国的哑谜掩饰了武器和人员的动员。维也纳在 7 月的**第二个星期**就开始动员奥地利军队——比他们向塞尔维亚发出最后通牒早了两个星期。甚至连第萨都不再反对战争了。德国的无条件支持和弗朗茨·约瑟夫的坚决使他改变了主意。德皇听说第萨改变主意时，说："他终于是个真正的男子汉了。"[13]他这一变节，就再也没有人能够约束这只猛兽了：现在所有人都想要并盼望着战争。第萨有时甚至采取了比鹰派"更强硬的论调"。没有一个人像他们后来声称的那样，是无可奈何地被时局裹挟的。

维也纳的谎言应该不会让21世纪的读者感到惊讶，我们已经对想要发动战争的各国政府这一个世纪以来的欺骗行为麻木了。我们对政府令人瞠目结舌的不负责任早已司空见惯，这着实可悲，在这样一个时代，政府捏造战争借口，然后对这些借口的真实来源撒谎——例如，对情报档案"添油加醋"（为英国出兵伊拉克找理由），在北部湾捏造海军袭击事件（为美国介入越南战争找理由），声称存在大规模杀伤性武器，而实际上根本没有（盟军向伊拉克开战的理由）。而这些还只是民主的、按理说应当负责任的政府所炮制的谎言。极权主义国家当然是例行公事般地公开对它们的人民和世人撒谎，制造战争借口——例如纳粹德国（1939年对捷克斯洛伐克和波兰）和日本（20世纪30年代在中国）。

英国、俄国和法国都在观望。它们起初很乐观，认为巴尔干问题可以得到解决或控制。当然，他们对最后通牒以及维也纳和柏林的种种行为一无所知。它们驻这些城市的大使都去度假了。俄国驻奥地利大使被彻底蒙蔽了，竟然在7月21日去度假了，他相信奥地利不会对塞尔维亚提出可能导致"国际纠纷"的要求——把俄国拖入战争。[14]

爱德华·格雷一直是一个殷勤的仲裁者，他提出在圣彼得堡和柏林之间扮演和事佬的角色。7月9日，他告诉德国大使利赫诺夫斯基伯爵，他将努力说服俄国人对奥地利采取"更倾向于和平的观点"和"谋求和解的态度"。他还向这位德国外交官保证，如果发生欧洲战

利赫诺夫斯基伯爵

争，英国没有义务与法国或俄国站在一起。格雷说："英国希望保持绝对的行动自由。"（利赫诺夫斯基向柏林如是汇报）。[15]

然而，格雷为维护"平衡"而模糊了重点，一如他的典型做派。利赫诺夫斯基想知道，如果战争到来，英国要向谁表忠心。英国会保持中立吗？格雷拒绝正面回答。格雷向德国大使保证过，英国与协约国没有正式的**军事**关系，但他破坏了这份保证。另一方面，他警告称，他不想"误导"德国朋友。英国与法国和俄国关系的亲密性并没有丝毫的折损。事实上，英国与法国和俄国的军事当局有过"对话"，但这些对话"绝无侵略意图"。格雷告诉这位气恼的德国外交官，换句话说，英国的政策"旨在维护和平"。[16]事到如今，利赫诺夫斯基已经不知道"英国政策"到底该做何解了。然而，格雷似乎对自己非常满意，他"用愉悦的语气"表示，他认为没有理由悲观，就这样结束了这次会面。[17]

另一起事件让英国内阁更加焦头烂额。阿尔斯特叛乱远比巴尔干半岛冲突再起更让人心烦意乱。一项新的自治法案在阿尔斯特引发了强烈的不满，这里很有可能发生叛乱。这场危机主导了英国国会的政治辩论，很可能使阿斯奎斯的自由党分裂。爱尔兰问题如此严重，以至于丘吉尔怀疑"我们的议会机构是否强大到足以经受住使之震颤的盛怒"。[18]甚至有人担心，需要把英国远征军派到阿尔斯特，这让亨利·威尔逊爵士感到惊愕，他时刻留意着法国受到的威胁，在日记中写下了他对阿斯奎斯的"害虫政府"和由"懦夫、无赖和傻瓜"组成的内阁的厌恶。[19]

普恩加莱和他的政府同样被禁锢在国内的危机中，没什么精力为巴尔干半岛的另一场争斗操心。前总理约瑟夫·卡约的第二任妻子亨丽埃特·卡约谋杀案将于7月20日开庭。这起案件吸引了举国上下的关注。《费加罗报》主编加斯东·卡尔梅特一直在开展针对卡约的猛烈新闻攻势，后者在总理任上曾试图征收所得税，并在阿加迪尔危机期间采取了温和立场。《费加罗报》威胁要发表卡约在与第一任妻子的婚姻关系存续期间寄给亨丽埃特的情书。3月16日，亨丽埃特出现在《费加罗报》报社，黑色暖手筒里藏了一把手枪。进入主编办公室后，她向卡尔梅特开了六枪。他于六小时后死亡。她没有试图逃跑，并坚决要求由自己的司机带去警察局。

这一戏剧性事件在政治层面上非同小可。审判对普恩加莱来说是一种政治困境，他在四五月份的大选中表现不佳，之后一直在苦苦挣扎。还有传言说，卡尔梅特掌握了两份已被破译的德国电报，里面披露了卡约在阿加迪尔危机期间与德国人的秘密会谈。[20]听闻这些传言，德国驻巴黎大使对窃听德国通信的做法提出了抗议，并警告说，如果这些文件被泄露出去，"炸弹就会引爆"。[21]卡约的支持者甚至威胁要勒索普恩加莱，搬出了一些证人，让他们作证说卡尔梅特对前总理的新闻攻势是总统在背后支持的。在7月24日之前，对卡约的审判完全主宰了法国媒体；法国人民为之着迷。报纸没怎么关注弗朗茨·斐迪南遇害的影响。对法国人民和政府来说，"七月危机"并不存在，欧洲战争的前景似乎遥不可及。举国上下都在以卡约案的细节为乐，沉醉在这个可以轻松窥探他人隐私的夏天里。到头来，亨丽埃特被宣告谋杀罪名不成立。法庭的审理结果是她属于"激情犯罪"。

普恩加莱总统和他的新总理、经验极其不足的勒内·维维亚尼以及他们的随从于7月15日离开巴黎，前往俄国和斯堪的纳维亚半岛，进行计划已久的国事访问。他们预定于7月31日回国，大部分时间都在海上，无线电通讯受限。凯格写道，那些留在外交部的负责人"不是经验不足，就是对外交事务一窍不通"。"战争前夕，法国领导人在海上举目茫然，心也茫然。"[22]

第二十七章
对塞尔维亚的最后通牒

从 6 月 28 日暗杀事件犯罪者的……供词中明显可以看出，贝尔格莱德是萨拉热窝谋杀案的策源地。

——奥匈帝国向塞尔维亚发出的最后通牒，
于 1914 年 7 月 23 日下午 6 点送达贝尔格莱德

整个 7 月，贝尔格莱德政府都没有采取任何自救措施。它没有制止强硬派的塞尔维亚人庆祝弗朗茨·斐迪南遇刺——他们在街上拥抱、跳舞。它的不作为鼓励了鲁钝的新闻界，而这个国家的新闻界享有在欧洲难得一见的自由。塞尔维亚人的报纸称赞刺客是民族英雄和"烈士"（黑手会机关报《皮埃蒙特》如此描述普林西普），并指责奥地利人在塞尔维亚最神圣的日子里进行国事访问纯属无理挑衅。一些报纸，例如《巴尔干报》，甚至要求将奥地利"置于国际共管之下"。[1]这些传遍了奥地利和德国的报道反映了塞尔维亚人的普遍感受，即刺杀弗朗茨·斐迪南是为了泛斯拉夫的自由而实施的打击。

塞尔维亚煽动性的新闻界点燃了维也纳和柏林的怒火，也巩固了贝尔格莱德策划了萨拉热窝袭击这种观点。一场激烈的新闻战随之而来。多多少少受到政府控制的维也纳报纸公开指责塞尔维亚政府对萨拉热窝的暴行负有直接责任："广义上讲，整个阴谋都是在贝尔格莱德受到大塞尔维亚思想鼓舞的青年间组织起来的。"[2]这场新闻战产生了严重后果。在1914年，欧洲的主要报纸对政治观点和公众舆论有着巨大的影响力。根据贝尔格莱德驻维也纳大使的说法，塞尔维亚火气旺盛的社论正在把这两个国家推向战争。7月6日，塞尔维亚驻维也纳大使约万·约万诺维奇给首相兼外交大臣尼古拉·帕希奇写信说："由于我们新闻界的论调，这边的军方和政府各界对塞尔维亚越发恼火。"[3]

泛斯拉夫主义的狂风平息之后，这个国家对谋杀造成军事后果的可能性有了更深的认识，也冷静了下来。塞尔维亚政府采取了一种真诚致哀的姿态。贝尔格莱德尽管对谋杀感到"惊骇"，却愤然拒绝任何关于塞尔维亚负有责任的说法。帕希奇迅速采取行动，使其政府与这一罪行保持距离。他的立场从未偏离他在暗杀发生两天后给奥地利人的交代。他在维也纳的大使如此转达他的观点：

> 塞尔维亚王国政府对发生在萨拉热窝的暴行予以强烈谴责，自身也一定会无比诚恳地尽一切努力证明，他们不会容许在他们的领土上助长任何存心破坏我国与奥匈帝国已经很脆弱的关系的煽动活动或违法行为……政府也准备将任何与这一阴谋有牵连的人交付审判，如果能够证明在塞尔维亚确实存在这种人的话。[4]

仍然无法找到将塞尔维亚政府与暗杀事件直接联系起来的证据——没有任何证据能够将首相帕希奇或他的大臣们与杀害大公的阴谋联系在一起。但帕希奇和他的大臣们事先都很清楚这个计划。他们十分了解"统一或死亡"，也就是黑手会，以及它的领导人德拉古廷·迪米特里耶维奇（又名阿皮斯）。事实上，帕希奇一直都在通过沃伊斯拉夫·坦科西奇少校和米兰·齐加诺维奇密切掌握着阿皮斯刺杀弗朗茨·斐迪南的计划，这两个人担任了该恐怖组织与三名波斯尼亚刺客之间的联络官。

在奥地利人的审讯下，黑手会成员后来透露，是阿皮斯、坦科西奇和齐加诺维奇筹划了这次暗杀。阿皮斯确实是主谋，贝尔格莱德的每个当权者都知道。人们后来发现，他训练这些年轻的刺客，原本是想要杀掉波斯尼亚总督波蒂奥雷克，但当他听说大公来访时，便看到了一个消灭讨厌的奥匈帝国皇位继承人的大好机会。

这一切使塞尔维亚政府的处境非常尴尬。帕希奇的政府在暗杀事件之前就已经切断了与黑手会的联系，并下令在三名波斯尼亚塞族刺客越过边界时将其逮捕（这道命令未能贯彻下来，或者是被无视了）。但首相完全无法援引此事来为塞尔维亚辩护，因为这势必要暴露秘密组织的存在，并使奥地利认定塞尔维亚的最高层参与了这次犯罪。阿皮斯的外甥米兰·日瓦诺维奇在战后说："如果人们知道阿皮斯是萨拉热窝暴行的教唆者，就会产生整个塞尔维亚总参谋部，或许还有贝尔格莱德政府本身都参与了犯罪的想法。"[5] 还有恐惧：每个人都害怕黑手会，它经常表现出杀死对手的无情意愿。

因此，帕希奇首相做了大多数政客发现自己被逼入绝境时都会做的事情：什么也不做。他不采取行动。他拒绝对暗杀事件的塞尔维亚共犯展开任何调查。他认为，同意调查一起在塞尔维亚境外发生的谋杀案，这本身就承认了共谋。贝尔格莱德反而把责任推给了奥地利，让它来提供萨拉热窝事件和塞尔维亚政府之间有关联的证据。然后他大量发布新闻稿，否认塞尔维亚参与其中。

帕希奇在这场危机中始终坚持这一立场。例如，在7月8日，他告诉新任德国武官，塞尔维亚"不可能对那些年少无知、兴奋过度的小伙子们的过火行为负责"，并承诺"对民族主义组织严加管控，并驱逐所有在这里寻求藏身之处的人"（德皇将这些保证斥为"一派胡言"）。[6]

但塞尔维亚对自己的行动会造成怎样的军事后果十分清楚。几天后，帕希奇听说了奥地利打算向塞尔维亚提出一系列要求的噩耗。他的驻维也纳大使约万诺维奇写道："奥匈帝国将以备忘录的形式起草对塞尔维亚的控告……与此同时，奥匈帝国还将交给我们一份包含其要求的照会，要我们无条件接受。"[7]

7月10日，身材发福的俄国大使尼古拉·哈特维希突然死亡，强硬的亲斯拉夫立场使他在贝尔格莱德受到狂热崇拜，对贝尔格莱德政府来说，他死得太不是时候了。塞尔维亚失去了一位在莫斯科毫不犹豫地推动塞尔维亚人事业的外交官。哈特维希的盛大葬礼有很多人出席，与大公和女公爵寒酸的小型葬礼形成了鲜明对比。帕希奇强烈地感受到了失去这位强大的俄国代表的滋味，他是塞尔维亚最忠实的盟友，尽管经常口出泛斯拉夫主义狂言，却深谙游戏规则，本来是会在这场危机中劝人谨慎行事的。例如，7月15日，帕希奇很不明智地离开了贝尔格莱德，为塞尔维亚即将举行的选举在全国各地宣传。他打算利用塞尔维亚面临的日益严峻的威胁来拉票，这是一个召集塞尔维亚人民反抗维也纳的机会——如果哈特维希还在世，肯定会劝阻他。

帕希奇越发冒失。由于欧洲对贝尔格莱德参与谋杀的印象越来越深，他慌了，于7月20日授权向欧洲主要大国发电报，否认有塞尔维亚人参与了萨拉热窝的暴行。帕希奇想要昭告世人，维也纳没能要求塞尔维亚提供与萨拉热窝的司法听证会有关的任何信息。他还承诺：

> 如果我们被要求在我们的独立法庭审判任何身在塞尔维亚的暴行帮凶，我们都会满足奥匈帝国的愿望……但我们绝不会满足可能有辱塞尔维亚国格的要求，这是任何尊重并维护自身独立的国家都无法接受的。[8]

在奥地利发出最后通牒的三天前，帕希奇收到了约万诺维奇的新一轮警告。这相当于是战争号令了：

先生，

……奥地利正准备对塞尔维亚开战。这里的人们普遍坚信，奥匈帝国如果再次错过对塞尔维亚采取行动的机会，便是与自杀无异。人们认为，之前错过的两次机会——吞并波斯尼亚和巴尔干战争——对奥匈帝国造成了极大的伤害。此外，人们越发坚信，塞尔维亚在经历了两次战争之后，国力已经被彻底掏空，对塞尔维亚的战争实际上仅仅意味着一次以迅速占领告终的军事出征……正在进行的军事准备，特别是在塞尔维亚边境附近的军事准备，进一步强调了奥地利这次是打算动真格了。[9]

在这种大事不妙的状况下，塞尔维亚准备接受奥地利的最后通牒。7月23日下午4点30分，奥匈帝国驻贝尔格莱德公使吉斯尔·冯·吉斯林根男爵打电话给塞尔维亚外交部，说有"重要消息"要传达给首相。在帕希奇缺席的情况下，吉斯尔告知代理首相兼外交大臣拉扎尔·帕丘博士，他有"一份照会"要代表奥匈帝国政府递交给塞尔维亚王国政府。[10]

如果我们抛开外交的喧嚷，仔细研究一下维也纳最后通牒的真正出处，通往战争的进程的最后阶段就变得更加清晰了。整个7月，柏林都在维也纳这个显而易见的侵略者面前假装无辜的和事佬。正相反，柏林密切参与了奥地利的每一步行动，并编造了一大套谎言来掩盖自身的实际作用。这个故事很复杂，却至关重要。

7月21日，柏林向其驻伦敦、巴黎和圣彼得堡的大使馆发出了一份通告，制造出德国对奥地利的最后通牒一无所知的表象。通告以假装无辜的口吻说，奥匈帝国对塞尔维亚的要求"只能被视为公平且温和的"。因此，德国的大使们得到指示，要"着重表达"这样一种观点，即奥匈帝国和塞尔维亚之间的冲突必须局限于"直接相关者。我们殷切希望将冲突限制在局部，因为其他大国的任何干预都可能……带来无法估量的后果"。[11]

这样一来，柏林的大使们就必须把对塞尔维亚的实际宣战描述为"公平且温和"的行动。他们要拍拍怪物的脑袋。即使这些大使不知道，贝特曼-霍尔韦格、雅戈、齐默尔曼和德国政府的其他高官也都知道最后通牒的措辞，却想要让人们觉得他们对此一无所知，这样他们以后就可以声称对奥地利极其苛刻的条件浑然不知——换句话说，这样他们就可以帮忙挑起一场战争，然后还能避免承担战争的责任。

当然，事实就是德国政府对维也纳的所有伎俩心知肚明。柏林自始至终都在幕后操纵着。"这场悲剧的每一幕和所有的角色都是在柏林事先确定好的。"阿尔贝蒂尼总结道。德国合谋的关键证据是巴伐利亚驻柏林参赞汉斯·舍恩7月18日发给慕尼黑办事处的电报。

外交副大臣齐默尔曼把维也纳对塞尔维亚的最后通牒的内容告诉了他。例如，在它的要求下，塞尔维亚国王要被迫公开将其政府与泛塞尔维亚运动集团割席，并允许一名奥地利官员参与对萨拉热窝谋杀案"帮凶"的审判程序。齐默尔曼总结道，这些要求"为塞尔维亚的国格所不容"，贝尔格莱德明摆着不会遵守："因此，结局无疑是战争。"[12]齐默尔曼详述了德国在这个甚至可能演变为一场欧洲战争的局势中所扮演的真正角色。舍恩引用了他的话，说柏林"完全同意奥地利利用这一有利时机（宣战），甚至不惜冒着纠纷进一步升级的风险（即欧洲战争）……"[13]

齐默尔曼说，如果发生这种情况，德国将采取"外交手段"，给人一种它对奥地利的行动一无所知的印象。例如，德国政府将在奥地利向贝尔格莱德递交照会后立即尝试将战争"限制在局部"（它将指出德皇、总参谋长和普鲁士陆军大臣因休假而缺席，"以此证明德国对奥地利行动的惊讶程度不亚于其他大国……"）。[14]换句话说，德国对奥地利给塞尔维亚的照会内容一无所知的主张，正如德皇可能会说的，完全是"一派胡言"。

协约国也在奥地利照会递交的几天前听到了风声。俄国的反应是最激烈、最可怕的。俄国外交大臣萨宗诺夫听到这一消息后，对德国驻圣彼得堡大使弗里德里希·冯·普塔莱斯伯爵喊道："不能让整个国家为个人的行为负责。"[15]萨宗诺夫惊呼道，维也纳这是想要"毁灭塞尔维亚"[16]。（德皇在这次讨论的文字记录旁写下了边注："再好不过。"）

萨宗诺夫后来对意大利大使说，俄国不会允许奥匈帝国对塞尔维亚发出任何威胁，"或采取任何军事措施"。他说："俄国的政策是和平的，但不是消极的。"[17]

巴黎第一次听说奥地利的照会是在7月20日，当时，在维也纳的一名间谍——根据法国黄皮书（战后各国公开发布的、包含所有外交信函的色标文摘）中的说法，是"一个官方消息特别灵通的人"——发出了对奥地利的要求以及可能影响的评估。领事报告在7月21日到达巴黎，也就是普恩加莱在圣彼得堡会见沙皇的前一天：

> 将对塞尔维亚提出很多要求；……照会的要旨及其蛮横的语气，几乎可以保证贝尔格莱德会拒绝。然后军事行动就会开始。这边有一伙人认可一场大范围冲突的想法，换句话说就是一场大战，而柏林那边也是同样的情况。[18]

备忘录中说，奥地利"可能"必须在俄国完成铁路建设之前向塞尔维亚宣战。这样一来，最多只剩下几个星期的时间。然而，维也纳还没有就可能发生的冲突的规模达成任何共识："贝希托尔德伯爵和外交官们希望尽量将对（塞尔维亚）的作战行动限制在局部。但必须考虑到一切可能。"[19]换句话说，德国和奥地利现在都考虑到了一场欧洲战争的风险。

普恩加莱在会见沙皇之前，似乎并没有收到这封让人伤脑筋的信函全文。但他已经得出了相差无几的结论。他于7月20日抵达圣彼得堡，在沙皇的游艇"亚历山大号"上受到了很符合身份的盛情款待。两个盟友坐在船尾，深入长谈。法国总统很快就控制了脑子稍微有些糊涂的尼古拉。次日，他们的会谈集中在奥塞争端上。两个盟友将倾尽所能支持塞尔维亚，在当天下午的外交招待会上，普恩加莱明目张胆地强调了这种关系。

"您有塞尔维亚那边的消息吗？"法国总统问相当局促不安的奥地利驻俄国大使绍帕里·弗里杰什伯爵。

"正在进行司法调查。"绍帕里小声回答。

对此，普恩加莱提醒绍帕里，当前情势下，欧洲各国的政府都应倍加小心：

> 只要秉持一点善意，塞尔维亚的事情还是很好解决的。但它同样很容易变得严重起来。塞尔维亚在俄国人民中拥有一些非常热情的朋友。而俄国又有法国这个盟友。有太多复杂的问题需要担心了！[20]

这根本无法安抚绍帕里，他将其理解为法俄的威胁，而不是劝人冷静的恳求。后来，普恩加莱单独与沙皇和新任法国驻圣彼得堡大使莫里斯·帕莱奥洛格在一起时，表明了他对与奥地利大使的这段闲谈的忧虑。"我对这次谈话很不满意，"他说，"大使显然收到了指示，什么都不说。"他得出结论："奥地利为我们准备了一场大反转。"[21]

威廉·冯·舍恩 　　　　绍帕里·弗里杰什伯爵

7月22日，当威廉街提前一天收到最后通牒的正式副本时，高级大臣们的表现很符合他们的身份。他们公开对最后通牒的苛刻表示极为惊讶。雅戈其实在前一天就已经看到了一个版本。"它的内容在我看来甚是强人所难，已经超出了它的目的。"雅戈对奥匈帝国驻柏林大使瑟杰尼-马里奇·拉斯洛伯爵谎称。贝特曼-霍尔韦格、齐默尔曼和其他德国大臣也对"强硬"的条款佯装惊讶。这份照会"无论从哪个方面来看，都过于严厉了"。[22]

要想证明他们的惊讶和难以置信是装出来的，也很简单。如果他们真的认为最后通牒如此苛刻，并且有可能导致战争，为什么他们中没有一个人设法放宽条件，或者将他们的关切传达给维也纳，再或者在照会送达塞尔维亚之前修改一下呢？他们为什么没有向被告知要把照会视为"公平且温和"的大使们发出新的指示呢？

雅戈后来声称自己没有时间修改最后通牒：瑟杰尼-马里奇告诉他，照会已经送往贝尔格莱德。[23]这是一个厚颜无耻的谎言：照会应在两天后的7月23日送交。事实上，德国政府有充足的时间要求维也纳修改其苛刻的条件，却什么都没做。他们的不作为与柏林大方向上的欺骗行为是一致的，就是试图让世人相信，对于奥地利向塞尔维亚开战的决意，柏林既不知情，也没有参与。

于是世界进一步滑向一场大灾难。奥匈帝国政府在德国的唆使下继续动员。7月19日，在维也纳举行了一次军事会议，会上一致决定奥匈帝国军队应尽快出击，因为塞尔维亚军队正在沿边境集结。而且一旦获胜，帝国军队就将废黜塞尔维亚王室，重新划定边界。[24]

7月22日，奥匈帝国的八个军——超过30万人——向塞尔维亚边境靠近。当天，法国大使迪迈纳先生给巴黎发电报称，维也纳打算对塞尔维亚发动"无比猛烈"的进攻。[25]与此同时，奥匈帝国官方通讯社也转载了塞尔维亚报纸上最具煽动性的段落，以激发公众的战争热情。

柏林和维也纳通过这些轻率的行动向圣彼得堡和法国发出了错误信息。它们敏锐地意识到，在极其紧张的形势下，有可能发生一场更大范围的战争：摇树并不能稳住马蜂窝。然而这恰恰是他们所做的。柏林关于德国立场的谎言，它在制造塞尔维亚完全不可接受的最后通牒过程中所扮演的具有欺骗性的角色，以及拒绝向维也纳施压以缓和条件，这一切都指向了他们发动战争的决心，甚至不惜冒着引发全欧洲冲突的风险。他们还在谈论一场"局部"的巴尔干战争，但他们知道很可能产生的可怕影响。阿尔贝蒂尼指出，当世人发现柏林"一切尽在掌握"时，"公众的愤慨和怀疑的雪崩"将降临到德国统治者身上，他们将"彻底名誉扫地，所有挽救和平的尝试……都是徒劳"。[26]

吉斯尔晚一个小时到达贝尔格莱德的塞尔维亚外交部，也就是下午6点。在首相帕希奇缺席的情况下，代理首相帕丘博士被指派来接待他。帕丘拒绝接收照会，这是首相的责任。吉斯尔拒绝这一借口：

在铁路和电报的时代，首相回来"也就是几个小时的事儿"。[27]帕丘继续拒绝接受最后通牒，于是吉斯尔把密封的信封放在了桌子上，请他自便。吉斯尔宣布，如果塞尔维亚官员拒绝在48小时的大限内给出无条件接受维也纳要求的回答，他将奉命收拾好奥匈帝国大使馆的资料物品，带上全体工作人员和护照一起离开贝尔格莱德。他转身离开了。

吉斯尔离开后，帕丘和同事们拆开这封信，仔细阅读了其中的内容。奥匈帝国的主要要求如下（全文见附录四）：

奥匈帝国对塞尔维亚的最后通牒
维也纳，1914 年 7 月 22 日

……从6月28日暗杀事件犯罪者的陈述和供词中明显可以看出，贝尔格莱德是……谋杀案的策源地……

（因此）塞尔维亚王国政府还将保证：

1. 查禁所有煽动对我国的仇恨和蔑视，以及总体倾向于反对我国领土完整的出版物；

2. 立即着手解散民族自卫组织，没收其所有的宣传工具，并以同样的方式着手打击塞尔维亚境内从事反奥匈帝国宣传的其他协会和社团；

……

4. 将所有犯有从事反奥匈帝国宣传罪的军官和公务员开除出军队和行政部门，奥匈帝国政府保留在传送其目前掌握的实质性证据时向塞尔维亚王国政府公布这些人姓名的权利；

5. 同意在塞尔维亚境内与奥匈帝国政府机关合作，镇压不利于我国完整性的颠覆运动；

6. 对可能在塞尔维亚境内发现的每一个6月28日阴谋参与者展开司法调查，为此目的而受到委派的（奥匈帝国）政府机关将

参与……诉讼程序；

    7. 即刻逮捕调查结果显示有问题的沃伊斯拉夫·坦科西奇少校和一个名叫米兰·齐加诺维奇的塞尔维亚公务员……[28]

    奥匈帝国希望塞尔维亚在25日星期六下午6点前给出答复。最后通牒最大限度地羞辱了塞尔维亚，完完全全地践踏了其主权。在那个时代，以这番措辞表达的最后通牒是完全无法接受的，相当于宣战。

第二十八章
你们正在欧洲放火

> 如果奥匈帝国吞掉塞尔维亚，我们将与之开战。
> ——俄国外交大臣谢尔盖·萨宗诺夫得知奥地利的
> 最终通牒时表示

> 好啊，随便他们！
> ——德皇的回答

塞尔维亚有48小时来采取行动。首相帕希奇决定什么都不做，继续他的巡回竞选。当时，他正在前往萨洛尼卡的途中。他的内阁最终说服他返回贝尔格莱德，但他要到24日凌晨5点才能回来。在帕希奇缺席的情况下，大臣们坐下来研究这些条款。奥地利的严厉语气让他们感到惊讶。维也纳想要的显然不只是他们的顺从，他们想要的是战争。代理首相帕丘向塞尔维亚在欧洲各国的公使馆发出了警告。

整整一天，他们都在仔细研究这份文件，无法决定该怎么做。德国驻贝尔格莱德公使冯·格里辛格男爵向柏林报告称："据说不可能在48小时内满足对方提出的要求。"他密切关注着塞尔维亚官员们的密谈。他给柏林发电报称，有几点（第2、4、5、6点）相当于"直接侵犯塞尔维亚主权"，看上去显然是无法接受的。[1] 在这封电报的空白处，德皇写道："整个所谓的塞尔维亚强权是何等的外强中干；这样看来，所有斯拉夫国家都是一路货色！就是要对那帮乌合之众穷追猛打！"[2]

当帕希奇回到贝尔格莱德时，他当机立断，必须给塞尔维亚更多的时间：这份文件既不可能接受，也不可能拒绝。在那之前，他们将努力赶上最后期限。帕希奇警告说："但如果战争不可避免的话——我们就要战斗。"[3] 在这种情况下，必须要放弃贝尔格莱德，政府开始为南迁做准备。

欧洲各国大使馆在24日清晨收到了这份照会，可用于调解的时间已经缩短到15个小时。俄国外交大臣萨宗诺夫看到电报时呆若木鸡，惊呼："这是欧洲战争！"[4] 他最担心的事情发生了。他传唤了奥地利大使绍帕里·弗里杰什，后者于上午10点出现在他的办公室，郑重宣读了照会中的条款。绍帕里补充道，奥地利采取这一措施是为了让在塞尔维亚到处蔓延的"反叛氛围不至于波及奥地利领土"。[5]

萨宗诺夫对此不以为然，他几乎是吼了出来："你们想要的是与塞尔维亚开战，你们已经是背水一战了！"

"奥地利拥有世界上最热爱和平的统治集团，"绍帕里突然反驳道，"我们想要的是保护我们的领土不受革命影响，保护我们的统治集团不受炸弹袭击。"

"你们有多么热爱和平，人们可都看在眼里呢，"萨宗诺夫嘲讽地大笑道，"因为你们正在欧洲放火！"[6]

会面持续了一个半小时。萨宗诺夫发现了某些令他格外生气的条款。他对解散民族自卫组织提出了"无比强烈"的抗议。他警告说，这是"塞尔维亚绝不会接受的一项条件"。它也不会接受奥地利派吃皇粮的官吏去镇压塞尔维亚"颠覆分子"这项要求。

绍帕里发回维也纳的报告称，萨宗诺夫"自始至终顽固不化、怀有敌意"。绍帕里离开房间时，耳边还回响着俄国人关于照会可能对"英国、法国和欧洲"产生影响的警告。在这次会面中，萨宗诺夫一次也没有提及俄国的打算，因为这不仅仅是一个"斯拉夫"问题。萨宗诺夫决心把它变成一个欧洲问题，说服他的欧洲伙伴们一起谴责奥地利。[7]

萨宗诺夫积极推行把事情闹大、将欧洲列强拖入巴尔干这口乱炖锅的方针。7月24日当天，俄国大臣会议接受了他的建议，让他的协约国伙伴向奥地利施压，给塞尔维亚更多的时间作答。与此同时，萨宗诺夫采取了极其鲁莽的措施，开始了针对奥地利的部分动员。他准许俄国陆军人臣和海军大臣提请沙皇，如果情况需要的话，就向当时驻扎在基辅、敖德萨、莫斯科和喀山的部队——共有13个军，超过110万人——下达动员令，并命令波罗的海和黑海舰队做好准备。[8]这一极不明智的挑衅行为意味着向欧洲战争迈出了一大步，因为俄国动员的任何迹象都会立即触发德国的动员——并且严格意义上也会把意大利拉入对俄战争（是为三国同盟的一个履约场合）。部分动员只在一种情况下有意义，那就是作为俄国的巨大兵力全面动员的序幕——当德国指挥官们凝视着东方的迷雾时，他们不会忘记这一点。

次日，萨宗诺夫在德国大使普塔莱斯伯爵面前气愤地谴责了奥地利的照会。普塔莱斯向柏林报告称，萨宗诺夫"非常激动，没完没了地指责奥匈帝国，宣泄了一通"。他引用俄国人的话说，奥塞争端不可能在双方之间解决。萨宗诺夫大声说，这"是欧洲事务，应当由欧洲来调查（塞尔维亚是否履行了义务）"。萨宗诺夫甚至呼吁建立一个欧洲法庭来审判奥匈帝国。[9]

"荒唐透顶！"德皇在页边空白处厉声道。普塔莱斯更多地从外交角度反驳了这个想法。维也纳不会同意欧洲的仲裁，任何大国都不会同意。德国大使暗示俄国在为"弑君事业"辩护，这激怒了萨宗诺夫，他还"表示担心对方被对奥地利盲目的深仇大恨所左右"。

对此，萨宗诺夫回答说，他的感受"不是仇恨，而是鄙视"。他说："如果奥匈帝国吞掉塞尔维亚，我们将与之开战。"（"好啊，随便他们！"德皇孩子气地写道。）[10]

普塔莱斯反驳说，奥地利对塞尔维亚没有领土要求，萨宗诺夫对此表示怀疑，激动地说，接下来是保加利亚，"然后（奥匈帝国）就到了黑海"。[11]普塔莱斯认为这种事情根本没有严肃讨论的价值，气急败坏地离开了萨宗诺夫的办公室，气得脸色发紫、两眼冒火。[12]

等候在外的法国大使莫里斯·帕莱奥洛格后来声称警告过萨宗诺夫："如果圣彼得堡和柏林之间的谈话继续以这种方式进行，则必不长久。很快我们就会看到威廉皇帝穿着'闪亮的铠甲'站起来。请冷静。尽一切可能妥协！"[13]这位法国人在回忆录中记录了他恳求对方克制一事，而我们必须以怀疑的态度对待此事：帕莱奥洛格绝不是什么"冷静"之人，也不愿妥协。他性格张扬，倾向于挑衅般地炫耀与俄国的团结，这已经超出了巴黎给他划出的外交职权范围。

俄国继续按照它最悲观的怀疑行事，即柏林和维也纳正在阴谋挑起一场欧洲战争。不过在这一阶段，柏林和维也纳那些比较明智的领导人还是真心希望将战争限制在巴尔干半岛的，作为对塞尔维亚的一种惩罚——尽管德皇和毛奇一直在炫耀武力。然而，萨宗诺夫的焦虑促使本可以限制在局部冲突的战争升级为一场全欧洲的战争。当天（7月24日）晚些时候，他给驻欧洲各国的外交使团写信，请求他们的驻在国提供支持，并敦促延长给贝尔格莱德的最后期限。

次日，他敦促英国宣布支持协约国，为此，他采用了一种鲜少使用的策略，即诉诸俄国沙皇，以沙皇与英国国王的亲族关系为切入点。他提醒尼古拉二世注意巴尔干半岛紧迫的政治问题，"万望陛下能屈尊在给英国国王的回复中提及这些问题"。他告诉沙皇：

（奥地利的）目标很明确，显然是得到了德国的支持——那就是彻底毁灭塞尔维亚……毫无疑问，在英国，无论是政府还是舆论，都不会同情这种具有欺骗性、挑衅性的行为。如果奥地利继续坚持这一政策路线，俄国将无法保持中立……希望在这件事情上，俄国和英国都能站在正确、正义的一边，俄国毫无私心的政策也能得到英国的积极支持，它唯一目的就是防止奥地利在巴尔干半岛建立霸权。[14]

萨宗诺夫当天给他驻伦敦的大使发电报传达了同样的信息，并吩咐他向英国施压，使其支持协约国伙伴们："我们期望英国立即站在俄国和法国一边，以维持欧洲的势力均衡……"[15]

英国政府收到消息时，表现出了一贯的沉着冷静。英国人坚决不能显露出一丝慌乱，正如他们在危机中经常的做法。最糟糕的莫过于惊慌失措。这不仅仅是一种贵族式的装腔作势，更是一种强撑着的漫不经心，随着整个7月气温的升高，这种姿态已经掩饰不住爱德华·格雷脸上焦虑的痉挛了。时局很快就会颠覆白厅故意表现出来的冷静，英国领导人将与他们的欧洲伙伴一起抱头扶额，把希望抛到九霄云外。

眼下，这位外交大臣拒绝被拖入维也纳和贝尔格莱德之间的争吵。格雷继续认为他可以脚踏两只船，尽情享受他与德国和协约国伙伴的两面派友谊。然而，当最后通牒摞在他的办公桌上时，伦敦离清算之日更近了。格雷得出了一个著名的结论："这是有史以来一个国家对他国发出的最可怕的文件。"[16]（以当今的外交霸凌标准来看就算不上了：例如在20世纪90年代，现代的塞尔维亚拒绝了北约的最后通牒，当即招致后者的空袭。）

总的来说，格雷对奥地利的最后通牒并不怎么在意，对塞尔维亚就更不在意了，只要它们避免战争就好。他认为奥地利的一些要求是有道理的，但他对几项要求提出了强烈质疑。他问奥地利驻伦敦大使门斯多夫伯爵，如何才能在不终结塞尔维亚独立的情况下，将奥匈帝国的"机关"设置在塞尔维亚。门斯多夫傻乎乎地回答："警察机关的合作并不涉及一个国家的主权。"[17] 然而，最让英国外交大臣感到不安的是，截止期限很苛刻，而且"可以说这份照会已经注定了会有怎样的答复"。[18]

格雷很注意不去追究责任，并着手推行一种妥协与调解的策略，这与萨宗诺夫形成了鲜明对比。他下定决心，如果战争在巴尔干半岛发生，那么它必须被限制在巴尔干半岛。24日，格雷与塞尔维亚驻伦敦大使马泰亚·博什科维奇会谈，坚决建议塞尔维亚人"为可能有官员成为谋杀大公的帮凶表示关切和遗憾，无论其官职多么低，并承诺，如果此事得到证实，将充分满足对方的要求"。他还敦促贝尔格莱德"在时限内对尽可能多的要点给出同意的答复，不要直截了当地拒绝奥地利的要求"。[19] 这个建议完全误解了贝尔格莱德的自尊心，就像礼貌地要求一个斯克迪斯克部落成员给西哥特人擦靴子一样。塞尔维亚会自己决定怎么做。

当晚，巴黎和圣彼得堡利用这场危机向伦敦施压，要求它发表一份坚定的三方支持声明。晚8点，格雷收到了英国驻圣彼得堡大使布坎南的电报，电报中警告说，法国和俄国"已决心采取强硬立场，即使我们拒绝加入它们"。法国和俄国坚持要求伦敦宣布"与它们完全团结一致"。[20] 然而，布坎南受到了很危险的误导。在这个关头，坚定的立场实际上并不是法国的政策。布坎南对真实情况做出了危险的误读，自己却浑然不知。法国尚未做出总统级回应。普恩加莱还在海上。法国与俄国站在一起的"强硬立场"来自不守规矩的法国大使莫里斯·帕莱奥洛格，在没有得到巴黎的任何指示的情况下，他自己主动向俄国"保证法国无条件声援"。[21]

这一事件表明，一个不安分官员的一份轻率声明，多么容易使紧张的局势发展到一触即发的程度。英国大使以为帕莱奥洛格是全权代表法国总统发言的。换句话说，他认为法国和俄国已经联手，做好了打一场欧洲战争的打算——现在，已经抱团的两国要求知道英国的立场。帕莱奥洛格还在没有得到巴黎授权的情况下，摒弃了任何延长最后期限、居中调解的努力，并向布坎南重申，"坚定、团结的姿态是我们避免战争的唯一机会"。[22]对于团结立场的威慑作用，帕莱奥洛格可能是正确的，然而法俄好斗的姿态并不伴随着调解和协商这些和平的艺术。它们发出的是战争的威胁，而不是对和平的呼吁。

布坎南的电报激励那个像战士一样的公务员艾尔·克劳拿起了笔。克劳用自己熟悉的好战套话——"时机已过""我们将一无所获""我们应当机立断"等等——敦促政府动员英国舰队，以威慑德国，并表明英国坚定地与法国和俄国站在一起。"关键在于德国是否铁了心要打这场战争。"克劳（在关于布坎南电报的备忘录中）写道。克劳提议，在奥地利或俄国开始动员的时候，"立即将我们的全部舰队置于战备状态"，把德国人赶跑。这样做"说不定可以使德国认识到，如果英国参战，它将面临何等严重的危险"。[23]

他可能是对的。克劳的建议如果被采纳的话，会有怎样的效果，我们无从得知。也许奥匈帝国看到公海上的英国无畏舰就会畏缩，并关停军械库。克劳考虑更多的是这些舰船的象征意义，它们将证明英国无意保持中立，并且会坚定地与协约国站在一起。在这个后期阶段，这种做法是否会对德国产生威慑力都只是假设。相反，这也可能激怒他们，进而促使欧洲战争提早到来。当时的伦敦没有人知道，德国和俄国的将军们已经在为一场更大范围的战争做准备了。

克劳的提议在权力集团中层层上报，在内阁中也是"值得认真考虑"的。[24]丘吉尔劝告说，动员舰队需要花24小时。（我们应该提醒自己，这番事态升级是源于一位法国外交官对法国对俄政策的故意歪曲。）格雷什么也没做。他拒绝向法国或俄国澄清英国的立场。事实上，没有人知道英国真正的立场。在那个时候，或许格雷应该像克劳极力主张的那样，承诺英国会坚定地站在协约国一方——这也是7月那几个星期里最让人浮想联翩的"如果……会怎样"。只是可能为时已晚。协约国团结一致的威慑力可能已经不在了。没有胡萝卜，只有大棒，就要冒事态恶性升级的风险：格雷（还）没有提出明确的调解提案。大国匆匆拿起武器，没有任何能让事态平息下来的备选项，这是严重的小题大做，将这场危机扩大到了远超巴尔干半岛的范围。

次日，格雷的心情更糟了，他对战争可能限制在巴尔干半岛的希望也变得更加渺茫。"如果战争真的发生了，"他回复布坎南道，"我们可能会因为其他问题的进展而被卷入其中，因此我渴望阻止战争。"[25]他尤其担心像一只大黑熊一样在界外若隐若现的俄国参战。他写道："（奥地利的照会）粗暴、突然、专横的特点，使得奥地利和俄国几乎必然会在很短的时间内针对对方动员起来。"[26]他维护和平的努力是真诚的，却对如何避免战争感到困惑，这也是可以理解的。他决心只是建议俄国和奥地利不要犯边，并力劝维也纳延长最后期限。德国大使告知柏林："他只能希望，对于当前局势，温和、以和为贵的看法能够占据上风。"——这句话很恰当地总结了格雷在整个危机中的态度。[27]

阿尔贝蒂尼的判断要严厉得多：面对奥地利和德国造就的既成事实，格雷什么也没做。他迟钝的反应表明他"完全未能领会问题之所在"。阿尔贝蒂尼（假设他不是历史学家，而是政策顾问）提出的建议是，格雷应该向奥地利和德国发出"严正警告"。格雷应该敦促德国约束奥地利，他还应该建议圣彼得堡"不要采取任何动员措施"。[28]然而，格雷却袖手旁观，眼睁睁地看着灾难发生，仿佛在观察一场可怕事故的慢动作。如果英国在欧洲事务上还有影响力的话，现在正是运用它的时候。

在巴黎，人们的反应很平淡，因为普恩加莱和维维亚尼正在从俄国返回的途中，位于波罗的海的某个地方。缺乏经验的财政部长比安弗尼-马丁在巴黎主事。事实证明，他管不住法国驻圣彼得堡大使帕莱奥洛格，后者不明智的干预使事态急剧升级。普恩加莱无疑也支持对奥地利采取强硬态度，但他不会表现得如此具有挑衅性。

法国的温和派大使们反对帕莱奥洛格和萨宗诺夫的挑衅立场。法国驻柏林大使儒勒·康邦和英国人一样希望可以调解。他认为，应该告诉奥地利延长最后期限。他更倾向于召开一场欧洲会议。这两种策略在巴黎都没有得到支持。随着最后期限的迅速逼近，他的想法现在也行不通了。

所有这一切都只是外交上的玩笑话，因为柏林和维也纳已经拒绝了任何形式的延期和调解。贝希托尔德表示："我们不能同意延长期限。"他没有屈尊向更广阔的世界宣布这一点；相反，他在给当时正在奥地利小城兰巴赫度假的一位奥地利小外交官的电报中宣布了这一点。电报于7月25日星期六下午4点送到，离最后期限还有两个小时。[29] 显然，贝希托尔德对英国人或法国人的建议毫无兴趣。

德国落入了自欺欺人的谎言之网，自始至终不动声色。柏林的大臣们很符合身份地假装对照会完全不知情，并与协约国一样对奥地利的行动表示难以置信。在最后通牒发出后的几个小时内，德国政府向驻各国大使馆发电报称，德国事先并不知道这份照会及其苛刻的条件——然而，在发出照会后，奥地利必须坚持这番威胁恐吓，"不能退缩"。

事实证明，外交大臣雅戈是个彻头彻尾的骗子，他一再表示——"非常郑重其事地"对英国驻柏林大使说——"自己之前并不知道奥匈帝国的照会……"[30]儒勒·康邦对这个显而易见的谎言很不屑，并从外交的角度强调了此人无耻的欺骗。他告知巴黎："我注意到，冯·雅戈先生和听命于他的所有官员，都费尽心思在每个人面前对奥地利递交给塞尔维亚的照会所涉及的内容佯装不知，简直令人大开眼界。"[31]

德皇在他的宫殿里皱起了眉头。一条早期的情报引起了他愤怒的反应。根据雅戈的一封电报，爱德华·格雷竟敢建议奥地利不应损害塞尔维亚的主权：

> 对！必须明明白白、严肃认真地告诉格雷这一点！好让他明白，我可不是在开玩笑。格雷正在犯下对塞尔维亚和奥地利及其他大国一视同仁的错误！简直是闻所未闻！塞尔维亚不过是一帮贼寇，必须为他们犯下的罪过而被逮捕！[32]

第二十九章
塞尔维亚人的答复

> （奥匈帝国）想要粉碎一个小国。随之而来的将是一场导致
> 其他大国参加的战争。
>
> ——英国外交大臣爱德华·格雷，1914年7月26日

俄国的支持让塞尔维亚的脊梁骨硬了起来。7月25日正午——离大限还有五个小时——塞尔维亚收到了萨宗诺夫的电报。他承诺俄国会全力支持塞尔维亚，并建议它接受最后通牒中所有与塞尔维亚的主权不发生冲突的内容。[1]俄国的无限支持，简直是几个星期前德国给奥地利的空白支票的翻版。

塞尔维亚政府完全按照俄国的建议行事。当天下午，帕希奇向法国和俄国大使馆通报了塞尔维亚的答复可能会有的内容。在法国官员博普先生看来，塞尔维亚确实已经服软了，几乎每一条都接受了。[2]其中包括解散所有可能煽动反对奥匈帝国的社团，修改新闻法，以及将任何被证明参与了反奥匈帝国煽动活动的官员从军队和政府部门开除。

但也不是每项条款它都会遵守。塞尔维亚似乎拒绝接受允许奥地利官员参与调查暗杀事件的塞尔维亚"从犯"这项要求（至关重要的

第6点），因为它践踏了塞尔维亚的主权。我们不要忘了，这起谋杀案是在塞尔维亚领土之外的波斯尼亚发生的。但主权并不是塞尔维亚拒绝的真正原因：贝尔格莱德担心奥地利的调查人员会揭穿与贝尔格莱德政府关系密切的黑手会所扮演的角色。

随着大限临近，有消息称塞尔维亚已经接受了奥地利的大部分条款，只拒绝了几条。这还意味着战争吗？奥地利会接受塞尔维亚并不完全的屈服吗？盛气凌人的德国人和奥地利人担心，塞尔维亚可能真的会接受他们的**所有**要求——从而使他们无法打响这场孜孜以求的战争。事实上，德国的一位显要人士就曾向法国驻柏林大使儒勒·康邦坦言，德国人非常担心塞尔维亚会接受**每一条**。

因此，当柏林人在当地报纸上看到奥匈帝国驻贝尔格莱德公使吉斯尔将军准备离开塞尔维亚时，很不厚道地松了一口气。得知这一消息，大批群众在柏林的报社门口排成长队，为德国高呼"万岁！"，高唱爱国歌曲。惊慌失措的康邦向巴黎提出建议：

> 就我个人而言，我认为英国是唯一可能让柏林听话的大国。无论发生什么，巴黎、圣彼得堡和伦敦都无法成功地维持体面的和平，除非它们结成坚定的、绝对统一的战线。[3]

事实证明，小国塞尔维亚是欧洲权力大博弈中一个百折不挠的参与者。塞尔维亚政府感觉到，无论它在答复中如何谋求和解，维也纳和柏林都想在巴尔干半岛开战——这一事实是格雷没有想到的，也触怒了萨宗诺夫。贝尔格莱德于25日下午3点、也就是大限的两个小时前开始正式动员军队。与此同时，政府官员和驻军也开始撤离贝尔格莱德，前往南部城市尼什。

塞尔维亚人对俄国的支持充满信心，他们计划利用给奥地利的答复来实现三个至关重要的外交目标：向塞尔维亚军队和极端民族主义者表明，他们的国家不会向维也纳屈服，以此赢得他们的支持；赢得欧洲各国政府和舆论的同情；把奥匈帝国塑造成侵略者。

因此，他们对草稿慎之又慎。25日中午送去翻译的定稿，在下午又被抽走了好几次，里面"充满了增删，几乎让人无法理解"。[4]下午4点，定稿已经准备打出来了，在为由谁来递交而踌躇了一阵子之后，帕希奇在下午5点45分亲自把它带到了奥地利驻贝尔格莱德公使馆。在那里，他用磕磕绊绊的德语对奥地利大使吉斯尔将军说："我们接受贵国的部分条件……至于其他的，我们把希望寄托在您作为奥地利将军的忠义和骑士风度上了。"[5]

帕希奇回到自己的办公室，给塞尔维亚驻欧洲各国的大使馆写信。他警告说："奥匈帝国会想办法完全接受塞尔维亚在答复中的赔罪，除非他们决心不惜一切代价开战。"[6]政府成员随后便登上了开往塞尔维亚第三大城市和新的战时首都尼什的火车，近乎空城的贝尔格莱德就留给当时正在边境集结的奥地利军队，任其摆布了。

吉斯尔将军非常清楚自己背负着怎样的期待。从帕希奇那里收到塞尔维亚的答复时，他扫了一眼，见对方没有完全接受，便在一封事先准备好的信上签了名，立即将其交还给塞尔维亚政府。这封信断绝了与塞尔维亚的外交关系，并宣布奥匈帝国公使馆全体人员离开。已经收拾好行李的吉斯尔下令销毁使馆的密码本，并偕同妻子和工作人员搭乘6点30分的火车前往奥地利边境。他后来给阿尔贝蒂尼写信说："我发现通往车站的街道和车站本身都被塞尔维亚军队占领了。"[7]他把贝尔格莱德突然萌生的自信归因于萨宗诺夫之前承诺俄国会支持塞尔维亚行动的电报。

塞尔维亚人很清楚，他们的答复不可能被接受。不过他们的回答也并不像后来很多人想象的那样低声下气（见附录五）。由于有俄国撑腰，他们采取了比原本的打算更强硬的态度。在那10项要点中，贝尔格莱德部分或完全拒绝了第4、5、6、9点，对其他几项也有所保留。他们的一些回答明显语带挖苦，甚至是嘲笑，那些不可思议的车轱辘话以看似配合的提议开始（"塞尔维亚王国政府感到遗憾……"，"塞尔维亚王国政府承诺剔除……"），最后却要拆奥地利的台。塞尔维亚采用假装无辜的语气（"是谁？难道是我们吗？"），表现出自尊受伤的样子，并且狡猾地提及他们与维也纳的"睦邻友好关系"（根本不是这样的关系！）所受到的伤害，这一切都是故意用来激怒和挑衅对方的。

例如，我们可以考虑一下塞尔维亚对奥匈帝国的三个关键要求，即第4、5、6点的答复：[8]

4.（塞尔维亚）同意将（当时正在波斯尼亚进行的）司法调查可能证明其犯有破坏奥匈帝国领土完整罪的所有人员从军队中除名，并希望（奥匈帝国）日后能向他们通报这些军官和公务员的姓名及其所作所为……

在这里，塞尔维亚同意开除有罪之人，但只能在维也纳把这些人的名字发给他们之后，这就使得整个过程都成为徒劳，因为塞尔维亚拒绝允许奥地利调查它的官员（见下面第6点）。

5.（塞尔维亚）必须承认，有一件事没弄明白，（奥匈帝国）要求塞尔维亚承诺接受（奥匈帝国）代表在其领土上的合作，这个要求的范围到底有多大，但他们表示愿意接受符合国际法、刑事诉讼程序和睦邻友好关系的合作。

如果说这里面有什么意义的话，那就是塞尔维亚不知道奥地利到底想做什么，但是当他们弄明白时，他们将依照"国际法"等满足奥地利的愿望。

　　6. ……至于让奥匈帝国的官员参与（塞尔维亚对暗杀事件的调查）……（塞尔维亚）无法接受（这些官员在其领土活动），因为这违反了宪法和刑事诉讼程序……

　　换句话说就是滚蛋。奥匈帝国难道要因为贝尔格莱德拒绝接受维也纳警察在其领土活动而对塞尔维亚宣战吗？

　　奥匈帝国的反应饱含着一个病入膏肓、走投无路的帝国自命不凡的愤慨。为了赢得宣传战，将真正的战争正当化，他们反过来攻击塞尔维亚的答复。他们于7月28日将他们的答复散发给欧洲各国的大使馆。大多数城市都没有收到。无论如何，它都没有说服任何人相信奥地利占理。奥匈帝国还要求塞尔维亚钳制其反奥地利报纸的言论，查抄任何被认为煽动对奥匈帝国的仇恨和蔑视的宣传品，并惩罚犯罪者。作为回应，塞尔维亚仅仅提出了一项新的新闻法，语焉不详地承诺会加以管控。[9]

　　奥地利的其他反对意见基本上就是法律术语的堆砌、虚张声势的愤慨和外交上的装模作样了。当然，整个过程中，双方都在荒诞地做戏。以塞尔维亚狡猾的点到为止为例——"我们没有证据证明民族自卫组织和其他类似社团有过任何犯罪行为"——却在后半句中同意"解散民族自卫组织以及其他所有可能从事反奥匈帝国活动的社团"。[10]换句话说，塞尔维亚同意毫无道理地解散其最重要的文化组织，这让它的姿态摆得毫无意义。

　　冷静阅读这些文件，人们会对有关人士的麻木不仁和玩世不恭瞠目结舌。考虑到奥地利和德国的战争计划，这些文件显然是一套恶毒的外交计谋。奥地利的要求只是一个僵化帝国的奸计，它极度渴望生造出一个战争借口，以便摧毁这个讨厌的邻国，恢复自身的"国威"。

塞尔维亚也明白这一点。它的回答根本不是为了满足奥地利，完全是为了诉诸欧洲的舆论，以及在可能的战争行为之前团结塞尔维亚人民。

塞尔维亚的答复让维也纳左右为难。塞尔维亚拒绝给维也纳一个站得住脚的开战理由。政府百思不得其解，塞尔维亚为什么没有像预想的那样全然拒绝。他们不要面子的吗？他们怎么敢屈服到如此地步！？塞尔维亚的答复使宣战变得困难。而且更糟糕的是，塞尔维亚对奥地利要求的满足比很多人预期的还要更进一步，以此争取到了欧洲的同情，陷维也纳于不义。

有那么一阵子，贝希托尔德竟莫名其妙地松了一口气：这是一个避免冲突的机会。或许贝尔格莱德已经足够低声下气了吧？贝希托尔德又变回了从前那个气定神闲、贵族派头的他，暂时怀揣着外交胜利可能已经足够的想法。奥地利军队的决心也动摇了。康拉德警告说，总参谋部"就像一匹三度被带到障碍物前、每次又都被勒住了缰绳的马，它会拒绝跨越障碍物的"。[11]事到临头，奥地利人又担心真的出手会坏事儿。贝希托尔德脑中似乎闪过了发动一场假战的念头，这样做既可以挽回奥地利的荣誉，又不用冒引发一场欧洲冲突的风险。他迅速穿上了盔甲，以示政治上的蔑视，但是当直面战斗时，他也同样迅速地脱下了盔甲。他似乎在这千钧一发之际失去了勇气。

时局使爱德华·格雷爵士的精神为之一振。当天（7月25日），他尽管尚未获悉塞尔维亚的答复，却从伦敦给巴黎发去电报，提议通过调解解决这场危机。格雷建议英国、法国、德国和意大利共同行动，"向俄国和奥地利施压，不要让它们的军队越过边界"——并留出调解的机会。[12]这是一个很激进的提议，为的是搭建一个弥合三国协约与三国同盟之间分歧的四角关系。成功的机会很渺茫。

那天，格雷会见了德国驻伦敦大使利赫诺夫斯基伯爵。利赫诺夫斯基是有口皆碑的"德国好人"，后来还因为否定德国政府在危机期间的所作所为而承受了祖国人民的愤怒。格雷警告伯爵，如果奥地利入侵塞尔维亚，就说明维也纳的目的不仅是在最后通牒中的问题上得到满足，"而是要粉碎一个小国"。他补充道："那样的话，随之而来的将是一场其他大国也参加的战争。"这一次，格雷用坚定的行动支持了他的关切。他决定公布一道命令，内容是推迟第一海军大臣丘吉尔上个星期做出的遣散舰队的决定。[13]皇家海军继续保持戒备状态。

贝特曼-霍尔韦格对这道命令并不知情，他在次日告诉德皇，英国舰队已经开始遣散，并按计划给船员放假。为表感谢，宰相建议德国的公海舰队"暂时留在挪威"——因为这将为英国打算对圣彼得堡采取的调解行动"减轻负担"，而圣彼得堡"显然已经开始动摇了"。[14]德皇气愤地拒绝了，并命令德国舰队驶向基尔，因为"俄国舰队出动了！波罗的海现在有五支俄国鱼雷艇区舰队在进行巡航训练……"

格雷与俄国调解的努力倒是真的动摇了。他在给圣彼得堡的电报中警告称，如果不留出调解的机会，就会有爆发欧洲全面战争的危险。让俄国人懊恼的是，他对德国人也说了同样的话。俄国驻伦敦大使警告圣彼得堡，按照格雷的说法，"奥地利的动员必将导致俄国的动员，随之而来的便是全面战争的严重危险"。[15]格雷认为，只有德国、法国、意大利和英国放弃迅速动员，才能避免战争。关键是说服德国**不要**动员。

7月26日是星期六，各大城市都在忙活自己的事情，对沿着电报线持续了一整天的疯狂外交活动一无所知。文笔优美的信函在欧洲各国的大使馆之间飞来飞去，使它们的政府适应变动的立场、新的诉求和旧的谎言。时局似乎可以自己推着自己往前走。塞尔维亚和奥匈帝国继续动员。塞尔维亚军队奉命等待奥地利军队首先发难。贝尔格莱德政府在尼什重新构建起来。圣彼得堡多次明确表示，如果奥地利进攻塞尔维亚，自己是不会袖手旁观的。柏林则继续慢吞吞地发话：外交大臣冯·雅戈先生假装相信，奥地利的行动仍将限制在局部，不会导致普遍的军事后果。

沙文主义大爆发席卷柏林、汉堡、慕尼黑和其他德国城市街头。激情洋溢的群众要求开战。当时的一些照片捕捉到了人群中的阿道夫·希特勒。儒勒·康邦准确地预感到大事不妙，他给巴黎写信说，德国将"立即对俄国采取的初步军事行动做出回应"，而且"不会等到有借口了才来攻击我们"。比安弗尼-马丁直接将这封信转发给了当时还在海上的普恩加莱。[16]

在和平的希望越发渺茫的情况下，德国采取了行动，要将欧洲战争的全部责任推给俄国。在执行这一计划时，贝特曼-霍尔韦格一再向巴黎和伦敦声明，称奥匈帝国并不想获取塞尔维亚的领土，只是想为萨拉热窝事件惩罚塞尔维亚人。

不过他警告称，如果俄国动员起来，"那么我们也将被迫采取绝非我们所愿的对策。我们将冲突限制在局部、维护欧洲和平的愿望依然不变。"[17]他又补充说："是否要打一场欧洲战争，决定权完全在俄国，它必须承担全部责任。我们指望法国对圣彼得堡施加有利于和平的影响。"[18]

正如德国所知道的那样，俄国已经开始为战争做准备了。25日，政府下令进行"动员的初步准备工作"，并起草一份皇帝敕令——沙皇对执行战争计划的授权。外交部可以选择在任何时候颁布该敕令。它授权动员110万人。[19]

octobre 1914

路易-费迪南·塞利纳
被认为是20世纪法国最重
要的作家之一，图为他在
1914年10月穿着骑兵铠甲
拍摄的照片

1915年，二十岁的英国
诗人罗伯特·格雷夫斯

英国诗人威尔弗雷德·欧文。他在1918年11月4日阵亡,距离停战仅有一个星期

西格弗里德·萨松。他广为人知的一句诗便是"心有猛虎,细嗅蔷薇"

第一次世界大战中担任炮兵军官的
埃尔温·薛定谔在意大利前线，1915年

英国物理学家詹
姆斯·查德威克。1914
年战争爆发时，他正在
德国求学，因敌对国民
身份被扣押

俄国画家、俄罗斯芭蕾舞团场景和服装设计师里昂·巴克斯为尼金斯基《牧神的午后》绘制的节目单插画

阿道夫·冯·门采尔的油画《轧铁工厂》

LA TRAVERSÉE DU PAS-DE-CALAIS EN AÉROPLANE
Blériot atterrit sur la falaise de Douvres

纪念路易·布莱里奥飞越英吉利海峡的海报

英国战时海报中的齐柏林飞艇。海报下方的文字为："面对子弹，远胜在家里被炸弹炸死。立刻参军，帮忙阻止空袭。天佑吾王。"

塞尔维亚画家亚当·斯特凡诺维奇的油画《科索沃战役》

德国画家安东·冯·维尔纳的油画《柏林会议》。画面中央为俾斯麦，画中俾斯麦左边站立者为安德拉希·久洛

LE ROI D'ANGLETERRE EN FRANCE
Représentation de gala à l'Opéra

　　1903年5月10日的法国《小日报》头版，报道了爱德华七世对法国的国事访问

Tragique épilogue d'une querelle politique

Mme CAILLAUX, FEMME DU MINISTRE DES FINANCES, TUE A COUPS DE REVOLVER
M. GASTON CALMETTE DIRECTEUR DU " FIGARO "

　　1914年3月29日的法国《小日报》头版，描绘了亨丽
埃特·卡约刺杀加斯东·卡尔梅特一事

意大利《周日信使报》上描绘奥地利大公夫妇遇刺的插图

基钦纳征兵海报。海报
上的文字为："英国人需要你。
加入祖国的军队！天佑吾王"

描绘安特卫普围城战的明信片

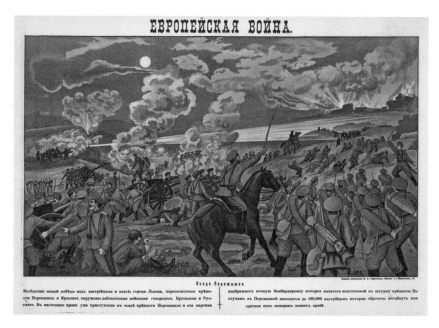

俄国画家绘制的普热梅希尔围城战宣传画

1884年，英国发明家海勒姆·史蒂文斯·马克沁爵士与他的马克沁机枪。这种武器推动了英国的殖民征服，也是那些将在西线进行大规模杀戮的武器的前身

巴尔干压力锅在1912年达到沸点，当时，两次巴尔干战争中的第一次向全欧洲表明，巴尔干半岛上的一场冲突可以很轻易地点燃整个欧洲大陆

THE BOILING POINT.

1912年，土耳其武装部队准备迎战塞尔维亚和保加利亚部队，这是土耳其人占据巴尔干半岛数个世纪后的背水一战

普鲁士将军阿尔弗雷德·冯·施里芬伯爵制定了对法国和俄国两线作战的施里芬计划（1905年）。它将使欧洲陷入长达数年的大屠杀

BRITAINS BULWARKS, THE GREAT FLEET ASSEMBLED AT SPITHEAD PORTSMOUTH, JULY 18-20, 1914. FOR KING GEORGES INSPECTION.

宣战的三个星期前，英国大舰队在朴茨茅斯集结。德国永远无法与英国的海上霸权相匹敌

刺杀斐迪南大公的加夫里洛·普林西普（左）与共犯米兰·齐加诺维奇和内德利科·查布里诺维奇

英王乔治五世在柏林与他的表兄德皇威廉二世一起检阅他的德意志团，他是该团的名誉团长，那是在1913年——就在英国向德国宣战的18个月前

"尼基"，俄国沙皇尼古拉二世，和他的表兄"乔吉"，英王乔治五世。电报在这两位君主和他们的表兄"威利"，也就是德皇之间飞来飞去，他们为避免敌对行动而做出的努力注定要失败

第一次马恩河战役前，法国军事当局派大约600辆出租车将近6000名预备役步兵部队运送到前线，解放了法国阻塞的铁路系统

第三十章
所有的战争理由都消失了

> 对于区区48小时的时限，已经是很了不起的成就了！真是让人喜出望外！对维也纳来说，这是道义上的巨大成功；但这样一来，所有的开战理由都消失了，吉斯尔就应该沉住气，留在贝尔格莱德！在那之后，我也绝不该发布动员令。
>
> ——德皇威廉二世获悉塞尔维亚对奥地利
> 最后通牒的答复时表示

欧洲各国就像人一样，无法用别人的眼光来看待自己，有缺陷的人被抬到远超自身能力的高度，两者之间就会产生冲突，再加上对强力假神、昭昭天命和适者生存的迷信，由于以上种种原因，欧洲离一场全面战争越来越近了。

然而，从7月最后一个星期的若干事件和电报中不难看出，战争本可以轻而易举地避免。仔细思考一下7月26日德国驻圣彼得堡大使普塔莱斯伯爵发往柏林的那封振奋人心的电报吧，他在电报中详细讲述了自己与俄国外交大臣萨宗诺夫和奥地利大使绍帕里伯爵的一次"愉快"会晤。就在前一天，绍帕里还曾领教过萨宗诺夫的愤怒。而现在，似乎一切都在一片祥和中稀里糊涂地得到了原谅。从这次短暂的交流来看，奥地利的最后通牒终究还是没有彻底惹火俄国人。突然间，俄奥双方都表现出了积极的态度。他们怀着善意沟通，愿意接受调解，而前一天他们还在鬼门关走了一遭。确实，萨宗诺夫"可能会因为转变心意而达成协议……或许只是文字游戏"。[1]真的只是文字游戏吗？

在维也纳，战争的前景也暂时黯淡了下来。7月25日至27日，政府静下心来思考如何推迟、或许还能避免它曾经如此热衷的军事行动。贝希托尔德就像一只缩头乌龟，缩回到他优柔寡断的性格中了。两天以来，奥地利人在战与和之间犹豫不决。塞尔维亚人的答复语气和蔼，甚至是低声下气，这让他们暂停下来思考了一下：我们真的要为此宣战吗？世人会怎么看？例如《晨报》就反映了世人对塞尔维亚答复的看法：它在7月27日报道称，"历史上从来没有哪一个国家能做出如此之多的让步……历史上从来没有哪一个国家为了维护和平而受到如此的羞辱。奥地利的大部分条件是无法接受的。然而，塞尔维亚同意了所有的条件"。[2]

甚至连康拉德都对为此攻击塞尔维亚产生了疑虑。对奥地利人来说，现在只有**宣布**战争才意味着战争。断绝外交关系，吉斯尔离开贝尔格莱德，关闭公使馆：这些在严格意义上都不意味着战争。即使维也纳街头充斥着无比狂暴的战斗热情，政府也还是在某种混沌状态中摇摆不定，仿佛在等待命运之手。

命运之手从柏林伸出来了，那里的大臣们以为奥匈帝国收到塞尔维亚的不充分答复后会自动宣战。当维也纳犹豫时，德国外交大臣戈特利布·冯·雅戈就力劝奥地利进攻塞尔维亚。柏林在25日给贝希托尔德的照会中明确表达了自己的立场：

> 我们这边普遍认为，贵国会（在收到塞尔维亚的答复后）马上宣战，并开始战争行动。在我们这边，每一次拖延……都被视

为意味着外国势力可能干涉的危险。我们被急切地劝告要立刻动手，将**既成事实**摆在世人面前。[3]

奥地利继续动员，但还不会进攻。

与此同时，贝特曼-霍尔韦格、雅戈、毛奇和普鲁士指挥官们惊恐地注意到了从圣彼得堡传来的俄国动员传闻。在这种气氛下，德国极力催促奥地利惩罚塞尔维亚人，这样做很可能引发一场灾难性的战争。俄国和德国此时正在为这种危险做准备，而它们的做法恰恰加速了这种结果的到来。俄国的部分动员显然已经开始。德军总参谋部也提出按计划入侵比利时。

说回英国，放松下来的爱德华·格雷爵士已经来到了他的周末钓鱼胜地，汉普郡的伊钦阿巴斯。那天是26日，星期日，俄国部分动员消息传来，伦敦的外交部对此感到惊慌，觉得不得不用一封电报打断格雷的消遣，建议他重新开始努力调解。具体来说，他会立即重申他的建议，即召开英国、法国、意大利和德国参加的四大国会议吗？

格雷采取了行动。他致电英国驻巴黎、维也纳、圣彼得堡、尼什、柏林和罗马的大使馆，要求它们说服各自的驻在国立即参加即将在伦敦举行的会议，以处理日益严峻的危机。尼科尔森严肃地建议格雷，这次会议"在我看来是避免冲突的唯一机会了——我承认，机会非常渺茫——但无论如何，我们都要尽最大努力"。[4]最大努力？如果说邀请几位领导人参加和平会议就是英国的"最大努力"，那欧洲可真是神仙难救了。不过说句公道话，这是唯一一次认真尝试将欧洲大国聚在一起以避免战争。

德国马上给了这个想法当头一棒。次日，贝特曼-霍尔韦格给身在伦敦的利赫诺夫斯基发电报说："我们不能参加这样的会议，因为我们无法就奥地利与塞尔维亚的问题将奥地利传唤到欧洲法庭。"[5]他没有抓住要点：这场会议不是仲裁法庭；它也没有提出要设立仲裁法庭。它的目的只是把大国聚在一起，希望通过**商谈**来阻止各国陷入战争的漩涡。事实是，德国担心自己会被孤立和诬赖，担心柏林的代表会在与英国、法国和意大利的会议上成为少数派。（意大利已经明确表示不会与同盟国伙伴一起参加对塞尔维亚的战争。）此外，会议还可能揭穿德国作为奥地利最后通牒幕后黑手的真正角色。

因此，柏林直截了当地拒绝了格雷的会议提案。它告诉维也纳："德国政府十分坚决地保证，它不赞同（格雷的提案），相反，它建议不去考虑这些提案，但为了让英国政府满意，它还是得转达一下。"[6]正如尼科尔森当时指出的，德国人分明是在"敷衍英国人"——装装相，点点头，转达一下伦敦的想法——同时却在为战争做准备。

德国一心求战，对调停的恳求充耳不闻，这就加快了迈向欧洲战争的步伐。想想德国外交大臣雅戈吧，他拒绝以"一场真正会议"的**形式**来处理奥地利和俄国的事务。雅戈是一个意志薄弱的人，总是受人利用，他甚至拒绝讨论这样一场会议的内容。在7月27日雅戈与法国大使儒勒·康邦（也是不屈不挠的理性发言人）的特别会谈中，德国真正掌门人——贝特曼-霍尔韦格、毛奇和将军们——的想法暴露无遗。

康邦提醒雅戈："爱德华·格雷爵士考虑的宏伟目标超越了任何形式问题……重要的是英国和法国在一项和平工作中与德国和意大利的合作。"[7]这种合作只有圣彼得堡和维也纳采取共同的手段才能见效，并且提供了一个展示欧洲和解精神的机会。

雅戈却避重就轻。他极力主张自己不能干预巴尔干问题；奥地利必须自主决定自己的命运。对此，康邦问雅戈是否"一定要盲目地追随（维也纳）到任何地方"。雅戈没有理会这次挑衅。康邦留了个心眼儿，问雅戈是否真的读过塞尔维亚的答复。

"我还没腾出时间来。"雅戈说。

这样的承认犹如一盆冷水浇下来。7月27日当天上午，塞尔维亚的答复已经送到了他的办公室，放在了他的办公桌上。但这位德国外交大臣甚至没有阅读这份引起了战争威胁的文件，这暴露出他在千钧一发之际忽视了一项基本的外交职责，着实令人惊讶。

"很遗憾，"康邦说，"您会看到，除了一些细节问题，塞尔维亚已经完全屈服。这样看来，既然奥地利已经在您的支持下取得了满意的结果，您今天可以建议它见好就收……"

对于这个鲁莽但完全合情合理的主张，雅戈没有明确回答。于是，康邦抛开了外交上的客套话，直截了当地问："德国想要战争吗？"

雅戈"极力否认"，说德国并不想，他说他知道康邦在想什么，"但那是完全错误的"。

康邦回答说："那么您必须言行一致。当您读到塞尔维亚的答复时，我以人道的名义恳请您，摸着您的良心，掂量一下这些条件，不要为在您的放任下酝酿出来的灾难担上一部分个人责任。"

雅戈再度抗议。他说，他愿意与英国和法国一起，共同做出调解努力，但前提是要有一种"他可以接受的"干预形式。"至于其他方面，"他补充说，"维也纳和圣彼得堡之间的直接对话已经开始，而且正在进行中。我预期会有很好的结果……"

康邦沮丧至极，他在离开雅戈的办公室时随口说了一句："今天早上我还觉得缓和的时刻已经到来，但现在我算是看明白了，根本什么都没有。"

康邦叙述了这次令人失望的讨论，在给巴黎的电报中建议让格雷换一种形式重新提出调解提案，"这样一来，德国就……不得不承担起在英国看来本就属于它的责任"。[8]

27日正午时分，爱德华·格雷简直变了一个人。他从一个看似轻松愉快、朋友遍天下的人，变成了7月危机中一个如坐针毡的参与者。

当天早上，他阅读了塞尔维亚对奥地利最后通牒的答复全文，并且第一次隐隐察觉了维也纳和德国可能扮演的角色以及后果。他不再把奥塞问题当作对英国利益无关紧要的问题来对待。他似乎偶然发现了一道迄今为止无人注意到的巨大鸿沟。

格雷对塞尔维亚的屈服程度感到惊讶，个中含义也让他不禁严肃了起来，他立即召见了一向可靠的德国大使利赫诺夫斯基，并吩咐他立即向柏林传话。格雷说，塞尔维亚几乎已经同意了"对它的一切要求"——他将这般顺从程度归因于俄国的施压，是完全正确的。如果奥地利接下来占领贝尔格莱德，而俄国用武力回应这一挑战，"结果将是欧洲有史以来最可怕的战争，没有人知道这样一场战争会导致怎样的后果"。格雷请求柏林对维也纳施加影响，使其接受塞尔维亚的答复，或者至少能接受调解。他非常严肃地告诉德国大使，"解决整个问题就要靠我们（德国和英国）了"。[9]

可敬的利赫诺夫斯基在同一封电报中向柏林提出了他对格雷态度大变的判断，这是向德国人发出的第一个明确信号，表明这个难以捉摸的英国人会将英国的命运掷向何方：

> 我第一次发现首相动怒了。他讲话的口吻非常严肃，似乎完全指望我们能成功地利用我们的影响力来解决这个问题。今天他还要在下议院发表声明，表达他的观点。无论如何，我都坚信，万一到头来还是要开战，我们就再也不能指望英国的同情或支持了……而且这里的每个人都相信，我也从同事们口中听说，局势的关键在于柏林，如果柏林当真渴望和平，就可以阻止奥地利执行 E. 格雷爵士所谓的鲁莽政策。[10]

因此这就是向柏林发出的第一个信号，表明如果发生一场欧洲战争，英国最有可能采取怎样的态度。而且它还有行动的支持。正如英国新闻界所报道的那样，当时集结在波特兰岛的英国第一舰队已经接到了不解散的命令。海军部仍然处于高度戒备状态。"这是我们在过去的三年里准备最充分的时候，"丘吉尔后来写道，"试验性动员已经完成……整个第一和第二舰队都已经在各个方面做好了战斗准备。"[11]

当天晚上，利赫诺夫斯基向柏林发出了更强硬的信息，警告称，如果奥地利采取行动"粉碎塞尔维亚"，将导致德国和英国严重失和：

> 我想指出的是，我们与英国未来的关系完全取决于爱德华·格雷爵士这一举措（即要求德国约束奥地利）的成败……这里的人们越来越相信这样一种感觉——我在与爱德华·格雷爵士的会谈中也明显注意到了——那就是整个塞尔维亚问题已经演变成了三国同盟与三国协约之间的实力检验。因此，如果奥地利利用目前的机会征服塞尔维亚（用 E.格雷爵士的话说，是"粉碎塞尔维亚"）的意图变得越来越明显的话，我确信英国会无条件地站在法国和俄国一边，以表明它不容许自己所在的集团在精神上、也可能是在军事上被打败。如果在这种情况下开战，我们就将与英国为敌……[12]

爱德华·格雷后知后觉地转变了想法，认为防止一场全面战争的最好办法是阻止一场局部战争。可德国并不这么想。7月28日凌晨2点，贝特曼-霍尔韦格回复说，德国无论如何都不能听从格雷的建议。他写道，格雷之前对**奥地利和塞尔维亚**的冲突漠不关心。相反，格雷只寻求在**奥地利和俄国**发生冲突时居中调停。贝特曼-霍尔韦格继续写道：

> 现在，爱德华爵士放弃了这一立场，要求我们来调停，说服奥地利接受塞尔维亚的答复……（这件事）我们不能答应。维也

纳已经断然拒绝了塞尔维亚无法令其完全满意的答复，我们不可能劝维也纳予以迟来的认可。

英国公开与法国和俄国站在一边的风险，显然在这个时候对贝特曼-霍尔韦格起不到什么作用。

贝特曼-霍尔韦格和雅戈仍然认为，战争可以被限制在巴尔干半岛。在柏林眼中，惩罚塞尔维亚不仅是奥地利的权利，"也是它的责任"。他们还在坚持老一套说辞，说哈布斯堡家族既不贪图塞尔维亚的领土，也不否认塞尔维亚王国的生存权（后者是一个错误的假设）。扮演教唆者的贝特曼-霍尔韦格给伦敦发电报称，奥地利想要的只不过是"在对方继续通过大塞尔维亚宣传坑害自己的情况下寻求自保"。[13]

去掉委婉和恫吓的成分，贝特曼-霍尔韦格的话可以提炼为：奥地利有"责任"攻击塞尔维亚，因为贝尔格莱德对奥地利进行了负面报道。格雷也知道，这是个很荒谬的开战理由。按照这套理论，每个国家都有"责任"攻击另一个对其进行了负面宣传的国家。德国拒绝调解，显然另有未曾言明的动机。那就是毛奇和普鲁士将军们的阴谋诡计，对他们来说，如果俄国像证据所显示的那样已经动员了，那么战争就成了必然。

格雷的调解努力受到了冷落。现在他又多了一些烦恼。法国和俄国继续向他施压，要求他宣布支持协约国。萨宗诺夫在27日说，一个坚固的三方集团是"争取德国加入和平事业"的唯一办法。[14]起初，格雷什么也没做。然后，艾尔·克劳在来自俄国的最新急件之外又增添了一份令人毛骨悚然的备忘录，起到了把外交大臣从骑墙观望的位置上拉下来的效果。英国政府中的文官即将领教到"动员"的含义。

克劳凭借着对最坏情况无与伦比的感知力，重新定义了这个词语：

> 恐怕我们需要克服的真正困难在于动员问题……如果俄国动员了，我们就要警惕德国也这样做，而由于德国的动员几乎完全是针对法国的，后者自己的动员哪怕一天都不能耽搁……然而，这就意味着在24小时内，陛下的政府将面临这样一个问题：在一场由奥地利强加给本不情愿的法国的冲突中，英国是无所事事地袖手旁观，还是选边站队。这个问题很重要，一个部门的备忘录根本无法详细阐述。[15]

克劳还在别处发表了另一番发人深省的评论，针对的是外交大臣的理智，如果不是感情的话。他警告说，德国政府没有对维也纳说过一句劝其克制或者掌握好分寸之类的话："如果它真的说过，我们可以确信，德国政府一定会为这件事邀功的，哪怕只说了一句。这样的推断让人很难放心……"随着德国在奥地利最后通牒中所扮演的真正角色暴露出来，英国的领导阶层普遍有了一种上当受骗的感觉。

当天晚上，贝特曼-霍尔韦格为克劳近在眼前的可怕设想增添了一些细节。如果俄国动员，德国确实不得不效仿。但德国的"动员"是什么意思呢？受过拉格比公学和牛津大学教育的英国驻柏林大使爱德华·戈申爵士（父亲是德国人）问道。贝特曼-霍尔韦格解释说，"如果俄国只在南方动员，德国就不会动员，但如果俄国在北方动员，德国也不得不这样做"。俄国的动员体系非常复杂，德国很难确定其地点，"因此必须非常小心，以免被偷袭得手"。[16]

但格雷还是没有采取行动。他没有采取任何措施来阻止俄国动员，而俄国的动员一旦开足马力，显然会逼迫德国人加入这场战争。他如果宣布英国会支持俄国和法国，可能会让柏林和维也纳停下来好好想想（尽管这个窗口正在迅速关闭），但他没有。他还任由柏林继续以为英国可能会在战争爆发时保持中立，这种做法是很危险的："……只要争端仅仅存在于奥匈帝国和塞尔维亚之间，"他在27日用让同盟国感到欣慰的措辞对下议院说，"我觉得我们便无权干涉，但如果奥匈帝国和俄国之间的关系变得岌岌可危，那么这个问题就会关系到欧洲的和平：关乎我们所有人。"[17]他在回忆录中把这句话缩写成"与其破坏欧洲和平，不如塞尔维亚让步"。[18]这两种说法都歪曲了他在1914年7月的新立场：他现在已经意识到了，巴尔干半岛的局部战争几乎肯定会导致欧洲的全面战争。所以他才向德国施压，令其约束奥地利和塞尔维亚，但无济于事。我们要为格雷说句公道话，他是这些日子里唯一一位真心尝试促成和平的政界要人。

刚刚结束夏季航行的德皇，带着他那些痴人说梦般的见解投入到这些高度紧张的事务中。听闻塞尔维亚的答复后，他于26日提早返回。在波茨坦车站迎接他的是面色苍白、愁眉苦脸的宰相贝特曼-霍尔韦格，他担心德皇在得知柏林把他骗成了什么样子后，反应会很激烈。

"这一切到底是怎么发生的？"威廉后来问道，他一头雾水地回到了一个自他离开后彻底改变了的世界。他离开时，欧洲还很太平；他回来时，却发现奥地利和塞尔维亚正在针对彼此进行动员，而德国正处于对俄战争的边缘。宰相提出辞职，而不是去解释这复杂的一连串事件。威廉拒绝接受。他咆哮道："这道菜是您做的，现在您得咽下去！"[19]

7月28日上午10点左右，威廉读到了塞尔维亚的答复。他拿起笔，做了脚注：

> 对于区区48小时的时限，已经是很了不起的成就了！真是让人喜出望外！

对维也纳来说，这是道义上的巨大成功；但这样一来，所有的开战理由都消失了，吉斯尔就应该沉住气，留在贝尔格莱德！在那之后，我也绝不该发布动员令。[20]

几乎没有比这更能体现德皇的理解与这一连串事件相差有多远的声明了。然后他给雅戈写了一封鼓吹和平的长信，脱离现实的同时，又对和平充满希望：

读过塞尔维亚的答复后，我确信，多瑙河君主国的愿望大体上已经得到了满足。塞尔维亚提出的为数不多的限制条件……在我看来也都是可以通过谈判解决的。但这里面包含了一份……极尽屈辱的投降声明，因此所有的战争理由都消失了。

德皇的这番话仿佛来自异界，与他所居住的界域完全不搭界。他提议，为了让要求没有被完全满足的奥地利消气——也是为了让它已经动员起来的军队有事可做——可以把贝尔格莱德作为"抵押品"，让奥地利占领该国的部分地区，直到塞尔维亚履行承诺："我提议，我们可以对奥地利这样说：'塞尔维亚已经被迫以非常屈辱的方式服软了，我们对此表示祝贺。结果自然是所有的战争理由都消失了。'"然后他又提出愿意担任"和平调停者"。[21]

毛奇、康拉德和将军们完全不考虑和平。一小时后，维也纳告知柏林，俄国在圣彼得堡、基辅、华沙、莫斯科和敖德萨进行了"大规模的军事准备工作"。如果情况属实，奥地利总参谋长康拉德想知道，奥地利是应该立即全军出击，向塞尔维亚进发，还是说"我们必须用主力军队来对付俄国"。在电报中，贝希托尔德警告说，如果俄国真的在动员，"它争取到的时间就使奥匈帝国和……德国有绝对的必要立即采取全方位的对策"。[22]

第三十一章
奥匈帝国向塞尔维亚宣战

空气中弥漫着一种恐怖的感觉，那是世界大战无法预知的可怕后果；不过这种恐怖不仅使我们毛骨悚然，还使我们奋发图强，做好牺牲生命和财产的最坏准备。

——德国军队机关报《家乡》的社论，回应奥匈帝国
向塞尔维亚宣战的消息

1914年7月28日上午11点10分，奥匈帝国外交大臣利奥波德·冯·贝希托尔德伯爵致电"塞尔维亚首相N.帕希奇先生"。电报于中午12点30分到达塞尔维亚政府的战时所在地尼什：

（电文）维也纳

塞尔维亚王国政府没有对奥匈帝国驻贝尔格莱德公使1914年7月23日的照会做出令人满意的答复，奥匈帝国政府被迫自己负责维护自身权益，并为这一目标而诉诸武力。因此，奥匈帝国自认为从此以后与塞尔维亚处于战争状态。

贝希托尔德伯爵[1]

在柏林的压力下，奥匈帝国就这样向塞尔维亚宣战了——这是史上第一次通过电报宣战——尽管调停的尝试一直在继续，俄国也在激烈地反对。当天上午，贝希托尔德从弗朗茨·约瑟夫皇帝那里得到了发布这一声明的许可。他对此采取了两种方式，这两种方式都使这位外交大臣蒙受了更多的耻辱：首先，通过加快战争来扼杀和谈的机会。贝希托尔德给皇帝陛下写信说："三国协约可能会另行尝试和平解决冲突，除非我们通过宣战使局面明朗化。"[2]其次，他告知皇帝，塞尔维亚军队已经在泰梅什-库宾向奥匈帝国军队开火——这一说法被证明纯属子虚乌有，并从最终的宣战书中删除。

贝希托尔德后来否认自己曾故意欺骗皇帝。他在1932年写给意大利历史学家阿尔贝蒂尼的信中说："皇帝被'逼入战争'的观点是完全错误的。陛下的头脑清醒得很，判断力也未受影响，他坚信自己的崇高使命……"[3]如果真的是这样，他为什么要从宣战书中删除塞尔维亚军队向奥地利军队开火的说法呢？贝希托尔德误导了他的皇帝，为的是获得一个比塞尔维亚的最后通牒更有力的开战理由，然后再通过删除它来纠正这个谎言。

在尼什，塞尔维亚的领导人起初很困惑。他们想知道奥地利的宣战是真的还是骗局。他们驻圣彼得堡、伦敦和巴黎的公使馆很快就使帕希奇相信了宣战的真实性。欧洲对这一消息感到愤怒；随着一场全面战争的前景取代了脆弱的和平希望，所有的会谈和关于会谈的会谈都停止了，或者是漫无目标地悬置着。

法国驻维也纳大使阿尔弗雷德·迪迈纳告诉巴黎："宣战将使四大国预备性谈判的启动变得非常困难。"[4]他写道，维也纳突然决定开战，引起了令人无比忧虑的怀疑，怀疑"是德国促使奥地利对塞尔维亚采取侵略行动的，为的是能够在它认为对自己最有利的情况下与俄国和法国开战"。当然，格雷的四大国会议现在已经注定要失败了。

俄国人向尼什发去了热情支持的信息，引得他们的斯拉夫盟友感激涕零。"陛下昨天发给我的电报使我深受感动，"7月29日，塞尔维亚王位的当然继承人亚历山大王子给沙皇写信说，"陛下尽管放心，陛下对我国发自内心的同情……使我们坚信塞尔维亚的未来是安全的……"[5]在读到沙皇鼓舞人心的话语时，帕希奇用手在胸前画着十字，高呼："伟大仁慈的沙皇！"然后他情不自禁地拥抱了俄国代办。[6]

奥地利报纸在第二天早上发表了皇帝的宣战书。一旦去掉了那些豪言壮语和赤裸裸的谎言，奥地利参战的真正动机便浮现出来了。为大公（甚至没有提到他的名字）之死复仇，因为塞尔维亚人不充分的答复而惩罚他们，这两件事都与宣战没什么关系。这些只不过是诱因。奥匈帝国参战是为了保护帝制及其权力——简而言之，是为了维护君权神授。

署有弗朗茨·约瑟夫皇帝名字的宣言以"致我的人民！"开始。"一个充满仇恨的敌人的种种活动，迫使我在多年的和平岁月后拔剑出鞘，保护我们君主国的荣誉，保护它的声誉和大国地位，保护它的既得利益。"[7]

奥匈帝国的很多人欢欣鼓舞。新闻界的反应则是带着极端的偏见。1914年8月1日，下奥地利农民联盟的机关报《农民联盟》（发行量7.4万份）称，斯拉夫人是一种需要被消灭的害虫。它将塞尔维亚人描述为"奸诈、可恨的民族"，大声疾呼：

奋起反抗那些塞尔维亚杀人犯！

……萨拉热窝谋杀案之后……我们的耐心已经耗尽。奥地利终究还是想要与那些弑君者做个了断！这不是一场征服塞尔维亚的战争，因为我们真的完全不想与弑君者有任何瓜葛！……我们的盟友德国和意大利也站在我们这边，所以我们要践行这段诗句："古老的奥地利，醒来吧！不要再浪费时间！扼住这些恶棍的咽喉，运用无情的武力，让他们敬畏你的利剑！……不要拖延，用钢铁意志向他们的父辈报仇！——不要犹豫，杀他们个片甲不留……！行动是世界历史的密钥。"[8]

在海德堡发行的德国军报《家乡》报道称："从未见过维也纳如今晚这般万人空巷"。人们：

> 除了涌向陆军部、在那里高唱爱国歌曲之外，不知道还能怎样抒发他们的感情。那座巨大的新建筑灯火通明，里面忙得热火朝天，值班军官们奔赴四面八方，信使们来来往往，高级军官们受到热烈欢迎，匆匆钻进走廊，外面的大门前人潮涌动，有轨电车不得不停止运行。

陆军征用了邮政和电报服务（电话只能打市内的），并控制了铁路。证券交易所关闭，报纸销量激增。报童的叫卖声"号外！号外！"响彻大街小巷。

拉德茨基纪念碑底座上的扬声器为德国皇帝和意大利国王高呼万岁。每一名军官都得到了人们的喝彩。按照新闻界的说法，奥匈帝国是在欣喜若狂的状态下参战的。洋溢的喜悦感动了千家万户，以及每一位母亲和妻子。"我们的贝希托尔德伯爵像乐器演奏大师一样拨动着人民的灵魂，"《家乡》继续道，"奥地利现在有了另一副面孔。它又可以有所作为了，它以一种威武雄壮的姿态站起来了，感染着全体人民：没有一个人拒绝跟随现在终于骑上了马的皇帝。"[9]

在德国，《家乡》警告人们，会有一场世界大战，并发出了狂热的战争号令，配上了奥地利和德国领导人的照片。该报在7月31日报道称："他们正在迫使我们拿起剑来。"它继续道：

塞尔维亚大炮的轰鸣招来了一场世界大战。愤怒将在德国的每一条边境上回荡。我们接受考验的时刻已经到来。欧洲在颤抖，但我们毫不畏惧……

如果俄国认为它可以在法国和英国的帮助下，试图侵略德国和奥地利，以此打通地中海，那么它就会一头撞上德国和奥地利军队的铜墙铁壁——但愿……

空气中弥漫着一种恐怖的感觉，那是世界大战无法预知的可怕后果；不过这种恐怖不仅使我们毛骨悚然，还使我们奋发图强，做好牺牲生命和财产的最坏准备……[10]

报纸上刊登了军歌来召集士兵，例如《皇帝在召唤！》：

> ……德国，攥紧强有力的拳头
> 吓跑左右两边的仇敌
> 在怒火中奋起反击！
> 现在，我们受够了那些张狂的嘲讽
> 那些来自东方和西方的傲慢语气
> 全德国团结在一起！
> 现在，匡正之日终于到来！
> 愿上帝降下祂的正义！
> 它值得这场战火的洗礼！
> 皇帝在召唤！怎能有片刻的迟疑？！
> 为了我们的祖国！皇帝和帝国！
> 全德国团结在一起！ [11]

奥地利刚刚建立起来的信心有一处软肋，那就是奥匈帝国军队未曾经受考验的素质，他们正在被派去与经验丰富的塞尔维亚人作战。

《家乡》报道称:

> 当这期报纸送达我们的读者手中时,塞尔维亚战区可能已经发生了一些规模较大的作战行动。奥地利军队的日子不会太好过,战争也不是随随便便就能打赢的。即使塞尔维亚军队的人数处于劣势……它仍然有一个不容低估的优势:它在巴尔干战争中的历练。[12]

1914年7月,奥匈帝国将37.8万名战斗人员投入了战场,他们来自一支拥有3.6万名军官、41万名士官和士兵、约8.7万匹马和1200门大炮的常备军。[13] 全面动员后,奥匈帝国军队将扩增至三百多万人,其中大多数人都不适合作战。[14]

单位/武器	奥匈帝国	塞尔维亚
步兵营	329	209
炮兵连	143	122
骑兵中队	51	44
工兵连	45	22
野战炮	756	558
机枪	490	210
战斗人员总数	378000	250000

塞尔维亚军队的准备要充分得多。它的核心是一群勇往直前的战士,他们在艰苦卓绝的巴尔干战争中身经百战。虽然它的规模最近扩大了一倍,新增了五个由训练有素的士兵组成的师,但总共只有25万战斗人员。他们的装备很差,新式步枪——18万支——比人的数量还少。多达三分之一的前线单位依靠老旧武器,直到俄国的替代品在8

月过半时抵达。

　　强烈的塞尔维亚民族主义情绪和对哈布斯堡王朝的仇恨弥补了这些短板，并将他们团结成一支会被证明强于奥匈帝国军的军队——后者是一支由奥地利人、匈牙利人、克罗地亚人、意大利人、捷克人、乌克兰人、波兰人、斯洛文尼亚人、斯洛伐克人和其他民族组成的多民族混编军队。比起皇帝和新闻界虚张声势的恫吓，好兵帅克那种傻乎乎的热情更能准确地反映出他们的斤两。

　　塞尔维亚军队比奥地利军队动员得更快。7月30日，摄政王发表了一份由塞尔维亚诸位大臣签署的宣言，敦促人民"全力保卫你们的家园和塞尔维亚"。[15]在当天隆重的议会开幕仪式上，塞尔维亚摄政王以自己的名义宣读了这份演说词。摄政王强调了沙皇的"亲切沟通"，即俄国绝不会放弃塞尔维亚。每当提到沙皇和俄国，"大厅里都会回响起阵阵狂热的欢呼声"。法国和英国也"博得了赞许的喝彩"。[16]

　　那一整夜，奥地利都在炮轰空荡荡的贝尔格莱德城，激起俄国的怒气。但萨宗诺夫先前的盛怒已经消退了。现在他看到了呈现在眼前的这场灾难真正的规模，并在这个为时已晚的阶段提出了调停，"为了证明他维护和平的诚心"。应英国大使的要求，他匆忙制订了一套"和平方案"，说：

> 　　如果奥地利同意停止其军队在塞尔维亚领土上行军，并且……允许列强考察塞尔维亚在不伤及自身主权的情况下可以在多大程度上满足奥匈帝国政府的要求……那么俄国则承诺保持观望态度。[17]

　　随着和平试探偃旗息鼓，这套方案并没有发挥太大作用。它讲了一堆条件，却没有给出谈判或妥协的希望。它只是承诺将俄国昭然若揭的战备工作暂停一下。当奥地利人炮击他们几乎已成空城的首都时，塞尔维亚隐忍地等待着。没有人意识到，他们即将开始一场为期四年的战争，它将造成110万塞尔维亚人死伤：占男性总人口的60％、全体总人口的27％——这是大战中最惨重的伤亡率。

第三十二章
威利、尼基和乔吉

现已开始实行的军事措施（俄国的部分动员），是五天前出于防卫原因而决定的。

——沙皇尼古拉二世（"尼基"）致德皇

现在，这个决定的全部重量都落在了你一个人的肩上，你必须承担起是战是和的责任。

——德皇威廉二世（"威利"）致沙皇

我们将尽力置身事外，并保持中立。

——英王乔治五世（"乔吉"）致德皇之弟

调停的希望化为泡影，主事的庸人们深陷在一场他们未能察觉其规模的危机中，手忙脚乱。欧洲的和平与威慑二十年来所依赖的大同盟正在变成侵略的发电机，陆海军将领正在夺取国家的控制权。然后，突然之间，一线希望从一个最不可能的来源中产生了：那就是三位帝王——英王、德皇和沙皇。

沙皇尼古拉二世和德皇威廉二世不仅是皇帝，他们还是亲戚，这种交情、权力和威望的交融，给外交工作开了一个小小的口子。沙皇和德皇多年以来一直定期通信。他们的"威利-尼基"电报在柏林和圣彼得堡之间来来回回，内容都是些轻松的、小男生似的闲聊，与下面的庶民世界里那些阴谋诡计的严重性完全不符。

至关重要的电报始于7月29日，止于8月1日。其来龙去脉很耐人寻味。两位君主都对巴尔干战争扩大、殃及欧洲的想法感到恐惧。然而，此时的他们在很大程度上已经是将军和大臣的傀儡了。两位皇帝都没有把国家事务牢牢掌握在自己手中。威廉提出的"调停"是一种幻想；他的努力被忽视了，或者说是被"迁就"了。度假回来后，德皇重新进入了一个时过境迁的世界，他对这个世界的控制力十分有限。他对他的宰相作为奥地利向塞尔维亚开战的引导者这一角色知之甚少。他也并不知道，德军总参谋长毛奇曾警告过奥地利同行康拉德·冯·赫岑多夫，要为巴尔干地区的"局部战争"导致与俄国的全面战争这种可能性做好准备。与此同时，德国国会已经变得混乱无序、分歧严重，在决定德国下一步应该做什么时，将军比文官政客更能说了算。在这种情况下，贝特曼-霍尔韦格转而求助于德皇，作为最后的手段，希望他能感化沙皇，使其停止俄国的动员——或者如果不行的话，德国被迫动员，那么就像毛奇希望的那样，把发动战争的责任扣到俄国人头上。

陛下能否"给沙皇发一封电报呢？"贝特曼-霍尔韦格问威廉。"如果战争到头来还是不可避免，这样一封电报也能非常清楚地说明俄国的责任。恕我冒昧附上这样一封电报的草稿。"[1]威廉答应了，并发送了以下内容：

> 德皇致沙皇，7月28日晚10点45分
>
> 我听说了奥匈帝国对塞尔维亚的行动所造成的影响，感到万分焦虑。多年以来，煽动在塞尔维亚肆无忌惮地进行着，导致了以弗朗茨·斐迪南大公为受害者的那桩举世哗然的罪行……另一方面，我也绝没有忽略你和你的政府在抵挡舆论潮流时遭遇的困

难……我将利用我的全部影响力，说服奥匈帝国与俄国达成坦诚的、令人满意的谅解。我满怀信心地希望，你会支持我努力克服所有可能出现的困难。你最真诚、最忠实的朋友和表兄。

威利

在俄国，将军们指点沙皇如何作答。其中最有影响力的是陆军大臣苏霍姆利诺夫将军、俄军总司令尼古拉·尼古拉耶维奇大公和被迅速召回圣彼得堡的军需总监尤里·丹尼洛夫：

沙皇致德皇，7月29日凌晨1点
彼得霍夫宫

你回来了，我很高兴。在这个非常时刻，我请求你帮我一把。他们向一个弱小的国家宣布了一场不光彩的战争。俄国群情激愤，我也和大家一样无比愤怒。我预料到自己很快就会被强加在身上的压力压垮，被迫采取会导致战争的极端手段。为了尝试避免一场欧洲战争这样的灾难，我恳求你看在我们往日的情分上，尽你所能拦住你的盟友，不要让他们做得太过火。

尼基

威利—尼基通信不仅完全没有起到遏制作用，反而产生了反效果，把事情变得更糟。摊上这样的亲戚可真是……

德皇致沙皇，7月29日晚6点30分
柏林

……正如我在第一封电报中告诉你的那样，我并不认为奥地利对塞尔维亚的行动是一场"不光彩的"战争。奥地利从经验中得知，塞尔维亚的书面承诺根本靠不住……奥地利并不想以塞尔维亚为代价征服任何领土。因此，我的建议是，俄国完全可以继续作为奥塞冲突的旁观者，不让欧洲陷入它所经历过的最可怕的战争……当然，俄国方面的军事措施在奥地利看来，是我们都想要避免的灾难，也会危害到我作为调停者的立场，而当你向我寻求友谊和帮助时，我是很乐意接受这一身份的。

威利

沙皇致德皇，7月29日晚8点20分
彼得霍夫宫

　　感谢你谋求和解、亲切友善的电报。然而，你的大使今天向我的大臣递交的官方信息，可是以一种截然不同的语气传达的（这里指的是普塔莱斯给萨宗诺夫的电报）。请你解释一下这种分歧！把奥塞问题移交给海牙会议来处理是正确的。我相信你的智慧和友谊。

爱你的尼基

德皇致沙皇，7月30日凌晨1点20分
柏林

　　非常感谢你的电报。我的大使的措辞绝对不可能与我的电报的要旨相抵触。普塔莱斯伯爵是奉命提醒贵国政府注意动员所带来的危险和严重后果；我在给你的电报中也是这样说的。奥地利的动员只针对塞尔维亚，而且只动员了部分军队。如果是现在这种情况，按照你和贵国政府的说法，俄国在针对奥地利进行动员，那么我作为调停者的角色……即使不破灭，也将岌岌可危。现在，这个决定的全部重量都落在了你一个人的肩上，你必须承担起是战是和的责任。

威利[2]

沙皇致德皇，7月30日凌晨1点20分

彼得霍夫宫

　　衷心感谢你的迅速答复……现已开始实行的军事措施（俄国的部分动员），是五天前出于防卫原因而决定的，因为奥地利已经在备战了。我衷心希望这些措施不会对你作为调停者的身份造成任何干扰，我非常重视你的这一身份。我们需要你对奥地利施加强大的压力，使其与我们达成谅解。

尼基

　　正如他们的电报所示，沙皇和德皇都不是真的想要开战。威利和尼基被叫去写电报，按照他们的将军和大臣的要求做事。他们是那只"签署文件的手"。他们的签名是任何战争行为都必不可少的。令人惊异的是，沙皇和德皇都以为和平的决定权在于他们。严格意义上讲，他们有下令、限制或停止动员的权力；但是在实践中，他们都行使不了这样的权力。沙皇曾短暂地试图缩小俄国的动员规模，却遭到了激烈的反抗，之后被迫改变了主意（见第三十四章）。然而，作为权力的象征和只能对别人的决定点头表示同意的抄写员，这两位君主也都发挥了残存的影响力。

　　他们的人民还没有充分意识到关于他们统治者的悲惨事实。如果德皇和沙皇的性格更加强势，对权力的运用负责，如果他们能够影响他们的大臣和将军，那么相信一场欧洲战争本可能避免，倒还说得过去。

　　他们的亲戚"乔吉"——也就是英王乔治五世——又如何呢？乔治与沙皇关系友好，但厌恶他的表兄德皇。他的日记透露了他对战争的个人看法。和他们一样，他也反对战争，却无能为力。当然，他不是两位表兄弟那样的专制君主；他的权力受到议会的限制。然而，作为名义上的领袖和顾问，他还是发挥了巨大的影响力。事实上，乔治对德皇之弟的无心之言在不知不觉中使情况恶化了，造成了严重的影响。

7月27日，乔治国王首次在日记中提到了战争的可能性。他总结说，眼下"事态非常严重"。"我们仿佛濒临一场欧洲全面战争。"[3]阿斯奎斯首相向国王保证，英国将继续在巴尔干半岛的战争中袖手旁观。在英国，几乎没有什么人听说过塞尔维亚；为什么要为一个小小的乡巴佬王国开战？

在前一天与结束了访英之行、正准备回国的德皇之弟海因里希的讨论中，乔治国王赞同了首相的观点。乔治说："我们将尽力置身事外，并保持中立。"[4]海因里希误解了他的意思，以为他指的是英国将在欧洲战争中保持中立。

次日，乔治国王收到了沙皇的电报——被萨宗诺夫催着写的——这封电报毫不掩饰地催促英国宣布支持协约国：

> 奥地利已经开始了一场铤而走险的战争，这场战争很容易最终演变成一场全面大战。这太可怕了！……如果全面战争爆发，我知道我们会得到法国和英国的全力支持。作为最后的手段，我已经写信给威廉，请他对奥地利施加强大的压力，以便使我们能够与它商讨。[5]

三位君主都受到了同一个错觉的影响：也就是说，乔吉以为尼基在鼓励威利进行调停，而威利和尼基都根本没有做这件事情。在这种情况下，乔治国王与现实完全脱节了。

唉，想要调停的帝王们被说服要袖手旁观。他们听从了将军们的吩咐。威利-尼基对话就像一串放完了的鞭炮一样发出微弱的嘶嘶声。他们的电报中都是些一厢情愿的想法，而他们的政府和指挥官们很快就会把这些想法戳破。动员的齿轮继续在可怕的轨道上运转。乔治国王在濒临战争时写下的日记，那种语气捕捉到了身为国王却无能为力的悲哀。"这一切将在哪里结束？"他写道，"温斯顿·丘吉尔来见我，海军已经为战争做好了一切准备，但请上帝保佑战争不会到来吧。对我来说，这些日子简直让人如坐针毡。"[6]

第三十三章
英国结束"中立"

您必须告知德国宰相，他关于我们应当在如此条件下严守中立的提议，我们一刻也不能接受。

——英国外交大臣爱德华·格雷致英国驻柏林大使

爱德华·戈申

爱德华七世死后都比我这个活人更强大。

——德皇威廉二世听闻格雷的决定后表示

7月29日，海因里希向兄长德皇告知了乔治国王一闪而过的想法，即英国将在未来的战争中保持"中立"。在这份出自国王的情报的鼓舞下，威廉召集他的军事长官们举行了一次临时会议，他们急于让德国进入全面动员之前的"战争危险状态"。德皇宣布了海因里希前一天从乔治那里听说的消息：英国终究还是要保持中立！人们对他宣布的内容表示怀疑。提尔皮茨斗胆暗示这句话被误解或夸大了。德皇微笑着说："这是国王的话，对我来说已经足够了。"[1]

然而，国王（以及阿斯奎斯和格雷）的意思是，英国将在关于塞尔维亚的局部战争中"保持中立"；而不是说英国会袖手旁观，眼睁睁地看着德国把法国撕烂。消除德国人这种明晃晃的误解，将会是一个无比痛苦的过程。

这一过程当天下午在伦敦开始了，爱德华·格雷请来利赫诺夫斯基，并再次"在友好的私下交流中"询问德国是否会参加四方调解。格雷几乎是欧洲唯一一个勇敢地坚持着调解希望的人。他说，只有四方会谈才能避免"一场欧洲的灾难"。他让利赫诺夫斯基放心，英国政府和以前一样，希望"培养我们先前的友谊，**只要冲突仍然局限于奥地利和俄国，就会袖手旁观**"（强调为笔者所加）。[2]

英国外交大臣之后又以他一贯柔和、得体的方式揭示了一个残酷的事实。格雷警告称，如果德国和法国开战，那么"在这种情况下，英国政府将被迫迅速做出决定"。开战？向谁开战？格雷对这些可怕的字眼避而不谈。当然，他的意思是，英国将被迫在一场对德国和奥匈帝国的战争中加入法国和俄国这边。格雷说："如果战争爆发，就将是全世界有史以来最大的灾难。"[3]

格雷对这位德国外交官的态度很恳切，他又补充说"自己绝非想要表达任何形式的威胁"；他只想保护自己"不被指责为言而无信"，也不想让利赫诺夫斯基的期待落空。他总结说，直到现在，英国政府都还承认奥地利应该得到"某种程度上的满足"；但现在英国人的同情"已经开始完全倒向另一方了"。[4]

格雷用这种绵柔的外交手段悄无声息地摧毁了德国人对英国不会参与战争的希望。利赫诺夫斯基完全被震慑住了，他承担着向柏林传达这一令人万念俱灰的消息这份苦差事。然而，他的电报没有及时送到贝特曼-霍尔韦格手里，没能阻止宰相为争取英国的中立做出厚颜无耻的最后一搏。

当天晚上，贝特曼-霍尔韦格从波茨坦与德皇和提尔皮茨的会面中回来后，传唤了英国大使爱德华·戈申。宰相似乎打算彻底摊牌了：叫出迄今为止最大的牌，让英国不要参与这场战争。

贝特曼–霍尔韦格警告说，如果俄国进攻奥地利，"必将使欧洲陷入一场大战"。在这种情况下，德国宰相"希望英国保持中立"。他知道，英国绝不会允许德国摧毁法国，但他坚决主张这种情况根本不会发生。德国绝无占领法国之意。德国"**在英国保持中立的前提下**，愿意向英国政府做出充分保证，如果德国在战争中取胜，它不会企图以法国为代价获得领土"（强调为笔者所加）。[5]他的誓言很明显没有把法国的殖民地包括进来。

从中暴露出来的这些事实令人惊异，也使英国政府完全了解了宰相的政治手腕是何等的下作。贝特曼–霍尔韦格以为他可以通过提出**不占领**法国来收买英国，使其保持中立，这表明他对英国政府和民意的误解已经到了何种程度。他无法从自己以外的任何角度看待德国的行动。

令戈申震惊的是，宰相接着又提出，"这些保证"可以构成"两国中立总协定"的基础，他说这是他自从成为宰相以来的政策目标。他问戈申，英国政府会作何反应。戈申冷静地回答说，他认为爱德华·格雷"会想要保留充分的行动自由"。[6]

当戈申详述这次临时会面的电报到达伦敦时，艾尔·克劳立即开始了工作。他建言，贝特曼–霍尔韦格"令人惊骇的提议"反映出这位政治家已经毫无信用可言。"很明显，德国实际上已经决定参战了，到目前为止，唯一的制约因素就是担心英国会为保卫法国和比利时而参战。"[7]欧洲的战争迫在眉睫，克劳对德国的担忧现在听起来更加可信了。

当夜晚些时候，在贝特曼–霍尔韦格的豪赌之后，格雷澄清英国立场的消息传来了。很明显，如果战事扩大到欧洲，英国将站在法国和俄国一边参战。格雷证实了德国最糟糕的噩梦。

德皇读了（利赫诺夫斯基发来的）电报，气得火冒三丈。他已经不是第一次在大臣们面前被人像傻瓜一样要弄了。难道是国王在英国的中立问题上对他撒了谎？威廉宣泄着他受到的奇耻大辱，电报的空白处充斥着气愤的咆哮。他怒斥格雷是"一个下贱的骗子"，其行为"卑鄙、阴险"，因此真可谓是"彻彻底底的英国人"。"这些年来，他一直失信于人。"[8]

德皇怒不可遏地断定：

> 英国认为我们……可以说是完蛋了，这时它就露出了真面目！那帮卑鄙的店主试图用宴会和演说来欺骗我们。最不要脸的骗局就是国王通过［德皇之弟海因里希］给我捎来的话："我们将保持中立，并且尽可能长时间地置身事外。"格雷证明国王是个骗子……下贱的无赖！**唯有**英国要对是战是和负责，再也不关我们的事儿了！这一点必须昭告世人。（强调为德皇所加）[9]

威廉完全没有想到的是，他的弟弟海因里希着实误会了乔治国王。

当德皇落魄到只剩下语无伦次的咆哮时，贝特曼-霍尔韦格已经濒临崩溃了。利赫诺夫斯基的电报首次证实，英国几乎肯定会在一场欧洲战争中加入协约国一方。就在头一天晚上，宰相已经把德国的底牌全都亮出来了，可他想争取的东西，格雷却突然翻脸不认账。当天下午，他把这灾难性的消息发给了德国驻维也纳大使海因希·冯·奇尔施基男爵。贝特曼-霍尔韦格警告说，英国决定站在三国协约一边，这意味着德国和奥地利将面临：

> 一场与英国为敌的大战；意大利和罗马尼亚显然不会配合我们，我们两国将要与四个大国对抗。由于英国的敌对，这一战的主要负担将落在德国身上。[10]

贝特曼-霍尔韦格对他早先请求英国中立而悔恨不已；从外交角度来看，他完全上当了。面对这戏剧性的逆转，现已处于战争中的奥匈帝国要求柏林为其决心做出保证。宰相犹豫了，然后给驻维也纳的大使发电报称："我们当然愿意履行（我们的）义务……但必须拒绝被糊里糊涂地卷入一场世界大战……"[11]然而，由于俄国已经在准备动员了，德国现在要依靠奥匈帝国来帮忙抵挡住东边的敌人，正如俾斯麦所预见的那样。意志薄弱的贝特曼-霍尔韦格没能在这一点上坚守立场。

与此同时，精神已然错乱的德皇仿佛发了疯的李尔王，在这些电报和后来的电报上写下了支离破碎的暴言怒语，即使以威廉的标准来看也很蠢。有一段长篇大论竟在不经意间预言了帝国的命运，并诅咒大英帝国破灭：

> 因为我毫不怀疑，英国、俄国和法国之间已经达成了协议……要以奥塞冲突为借口，对我们发动一场灭绝战……我们要么可耻地背叛盟友，把他们献祭给俄国——从而破坏三国同盟，要么因为对盟友的忠诚而受到三国协约的联手攻击，遭受惩罚，这样的话，他们将通过彻底毁掉我们来化解他们的嫉妒。简单来说，这就是肉眼可见的真实情况，当然是由爱德华七世缓慢而巧妙地发动的……最终由乔治五世一锤定音并付诸实施……
>
> 因此，举世闻名的对德国的"包围网"终于成为全然的事实。这张网突然扣在了我们头上，英国冷笑着收获了它坚持不懈地推行的、完全反德的世界政策无比辉煌的胜利……好一项伟大的成就啊，甚至连将要因此被毁灭的这个人也钦佩不已。爱德华七世死后都比我这个活人更强大！竟然有人认为，通过这样那样的小恩小惠，就足以把英国争取过来，或者使其采取和平立场！！！我发出的所有警告，所有恳求，都是徒劳的……

......我们陷入了这样一种境地，它为英国提供了消灭我们的理想借口，假借虚伪的正义之名，也就是帮助法国......现在必须无情地揭露这整件事，必须公开地、出其不意地把基督教爱好和平的面具从它脸上撕下去......并将这样的伪善游街示众！！我们在土耳其和印度的领事、特工等人，必须煽动整个伊斯兰世界激烈反抗这个可恨的、撒谎成性的、没有良知的店主之国；如果我们要流血致死，那么至少要让英国丢掉印度。[12]

德皇的暴怒引发了诸多讨论。阿尔贝蒂尼的讨论最为简明扼要。他写道："它全面呈现了德皇其人。"德国世界政策的破产使其陷入了"剧烈的震怒，完全感知不到真相"。阿尔贝蒂尼声称，在使欧洲战争变得迫在眉睫这件事情上，德皇"比其他任何人"的作用都要大，然而这并非事实。[13]如此轻易地归罪并不能得到真相。沙皇、贝特曼-霍尔韦格、毛奇、萨宗诺夫、格雷、贝希托尔德、康拉德和一些次要官员所扮演的角色，还有他们全都对发生在自己身上事情无能为力，或者不愿做出反应，这些因素都拉近了世界与战争的距离。

然后，在7月30日，格雷收到了贝特曼-霍尔韦格为了英国中立而提出的愚蠢的贿赂。他瞠目结舌，立即通过戈申予以回复。他的电报措辞异常强硬、果断，准确表达了英国政府直到宣战这段时间里的立场。注意他是如何狡猾地拒绝接受德国对法国殖民地的要求的：

> 您必须告知德国宰相，他关于我们应当在如此条件下严守中立的提议，我们一刻也不能接受。
>
> 他实际上是要求我们......只要德国没有占领法国的领土，就要在法国殖民地被占领、法国被打败时袖手旁观......这样的提议是无法接受的，因为法国可能被打垮，以至于失去大国地位，唯

德国政策马首是瞻……

但除此之外，我们以法国为代价与德国进行这笔交易，也将是一种耻辱，会让这个国家的美誉一去不复返。

宰相实际上还要求我们将我们关于比利时中立的任何义务或利益都贱卖掉。这笔交易我们也无法接受。

格雷进而拒绝了德国的"中立协定"，反倒建议，如果这场危机能够过去，届时两个大国集团之间要互谅互让。他说，这一构想到目前为止还过于"乌托邦"，无法构成一个明确提案的主题。[14]

格雷就这样道出了他的心声，掷地有声，口才了得——如果他能早点发挥这样的口才，倒是可能砍穿那片困惑、偏执和猜疑的蕨丛，他的和平希望正是被困在那里面了。总算有一次，他从"严格被动"的政策中幡然醒悟；[15]总算有一次，他清清楚楚地指明了英国的方向，而不仅仅是对时局做出反应；总算有一次，他决定**做出决定**了。[16]然而，他新产生的信念定型得太晚了，无法对世界施加任何限制性的影响。

然后这信念又动摇了。格雷仍然拒绝让英国表明任何保卫法国的立场，尽管他知道一切都在往这个方向发展。法国人对背信弃义的阿尔比恩敢怒不敢言。法国驻柏林大使儒勒·康邦声称，格雷的举棋不定给了德国的主战派希望。但凡他能站在法国这边声明一下，"便会决定德国支持和平的态度"。康邦的指控过于激烈，促使格雷为自己辩解。

他（在7月31日通过英国驻巴黎大使弗朗西斯·伯蒂爵士）辩解道："如果以为我们给德国留下了我们不会干预的印象，那就大错特错了。我已经拒绝了要我们承诺将保持中立的提议。"不过格雷也承认，此时的英国**仍然**无法向协约国做出任何保证。他的理由呢？他担心股市崩溃。"商业和金融状况非常严峻，"他警告说，"存在全盘崩溃的危险，这将使我们和其他所有人都破产；我们袖手旁观，可能是防止欧洲信贷全盘崩溃的唯一手段。"[17]这段话实在太虚伪了：难道要法国人相信格雷把稳定伦敦股市看得比法国的自由更重要？格雷的整个立场看起来越来越站不住脚，越来越难以自洽。他转而依靠比利时，比利时的自由对英国内阁来说仿佛一种护身符。他补充道，比利时的中立受到侵犯，可能会决定政府的态度。但是在当时，格雷能够给法国的"唯一答案，就是我们不能订立任何明确的约定"。[18]

次日（8月1日）的内阁会议上，格雷分享了过去两天的大事。他坚持认为，在这种情况下，英国政府仍然要为自己的行动做主，仿佛这是一种美德，并决心捍卫比利时的中立。[19]法国同意尊重比利时的自由，以此回应英国对这一问题的质询；德国到目前为止尚未回答。那么英国的立场呢？格雷要求内阁授权他在8月3日星期一向下议院发表声明，在这份声明中，他将一劳永逸地澄清这一问题。

当天将这些承诺告知利赫诺夫斯基时，格雷言语间底气全无。他又回过头来采用那些拐弯抹角的姑息办法。他和和气气地提出忠告，说如果德国在与法国的战争中侵犯比利时的中立，"（英国）舆论将发生逆转"，这将"使本国政府难以采取友善中立的态度"。当然，他想的并不是"不友善的中立"。当然，他指的是对协约国的担当。格雷一点一点地把整个欧洲拖向了真相。

德皇给格雷的声明加上了他自己惯用的咒骂："愚蠢！""骗子！""这个混蛋疯了，要么就是个白痴！"等等。然而，威廉也提出了一个很有道理的观点，极大地激起了柏林的愤怒。他写道，英国"切断了通往埃姆登的电缆——那就是一种战争措施！当它还在谈判的时候。"[20]他似乎是对的。8月1日凌晨（确切日期有争议），在埃姆登附近的北海海域，一艘英国的电缆敷设船后面拖着一个抓钩，捞出了五根海底电缆并切断了它们。这是德国与驻外使领馆的一些安全线路。现在，柏林将不得不完全依靠高度加密的无线电通讯来防止敌人窃听。[21]这次破坏严格意义上来说属于恐怖主义行为。

时局的走向让艾尔·克劳心花怒放，他宏大的反德计划想必像是预言成真一样。他利用了这种气氛，给格雷写了一连串备忘录。他写道："如果确定法国和俄国无法避免战争，并且准备参战的话，请姑且听听我的意见，那就是英国的利益要求我们作为盟友与他们并肩作战，在这种情况下，我们应该当机立断，出手干预。"

他在一份直接发给格雷、颇有说服力的备忘录中写道，英国对法国没有"约定义务"，这一点无可否认，但"协约已经订立，得到了强化，经受了考验，并且受到了称赞，这在某种程度上证明，我们有理由相信一种基于道义的纽带正在建立"。他宣称，此时此刻，这种纽带应当迫使英国在法国需要的时候帮助它："法国又没有寻衅。它是被迫应战。"[22]格雷则是静观其变。

第三十四章
砸烂您的电话：俄国动员

我不会为一场恐怖的大屠杀负责。

——迫于压力下令俄国全面动员的沙皇尼古拉二世

人们可以踩下刹车，然后再次发动，但动员并不是这种可以随意停止的机械过程。

——俄国陆军大臣弗拉基米尔·苏霍姆利诺夫将军

阿尔贝蒂尼总结说道，"一连串的鲁莽和错误"给欧洲带来了一场灾难性的战争。[1]他的判断用在"动员"——将人员和补给运送至集结地以备战事——这个令人心力交瘁的过程上，是最为贴切的。对德国来说，这需要几天的时间；对需要应对遥远距离的俄国来说，则需要两个星期以上。至关重要的一点是，在1914年，德国把动员令理解为**宣战**，因为全面动员几乎不可能停下来。俄国军方多多少少也是这样理解的；然而萨宗诺夫和文官领导人似乎对此浑然不觉。从这个角度来看，第一个下令**全面**动员的国家将被打上侵略者和战争发起者的烙印。

谁都不想因为发动战争而受到指责。一场外交博弈就这样开始了，他们要挑动对方先动手，自己则是虚晃、佯攻，就看对手敢不敢出手。调解、妥协、忍耐……在这场虚张声势和反虚张声势的博弈中，外交艺术并没有什么作用。7月中下旬，奥匈帝国、俄国和德国都不顾一切地下令进行或多或少的"部分"动员或初步动员，这就劫持了和平调解的可能性。例如，Kriegsgefahrzustand的意思是"战争危险状态"：德国对关键的铁路道岔转辙器进行军事准备，调集补给品，但并不一定要把官兵召回部队。俄国的"备战"也是这个意思。在实践中，这些委婉说法的意思，海陆军将领们怎么说怎么算。与此同时，英国舰队保持着高度戒备。法国也在普恩加莱缺席的情况下表达了对俄国的声援。

在德国人眼中，一切都取决于俄国。俄国陆军的全面动员确保这会是一场欧洲战争。如果俄国动员了，德国就必须跟上。归根结底还是毛奇，他在1909年1月21日给康拉德的信中写下了这句名言："俄国一动员，德国……无疑会动员全军。"[2]这些年间，除了毛奇的决心随时可能动摇外，几乎没有什么变化。7月快要结束时，他疲惫地给妻子写信说："形势仍然非常不明朗。要再过两个星期左右才能见分晓……"[3]毛奇在极度好战和全然恐惧之间摇摆不定。这一阵子，他似乎想效法腓特烈大王或者自己的伯父、1871年战胜法国的老毛奇。过了一阵子，他又想避免他的行动会造成的可怕后果："未来几十年里几乎整个欧洲文明"的沦丧。[4]

毛奇和德军总参谋部已经瞥见了地狱的模样，顺序如下：1）俄国为保卫塞尔维亚而动员；2）奥匈帝国和俄国开战；3）德国为保卫奥匈帝国而动员；4）俄国下令全面动员，表示与德国开战；5）德国启动（修订后的）施里芬计划，向俄国和法国宣战。

他们监视着铁路线。铁路是数百万年轻人的死亡通道，铁路线上突然、集中的活动将成为动员开始的标志。1914年7月，德国的铁轨并不像人们想象的那样先进。据毛奇和总参谋部铁路司司长威廉·格勒纳称，法国的铁路要优于德国，有更多的复线和横贯铁路。柏林担心，法国"要快上五倍，如果双方同时动员的话"。[5]东部的情况看上去更糟：德国只有四条复线铁路通到维斯瓦河，只有两条越过这条河通到东普鲁士。戴维·史蒂文森写道："根本没有进入波森的铁路干线，德国的装备也很差，无法与它的奥地利盟友并肩作战。"[6]换句话说，德国的弱点恰恰在于它对战争**准备不足**——从铁路线、盟友、殖民地和海军力量较少这几方面来看——这使德国将军们有充分的理由认为，立刻动手，打一场先发制人的战争，似乎已经势在必行。史蒂文森总结道："1914年，同盟国抓住了他们认为是稍纵即逝的机会，以摆脱他们的安全困境……"[7]

如果能驱使俄国动员，贝特曼-霍尔韦格和雅戈——他们现在认为战争已成必然——就可以理直气壮地说"战争是俄国**发起**的"。他们开始尝试策划这种结果，"逼迫"俄国下令进行全面动员。然而俄国很清楚，动员自身的庞大军队会比任何其他欧洲国家更复杂、更耗时，所以它才会觉得有必要更早开始。无论如何，"克制"都算不上德国人的美德：俄国宣布动员时，柏林早已做好了动员的准备。

导致俄国全面动员的关键事件错综复杂。把它们放在一条简单的时间轴上，我们便能看出为什么奥地利与塞尔维亚之间的"局部"战争会扩大为一场欧洲战争，以及动员如何成为关键的润滑剂。

1914年俄国动员的时间轴

7月25日，圣彼得堡：俄国秘密决定下令进行"初步"动员，以此回应奥地利对塞尔维亚的最后通牒。[8]

7月27日，柏林：德国外交大臣雅戈向协约国保证，如果俄国的部分部署只针对奥地利，德国将不会动员。[9]

7月28日，维也纳/贝尔格莱德：奥匈帝国向塞尔维亚宣战。

7月28日上午，柏林：贝特曼-霍尔韦格建议德皇给沙皇写信，启动威利-尼基电报，这是一种旨在把俄国打造成侵略者的外交策略。德国陆军大臣埃里希·冯·法金汉在德皇的支持下，命令正在演习的部队返回卫戍地。德国秘密开始"部分"动员。

7月28日下午，圣彼得堡：俄国政府通知柏林，它打算动员敖德萨、基辅、莫斯科和喀山军区，以此回应奥地利的宣战。它承诺其部分动员不会对德国构成威胁。[10]俄国的军事专家们反对"部分动员"，因为这有可能破坏他们的全面动员计划。

7月29日上午，伦敦：英国发出正式"预警电报"，授权对舰队进行秘密的部分动员。第一分舰队继续前往斯卡帕湾，第二和第三分舰队则留在各自的基地。[11]

7月29日，柏林：在给贝特曼-霍尔韦格的一份令人毛骨悚然的长备忘录中，毛奇力劝德国做好战争准备以应对俄国的任何行动，否定了雅戈此前做出的克制保证。他写道，俄国"狡猾地谋划"，通过逐步动员，挑动德国发起战争。如果德国充分动员，俄国和它的法国盟友就可以声称是德国挑起的，"欧洲的文明国家就会开始互相残杀"。他断定："军事形势对我们一天比一天不利，如果我们未来的对手不受干扰地做了进一步准备，这样的形势会给我们带来致命后果。"[12]

7月29日，巴黎：普恩加莱和维维亚尼回到巴黎，并立即敦促俄国不要给德国任何全面动员的借口。

7月29日下午4点，柏林：德军总参谋部收到了比利时打算抵抗入侵这一令人不安的消息。布鲁塞尔征召预备队，使其有生力量翻了一倍，达到10万人，并加强防御工事和边防。

7月29日从白天到夜晚，圣彼得堡：俄国收到奥地利轰炸贝尔格莱德的消息。萨宗诺夫愤怒地通知奥地利大使："你们只是想通过谈判争取时间，同时却在推进，轰炸一座不设防的城市。"[13]当晚，萨宗诺夫、陆军大臣弗拉基米尔·苏霍姆利诺夫和总参谋长亚努什克维奇中将下令全面动员:"鉴于避免与德国开战的可能性很小,(我们必须)做好万全的准备……现在实行部分动员会延缓以后的全面动员,这种风险是不可接受的。"[14]萨宗诺夫通过电话将结果告知沙皇。尼古拉极不情愿地签署了两份动员敕令,一份是部分动员令,另一份是全面动员令,根据事态发展决定如何使用。这样一来,他就给了军方视情况自由采取行动的权力。

7月29日接近午夜(时间有争议)[15],**圣彼得堡**:萨宗诺夫向柏林提出了一个敷衍的提议,即如果奥地利在贝尔格莱德停止行进,并撤销对塞尔维亚的最后通牒中最苛刻的几项条款,俄国将暂停一切"军事准备"。[16]德国拒绝了。

7月29日午夜前,圣彼得堡:沙皇非常焦虑,打电话给陆军大臣,要求将总动员令降级为"部分"动员令。他说,这是因为他收到了德皇自称要在维也纳和贝尔格莱德之间进行调解的提议(见第三十二章)。威廉的结束语——"当然,俄国方面的军事措施……是我们都想要避免的灾难,也会危害到我作为调停者的立场"[17]——说服沙皇推翻了总动员令。"我不会为一场恐怖的大屠杀负责。"尼古拉喊道。俄国陆军大怒。苏霍姆利诺夫争辩道:"人们可以踩下刹车,然后再次发动,但动员并不是这种可以随意停止的机械过程。"[18]但沙皇坚决要求,部分动员令在午夜时分颁布(不过将军们是否遵守就很值得怀疑了)。

7月30日凌晨1点45分,柏林:沙皇很不明智地告知德皇,"现已开始实行的军事措施(四座城市的部分动员),是五天前出于防卫原因而决定的,因为奥地利已经在备战了",而绝非想要妨碍德皇作为"调停者"的角色。[19]威廉将其理解为"全面动员",在页边空白处气愤地写道,俄国人现在比我们提前了一个星期……我不再赞同任何调解了，因为沙皇……已经背着我偷偷动员了。这只是一个小伎俩，目的是拖住我们，增进他们已经得到的有利条件。我的工作结束了！[20]

7月30日临近黎明时分，柏林：一封电报到达，称萨宗诺夫想要说服柏林加入四大国和平会议，只是他的这份努力并非全心全意，而德国大使普塔莱斯对此不予考虑，"既然俄国已经决定采取动员这一决定性步骤，那么这件事情即使不是绝无可能，也是非常困难的"。对此，萨宗诺夫回答说，取消动员令已经不可能了，而"奥地利的动员要对此负责"。[21]

7月30日上午，柏林：毛奇打电话给康拉德，警告他德国的动员"无疑将导致战争"，意即一场欧洲战争。[22]

7月30日，圣彼得堡：俄国陆军指挥官们恳求萨宗诺夫从沙皇那里得到恢复全面动员的许可。总参谋长尼古拉·亚努什克维奇将军要求萨宗诺夫，如果成功了，要立即给他打电话。亚努什克维奇说："在那之后，我会离开这里，砸烂电话，并采取各种措施，防止任何人为了发出相反的命令、从而再次阻止我们的总动员而找到我。"[23]

7月30日下午2点起，彼得霍夫皇宫：萨宗诺夫花了一个小时的时间，试图说服尼古拉恢复全面动员，与德国的战争已经不可避免。他说，德国拒绝回应俄国的"和平提案"。因此，俄国必须全副武装地应对风险，"以消除对我们的备战会引发战争的任何担忧"。沙皇意识到自己责任重大，拒绝采取行动。（早先，皇后曾试图影响他，让他住手；她收到了拉斯普京预言战争将摧毁俄罗斯帝国的电报。）特使塔季谢夫将军斗胆打破了沉默——"是的，很难做出决定"——沙皇则唐突地打断了他的话，说："我会做出决定的！"[24]尼古拉最终同意签署恢复全面动员的命令。他无可奈何地解释说："不为显然无可避免的战争及时做准备，会很危险。"

7月30日下午，彼得霍夫皇宫：萨宗诺夫立即通知总参谋长亚努什克维奇将军："现在您可以砸烂您的电话了。"[25]俄国重新开始全面动员。

7月30日晚，柏林：毛奇和法金汉对俄国"军事措施"的消息深感不安——现在他们认为这意味着全面动员——便敦促德国政府进行动员。贝特曼-霍尔韦格还在争取更多的时间。他们商定了做出决定的最后期限：次日，即7月31日正午。

7月31日黎明时分，圣彼得堡：俄国动员的秘密泄露了。墙上和灰泥窗上张贴了战争号令的红色告示。

7月31日上午11点55分，柏林：德国的拖延得到了回报。柏林政府在自己（决定动员）的最后期限前5分钟收到了德国驻圣彼得堡大使普塔莱斯伯爵的电报，电报中证实俄国已下令全面动员陆军和海军。

7月31日下午2点到3点之间，柏林/圣彼得堡：德皇和沙皇发出了他们最后的电报。自己的政府都准备与俄国开战了，德皇却还在动情地想象自己正在"调解"。威廉写道：

> 当你向我诉诸友谊并求援时，（我）开始在你和奥匈帝国政府之间居中调停。这一行动正在进行的同时，你的军队却针对我的盟友奥匈帝国进行了动员……现在我又收到了可靠消息，称俄国正在我的东部边境认真备战。对我的帝国安全的责任，迫使我采取预防性的防卫措施……现在威胁到整个文明世界的这场灾难，责任绝不会落到我头上。此时此刻，你仍然有能力避免……如果俄国同意停止必定会威胁到德国和奥匈帝国的军事措施，你仍然可以维持欧洲的和平。——威利[26]

7月31日下午2点到3点之间，柏林/圣彼得堡：沙皇在一份坦率得令人惊讶的答复中承认，他无力否决他的军队指挥官们：

> 我衷心感谢你的调停，这开始让人产生一切都还可以和平结束的希望。**从严格意义上讲**，我们的军事准备工作是不可能停下来的，因为奥地利的动员使我们义不容辞。我们根本不想要战争。只要与奥地利就塞尔维亚问题的谈判还在进行，我的军队就不会做出任何**挑衅**行动。这一点我可以向你郑重保证。我完全相信上帝的仁慈，也希望你在维也纳为我们两国的福祉和欧洲的和平而进行的调解取得成功。深爱着你的——尼基[27]

7月31日下午，巴黎：法国政府听说了俄国的总动员。莫里斯·帕莱奥洛格从圣彼得堡来函："俄国知道德国正在武装起来，部分动员向全面动员的转化不能再拖了。"[28]

7月31日晚，柏林：在贝特曼-霍尔韦格和将军们的压力下，德皇宣布进入"战争危险状态"，并吩咐俄国撤销其动员决定，否则就将面临战争。[29]德军总参谋部认为，战争现在已经不可避免，因为他们注意到"（俄国）军队正在东普鲁士边境集结"，并且"俄国西部边境的所有重要地区均已宣布进入战争状态"。俄国的动员"正在如火如荼地进行中，针对的是我们"。[30]

事情就这样发生了。贝特曼-霍尔韦格的政府成功地设计了这样一种情形，从表面上看，德国撇清了发动一场欧洲战争的责任。他现在可以告诉德国人民，是俄国先动员的，德国是被迫自卫的。儒勒·康邦写道：

> 整个德国无罪论的依据，是俄国首先下令动员，从而迫使其对手采取行动。有一点被忽略了，那就是俄国和德国的动员是没

有可比性的；一方需要好几个星期才能完成，而另一方只需要几天；德国有一种可怕的惯例，"战争危险迫在眉睫"即相当于提前动员。[31]

德国装出一副被动、无辜的样子，确实很不像话。德国人拒绝了所有关于调解、会谈、暂停和会议的请求。他们精心策划了奥地利和塞尔维亚的战争。即便如此，俄国还是鲁莽、轻率地采取了行动——从部分军事部署，到全面军事部署，再到部分军事部署，再到全面军事部署——把一张王牌交到了德国手中。俄国的动员决定对普鲁士将军们来说是"天降大礼"，他们在准备采取同样行动的5分钟前收到了这份礼物。[32]德国人民，甚至是社会主义者，都立刻被争取了过来，团结起来为德国打这场"自卫"战争。战争开始了。

第三十五章
德国向俄国宣战

> 德皇将通知俄国政府，他必须自视为与俄国处于交战的状态，而这种状态是俄国自己造成的……而且由于法国不保证中立，我们必须假定我们与法国也处于交战的状态……我们并不想要战争，我们只是被迫接受。
>
> ——德国宰相特奥巴尔德·冯·贝特曼－霍尔韦格致联邦议会，
>
> 1914年8月1日

7月31日，德国宣布进入战争危险状态。政府保持了克制，没有宣布全面动员。对德国来说，那将意味着"两线作战"，正如贝特曼－霍尔韦格当天警告他的内阁时所言。[1]施里芬计划可能已经有近十年的历史了，但它仍然以经过修订的形式规定，要以迅雷不及掩耳之势对法国北部实施包围，**然后**大举进攻俄国。

这样的前景令文官领导层和德皇感到恐惧，他们的不安随着时间的流逝而不断加深。即使到了这个时候，他们依然没有放弃和平解决的希望。然而现在的控制权掌握在将军们手里。毛奇和德军总参谋部迫不及待想要尽快动员，因为俄国已经这样做了。法国大使儒勒·康邦给巴黎发电报称："（德国）军事当局非常急于下令动员，因为每一次拖延都会让德国失去一些优势。"[2]

文官的决心不再像之前那样坚定，实际上是把权柄交给了总参谋部。毛奇已不复从前的温顺，并向维也纳发出了众多指示中的第一个，催促他们与德国一同对抗俄国（塞尔维亚人的重要性正在减弱，大公遇害案也无关紧要了）。"太棒了！"康拉德收到电文后喊道，又补充说，"到底是谁在负责，是毛奇还是贝特曼-霍尔韦格？……之前我的感觉是德国一直在犹豫。但现在我有了令人满意的解释……"[3]

似乎是毛奇在负责。在要求维也纳下令进行全面动员这件事情上，他篡夺了宰相的权力，在没有得到政府授权的情况下行动了。在毛奇、提尔皮茨、陆军大臣法金汉和普鲁士指挥官们眼中，德国的文官领导人越来越多余，越来越无能。如果像他们所有人一致认为的那样，战争已经来临，那么只有武装部队才能拯救德国。时间一小时一小时地过去，俄国威胁的消息不断传来。数年之后流亡荷兰的威廉写道："因此，（毛奇）有责任……警告他的维也纳同僚，奥匈帝国绝对有必要尽快采取对策。"[4]

贝特曼-霍尔韦格形容枯槁、心力交瘁，对时局的发展感到惊恐，试图强行树立起权威的表象。俄国动员之后不久，他和毛奇同意向圣彼得堡发出最后通牒，让俄国做出一个残酷的选择：是停止动员，还是面对战争。但他们没有使用"战争"一词；他们只是警告称，德国将下令进行"全面动员"。对这一区别的误解将给俄国带来可怕的后果。俄国有12小时的时间来答复。与此同时，内阁启动了"战争危险状态"：所有铁路线和补给站都被征用；报纸被管控；宣布戒严；部队奉命返回卫戍地，征召预备队——所有的措施都执行了，只差将部队实际调往边境了。

30日下午5点，贝特曼-霍尔韦格向内阁承认，他已经失去了对国家的控制权。宰相以慢慢吞吞、有气无力、愤愤不平的语气警告说，俄国已经动员了；英国肯定会和协约国一起作战；意大利的立场不确定；无论是罗马尼亚还是保加利亚都靠不住。他说自己不知该如何是好；时局让他无法招架。他这般痛苦的坦率，是一个急于让别人分担重担、分散自己责任的绝望之人所为。他在孤立无援的境遇中大喊大叫。他试图抓住那些"本可能做到的事情"和失去的机会。他为英国和德国未能实现调停而叹惋（他似乎忘记了，自己也曾为扼杀这种可能性出力）。事到如今，他甚至公开承认塞尔维亚已经满足了奥地利的最后通牒，"除了那几个小点"！

与此同时，四位君主——德皇、沙皇、英王和奥匈帝国皇帝——全都在回避战争。威廉的虚张声势掩盖了他本质上的担惊受怕，他现在很恐慌，因为战争近在眼前，他的政权生死未卜。沙皇被自己在这场即将到来的屠杀中的共谋身份吓得不轻，忍受着令他心烦意乱的懊悔。乔治国王表达了老派的沮丧情绪，以及对维护和平不温不火的希望，即使事态发展已经远非他所能影响或理解的了。维也纳的老弗朗茨·约瑟夫在自己的宫殿里忙来忙去，眼不见心不烦。

负责的文官大臣们——贝特曼-霍尔韦格、格雷、普恩加莱、雅戈，甚至还有摇摆不定的贝希托尔德——或多或少都希望可以避免战争，却不知如何才能避免，因为世界已经处在战争边缘了。法国从来都不想要战争。只有萨宗诺夫和康拉德公开主张进行总动员（做出决定时，两人也都曾犹豫过）。

如果这么多领导人声称在为避免战争而努力，为什么还不能阻止战争呢？为什么政府和君王无力让动员机制停下来呢？阿尔贝蒂尼一改平常的冷静，气势汹汹地质问道：

> 如果没有人想要战争，而万一战争爆发的话……为什么不能不惜一切代价避免战争、再次让文官政府坐镇管理呢？它千不

该万不该放松控制权。但是，在德国的当权者中，无论是文官还是军人，那天没有一个人在柏林挺身而出，拯救普鲁士和德意志帝国，次日在维也纳，也没有一个人挺身而出，拯救哈布斯堡君主国。[5]

一个答案是，君主和政府官员或多或少地交出了他们的权力。他们失去了曾经拥有的影响力，在中欧和东欧，他们把权力让给了军队。贝特曼-霍尔韦格已经"失去了所有的控制权"，[6]成了将军们的傀儡。德皇也沦落到只能发送口授电报的地步。其他的君主们也同样无能为力，只能在呈递给他们的文件上签字盖章。俄国、奥匈帝国和德国政府中的文官正在将行政管理权拱手让给武装部队。格雷和阿斯奎斯受到英国保守派的严厉批评，被要求采取对抗德国的坚定立场。格雷失去了曾经在欧洲享有的一切信誉。只有普恩加莱似乎还是一家之主。

就在最需要他们出手管束的时候，文官领导人和他们的君主却向铁血命令屈服了。动员起来的大军像慢动作的核导弹一样集中在欧洲——一旦他们按下按钮，或开动火车，就停不下来了——施里芬在两条巨大的战线上作战的恐怖设想即将成为现实。

7月31日，德国人民察觉到了俄国擂起战鼓这一事实。正午时分，德皇履行了他仅剩的有用职能：团结人民，在人民眼中，他还保留着一定程度上的感召力。他那只健全的手持着剑，光彩照人地站在柏林皇宫的阳台上：

> 对德国来说，一个重要时刻已经到来……剑被硬塞到我们手中……战争将要求德国人民做出巨大牺牲，但我们也要让敌人看看，进攻德国意味着什么。因此，我将你们托付给上帝。到教堂

里去，跪在上帝面前，恳求祂帮助我们勇敢的军队吧。[7]

人民动身前往，向上帝祈祷。在接下来的日子里，东正教、天主教和圣公会基督徒也同样跪在他们的教堂里，争取俄国、法国和英国的神灵支持他们的事业。所有人都相信，神站在他们这边，会助他们一臂之力。

柏林在当天晚些时候向俄国发出了最后通牒。与此同时，贝特曼-霍尔韦格也在总参谋部的鼓动下，着手将维也纳锁死在即将到来的与俄国的战斗中。奥匈帝国还没有向柏林保证会在对抗沙皇政权的全面战争中提供支持，与这样一场战争相比，它对塞尔维亚的行动似乎只是一场小规模冲突。康拉德和贝希托尔德直到现在都还以为他们将在巴尔干地区打一场局部战争，而**不是**针对俄国人的一场大型攻势。此时，他们认识到，他们的大部分军队需要在东边抵挡俄国，同时剩余的德军要在西边对付法国。施里芬的幽灵是无法摆脱的。

因此，在7月30日，贝特曼-霍尔韦格要求康拉德发出维也纳针对俄国的总动员令。为此，康拉德需要得到弗朗茨·约瑟夫皇帝的许可。这个消息让哈布斯堡皇室受到了惊吓。他们为了惩罚弑君罪，针对塞尔维亚进行了部分动员，难道是为了与俄国兵戎相向吗？31日，贝特曼-霍尔韦格向维也纳毫不客气地表明了这一点，由此在哈布斯堡的棺材上又钉了一颗钉子："我们已经宣布了迫在眉睫的战争危险，紧随其后的可能是48小时的动员。这必然意味着战争。我们希望奥匈帝国立即积极参与对俄战争。"[8]这个要求吓坏了奥匈帝国政府，也造成了"全新的局面"，康拉德在8月1日写道。[9]为了满足这一要求，维也纳只得让当时正在南下与塞尔维亚作战的大部分军队改变方向，前往东北方向对抗俄国。

7月31日下午3点25分——贝特曼-霍尔韦格向俄国发出最后通

牒的 5 分钟前——他收到了爱德华·格雷爵士新的调停提议。英国外交大臣顽固地坚持着这些崇高的姿态。他采取行动时那一本正经的样子使这些姿态更加动人,还有几分古怪。欧洲列强会欣然放下手头的全部事情,过来与英国一起握手言和吗?这可是整个欧洲都在为大决战下定决心的时候。但似乎再也没有人听格雷的话了。他似乎从未像现在这样脱离现实。在他最近的电报中,他以一贯的、有意为之的暧昧口吻提议,如果德国表现出"和解精神的些许证据",他将"不会马上与法国站在一边"。格雷再三强调"英国不受任何条约的约束"。[10]

这是恢复与英国的调停谈判的最后良机吗?是取消针对俄国的动员、拯救欧洲的机会吗?唉,时机已过。(无论如何,格雷的提议似乎都无法传达了。)五分钟后,贝特曼-霍尔韦格重新开始了他那可怕的工作。事态发展宛如狂暴的洪流,将他彻底淹没。毛奇把他盯得死死的,于是他向圣彼得堡发出了德国的最后通牒,宣判了欧洲的死刑:

> 俄国已将其**全部**陆军和海军动员起来对付我们。由于俄国的这些措施,我们为了国家的安全,被迫宣布进入战争危险状态,这还不意味着动员。然而,如果俄国没有在 12 小时内停止针对我们和奥匈帝国的一切战争措施,并将这件事情明确地通知我们,那么动员必将随之而来。请立即向萨宗诺夫先生传达这一信息,并电告其通讯时间。[11]

俄国必须在 8 月 1 日星期六中午 12 点前答复。对德国来说,"动员"意味着战争,但最后通牒并没有把这一点说清楚。

不久之后,贝特曼-霍尔韦格通过威廉·冯·舍恩大使向巴黎发出了又一份最后通牒。柏林要求对方在 18 小时内回答"法国是否会在德国与俄国的战争中保持中立"这一问题。给法国的照会确实表明了德国人所说的"动员"的意思："战争"。它还附有一份"秘密"照会，提出了对方不可能答应的要求：如果法国同意保持中立，"我们将不得不要求其交出图勒和凡尔登要塞，作为中立的保证；我们可以占领这些要塞，并在与俄国的战争结束后归还"。[12]法国人必须在8月1日下午4点之前答复。

德国人的傲慢和野心终于暴露无遗。德国向俄国和法国提出了不可能答应的要求，而这两个国家彼此都知道对方不会接受，因此德国已经无可挽回地投身于两线作战了。

当天晚上，在圣彼得堡，萨宗诺夫以与这一场合的严重性完全不匹配的温和沉稳态度宣读了德国的最后通牒。萨宗诺夫仍然认为和平还有救，因为德国并没有以战争相威胁；它只是威胁称要动员。他显然没有理解德国人说这个词的意思。他看不到自己的错误，还试图让普塔莱斯大使放心，俄国的动员"根本没有……开战的意思"。[13]毕竟沙皇郑重承诺过，不会下令开战。

普塔莱斯并不放心。伯爵明白动员在普鲁士人心目中的真正含义。他认为，很难指望德国陆军最高指挥部能"一直等到俄国在我们的边境集结重兵"。[14]萨宗诺夫仍未理解他所面对的事情的本质。他只有那一夜和半天时间来弄清楚。

夜已逝。天已亮。百鸟啁啾。动物的生活在继续，对人类的致命图谋浑然不觉。早上7点，普塔莱斯做的第一件事就是给曾经主动提出要帮忙避免战争的沙皇宫廷大臣弗雷德里克斯伯爵写信：

> 局势已经变得极其严重，我到处寻求避免灾难的方法……但是，如果到今天中午，俄国还没有向我们明确说明它已停止备战……那么动员令就会在今天下达。您一定知道那对我们来说意味着什么……那样的话，我们距离战争就只差毫厘了……[15]

直到当天下午2点，他才收到答复。

与此同时，在那天上午的柏林，贝特曼-霍尔韦格在联邦议会起身发言，向议会通报情况。他的演说通篇都是些真假参半的陈述和自我开脱，但其中有一句话很可怕，点明了演说的核心思想，把德国歪曲成受害者：

> 如果俄国没有给出令人满意的答复，法国也没有绝对明确地声明中立……那么德皇将通知俄国政府，他必须自视为与俄国处于交战的状态，而这种状态是俄国自己造成的……而且由于法国不保证中立，我们必须假定我们与法国也处于交战的状态……我们并不想要战争，我们只是被迫接受……[16]

当天下午，在彼得霍夫宫，弗雷德里克斯伯爵回复了普塔莱斯的信。具有讽刺意味的是，他们撤销动员决定的最后希望竟在于威利-尼基通信。弗雷德里克斯宣读了沙皇的最新电报，这封电报于柏林时间下午2点05分左右交到德皇手中。它没有答应德国的要求：

沙皇致德皇，8月1日

圣彼得堡

> 我收到了你的电报。我明白你是被迫动员的，但我希望你能像我对你保证的那样，也要保证这些措施并不意味着战争，我们还会继续谈判……在上帝的帮助下，我们久经考验的友谊一定会成功避免流血冲突的。我心急如焚，却也充满信心地等待着你的答复。
>
> 尼基[17]

很显然，沙皇和萨宗诺夫似乎认为尽管两国**都**动员了，但战争仍然可以避免。若非如此，就是俄国人单纯只是在争取时间，以便在德国边境集结军队。贝特曼–霍尔韦格和毛奇相信后一种解释，并力劝威利立即答复：

德皇致沙皇，8月1日

柏林

　　谢谢你的电报。我昨天向贵国政府指出了唯一可以避免战争的方法。虽然我要求在今天正午前得到答复，但至今没有收到我的大使转达贵国政府答复的电报。因此，我不得不动员我的军队。贵国政府立即给出清楚明确的答复，是避免无尽苦难的唯一途径……我必须请求你立即向你的部队下命令，决不能有丝毫侵犯我国边境的行为。

威利

字里行间透露出普鲁士总参谋部的意见。时间一分一秒地过去。没有等来答复。下午4点，德国人不再等了。陆军大臣法金汉驱车前往宰相办公室，拜托他陪同自己前往德皇的皇宫，"请求颁布动员令"。法金汉在日记中记录了这一时刻：

　　百般推脱之后，（贝特曼–霍尔韦格）终于同意了，我们给毛奇和提尔皮茨打了电话。与此同时，陛下亲自打来电话，让我们把动员令带过去。下午5点，陛下在用纳尔逊的"胜利号"上的木材制成的桌子上签发了这道命令。他签字时，我说："上帝保佑陛下和您的战斗。上帝会庇护我们亲爱的祖国。"皇帝久久地握住我的手，我们两个人的眼睛里都噙着泪水。[18]

圣彼得堡时间当晚7点10分，普塔莱斯伯爵向萨宗诺夫递交了德

10468. - VICTORY PORTSMOUTH.

1900年停泊在朴茨茅斯的纳尔逊旗舰"胜利号"

国对俄国的宣战书：

自危机开始以来，德意志帝国政府已尽一切努力，试图促成和平解决……但俄国还没等有任何结果，就开始对其陆海军进行全面动员。德国方面的任何军事行动都无法证明这一威胁性举措的正当性，鉴于此，德意志帝国正面临着迫在眉睫的严重危险。如果德国政府未能防范这一危险，就将危及德国的安全和存在本身。因此，德国政府不得不……坚持要求停止上述军事行动。俄国（拒绝）回应这项要求。因此，我很荣幸地奉我国政府之命，向阁下告知如下信息：皇帝陛下，我尊贵的君主，以德意志帝国的名义接受这场挑战，并自视已与俄国开战。[19]

第三十六章
德国向法国宣战

不幸的是，这封电报残缺太多……只能破译其中的一些片段……我必须下定决心，依靠电报中能够弄清楚的那么一点点内容来证明宣战的正当性。

——1914年8月4日德国驻巴黎大使冯·舍恩男爵
收到对法宣战的指令时表示

现在，我们所有人都要拿起武器！我看到那些不能第一批走上战场的人在哭泣。每个人都会轮到的。我们国家不会有一个孩子无缘参与这场激烈的斗争。死亡算不了什么。

——1914年8月4日乔治·克列孟梭对法国议会的讲话

德国的不息战鼓，法国的亲密盟友俄国的动员，再加上英国一直拒绝提供帮助，以上种种因素让奥赛码头再也无法克制。在法国，一切都在催促赶快行动，以免德国人抢先到达边界——约瑟夫·霞飞和费迪南·福煦将军是这样想的。尽管爱德华·格雷还在坚持，但调解的希望已然破灭。7月31日，法国听到了更多不妙的消息：唐宁街再次拒绝承诺加入协约国。恼怒的普恩加莱在当天晚些时候直接恳求乔治五世："眼下，英国、法国和俄国越是在外交行动中给人留下团结一致的强烈印象，就越有理由指望和平得到维护。"[1]但格雷仍拒绝行动。英国政府和议会在是否承诺与德国开战的问题上存在严重分歧。英国干预所产生的威慑力，即使真的有，无论如何也已经消失了：德国和俄国已经开战，而法国正在恳求帮助。

与德国和俄国一样，法国也开始"动员"了，只是没有使用这个词。7月31日，这个国家已经别无选择。据法国驻卢森堡公使馆的急电称，德军封锁了申根和伦尼希的摩泽尔河上的桥梁。[2]卢森堡大公国要求德国和法国在发生战争的情况下尊重它的中立。德国驻巴黎大使冯·舍恩男爵当天拜访法国总理维维业尼时，对边境的紧张局势做出了致命的解读，以便强迫法国接受最后通牒："如果我们动员起来，必然会发生战争。"[3]

这一威胁刺激了法军指挥官，他们催迫文官领导人采取行动。听说了冯·舍恩男爵的这次任务后，法军指挥官霞飞要求陆军部长阿道夫·梅西米"立即下达我们的总动员令，我认为这势在必行"。蓄着一簇海象般大胡子的梅西米答应在当晚的内阁会议上处理这个问题。部长们推迟了动员令，但允许霞飞次日向全军发出预警。霞飞给他的指挥官们写道："动员令极有可能在今天，也就是8月1日晚上发布。立即着手进行一切有利于动员的准备工作。"[4]

从德国宣布进入战争危险状态的那一刻起，法国的铁路工人就做好了"立即行动"的准备。[5]法国掩护部队——被派往边境迎接敌人第一波进攻的部队——的动员从7月31日晚9点开始，到8月3日正午结束（普通的铁路运输没有任何中断）。这一初步行动涉及近600列火车。法国军队进入距离卢森堡-孚日省边界10公里的阵地就位，并收到明确指令不得继续靠近，以免与德军巡逻队发生冲突，给柏林落下宣战的口实。

与此同时，法国舰队也在地中海处于警戒状态，以保卫国家的南部港口。按照1912年海军议定书中达成的协议，皇家海军将保护法国北部和西部的港口。然而，格雷提醒法国人，英国承担起这个任务，便没有义务在陆地上作战。即使这在严格意义上并没有错，但他缺乏诚意，有违《英法协约》的精神，不禁使康邦怀疑是否"应该把'荣誉'一词从英语词汇中删除"。[6] 不过格雷承诺将在8月2日星期日组织他那意见分歧的内阁召开紧急会议，处理这一问题。

8月1日，时局始终如一地影响着法国政府。霞飞坚决主张，必须立即做出全面动员的决定。在当天上午的内阁会议上，他再次敦促政府下达命令。他流露出"一个冷静、刚毅之人平静的神色，他唯一担心的是，法国被所有国家中动员最迅速的德国超过之后，可能很快就会发现自己处于无可挽回的劣势"。[7] 在城市的街头，谣言满天飞。伊迪丝·华顿写道："巴黎不断继续着它在仲夏时节的业务，那就是为游客大军提供食物、服饰和娱乐，他们是它近半个世纪以来见到的唯一入侵者。"[8]

8月1日上午11点，很快就将被解除外交部长职务的法国总理勒内·维维亚尼，按照约定在奥赛码头会见了冯·舍恩男爵。德国大使想要得到对他前一天发出的德国最后通牒的答复：法国会在俄德战争中保持中立吗？它会将要塞让与德国吗？答案对两个人来说都是显而易见的：不会。（对于这次会谈，有好几种说法。）法国将保护自己的利益，这也含蓄地指代了其主要盟友俄国的利益。

正午的最后期限过去了。法国人轻蔑地对待德国的最后通牒，这是它应得的待遇。要他们放弃凡尔登和图勒的大型要塞，让德国人占领——是为"中立"的代价——这个提议本身就严重伤害了法国人的自尊心。令霞飞感到欣慰的是，法国内阁在当天下午4点下令进行全面动员，与德国差不多在同一时间。8月2日的午夜一过，就将进行动员。

第二天早上，整个法国都读到了这道命令。一个写着"总动员"的白色标志出现在海军部的外墙上。据勒库利记载，报社外面也出现了小小的蓝色动员令。[9]当时在巴黎的美国作家伊迪丝·华顿见证了这一时刻：

> 行人读了告示，继续前行。没有欢呼雀跃，没有手舞足蹈：这个民族的戏剧观念已经告诉过他们，这个事件太重大了，不能被戏剧化。它就像一场巨大的山崩，散落在一个秩序井然、吃苦耐劳的民族的道路上……[10]

法国陆军的全面动员以冲向铁路开始。8月2日，每一个铁路终点站、补给站和车厢都被人员、物资和弹药塞满了。在接下来的三个星期里，将有约4750列火车飞速驶向法德边境，其中包括250列专列，向从凡尔登绵延至贝尔福的法国大型要塞运送围城所需物资。动员完成时，法国政府会感谢铁路工人日夜辛劳时怀着的"爱国热情和令人钦佩的献身精神"。[11]战争后期，《交通日报》表示："我们要说句公道话，这场大战中的第一次胜利是铁路工人赢得的。"[12]

那一天，支持和反对战争的游行示威充斥着城市的街道。勒库利写道："林荫大道和协和广场都有游行，不计其数的人来来往往。"普恩加莱告诉人民："动员不是战争。"[13]从他们的行动来看，似乎并没有多少人相信他。战争的前景改变了全体国民。伊迪丝·华顿写道，昨天，法国人民"还过着千差万别的生活……彼此间格格不入，仿佛对待边境另一侧的敌人一样"。今天，"工人和游民、小偷、乞丐、圣人、诗人、妓女和赌棍、真诚的人和华而不实的骗子，都在一个本能的情感共同体中摩肩接踵"。[14]人类的每一分精力都在滋养战争时期的努力；日常习惯被抛之脑后。华顿回忆道："这个8月夜晚的新巴黎有一种莫名感人的东西，它如此暴露，却又如此娴静，仿佛被自身的美丽所庇护。"[15]

　　法国人民是如何发现他们正在为一百年内的第三次对德战争进行动员的，让人难以理解。法国并没有挑起战争。它的领导人在7月的大部分时间里保持沉默。普恩加莱总统一直在海上。所有国家中，法国人对这场危机的责任最小。法国的当权者中没有人公开求战。

　　但法国官员也并非完全清白。他们那位不安分的驻圣彼得堡大使莫里斯·帕莱奥洛格未经巴黎批准，就力劝萨宗诺夫对德国采取强硬立场。帕莱奥洛格个人的热情推动了他的"外交"——这在很大程度上怂恿俄国犯下了早早动员的大错。然而，普恩加莱进一步稳固了帕莱奥洛格的立场：7月29日回到巴黎后，法国总统没有采取任何措施来约束圣彼得堡。他反而求助于伦敦。他寻求的是**盟友**，而不是调停者。

　　对法国来说，俄国的动员是一个很微妙的问题。从严格意义上讲，它并没有强迫普恩加莱开战。法俄同盟说的是，如果受到攻击，缔约国有义务**保卫**对方。然而，俄国先动员，就是首先采取了攻击行动。按照普恩加莱在1912年的承诺，法国本应采取行动，把它的盟友从悬崖边拉回来。他说的是，法国"永远不会承担任由（战争）被宣布的责任"。[16]然而，可悲的是，这正是法国政府所做的：它没有采取任何抵抗措施，"任由"战争被宣布，首先是对俄国，然后是对法国本身。

　　这并不是说普恩加莱给了圣彼得堡一张用来开战的空白支票。或许总统很信任他的对俄政策："尽我们所能，劝导我们的盟友在与我们的直接利益关系不大的问题上采取温和态度……（例如塞尔维亚问题）。"[17]那么巴黎为什么只做了这么一点事呢？法国政府仅仅在7月31日发了一封相当令人困惑的电报，敦促俄国"为了和平这一首要利益……要避免任何可能使这场危机成为必然或提前到来的事情"。[18]那时已经太迟了：俄国人已经动员了。同一天，据英国驻巴黎大使弗朗西斯·伯蒂称，普恩加莱说他认为战争"已成必然"。[19]法国政府似乎已经听天由命了，在最后这些绝望的日子里，这种宿命论影响着每一个人；他们**接受**了战争。

与法国人这种清清白白的形象相反的，还有另一种更阴暗的说法，是这样的：法国政府可能并不想要战争，却没有采取任何措施来避免战争，而一旦战争看起来有可能发生，它就会对这种前景欣然接受，甚至甘之如饴。战争给巴黎带来了一个千载难逢的机会。法国似乎从来没有像现在这样装备精良，可以对德国采取攻势，报1815年、1870年和1911年之仇，并收复阿尔萨斯-洛林。它的铁路更加先进，它的军队在三年国民兵役法的条款下不断壮大。它与拥有欧洲最大陆军的俄国建立了坚定的同盟，还有英国暂时性的支持。凯格写道："这是一百年之内法国第三次面对德国的入侵。在1815年和1870年，它孤立无援，但现在它有两个强大盟友的支持。"[20]

从这个角度来看，战争给法国带来的是机遇，而不是威胁。8月1日，备受尊敬的《晨报》刊登了这样一篇文章：

> 我们十分清楚，战争从未如此有利于我们……当德国几乎要独自承受来自协约国陆海军的猛烈攻击时，说实在的……我们怎能感觉不到战争的强烈诱惑？尽管如此，后人却不会认为我们对这场战争负有责任。如果它来了，我们将满怀希望地迎接它。我们确信它会给我们带来应得的补偿。[21]

据媒体报道，普恩加莱也表达了类似的观点。如果是真的，那么他关于法国不想要战争的说法听起来就很虚伪了。事态发展对法国有利，这给了政府一个永久消除德国威胁的绝佳机会。

战争的到来对法国人民来说也并非"必然"，或者"令人震惊"。各方政客都敏锐地察觉到了战争的趋势，却没有采取什么措施来抵御，只有少数积极发声的反对者例外，比如脾气火爆的社会党人让·饶勒斯，他警告称，与德国的战争将使整个法国沦为一片阴燃的废墟。大量群众在鼓吹强硬外交政策的新闻界的煽动下，对战争早已急不可耐。然而，大规模的反战抗议活动拆穿了占据压倒性优势的大多数人支持战争这一说法。[22]整个7月，法国的反对党都在激烈争论是反对还是支持战争。社会党最终还是支持了政府，放弃了饶勒斯的原则性立场。

饶勒斯在7月31日晚遇刺——当他坐在巴黎的一家咖啡馆里用餐时，被一名年轻的狂徒射杀——这是法国的战争热潮最骇人听闻的表现。饶勒斯死后，因反对战争的勇气而受人追捧，而在他活着的最后几个星期里，却因直言对法德修好的信念而受到新闻界的诋毁和长篇大论的激烈攻击，他们污蔑他是"亲德的社会党叛徒"和"阴险的否定论腐败间谍"，"誓要将巴黎送给普鲁士人"。[23]7月23日，记者夏尔·莫拉斯以令人发指的不负责任态度写道："我们不想煽动任何人去实践政治暗杀，但让·饶勒斯先生完全有理由吓得发抖！"[24]7月29日，饶勒斯最后一次勇敢地出言反对与德国的战争，并敦促政府努力争取和平。两天后，他死了。

德国政权这些丢人现眼的伎俩还没玩够。光是这不合理的最后通牒还不够。它需要设法捏造一个进攻法国的战争理由；要是能刺激法国首先宣战，就更好了。为此，德国和奥地利的新闻界被证明是有用的。他们是政府手中与之沆瀣一气的爪牙，发表了一系列关于法军犯边的无耻谎言。据报道，80名穿着普鲁士制服的法国军官试图乘坐机动车辆在瓦尔贝克附近越过边界。"这次尝试没有成功。"一家德国新闻社撒谎称。根据新闻机构沃尔夫通讯社的说法，8月3日，法军在其他地方"成群结队"地越过德国边境，占领了戈特斯塔尔、梅策尔、马尔基希等城镇和施卢赫特山口。这也是无耻的胡编乱造：法国军队奉命留在距离德国边境10公里的地方，为的就是避免任何此类风险。

德国人的杜撰变得越发离奇。维也纳和布达佩斯的报纸在8月2日和3日声称："两名法国空军军官乘坐一架飞机飞过纽伦堡，向这座城市投下炸弹。"[25]沃尔夫通讯社也有一篇类似的报道，声称法国飞机飞到了莱茵兰。它说："昨夜观察到一艘敌方飞艇从凯尔普里飞往安德纳赫。观察到敌机从迪伦飞往科隆。一架法国飞机在韦瑟尔附近被击落。"[26]事实上，只是一名法国民航飞行员迷失了方向，在米卢斯降落后又飞走了。最过分的挑唆出现在8月4日的德语报纸《新报》上，它声称梅斯的法国医生试图用霍乱杆菌给水井投毒。[27]另一份报道称，这一"丑恶行为"的所谓犯案者已被行刑队枪决。总而言之，德国指控法国犯边20次，所有这些都是毫无根据的污蔑。

柏林那些敏感的人们以为，世人会相信这些显然是为了给入侵法国找理由的杜撰。但巴黎拒绝像柏林一样使阴招。它的大使馆坚决抗议，并要求德国纠正谎言。[28]维维亚尼反诉称，德国军队向法国的一个海关哨所开火，并进入了容舍雷村和巴龙村，杀害了一名法国士兵。德国人最初称这些说法纯属捏造。然而，8月4日，尴尬的毛奇被迫承认，一支德军巡逻队"违反明令"，非法进入法国领土。两名士兵被枪决。[29]

8月3日，德国政府的背信达到了新高度。1点05分，德国驻巴黎大使舍恩收到了贝特曼-霍尔韦格的一封加密电报。舍恩后来声称电报被篡改了。第一段有些难以辨读，说的是一名法国飞行员"在试图破坏韦瑟尔附近的铁路时被击落"；法国飞行员在纽伦堡和卡尔斯鲁厄空投了反德传单；法国军队侵犯了德国边境。电文的后半部分倒是清晰可辨，内容是："法国的这些行为使我们处于战争状态。请阁下在今天下午6点向法国政府传达以上内容，索要通行证，然后离开，将事务交由美国大使馆处理。"[30]（先前的一份草稿指责法国军队侵犯了比利时的中立，如此恶毒的捏造，似乎连德国政府自己都看不过去了，贝特曼-霍尔韦格将其删除，而其中那充满悲剧色彩的讽刺似乎并没有引起他们的注意）。

舍恩带着这些难以识读的指令开展工作，完成了德国的宣战，却**对德国参战的原因不加思考**。他后来为自己辩护时，只能说这份加密电报上有宰相的签名，是"特别重要的事情"。他自称能够识别出宣称法国飞行员袭击了"纽伦堡、韦瑟尔和卡尔斯鲁厄"的字样。德国就这样用一个既恶毒又难以辨读的谎言为入侵法国找到了理由，正如舍恩后来无意间承认的那样。他在一份漫不经心到令人震惊的解释中写道：

> 不幸的是，这封电报残缺太多……只能破译其中的一些片段……没有时间对无法辨读的部分进行查究。因为我从其他渠道了解到，由于法国对纽伦堡的空袭，我们认为必须要宣战，所以我必须下定决心，依靠电报中能够弄清楚的那么一点点内容来证明宣战的正当性。[31]

舍恩大使对分配给他的这个配角的演绎似乎已经登峰造极，这是一个愚钝、忠于职守的信使角色，他的任务——传达流血与毁灭的威胁——完成得十分坦然，对良心的抗议充耳不闻，只在乎按照上面的吩咐行事。他这份使命的真相仍然是个谜。法国读码员有没有故意篡改电报？舍恩是否自己损毁了电文？如果他自己都厌恶自己的使命，为什么不等到一份清晰易读的电报发来呢？争论在战后仍在继续，但归结起来就是：德国人只是在争论电报中的**哪一套谎言**——法国的空袭（清晰可辨），抑或是法国的犯边（难以辨读）——最符合他们证明参战正当性的目的。

于是，这个卑鄙小人带着这份可怕的文件来到了位于奥赛码头的外交部长维维亚尼的办公室。半路上，法国抗议者跳上了舍恩的汽车，大喊大叫，用粗鲁的手势威胁他，好像已经知道了他这项可耻的使命似的。他被领到部长面前，深鞠一躬，大声宣读了德国的宣战书（全文见附录五）：

> 德国……当局已经证实了法国军队飞行员对德国领土采取的一些公然敌对行为。其中一些人公开侵犯了比利时的中立，飞入该国领空；有一人试图摧毁韦瑟尔附近的建筑物；还有人被目击到在艾费尔山地区出没，一人向卡尔斯鲁厄和纽伦堡附近的铁路投掷炸弹。我奉命……面对这些侵略行为，德意志帝国自视与法国处于交战状态……我的外交使命到此为止，我只求阁下为我提供通行证……舍恩（签名）。[32]

维维亚尼一言不发地听着，然后起身抗议德国这个论题的"不公正和疯狂"。再也没有什么好说的了。舍恩获得了返回德国的安全通行许可，这与可怜的法国驻柏林大使儒勒·康邦形成了鲜明对比，后者不得不用黄金到处贿赂，方才离开德国，"像囚犯一样坐在上锁的车厢里"，在丹麦边境被德国军队用枪指着，剩余的资金被勒索得一干二净，这让他气愤不已。[33]

这一天，即1914年8月4日，法兰西共和国总统雷蒙·普恩加莱在法国议会的特别会议上起立讲话。在他讲话期间，议员们全程保持站立（全文见附录七）：

先生们，

　　法国刚刚成为一场有预谋的暴力攻击的目标，这是对国际法的无礼挑衅。在向我们发出任何宣战书之前，甚至在德国大使索要通行证之前，我们的领土就已经遭到了侵犯。德意志帝国一直等到昨天晚上，才姗姗来迟地给它已经造成的事态赋予真正的名称……

在这场刚刚开始的战争中，正义在法国这边，国家和个人一样，谁也不能漠视这种永恒的力量而不受惩罚（全场响起热烈的掌声）。它将得到所有赤子的英勇保卫；大敌当前，没有任何东西能够打破他们的神圣同盟；今天，他们像兄弟一样团结起来，怀着对侵略者共同的愤慨，怀着共同的爱国信念（热烈的掌声经久不息，还有"法国万岁"的呼喊声）。

它得到了盟友俄国诚心诚意的帮助；它得到了英国忠诚友谊的支持……因为今天它再一次在全世界面前代表了自由、正义和理性。振作起来，法国万岁！（全场响起经久不息的掌声。）[34]

克列孟梭后来发出了振奋人心的战争号召。他说，即将到来的斗争将使拉丁欧洲的荣耀与哥特人的野蛮相抗衡。他宣称，法国将为"欧洲各民族的独立……为承袭自雅典和罗马、为人类思想赋予荣耀的最伟大理念……"而战。而德国人"就像那些蛮族一样，在掠夺罗马后，将古代艺术奇迹熔化为锭，用来制作野蛮人的装饰品……"法国和俄国将与"精神错乱的条顿主义自大狂作战，它野心勃勃，想要实现连亚历山大、恺撒和拿破仑都无法实现的成就：将钢铁般冷硬的霸权强加给一个渴望自由的世界……"他最后说：

现在，我们所有人都要拿起武器！我看到那些不能第一批走上战场的人在哭泣。每个人都会轮到的。我们国家不会有一个孩子无缘参与这场激烈的斗争。死亡算不了什么。我们必须获胜。为此，我们需要所有人的力量。即使是最虚弱的人，荣耀也有他的一份。各族人民的生活中，总会有一场英勇行动的风暴过境之时。[35]

第三十七章
迫不得已，无需讲理

如果我们必死无疑，最好死得光荣。我们别无选择。我们的屈服起不到任何作用。

——比利时首相夏尔·德·布罗克维尔拒绝德国的最后通牒时说

因此，我们被迫无视卢森堡和比利时政府的正当抗议。我们一旦达成军事目标，就将努力弥补我们因此而犯下的错——我坦率地承认，这确实是错的。像我们这样受到威胁、并且为自己最高贵的所有物而战的人，只能考虑如何开辟出一条路来。

——1914年8月4日宰相特奥巴尔德·冯·贝特曼–霍尔韦格对帝国议会的讲话

比利时也没闲着。一个星期前的7月24日，比利时外交大臣达维尼翁先生吩咐他驻巴黎、柏林、伦敦、维也纳和圣彼得堡的大使们，如果比利时陆军动员的话，他们要第一时间向驻在国政府递交一封签名信。在那之前，他们要把这封没有标明日期的信存放在保险箱里。

比利时的这封信申明了该国为捍卫1839年4月19日《伦敦条约》所赋予的中立地位而战的决心。根据该条约，普鲁士、英国和法国承认比利时独立（1830年以前，比利时一直是荷兰的一个事实上的组成部分，这次独立是从荷兰独立出来），并保证比利时的**永久**中立（根据关键的第七条）。这就要求缔约国承诺在遭遇入侵时保卫比利时的中立。[1]和瑞士一样，比利时处于一种"武装中立"状态，在这种状态下，"交战国不得入侵"，[2]而比利时抵抗入侵者的权利"并不伤及自身的中立"。[3]

在19世纪的大部分时间里，列强都没怎么考虑过这个问题。除了英国在1870年和1887年为了比利时的中立而进行了干预外，似乎没有人愿意在发生冲突时保卫比利时。在下议院的阵阵欢呼声中，首相格莱斯顿于1870年宣布，英国绝不会"默不作声地袖手旁观，坐视至暗时代里玷污历史书卷的直接罪行发生，并因此成为罪恶的参与者"。格雷很快就会引用他的话，在更危险的情况下捍卫比利时的中立。[4]于是，布鲁塞尔渐渐开始将英国视为自己默认的保护者。

这些年间，法国和德国之间发生另一场战争的可能性一直威胁着比利时。利奥波德国王1904年访问柏林时，德皇向他清清楚楚地表明了这一点，清楚得令人尴尬。使利奥波德感到恐怖的是，威廉坚持要求比利时在德国与法国的这场大战中选边站队："如果比利时不站在我这边，我的行为就只会考虑战略需要了。"[5]

威廉不小心向比利时国王透露了施里芬计划的核心内容，该计划的成功取决于德国军队可以在比利时自由通行。利奥波德提醒他的政府注意这一令人惊诧的发现，但他们并没有采取什么措施。在之后的那些年里，德国对比利时的威胁成了整个欧洲共同的军事和政治语篇的一部分。1912年12月21日，毛奇对贝特曼-霍尔韦格说："为了对法国采取攻势，必然要侵犯比利时的中立。"他接着说：

> 只有穿过比利时领土向前推进，我们才有希望在旷野攻击并击败法国陆军。这样一来，我们就会发现，我们面对的是英国

远征军和比利时陆军——除非我们能与比利时签订条约。尽管如此，这样的作战也比正面进攻设防的法国东线（即凡尔登和图勒要塞附近）的成功希望更大。[6]

1911年有那么一段时间，有人认为**法国**可能会首先侵犯比利时领土，先发制人地攻击德国。巴黎也将比利时视为一条畅通无阻的北部走廊，可以轻松调动军队，避开守备森严的中部边境地区。但是在1911年10月20日，法国外交部决定不采取任何首先侵犯比利时中立的行动。它在给法军指挥官约瑟夫·霞飞将军的一封信中说："我们有责任不主动采取任何可能被视为侵犯比利时中立的行动。但似乎可以肯定的是，德国会让它的军队穿过比利时领土。"[7]在这种情况下，法国将采取一切必要的自卫措施——包括在德国侵犯比利时领土**之后**进入比利时，如果需要的话。1912年1月9日，霞飞在国防委员会的一次会议上问："一听到德国人侵犯比利时领土的消息，我们的军队就可以进入比利时领土了吗？"[8]委员会授予他这样做的全权。

比利时的未来更加阴云密布了。1913年，德国国内反对派在帝国议会中提出了比利时的中立问题。4月29日，社会民主党向德国外交大臣戈特利布·冯·雅戈——一位少言寡语、冷静客观的外交官，被认为是在场的所有人中最不擅长讲话的——施压，要求他澄清德国的立场。他从容不迫地回答说："比利时的中立是国际公约所规定的，德国坚决尊重这些公约。"[9]他的回答并没有让这些社会主义者满意，他们不断用长篇大论攻击政府。当时的陆军大臣奥古斯特·冯·黑林根将军宣称："德国不会忘记比利时的中立被国际条约所保证这一事实。"[10]

这两套回答都没有保证比利时的中立。雅戈（他私下里反对入侵比利时）只是提出要尊重一项公约；黑林根则说他会时刻记着。从那以后，布鲁塞尔便有了充分的理由感到忧心忡忡。当比利时驻柏林大使欧仁·贝延斯男爵要求雅戈正面回答时，布鲁塞尔的担忧加深了。气急败坏的雅戈回答说，他对在帝国议会中的发言没有什么好补充的。

德国很快就暴露了它对比利时的打算。新国王阿尔贝——一位勇敢、聪明、备受赞誉的君主——在1913年11月访问柏林时，惊讶地听到德皇和毛奇敞开心扉谈论德国的计划。德皇对即将到来的与法国的战争口出狂言，致命一击却是毛奇送出的，他轻蔑地劝告阿尔贝，"像比利时这样的小国，如果想要保持独立，最好还是站在强国这边"。[11]

到了1914年，比利时的政客们已经认识到了德国的威胁，却妄想柏林的蒸汽压路机会放过"小国"。一种奇怪的否定精神遍及比利时媒体和许多政治家。然而，比利时武装部队是由更坚固的材料制成的，如果遭受入侵，他们决心抵抗。在那慕尔和列日建造的大型要塞明确象征着反抗——对**任何**外国入侵者的反抗。7月29日，比利时征召了三个级别的民兵，并使其正规军处于"加强的平时编制"——这是"没有动员"一种更有趣的委婉说法。外交大臣向他的大使们保证："这一步骤绝不应与动员混为一谈。"[12]

两天后的1914年8月1日，比利时驻巴黎、柏林、伦敦、维也纳和圣彼得堡的大使们奉命向驻在国政府递交存放在保险箱里的信。信中表示：

> 比利时相信，如果敌对行动在它的边境地带爆发，它的领土依然不会受到任何攻击。尽管如此，政府还是采取了一切必要措施来确保比利时的中立受到尊重。比利时陆军已经动员，并占据了选定的战略位置，以确保国家的防御和对其中立性的尊重。安特卫普和默兹河上的要塞已摆开防御架势……[13]

当天，当德国军队在卢森堡边境集结时，伦敦向法国和德国提出了一个尖锐的问题：它们是否打算尊重比利时的中立？[14]巴黎立刻给出了肯定的答复，并补充道："如果另一个大国不尊重比利时的中立，那么法国政府……也必然会改变态度。"[15]换句话说，法国保留了在比利时的土地上与德国交战的权利。柏林则拒绝回答这个问题，以一种不祥的口吻解释说"它无法回答"。[16]

8月2日星期日，德军士兵从瓦瑟比利希和雷米希的桥进入卢森堡大公国，并南下往首都方向进发。载满部队和弹药的装甲列车紧随其后，这违反了1867年《伦敦条约》所保证的该国的中立。[17]卢森堡首相保罗·埃申报告称遭遇"入侵"。[18]该国由400人组成的象征性军队明智地放下了武器，让德国人通过。次日，数以万计的德军士兵占领了卢森堡；他们还要在那里驻留四年。这个厚颜无耻的先例警告比利时，它自己的命运只会更悲惨：施里芬-毛奇计划已经开始执行了。

卢森堡的先例没能打消比利时的妄想。即使到了这个时候，还是有很多比利时人坚信他们的国家会幸免于难。他们的期望即将被彻底击碎。8月2日晚7点，德国驻比利时首都的大使克劳斯·冯·贝洛-扎勒斯克要求与达维尼翁举行紧急会晤。

"您怎么了？"达维尼翁问这位上气不接下气的德国外交官。

"我上楼梯时走得太急了，这倒不要紧，"贝洛-扎勒斯克回答道，"我有一份绝密信件，要代表我国政府递交给您。"

达维尼翁打开信封，读了一遍，又重读了一遍，当他理解了个中含义后，脸色明显变得煞白。"确定吗？"他颤抖着喃喃道，"确定非要这样吗？"

文件落到两人之间的地板上。贝洛-扎勒斯克已经恢复了镇定，表示德国对比利时没有恶意，对此，达维尼翁的反应是极度的愤慨。德国威胁要侵犯比利时的中立，这是无法接受的。贝洛-扎勒斯克转身离去，把这份可怕的文件留在了达维尼翁脚边，这是战争中最令人毛骨悚然的文件之一。[19]它说（全文见附录八）：

德意志帝国驻比利时布鲁塞尔公使馆，1914年8月2日（绝密）。德国政府收到了可靠情报，大意是法国军队打算经日韦和那慕尔沿默兹河一线进军。这一情报无疑表明，法国打算行军穿过比利时领土，对德国不利。德国政府不禁担心，比利时……无法……击退法国人如此大规模的入侵，没有足够的成功希望可以充分保证德国免遭危险。为了自卫，德国必须抢在任何此类敌对攻击之前出手……

为排除任何误解的可能性，德国政府做出以下声明：

1. 德国无意对比利时采取敌对行动。如果比利时准备在即将到来的战争中保持对德国友善中立的态度，德国政府承诺在缔结和约时完全保证比利时王国的领地和独立。

2. 在上述条件下，德国保证在缔结和约后撤离比利时领土。

3. 如果比利时采取友善态度，德国准备与比利时当局合作，为其军队采购所有必需品，以现金支付，并为德国军队可能造成的任何损失支付赔偿金。

4. 如果比利时对德国军队采取敌对态度，特别是如果它利用默兹河上的要塞进行抵抗，或者通过破坏铁路、公路、隧道或其他类似工程给德国军队的行军制造困难的话，那么很遗憾，德国将不得不把比利时视为敌人。在这种情况下……两国关系最终走向何方，则必须留给战争来决断……[20]

德国给比利时的最后通牒由毛奇撰写，是对法国的隐性宣战，如果比利时抵抗的话，也是对比利时的宣战——尽管实际上并没有宣战。德国后来说这份文件不过是一种预防措施，这简直是在侮辱全世界的智商。布鲁塞尔有12个小时的时间来答复，截至次日，也就是8月3日早8点。

他们不得不通宵达旦地工作。比利时外交部翻译了这份最后通牒。内阁大臣们被召至王宫。众人一致同意拒绝这个卑鄙的要求。但阿尔贝国王想知道如何向人民传达这样做的后果。他警告说，德国的"敌对行动"将"呈现出他们做梦也想不到的暴虐性质"。[21]敬爱的君主这一席话唤起了大臣们的爱国主义热情，首相夏尔·德·布罗克维尔回忆道：

> 如果我们必死无疑，最好死得光荣。我们别无选择。我们的屈服起不到任何作用。德国发动这场战争的赌注就是欧洲的自由。我们可不要搞错了，如果德国取得胜利，比利时……将被并入德意志帝国。[22]

会议一致决定，他们要给出否定的回答。必须坚决拒绝德国的最后通牒。他们转而讨论起比利时军队为抵御即将到来的打击所做的准备。军队应当在哪里集结？最优防线位于何处？他们能依靠法国和英国吗？列日、那慕尔和安特卫普的防御工事能撑多久？一个月吗？国王、他的内阁和将军们花了几个小时来讨论比利时要如何对抗世界上最强大的陆军。结果比利时毫无头绪。

接近午夜时分，比利时王室委员会的三名成员围坐在王宫中一张巨大的木桌旁，起草给德国的答复。他们很快便前往外交部，以躲避在附近转悠的所谓编辑。凌晨1点30分，德国大使贝洛-扎勒斯克现身，重复了关于法国犯边和空袭的谎言。他声称法国的失信是对比利时和德国的直接威胁——他的这种做法为比利时人所不齿。

8月3日凌晨2点，比利时的大臣们完成了他们的答复。当他们准备离开时，阿尔贝国王起身了。"先生们，"他说，"这是一个黑暗之日的黎明。但它一定是一个明亮的黎明。"他又补充了一句，像是在说给自己听："如果我们软弱投降，明天布鲁塞尔街头的人民就会把我们绞死。"[23]

上午7点，达维尼翁向德国大使递交了比利时的答复。不卑不亢的语气和严谨克制的措辞构筑了崇高的精神境界，它将使比利时的勇敢和灵魂得到永久性的升华：

> 这份照会让比利时政府深受震撼、倍感痛苦。德国算在法国头上的那些意图，与8月1日法国人以法国政府的名义向我们发表的正式声明相矛盾。此外，如果出现与我们的预期相反的情况，比利时的中立受到法国的侵犯……那么比利时军队也将进行无比激烈的抵抗……
>
> 德国政府威胁要向它的独立发起攻击，这明目张胆地违反了国际法。任何战略利益都不能成为这种违法行为的理由。比利时政府如果接受提交给他们的方案，就要牺牲国家的荣誉，背叛他们对欧洲的责任……比利时政府将坚决以其能力范围之内的一切手段击退对其权利的一切攻击。[24]

毛奇对此感到惊讶，也稍微有些不安，当天下午，他粗暴地答复道："我们的军队将在明天上午进入比利时领土。"他不肯对比利时宣战，仍然希望能够让布鲁塞尔"认识到情况的严重性"。德国政府中，没有一个人把比利时会抵抗德军向法国进军的想法当回事儿。

次日上午，布鲁塞尔向英国、法国和俄国外交部发出电报，呼吁各国采取一致行动，反对"德国对比利时采取的强制措施……"它重申了比利时人民可贵的担当，赢得了所有人的钦佩。他们将"坚决……以其能力范围之内的一切手段抵抗"德军。[25]与此同时，比利时政府也与德国大使断绝了关系，把通行证交给了他的使馆全体人员，并把他们驱逐出境。[26]

当天上午，第一批德国军队越过了比利时边境。不久之后，宰相特奥巴尔德·冯·贝特曼-霍尔韦格在帝国议会上发表讲话（全文见附录九）：

> 欧洲的命运即将迎来重大转折……我们想要继续我们的和平事业，以及一种情操，它仿佛一句无声的誓言，鼓舞着我们每一个人，从皇帝到最年轻的士兵，那就是：我们的利剑只在捍卫正义事业时出鞘。现在，我们必须拔剑的时日已到，尽管这并非我们所愿，尽管我们付出了诚挚的努力。挑衅的是俄国。我们已经与俄国和法国开战——这是一场强加给我们的战争……[27]

贝特曼-霍尔韦格接着讲述了一段被谎言和省略所歪曲的历史，总是在邻国的背信弃义中突出德国的高尚意图。他在无意间暴露了一群长期被围困的国民的心理，这个民族总是被亏待的，从来都不是加害者。他无视俄国不会眼睁睁地看着奥地利粉碎塞尔维亚的警告；无视世人皆知德国挑起的这第三次巴尔干战争不可能局限于巴尔干半岛这一事实。显然，他完全没有提到德国在策划这场战争中起到的作用，也没有提到德国催迫维也纳先与塞尔维亚开战、然后与俄国开战一事。他删去了柏林拒绝以建设性态度尝试调解一事。他拿俄国下令部分动员这一鲁莽决定大做文章，倒也可以理解，这是协约国最大的错误，无可否认。但他声称德国已经向俄国清楚表明了"在我们的边境进行动员意味着什么"，这就是不实之言了。萨宗诺夫根本不明白这意味着什么，因为德国的最后通牒没有澄清这一威胁（与柏林发给法国的最后通牒不同，后者确实以非常强硬的措辞澄清了这一点）。然后他又重新放出了关于法国飞行员和法国人犯边的卑鄙谎言。他说："虽然没有宣战，但法国此举打破了和平，实际上攻击了我们……我们的军队遵照命令，一直严格采取守势。"

这时，贝特曼-霍尔韦格说出了那句恶名昭彰的话："先生们，我们现在处于一种迫不得已的状态，迫不得已，无需讲理。"从此，德国政府把规矩抛到了九霄云外。从此以后，德国的行为就仿佛人类进化了数千年的自制力是虚构的神话一样，并将继续在所有国际公认的规则之外行事。这番话吓坏了欧洲各国的大使馆。比利时认识到，自己即将感受到德国无法无天的全部破坏力，不禁瑟瑟发抖。贝特曼-霍尔韦格后来把他的这番话追根溯源到毛奇身上，后者认为，两线作战使入侵比利时具有"绝对的军事必要性"："我只好让自己去顺应他的观点。" [28]

贝特曼-霍尔韦格随后承认，德国已经实施了两项"必要的"违法行为——入侵卢森堡和入侵比利时——其措辞简直是无耻之尤：

> 我们的军队已经占领了卢森堡，或许也已经进入了比利时领土。先生们，这是违反国际法的。诚然，法国政府对布鲁塞尔声明了，只要对手尊重比利时的中立，法国也会尊重。然而我们知道，法国已经做好了入侵的准备。法国可以等，我们不能等。法国对我们在下莱茵的侧翼攻击可能使我们损失惨重。因此，我们被迫无视卢森堡和比利时政府的正当抗议。我们一旦达成军事目标，就将努力弥补我们因此而犯下的错——我坦率地承认，这确实是错的。像我们这样受到威胁，并且为自己最高贵的所有物而战的人，只能考虑如何开辟出一条路来。

他的话博得了"一阵又一阵的热烈掌声"。

令人惊讶的是，贝特曼-霍尔韦格似乎认为仍然可以通过谈判争取英国的中立：

> 我们已经通知英国政府，只要英国保持中立，我们的舰队就不会攻击法国的北部海岸，我们也不会侵犯比利时的领土完整和独立。现在，我要在全世界面前重申这些保证，我还可以再加上一条，只要英国保持中立，我们还愿意在保证互惠的情况下，不对法国商船采取战争手段……
>
> 先生们，事实就讲到这里。我要复述一下皇帝的话："我们问心无愧地应战。"我们是为了我们和平事业的成果、为了辉煌历史的传承、为了我们的未来而战。（老）毛奇伯爵曾说过，我们必须保持武装，以捍卫我们在1870年赢得的遗产，从那时算起，还不到五十年。现在是我们的人民接受考验的重大时刻。但我们问心无愧地前往迎接。我们的陆军已经走上战场，我们的海军已经做好了战斗准备——他们身后站着整个德意志民族——整个德意志民族团结一心……[29]

他们是这样说的，但他们并不是这样感觉的。那天，宰相的样子完全不像是问心无愧，他让提尔皮茨联想到一个"溺水者"。一位老朋友说，德皇从来没有流露出他在8月的那些日子里"那种悲戚、忧虑的神情"。[30]德国知道自己已经输掉了外交战。它知道自己是在对一项失败的不法事业抱残守缺。悲哀的是，它的文官领导人没能避免战争，反而在很大程度上发起了战争。国家的命运现在完全掌握在将军们手中。

第三十八章
最后的灯火

即使参战，我们蒙受的损失也不会比袖手旁观多到哪里去。

——英国外交大臣爱德华·格雷爵士1914年8月3日
对下议院的演讲

仅仅为了一张废纸，英国竟要对一个同种同宗的国家开战。
——德国宰相贝特曼-霍尔韦格描述英国对比利时中立的担当

英国面临的可怕抉择使内阁分裂，一些大臣对他们被要求做的事情感到无所适从。在这最后的和平日子里，他们的商议中弥漫着一种奇怪的不真实感，仿佛H.G.威尔斯的造物已经降临地球，政府必须在几小时内对威胁做出反应。[1] 一些大臣似乎无能为力，无法面对当前的重大问题：是否要在一场对德战争中与法国联手。一位内阁成员约翰·伯恩斯拒绝参与决定一场堪称灾难的战争，已经辞职；约翰·莫利很快就会与他一道。几位"中立派"内阁成员——劳合·乔治、刘易斯·哈考特、比彻姆伯爵、杰克·皮斯、约翰·西蒙和沃尔特·朗西曼——还在犹豫。他们拒绝支持英国介入对德战争，担心这会对英国人的生活和经济产生可怕的影响。他们的投票对英国的任何参战决定都至关重要，因为他们在内阁中掌握着权力的天平。必须设法说服他们。格雷一步一步地做到了。

在8月2日那场史诗般的内阁会议上，格雷设法在保卫法国北部港口这一关键问题上结成了团结一致的表象，这些港口赤裸裸地暴露在敌人的猛攻之下（因为法国舰队当时在地中海）。格雷说，英国有责任保护自己的海域和法国的港口。经过一场冗长的辩论，大多数人同意了。这还并不意味着战争。中立派在一件事情上陷入了自我怀疑：对比利时的入侵。德国威胁要对一个中立国大肆摧残，这刺激了他们的良知。众人一致同意，如果德国侵犯了比利时的中立，他们将重新考虑他们的立场。保守党反对派利用了自由党的优柔寡断，而一封承诺支持政府"与法国联手"的信给了格雷一张对付那些反对战争的少数人的王牌。

会议因午餐而中断。格雷驱车前往伦敦动物园，"花了一个小时与鸟类交流"。[2]阿斯奎斯坐在办公室里。大臣们在比彻姆家共进午餐时还在继续讨论，但没有达成决议。当天晚些时候，他们再次会面，并在下午6点内阁会议重开之前及时决定了他们的立场：对比利时的任何威胁都是无法容忍的。此时大多数人都同意，德国入侵法国会对英国的利益构成威胁。但战争理由，也就是能够使英国中立派下定决心支持战争的道德问题，是德国对比利时中立的破坏。斯坦纳和尼尔森总结说："比利时问题至关重要，因为激进的良知需要一个存在理由。"[3]

8月3日，英国内阁收到了德国对比利时发出最后通牒的消息。大臣们三天前就知道了这件事，但官方的确认在关键时刻直接帮了格雷一把。当天，急需英国中立的贝特曼-霍尔韦格和雅戈给格雷发了一封电报，试图证明他们给比利时开出的条件是正当的。他们希望"英国把德国的行动仅仅视为针对法国威胁的自卫"。[4]他的这番话自带两个弥天大谎：首先，法国威胁要通过比利时入侵德国（实际上并没有）；其次，德国因此才被迫通过侵犯比利时的中立来**自卫**（实际上是德国对一个中立国发动了进攻战）。

同时，贝特曼-霍尔韦格命令利赫诺夫斯基告诉格雷，"即使我们采取了侵犯比利时中立的手段，也是出于自保的责任而被迫这样做的。我们在军事上陷入了绝境。"[5]德国宰相竟然相信，格雷不仅会理解，还会**同情**德国的困境。甚至到了这个时候，他们还像溺水者一样紧紧地抓着他们唯一的希望：英国会保持中立。他们平庸的外交欺骗行为起到了反效果，坚定了英国对抗此时正在像油膜一样漫过比利时边境的普鲁士威胁的决心。

贝特曼-霍尔韦格整个宰相任期的指导方针都是使英国置身于战争之外。此时，他难以置信地注视着自己的毕生事业轰然崩塌。德国的大臣们都是些不可救药的人，他们在电报中信口开河，谎话连篇。进攻开始时，毛奇"简直处在精神崩溃的边缘"。[6]

德国向比利时发出最后通牒的消息，使英国舆论"从这海直到那海[*]都沸腾了"（按照大卫·劳合·乔治的说法）。民众强烈要求保卫比利时，支持这场战争，而就在几天前，人们还普遍反对英国介入。[7]支持的浪潮使内阁在最后时刻不再犹豫。英国人民没有染上高阶政治自私自利的习气，他们怀着赤诚之心挺身而出，捍卫小国比利时的生存权。民意的力量使内阁可以更轻松地下定决心采取行动——并非出于任何对比利时的严格法律义务，甚至连道德义务都无从谈起，尽管这些都是很实用的、众所周知的正当参战理由，而是为了国家利益：保卫法国、欧洲和其他地区免遭德国侵略。

在这种情况下，内阁于8月3日再次开会，批准格雷那天下午在下议院演讲的内容。重大问题在前一天已经研究解决了；今天的会议更加诉诸感情而不是分析。然而，西蒙和比彻姆十分不安，对是否予以支持犹豫不决，并考虑辞职。失去他们的票将使内阁的投票向拒

---

* 典出《圣经·诗篇 72:8》。"他要执掌权柄、从这海直到那海、从大河直到地极。"此处指全国各地。

绝参战倾斜。政府为了将国家带向战争，将不得不依靠博纳·劳领导的保守党反对派的支持——实乃下下策。人们寄希望于德国威胁比利时的迹象能够保证反对者的支持。"场面十分感人，"阿斯奎斯后来写道，"劳合·乔治强烈呼吁他们不要辞职，或者至少晚点辞职。"[8] 国家的命运，数百万人的生命，都由内阁微弱多数来决定。

下午3点，格雷起身向议会致辞。他只会说内阁同意让他说的。他的这场演说很奇妙，时而充满个人色彩，时而笨嘴拙舌，却极具说服力，没有宣战，也没有鼓舞全体国民。但它将英国人民推向了这一决定的边缘。对此进行了仔细研究的研究者们认为，格雷实质上将英国带向了战争（见附录十）：

> 很明显，欧洲的和平无法得到维护。至少俄国和德国已经互相宣战……（法国）之所以被卷入其中，是因为他们在与俄国的明确同盟中负有履约义务。对贵院，我要说句公道话，这种履约义务并不能以同样的方式套在我们身上。我们不是法俄同盟的当事方。我们甚至不清楚该同盟的各项条款……但这种友谊在多大程度上需要我们承担……义务，我们每个人都可以掂量一下自己的良心、自己的感受，自己去理解这份义务的范围。我是按照自己的感受来理解的，至于别人应当对这份义务作何感受，我并不想强迫任何人去接受超出他们感受的东西。贵院无论是作为个人还是集体，都可以自行判断。我说的是我个人的看法……

> 我自己的感受是，在法国没有主动寻求，也并非侵略者的战争中，如果一支外国舰队驶入英吉利海峡，轰炸并打击法国不设防的海岸，我们决不能置身事外……（欢呼声）袖手旁观、漠然视之、无所作为……

> 但我也想不带感情色彩地从英国利益的角度来看待这一问

题……我们面前是一场欧洲大战；有谁能对它可能产生的后果做出限制吗？……我们强烈地感觉到，法国有权知道——而且是立即知道！——在它不设防的北部和西部海岸受到攻击的情况下，它能否依靠英国的支持。在这种紧急关头……我已于昨天下午向法国大使做出如下声明：

"我被授权做出保证，如果德国舰队进入英吉利海峡或通过北海对法国海岸或船舶采取敌对行动，英国舰队将提供力所能及的一切保护……"

我向贵院宣读的这份声明，并不是我们的宣战书……而是要求我们保证，如果出现这种意外情况，就要采取攻击行动……

现在看来……德国已经向比利时发出了最后通牒，目的是请比利时与德国保持友好关系，条件是它要为德国军队通过比利时大开方便之门。（讽刺的笑声）……上周，他们还在试探我们，问如果他们保证在战争结束后维护比利时的完整性，我们能否满意。我们回答说，在比利时中立一事上，无论是什么利益或义务，我们都不能贱卖……（欢呼声）

在这样一场危机中，如果我们逃避（热烈的欢呼声）与比利时条约有关的义务和利益，那么我怀疑，无论我们最终可能拥有怎样的物质力量，在我们失去的敬意面前，这物质力量都不会有太大价值……我们拥有一支强大的舰队，我们相信它能够保护我们的商业，保护我们的海岸，保护我们的利益，对我们来说，即使参战，我们蒙受的损失也不会比置身事外多到哪里去。

无论我们是参战还是置身事外，恐怕都要在这场战争中蒙受巨大损失……目前，政府只有一个办法能够确保置身事外，那就是立即发表无条件中立的声明。我们不能这样做。（欢呼声）我们已经对法国做出了承诺，也就是我向贵院宣读的那份，因此我们不能这样做。我们要考虑比利时，因此我们也决不能无条件中立……

如果我们真的采取那样的做法，说"我们不会与这件事有一点关系"……那么我认为，我们会牺牲掉别人对我们的敬意，以及我们在世人心目中的名望和声誉，而且也逃不掉无比严重的经济后果。（欢呼声和说"不"的声音）……我们知道，如果事实全都如我所言……我们可能会被迫采取（攻击行动）。就国王的军队而言，我们已经准备好了……（热烈的欢呼声，等等）[9]

格雷落座。议会的掌声原谅了大量蹩脚、矛盾的语句——譬如这句，"我是按照自己的感受来理解的，但我并不想强迫任何人去接受超出他们感受的东西。"话里话外并没有外交大臣试图说服他的国家去打仗的信号。格雷，这位冷静的鸟类学家和飞蝇钓客，私下里也确实厌恶战争。但他的演讲取得了成功。他赢得了自由党和保守党的支持。他的核心观点并没有受到那些冗长的从句影响：德国对法国的威胁，以及英国在欧洲的利益，最终迫使英国出手了。导致较重罪行（入侵法国）的较轻罪行（侵犯比利时的中立），戳中了这些中立主义者和不干预主义者的良知。伦敦不会坐视德国一家独大，支配整个欧洲。无论发生什么，比利时的战争都绝不会是一场"局部"战争。

当晚的内阁会议上，在阿斯奎斯的施压下，西蒙和比彻姆收回了辞职的威胁。比利时所面临的危险终于说服了内阁中的激进分子。斯坦纳和尼尔森写道："这个反战小团体被击溃了，被时局的发展和作为一个团结一致的政府参战的决心打垮了。"[10]伯恩斯和莫利是仅有的两位为抗议参战决定而辞职的大臣。

这样一来，德国以侵犯比利时相威胁，就导致了柏林最担心的一件事：它使自由党政府团结一心，巩固了英国的参战决定。弗格森写道："施里芬计划要求德军通过整个比利时向前推进，因而帮忙拯救了自由党政府。"[11] 它也将英国保持中立的最后机会完全扼杀了。内阁不再依靠保守党和阿尔斯特统一党反对派的联合支持。

绕了一大圈，英国总算是与法国和俄国殊途同归了：承担起协约国的防卫工作。格雷这样做主要是出于政治原因：为了英国的私利，还得到了民众的支持。如果他早几个星期对法国做出承诺，英国的干预就可能阻止德国的侵略，防止一场欧洲战争。但那样一个时间点又会使内阁分裂，而且，如果没有比利时这张牌，就无法打动中立派和英国民众。在他的话语本可以将威慑作用发挥到最大时，格雷政客的一面却没有采取行动。他通过拖延出手时机，在政治上取得了胜利——并使国家陷入了一场世界大战。

文官领袖们只剩下无奈的话语可以表达。当天晚上，泪水漫过了英国人矜持的大坝。外交部的镇定自若和公务员的谨小慎微，终究还是变成了意识到自己在这场世界悲剧中所扮演的角色之人公开的啜泣。阿斯奎斯的妻子玛戈在下议院的首相办公室里与他会合。"所以是彻底没戏了？"她问道。"是的，彻底没戏了。"他回答说，目光却不在她身上。他坐在办公桌前，手里拿着笔。她站起来，把头靠在他头上。她写道："我们泣不成声。"[12]

匈牙利裔英国画家菲利普·德拉斯洛所画的玛戈·阿斯奎斯画像。她留下的战时日记已结集出版

当天晚上，格雷和一个朋友站在白厅的窗前，望着圣詹姆斯公园的落日，林荫大道华灯初上。格雷说："整个欧洲灯火将熄，我们有生之年不会再看到它们亮起了。"[13]

在柏林，当贝特曼-霍尔韦格听到利赫诺夫斯基对格雷这次精彩演讲加了乐观滤镜的描述时，幸福的神色在他的脸上一闪而过。当晚，这位德国大使只读了关于这次演讲的一份议会报告，并且误解了英国外交大臣的话。格雷没有能力把事情讲明白——这是外交部那些达官贵人的一大特色——把利赫诺夫斯基搞糊涂了，他一贯的洞察力也不见了。当晚10点，他兴高采烈地向柏林报告说："英国政府暂不考虑介入这场冲突和放弃中立……我们可以对这次演讲感到满意了，并把英国没有马上与它的协约国伙伴们联手视为巨大的成功。"[14]

次日早上，利赫诺夫斯基阅读了演讲稿全文。意识到自己的错误后，他马上给宰相写信，粉碎了贝特曼-霍尔韦格前一天晚上的希望。"我必须纠正我昨天的想法，"他写道，"我要说的是，我认为我们不能指望英国保持中立多久了。"他毫不客气地补充道：

> 我并不指望……英国政府会置身事外，除非我们能够在尽可能短的时间内撤离比利时领土。因此，我们可能必须要预料到一开始就与英国为敌的情况了……在任何以保护法国和比利时为宗旨的积极政策上，（英国）政府都将得到议会中压倒性多数的支持。德国军队入侵比利时的消息昨天传到了这里，使舆论发生了彻底的逆转，这对我们很不利。[15]

格雷的演讲结束后，丘吉尔在下议院外面找上了外交大臣。他问："现在怎么办？"格雷回答说："现在我们要向他们发出最后通牒，要求他们在24小时内停止入侵比利时。"[16]格雷后来告诉康邦："如果他们拒绝，战争就会打响。"[17]格雷嘴上强硬，执行时却手软了。他一直拖到8月4日下午2点才发出最后通牒——也就是在入侵比利时开始**之后**。德国有五个小时的时间来答复，截至英国时间晚上11点，也就是柏林的午夜12点。温和的措辞和略带讨好的语气减弱了最后通牒的效力。格雷询问道，德国是否会尊重比利时的中立，避免入侵该国，并立即答复？全都是登峰造极的英式客套。没有"否则就开战！"这样的话，没有惩罚性措施，没有普鲁士人能听懂的措辞。无论如何，终究为时已晚。

在柏林，英国大使爱德华·戈申爵士亲自递交了最后通牒。当晚，阿斯奎斯、格雷、劳合·乔治和其他政府高级成员齐聚内阁会议室，等待对方的答复。他们已经知道答案了，但礼节是必不可少的。

戈申告知雅戈：

> 除非贵国政府能在当晚12点前保证不再侵犯比利时边境，并停止前进，否则我奉命索要通行证，并告知（德国），国王陛下的政府将不得不采取能力范围内的一切措施来维护比利时的中立……[18]

雅戈回答说，他"很遗憾，但他必须给出否定的回答，因为德国军队已经在当天上午越过了边境，比利时的中立已经被侵犯了"。他解释说，德国：

> 必须以最迅速、最容易的方式进入法国，以便能够……尽早施加决定性打击。这是生死攸关的大事……行动迅速是德国的巨大优势，而俄国的优势则是取之不尽的补充兵员。[19]

戈申还在坚持：德国会在怎样的情况下撤军呢？雅戈回答说，即使有24小时的时间来考虑这个问题，他也一定会给出同样的答案。见此情形，戈申索要通行证，并请求与宰相贝特曼-霍尔韦格会面。

"我发现宰相非常焦虑。"戈申回忆说。贝特曼-霍尔韦格意识到一切都完了，英国只差向德国宣战了，便开始向这位英国使者滔滔不绝地训话。宰相喊道："仅仅为了'中立'一词，一个在战争时期常常被漠视的词语，**仅仅为了一张废纸**，英国竟要对一个同种同宗的国家开战，而这个国家只想和它做朋友！"贝特曼-霍尔韦格咆哮道，英国的所作所为简直"难以想象，就像在一个人与两个攻击者搏命时从背后袭击他一样"。因此，英国必须对"可能发生的所有恶劣事件负责！"

戈申提出强烈抗议。但宰相希望他明白，"由于战略上的原因，对德国来说，通过比利时向前推进，并侵犯其中立，是生死攸关的大事"。戈申回答说，"英国要信守庄严的承诺，在比利时受到攻击时尽最大努力捍卫比利时的中立，这对英国的荣誉来说也是'生死攸关'的大事……否则还会有人相信英国未来的承诺吗？"

"但代价呢……？"贝特曼-霍尔韦格几乎是在恳求，"英国政府考虑过这个问题吗？"

宰相的内心十分忐忑，"并不想听对方讲道理"，以至于拒绝听人说话。当英国外交官准备离开时，贝特曼-霍尔韦格说，鉴于两国已经为维持奥地利和俄国之间的和平做出了种种努力，英国要是与德国的敌人联手的话，这件事的打击就"更大了"。戈申也表示同意：悲剧之处在于，英国和德国"就要在两国关系多年以来最友好、最亲善的时刻"分道扬镳。[20]

据贝特曼-霍尔韦格称，随后，戈申的泪水夺眶而出，"请我允许他在我的接待室待一会儿，因为他不能让别人看到自己这副样子……"[21]宰相也同样不安。然而，他把（保证比利时中立的）《伦敦条约》斥为"一张废纸"，足以说明他对小国的权利到底有几分尊重，德国又是多么目无法纪。他严重低估了英国人对比利时自由的真心拥护。他也误解了英国外交的狡黠，凭借着这份狡黠，捍卫比利时的中立成了促使英国开战的全部动力的一部分。而且正如格雷所表明的那样，这里面确实也包括了英国在更大范围内的私利。

贝特曼-霍尔韦格没有注意到这些灰色地带。他寻求的是"合理"动机，追求的是黑白分明，所以才会谴责英国对待比利时问题在他看来简直令人难以置信的玩世不恭态度。即使这有几分真实性，但比起德国人罪行的残暴，还是小巫见大巫了，而宰相在这件事情上竟然指望英国人理解！他后来透露了他的个人危机有多么深重：

> 英国之所以开战，只因它认为这是自身利益的需要。如果仅仅为了比利时的中立，他们是绝不会参战的。我对 E.戈申爵士说……比利时的中立条约对它来说，价值不过是一张废纸，就是这个意思。我可能是情绪激动了些，态度凶了些。眼看在整个宰相任期内的希望和努力化为乌有，又有谁会不激动呢？[22]

戈申后来表示，宰相的政策"像纸牌屋一样倒塌了"。

格雷也体验到了栽倒的感觉。8月4日下午3点，就在阿斯奎斯对德国宣战的几个小时前，外交大臣接到了美国大使 W.H.佩奇的电话。格雷告诉他："比利时还不算完。接下来是荷兰，荷兰之后还有丹麦……如果英国坐视这份条约被违反，就将永远为人所不齿。"格雷警告称，德国的主战派现在已经占了上风。他流着泪说："终其一生的努力，就这样付之东流。我觉得自己这辈子算是白活了。"美国大使离开时，"有一种惊呆的感觉，感觉半个世界即将毁灭"。[23]

当天晚上7点，首相对座无虚席的众议院发表讲话称，对于英国提出的保证比利时中立的要求，德国"无论如何"都未能送出"一份令人满意的公函"：

> 我们没有收到任何类似的东西，外交部发表如下声明（由他宣读）："由于德国政府迅速拒绝了国王陛下的政府提出的保证

尊重比利时中立的要求，国王陛下驻柏林的大使已经拿到了通行证，国王陛下的政府已经向德国政府宣布，从8月4日晚11点起，英国和德国处于交战状态。"[24]

当大本钟在晚11点敲响时，英国动员了。格雷写道："午夜降临。我们开战了。"[25]在街上和白金汉宫外，人群高唱《天佑吾王》。海军上将约翰·杰利科爵士出任皇家海军司令；陆军元帅约翰·弗伦奇爵士将率领英国远征军。丘吉尔向遍布全世界的舰队发出了他的战争电报："开始对德国的战争行动。"将军们向陆军指挥官发出命令。政府控制了铁路。下议院在5分钟内投票通过了10万英镑的战时经费。[26]

当晚，在柏林，戈申接待了外交副大臣齐默尔曼先生。齐默尔曼若无其事地问，索要通行证算不算宣战。戈申将他的注意力转移到了午夜到期、已然多余的最后通牒上。两个人一致认为**那**就是宣战。

大使馆外聚集起了愤怒的群众。他们从《柏林日报》上获悉，英国已经向德国宣战。他们压制住了被派来保卫大使馆的少量警力，"我们全都坐在客厅里，当玻璃的碎裂声和落入客厅的鹅卵石警告我们情况不妙时"，戈申打电话要求增派警力。

5日，英国战争委员会召开会议，在亨利·威尔逊爵士的施压下，同意将英国远征军派往法国北部，而不是约翰·弗伦奇爵士计划的安特卫普，前者的宏图有赖于此。他们为将部队集结在亚眠还是莫伯日而争论不休。最终敲定的是莫伯日。一些人被欧洲大陆的地理情况搞糊涂了，还以为列日在荷兰。

在柏林，英国大使和工作人员得到了通行证，烧毁了密码本和机密文件，封存了档案。他们"被出租车从小路偷偷拉到车站"，以避开人群对撤离的俄国和法国公使馆员那种凶巴巴的注视，并钻进增挂在火车上、用来保护他们的私人餐车，前往边境。[27]

6日，英国内阁召开会议，同意派兵。令威尔逊沮丧的是，只派出了四个步兵师和一个骑兵师。他想要的是全部六个步兵师。基钦纳伯爵在会议上宣称，这场战争需要几年的时间才能取得胜利，而不是几个月，这让与会人士感到震惊。

第三十九章
为国捐躯，美好且光荣

> 你们与德国无冤无仇！德国工人与他们的法国同志也无冤无仇……
>
> ——苏格兰社会主义者、英国工党创始人基尔·哈迪在英国
> 向德国宣战前一天，即1914年8月3日的讲话

1914年8月，许多处于适战年龄的年轻人愿意为国捐躯。特权阶层的青年特别容易接受为上帝、国王（或皇帝）和国家这神圣三巨头而战的规劝。他们的出身和教育向他们灌输了这种价值观。他们相信这一点的程度因人而异，还会随着战况的恶化而改变。重点是，在战争爆发时，大多数"思想正直的"年轻人认为，为上帝、国王和国家而献身是天经地义、无上光荣的，而不是后来的战争诗篇和战后文学中记录的弥天大谎。

在那段时期最受欢迎的诗歌《1914》中，诗人鲁珀特·布鲁克为他那一代人清晰地表达了这层意思：

> 现在，感谢上帝赐予我们死期，
> 趁我们还年轻，把我们从睡梦中唤醒……

欣然离开这个世界，它老朽、寒冷、无趣，

将无法被荣耀鼓舞的病态之心遗弃，

那些似人非人者，他们龌龊乏味的歌曲，

以及爱的渺小空虚！……

……

荣耀归来，君临世间……

崇高再次属于我们；

我们已经继承了遗产。[1]

　　神圣三巨头活得好好的。与尼采上帝已死的声明相反，上帝并没有死；与预言相反，全世界工人协力支持国王和皇帝，而没有团结起来（在英国、德国和法国都不会）；与社会主义者和国际主义者的梦想相反，爱国主义和民族国家正在炫示它们的沙文主义力量。

　　到1914年，欧洲已经有一百年没有打过一场全面战争了。自拿破仑战争以来，达尔文介入了，根据大多数军事指挥官或多或少都相信的、已经被滥用的理论，"适者"国家将成为下一场战争的胜利者，因为按照沃尔特·白芝浩的解释，"在世界的每一种特定形态下，那些最强大的国家往往都会战胜其他国家；而在某些明显的特质方面，最强大的往往都是最优秀的"。[2]对昭昭天命、对适者种族统治世界这项伟业的狂热信仰，获得了伪科学的根据。对这种信仰最狂热的，莫过于普鲁士的军官群体，以及伯恩哈迪将军、康拉德·冯·赫岑多夫和科尔马·冯·德·戈尔茨陆军元帅等人的思想和著作。然而，对种族优越论的信念其实感染了所有的阶层，影响了各方观点，无论是富人还是穷人，无论是左派还是右派，从H.G.威尔斯、比阿特丽斯和悉尼·韦伯等伦敦文艺界人士，到托马斯·曼和意大利法西斯主义之"父"加布里埃莱·邓南遮等德国和意大利的"颓废派"作家。曼为德国作为优越种族、将德国文化带给世人的命运欢呼叫好。他渴望战争成为"一次净化，一次解放，一个巨大的希望"。他写道："德国的胜利将是精神对人数的胜利。德国人的精神与文明的和平主义理想相对立，因为和平难道不是社会腐败的一个因素吗？"[3]

年轻人很爱这一套。历史学家迈克尔·霍华德认为："如果说敌对国家的年轻人在1914年叫嚣战争，那是因为在一代人或更长的时间里，有人教他们去叫嚣。"[4]1870年至1871年那场战争中的法国和德国老兵阴魂不散的恐怖遭遇，在1904年至1905年那场损失惨重的对日战争中幸存的俄国部队的梦魇，几乎影响不到新一代人的想法。他们美化了青年自我牺牲的理想，而旧建制——政客、编辑和教会——也以其传统的、不加思考的习惯性思维来拔高这种理想。

例如，根据对法国年轻人的一次大规模调查（见下文），"新"法国人是"爱国者"，因为他愿意"甚至渴望放弃自己的生命，如果他的牺牲能换来国家的复兴，使其摆脱德国令人难以忍受的压迫"。[5]同样，德国也重拾那句古老的口号"为了王位与祭坛"，召集德国青年投入战争事业。[6]在英国，布尔战争和与德国的海军竞争唤起了"人们对战争和战争工具的新兴趣"。[7]

为了理解为何有这么多享有特权的年轻人愿意冒生命危险，只要想象一下他们眼中的世界即可。他们生活在"英雄主义"、"爱国主义"和"兵不厌诈"等词语的影响下。毫不夸张地说，1914年富裕的英国年轻人已经把亨利·纽博尔特爵士的诗歌《生命的火炬》中的诗句铭记于心，在这首诗中，橄榄球公学的精神赢得了远方殖民地的一场血战：

> 沙漠里，沙子浸透着红色，
> 方阵被破，那是残骸的颜色
> 加特林机枪卡弹，上校已成故人，
> 军团迷失了视线，只因烟尘弥漫

死亡之河，水漫堤岸

故国路途遥远，荣耀徒剩虚名，

可男生的呼喊令战士们振奋

"加油！加油！加油去赢！"＊

　　战争实际上是在伊顿公学或其他某所与世隔绝的公学的运动场上指挥并打赢的。上流社会的年轻人渴望获得戈登、基钦纳或者其他帝国英雄的荣耀。他们大多愿意为这一荣誉献出生命。1914年至1918年间在西线服役的5588名伊顿校友中，有1159人死亡，1469人受伤——伤亡率为47％。其他英国公学输送和损失的校友比例也很接近这个数字，这促使罗伯特·沃尔在谈及英国人时，用的不是"失去的一代"，而是"失去的精英"。[8]他警告称，人们应当正确看待这件事：在即将到来的这场战争中殒命的70万英国人中，有37452名军官。

　　官办学校和民间的男孩俱乐部号召没有那么多特权的人参与到战争努力当中。童子军、基督少年军和教会少年团向年轻人灌输国家的生存取决于爱国情操、阳刚美德和自我牺牲的思想。学校的颁奖仪式，军校生，以及罗伯茨勋爵和巴登-鲍威尔等经常在授奖演讲日被人提起的战争英雄，将为国而战是至高美德的观念铭刻在男青年心里。也少不了时刻准备把这一理念灌输到家里的教师和宣传者。纽博尔特——《西线无战事》开篇那个恶魔般的德国教师的英国温和版——是1914年9月成立的战争宣传局的创始成员之一。委员会成员包括H.G.威尔斯、拉迪亚德·吉卜林、亚瑟·柯南·道尔、G.K.切斯特顿和其他20位英国著名作家，他们帮助政府将战争作为一项崇高伟业来兜售。

　　他们达成了目标。一名橄榄球队队长在战争开始后不久写道（他

　　＊此处采用林春野译本。［美］亚当·霍赫希尔德：《终结一切战争》，林春野译，北京：社会科学文献出版社，2021年，第11页。

将于1917年死在伊普尔）：

> 战争纵有万般恐怖，至少是一件大事。我的意思是，在战争
> 中，人们要直面现实。和平时期，世界上有九成的人过着不道德
> 的、充满铜臭味的生活，他们的愚蠢、奢侈、自私和卑鄙，在战
> 争中被一种至少更诚实、更坦率的野蛮取代了。[9]

这段话一语道破了1914年许多英国小伙子的心情：战争既浪漫又
现实。

当基钦纳力劝英国人参军的那张著名海报——"国王和国家需要
你们"——出现时，英国青年争先恐后地报名。专门为保卫英国不被
入侵而成立的地方自卫队，其成员几乎是奉命自愿参军的，而他们也
确实愿意参军，尽管有许多家长反对。[10]正如弗格森所指出的，应征
入伍者并非全都梦想着荣耀与名节。其他动机包括：自卫——大多数
人是在蒙斯战役进行到最激烈时自愿入伍的（见第四十一章）；战争
的惊险刺激——或许是最能吸引年轻人的；容易受宣传影响——8月
27日成立的议会征兵委员会通过公众集会和大约5400万张海报吸引
了许多小伙子；怕自己看上去像懦夫，众多妇女把白羽毛塞给不穿军
装的男人，把小册子分发给他们的父母，上面的话很难听，例如"您
的宝贝儿子穿卡其布军服吗？"，这些做法都增加了他们的恐惧；同
辈压力，主要是通过按照地域或行业建立起来的伙伴营（例如皇家燧
发枪团的股票经纪人营，利物浦职员营，或者拳击手和足球运动员之
类的运动员连），利用一种结伴而行的迫切冲动；以及经济压力——
1914年8月的征兵高峰恰好赶上了高失业率。[11]到1914年底，将有超
过一百万英国男子自愿参战，由此产生了世界上迄今为止最大的非征
兵军队。

1914年，同样有异常多的法国年轻人表达了为法国战斗和捐躯

的决心。然而，与他们的英国同辈人不同的是，他们会**违逆**父母辈的意见，冲向征兵站。这是两位年轻的法国知识分子亨利·马西斯和阿尔弗雷德·德塔尔德在1912年为巴黎日报《舆论报》所做的一项研究得出的触目惊心的结论。这项名为"当今年轻人"的调查引起了法国人对年轻人态度的剧变。马西斯和德塔尔德以阿伽通（苏格拉底的门徒，其名字的意思是"好的，英勇作战的"）为笔名，勾勒出当时在综合性大学和专业学院学习的男性的想法。他们的发现（非常明显地）证实了他们几年前的报告：索邦大学的法国教授们正在亦步亦趋地遵循乏味的德国教学模式，用"条顿人的"思想将法国文化"德国化"。[12]

阿伽通断定，法国年轻人渴望为法国感到自豪。一个愤愤不平的年轻人给调查方写信说：

> 在这个年龄段，我们渴望的是能够应用于生活中的概念，可当我们指望老师为我们树立精神权威的威信、请他们帮助我们寻找到自我时，我们发现了什么呢？没有考虑到智识需求的空洞科学，迂腐的物质主义，自降身价、自甘堕落的怀疑论探究模式。他们教学中的一切都在迫使我们充当死气沉沉的奴隶，或者成为愤怒的叛逆者。[13]

阿伽通总结说，法国学生经历了一次"性格转变"。他们竟然代表了"一种新的人类"，不只是年龄和外表上的区别，还有一种新的思维方式。这种重新解释可以推及过去所有的惯例，包括战争：

> "战争！"这个词突然获得了一种威望。这是一个年轻的、全新的词，散发着不断被人心中永恒的战士本能唤醒的诱人魅力。这些年轻人把他们渴望、日常生活却没有给予他们的所有美丽都

赋予了它。在他们眼里，战争首先是这样一个机会，可以展示他们所认为的至高美德、活力、领导力、对比自己更重要的事业的奉献。[14]

我们很容易认为他们不过是又一代真真切切地相信自己独一无二的以自我为中心的年轻人。然而，到了1914年，这些法国小伙子看上去**确实**在一些方面与他们父母辈不同。老一辈人成长于19世纪70年代至90年代的法国社会，他们玩世不恭、颓废堕落，因与普鲁士的那场战争而蒙羞。阿伽通声称，他们是"自我怀疑、道德松懈"的个体，"没有能力采取积极行动，缺乏信心，沉迷于颓废堕落，易于接受国家的失败和衰退"。[15]对文艺的浅薄涉猎耗尽了他们的精力，削弱了他们的专注力。

相比之下，1914年那些自信的法国年轻人已经"摒弃了自我怀疑"。他们是很有冲劲儿的实干家，会被飞机、汽车和运动所吸引，而不是书籍和艺术。他们渴望绝对的事物，而不是相对的事物，厌恶美好年代的颓废堕落，并且像他们的偶像、军事冒险家欧内斯特·普西夏里一样，是军队、家庭和教堂的拥趸。如果马西斯和德塔尔德是对的——大多数同时代人，包括当时的法国版盖洛普*埃米尔·法盖，都很不情愿地承认他们的研究结果是正确的——那么法国就是又回到了原点，从世纪末的烂尾回到了普法战争前那个保守、爱国的社会。仿佛那个波希米亚主义的时代从未存在过一样。历史学家罗伯特·沃尔将这一过程形容为"思想的军国主义化"。确实，这些年轻人渴望战争；阿伽通得出结论，战争是他们的"秘密希望"。[16]

年轻人是国家的救星，这种想法引发了举国上下的热烈讨论。文章和小说源源不断地涌现：似乎整个法国都想要了解新法国人。当

---

* 指乔治·盖洛普（1901—1984），美国著名统计学家，抽样调查方法的创始人，创立了以民意调查而闻名的盖洛普公司。

然，他的"原型"是基于有限来源的。阿伽通的样本是综合性大学和专业学院那些享有特权的学生，而不是来自外省和工人阶级的年轻人，他们中的数百万人将自愿从军，成为著名的大胡子法国兵。然而，这两个群体有一些共同特征。他们自视为一个"神圣联盟"的一部分，[17]致力于法国的复兴。他们渴望的战争是一场大冒险，它将表明他们的男子气概。他们企图消除德国人的威胁，重拾国家失去的荣光。激发他们的是行动，而不是言语或思想。他们拒绝老一辈陈腐的玩世不恭和颓废堕落。勇气、男子气概和老派的法式冲力，将成为他们给国民的献礼。

在德国，享有特权的年轻人被刻意设计成战士和领袖，他们的首要职责是保卫祖国。德国的教师、学者和政客试图制造出一代勇敢、自信、为爱国主义和自我牺牲的美德所激励的军人。1914年，他们采取了一种激进的形式。进步主义的教育者鼓励年轻人反抗冷静的保守主义和冷酷的物质主义，重新发现荣誉和自我牺牲的阳刚美德。

战争前夕，3100名德国教授签署了一份将教育与军国主义相结合的宣言：

> 我们德国高校的教师服务于学术，推进和平工作。但以英国为首的德国的敌人们，希望……将德国的学术精神与他们所谓的普鲁士军国主义截然分开，这令我们深感不安。德国军队的精神与德国人民的精神别无二致，因为两者本就是一回事儿……在军队中服役，也可以使我们的青年有效地从事包括学术在内的所有和平工作。因为军队会培养他们忠于职守的献身精神，并给予他们真正自由之人的自信心和荣誉感，这样的人会心甘情愿地服从整体……现在我们的军队要为德国的自由而战……我们相信，拯救欧洲文化靠的是德国"军国主义"将要取得的胜利：团结、自

由的德国人民所拥有的阳刚美德、忠诚品格和献身精神。[18]

    当然，这些美德是可以教出来的。德国青年运动是德国军官的非官方"新兵训练营"。它建立于1913年，在1914年便拥有了超过2.5万名成员。在僻静的乡村，德国年轻人学习如何领悟他们与祖国的精神联系，如何相信自己是未来的领袖，如何让行为赋予他们价值。

    德国青年呼应了德国历史和文学中丰富多彩的浪漫榜样。但他们1914年的性格似乎更接近自私的青年汉斯·卡斯托尔普，托马斯·曼史诗般的长篇小说《魔山》中的游侠骑士，[19]他离开幽居七年的山庄，接触到了激进政治、"人义主义"和爱情，并在对"真理"的探索中疲惫不堪，一头扎进了战场，体验这段别开生面的经历。

    1913年10月，在曼完成他的小说一年后，青年运动在迈斯讷山举行了一次隐修。数千人接受了自力更生、足智多谋和其他可靠的德意志人品质方面的训练。文化评论家阿图尔·默勒·范登布鲁克（他之后还将对纳粹主义的崛起产生影响）指出，通过这样一次"换血"，德国有望实现民族复兴，"儿子反老子"。[20]这个乡下训练营居然旨在把来自城市的脆弱年轻人转变为德国精神回春的领军人物。周刊《行动》的发行人弗朗茨·普费弗特认为，他们是"革新"德国人思想，使其摆脱"昏睡病"的工具。[21]

    战前，这种心态的例子在日记、歌曲和小说中层出不穷。格奥尔格·海姆在1911年的日记中吐露："我在这个平庸时代的肤浅热情中饱受煎熬。因为我需要汹涌澎湃的情感才能幸福。"[22]1914年自愿参军的普鲁士将军之子弗里茨·冯·温鲁，也在战前的剧作中歌颂了自我牺牲精神。

    这些十几岁的条顿骑士充满渴望地自愿加入德国陆军。他们大多来自中产阶级。他们那金发碧眼、生气勃勃的样子可以在《西线无战事》的开场中看到，这让上了年纪的军国主义者很高兴，他们通过这些沉湎于梦想、不知天高地厚的年轻人来演绎他们对德国统治世界的幻想。开场的战斗中，数十万类似的德国青年高唱爱国歌曲，喊着口号，向法军、英军和俄军的战线猛冲，尸横遍野。起初是在伊普尔，几个团的德国学生志愿兵高唱《守卫莱茵》和其他爱国歌曲，向英国步枪兵的战线进军；在德国人所谓的"无辜者大屠杀"（见第四十五章）中，有4万人死伤。在战争中死亡的160万德国男子中，40%的年龄在二十到二十五岁之间。[23]

英国的公学、法国的专业学院和普鲁士的军事学院出产军官，而英格兰北部的工厂、德国的矿井、俄国的大草原和欧洲蔓生的贫民窟则产出了补充兵员所需的数百万年轻人。这些工人阶级小伙子的政治利害关系可以归结为：他们是为国家而战，还是为阶级而战？他们是准备为国王和皇帝献身，还是为无产阶级献身？社会主义是否要求他们与雇主作战？他们是忠于英国工党领袖基尔·哈迪、暴躁的法国社会主义者让·饶勒斯、德国社会民主党创始人奥古斯特·倍倍尔——还是主流保守派或自由派？阶级战争可不是什么无聊的学生理想。直到1914年中期，社会主义领袖一直在为资本主义制度终结，并被马克思主义路线的计划经济取代而欢呼叫好。

战争前夕，伦敦和巴黎举行了声势浩大的反战集会。多年以来规模最大的一次集会于8月3日在特拉法加广场举行。在热烈的掌声中，基尔·哈迪号召人们，如果英国宣战，就发起总罢工。他喊道："你们与德国无冤无仇！德国工人与他们的法国同志也无冤无仇……"他咆哮道，人民在强迫英国参战的那些条约里根本没有发言权。[24]杰伊·温特写道，由此看来，"1911年至1914年议程中的核心冲突是潜在的阶级战争，而不是巨大的欧洲武力冲突"。[25]这种说法未免夸大了英国工人的革命热情。正如两位著名英国社会学家所观察到的那样，欧洲的营养不良现象也并不像中世纪那样普遍，[26]但贫富两极分化的确加深了欧洲社会的鸿沟。这还不算庞大的中间资产阶级和德国容克迅速壮大、生活从未如此滋润这一事实（与20世纪末的情况很像）。

战争极大地转移了人们的注意力，提供了一股将**内部**敌人团结起来的力量。战争前夕，保守的政客们害怕并拒绝了群众对更有代表性的工会、普选权、适当的医疗卫生、福利和教育的要求。查尔斯·马斯特曼在1909年出版的畅销书《英国现状》中说，济贫院、血汗工厂、童工和婴儿的高死亡率并不是狄更斯作品中那个世界的残余；在这个"超级富豪"一掷千金的时代，"赤贫者"也随处可见。[27]

马斯特曼沉思道，恐惧与仇恨割裂了各个阶层；革命正在酝酿：

> 富人瞧不起劳动人民；中产阶级害怕他们……中产阶级选民对工人阶级的立法感到恼火和气愤。他对失业者的诉苦和穷人急迫的呐喊越发厌烦。[28]

正如历史学家和前英国工党政治家罗伊·哈特斯利得出的正确结论，到了1914年，欧洲呼吁社会改革的声音已经赢得了这场政治辩论。问题是如何推行。没有一个政党可以否认改革的必要性。然而他们可以推迟改革，而战争的爆发就有利于这个目的。阿斯奎斯的自由党政府是欧洲最进步的政府，但保守党控制的上议院否决了许多法案。丘吉尔在贸易委员会任职时，设法通过了针对血汗工厂和童工的法案。上议院通过了《劳资纠纷法》、《工人赔偿法》和《八小时法》，以及失业者的国民保险、养老金和免费校餐。但贵族老爷们拒绝了影响最深远的改革（如1906年的《教育法案》），而且几乎没有人支持妇女投票权。

尽管如此，英国的改革还是代表了一个开明的时代，与此同时，德国、奥匈帝国和俄国严苛的反动政权却选择压制异议（从而给自己造了棺材）。沙皇政权在1905年至1906年的土地改革之后便关上了社会公正的大门，给布尔什维主义提供了氧气；德皇否决了俾斯麦的大部分开创性努力；奥地利皇帝则干脆拒绝听取任何抑制其僵化政权的权力的建议。

改革的尝试随着战争的临近而停止，几乎所有反战的改革者都放下了原则，支持政府。八月炮火扼杀了他们的政治理想。反对战争绝不会赢得选举，他们对此心知肚明。在英国，工党和工会敦促其成员推迟"革命"，直到战胜新的敌人。自由爱尔兰的支持者们为了支持战争，把他们的自治要求放在了一边。[29]甚至连妇女参政论者都暂时搁置了为妇女权利的斗争——她们认为，打败沙文主义的德国人比国内的斗争更重要。有些人甚至加入了白羽毛运动。

在德国，左翼人士奥古斯特·倍倍尔转而认为爱国主义和社会主义是可以共存的。当战争来临时，社会主义者也会端起枪，像其他任何人一样为祖国而战。[30]想法说变就变。1914年7月25日，德国的社会民主党还在呼吁其成员反对即将到来的战争；之后到了8月4日，它却为政府的战时信贷投了赞成票。法国也是如此，1914年7月31日，法国社会党在让·饶勒斯遇刺后组织了大规模的反战集会。过了几天，在宣战时，大多数法国社会党人都为战时信贷投了赞成票，使饶勒斯的梦想化为泡影。

在宣战后继续坚决反对战争的，只有宗教团体（例如贵格会）、和平主义者和少数党派，再加上伯特兰·罗素、罗莎·卢森堡和卡尔·李卜克内西等少数人。俄国的暴力革命者，为了自身利益而支持战争，将其作为打倒俄国统治阶级的一种手段。

左翼人士声称，一旦宣战，他们除了支持政府以外别无选择，以此为他们放弃原则辩护。他们旧的价值观和新的实用主义之间的鲜明对比，向工人阶级的年轻人发出了一个强有力的信息：首先要战斗，其次才是赢得自由。但左翼分子真的舍弃原则、转投民粹主义了吗？

是否有更隐秘的力量在起作用呢？

　　政府做出了决定，真正的社会改革还可以再等等。1914年，爱国主义被证明是远比阶级忠诚度更强力的社会黏合剂。当然，与新闻界勾结的政府很擅长操纵这个，只要有一丁点儿借口，就能激起极端民族主义的爆发。正如冯·米勒在1912年向贝特曼-霍尔韦格建议的那样，德国政府及其新闻界的狗腿子们公开"操纵"了人民的期望：

　　　　人民不应在一场欧洲大战爆发时才去自问德国将为哪些利益而战。人民应当事先习惯这样一场战争的想法。

　　"来自斯拉夫人的攻击"是他们最初采用的口号。[31]

　　法国和俄国政府也或多或少对人民的思想进行了类似的操纵，使他们对战争有所期待。[32]异乎寻常的是，英国外交部并没有采取协调一致的公共"教育"运动。英国新闻界替它做了这件事。

　　到了战争前夕，"祖国母亲"或"祖国父亲"的神秘诱惑使大多数欧洲人陷入了一种爱国主义幻觉，对这种幻觉的维护推迟了真正的进步和社会改革。并不是说每个人都想要战争（大多数人并不想要）；只是说他们把打败他们认为的敌人视为比社会公正更优先的事项，并且被民族热情所裹挟。宣战使人们走到一起，缔结了超越阶级壁垒和社会分化的"神圣契约"。很少有人深入探究德国对英国或法国，抑或是俄国对德国构成的**实际**威胁。事实就是，大量公民愿意在祖国需要的时候献出生命，无论穷富，无论老幼——无论是否知道原因为何。

　　他们出发了。在8月的第一个星期，所有人都涌向了铁路。在欧洲各地，成千上万的亲眷聚集在大型火车站，为军人们送行：巴黎北站和巴黎东站；伦敦的滑铁卢车站和维多利亚车站；波茨坦、不来梅、梅斯和数十座德国城市的火车站；以及俄国圣彼得堡和莫斯科的巨大终点站。8月2日至18日，仅在德国，就有1.1万列火车被安排用于运送部队。

各种类型的铁路车辆都为战争而被征用了。困惑的平民乘客被赶出车厢。当时的联络官（也是未来的陆军少将）爱德华·斯皮尔斯写道，在法国，"火车由运牛车、货车、客车充当，任何东西都可以，所有的火车都开往陌生的目的地，开得很慢很慢，上面只有人，全是人，人挤人，他们不知道要被送到哪里去"。[33] 其他地方也一样。战争精神仿佛一只巨手横扫欧洲，把法国（以及其他国家）"从商业与艺术的国度转变为一座庞大的军营"。一接到通知，人们的思绪便不再平静，会花上一天时间与家人告别，"背着沉重的背包和步枪，穿上因为之前被很多人穿过而破烂不堪的不合身制服，默默前往指定地点"。[34]

奔赴前线的过程刺激了音乐和歌曲的大爆发：《马赛曲》、《德意志之歌》、军歌和军乐队的拍子。多年的爱国期望集中在这一刻。侧面用粉笔写着"向巴黎进军"或"向柏林进军"的火车转轨驶出车站，车上挤满了在车窗前挥手、唱歌的年轻人。法国人民在铁路沿线高喊"法国万岁！法国军队万岁！"。基根写道：

> 无论在什么地方，出发时都像是过节一样，穿着高腰窄裙的妻子和女友与队伍外侧的男人挽臂走在通往终点站的路上。德国人在行军时，会把鲜花插在步枪的枪口里，或插在制服上衣最上面的纽扣之间；法国人的队伍排得很密，被巨大背包的重量压弯了腰……俄国士兵在他们的团标前列队，接受随军教士的赐福，奥地利人则高呼向弗朗茨·约瑟夫效忠……无论在哪个国家，动员必然伴随着翻天覆地的激变，公民社会向全民皆兵的国家转化。英国陆军虽然是完完全全的常备军，却已为战争做足了准

备……[35]

三十七岁的赫尔曼·鲍曼来自威斯特法伦的哈雷，是第7预备军第9预备面包师纵队的首席面包师，他于8月的第一个星期起程前往比利时，途经哈姆和杜塞尔多夫：

> 我们看到成千上万的士兵乘火车、步行、骑马，还有长长的军用列车，全都在向西赶路……车厢装饰着橡树枝和桦树枝，还有五颜六色的缎带。每节车厢上都写着："我们去巴黎！""每个人都要刺死一个法国人！"[36]

赫尔曼的日记由此开始，生动地记录了一名炊事员进入法国的旅程，以及他为了让军人们吃饱饭所付出的努力。当时，赫尔曼的妻子保利娜正怀着他们的第四个女儿。他在扉页上写道："如果有人找到这个小本子，我恳请他把它寄给我的妻子。提前感谢。"[37]

在边境补给站和铁路终点站，德军部队下了火车，开始了向前线的漫长行军。他们每天要走32公里（几乎是施里芬规定的每日行军里程的两倍），穿着坚硬的皮靴，脚上长满水泡，直到被迫适应了靴子的形状。他们背着重达27公斤的背包、步枪、挖战壕的工具、口粮、战地包扎用品和弹药袋行军；他们在盛夏闷热的暑气中行军，越过田野，跨过河流，走下山谷，这一切都是他们的祖先熟悉的地方。他们的父辈中，很多人1870年曾在这里作战，他们的祖父辈1812年也曾在这里战斗过，还可以再往前数。这是**他们的**战争，考验的是**他们的**勇气，保卫的是**他们的**国家，这种异常的兴奋在每一代人身上重演。同他们的法国、英国、俄国对手一样，他们也像父辈和祖父辈一样望向远方，仿佛终其一生都在等待这一刻。他们的眼神如出一辙。

赫尔曼·鲍曼在8月16日写道：

上午9点点名，准备野外行军。然后，一切准备就绪。中尉说："我们现在要向敌人的领土开拔。我希望每个人都能欢呼着履行自己的职责。"然后我们迅速走到车站，一路高歌，挥舞着我们的围巾——伴随着周围的欢呼声。我们经过亚琛。在这里吃了最后一顿饭，然后去了赫伯斯塔尔。在比利时的韦尔肯拉特，我们看到了最初的破坏痕迹，烧毁的房屋、破碎的窗户，整个村子化作废墟。[38]

没有先例让这新一代人为即将到来的战争做好准备。没有人体验过杀人如麻的机枪、呼啸的炮弹、芥子气的"绿色海洋"[39]。这些新武器只存在于书本上、兵工厂或科学家的头脑中。大规模屠杀的新方法还没有打消年轻士兵的兴奋之情，他们在外国的土地上"为争取荣耀奋不顾身"[40]。贺拉斯的那句号令，"为国捐躯，美好且光荣"[41]，回应了包括社会各个阶层的男女老少在内数百万人的祈祷，对他们来说，为国捐躯确实是美好且光荣的。工作、投票权、医疗卫生、更好的生活标准，都可以再等等。

第四部分

战场上的1914年

第四十章
侵犯比利时

从今往后，如有铁路和电报线路被破坏，附近的村庄将受到无情的惩罚（无论他们是否犯有上述罪行）。鉴于此，可能遭受这种攻击的铁路线附近的所有村庄都要留下人质。一旦有人试图破坏铁路、电报或电话线路，他们将立即被枪决。

——德国驻比利时军事总督、陆军元帅
科尔马·冯·德·戈尔茨男爵

谁也没有想到小国比利时会进行任何抵抗，尤其是德国人。普鲁士的一位政治家将比利时人捍卫中立的决心形容成"做梦的绵羊之怒"。德皇在战前轻率地向一位英国军官吐露道："我要像那样穿过比利时！"还用手做了一个劈砍的动作。[1]8月4日上午8点02分，第一批德军步兵的灰色队列在盖莫里希越过了比利时边境。比利时哨兵迅速开火，他们并没有意识到，他们开枪的对象是德军三个集团军——将近80万人——的先锋，而大军的先头部队此时正要气势汹汹地入侵比利时和法国的领土。德军的侦察巡逻队暂时疏散；德国人很快又大批返回了。

柏林警告称，比利时还有自救的机会。那天，比利时驻柏林大使贝延斯男爵索要通行证时，雅戈重述了德国的提议，即如果布鲁塞尔能痛痛快快地让开，不去破坏公路、铁路、桥梁等，并允许数十万德国军队安全通过比利时领土，德国就可以放过比利时，并补偿一切损失。到了这个时候，要他们放弃德军前进路上的第一波大障碍，也就是列日和那慕尔的大型要塞，他们还会介意吗？不出一个小时，答案就传回来了：不行。令世人震惊的是，比利时要坚定决心战斗下去。那天上午，当阿尔贝国王骑马来到布鲁塞尔的议会，让他的国民投入到与史上最强陆军的战争时，德军步兵正准备进入讲法语的瓦隆大区，其主要城市是列日。

与此同时，在布鲁塞尔，人群、旗帜和洋溢的热情迎接着国王的敞篷马车。他步履轻盈地走进大厅，身边是穿着水手服的十二岁儿子和继承人，在包括王后和朝臣在内的听众面前，他发表了将永远为比利时增光的那场演讲："自1830年（比利时赢得独立）以来，比利时从未遇到过如此严峻的时刻：我们的领土完整受到了威胁！"在"国王万岁！比利时万岁！"的热烈欢呼声中，阿尔贝警告说：

> 如果我们必须抵抗对我们国土的入侵，必须保卫我们受到威胁的家园，这份责任虽然很艰巨，但我们注定要承担，并准备做出无比巨大的牺牲。从这一刻起……我们国家的英勇青年便准备待命，他们有着比利时人代代相传的坚韧与冷静，坚决要在危难时刻保家卫国……[2]

然后他转向议会成员："先生们，你们是否下定决心维护我们祖先的神圣赠礼完好无损？"大厅里回荡着"是！是！是！"的喊声。国王最后说："如果外国人……侵犯我们的领土，便会发现所有比利时人都围绕在他们的君主身边……围绕在一个全体国民绝对信任的政府身边。"一阵巨大的吼声响起："国王万岁，比利时万岁！"国王停顿了一下。"在这项正义事业上，上帝会与我们同在。"他向他们保证，然后离开。

狂乱的人群涌上街头，高喊"打倒德国人！""杀人犯去死吧！"[3]军人们像英雄一样被簇拥着。在议事厅内，首相夏尔·德·布罗克维尔热泪盈眶、浑身颤抖，庄重地向议员们发表讲话："我以精诚团结的全体国民的名义宣布，这个民族即使被征服，也绝不会屈服。"[4]然而，他在比利时军队的部署问题上与君主意见相左，本着非对抗性中立的精神，将军队分散在全国各地，而不是集结在德国边境。

国王的演讲之后没过多久，将比利时军队部署在何处的问题就变得多余了。不出一个小时，德军入侵的主力——骑兵——便已迅速结果了边境的抵抗，进入了比利时领土，他们在每座村庄升起黑鹰旗，并发布公告称，破坏道路和桥梁将被视为敌对行为。德国人闯入每个社区时，起初几乎都表示了歉意：他们"很遗憾地"侵犯了比利时领土，并没有恶意，只要比利时人闪到一边去。

当天上午，亚历山大·冯·克卢克将军的第一集团军在右翼穿过比利时向前推进；卡尔·冯·比洛将军的第二集团军在中央；马克斯·冯·豪森将军的第三集团军在左翼：总兵力超过70万人。一列列身着灰色制服的士兵挤满了每条大路和小巷，排成长达50—60公里的纵队，随行的还有骑摩托车的侦察兵、乘汽车的军官、野战厨房、医疗队、工兵、拉补给车的马匹、运送弹药的卡车和一门又一门的马拉大炮。巨大的克虏伯和斯柯达火炮尚未现身——包括16.5英寸（42厘米）口径的大贝莎超重型榴弹炮，这是同类产品中最大的，其炮弹能够粉碎混凝土，是为了摧毁现代要塞而专门设计的。

他们的目的地是法国边境。这意味着要经过屹立在默兹河北岸150米高处、固若金汤的中世纪城市列日。1914年，有12座要塞环绕着这座城市，连成了50公里长的防御圈，守卫着比利时的门户。列日的要塞群建于19世纪80年代，与那慕尔和安特卫普的要塞群一样，往往维护不善，补给不足，由上了年纪的预备役军人驻守。然而，这些要塞建得非常坚固，大部分位于地下，被10米深的干护城河围绕着——简而言之，就是为了抵御最强力的打击而设计的。列日的12座要塞共有400门突出的火炮。比利时陆军就让人没那么有信心了：它始终"想一出是一出，乱无秩序"，[5]投入了11.7万没有经验、训练不充分的志愿兵，他们补给不足，没有挖掘壕沟的工具，也没有合适的装备，人均机枪数量只有德军的一半。另有20万人驻守要塞，其中约2.5万至3万人在热拉尔·勒曼将军强有力的指挥下驻守列日。他们对即将遭遇的战事规模知之甚少，但他们决心抵抗敌人的猛攻。

比利时村民一个接一个地不安分起来，在德国人靠近时低声抱怨"乌兰骑兵"或"匈人"，然后，当穿着灰色制服的数千人大军举着一大堆旗帜通过时，他们就静静地站在一旁。能听到的唯有军靴踏在鹅卵石上发出的巨响，以及德国国歌或爱国歌曲的高声齐唱。一首颇受欢迎的歌曲中有一段是这样唱的：

> 全世界都在威胁我们
> ——那又怎样？我们信心十足
> 如果有人试图挡我们的路
> 就把步枪给我们！让他们见识一下我们的射术
> 兄弟们，继续前进！向着维斯瓦河，向着莱茵河！
> 亲爱的祖国，无需畏惧！
> 我们的战争公平正义！
> 皇帝带领我们踏上战场，迈向胜利！[6]

六十八岁的亚历山大·冯·克卢克是一位神情严肃的秃头将军，

英军部队叫他"老一点钟"（因为他会在凌晨1点开始炮击他们），他的任务是德国将军中最艰巨的。冯·克卢克是普法战争的老兵，他率领的是"铁锤"——施里芬计划中至关重要的右翼——前线每英里有18000人（一米10人），比比洛的军队多出6000人，可能是有史以来投入战场最密集的部队。他们的任务是打通一条通往巴黎的道路，并攻占这座城市。克卢克写道，为了达成这个目的，

亚历山大·冯·克卢克

关键在于"充分利用所有可用的**时间**"。[7]他坚决主张，部队的行军能力必须保持在"最高水平"；每个人都必须警惕脚痛、靴子不合脚、疲劳和受伤的情况。[8]克卢克的理由很充分：他的部下被命令每天在敌对国家中行军30多公里，是狙击手和游击队的攻击目标，最后还要勇敢面对战斗的冲击，征服法国并回到东线作战——无论如何都是一项近乎不可能完成的任务。但他们首先必须镇压比利时人的抵抗，这可能会延误施里芬颇为看重的时间表。

列日是克卢克前进时遇到的第一个主要障碍。他命令由六个旅组成的"默兹河军"在奥托·冯·埃米希将军的指挥下去征服这座设防的城市。埃米希的6万人部队——是比利时驻军的两倍以上——于8月4日和5日在城市边缘止步。将军总部和进攻部队之间的联络官是一位名叫埃里希·鲁登道夫的粗脖子少将，他是施里芬的门徒，他知道每浪费一天时间都会挫伤师父的胜利计划。按时间表进行的战争不容延误。

于是，在8月（7日）这个晴朗的日子里，"砍穿"比利时的行动

开始了。鲁登道夫，德国陆军中最强势的指挥官，一个"在精神和肉体上都无所畏惧，甚至对长官的意见都满不在乎"[9]的人，"不出两年就将对德国的人民和命运行使比腓特烈大王以来的任何人都要大的权力"[10]的人，又惊又恼地审视着比利时人在列日的抵抗。他注意到有两座桥还在；其他的桥都被破坏了。他详细检视了防御工事，以及驻守在城市周边的、可怜的比利时军队零星的步枪火力。鲁登道夫现在相信了，比利时当真打算反抗德国的强权——他先前认为这种前景根本无法想象——他在组织摧毁这座城市方面发挥了关键作用。

芭芭拉·塔奇曼和约翰·基根对列日结局的叙述非常精彩，几近完美，我依照他们的叙述和其他史料，简单概述一下这个故事。它在本质上讲述的是勒曼将军的部下在将近两个星期的持续炮击、步兵攻击甚至齐柏林飞艇空袭中令人肃然起敬的反抗——这一立场激怒了德国人，让震惊的世人钦佩不已，并授予了城市居民大十字级荣誉军团勋章[*]，正如普恩加莱所言，他们捍卫了"欧洲的独立"免受德国之怒的荼毒。鲁登道夫是毁灭这座城市的设计师。他见步兵攻击只能是白白送命，便切断了城市与外界的联系，下令把大炮调来。

8月9日，第一批克房伯怪物运抵。塔奇曼写道："它们矮胖的炮管，加上背面肿瘤一般的制退筒，更显得敦实，黑洞洞的炮口向上指着天空。"[11]8月12日下午6点30分，第一发炮弹开始划出4000米长的弹道，花了60秒才到达蓬蒂斯要塞。它没有命中目标。后面的炮弹被前方观察员的眼睛"引"向目标。在接下来的四天里，数百枚重达2000磅（907公斤）的史上最重炮弹劈裂并轰开了要塞的混凝土天花板，炸碎了里面的血肉之躯，炸裂了墙壁，炸飞了办公室，并在地下的房间里释放出致命的棕色烟雾，里面的比利时抵抗力量残兵乱作一团，"为下一次炮击而惶恐不安，变得歇斯底里，甚至陷入疯狂"。[12]

---

[*] 法国荣誉军团勋章是法国政府颁发的最高荣誉，用以表彰为法国做出特殊贡献的军人和平民。列日因其居民的英勇抵抗，成为第一座获此殊荣的外国城市。

勒曼将军后来写道："轰炸的第三阶段从15日早晨5点开始，火力一直持续到下午2点，没有间断。"炮击炸毁了隆桑要塞的总参谋部办公室：

> 爆炸的力量熄灭了所有的光亮，军官们冒着被炮弹发出的有毒气体窒息的风险……没有人能够充分把握当时的实际情况。我后来才得知，当那些大型攻城迫击炮投入战斗时，它们向我们发射了重达1000公斤的炮弹，其爆炸力超过了迄今为止任何已知的东西。它们接近时，我们可以听到尖锐的嚣鸣；它们爆炸时发出雷鸣般的轰鸣声，掀起碎石瓦砾和滚滚尘埃……[13]

到了8月14日，东边和北边的要塞已经沦陷。到了16日，除了一座要塞外，所有要塞都已不复存在。克卢克言简意赅、直截了当地写道："在42厘米榴弹炮的帮助下迅速攻占了那些仍在坚守的要塞。"[14]德军进入隆桑要塞时，发现勒曼的身体卡在一大块石料下面，肯定已经死了。事实上，他在被炸飞并吸入空弹壳散发出来的有毒气体后陷入了昏迷。德军把他抬到埃米希那里，他向埃米希交出了自己的佩剑。（勒曼回忆道，埃米希马上把剑还了回来，"是为对我们勇气的认可"。[15]）勒曼给阿尔贝国王写信说，因为他昏过去了，"所以并没有弃守堡垒或要塞"。他接着写道：

> 请陛下俯允，原谅我这封信中的种种瑕疵。我被隆桑的爆炸伤得不轻。我要被带到德国去了，在那里，我也将一如从前，心系比利时和国王陛下。我愿意献出自己的生命，更好地为他们效劳，怎奈死神不肯收我。[16]

列日的陷落预示着对比利时人民的"惩罚性措施"升级，这也是为协约国所知的战争中的第一批暴行。法国报纸《晨报》报道了一个早期的例子，标题是"大军过境之后"。8月中旬，当德军的先头部队摧毁列日时，荷兰和比利时边境的穆灵恩村村民在德军涌入他们的家乡时站到了一边。但他们的克制无济于事。《晨报》报道称："在穆灵恩，人们态度温和，手无寸铁，但德国人……毫不犹豫地摧毁并轰炸了这个漂亮的村庄。"[17]

8月19日，德军面包师赫尔曼·鲍曼被派到列日附近的一个村庄。他目睹了那些有居民敢于向德军开枪的比利时村庄的遭遇：

> 调来了机枪。（我军）连续射击了好几个小时，直到把所有的房子都打成了碎石瓦砾……所有的街道上足足有50座房子被毁。早上，广场上死了大约50个人……还有数百人被捕，他们全都被带到博物馆的院子里，那里搭建了一个临时军事法庭。可以看到年轻小伙子和老人，还有神职人员。结果是下午有30人被行刑队枪决。场面令人心碎。

22日，鲍曼"想去撒泡尿"，走到了一座旧砖厂后面。"我刚要坐下，就有一颗子弹从老屋里呼啸着向我飞来，掠过我的耳朵……现在所有的东西都被搜了个遍，找出了一个拿着一把霰弹枪的人，此人随后被审问、枪决。"[18]一些德国士兵心生厌恶；另外一些人则对这些过分行为视而不见，或者仍然认为他们在打一场圣战。一位被叫作迈尔西克牧师（德国的档案中没有他的名，只有姓）的德国教士有给他们厄斯廷豪森村的年轻人写信的习惯，一名在战场上待了31天的士兵给他回信说："亲爱的牧师，我在列日接受了火的洗礼……我每天都在感谢上帝对我的庇佑……"[19]

列日被摧毁后，冯·克卢克将军得以畅通无阻地通过比利时，经

Wirkung der 42-Zentimeter-Geschütze auf die Forts von Lüttich.

Phot. Presse-Centrale, Berlin.

列日被摧毁的防御工事

鲁汶和布鲁塞尔，来到法国边境的蒙斯附近地区（见地图四）。他的部队比施里芬的时间表晚了两天。与此同时，比洛的第二集团军通过中路，经于伊和昂代讷向那慕尔进军，8月21日至25日间，这座城市败给了同样凶残的狂轰滥炸。德军没有给困在城内的平民任何警告。官方调查指出："炮弹落在监狱、医院、市长官邸和火车站，引起了大火。"[20]比军第4师被赶出了城。随后，平民被屠杀，房屋被焚毁。

比洛的部队从那慕尔出发，继续向西南方向桑布尔河畔的沙勒罗瓦前进。冯·豪森的第三集团军沿着最南线向迪南前进，再往前就是法军的集结地了。这样的概述根本无法描绘出德军推进的浩大规模和凶猛气势，以及他们对比利时平民生活造成的毁灭性影响（后文会讲到更多）。

阿尔贝国王在思考一个大问题，是将比利时军队撤退到安特卫普，还是将他们留在前线，寄希望于法国援军赶来营救，使他们免遭全歼。他决定撤退——这让普恩加莱在比利时总参谋部的代表法国上校阿德尔贝特气愤不已。如果不这样做的话，比军有可能全灭。法国援军没能到达预定地点，使比军暴露在危险中，在这种情况下，国王只能做出这个决定。他们于18日撤退，摆脱了克卢克制造的险境，留下布鲁塞尔赤裸裸地面对狂风暴雨。

"他们总能设法从我们手中溜走，"克卢克后来颇不情愿地承认，"因此他们的军队并非一败涂地……不过它也受到了严重打击，一支相对较小的部队就能把它拦截在安特卫普。"[21]相反，勇敢的比军继续威胁着德军后方，破坏铁路和桥梁，切断电报和电话线，通常也会给德军制造极大的麻烦，而对他们的惩罚就是报复平民百姓。克卢克后来抱怨说，比利时平民"在便衣军人的协助下"，同样对德军发动了"极具侵略性的游击战"，比利时人民竟敢保家卫国，这简直是在公然侮辱他这个人。[22]

8月20日，布鲁塞尔落入克卢克军队的先头部队之手。先头部队几天前就进了城。三名士兵骑自行车上了摄政大道，打听去火车北站的路怎么走。据德国报纸报道，他们到来的消息对市民造成了"晴天霹雳般的"打击。[23]许多人逃走了；其他人担心遭到报复，拆除了路障和带刺铁丝网。市长举着白旗出门迎接第一批部队。带队的一名德国军官向他保证，"如果人民放弃对德国人的一切暴力行为，就不会有事"。[24]数以千计的市民挤进火车北站，希望经奥斯坦德逃往英国。铁路很快就停止运营了。

美国记者理查德·哈丁·戴维斯写道，随之而来的"不是行进的人潮，而是一种自然之力，仿佛潮汐一般……在布鲁塞尔翻涌"。"步兵排成五人纵列，每个连有两百人；枪骑兵排成四人纵队，三角旗一面都没少。"[25]他们组成长达55至65公里的整整一列青灰色纵队经过："你会折回去看，看得入迷。这纵队具有那种海上扑面而来的浓雾般的神秘感和危险气息。"经过的德国人唱着《祖国，我的祖国》，节奏整齐划一。然后传来了"攻城炮的隆隆声，车轮和铁链轧过鹅卵石的吱嘎声，以及尖锐的、钟声般嘹亮的号角声"。[26]

到了下午，一大群密密麻麻的灰衣人还是来了。哈丁·戴维斯回忆道，半英里外衣着鲜艳的法国龙骑兵和胸甲骑兵在"绿色荆豆丛"的衬托下很好认；"我们美军自己的卡其色"也是如此，"几乎和西班牙国旗一样不显眼呢"。但灰色的德军队伍则不然，在哈丁·戴维斯富有想象力的描述中，他们此时似乎已经与铺路石融为一体了。[27]

德军打算在比利时尽可能少花时间。他们进入布鲁塞尔时"像帝国州快车*一样平稳、干脆。没有立定，没有在开阔地停留，没有士兵掉队"。[28]连一条颚带、一块马蹄铁都没有丢。一切都经过了周密的组织，是为战争而精心设计的。带轮子的炉灶冒出滚滚炊烟。邮政马车的骑马信使沿着纵队疾驰送信。日落后，灰色的纵队仍在继续行进：成千上万只马蹄和钢头靴在铺路石上擦出火星。午夜时分，运货马车和攻城炮仍在辚辚穿过布鲁塞尔。

"比利时的殉难"[29]还在继续进行，在村庄和农场，在靠着墙被枪毙的人身上，在民宅的火舌中。对冯·克卢克将军来说，"射杀个人和焚烧房屋"都是"戒严令下的惩罚"，他后来写道，"这些惩罚措施在革除罪恶时起效很慢"。[30]克卢克竟以为人们会很轻易地相信他为德军在比利时的行为所做的辩护，这简直令人百思不得其解。然而，其他将军也赞同他的观点，认为全村的无辜者都应该因为"游击队"的行动、也就是民间的抵抗而遭到屠戮。他们这样做，也为第二次世界大战和越南战争中对平民生命不分青红皂白的大肆摧残树立了榜样。鲁登道夫用"令人作呕"形容比利时人的抵抗。迪南大屠杀的主使豪森认为，比利时人难以化解的敌意和"缺乏绅士风度的行为"是公然的冒犯：他的东道主似乎拒绝与他握手。德国人声称，向德军开火、

---

*往返于美国纽约和布法罗的客运列车，以速度快、连续行驶时间长著称。

破坏道路、毁坏桥梁和铁路线都违反了国际法。他们不明白，或者是不想明白，比利时人是在进行针对非法入侵者的合法自卫行为。而比利时人的游击战术也达到了目标，严重拖慢了德国人的进军。克卢克承认："这些恶毒的做法处处伤及我军要害，直到我军抵达比利时南部边境。"[31]

德国人的报复残忍、血腥。这表明了一种将德军遇到的任何波折都归咎于比利时的政策，而德军作为一个"全面恐怖体制"的一部分，经常针对那些没有碰过入侵者一根手指头的无辜社区。披露出来的屠杀比利时男女和儿童、强奸妇女的事情，很快就将引发举世哗然。在没有任何证据表明居民抵抗过占领军的情况下，他们仍会选出一些城市，将其整个破坏。

那慕尔的人民没敢攻击德军，但他们还是遭遇了恐怖行径，为的是杀一儆百。8月24日晚9点，枪杀平民和烧毁民宅的行动开始了。比利时官方调查委员会基于数百名目击者的证言（这也是后面那些证明书的出处，除非另行说明）指出："罗吉耶街的六名居民在（逃离）燃烧的房屋时，在自己家门口被枪杀。"[32]城市陷入恐慌。人们从家中涌出，很多人还穿着睡袍。75人被枪杀或葬身火海。德国人烧毁了市政厅、兵器广场和整个平民区。8月29日，赫尔曼·鲍曼经过那慕尔时，映入眼帘的是"毁坏的房屋，有几座还在燃烧，烧得半焦的尸体正在被人拖出来。博物馆是城里最漂亮的建筑，此时也成了废墟"。[33]

8月20日，在昂代讷，当德国军队前往法国边境沙勒罗瓦的行军路上经过该镇时，传来了一声枪响和一阵爆炸声。没有人被击中。德国人却停了下来，在混乱中回击。他们架起了一挺机枪。人们四散奔逃，躲进地窖，闩上门，拉下百叶窗。桥梁和附近的一条隧道被破坏，可能也激起了德国人的愤怒。劫掠开始了：每扇窗户和百叶窗都被击碎，房屋被烧毁。次日，居民们在枪口下被驱赶着高举双手穿过街道。一个人帮助他八十岁高龄、无法举起手来的父亲，却被斧头砍断了脖子。任何反抗的人都会被枪杀；有40到50人被随随便便选出来，遭到枪杀。还有些人被斧头砍死。300多名平民在昂代讷被杀害："比利时的其他任何城镇都没有上演过这么多残暴野蛮的场面。"幸存者后来告诉调查委员会："昂代讷被献祭了，仅仅是为了建立恐怖统治。"[34]

8月22日，在桑布尔河畔的塔米讷，德国人把400到450人驱赶到当地的教堂前，向他们开火——是为对他们反抗德军占领、高喊"法国万岁"的惩罚。官方调查陈述道："由于射击很费时，军官们下令架起机枪，把所有还站着的悲惨农民都扫射了。"[35]跟跟跄跄的伤者再一次被击倒。第二天是星期天，人们奉命把成堆的尸体埋葬在市民广场："父亲埋葬儿子的尸体，儿子埋葬父亲的尸体"，而德国军官"喝着香槟"看着这一幕。[36]一名掘墓人作证称，自己埋葬了350到400具尸体。离开塔米讷时，德国人烧毁了264座房屋。比利时的调查估计有650人死亡；后来的研究认为有385人。

根据比利时官方的调查，在迪南、菲利普维尔区以及阿斯蒂耶尔村和叙里斯村，其他很多比利时社区也遭受了类似的暴行。在这些地方和其他地方，居民们被恐吓或杀害，城镇被夷为平地。在迪南，有数百具尸体被确认为两个行刑队的受害者，其中包括一个三周大的婴儿。比利时官方的调查列出了700名死者。后来的研究发现了重复的证据，将这个数字定为410人。在这些社区中，教区神职人员经常会被枪杀，随后通常是对男性的大屠杀。妇女被疯狂的醉酒士兵追捕、强奸，而他们的军官却不能或不想管束他们。一个德军步兵团破坏了一个村庄的教堂礼拜仪式，把人们赶到街上，射杀了50名男子。在另一场大屠杀中，妇女儿童被迫观看丈夫和父亲被处决。在叙里斯村，一群泪流不止的妇女喊道："开枪打死我吧；把我和我丈夫一起打死吧！"德军士兵掠夺尸体身上的财物，拿走了"手表、戒指、钱包和皮夹子"。[37]

这些事件有大量目击者。许多德军士兵无意间为其军队的恶劣行为提供了证据，他们在日记中以赞许的态度写到这些行为。例如，瓦尔特·德利乌斯在8月16日写道："许多走在连队最前面的军官被狙击手用猎枪从后面开枪击倒……这也解释了我们士兵的无名怒火，他们接到了严格的命令，一旦遇到任何武装抵抗，要毫不留情地动手。"

在8月25日的那慕尔：

> 我们经过了被夷为平地，还冒着烟的村庄废墟。没有两块叠在一起的石头。人和马尸横遍野，通过被射穿的窗户，可以看到受伤的人——不分敌友，乱成一团——躺在稻草上呻吟着。

而在8月28日的莫伯日：

> 留下来的少数僧侣和学者简直友好得吓人。众所周知，比利时民众的游击战是天主教神职人员组织的。像这种耶稣会的流氓，有不少人被拉到墙边枪毙了。[38]

到了8月底，比利时已经遭受了"一场中世纪战争"的恐怖行为：屠杀，强奸，全城遭劫。这些都不是随随便便的复仇行为。它们是有组织的。1902年的《德国军队守则》对"战争惯例"做出了规定，明确指出"一场有力的战争"应当延伸到"对物质和精神资源的破坏"（即财产和包括妇女儿童在内的平民的生命）。"人道主义"行为与战争规则相冲突。[39]换句话说，德军在比利时的暴行是**按照规定来的**，良心和同情心的剥离是其必然结果。

负责执行"战争惯例"的是陆军元帅科尔马·冯·德·戈尔茨男爵，他在占领之初被任命为比利时军事总督（他后来死于斑疹伤寒，抑或像一些人认为的那样，是被土耳其刺客毒杀的）。他是一个阴沉、冷酷的人，严格遵守规章手册，无论它多么野蛮；他残忍无情的榜样后来也感染了希特勒。冯·德·戈尔茨在9月初下令："对敌对行为的惩罚不仅落在有罪之人身上，也落在无辜之人身上，这是战争的绝对需要。"他在10月5日澄清了这一点：

> 从今往后，如有铁路和电报线路被破坏，附近的村庄将受到无情的惩罚（无论他们是否犯有上述罪行）。鉴于此，可能遭受这种攻击的铁路线附近的所有村庄都要留下人质。一旦有人试图破坏铁路、电报或电话线路，他们将立即被枪决。[40]

结果便是近乎无法无天的局面，因为德国军官失去了对部下的控制。到了1914年8月底，比利时平民的死亡人数超过了军人的伤亡人数。关于比利时殉难的官方报告总结道，通过这些行为，德国向全世界展示了"一种穷凶极恶、令人惊慌失措的道德现象"。[41]

关于德国人暴行的说法是否属实，始终是一个引发热议的话题。詹姆斯·布赖斯子爵在1914年12月发表《布赖斯所谓德军暴行调查委员会的报告》之后，人们便产生了怀疑。这位备受尊敬的学者一直寻求与德国和解，起初对请他来调查的这些说法充满怀疑。然而，当人们发现他的委员会报告依靠的都是些谣言、道听途说和未经宣誓的证言后，这份报告遭到了严厉指责。布赖斯没有采访过哪怕一位目击证人，却声称利用了500份目击证人证词和37份德国人日记。在1915年"卢西塔尼亚号"沉没五天后出炉的《布赖斯报告》受到了严厉谴责，人们斥之为英国虚假战争宣传的一个例子，意图是将美国人拖入战争。

布赖斯声称，德军在比利时进行了"针对平民的系统性恐怖活动"。[42]他援引了砍手的"证据"；对妇女的集体强奸和肢体残害；对全家老小的屠杀，"往往连……很小很小的孩子都不放过"；以及被英国战争宣传部门宣扬最多的暴行，用刺刀刺死一个婴儿，这件事基于鲁汶附近一个村庄的一名"比利时证人"的证词。[43]自那时起，历史学家们证实了其中一些故事不足为信，败坏了布赖斯委员会的可信度。然而，战后的研究表明，布赖斯竟然在几个重要方面将真相轻描淡写了。在阿尔斯霍特（169人死亡；布赖斯估计的是10人）、迪南（410人）和塔米讷（385人），德军屠杀的平民比布赖斯估计的还要多。在后两个案例中，布赖斯没有给出估计的死亡人数。总之，尽管布赖斯委员会的动机（政治宣传）和方法使他的结论不足为信，但比利时官方的调查和随后的研究证实了他的许多调查结果。

8月25日，比利时的城市鲁汶上演了让德国人永远蒙羞的野蛮行径。在接下来的六天里，德军将鲁汶的大教堂和大学付之一炬，杀害了许多居民，并摧毁了世界上最出色的文化中心之一：鲁汶举世无匹的图书馆，那里珍藏着包括750份中世纪手稿在内的23万卷古籍。所有这一切都化为了灰烬。鲁汶之劫被全世界的报纸报道，引起了人们的普遍反感。作家罗曼·罗兰在一封抗议信中诧异道："你们到底是歌德的后裔，还是匈人王阿提拉的后裔？"[44]

经年累月的司法调查往往会计较是谁挑起了暴行。是比利时平民或狙击手首先向德国人开火的吗？在附近的梅赫伦发生的小规模冲突中，德军是在寻求报复吗？是醉酒造成的吗？德军到达鲁汶时，表现出了堪称典范的自制力，部队在商店排队购买明信片和纪念品。[45]人民也很听话，按照命令把他们拥有的武器都放到了圣伯多禄教堂。

然而，这整个调查思路就是歪的。说到底，谁向谁开枪根本无关紧要。责任归属问题在于德国非法占领一个中立国，并强迫比利时人民接受"战争惯例"这种一般性犯罪。正如阿尔贝国王所主张的那样，这些并不是普通的残暴行为；它们是根据德军的规章手册而规定的。

关于德国人在比利时暴行的报道引起了全世界的深恶痛绝。英国诗人阿瑟·本森起初拒不相信这些故事，还因此被英国报纸打成了"亲德派"。恰恰相反，只是他心中的善良天使堵住了他的耳朵，屏蔽了那些他认为是道听途说的事情。他的精神当时还沉浸在为埃尔加的《希望与光荣的土地》填词这项任务中，根本无法接纳关于德国人残忍行径的骇人故事，正如他在日记中记录的那样：

8月22日，星期六：

我开始意识到这件事情有多么可怕，无论到底发生了什么。我……又为埃尔加的《希望与光荣的土地》填了两段词——也不知道这两段到底行不行。我做了非常不吉利的噩梦，梦见朋友们死于某种难以言说的未知自然灾难。

8月28日，星期五：

大主教前来赴宴。大主教气色还好，但很疲惫。他对很多事情做出了非常恐怖的解释……——那慕尔沦陷的报道是法国人散播的，好让他们得到撤军许可。

9月2日，星期三：

（听一个朋友说）我在《每日快报》上被打成了亲德派，因为我在一篇……文章中表示不相信关于那些暴行的道听途说。这让我心烦意乱……我给主编写了信，请他解释一下，我的文章是在可靠消息传来之前写的。

10月8日，星期四：

（遇见比利时难民儿童后，他听到了）……两个比利时小女孩的恐怖故事，她们的手被德国军人从手腕处砍了下来。[46]

阿瑟·本森

德国政府对这件事情的回应是试图为其军队开脱。它的这种做法只是加重了这份罪行。《布赖斯报告》发表五天后的1915年5月17日，德国政府发表了300页的白皮书，声称德军士兵是一场"无组织的人民战争"的目标，而他们的反抗行为是"人道、克制、符合基督教隐忍精神的"。[47]1915年被派去主持英国对"比利时大屠杀问题"调查的爱德华·格里姆伍德·米尔斯爵士断定，证据所展示的恰恰相反。毫无疑问，在战时工作的爱德华爵士受到了和布赖斯一样的批评，被说成是在炮制政治宣传。然而，他对白皮书（由一个在柏林任命的，全部由德国人组成的小组起草）的戳穿，确实指出了一个充斥着谎言、矛盾和假话的骗局。例如，德国人的证言没有一个字提到了饮酒或醉酒，因此与几乎与所有目击证人的证词都完全不一致。它既没有提出，也没有回答"占领期间德国军队处于什么状态"这一问题。它查阅了极少数德国军人的日记，而这些日记确实揭露了纵酒之后借着酒兴劫掠、施暴的模式。德国的白皮书甚至没有提到广为流传的强奸、抢劫和亵渎财产的说法，而这些在德国军人的日记中都有提及。[48]它承认对大屠杀负有责任，但拒绝称其为"战争罪行"；这些是惩罚。例如，在迪南，"围绕在男人身边的妻儿……实在是太碍事儿了……"[49]

德国政府为支持自己的立场而提出的"证据"实在太薄弱，以至于"足以给自己定罪"，爱德华爵士总结道。[50]例如，白皮书根据三名不可靠证人的证据声称，在昂代讷，德军部队几乎被杀光了，比利时平民使用了手榴弹和机关枪。后来并没有发现这样的武器，也没有作为证据提出。在昂代讷，唯一能够运转的机枪是德国人的，"正忙着为234名死者的名单添砖加瓦呢"。[51]

更过分的是，德国人声称他们的军人对鲁汶的洗劫"完全失实"。根据冯·克勒维茨少校的证据，德军的行为似乎可以说是克制的典范了。在鲁汶，他们指责比利时人先向他们开火；确实有一些单打独斗的狙击手发射了"狩猎武器的小弹丸"。[52]然而，德国人找了一些自证其罪的目击证人，再次给自己挖了坑。二等兵里夏德·格鲁纳承认，只需两名德军士兵作为"目击证人"，就可以判处一名比利时人死刑，而据他回忆，在鲁汶有80到100人以这种方式被杀害，包括"大约10到15名神职人员"。26名神职人员被赶到鲁汶附近的一个场地，被迫观看对二十三岁的欧仁·迪皮耶勒神父的处决，他是一名哲学系学生，被发现持有一份指控德国人焚烧鲁汶大教堂和大学的文件，做出这些事情之后，"那些野蛮人对奥马尔哈里发烧毁亚历山大图书馆一事再也无话可说了。而这一切都是以德国文化的名义进行的！"[53]欧仁被子弹打穿头部时，还紧握着一个十字架。目击者中包括他的孪生兄弟罗贝尔和16名同学。

德军为他们在鲁汶的行为"辩护"时，诡辩称"只有"六分之一的城区被烧毁，而焚烧大教堂只是无法避免的意外，德军也曾尝试过灭火，甚至"不惜牺牲自己"。[54]事实上，据一名目击证人称，大教堂是被蓄意纵火的。[55]

最后，德国人替爱德华爵士完成了他的工作：他们起诉了自己。白皮书的发表相当于官方犯下了一个令人瞠目结舌的大错，因为它实际上指出了许多对大屠杀负有责任的德国军官。例如，士兵们提到了在没有威胁的城镇中例行抓捕人质，提到了迪南"成堆的尸体"，以及其他自证其罪的细节，例如一个受伤的八岁女孩，"一个大腿上部中弹的老妇人"，以及对"年轻小伙子"的射杀。[56]格里姆伍德·米尔斯断定，战争惯例的教导往德国军人的心中"灌输了残暴"，他们奉命将恐怖手段"作为一种合法武器"用在比利时平民身上。[57]他们的目的是镇压比利时人民,因为后者的抵抗行为正在妨碍德国的战争计划。大多数暴行发生在8月的第三个星期,在当时,如果他们要在毛奇-施里芬计划的最后期限前完成任务,迅速通过比利时是至关重要的:"从一开始就必须砍出一条路来。"[58]

那慕尔主教在后来给比利时总督的一封信中说,德国人的辩护在逻辑上是完全站不住脚的。他发现白皮书中没有一个字提到叙里斯、斯蓬坦、那慕尔、费埃、戈梅利斯、拉图尔或其他65个地方的惨状,德国人在这些地方烧杀抢掠。[59]简而言之,柏林政府试图为其军队开脱,却只是在一连串战争罪行上又铺了一层谎言。

另一方面,比利时人的英勇抵抗延误了德军的推进,使其比计划落后了两到三天。施里芬的时间表没有考虑到不愿配合的比利时人会破坏桥梁、道路和铁路线。在普鲁士人看来,人情因素仿佛陌生人一次不守规矩的擅闯,有违常理,不按套路来,干扰了这个伟大的计划。比利时人的破坏活动是对法国人和英国人的恩惠,他们的陆军师在克卢克之前接近法比边界,从而挫败了德国迅速击败法国的梦想。铁路专家埃德温·普拉特写道,直到8月24日,德军才有能力向法军发起进攻,"那时,第一批抵达的英国远征军已经与法军会师了"。[60]

第四十一章
在法国边境

战争在最初二十天的战斗中已见分晓，之后发生的一切战斗，都不过是对命运的决断绝望且徒劳的申诉，无论那些战斗有多么艰难，多么惨烈。

——温斯顿·丘吉尔

基钦纳元帅致英国军队：

（每一名军人都应将本文件视为机密，保存在现役工资单中。）

你作为国王的军人，奉命出国帮助我们的法国战友抵御一个共同敌人的入侵。你必须执行一项需要勇气、精力和耐心的任务……你所参与的行动大部分会在一个友好的国家进行，而你为自己国家所能做出的最大贡献，莫过于在法国和比利时展现自己身为英国军人的本色。要自始至终彬彬有礼、温柔体贴。绝不做任何可能损害或破坏财产的事情，并始终把掠夺视为一种可耻的行为……在这段新的人生经历中，你可能会被酒色所诱惑。你必须完全抗拒这些诱惑，在对待所有女人殷勤备至的同时，也应避免一切亲密关系。

勇敢地履行职责。

敬畏上帝。

为国王争光。

陆军元帅基钦纳[1]

英国远征军把基钦纳的话装进了他们的口袋里，即便没有一直装在脑子里——他们会兴高采烈地将拒绝酒色诱惑的建议抛之脑后——就这样踏上了前往法国和一场战争的征程，许多人都期待这场战争成为他们人生中"最辉煌的冒险"，比如炮手A.科比特-史密斯上尉。[2]英国已经有99年没在欧洲大陆打过仗了。他们欣喜若狂，充满欢声笑语，急切地想到法国去，现在，他们要乘坐火车和轮船前往了。小伙子们动身前往英吉利海峡时高呼"法国万岁"。一些人甚至唱起了《马赛曲》。[3]德皇口中的这支"弱小军队"[4]包括五个师（四个步兵师和一个骑兵师——比亨利·威尔逊要求的少一个师），仅有10万兵力。他们要前往这样一个战场，在西线，70个德军师正在向大约70个法军师推进——双方总共有250万人——从佛兰德到贝尔福，战线绵延500多公里。在这些人中，德军出动了150万人，法军出动了100多万人，另有300万预备役军人待命。在东线，俄军指挥官同样也部署了数百万做好了战斗准备的部队和预备役军人。与这些庞大军队同行的还有数量相近的马匹：俄军的24个骑兵师需要运输超过100万匹马；德国军队则带上了71.5万匹马。[5]世人从未见过如此规模的人员动员。拿破仑的大军团在1812年为入侵俄国做准备的鼎盛时期，人数达到了68.5万，是当时有记载的规模最大的军队。

在英国的政治人物和指挥官中，第一代基钦纳伯爵霍雷肖·赫伯特·基钦纳元帅已经预料到了等待英国远征军的将是哪种战争：他告诉惊讶的英国战争委员会，这场漫长的战役至少要打三年。1914年，基钦纳被阿斯奎斯任命为新的陆军大臣，他把长期积累下来的、令人生畏的经验带到了内阁。他具有蛮横的道德热情、稀世的聪明才智和对公共责任全然的奉献精神。他的传记作者乔治·阿瑟爵士总结说，他"近乎修道院般的纪律观念为他带来了极端节制、自制力极强的声誉"：基钦纳会说"我没有家"。[6]工作就是他的家。他自己没有孩子，却很关心朋友的孩子。他唯一一次被人看到在战争的困境中崩溃，是在听闻他看着长大的两兄弟中的弟弟死亡之时。[7]他很瞧不起那些暗中破坏战争努力，或者将军人的生命暴露在危险之中的人，他曾对一名喜欢问东问西的战地记者说："如果您想卖国，就应该给报纸涨价——一便士太便宜了。"[8]

对基钦纳的记载证明了他的声誉实至名归，这种人是很罕见的。他成就的实际情况甚至超越了传说。随着他的每一次晋升，关于他的丰功伟绩的故事也传回了英国：二十四岁时，他是驻非洲的英国皇家工兵上尉（那时他绘制了圣地的地图）；尼罗河战役中的情报官；恩图曼战役中苏丹人的征服者；对布尔人的胜利中激励人心的领袖；苏丹开明的帝国主人（下令重建喀土穆的清真寺，并保证宗教自由）；以及印度英军总司令，他在那里改组了印度陆军。基钦纳精通阿拉伯语和法语，在北非城堡、英属印度或贝都因人的帐篷里比在白厅更自在，他在1914年回到伦敦之前，传说已经先他一步：由于有了这位英雄、这位令人敬畏的领袖，英国将以帝国历史上前所未有的规模向德国开战。

基钦纳的强硬是出了名的，这让战争委员会感到恐惧，他们希望基钦纳能更听话一些，但他很快就让他们的希望破灭了。在8月5日的第一次会议上，当时正处于权力巅峰的基钦纳开始谴责英国的战争计划，认为它完全无法满足即将到来的战斗的要求，并批驳了他们对一场短期战争的预期。他对震惊的同事们说："我们必须做好将数百万军队投入战场并维持数年的准备。"他建议，为了打败德国，英国必须组建一支由70个师组成的陆军，人数要超过一百万；训练和部署这样一支军队需要好几年。他谴责将少量正规军派往法国的做法，这支军队在法国派不上用场，只能做做样子，这是近乎犯罪的玩忽职守。这使英国失去了一支训练有素的部队，也失去了知道如何组建这样一支部队的军官。然而，要改变已经在亨利·威尔逊爵士的指导下实施多年的现行计划，还是太迟了。

基钦纳表面上被迫接受了这个计划，但私下里，他认为这要冒使英国仅有的常备军彻底毁灭的风险。他们很快就会顺着德皇的话，以"老废物"自嘲，但他们是欧洲最训练有素的军人，这是唯一能让人感到欣慰的想法了。基钦纳立即给自己定下了强化他们、组建一支"新军"的任务。到了年底，将会有一百万英国小伙子响应英国历史上最紧迫的征兵活动，其标志物就是那张著名的海报："英国人"——然后是基钦纳的画像——"需要你"。然而，就目前来看，英国远征军投入战斗，只不过是对法国人表示一种象征性的支持，一种政治"姿态"，这将导致他们被消灭殆尽，连同数十万法国人一起，而这正是基钦纳所担心的。

丘吉尔写道："大战的任何部分都不及它的开场。庞大的部队慎重小心、悄无声息的集结，调动和阵地的变幻无常，未知与不可知事实的数量之多，使第一次碰撞成为一幕从未被超越的戏剧性场面。战争史上也没有任何其他时期的……屠杀是如此迅速，赌注是如此高昂。"他还以一种完全听天由命的口吻补充道："战争在最初二十天的战斗中已见分晓，之后发生的一切战斗，都不过是对命运的决断绝望且徒劳的申诉，无论那些战斗有多么艰难，多么惨烈。"[9]

只有站在高处，我们才能理解西部战区的性质：一幅由数百万人员、马匹、马车、汽车和轮式大炮组成的无限扩展的全景图，他们像蚂蚁的痕迹一样，绵延数十英里，部队被沉重的背包压弯了腰，被迫跟上脚步，如有可能，则利用自然地形条件，像河流的支流一样汇流，像三角洲一样扩大活动范围，聚集在高地上，消失在森林和山谷中，或者沿着运河和河岸摆好阵势，一声哨响后立刻在钢铁和火药令人目眩的闪光中冲入战场，抑或是深沟高垒，等待即将到来的大炮的呼啸，以及接下来敌人可怕的冲锋，将有成千上万的人消失在喷薄的炮火、四散的弹丸以及步枪和机枪游移的瞄准具下。

法军的大型攻势在阿尔萨斯和洛林的边境地区展开。这是一次强有力的进攻，一次出其不意的毁灭性打击，出动了法国最精锐的骑兵，就是要夺回失去的省份，把德国军队赶出法国边境。这就是由福煦将军制订、经约瑟夫·霞飞将军修改的第十七号计划的实质。从字里行间不难读出，福煦对普鲁士人带来的耻辱一直耿耿于怀；法国人的复仇时刻已经到来。它将依靠法国军队中最珍贵的品质：速度、勇气、想象力和那个无形的主要因素——冲力，人们认为它曾多次使拿破仑对人数占优的军队取得优势。但是，正如福煦后来所言，法国在1870年因"执迷于防守"而失败，在1914年则"因只热衷于进攻而差一点失败"。[10]

第十七号计划在法军最高指挥官约瑟夫·霞飞将军的监督下几经调整，他的身体看起来不太适合搞这个，但他决心执行这一计划。霞飞总部的英军联络官爱德华·斯皮尔斯评论道，霞飞是一个"动作迟缓、有些虚胖的大块头"，"他的衣服会让萨维尔街*的人感到绝望，但他无疑是一位军人"。[11]霞飞留着一撮白色的大胡子，有点像是粘上去的，与他那张侧面也长胡子的宽脸很搭调，他满头白发，头上那顶红金两色的将军帽戴得很靠前，与人交谈时会仰头向后打量对方。他是一个粗壮的大块头，黑色制服上衣从第三颗纽扣往下开始鼓出来，下面是一条宽松的红马裤。他难得开口，讲话也慢吞吞，粗声粗气，却总能说到点子上。但他的脑子转得非常快。结果就给人这样一种感觉，仿佛巨大的势能被束缚在了一只行动缓慢的大乌龟身体里。

---

*伦敦一条以量身定制男士西装闻名的街道，聚集了许多著名的裁缝店和业内顶尖的裁缝师。

霞飞在军队中很受欢迎，被唤作"霞飞老爹"，他把战争变成了自己的个人事业。他以一种漫不经心的态度监督法军的作战，仿佛懒惰模式下的宙斯，即使在即将到来的最严重的危机中，他也很少错过冗长的午餐和午后的酣睡。他出了名的沉着冷静着实让人心安，但他面对真正的紧急状况时那泰然自若的样子也会让他的参谋人员感到恼火。有时，他会出现在会议上，听完报告后一言不发地离开，只留下参谋人员对他到底想怎样困惑不已。[12]但他在危机中处事果断，也会毫不留情地将无能的将领革职。1914年夏天，他解除了三位集团军司令、十位军长和三十八位师长的职务，用年富力强、斗志高昂、绝顶聪明的人取而代之，例如福煦和弗朗谢·德斯佩雷（英国人叫他"拼命弗朗基"*）。[13]霞飞最大的长处是对后勤、补给和部队调动方向的驾驭，无人能出其右，这些才能将在即将到来的危急时刻拯救法军，而这在很大程度上要归功于他的参谋长亨利·马蒂亚斯·贝特洛将军对细节孜孜以求的关注。

8月中旬，霞飞启动了他修改后的陆地进攻计划。他命令由奥古斯丁·迪巴伊将军和爱德华·德卡斯泰尔诺将军率领的第一和第二集团军在他认为敌人最薄弱的地方长驱直入阿尔萨斯和洛林。一个"集团军"由大约五个军组成；每个军约有4万人，其中大约3万人是战斗人员。于是，在14日，迪巴伊和德卡斯泰尔诺在近50万人的最前面扬起了他们的军旗，以解放者的威风姿态向失去的省份挺进。全国人民梦寐以求的法兰西气魄，终于在这里得到了尽情释放，而已故的社会主义者让·饶勒斯曾担心它将导致整个法国被失败"吞没"。法国骑兵军官为这场表演盛装打扮，戴着用长马鬃装饰的黄铜头盔，穿着自1870年以来从未在战场上穿过的猩红色长裤和带有盘扣的上衣。法国胸甲骑兵的服装款式比他们还要古老，穿戴着自滑铁卢以来几乎

---

*这个绰号与他的名字发音相近。英国人不会正确发出他名字的音，故以此称呼他。

没怎么变过的明亮护胸甲。

在对霞飞老爹战略的坚定信念的鼓舞下，准备不足的法军信心十足地奔赴前方的战斗。然而，单凭锐气并不能克服某些不争的事实。法军的计划有一个严重的战略缺陷。它缺乏由夏尔·朗勒扎克将军指挥的第五集团军的支持，朗勒扎克是一位卓越的理论家（和军事学者），却有一个很恼人的习惯，就是向上司炫耀。霞飞认可朗勒扎克对德军屯兵比利

图31　爱德华·德卡斯泰尔诺

时边境的担忧，不得不授权第五集团军留守默兹河畔的防御阵地。因此，迪巴伊和德卡斯泰尔诺向德军占领的洛林进军的密度和深度就没能达到法军计划的预期。还有许多其他的弱点：法军的大炮在当时还不如德军。在战术层面上，糟糕的通信和差劲的情报工作也对进攻造成了危害。由于电话线质量太差，法军这两个集团军出发后不久就失去了联系，作为各自独立、缺乏协同的部队单位向孚日山脉进军。同时，法军情报部门严重低估了德军的兵力。所有这些都不利于第十七号计划的成功，但毫无疑问，法式冲力仍将获胜。

等候在山麓丘陵中的是德军第六和第七集团军的八个军，而不是六个军，这两个集团军分别由势不可当的巴伐利亚王储鲁普雷希特和圆脑袋将军约西亚斯·冯·黑林根指挥，前者被认为是最优秀的王室指挥官。德军将领们并不打算在这个节骨眼儿上与敌军正面交战。他们按计划后退，吸引法军往鹰爪里探得更深。四天来，法军第一和第二集团军挺进德国境内，渡过默尔特河，越过苜蓿和谷物田，经过整齐的干草堆，向萨尔堡和莫朗日进军。德军进行了激烈的殿后作战，

他们的重炮撕裂了法军的战线。马车载着血肉模糊的尸体行驶在路上，向迎面而来的部队传达着令人不寒而栗的警告。部队仍然纷至沓来，直到18日，迪巴伊庆祝攻占萨尔堡。

然后前线就"失去了弹性"，基根的这个说法很形象。[14]渴望向法国人开战的鲁普雷希特王子很快便得到了反击的机会。8月20日，德军的两个集团军在康拉德·德尔门辛根将军的联合指挥下，通过单一电话系统进行协调，并配备了更重的火炮和更多的兵力，倾巢而出，与迪巴伊的推进部队交战。那些没有被消灭的部队在混乱中撤退，只有几支顽强不屈的部队设法展开了奇迹般的反攻。结果证明，这只是昙花一现。法军取得了短暂的战术胜利，之后便败给了德军的人数和火炮优势。福煦毫不客气总结道，法军继续进攻"违背了现代武器现已强加于我们的原则"。[15]

第二集团军的战况更糟。21日，德卡斯泰尔诺收到了儿子战死的消息。沉默片刻后，他对参谋人员轻声说："先生们，我们要继续作战。"他的话经过报道，唤起了法国人民对敌人沉默的藐视，他们还将继续战斗四年，失去数百万子嗣。次日，德军重炮猛轰德卡斯泰尔诺的部队——四千枚炮弹落在圣热讷维耶沃的法军战线上，这场钢铁雨持续了75个小时。这些法国人是史上首批受到大规模现代火炮攻击的人，这次经历让他们彻底垮掉了，在慌乱和恐惧中蹒跚而行。法军的大炮以类似的方式对德军前线持续猛攻。炮火平息后，恩斯特·冯·罗姆中尉举起双筒望远镜，观察法军的情况。他什么也看不到，只有一片散布着尸体和将死之人的平地。然后他站起来，敦促战友们也站起来。除了三个人之外，没人站得起来。他的一个号手说："中尉先生，再也没有人了。"[16]

法军在洛林被彻底击败，他们被德军占据优势的战术、大炮和人数赶回了原地。数千名茫然、屈辱、暴怒的法军士兵集体撤回到默尔特河这边。只有费迪南·福煦顽强的第二十军，作为德卡斯泰尔诺第二集团军的一部分，在南锡附近、左翼末端的高地守住了阵地。

南边的阿尔萨斯战役为法军带来了当天唯一的好消息。在那里，保罗·波将军的阿尔萨斯集团军成功夺取了米卢斯及周边地区。然而，他很快就被迫放弃了它，加入了朗勒扎克将军在比利时边境上布防的战线。波的指挥权只持续了两个月，他成了霞飞对年纪太大或无法胜任的指挥官进行定期清洗的受害者，到年底时，霞飞将把58名这样的指挥官革职。波失去他在米卢斯的据点后，阿尔萨斯又落入了德军之手，在这种状态下又度过了四年。

尽管遭遇了这些逆转，许多士兵仍然精神抖擞，但也有许多被征召入伍的新兵产生了一种冷嘲热讽、受人利用的心情，对这项事业持怀疑态度，主要的动力是求生的决心。例如，法国担架兵雷蒙·克莱芒带着他的医药箱，拖着沉重的步子进入阿尔萨斯，他对自己被要求做的事情一直十分诧异，总想着换班。他在许多方面代表着所有军队中的普通士兵。在前往梅斯附近的然克雷的路上，他写道：

8月17日：我的脚好些了。我又能背动我的包了……我和三名战友一起寻找食物。我们找到了蔬菜、牛奶、葡萄酒和树下捡来的苹果……我们想出了以下菜单：蔬菜汤、洋葱炒牛肉、苹果加牛奶……从今天早上开始，我们能够清楚地听见炮声。天还是灰蒙蒙的，和昨天一样下着大雨……今天我们正式知悉了参谋的计划：沿着400公里长的战线攻击敌人。这场大型战役可能在几天之内开始。

8月18日至20日：我们在一座市政厅里看到一张海报。上面写着克列孟梭对德国的挑战书和维维亚尼对士兵的公告。两页振奋人心的爱国主义。19日，我们在这里度过，并进行了野外运送伤员的演练。这天下午，我们收到了第一期"军队公报"。指挥官让我向全连宣读。这是一个触动人心的时刻，我读了至少一个小时。20日上午，我可以洗衣服了。倒霉的是，洗衣机的水很脏。

8月21日：出发！这次行军很严酷。几个小时过去了，太阳升起来了，都到下午了，我们还在行军。当我们到达隆吉永时，我们受到了欢呼。人们给我们送来了啤酒和柠檬水，缓解了我们难受的干渴。日食使天色变暗，但暑气并没有减退。突然间，雷声隆隆，我们不得不在大雨中行进。我们走了50公里后，到达孔拉格朗维尔村时，夜幕降临了。我们还是人吗？我们还有力气吃东西吗？说到底，既然他们正在慢慢把我们变成机器人，我们又为什么要停下来呢？[17]

与此同时，分别由皮埃尔·吕费将军和费尔南·德朗格勒·德卡里将军指挥的法军第三和第四集团军，正准备执行霞飞大攻势的下一个阶段：大举进攻阿登地区——法国、德国和比利时交界处地形崎岖的荒凉区域，被密林、沼泽和山地覆盖。霞飞相信德军在这一令人望而却步的地带力量薄弱，命令他的将军们沿40公里长的前线，攻入通往阿尔隆和讷沙托镇、森林茂密的丘陵。他们的打算是迫使德军通过阿登地区后撤，自己这边与朗勒扎克的第五集团军会合，将德军赶出比利时。霞飞的总部向他的指挥官们保证，这次行动不会遇到太大的阻力。法军的情报又一次出了差错：当时德军的八个军正逼近该地区，兵力至少与法军相当。其中一些属于德皇威廉之子皇储指挥的第五集团军，塔奇曼笔下的他"胸很窄，身材纤瘦……是最具侵略性的军国主义观点的拥趸"，他在柏林商店出售的照片上写着"只有依靠武力，我们才能得到我们应得的阳光普照之地……"[18]

德朗格勒身材瘦削而结实，精力非常旺盛，急于求战，吕费则是一名更加善于思考的指挥官，热衷于大炮，他们很快就充分感受到了德军强大的冲击力。8月22日，在雾气弥漫、自原始时代便已存在的环境中，两个集团军的先锋被蒙蔽了视线，在一处有利于德军的斜坡上结结实实地撞在了一起。敌对的部队会一同跌跌撞撞，然后突然展开一场近距离平射的战斗。德军立刻挖掘壕沟以供藏身。法军由于缺少挖掘壕沟的工具，只得拔出刺刀，向德军阵地发起冲锋，直接往机枪的枪口上撞。成千上万的人倒下了。尸堆把尸体支撑得直立起来，仿佛他们还活着，还站着。一名法军中士在那个可怕的夜晚写道："雨在下，炮弹在呼啸、爆炸……每当炮击停下来时，我们都会听到树林里到处都是伤员的哭喊声。每天都有两三个人发疯。"[19]

法国步兵惊慌失措、四处逃窜。只有曾在非洲和印度支那的法国殖民地驻扎、早已练就一副铁石心肠的殖民地军，"以母国军队中那些没沾过血的新兵所无法比拟的决心奋勇向前"。[20]这也是他们殒命的原因。他们被人数占据压倒性优势的德军包围、击溃。殖民地军第3师几乎全军覆没。1.5万人中有1.1万人战死或负伤。法军的幸存者们一瘸一拐地退了回来。为表彰德军的胜利，"威廉老爹"理所当然地授予皇储一级和二级铁十字勋章。德军也重整旗鼓，准备将战火烧到法国的腹地。

霞飞后来承认了他在阿登地区的战略错误，但是在当时，他拒绝接受这个结果，并催促精疲力竭的法军恢复攻势。部队在23日进行了尝试，但做不到。吕费的退守有一个很合理的借口：霞飞在最后时刻剥夺了他的5万预备部队。次日，法军的两个集团军退回到默兹河的保护范围，并准备进行迄今为止都还无法想象的行动：**保卫法国**。

霞飞的伟大计划失败了。那些幸存下来的人一辈子都会记得从进攻者到被围困者这段屈辱的心理适应过程。他对第十七号计划的误用是灾难性的。[21]费迪南·福煦，这位激发了该计划的天主教将军，是法国将军中唯一拒绝退守的。他后来写道："他们休想不遭抵抗、轻取第二十军！"但福煦夺回阿尔萨斯和洛林的最后希望已然化为泡影——四十年前，他在那里目睹了普鲁士人对自己同胞的羞辱。法军的攻势结束了。防御战开始在比利时边境展开，法军和英军不得不设法阻止穿灰色制服的德军源源不断地涌入。

法国报界沦落到只能为殖民地部队注定失败的勇气欢呼。8月26日，《人道报》报道称：

> 尽管经过连续三天的战斗，军人们非常疲惫，尽管我们蒙受了损失，但军队士气高涨……前天发生的主要事情是阿尔及利亚和塞内加尔部队与名声在外的普鲁士近卫军之间的激战。我们的非洲军人在作战时……怀着一种难以言表的愤怒。在这场以激烈的肉搏战结束的战斗中，近卫军损失很大……我们冷静而坚定的军队将继续全力以赴。我们的军队知道这种努力的代价。我们的军队是在为文明而战。[22]

该报没说法军的殖民地部队几乎全军覆没。

德意志报界欣喜若狂。奥地利报纸《新报》以"被击败的法国人"为标题报道称，德国人：

> 最终与入侵的法国人彻底算清了这笔账。法军的八个军入侵了梅斯和孚日山脉之间的洛林。他们遭遇了一场惨败，巴伐利亚王储指挥的德军给了他们当头一棒……法军的这次失败是空前的，迄今为止，他们已经损失了超过1.5万人和150门大炮。梅斯战役也是欧洲战场上有史以来规模最大的一场战役：对阵双方共投入大约70万到80万人。[23]

雷蒙·克莱芒就是其中之一，他在一个自己几乎无法理解的恐怖世界中蹒跚而行。

夏尔·朗勒扎克将军经历了一场短暂而郁闷的战争。这位法军第五集团军的指挥官不幸承担了这样一份责任，就是警告霞飞，德军在比利时边境集结了重兵。他给霞飞发了电报，却被无视了；法军总部正全神贯注在阿尔萨斯和洛林上，他的这个消息也与霞飞的计划不符。朗勒扎克错就错在说了实话，法国人对他们**应该**打一场什么样的战争已有先入之见，他却拆穿了这个谎言。他执拗地揭露这件事，一点儿也不配合，无论他的观点是否正确，终究是激怒了霞飞。法军总部万万没想到，"德国人会赌俄国动作慢，以至于只留了25万人在东线"。[24]这个最初的错误让霞飞以为德国在西线战场上投入的兵力不足。他们肯定没有打算渡过默兹河入侵法国吧？

　　这种态度沿袭了法国和英国低估德军兵力的常态。当亨利·威尔逊听说有17或18个德军师正在接近默兹河时，他写道："越多越好，因为这会削弱他们的中路。"[25]事实上，默兹河这边有**30多个师**：是德军右翼的最强战力。如果说德军在整个战区的人数是法军和英军的1.5倍，那么他们投入在右翼、通过比利时蜂拥而至的兵力几乎两倍于对手。

　　抵抗这次穷凶极恶的猛攻的第一次尝试由朗勒扎克发起。爱德华·斯皮尔斯已于8月14日搬到位于勒泰勒的第五集团军司令部，他在接下来的几个星期里目睹了朗勒扎克心如死灰的样子，很不体面。他们初次见面时，斯皮尔斯曾认为朗勒扎克是一头"名副其实的雄狮"。然而，他发现这位法国将军处于一种郁郁寡欢的状态。早在7月31日，朗勒扎克就警告过霞飞，德军将横扫比利时。霞飞一直无视他的建议，还在8月9日命令朗勒扎克加入即将展开的对东北方阿登地区的进攻。14日，朗勒扎克再次当面警告霞飞，如果第五集团军加入阿登地区的进攻，就会完全暴露出来。此时，他最担心的是克卢克的部队即将渡过默兹河进攻（见地图四），他的担心是正确的。朗勒扎克回到办公室，发现了一份情报摘要，警告称在卢森堡和列日之间有德军的八个军和四个骑兵师，他最担心的事情得到了证实。这份情报是准确的，证实了"被默兹河两岸的大军包围的威胁"。[26]

次日，霞飞承认了这种危险，并在著名的第10号特别指令中授权朗勒扎克将他的部分军队转移到北边，即马里昂堡和菲利普维尔方向，直接挡住德军南下推进的路。用军事术语来说，该指令"标志着向德军交出主动权"。[27]但霞飞仍寄希望于在他选择的战场再次发动攻势，剥夺了朗勒扎克的一些预备部队，用来加强阿登地区的攻势。总之，朗勒扎克此时面临着战争中对任何将军来说都是最困难的工作之一：以一支被削弱的军队来抵抗德军最强力的攻势，而英国人连影儿都还没有。

8月13日前后，英国远征军在法国的加莱、勒阿弗尔、鲁昂和布洛涅等港口登陆，乘火车前往向比利时边境长驱直入之前的集结地亚眠。作为职业军人，他们是战场上最训练有素、经验最丰富的人。身为现役军人的他们知道自己身上背负着怎样的期望，也知道如果失败会受到怎样的惩罚，正如军官指导准则中所概述的那样："哨兵在岗位上睡觉"，处死；"离开指挥官去寻找掠夺物"，处死；"擅离职守"（即逃兵），处死。[28]战争期间，有346名英国军人被处决，大多是逃兵，大多是在战争的后面几年里。1914年只有4人被枪决，相比之下，约有600名法国人被处决，其中大部分是在第一年被枪决的。[29]许多英军部队是布尔战争的老兵和老练的射手——当然也是战场上最优秀的——他们携带著名的李-恩菲尔德.303步枪，其射速比德国的Gewehr 98步枪快。他们的目的地是无趣的比利时工业城市蒙斯，在那里，.303步枪将在最严苛的条件下展示其火力。

奥布里·赫伯特中尉在日记中写道：

我们很早就顶着烈日抵达了勒阿弗尔。我们到达时，法国军人从他们的营房里飞奔出来，为我们欢呼。我们的士兵此前从没见过外国军装，看到他们的制服颜色便狂笑不止。冷溪卫队的斯蒂芬·伯顿斥责了他的部下。他说："这些法军部队是我们的盟友；他们要和我们一起与德国人战斗。"这时，有一个人说："可怜的家伙，他们理应得到鼓励。"于是，他脱下帽子，挥舞着，高呼"皇帝万岁！"他未免有些落后于时代……[30]

在每一座车站，迎接英军的都是"人山人海"。他们"欢呼喝彩，如果我们允许，还会吻我们的手。他们发表演讲，给上校戴上一大堆花环，上校起初还很不好意思，但被催着发表演讲时，他很乐意，变得喋喋不休起来"。[31]当英军部队穿行在乡间时，法国村民"朝我们扔水果、香烟、巧克力、面包，什么都有"，一名军官给《泰晤士报》写道（他是为数不多法语流利的人）。"有一个村子拉了一面很大的跨路横幅，'向英军致敬'。"[32]"英国人万岁！"的呼喊声此起彼伏，与此同时，人们做出上吊或割喉的手势，并指向通往前线的路。

8月21日，英国远征军出现在他们应该出现的地方，即勒卡托南面某地，他们在路上行军时，欢欣鼓舞的法国村民用鲜花和亲吻来欢迎他们。途中，他们经过了马尔博罗击败路易十四军队的纪念碑；再往前走，他们目的地的那一边就是滑铁卢。他们于21日到达比利时边境。赫伯特写道："当我们越过边境时，士兵们想要大声欢呼，却被勒令保持安静，'以免被德国人听见'。这道命令真是大煞风景，让人感觉德国人就在附近。"[33]他注意到，比利时人"很可靠，也很可怜。没有恐慌的迹象，但城镇里有一种令人不寒而栗的寂静……我们在一座大城市附近的平原上停止了行进，当时我们还不知道那座城市就是蒙斯。我们被告知……德国人离我们很近，我们必须把他们赶回去。"[34]

到了第二天（8月22日），他们已经把每间农舍都改造"成了一座小型堡垒"，[35]并沿着运河河岸挖掘壕沟以藏身。步枪和机枪从窗户和沟渠里伸出来。他们在那里等候克卢克的第一集团军。

与此同时，在国内，数以千计的英国援军正准备出发。阿瑟·本森在8月19日的日记中写道，剑桥"简直被部队塞满了"。"他们在科芬和帕克公园搭起了帐篷。他们到处走动。他们在仲夏公地玩一些小游戏，看上去品性都很好，身体也很健壮。"在接下来的日子里，他遇到了一列列穿着"蜂蜜色制服的人，满脸通红、脚步沉重的小个子——我们这个民族就只有这么点人！……与这些人擦肩而过让我感到很不舒服，我坐在自己的靓车里，感觉既招摇又奢侈"。[36]

由于已经宣战，公众对战争的热情似乎很普遍。无论在什么地方，本森都能看到这样的例子，比如C.C.佩里，"一个特别严厉、自负、无趣、沉闷的德语教师，以前是完全没有官方背景的伊顿公学教师，如今却挥舞着小国旗，在街上到处走动，对他遇到的任何士兵说'好小子，好小子——上帝保佑你们！'"[37]

与此同时，英国远征军指挥官、陆军元帅约翰·弗伦奇爵士正在巴韦建立他的总部。与约翰爵士交涉得小心翼翼才行。他是一个身材矮胖、面色红润、飞扬跋扈、固执己见的人，一撮必不可少的白色小胡子耷拉在他冷峻的嘴角上方。士兵们喜欢他；他的同侪似乎总在为他找借口。他曾在殖民地——印度、南非——服役，担任过各种高级职务，包括1911年国王的侍从武官。作为一名骑兵，一名布尔战争的英雄，他在1912年被任命为帝国陆军总参谋长，并在1913年晋升为最高军衔陆军元帅，尽管有传言说他在印度时曾与人通奸。然后到了1914年，这位被封为爵士、挥舞着元帅杖的指挥官站在了英国军队层级的顶点。他率领一小支军队来到法国，收获寥寥无几，却要失去一切。

约翰爵士的战争开局不利。他没有努力与朗勒扎克搞好关系，可他必须与朗勒扎克合作，后者的部队规模比他大得多，在东边铺展开来，保护着约翰爵士的右翼。这一事实并没有缓和约翰爵士对朗勒扎克的不以为然，后者的知识分子名声到了他这里就被贬成了"参谋学院老学究"。约翰爵士立刻讨厌起了这位法国同行，后者对他的感觉也是彼此彼此。[38]语言障碍也帮不上忙。在8月17日一次著名的交谈中，不怎么懂法语的约翰爵士问更不懂英语的朗勒扎克，德国人是否会在于伊镇渡过默兹河。"在于伊"从约翰爵士嘴里说出来，听起来有点像招呼船只时会喊的"ahoy"。亨利·威尔逊翻译了这个问题之后，朗勒扎克轻蔑地回答："告诉元帅，我认为德国人是来默兹河钓鱼的。"约翰爵士就算听不懂具体意思，也能听出讥讽的语气。威尔逊冷静救场："他说他们是要渡河，先生。"[39]但对两位将军来说，这次会面是彻底的失败。

弗伦奇和朗勒扎克之间的严重误解在其他任何事务中都只会显得可笑。在战争状态下，这些误解却可能酿成悲剧。这两个人几乎不说话，不商议，甚至有时还不回对方的电话。他们直到8月26日才再次见面，那时，沙勒罗瓦和蒙斯的死战都已经输掉了。对于两人间这场意志的较量，斯皮尔斯写道："当然苦的是双方军队。"[40]

英军的生存取决于法军的情况，后者的规模要大得多，沿着默兹河和桑布尔河铺开40公里。如果他们后退，英军也将被迫撤退（以免将右翼暴露出来，被敌人包围）。末日的开始是在21至22日，朗勒扎克的第五集团军在工业城市沙勒罗瓦和桑布尔河遭受了德军的毁灭性攻击，损失惨重。这次打击证实了朗勒扎克最担心的事情，那就是德军的大包围。德军通过一座不设防的桥蜂拥而至，撕裂了法军战线。

德军在桑布尔河战役中的攻势——又是鲁登道夫的妙计，他亲自批准了这次进攻——彻底击败了朗勒扎克的前线部队，造成了惨重的伤亡。有几个团损失了将近一半的人。尽管进行了激烈的巷战，法国人还是没能将德国人赶出沙勒罗瓦。在一次令人称奇的革新中，德军侦察机确认了法军阵地，并引导德军大炮命中目标，粉碎了朗勒扎克的战线。他的部队撤退了，但也不无大胆的反击。一个殖民地营用刺刀向德军的一个炮兵连发起冲锋，之后，该营的1030人中只有两名军人无伤返回。[41] 总而言之，在沙勒罗瓦和桑布尔河战役中，约有3万法国人和1.1万德国人战死或负伤。

在这些可怕的冲突中，军人与家人之间情意绵绵的通信还在继续。妻子和丈夫在一场他们无法理解的大动荡中努力保持联系，它仿佛一场地震，把他们的小日子搅得天翻地覆。许多信件是年轻人简简单单的陈述，他们不愿或无法清楚表达他们刚刚经历过的事情。因此，年轻的莫里斯·勒鲁瓦在8月23日给母亲写信说："亲爱的母亲，昨天我们大战了一场。我的身体依然健康。爱你的儿子。"[42]

玛丽·迪布瓦恳求她的丈夫安德烈告知近况，什么消息都行。大多数时候，她等来的只是令人费解的沉寂，她的语气也很绝望，甚至到了质问的程度。她根本不知道他消失在了怎样的地狱中。这对年轻的巴黎夫妇有一个小女儿马德莱娜，他们叫她马多。玛丽在8月26日写信说：

> 我亲爱的安德烈……写信告诉我，你是否收到了我的信。这是我寄出的第16封信了，所有这些信都是寄到佩利西耶军营的……告诉我，你吃饭时有桌子吗？还是用手指抓着吃呢？军营是露天的，还是有东西遮风挡雨呢？我猜你一定很缺觉，但你到底有没有的睡呢？总之，告诉我一些细节吧……你的胡子长长了吗？你刮了吗？胡子留了多少？你的鞋子还舒服吗？你的脖子还疼吗？你经常淋雨吗？你买皮带了吗？你有机会把袜子和薄织物送洗吗？你没有遇到太多麻烦吧？请原谅我问了这么多问题。只挑你想回答的回答吧……

热烈地吻你，

玛丽[43]

另一对年轻夫妇亨利和玛丽·米歇尔充满爱意地互相写信。这对夫妇来自法国西部萨尔特省的普雷西涅村，有一个叫纳诺的女宝宝。战争期间，玛丽和纳诺住在勒芒。她的丈夫是一名步兵军官。玛丽在8月21日给他写信说：

亲爱的伴侣，

……我希望你的信能快点到，写得再长一些，但是在战争时期，我不应该要求这么高。纳诺睡在我身边的小床上。她刚刚醒来，说："我希望爸爸现在能来。"她开始感觉到你离开后已经过了很久。然而，与我们还要等待的时间相比，这段时间可能算不了什么。但亲爱的，我再次向你保证，我们母女都很勇敢，我也会尽我所能保持理智。

8月25日，星期二：

亲爱的小亨利，

……我们知道，从星期六开始，东部边境一带就在进行一场大战，而且还会持续一段时间……我可怜的宝贝！我很悲伤，离你那么远，也没有你的任何消息，但我可以发誓，我从未像现在这样勇敢。这是我向国家致敬的方式。我希望……你会回来，也许会落下毛病，但我还是希望。不过如果你真的遭遇不测，你一定要相信，我会尽我所能把纳诺抚养长大，还会照顾你亲爱的父亲。我会留在普雷西涅生活，周围满是关于你的回忆。[44]

成千上万的妇女都在焦急地打探消息，但收到的消息寥寥无几，直到她们的男友或丈夫休假时跟跟跄跄地回家,或者传来受伤入院、被俘或阵亡的消息,而她们寄出的信从未断过。

这场战争不仅压垮了家庭,也压垮了在悲剧下呻吟的指挥官们。桑布尔河的伤亡——这些信中有很多都提到了——加深了朗勒扎克犹豫不决、优柔寡断的情绪,此时他已经深陷其中了。强势的指挥官弗朗谢·德斯佩雷几乎是恳求他允许自己发动反击。朗勒扎克拒绝了,这引起了参谋人员的反感。8月21日下午,这位法军指挥官被责任的重量压垮了,似乎已然瘫痪。他向满腹狐疑的参谋人员解释了不进攻的原因。每一位军事史学家都"对那天下午朗勒扎克将军的精神世界发生了什么发表了自己的看法",塔奇曼写道。[45]斯皮尔斯目睹了这一切,深感惊恐,主要是为正在蒙斯挖战壕的英国人的命运感到惊恐。[46]事实似乎很简单,朗勒扎克被德军的兵力镇住了,并对己方骇人的伤亡感到沮丧,拼命想要挽救这支军队的残余。他知道霞飞会拒绝他的这个决定,所以他独自行动了。如果说他拒绝把虽败犹荣的机会留给部下,那么事后回过头来看的话,考虑到德军的人数和后续战况,他的决定是正确的。很少有人会相信朗勒扎克在那一刻展现出了深谋远虑和道德勇气。

约翰·弗伦奇爵士也将在类似情况下经受他自己的严重挫折,并且是以三重打击的形式:个人悲剧、政治羞辱和军事逆转。基钦纳违背弗伦奇的意愿,任命好斗的霍勒斯·史密斯-多里恩爵士为第二军指挥官,取代约翰爵士的朋友、在17日突然倒下的詹姆斯·格里尔森爵士。约翰爵士可以忍受个人的悲痛,以及对他权威的削弱。但他无法忍受朗勒扎克的沉默,对于后者当时混乱不堪的作战计划,约翰爵士基本上一无所知——这个问题主要是他自己造成的。

桑布尔河和默兹河一线的朗勒扎克部队现在被迫撤退。为了使他的军队免遭另一次色当之败,朗勒扎克示意部队去做一件已经发生的

弗朗谢·德斯佩雷　　　　霍勒斯·史密斯-多里恩爵士

事情：他下令撤退。这件事他起初并没有告知霞飞，而霞飞也绝不会原谅他；然而，朗勒扎克未经授权便撤退，对霞飞来说倒是一件好事，这场攻势更大的失败不愁没有替罪羊了，而真正应该负最大责任的其实是霞飞自己。朗勒扎克向心力交瘁的参谋人员保证，第五集团军将重整旗鼓，择日再战。于是他们撤退了。

　　然而，朗勒扎克的行动让英军陷入了危险。身在巴韦总部的约翰爵士最担心的，是正在蒙斯挖战壕的英军和正在撤退的法军之间打开了一道缺口。这给了德军机会，他们可以从这里突入，以便包抄并歼灭他的军队。朗勒扎克的军队撤退得越远，这种结果就越接近。英军如果按兵不动，就会像灰色洪水中的孤岛一样，侧翼没有任何堤防可供依托。

　　就在8月22日午夜之前，在朗勒扎克下达撤退命令之前，约翰爵士收到了这位法国将军的总部传来的讯息。它请求帮助，并要求英军攻击克卢克的侧翼。这个要求暴露出法军是何等的无知：德军右翼的外缘已经延伸到了约翰爵士的狭窄战线以西数英里之外。攻击和侧翼包抄是不可能的。约翰爵士转而专注于如何拯救他的军队。他只回答说，他将保卫蒙斯运河24小时。

英国远征军像一只特别顽固的藤壶一样坚守在蒙斯——甚至在法军准备撤退时。英国远征军的8万年轻人是战场上仅有的职业军人，部署在大体上沿着蒙斯-孔代运河的30公里前线上。西边是史密斯-多里恩的第二军；东边是道格拉斯·黑格将军的第一军。敌对双方已有过招。21日，骑自行车的英军侦察队在奥堡附近遇到了一支德军部队；在这场小规模战斗中，二等兵约翰·帕尔被枪杀，这是英军在战争中的首位死伤者。22日，当德军发现霍恩比上尉的第4龙骑卫队在卡斯托附近设下的埋伏并退后时，霍恩比的部下拔剑追击，造成了德军在与英军的肉搏战中的首批伤亡。

在8月的最后一个星期，克卢克右翼的全部兵力逼近蒙斯，英军正等在那里，在运河一线严阵以待，或者从每一间房子向外窥视，架好了李-恩菲尔德步枪，观察着比利时的旷野。23日，"老一点钟"到了。他的先头部队惊愕地发现，整支英国远征军都藏在他们前面的壕沟里。约翰·保罗·哈里斯写道："克卢克的部队简直是误打误撞地栽进了英国远征军的人堆里，然后又试图凭借人数碾压他们。"[47]基根写道："英国人将要扮演反抗施里芬计划的概念和实质的角色，即便只是一瞬间。"[48]

赫伯特写道：

> 我们被告知，德国人将在早上发动一场规模巨大的进攻，我们很讨厌这个想法，因为……很明显，几乎没有任何防御手段。上校随口说过，按兵不动必死无疑……我们写了诀别信，但从未寄出。我把我的信放在了口袋里，因为我认为将来可以派上用场。他们开始猛烈地炮击我们。[49]

那天早上，德军的大炮开始轰击这座城市，并查探英军阵地。然后，地平线上出现了一条黑乎乎的粗线，施里芬赫赫有名的右翼、德军第一集团军六个师中的第一个师从北面逼近，开火的就是它。"仿佛有一把由子弹组成的镰刀从我们头上掠过，高出土垒大约一英尺，"赫伯特写道，"子弹阵阵，呼啸而过。士兵们表现得非常好。很多人都在祈祷和画十字。我旁边的一个人说：'我们要踏入地狱之火了。'任何越过土垒的人似乎都必定会被齐刷刷地砍成两截。"[50]

德军使用武器的经验不足，英国人的很多描述都证明了这一点。军功十字勋章获得者、米德尔塞克斯团的T.S.沃洛科姆上校回忆说：

> 当我沿着砖墙走的时候，子弹像冰雹一样打在窗户上，但大部分子弹都比我的脑袋高很多。跑是没有用的，我很高兴我没有这样做，因为当我走到墙的差不多正中央时，就在我的正前方，我听到有规律的阵阵子弹接二连三地打在墙上——几乎都打在同一个地方，虽然我没有停下来看，但我想子弹在墙上几乎钻出了一个洞来。子弹与我的胸口差不多齐平，我觉得可笑的是，那把枪竟然没有沿着墙扫一遍，以确定我的位置——因为那是一挺机枪……[51]

（沃洛科姆是德文郡斯托福德的J.H.B.沃洛科姆牧师的四个儿子之一，四兄弟都参加了战争，他曾三次在新闻报道中被提及，并被授予军功十字勋章。他的弟弟弗兰克是德文郡团第9营的一名中尉，1916年死在索姆河战场。）

密密麻麻的德军以阅兵队形前进，成了英军步枪手的活靶子，只要德军士兵出现在视野中，英军就保持"每分钟15轮"射击。远距离步枪的火力如此猛烈，以至于德军中至少有一位日记作者把它比作机枪扫射。[52]二十二岁的德军二等兵欣里希·厄特延就有过这样的经历。

21日，他的部队拔营前往滑铁卢，在那里参拜了对拿破仑那场战役的纪念碑，他们准备攻击一个世纪前的旧日盟友了。23日，他们到达了蒙斯以西的圣桑福里安村，并占领了一个谷仓。24日午夜后不久，他们被英军的一阵火力惊醒："英国人疯了似的射击，大约持续了一刻钟……谷仓的砖瓦被轰得粉碎。"[53]

英军坚持了一整天，据基根推算，德军的伤亡人数多达5000人，而英军的伤亡人数为1600人。克卢克后来承认，英军的"激烈抵抗"拖延了他的前进。[54]第一波攻击的主要对象是史密斯-多里恩的部队——大约五个德军师攻击他的两个师。德军如潮的攻势简直漫过了英军的阵地。皇家燧发枪团和戈登高地步兵团面对的是最糟糕的情况。整整一天，德军步兵都在向他们冲过来。莫里斯·迪斯中尉"虽然受了两三次重伤"，却还能控制他的机枪火力，直到第五次受伤后，他终于撤退到了营部的救护站。他的部下几乎全都非死即伤。[55]同样，二等兵悉尼·戈德利虽然身受重伤，却继续用机枪扫射了两个小时，掩护英军撤退。[56]他是最后撤离蒙斯的人之一，他随后拆卸了自己的枪，扔进了运河，以免被敌军缴获。这两个人是英国阶级层级的中坚。迪斯在爱尔兰出生，在英格兰长大，曾就读于斯托尼赫斯特学院和桑德赫斯特，在蒙斯伤重不治。戈德利是伦敦的一名五金商人，虽然被俘，却在战争中幸存下来，后来成了伦敦东区的一名学校看门人。两人都被授予维多利亚十字勋章；勇气没有社会地位之分。英军放弃蒙斯、与法军一起撤退之前最后的抵抗行动中，就有他们的身影。

第四十二章
撤　退

比尔皇帝病殃殃

皇储脑子不正常

冯·克卢克那个老家伙，我们完全不在乎

还有他那支该死的军队也一样

——英军士兵撤退时唱道

听说朗勒扎克决定撤退，约翰·弗伦奇爵士心如死灰。惴惴不安的英军联络官爱德华·斯皮尔斯中尉在8月23日晚迅速赶到约翰爵士的总部，明确告知他这一决定。斯皮尔斯说，朗勒扎克已经警告霞飞，德军在桑布尔河的胜利迫使法军全线撤退。撤退将于次日开始。约翰爵士很难接受这个消息。区区几个小时以前，他还宣称自己将站在"现在被敌人占领的土地上"，并用预期当晚即可部署的新部队来加强他的阵地。[1]这位英军指挥官别无选择，只能步法军盟友的后尘，命令英军部队撤退。没有朗勒扎克的军队保护他们的右翼，德军在西面又有大包围的迹象，英国远征军有被围歼的风险。两军将领都在为这些逆转发怒、争论并寻找替罪羊，而历史学家们也在为责任归属问题发表无穷无尽的论断。事实是，约翰爵士和朗勒扎克——以及他们的指挥官同僚——都非常体恤下属。对士兵的生命、军队的存续、国民翘首以盼的胜利，他们都肩负着巨大的责任。他们的行动必须按照这个尺度来评判，而不是某种无果的军事理论或"推卸责任"。

擅自撤退的消息甚至扰乱了霞飞那常人所不能及的沉着冷静。然而，霞飞尽管对朗勒扎克的独断专行感到愤怒，却也理解这样做的道理，并在24日上午的一份现已广为人知的备忘录中通知了陆军部长阿道夫·梅西米。德军在阿登地区和桑布尔河一线的胜利——霞飞称之为"阻碍"——迫使法军放弃进攻，至少是暂时的。霞飞解释道，法国军队"没有在战场上展现出我们所希望的那些进攻素质"。事实上，几位法军指挥官——突出的例子是德斯佩雷和福煦——和他们的部队恰恰展现出了那种勇气，但他们凌厉的进攻没能突破德军远在其上的人数优势。

霞飞继续道：

> 因此，我们不得不采取守势，利用我们的要塞（凡尔登、图勒等）和巨大的地形障碍（孚日山脉、塞纳河、索姆河和它们的支流），使我们能够放弃尽可能少的地盘。我们的目标必须是坚持到底，努力消耗敌人，并在时机成熟时恢复攻势。[2]

在似乎失去一切的情况下，他的坚忍泰然令所有见证者感到惊讶。福煦后来回忆说："总司令一刻也没有失去他那不可思议的冷静。"[3] 镇定自若的神色之下，霞飞的思绪却在高速运转。他制订的计划落下了满地残骸，在被夷为平地的村庄和片叶不生的森林中，在已经发胀却无人来得及埋葬的尸堆中，在战场上的大混乱和他的败军跟跟跄跄、血流成河的队伍中，而此时的霞飞却以犀牛般不屈不挠的精神构思着新一轮攻势的方案。然而他仍未收到来自东线的明确消息：俄国人在做什么呢？

命令就这样发出去了。从英军在孔代的左翼末端到默兹河上的法军右翼末端，沿着这条线，两支军队都在后退。8月24日黎明前的那段时间，英军收拾行装，沿着公路南下。仅仅经过两天的作战，他们就撤退了。英军士兵的字典里没有这个早已废弃的词。它与这些人的整个精神状态相抵触，他们的直觉是要留下来战斗，做他们被派来做的事：把德国人赶出比利时。没有人使用这个词。没有人公开谈及撤退。他们对自己说，这是在"且战且退"，直到他们能够转过身来，重新发起进攻。

第4（皇家爱尔兰）龙骑卫队的骑兵阿尔弗雷德·蒂尔尼写道：

> 撤退！！！……无论何时都让士兵深恶痛绝……似乎最伤害我们同伴感情的莫过于看到难民了；道路上挤满了难民，都带着为数不多的财物，很多人还带着婴儿，在绝望中匆忙给入侵者让路。还有许多来不及逃的人，他们的命运无需赘言。就在几个小时前，这些人还在为我们的胜利欢呼，现在我们却要撤退，看上去仿佛是我们辜负了他们；他们不理解。我们又怎能责怪他们呢？我们自己都不理解。[4]

在法国当地人的指引下，他们狼狈撤离，赶在天亮之前向他们来时的方向行进。法国军人撤得更远，同样被这次进攻的下场惊呆了，却决心期待另一个机会。

早上8点，德军打穿了蒙斯，渡过运河，"浩浩荡荡的大军穷追不舍"。[5]科比特-史密斯少校回忆说，他们逼近的战线就像是"浓厚的云层，排山倒海，滚滚而来"，好似无孔不入的烟雾。[6]那天，英军发动了一次"轰轰烈烈但无济于事"的骑兵冲锋，当时，第9枪骑兵团向德军战线飞奔了365米，前去营救一个人员死伤过半却仍在作战的皇家野战炮兵连。当天的撤退中，有数人获得了英国维多利亚十字勋章，弗朗西斯·格伦费尔上尉就是其中之一，他虽然被击中两次，但还是成功地将多门大炮移出了德军的射程。"由于1914年8月24日在比利时欧德勒尼对阵敌方阵型完好的步兵时的英勇表现，以及同日在杜蓬附近协助保全皇家野战炮兵第119连的大炮的英勇行为"，格伦费尔赢得了英联邦的最高军事荣誉。[7] 他在1915年阵亡。

事实证明，这次撤退比任何人设想的都要糟糕。英军应该以一种井然有序的"梯队阵型"撤退：一半军队后撤，在后方建立一个新的阵地；另一半军队继续向前，拖延并挫败敌人的推进。然后，前方的一半会采取跳跃战术后退，建立一个新的后方，而原来的后方部队则要坚守阵地，对抗敌人。每隔一段时间，就要向迎面而来的德军发动一次突然反攻。撤退开始很顺利，但几天后，德国"晴天霹雳般的调动"粉碎了英军的撤退计划。德军无情的夜袭、更多的大炮和"侦察"机对英军造成了浩劫。德军希望把英军赶进莫伯日要塞，并一举歼灭。他们低估了英国军人，后者临危不乱，拒绝"聚集"，更不会躲藏在一座堡垒里。

片刻不得闲的英军不得不"回击"。大炮各就各位，轰向逼近的德军，然后再拉回来。当敌人靠近时，步兵就排成一条线，端起装在枪上的刺刀向德国人冲去。那些在猛攻中幸存下来的人会踉踉跄跄地返回，重新加入撤退的队伍。英法联军一次又一次地重复着这套骇人的流程，伤亡巨大——时而是张皇失措的乱军，时而是有纪律的且战且退，有时会陷入恐慌，通常都带着愤怒的蔑视。曾经向他们献上大量鲜花、亲吻他们脸颊的人们，现在看到的却是垂头丧气之人的长队，他们缠着绷带，精疲力竭，跌跌撞撞地回到他们原来的地方。他们的出现让人心生恐惧：炮火和德国人的逼近，也使人们陷入了恐慌，纷纷逃亡。科比特-史密斯记得自己当时想的是："告诉他们这只是一次战略撤退，又有什么用呢？"[8]

与在蒙斯时一样，史密斯-多里恩的第二军也是处境最糟糕的。他的部下在凌晨3点接到了撤退的命令。经过两天几乎不间断的战斗，他们已经精疲力竭。他的每一个团都在前一天损失惨重。他手下的军官大多非死即伤。有些部队没有指挥官，失去了方向。现在，史密斯-多里恩的部下再次站在了德军大漩涡的路径上。天色漆黑，下着毛毛雨。士兵们"累得神情呆滞"，"无论做什么，都会中途睡着"。[9]

黑格将军的部队在蒙斯没怎么参加战斗，却被命令掩护史密斯-多里恩撤退。黑格决定不执行这一命令，未加理会，并且加快了他自己这个军的撤退。他抗命不从，部分是出于个人原因：黑格与史密斯-多里恩以及他们的参谋之间的关系已经破裂。根据桑德赫斯特高级讲师约翰·保罗·哈里斯博士的严密考证，黑格声称他根本无法执行帮助史密斯-多里恩的命令："中午，史密斯-多里恩亲自来见黑格，恳求（他）帮忙……然而那时黑格的部队几乎全员都在全线撤退。第二军只能靠自己了。8月24日，它又遭受了2500人的伤亡。"[10]

8月25日下午，史密斯-多里恩将军决定坚持战斗。他被困在康布雷西地区的一座城镇勒卡托。南下的道路被堵，无法通行；德军紧追不舍；通往总司令部的电话线被切断；部队疲惫不堪。入侵者对这座城镇发起猛攻，史密斯-多里恩的第二军又一次受到了攻击。这位英军指挥官把手下的师长们召集过来。除非他们立即出发，否则将在天亮前被迫投入战斗。众人一言不发，然后便想要采取行动了。

"很好，先生们，我们要战斗。"史密斯-多里恩平静地说。消息通过汽车传到了总司令部，约翰爵士怀着他特有的愁绪接收了这一消息；他后来批评了史密斯-多里恩。很少有人比亨利·威尔逊更失望，英军这个失败的计划正是他设计的。由于担心英军会被歼灭，他派了一个骑摩托车的人把史密斯-多里安叫到电话旁。威尔逊说："如果您留在那里战斗，就会重演色当之战。"但史密斯-多里恩回答说自己别无选择。背景中都能听到枪声，他是用喊的。战斗已经开始。"那就祝您好运吧，"威尔逊回答说，"您的声音是我三天来头一次听到的令人振奋的声音。"[11]

8月25日星期二的夜晚很可怕。晚上9点30分左右，置身于从巴韦到勒卡托以西一线浅壕里的史密斯-多里恩部队已经崩溃了，希望能休息片刻。他们没有得到任何休息的机会。黑暗中传来炮火的尖啸声，步枪和机枪的火光划破夜幕。德军逼近了这座城镇。一个隶属于刚刚抵达的罗伯特·斯科特-克尔准将麾下第4（近卫）旅的冷溪卫队营，端着装在枪上的刺刀和棒状步枪扑向敌人。在其他地方，刚被叫醒的英军机枪手和步枪手扫射着涌向勒卡托的德军。很快便有数百名德国人倒毙在城镇边缘。英军暂时占了上风，顶住了这次进攻。然而，这场夜战只是那天（8月26日）真正猛攻的序曲，当时，史密斯-多里恩的部队和黑格的部队之间已经打开了一个巨大的缺口。

8月26日凌晨，英军——在兵力14500人的第4师成员抵达后得到了加强——承受了德军的集中攻击，这些攻击利用了看似无穷无尽的人力储备。在接下来的11个小时里，英军杀红了眼——和东边的法军部队一样，只是后者的规模更大，伤亡更多。

在勒卡托，克卢克实际上已经部署了三个步兵师——与英军相差无几。但英军是防守方。德军被命令不惜一切代价"打穿"对方的抵抗。一波又一波的人潮向英军各师逼近。前一列士兵倒下，后一列马上出现，**时间**被压缩到了如此的极限。一名德军士兵写道："我们前面仍然有一些分散的英军部队蜂拥而至，他们……一次又一次地迫使我们浪费时间部署，因为我们不清楚他们的兵力到底有多少。"[12]

在那天双方的众多英勇行为中，有一个人的行为得到了最高的肯定。二十四岁的弗雷德·霍姆斯是国王的约克郡轻步兵团的一名准下士，他背着一名重伤员走了三公里多，直到找到担架兵，然后又返回前线，帮忙转移大炮，这时他自己也受了重伤。霍姆斯的行为为他赢得了嘉奖勇气的维多利亚十字勋章。[13]

英军的战线开始破溃，被猛烈的炮击轰得七零八落，这首次证明了空爆榴霰弹对付挖壕据守一方的可怕效果。史密斯–多里恩在下午5点下令撤军，但并不是所有人都收到了这一命令。戈登高地步兵团从未收到这一命令。在这第一个月里，对英国远征军来说最惨痛的灾难就是戈登高地步兵团第1营几乎全灭，他们在黑暗中迷了路，以为前面是法国人，结果却发现自己正在向德军战线行军。认出敌人后，德军开火了，在几分钟内消灭了这些迷路的士兵。

英军从勒卡托逃亡非常困难。安德烈·索尔代将军指挥的法国骑兵军在英军撤退时掩护其左翼，如果没有他们的帮助，英军是绝对不可能成功的。在勒卡托战斗的4万名英军和德军中，史密斯–多里恩损失了阵亡、负伤或被俘的约5000人，以及38门大炮。[14]但他坚持战斗的决定严重拖延了德军的前进，现已被视为这场战争中最关键的牵制行动之一。

从勒卡托撤退的过程中，一些英军撞见了侵略者对平民实施的丑恶行径：一家有明显红十字旗帜标志的医院被烈焰焚毁。医院里有400名伤员（逃出火海的人数不详）。主街上散落着"**他们**当时还在工作的可怕证据"。科比特–史密斯少校写道："与死伤战斗人员混在一起的，是妇女和儿童的尸体，许多严重残缺，而其他妇女则跪在他们身边，面如死灰，或因歇斯底里的哭泣而上气不接下气。还有人从百叶窗或半掩的门后向外张望，恐怖景象充斥眼帘。"他后来写道，有一幕在他的脑海里挥之不去：

> 一家商店敞开的窗户上挂着一个可能只有五岁的小女孩的尸体，她被穿在横梁的一个钩子上，仿佛肉铺里的一大块肉。她那双可怜的小手被砍掉了，纤细的身体被刺刀狠狠地刺穿了。[15]

见此情景，科比特–史密斯的部队"气红了眼"："再也不提接收俘房的事情了。"他们涌出勒卡托，他们的卡车、马车和马匹上载满了恳求被带走的法国平民，大部分是妇女。

英军南下穿过佩罗讷、圣康坦和努瓦永、贡比涅和苏瓦松，经过维莱科特雷、韦尔伯里和内里以及其他城镇，它们的名字深深地烙印在曾在那里作战，试图在那里休息、或者只是想要在那里停留的士兵的记忆中，他们疲惫不堪、饥肠辘辘，却始终急于知晓他们将在何时重整旗鼓并**反击**。

战场上的逆转并没有压垮军人们的精神。在南下的漫长道路上，他们会在一些地点停下来，进一步进行短暂的迟滞作战。他们渴望实施霞飞所说的"恢复攻势"，转过身来，重整旗鼓，向德国人开战。"每个人都非常讨厌（撤退），"英国军官奥布里·赫伯特写道，"一天到晚都能听到官兵们说他们有多么想转身作战。"[16]胜利取决于恰当的时机。霞飞起初计划在蒙斯西南120公里处的索姆河一线发动反攻。结果很快证明，这还是乐观了些。事实上，这次撤退将把协约国军队带到巴黎边缘。

在圣康坦以北几英里处，敌人再次向协约国军队的后方发起进攻。炮击越来越近。一个传令兵穿过大群惊恐的平民，向疲惫的军人们跑去，喊着"德国人就在后面！"科比特-史密斯回忆说，一名参谋命令各路纵队撤退到圣康坦，"然后就是一阵疯狂的冲刺"。[17]很快，圣康坦也落入愤怒的条顿人之手。

奥布里·赫伯特写道，有一座城镇"除了火把照在脸上和刺刀上发出的光，或者炮弹爆破的火光，简直是一片漆黑。"苏瓦松是"一座阳光照耀下的死城。十室九空。大多数富人都走了。街道寂静无声，房屋空空荡荡。月光（他的马）踏在鹅卵石上的咔嗒声几乎令人汗毛倒竖。"[18]

8月28日，在努瓦永附近，十九岁的林肯郡团军官鲁珀特·威廉·凯夫-奥姆白告奋勇从城里的最后一列火车上取回口粮："从陆军通信兵那里调来了一辆货车，穿过两路纵队筋疲力尽的士兵、马匹和大炮，开到车站，正好来得及拦住补给列车，与参谋长交谈。凌晨1点，口粮运到……"[19] 见证了凯夫-奥姆勇气的医务官承诺推荐他获得勋章，但在这之前就被杀害了。口粮被匆匆送到饥肠辘辘的部队手中。

这支顽强的队伍又继续向南行进了一个星期：汽车、货车、弹药车、轮式大炮、骑兵巡逻队和长长的纵队，队伍里的士兵浑身脏兮兮的，衣衫褴褛、胡子拉碴，他们的伤亡不明，包扎好的伤员躺在医疗车上，哭喊着，或者是竭尽全力跋涉着，他们知道，倒下意味着死亡或被俘。（奥布里·赫伯特的指挥官告诉他："现在不可能救得了伤员。"[20]）这些人中夹杂着普通的法国村民、惊恐的妇女和儿童，他们把能带的东西都带上了，排成长达数英里的人流，逃离远处像沙尘暴一样笼罩着北方地平线的隆隆声。没有人知道撤退将在哪里结束，或者何时结束。

他们身后的桥梁被炸毁，最壮烈的一次炸桥，炸的是贡比涅附近的瓦兹河上那座美丽的拱桥。科比特-史密斯写道，这是"一场令人毛骨悚然的漫长噩梦"。撤退中的军、师总部的许多参谋工作身首异处——他说，这并不是说有人掉了脑袋，而是军令跟不上德军狂暴的进攻势头。士兵们迷失了方向，由于精疲力竭或受伤而掉队。马匹因为太饿，拉不动大炮或补给车，倒下就被射杀："把这只可怜的畜生推到路边去。它是我们的老朋友，对吧？是啊，那匹深枣红色的马，它拉车很不错！……现在什么都不重要，只要能继续前进。对，最好开枪把它打死。让它早死早超生吧。"[21]

英国远征军中最年轻的士兵之一是十六岁的号手吉姆·奈勒，他来自第30旅弹药纵队（隶属于第3步兵师），父母都在印度。他在8月底写道：

亲爱的爸爸、妈妈和艾琳（他的姐妹），

　　我的身体依然很好……我们的食物非常好……有时三四个人能分到一块面包。我们还能分到一块培根、奶酪和一些果酱。我们有很多烟草和卷烟，但我总把自己的送出去。我们每个星期大约有两到三次朗姆酒配给，但我没喝过。在这里，我还没有看到我们的印度部队，但我看到了很多法军的印度人或非洲人……现在刚开始转凉，你们可以给我寄一副手套吗？请把手套放在一个盒子里，包得牢固一些，好吗？当这一切都结束时，我也不会感到遗憾。是的，我们确实在蒙斯，我希望我们再也不用像那样撤退了。不，我不怎么在谷仓里睡觉……露天睡觉要健康得多。谷仓里通常会有很多虫子，对吧？好了，我想我最好还是收笔吧，我希望这封信能安全到达你们手中……

爱你们的吉姆[22]

　　层级的另一端是罗伯特·斯科特-克尔准将，他是这次撤退中军衔最高的英军伤亡者之一。斯科特-克尔在伊顿和剑桥大学三一学院接受教育，1879年进入第24南威尔士边民团服役，此前，这支部队曾在祖鲁战争中被打得落花流水。他随后参加了苏丹战役（1885年）和布尔战争（1900年至1902年），并在布尔战争中获得了杰出服务勋章。在法国，他指挥第2师第4（近卫）旅。9月1日，在维莱科特雷，他的大腿严重受伤，被送回国，在战争余下的时间里，他在本土指挥一支国土防卫军部队。他在1919年以准将的荣誉军衔退役。

　　那天早上，瓦兹河西岸靠近内里村的一个果园里发生了一个小时的冲突，由此产生了战争中最勇敢的行动之一。皇家骑炮队爱德华·布拉德伯里上尉的L炮兵连正在浓雾中摸索前进，突然间，白雾中隐约可见整整一个纵队的德军骑兵。一名英国军官快马加鞭前去警告该旅；炮兵连则是隐蔽了起来。很快，浓雾散去，在不到550米远的一座山丘顶上，德军的6个团现了形，他们下了马，正站在他们的12门大炮旁边。布拉德伯里的部下有时间将三门大炮调整到战斗状态，但德军的枪林弹雨迅速击毁了两门大炮，英军只剩下一门大炮可以发挥作用。爱尔兰人戴维·纳尔逊中士作证说："布拉德伯里上尉去运货马车上取弹药，但他只走了大约4码……敌人的一发炮弹就把他的两条腿从膝盖和身体之间的位置完全炸掉了。"[23]之后，布拉德伯里凭借非凡的意志力"撑起身体，继续指挥开炮，直到倒地身亡"。[24]纳尔逊和托马斯·多雷尔中士守着这门大炮——对抗8门德军大炮的唯一一门大炮——尽管两人都身负重伤，却一直坚持开火，直到弹药耗尽。纳尔逊拒绝执行撤退的命令。

L炮兵连的大部分人员在那一个小时内被歼灭了。纳尔逊写道：

> 在这场可怕的大屠杀中，大炮可怕的轰鸣中夹杂着将死之人和马匹的呻吟声：在大多数情况下，这些场面简直无法形容。有一个人，我看得清清楚楚，他的脑袋被齐齐地削了下去。另一个人被炸成了碎块，还有一个人的胸部、腰部、膝盖和脚踝几乎都被炸断了。一匹马的头颈被彻彻底底地从肩部炸断。[25]

纳尔逊在他的步枪后膛里发现了从一个人头上扯下来的一团血肉；尸体就躺在附近。后来他发现，自己脱下来放在旁边地上的外衣已经有了9个弹孔。英国援军赶到，向德军侧翼持续开火，把他们赶了回去。德军的八门大炮被缴获。

幸存的英军部队彻夜行军，直到9月2日上午10点。"（步兵）扔掉了所有的东西，只带着他们的弹药和步枪，"第四师第10野战救护队的担架兵戴维·劳埃德-伯奇下士写道，"我认为这是我们最糟糕的一次行军。人们开始撑不住了，你会看到有人筋疲力尽地走到队伍外面，所有掉队的人不是被杀就是被俘，德国人让我们英国部队吃尽了苦头。"[26]

劳埃德-伯奇被命令在内里寻找更多的担架队：

> 我发现的第一个伤员是一个可怜的龙骑兵，他的背部被炸掉了一部分，我还没来得及搬动他，他就死了……皇家骑炮队的布拉德伯里上尉也在死者之列，他的两条腿都被炸掉了。我们又接收了两辆装满死者的货车，但不得不抛下他们，因为德国人又在推进了，离开之前，我们又发现了六名伤员。我们把这些人装进一辆乡村马车里……我们和这些可怜的伤员一起走。他们叫得很厉害，他们伤得很重，再加上马车在崎岖的路上颠簸。当我们到达我们的野战救护队时，我真是谢天谢地……[27]

那天晚上，德国人攻占内里镇时，在医院里发现了纳尔逊。一颗子弹刺穿了他的肺，他躺下时无法呼吸。他们把他带走了。后来，他设法逃了出来，到达了法军阵地，"在迪南，意识模糊的他被基钦纳勋爵的护士发现"。[28] 布拉德伯里、纳尔逊和多雷尔三人分别被授予维多利亚十字勋章，布拉德伯里是在身后获得。纳尔逊几乎创造了奇迹：他受伤后活了下来，逃脱了德国人的囚禁，重返英军队伍，却在1918年4月8日阵亡。多雷尔一直活到了1971年。

大约在这个时候，奥布里·赫伯特的身体侧面受了重伤。他的经历代表了很多失去活动能力的人：他们被遗弃了。"红十字会的人看到我的伤口时吹了一声响亮的口哨，说子弹把我打穿了。"当德国人逼近时，赫伯特敦促医务官离开："他们……只会被杀或被俘。"于是他们给他注射了吗啡，把他放在担架上，便离开了。然后他就失去了意识。他醒来时，看见"一个留着红胡子的德国人，阳光照在他的钢盔和刺刀上……看起来像一个死亡天使"。他用刺刀戳了戳赫伯特身边的地方："在我看来，又要有一场暴行了"。相反，这名德国士兵"非常和气，很有礼貌。他在我的脑袋下面垫了些东西；给我葡萄酒、水和香烟"。随后，德军部队成群结队地经过。"他们看上去就像一群钢铁蝗虫。"有些人"非常讨厌"。有一个人在赫伯特的鼻子下面挥舞着刺刀，说："我真想把这个塞进你的喉咙，好好拧上几圈。"后来，德国医护人员取出了子弹，给他包扎了伤口。赫伯特活了下来，被交由德军监禁。[29]

东边正在撤退的法军中，对"另一次色当之败"的恐惧让每一个团都人心惶惶。福煦警告称，德军正在"向国家的心脏巴黎飞速进发"。[30]"且战且退"的命令发出。法军以自杀式决心执行这一命令，他们一边走，一边炸毁道路和桥梁，在拥有地利或遇到法军指挥官熟悉的地形时，就对德军发动突然袭击。

他们穿过一座座城镇——色当、迈桑、锡尼拉拜、勒泰勒、吉斯-圣康坦——撤退时，有数百次转身面对在他们附近打转的德军侧面迂回。他们常常被迫端起装在枪上的刺刀，向绕到后方的德军部队发起冲锋，以便杀出一条路来。在吉斯-圣康坦（8月28日至29日），一直不情不愿的朗勒扎克重燃了几分往日的自信。德军遭受了一次惊天逆转，朗勒扎克让他的部队掉头冲向吉斯，夺回了该城，这与史密斯-多里恩在勒卡托的情况很相似。这不过是一丝渺茫的希望。比洛势不可挡的反攻很快就把法军赶跑了，霞飞沮丧地授权朗勒扎克继续撤退。30日，第五集团军把吉斯让给了入侵者，撤退过程中炸毁了瓦兹河上的桥梁。这番拖延至少给了霞飞喘息之机，让他可以在巴黎东北方的外围组建新的第六集团军。

与此同时，在最边远的洛林地区默尔特-摩泽尔省村庄莱克西，踟蹰不前的担架兵雷蒙·克莱芒所在的部队单位：

突然接到了动身的命令……我们跳进一条沟里，排成一列纵队逃出，而子弹就在我们周围呼啸而过。在我们身后，莱克西遭到了燃烧弹的轰炸。村子烧了起来。我们离开得正是时候！……没有人通知我们（撤退的）事实。指挥官对我们撒谎，让我们日夜兼程。他们谈论战略问题。过了好几个月，我们终于得知了真相！……一天前，他们还在谈论胜利！[31]

克莱芒写道，继续往南，8月30日，在福斯的一场战斗中，"有数百人死亡"。他接着写道：

我们可以第一次做搬运担架的工作了。在医生的指导下，我们用手电筒在前线搜寻一名阵亡中尉的尸体。我们的团队在一片树篱下找到了他，就在一个由"210"（炮弹）轰出来的坑附近。那里的土闻起来还有硫黄的气味……我永远不会忘记这可怕的情景。中尉就在这里，躺在地上，没有抽搐，还穿着帅气的红黑制服。他的一只戴着手套的手还拿着挂在脖子上的哨子。但他的脑袋已经裂开了。他的右半边头盖骨整个被弹片炸飞了，半个脑袋都没了。血和脑浆在他的周围蔓延……我们必须把他抬上担架，送入村子里。我吓破了胆，无法帮助朋友们做这件事。我们最终还是把担架扛在了肩上。他的脑袋和伤口就在我身旁。尽管夜色已深，我有时还是能看到他脑袋上的洞，我总感觉从洞里流出的黏稠混合物会透过担架，沾到我身上。我们一行人怀着悲痛的心情，在半夜里回到了野战医院。

次日，克莱芒记录道：

我们照顾伤员……由于发烧，这些残废了的可怜人又是叫，又是笑。他们谈论着他们的伤口，谈论着被运到这里来的经历，谈论着他们的未来。医生用被血染红的手把碘溶液灌入这些狰狞的伤口。医生慢悠悠地说着："可怜人"。但我们收到消息：德国人回来了……我们迅速把尽可能多的伤员装进卡车、马车和村里能找到的所有其他车辆……但我们还是设法疏散了所有人。可是当轮到我们离开时，我们不得不把一些可怜人遗弃在谷仓里。

9月初，克莱芒和他的担架兵战友在另一场交火中幸存：

我们都还活着，这真是一个奇迹。我们几乎没有时间恢复，就被命令再次离开，但一名手里拿着枪的法国龙骑兵骑马经过。他吼道："你们要去哪儿？你们要逃跑吗？回去和敌人作战！"我们费了很大劲解释说，我们带着器械和担架，无法作战。[32]

在这场大屠杀的其他地方，年轻的莫里斯·勒鲁瓦只惦记着母亲。他在9月1日写道：

我不会告诉你我们到底在做什么，到底在哪里，我宁愿回家后再告诉你，因为我相信我会在这场战争中幸存下来，我的幸运星会保护我的。你呢？你还好吗？我们再次相见时，一定要办一场派对！我暂时想不出还有什么要告诉你的了。全心爱你，

爱你的儿子莫里斯[33]

法军中的其他日记作者只限于记录残酷的事实。来自勒洛雷的三十四岁二等兵埃米尔·福塞写道："撤退从8月20日在沙勒罗瓦附近作战时开始；在罗克鲁瓦撤回法国，通过吉斯、马尔勒一路撤退到普罗万，一直步行（每天50至60公里），仍在战斗，天气酷热，没有

补给。"[34]

8月底，费迪南·福煦被任命为29日组建的、机动的第九集团军——"福煦支队"——指挥官。在到达位于维特里的总部时，他"恍然大悟"："入侵的前线现在是从索姆河到孚日山脉。"寥寥数语中，福煦便认识到，比利时和法国北部到索姆河的所有地区都已落入德国人之手。

然而，霞飞的稳健，以及进一步向南的撤退正在变得井然有序、不再是迫不得已这一事实，让福煦感到很欣慰。法军和英军现在**决定撤退**，正如霞飞最初计划的那样（见地图五）：法军第三集团军将撤回到凡尔登之后；第四集团军撤回到埃纳河另一边，从武济耶到吉尼库尔；第五集团军撤回到拉昂；英军撤回到索姆河的后面，从阿姆到布赖。同时，霞飞将新组建的第六集团军部署在很靠西的亚眠附近地区，用来对付克卢克的右翼远端。有组织地遏制敌人的意识正在形成，将克卢克的注意力从巴黎引向马恩河谷。

福煦的新部队将从罗克鲁瓦方向掩护第四集团军的右翼，并堵上第四集团军和第五集团军之间不断扩大的缺口。这就意味着无论在哪里，只要德军的蒸汽压路机试图在法军防线上凿出一个洞，他的士兵就要挡在德军的路上。"您真是上帝派来的。"疲惫不堪的第四集团军指挥官德朗格勒·德卡里将军如此欢迎福煦的到来。

福煦迅速采取行动，为失去指挥官的部队再次分配军官。数以千计的法国军官非死即伤，他们的士兵群龙无首："其中一些最勇敢的部队，例如第十一军的布列塔尼人，正在四处游荡，由于缺乏适当的指导，无法取得任何有用的成果。"[35]在了解了他的士兵之后，福煦发现他们仍然锐气十足：摩洛哥师"精神饱满"，但需要增援；在迈桑损失最为惨重的第十一军"不断要求派军官来率领他们再次与敌人作战"。[36]

但这样又能坚持多久呢？再往后呢？8月31日晚7点30分左右，在蒙图瓦的第四集团军总部，霞飞和福煦之间的冷静交流回答了这个问题。福煦回答说，他的士兵"面对已经确定为两个军的敌军，坚持两天都有困难，更别说三天了……"他给出了三个理由。首先，香槟地区对敌人有利："没有坚固的防御阵地，树林很容易通过，没有重要的河流供我们组织防线。"其次，第九军的火炮很弱（一个长期存在的问题）。最后，士兵也很疲惫。[37] 福煦支队别无选择，只能与第四集团军一起进一步后退，以堵住缺口。

因此，在痛苦地批准继续撤退的同时，霞飞发出了一个意想不到的号召："必须让全体官兵明白，执行这次撤退，是着眼于未来的行动，并不是敌人强加给我们的。"[38]

如果说有哪个时刻能够体现出这位法军指挥官不屈不挠的意志，非此时此刻莫属。霞飞美化了事实：在许多地方，德国人实际上还是在强迫对方撤退。但这份声明设想了一种别样的未来，其中隐含着一个能够打动人心、鼓舞士气的事实：这位法国将军根本不会考虑失败的问题。他的头等要务是恢复法军的团队精神，并在合适的时机转过身去，重新发动进攻。

胜利的喜悦支撑着先前似乎在横冲直撞、现已疲惫不堪的德军队伍。约翰·弗伦奇爵士后来承认，德军"占尽优势的兵力"有一种"把我包围的……趋势"。"我决心尽最大努力继续撤退，直到我可以在我军与敌军之间找到一些实质性的东西，例如索姆河或瓦兹河。"[39]

约翰爵士哪个都没找到。胜利的气息，巴黎的气息，驱使着德国人继续前进。然而到了8月底，德军的步伐已经慢了下来。史密斯-多里恩在勒卡托的勇敢抵抗，以及朗勒扎克在吉斯-圣康坦的类似壮举（8月28日至29日），都阻碍了敌人的前进。在索姆河以北，克卢克还想象着英国人正在向西撤退，准备退到加莱。他错了：法军和英军**全**

体都在向巴黎正东方向的马恩河谷撤退,在首都与凡尔登之间形成了一条连线。但克卢克感觉敌人已经分兵,这激励他在巴黎内侧挥师向东,追击剩余的法军。他的判断失误正中协约国下怀。

克卢克知道,英军尽管损失惨重,但离被歼灭还差得很远。毛奇的总部都在纳闷,战俘都哪儿去了?前线士兵也有同样的疑问:敌人都哪儿去了?年轻的德军中尉瓦尔特·德利乌斯(8月28日在莫伯日附近作战)写道:"这两天我们一直在追捕英国人,只可惜他们总能一次又一次地设法从我们手里溜走。"[40]

克卢克对此毫不在意。他的推进情况很接近原定计划。他后来自鸣得意地写道:"在这14天里,第一集团军现已完成了通过布鲁塞尔到巴黎的三分之二路程。战略形势的要求(即施里芬计划的时间表)使我们不可能有真正意义上的休息日。行军和战斗、战斗和行军,轮番上演,没有间歇。"[41]结果就是德军的兵力消耗。德军的三个集团军在那两个星期里损失了超过五个军:克卢克的两个军被派去攻打安特卫普;比洛和豪森各失去了一个派往东线的军(尽管鲁登道夫抗议说那里不需要它们)。剩下的是接近20万的伤亡人数,非死即伤。克卢克决定,被削弱的右翼将继续追击,没有别的办法了。他确信"人和马都能够在战争中成就惊人的伟业",并继续前进。他最关心的是向后一直延伸到比利时的通信线路。[42]

8月28日,一封来自德皇的电报对德军取得"对比利时人、英国人和法国人迅速且决定性的胜利"之后的"辉煌成就"表示祝贺。[43]来自威廉的好消息往往注定了失败——参见他对塞尔维亚答复的欢天喜地和他对乔治国王"中立"的错误信任。这种模式在那天也生效了,还伴随着这样一个决定,它标志着克卢克的蒸汽压路机开始走向末日。这位不受毛奇和德国陆军最高指挥部控制的战地指挥官,决定按照他对敌人弱点的直觉采取行动:他将追击法军的侧翼,"迫使它远离巴黎"(即向东),并将其歼灭。[44]

克卢克在首都以东的大"内转"，就这样在他和他的参谋人员无比自信的时候开始了。他推测英军已经无力作战，正在向西逃窜（他们是在井然有序地向南撤退）；法军处于"极度消沉"状态（他们渴望继续进攻——据说许多人撤退时还唱着歌）；而他自己的部队在每场战斗中都"彻彻底底地"击败了敌人（并没有）。当天晚上，借着篝火的光亮，德国军官们唱起了"成千上万人都在唱"的爱国歌曲。克卢克的一名军官写道，第二天早上，"我们继续行军，希望在巴黎城下庆祝色当战役的周年纪念日"。[45]

法国和英国"溃败"的消息让德奥新闻界欢欣鼓舞。8月24日，奥地利报纸《新报》的大标题是"法国人被打败"。"德军突破了法军的防线……英国骑兵试图在莫伯日对抗势如破竹的德军。然而，德国军人并没有跟那些英国雇佣兵玩过家家，因此，英国骑兵旅被打得溃不成军。"[46]

德军的推进在地面上是什么样子的？它呈现出一幅可怕的景象，一支野蛮人军队使整个国家血流成河，屠杀挡在路上的一切。克卢克的时间表既反映出了他的无知，也反映出了他对部下冷酷无情的漠视。他们的处境已经很恶劣了，可他却像鞭打驮马一样鞭打他的士兵，直到他们倒下。这名德国军人只是用头脑来哄骗身体前进，准备战斗，堵住推进队伍中的缺口，让大量士兵去送死。活着的人冲上前去，替代死去或即将死去的人，人力供应似乎无穷无尽。伤员被运回在夺来的地盘上匆忙搭建起来的野战医院。村庄被霸占，房屋被占领，地下室和食物储备被洗劫一空，药品被偷窃，平民受到威胁，如果他们拒绝合作，还会被枪毙。任何能够让这只贪婪野兽填饱肚子的东西，都被啃食得一干二净。

瓦尔特·德利乌斯中尉参与了对法国的劫掠。他在8月30日的日记中写道：

对付这些伙食粗劣、红酒过剩的士兵……往往是非常困难的。昨天晚上，我的一名士兵……喝得酩酊大醉，我把他绑在车轮上作为惩罚。这是一个极其残忍的手段，但我们是在打仗。我不再觉得踹开一个陌生人的门、打碎他所有的窗户有多么难了。几天前，由于马厩不够，我把我的部分马匹安置在油毡和拼花地板上！！……

次日，德利乌斯在莫伯日要塞附近经历了

对周围村庄的又一次大规模突袭……我们毫不客气地赶走了所有的居民，切断了所有的电话线，搜查了所有的房屋，当然特别是所有的神职人员住宅。我们没有发现任何可疑的东西，除了几百只信鸽。我永远不会忘记那些场景，以及所有那些背井离乡的可怜居民。[47]

在攻占莫伯日之后——"万岁，万岁，万岁，"他写道，"要塞落入了我们手中，4万人全部投降，并交出了400门大炮"（以及1.5万瓶葡萄酒）——他的部队

轰炸了周围的村庄，并将其付之一炬。烧得噼里啪啦、毕毕剥剥！……母亲和老人被大群孩子围住，在故居的残垣断壁间徘徊，无助地哭泣着。数百头俊俏的牛被弹片炸死了，躺在草地上……一天，当我行军穿过已成废墟的村庄时，我不断自问，真的有那个必要吗？我们非得造成那么大的破坏吗？……只有当你亲眼看到己方的损失时，你才会满腔怒火。[48]

并不是每一个德国人都丧失了同情心。军队面包师赫尔曼·鲍曼

写道：

> 随处可见……被轰成碎片的房屋和饥肠辘辘的人们。在一栋破破烂烂的房子前，我正躺在自己的背包上，一个带着五个孩子的女人饿得眼睛都直了，我把我的三明治给了那个女人，她哭着分给孩子们吃。[49]

更靠南的法国村庄战战兢兢地等待着入侵者的到来。贝尔纳丁·达赞是一位受过良好教育的年轻女子，和家人生活在索姆省的一个村庄埃康库尔。她的父亲迪奥热纳·达赞是市长助理（战后他自己当上了市长）。德军扫荡时，他们一家人选择了留下，并把他们的房子让给了占领军（这件事后来为他们招来了通敌的无理指控）。

"今天早上，村子里风云突变。"贝尔纳丁在27日的日记中写道。她继续道：

> 据说"德国人来了"。真是个可怕的日子，每个人心里都很害怕。人们开始恐慌。啊！在这样的时刻，我们与上帝多么亲近。祂是我们唯一的力量和慰藉之源。每天晚上，教堂里都挤满了渴望得到救赎的人。（但是）教区居民在一片混乱中纷纷出逃，他们有的乘汽车，有的乘马车，还有的只是步行，几乎两手空空。但我们留下来等待。我们认命地成为暴行的见证人。正午时分，一些英军走在人行道上。他们要去埃特里库尔。[50]

次日：

> 一些乌兰骑兵来征用我们的面粉、面包、黄油、鸡蛋……很多步兵挤在（村子里）。大炮在高地的房屋四周瞄准。我们担心

会发生战斗。我们在厨房玻璃门前的阳台上放了一张床垫,地下室也准备好了……

当天晚些时候,"三个戴钉盔的德国兵骑着马飞驰而过。晚8点,一些德军士兵在唱歌,他们说他们要去巴黎了"。第二天,"我们震惊地得知,德国人已经接近阿姆,而且还在向前推进。我们生活在完完全全的无知之中,除了行驶在人行道上的军用车辆,我们什么都没看到"。[51]

随着撤退的继续,马的腿直不起来了,这些动物向前栽倒,"膝盖上的皮都蹭掉了"。据第4龙骑卫队的本·克劳廷回忆,对士兵来说,"最大的压力……比任何身体上的不适,甚至饥饿还要糟糕的……就是疲惫。疼痛可以忍受,食物可以搜刮,但对休息的渴望是没完没了的"。他从马上摔下"不止一次,还看到其他人也这样,慢慢地往前倒,去抓马颈……只要一停下来,士兵们马上就会睡着"。[52]许多步兵与大部队失去了联系,三三两两地挣扎前行,一有食物就往嘴里塞——英军只有饼干和罐头牛肉。[53]然而,协约国军队的撤退越往南越不那么辛苦。随着德军的追击逐渐停止,士兵们的精神也重新振作了起来。英军队伍中又唱起了那首老歌:

> 比尔皇帝病殃殃
> 皇储脑子不正常
> 冯·克卢克那个老家伙,我们完全不在乎
> 还有他那支该死的军队也一样

9月4日至5日,法军和英军抵达马恩河谷。他们已经后退了大约290公里。协约国军队总共损失了20多万人——其中大部分是法

国人。这个统计数字反映了法国人自我救赎并拯救国家的决心。在他们身后，一路向北，德国军队就像一个无法除掉的巨大卷须寄生物一样，依附着他们的国家，从法国村庄和一直往后延伸至德国铁路终点站的补给线中汲取养分。

在马恩河，霞飞下令全面停止撤退。在这里，他将开始为反攻做准备。在他的心目中，已经退无可退了。每一名士兵都要做好死战的准备。他的当务之急是将这些重要的想法传达给精疲力竭的士兵们。

与此同时，英国公众也意识到了灾难的消息。似乎德军已经击溃了英国远征军和法国军队，并推进到了离巴黎不足50公里的地方。人们绝望了。美国人没有提供任何帮助，并且对这场战争不屑一顾：他们在8月4日声明中立。白厅认为美国人曲解了支持和反对的理由。必须采取一些措施了。9月2日，仍在为《希望与荣耀的土地》的歌词绞尽脑汁、仍被指责为对德国人的同情近乎卖国的阿瑟·本森，出席了由查尔斯·马斯特曼领导的战争宣传局的第一次会议。十几位英国最优秀的作家和思想家聚集在白金汉门的威灵顿宫，寻找向美国人和意大利人"推销"战争的方法，英国政府认为这两个国家的人在暗中作梗。一些人以午祷开始："上帝啊，请保佑我们的水手和战士，赐我们胜利与和平。阿门。"[54]

本森在日记中写道：

> 这是一次非同寻常的聚会。高尔斯华绥（小说家约翰·高尔斯华绥）秃头、冷静、庄重，柯南·道尔（犯罪小说家阿瑟·柯南·道尔）强壮结实、幽默风趣，R.布里奇斯（桂冠诗人罗伯特·布里奇斯）光彩照人、波浪鬈发、黑色外套……霍尔·凯恩（小说家托马斯·亨利·霍尔·凯恩爵士）头发很长、白色高领、穿得（像）维多利亚时代的政治家，威尔斯（科幻作家H.G.威尔

斯）是个皮肤黝黑的胖子……非常时髦，切斯特顿（诗人和评论家G.K.切斯特顿）身材魁梧、汗流浃背、头发湿淋淋的……哈代（小说家托马斯·哈代）老态龙钟，屈威廉（历史学家G.M.屈威廉）非常阴沉、忧郁，默里（小说家和出版商约翰·米德尔顿·默里）的头非常秃，人很和善，巴里（苏格兰作家J.M.巴里）身材矮小、其貌不扬，阿诺德·贝内特（小说家和评论家）非常没礼貌，看上去活脱脱一个无赖，纽博尔特（诗人和小说家亨利·纽博尔特爵士）冷静而又忧虑……还有其他很多我不认识的人。[55]

没有做出什么决定。屈威廉"很不情愿地"宣读了一份宣言，赢得了礼节性的掌声。每个人都发了言。切斯特顿幽默地表示，他准备写一些"甚至能吸引美国人"的小册子。贝内特说了几句话，"用的是令人难以置信的伦敦东区口音，巴里用同样令人难以置信的苏格兰口音说，他会在美国做一场演讲……"本森"自己也提不出什么建议"，得出的结论是，"我认为我们的强项并不在于宣传"。[56]

几天后，本森读到了英军总司令对勒卡托战役中的出色抵抗的诋毁性描述："约翰·弗伦奇爵士的重要急报显示，我军在8月26日几乎全军覆没。那次可怕的撤退的故事让我心惊胆战。"[57]本森和大多数英国人一样，并不知道到目前为止的伤亡总数。在8月，法军的伤亡总数为206515人，而野战军的总人数为160万人。加上军官和支援部队，真实的伤亡数字接近30万。[58]英军还没有遭受如此规模的伤亡。

第四十三章
马恩河奇迹

> 部队……必须死守，绝不退让。当前形势下，不容有丝毫的
> 软弱。
>
> ——约瑟夫·霞飞将军在马恩河战役前的命令

在巴黎，政客们本可以学习一下霞飞的超然冷静。可一听到法军战败的消息，他们就像一群惊慌失措的鹅一样争执吵闹、横冲直撞。愤怒的争吵，泉涌般的泪水，固执的高卢人的骄傲，以及在普恩加莱面前故作的、使人麻木的镇定，这一切都在陆军部长阿道夫·梅西米8月29日的大发雷霆中达到了极点。他大力拍打桌子，嘲笑政府是"毫无尊严的胡闹"，把受人尊敬的约瑟夫·加利埃尼将军的预言甩到他们脸上。已经退役的加利埃尼悄悄说过没人会公开说的话：德国人将在9月5日兵临巴黎城下。在即将到来的狂风暴雨面前，他们的神机妙算和故作冷静全都无关紧要。关于法军溃败、另一场色当之战、巴黎被占领的可怕谣言在城里满天飞。朗勒扎克在吉斯-圣康坦的抵抗让人们稍稍松了口气，接着又陷入了失败潮中，引发了人们对霞飞和总司令部正在误导政客的担忧。

普恩加莱支持他的最高指挥官。总统坚决主张，霞飞将在他和第

六集团军做好准备时重新开始进攻。阿道夫·梅西米并没有从中得到安慰，预料到会有"一场大败"。他因此成为第十七号计划失败的政治代价，并被革职。[1]（他后来作为步兵军官服役，表现神勇。两次受伤后，他升任师长，解放了科尔马，证明自己在前线比在后方更能发挥作用。）还有更不讲情面的，维克托·米歇尔将军失去了巴黎军事长官的职位，原因与他先前把统帅权输给霞飞的原因相同：缺乏进攻精神。表面上的赢家——或者说是容易把自己弄伤的传球的接球人——是加利埃尼将军，他仿佛法国版的辛辛纳图斯，退役后再度出山，担任新的巴黎军事长官，负责在没有足够资源，或者说还没有一支军队的情况下保卫这座城市。

这位杰出的人物饱受赞誉。加利埃尼身材高大、瘦削，普恩加莱说他的"眼镜后面有一双犀利的眼睛"，"在我们看来，他是令人印象深刻的强人典范"。[2]加利埃尼聪明绝顶，会说多种语言，足智多谋，是色当战役的老兵，马达加斯加的征服者，殖民地的管理者，也是唯一能让霞飞顺从的人（由于健康状况不佳，他将最高指挥官一职让给了后者，也就是自己的门徒），在被任命为巴黎的救星时，他已经六十六岁了，患有前列腺炎，是个哀悼了好几个星期的鳏夫。他用尽最后一丝气力开始了工作。注定要在执行伟大的马恩河战役一事上发挥关键作用的他，首要任务便是城防。他利用了身体欠佳的这些年来郁积的幻灭感，以及对围绕在身边的政治暴发户和庸人的厌恶，将这些情绪愤怒地投射在他死前的最后一项崇高任务上：保卫并维护世界上最美丽的城市不被德国大军染指。

第一天，他就开始把巴黎转变成一个深沟高垒的巨型营地。它将是一个进攻作战的基地，而不是等着德军来围攻的封闭堡垒。[3]为此，加利埃尼请求调拨军队过来：巴黎没有军队。到了8月29日，他只得到了一个海军旅。走投无路之际，他转而求助人民，把所有能够使用挖沟工具的男人、女人和孩子强征入伍。一天之内，加利埃尼组织运来了1万把铲子，还不顾合法的反对意见，又弄来了1万把布伊刀，以完成土垒。市民和军人一起将城市包围在一个巨大的战壕和土垒屏障系统中，里面布满了"狼阱"——嵌有长钉、侧面是带刺铁丝网、有机枪掩体守卫着的深坑。加利埃尼征用了所有可用的交通工具，包括城市的出租车，从现在起，它们注定要因在这场战役中所扮演的角色而彪炳千古。他藐视所有小家子气的合法反对意见，并且像霞飞一样，清除了参谋队伍中那些力有不逮、意志薄弱或者墨守成规的人。他把巴黎从夏日的恍惚和残存的浪漫中摇醒，给它那些绿油油的公园和金灿灿的石材蒙上了战争冷冰冰的钢铁灰色调。

由于对拆除建筑物需要书面许可的官僚作风感到失望，加利埃尼扩大了军队管区的范围，将郊区和腹地也包括在内，划出了一个半径为32公里的区域，北至达马丹，东至拉尼。拆除工作开始了。周边的建筑物和桥梁被炸毁，价值连城的艺术品被收上来运往波尔多。加利埃尼下令，如果德国人到达这座城市，就要摧毁美丽的桥梁、埃菲尔铁塔（无线电发射站）和其他现已沦为对敌人有用的基础设施的建筑珍宝。拆除小队将拆除一切必要之物，以便清理出机枪射程。

政客们被说服，离开了巴黎，将政府所在地迁往波尔多。他们不能冒重蹈色当覆辙、被囚禁在城里受辱的风险。加利亚尼告诉他们，"首都不再安全"，使他们下定了决心。9月3日，一列接着一列的火车将总统、他的部长、秘书、官员和重要的国家文件，以及巴黎博物馆中最珍贵的艺术品运出了城。[4]

9月初，德国飞机在城市上空投下了几枚原始炸弹，之后人们就再也不需要任何警告了。成千上万的巴黎人向南方疏散。那天，加利埃尼向留下来的人们发布公告：

> 巴黎市民们，共和国政府成员已经离开巴黎，为国防提供新的推动力。我奉命保卫巴黎，抵御侵略者。我将履行这一使命，

至死方休。[5]

但这座城市的未来看上去还是很黯淡。在没有军队保卫的情况下，巴黎只能任由敌人的攻城炮和集结的队伍摆布。在波尔多，普恩加莱还抱着俄国人当时已在围攻柏林的希望。事实上，俄国人被打得落花流水。

1914年9月初，所有人的注意力都转向了巴黎正东的马恩河沿岸一处地势平缓的河谷，这里很快就将打响"自滑铁卢以来最具决定性的陆战"。[6]和一个世纪前的滑铁卢一样，马恩河也将决定欧洲与世界的命运。这并不是后见之明。指挥官和士兵们都明显觉察到了这一点。

8月初，当爱德华·斯皮尔斯中尉在维特里附近的马恩河里仰漂时，这样的想法完全不曾掠过他的脑海，"这只是一条迷人的、清凉的小河，我们中没有一个人把它与战争直接联系起来，无论再怎么做梦"。他沉思道，这个"秀丽的河谷"肯定是法军和英军在地球上最不可能出没的地方，他们也曾怀着如此笃定的信心，向北、向东进发，却零零落落地来到了这里，怀着"令人心如刀绞的绝望与愤怒，把脚都走痛了，萎靡不振，精疲力竭"。那天，没有预言家和他一起游泳，

> 告诉我们，在未来的岁月里，马恩河的名字使人想起的，不会是一条宽阔的、死气沉沉的小河，而是一个巨大的战场，不仅将作为人类历史上的伟大转折点之一，还将作为世界上16场决定性战役之一而被引述到永远。[7]

克卢克的想法为探究马恩河奇迹——它注定被冠以奇迹之名——

背后的谜团提供了一个出发点。到目前为止，克卢克似乎是战局的推动者，是施里芬计划中那一记重锤的领袖，德军的整个战略都依赖于此。然而到了8月底，法军的撤退已经把克卢克变成了由霞飞操纵的傀儡。撤退拉长了德军的补给线，把德国人引向了霞飞选择的战场。基根精辟地总结道："事实是（克卢克）被人牵着鼻子走。""他在追击第五集团军的过程中，一旦渡过瓦兹河并向马恩河进发，他的每一英里行军都正中霞飞下怀。"[8]

由于消耗，以及两个预备军被调去围攻安特卫普，还有两个预备军被调去东部战区，德军已经损失了大量兵力。他们的补给线隔三岔五地崩溃。克卢克后来写道："战事的进一步发展会对运输和补给车队的能力提出尽可能大的要求，它们是我军的生命线。"[9]燕麦田养活了马匹，但士兵们不得不靠劫掠村庄或从巨大的补给环线上运来的、时有时无的物资过活，而这些物资的运送会因比利时人和法国人的破坏活动，被炸毁的桥梁、道路和铁路终点站而延误，还要依赖德军补给处"完全无法胜任"的官僚。[10]

如果说鲁登道夫是少数还在听信施里芬的鬼魂低语——"保持右翼强大！"——的人之一，到了9月的第一个星期，战争进行了将近30天时，克卢克的"右翼"已经空虚了，而且是越来越空虚。他们毕竟是血肉之躯。他们精疲力竭、饥肠辘辘、严重酗酒：醉意似乎能提振他们的精神。他们的制服破破烂烂。只有以胜利者姿态进入巴黎的前景，才能让他们坚持下去。

克卢克原本的战略——毛奇在8月27日强迫他从西面对巴黎实施的大包围——现在只能被迫放弃，转而采取权宜之计。8月29日上午，克卢克做出了一个现已举世闻名的决定，它在很大程度上预示了欧洲的命运。首都可以再等等；相反，他将在巴黎内侧转向，往东南方追击法军，远离巴黎，在他自己、比洛和豪森军队的夹击之下将其击溃。比洛赞成"内转"——这将有助于他击败在吉斯被他放跑的法军第五集团军。两位将军都没有考虑任何来自"在勒卡托似乎已经失去了作战能力"的英军的进一步威胁，并将他们的目光转向了朗勒扎克的侧翼（见地图六）。

现位于卢森堡的陆军最高指挥部同意了这次变动。包围巴黎会迫使克卢克徒劳地向西长途行军。毛奇匆忙批准新的战略，反映出了深切的焦虑：时间已经不多了。虽然毛奇确信德国已经取得了一连串胜利，但他尚未听到宣布完全突破或包围的咒语。他的担忧加深了；在吉斯的挫折是一个令人担心的预兆。三支德国集团军之间也打开了大缺口，简直是在邀请法军和英军把缺口扯得更大。撤退的军队也并非精疲力竭。9月1日，英军在贡比涅附近转向，对克卢克的军队发动了一次凶猛的反击，然后在夜色中溜走了，让他尝到了敌人的厉害。德军再次一拳打在了空气上。"老一点钟"再次被晾在了那里，只捡到英军匆忙逃跑时丢弃在路边的装备残骸。

9月2日晚，克卢克收到了来自陆军最高指挥部的一份新的一般命令。它批准了内转的决定，但增加了一项颇具羞辱性的指示。它是这么说的："我们的目的是把法军赶回东南方向，切断他们与巴黎的联系。"克卢克要以梯队阵型跟随比洛的第二集团军，保护双方的侧翼。换句话说，他要"利用第二集团军的成功"。对克卢克这样一个自负的人来说，这实在是太不像话了：他的士兵行军370多公里，穿过比利时和法国，就只是为了跟在一个与自己竞争的将军屁股后面做些扫尾工作。他无视了这道指令，命令部下按照现有的路线行军，只留下一个预备军来保护他的右翼。这个决定后来激怒了比洛，还扩大了两个集团军之间的缺口，这一点是致命的。

9月2日，克卢克再次表现出对陆军最高指挥部的轻慢。他把包抄并消灭英军的新命令斥为"做无用功"，因为"英军正好从包围行动中逃脱了"，并渡过了马恩河，向库洛米耶方向撤退。"对英军进行决定性打击的机会再也指望不上了……"[11]他声称在巴黎防线正东北方向的桑利斯以东遇到了一个英军骑兵师，但这是假的：桑利斯附近没有英军部队。克卢克遇到的是莫努里的第六集团军，他们此时正在热身，准备为协约国的反击做出贡献。

在法军阵营中，那位伟大的白发指挥官丝毫不慌。霞飞新的总司令部由奥布河畔巴尔的一所女校改造而成，他在那里迈着沉重而不协调的步子走来走去，监督撤退，冷静审视新的计划，并对黄昏时分在他身边忙忙碌碌、纠缠不休的凡人所忽略的某件事情信心十足。霞飞拥有堪称罕见的、克劳塞维茨所谓对军事成功至关重要的要素：灵魂异于常人的伟大。降临在他身上的灾难，即使是最强大的人也会被压垮，但霞飞似乎能够将逆境吸收并转化为机会。随着每一次灾难的发生，他的境界也在不断提升。想想他在9月的头几天面对的情况吧：

——约翰·弗伦奇爵士在压力下几乎崩溃，也失去了霞飞的信任。这位英军指挥官威胁说要退到塞纳河以南，似乎是要抛弃他的法国盟友了。在霞飞看来就是这样的。当约翰爵士的报告于8月31日到达时，在伦敦的基钦纳也是这样看的。内阁听着基钦纳严肃地宣读约翰爵士指挥撤退的信时，也都很惊慌。基钦纳在答复中向他的战地指挥官发出指示："您要尽可能地配合霞飞将军的作战计划。"约翰爵士没有从命。事实上，约翰爵士和霞飞"从来都不是一条心"，英军的军需总监威廉·罗伯逊爵士给出了这句可怕的评价。[12] 约翰爵士似乎没有理解霞飞的意图，而亨利·威尔逊已经给他翻译得很清楚了。基钦纳对这位不听话的陆军元帅失去了耐心，认为有必要亲自去一趟巴黎，命令约翰爵士按照指示行事。鉴于约翰爵士的军衔和声望之高，他暂时收住了行刑的手。（约翰爵士主要还是自取灭亡，他后来竟敢暗中破坏基钦纳的权威，导致自己在1915年12月被收走了统帅权。阴谋反对他的黑格将军将取代他的位置。）

——到了9月初，没有人确切地知道英军和法军应该在哪里停下来，转身战斗。从沙勒罗瓦到索姆河，再到吉斯-圣康坦，一条又一条的防线都没能挡住德军的入侵。霞飞早些时候曾打算在塞纳河那么靠后的地方发动反攻。[13] 然而，空中侦察和在一具德国军官尸体上近乎奇迹般发现的地图和重要情报，证实了克卢克已经改变方向，向东南方进军。因此，霞飞决心实施一项独立的计划：继续撤退，远离巴黎，这样他就有时间调集增援部队（包括摩泽尔河第一和第二集团军的两个军），使他的部队摆脱持续不断的被包围的威胁，并对其进行补充。

——9月1日，色当战役周年纪念日，霞飞收到了德军在坦能堡战胜俄军的消息。他们的伟大盟友并没有像希望的那样到达柏林。听到这个消息，法国笼罩在一片黑暗之中。无比凶险的预兆吓坏了政客和参谋们。

霞飞完全没有想过要知难而退，而是在9月的头几天里致力于强化并重组法国军队，还制定了反攻计划。他以超常的热情和活络完成了这项工作，尽管加利埃尼和他的参谋人员起初表示反对。他们对新组建的第六集团军应当在莫努里将军的指挥下进攻克卢克右翼的指令提出了质疑，因为这使巴黎失去了唯一的防卫军。然而，看到克卢克转向东南方的迹象后，加利埃尼立即同意了霞飞的计划。"他们把他们的侧翼暴露给我们了！他们把他们的侧翼暴露给我们了！"加利埃尼的两名最资深的参谋喊道（见地图六）。加利埃尼本人现在的行动也如同瞪羚般敏捷，仿佛年轻了一半：只要霞飞一声令下，第六集团军就会向克卢克的侧翼发起进攻。

唯一让霞飞感到不自在的，就是将朗勒扎克将军免职的痛苦决定。在德军入侵中首当其冲的是第五集团军（而**不是**英国新闻界喜欢认为的英军）。从比利时到马恩河谷这一路上，他们一直在与克卢克和比洛交战。即便朗勒扎克在严格意义上确实违抗了命令，但他的行动拯救了第五集团军，并交出了霞飞所需要的东西：部队。在桑布尔河上，他失败了；在吉斯，他表现出色。斯皮尔斯总结道："但有一点始终没变，也是在第五集团军撤退的过程中不断呈现出的特征，就是其指挥官不愿意战斗。"[14]确实如此，然而，如果朗勒扎克战斗了，他可能已经让他的军队把血流干了，来到马恩河时，除了空空如也的行囊，什么也无法向霞飞展示。但是失败，或者说对失败的感觉，需要领袖来承担，而霞飞已经对他的将军失去了信心。朗勒扎克似乎也万念俱灰了。9月3日，霞飞用弗朗谢·德斯佩雷将军取代了他，这位曾经在印度支那和非洲作战的机敏老兵，被英国人取了"拼命弗朗基"这一绰号。根据霞飞的回忆录，朗勒扎克如释重负；而根据朗勒扎克的回忆录，情况并非如此。

9月3日和4日，大军在马恩河畔列阵。用心领会一下战场布局吧：数十万军队跨立在一条宽阔的河谷上，战线自西向东延伸240公里，从巴黎近郊到凡尔登市，更远处是摩泽尔河的南北向战线，爱德华·德卡斯泰尔诺将军和费尔南·德朗格勒·德卡里将军迄今为止一直在那里阻挡着鲁普雷希特王子的大军，后者当时已经等不及要取得突破、把巴黎交给柏林了。在这血腥的四个星期里，法军在摩泽尔河以军事史上鲜有先例的伤亡率挡住了怒发冲冠的德军。甚至在这个关键时刻，卡斯泰尔诺也曾警告霞飞，南锡随时可能沦陷。霞飞要求他再坚守24小时。他们的韧性将被证明是至关重要的。如果德军从东边突破，霞飞策划的反攻就会一败涂地。

数十万德军一英里一英里地从北边向马恩河谷靠近，他们几乎是在梦游，衣衫褴褛，饭也吃不饱。克卢克、比洛和豪森觉得让这些小伙子在9月3日强行军40公里根本无所谓，行军结束时，他们简直是一头栽倒在宿营地。他们那灿烂夺目的战利品似乎触手可及，支撑着他们：它就是巴黎。这是他们的坎尼，他们的色当，是他们一劳永逸地处决敌人的时刻。他们被告知，马恩河战役将是一场扫荡，而不是一场战斗：法军和英军都已经被消灭得差不多了。诸如此类的假情报支撑着他们继续前进。敌人难道不是在求和吗？法国人不是已经提出了条件吗？谣言就这样传播开来。

在陆军最高指挥部所在的卢森堡城堡里，毛奇潜藏在一种间歇性的消沉状态中，说来也怪，捷报的先兆都无法让他振作起来。他思忖着眼前的情况，就像一只秃鹫看到远处的尸体复活一样。他觉得很奇怪，已经好几天没有传来捷报了，但德军"本该在所有方向胜利进军"。他们的马匹现已奄奄一息，医马的兽医寥寥无几。能够运到目的地的面包很少，炮弹的严重短缺即将出现。"从后勤的角度讲，施里芬计划简直是无稽之谈。"休·斯特罗恩这样总结补给的中断。[15] 战俘又在哪里呢？根本没有。据说法军撤退时还在唱歌——唱歌！毛奇左思右想，远方马恩河谷中的丘陵中必有蹊跷。

4日上午，毛奇出于自己的疑虑采取了行动。他发出了一份作战指令，首次承认了施里芬计划的失败：在入侵比利时30天后，右翼还没有达成目标。敌人躲过了克卢克和比洛的围歼，并"与巴黎的部队会师"。德军将在马恩河谷以北停止行进，休息并等候最后进攻前的补给品。停止行进？怕是要把施里芬气活。柏林的普鲁士高级军官，例如冯·法金汉，都怀疑毛奇是不是疯了。为什么要在猎物近在咫尺的时候停下来？为什么要在胜利的门口止步？相反，毛奇决定整饬剩余的军队，因为他已经感觉到了在右翼远端呈现出来的危险，敌人的活动迹象出自一个让人意想不到的来源：法国首都。灾难的预感在毛奇的城堡里泛起阵阵涟漪。

那天，法军阵营中情绪高涨。加利埃尼激励他的士兵进攻。他需要霞飞的首肯和英军的支持。上午9点45分，他给霞飞打去了电话。

霞飞不愿意，或者是无法接电话。加利埃尼的参谋向法军总司令部强调了事情的紧迫性。好几个小时过去了。午餐时间到了。加利埃尼的手下又打来电话。电话打过来时，霞飞和他的参谋们正在就一张地图争论：他们是应该等上一天，撤回到塞纳河，重整队伍，重新进攻？还是抓住克卢克的失误所提供的时机，随即发动进攻？未经休整的法国军人能否振作起来，马上掉头向曾经让他们吃尽苦头的敌人发起战斗？加利埃尼终于让霞飞接起了电话。他建议，如果新的第六"机动"集团军要进攻，就应该尽快进攻，打破克卢克的右翼。如果这样，就意味着全体法军都应该同时进攻，进行集中打击。

什么时候？他们准备好了吗？霞飞把这些问题发给了他的指挥官福煦、德斯佩雷和德朗格勒，并在女校操场的一棵树下等待他们的答复。塔奇曼写道："下午的大部分时间里，这位笨重的人物一直沉默不语，一动不动，他穿着黑色上衣、宽松的红裤子和军靴，他去掉了军靴上装模作样的马刺，令他的副官们大失所望。"[16]

当天下午，在别处，约翰·弗伦奇爵士缺席了加利埃尼和德斯佩雷召开的两次关键会议。两位法国将军都决心说服英国人参与他们希望在次日开始的进攻。不出所料，约翰爵士拒绝了。因此，加利埃尼亲自驱车前往英军总部，想要说服约翰爵士，为了堵住第五集团军和第六集团军之间的缺口，英军是不可或缺的。约翰爵士不在，加利埃尼只得到了英军参谋长阿奇博尔德·默里爵士的拒绝：士兵们需要休息和补给品（默里本人从蒙斯撤退时身体几乎垮掉，并将在1915年被解除职务）。所有这些都是事实，但加利埃尼坚持认为现在是时候采取行动了。默里答应将他的意思转达给约翰爵士，仅此而已。

然后是下午3点，在布赖，约翰爵士也没有出现在与弗朗谢·德斯佩雷预先安排好的第二次会议上。德斯佩雷希望与英国陆军元帅建立一种说得过去的关系，或者说是想要将后者与朗勒扎克一地鸡毛的关系挽回一些。出现在他面前的却是无处不在的亨利·威尔逊，两人相谈甚欢，威尔逊一向很容易与积极进取的法国将军打成一片。

"你们是我们的盟友，"德斯佩雷对威尔逊说，"我不会向你们隐瞒任何秘密。"随后，他宣读了霞飞的信，信中问法国将军们是否做好了进攻的准备。"我要回答说我军已经做好了准备，"德斯佩雷说，"我希望你们不要迫使我们孤军奋战。"[17]威尔逊很高兴找到了一个具有进取精神的同道中人，立即答应英军一定会参与这次进攻——只等约翰爵士批准。（在别处，福煦只是简单回复了霞飞："已做好进攻准备。"）

霞飞也做出了同样的决定，并在9月4日晚10点发布了第6号一般命令："利用德军第一集团军冒进的部署位置，并集中协约国军队左翼末端的全部力量与之交战的时机已到。"[18]协约国军队的全部兵力都将重新投入战斗。向摩泽尔河前线的法军第三和第四集团军也分别发出了命令。反击将于9月7日开始。一阵狂风骤雨般的电报和电话将指挥官们召集到了各自的岗位上。

次日，法军阵营中开始疯狂地活跃起来。前一天晚上，霞飞承认了加利埃尼的观点：进攻必须在9月6日黎明开始，比计划提前一天。第六集团军从巴黎以东发动的闪击提供了一个更好的机会，可以咬住克卢克军队的主力。然而没有什么是万无一失的。那天，当克卢克右翼远端的冯·格罗瑙将军以惊人的力量和速度攻击第六集团军的探路部队时，德军展示了他们为何仍然如此危险。这段激烈的前奏一直持续到深夜，使克卢克注意到了法军在他右翼的兵力，当时，他的右翼正暴露在危险中，因为他很不明智地渡过了马恩河，只留下一个预备军来保护他的侧翼和位于北岸的后方。因此，马恩河战役"提前一天开始……而且是按照敌人开出的条件"。[19]

但似乎消失在了南方且杳无音信的约翰·弗伦奇爵士呢？最后一次与他取得联系是在4日，当时他坚决要求继续撤退到塞纳河对岸15

至25公里处。霞飞认为这位英军指挥官已经勇气尽失，他采取了预防措施，通过专使向位于默伦村的英军总部送交了第6号命令。约翰爵士的回应就是一拖再拖，什么也不做。加利埃尼、德斯佩雷、霞飞和威尔逊的百般恳求都没能让这位挥舞着元帅杖的英国人改变主意。

英国远征军似乎全军上下都渴望继续作战，重树自尊心。然而，"一群驴子（或一只驴子）领导一群狮子"的陈词滥调似乎从未如此贴切过。他们现在的命运存在于约翰爵士头脑里怪异的混沌状态中。根据斯皮尔斯的说法，上午9点15分，约翰爵士似乎答应了霞飞要他参与法军攻势的请求，而斯皮尔斯的回忆录理所当然会对自己的指挥官比较宽容。然而，他的真实立场仍然含糊不清。约翰爵士写道，"进军的细节"已经"在研究了"。[20]霞飞在给法国陆军部长阿道夫·梅西米的长电报中坚持认为这样还不够，恳求他的介入。霞飞写道："为了取胜，我将出动我们的全部兵力，给敌人致命一击，绝对毫无保留。英军也必须这样做……"霞飞坚定不移的决心从这件事情上可见一斑，他要求部长再次向约翰爵士施压，并补充说："如果我能像给占据（同样）位置的法军下命令一样给英军下命令，我会马上进攻。"[21]

这些都无济于事。因此，霞飞决定亲自出马来解决这个问题。如果约翰爵士不往法国这边来，法国就主动去找约翰爵士。霞飞驱车185公里前往英军总部（这位法军指挥官每个星期都要来来回回巡视前线，跑上好几百公里，总是乘坐汽车到处飞奔）。历史学家廷、塔奇曼、斯皮尔斯和基根都对这次著名的会面进行了温和处理。霞飞大步走进约翰爵士的城堡，后面跟着他的参谋。他们发现这位英国陆军元帅"和往常一样，看上去就像是失去了最后一个朋友"，他的身旁是阿奇博尔德·默里、亨利·威尔逊和维克托·于盖，这位易怒的法军联络官似乎总是在危机中拖拖拉拉。霞飞一反常态，首先开了口。他在战争与和平时期都从未像现在这样讲过话，强烈的感情让他的英国听众大吃一惊。他伸开双臂，"像是要把心掏出来放在桌子上似的"。"呼吁"或"恳求"都不是霞飞的风格，他宣称，"全体法国人民的生命、法国的土地、欧洲的未来"都取决于英国是否参与这次战斗。最要紧的时刻已经到来："我不信英军在这千钧一发之际会拒绝出力……对于你们的缺阵，历史会做出严厉的裁断。"最后，他握紧拳头，狠狠地砸在桌子上："元帅先生，英国的荣誉危在旦夕！"[22]

随后出现了最奇怪的一幕。约翰爵士"突然满脸通红……泪水慢慢涌上眼眶……顺着脸颊流下"。他费力地用法语说"我们将竭尽所能。"霞飞没听懂，威尔逊给他翻译过来："元帅说'行'。"[23]英军将停止撤退；士兵们将转过身来参与进攻。我们隔着遥远的时空，却几乎可以听见霞飞长舒了一口气。

接着是下午茶。然后，霞飞把"元帅的承诺"装进口袋里，回到了由塞纳河畔沙蒂永一间修道士宿舍改造而成的新总部，在那里召集了他的将军和参谋人员："先生们，我们将在马恩河作战。"命令在军队中自上而下传达，坚定了每个人的决心。当晚，在整个法军和英军的营地，部队都在为战斗做准备。霞飞当天最后的命令在每个士兵的脑海中回响："无法继续前进的部队必须不惜一切代价守住已经赢得的阵地，必须死守，绝不退让。当前形势下，不容有丝毫的软弱。"[24]

当天下午在巴黎，第六集团军指挥官莫努里将军问加利埃尼，如果自己被打败，退路何在。"没有退路。"加利埃尼回答说。[25]每一名法国军人都必须血战到底。于是，为色当之败和撤退之辱复仇的呼声四起，在群情激奋、渴望重新投入战斗的法国兵中产生了共鸣。

英国远征军也是如此。当晚，一位英军少校被下达了进攻的指示后，纵步走向他的部下。他们一跃而起。"要去巴黎吗？"他们问。"不对……不对……是要前进吧，长官？"少校点了点头："我们要前进。"顿时响起了一阵欢呼声，"这一定让波尔多的法国政府大吃一惊"，科比特-史密斯回忆说。马车夫冲向他们的马匹；炮手们冲向前车，帮忙套钩。"少校站在马镫上，眼含笑意：'各分队右转弯！走！'"[26] 大撤退结束了。"多么光荣的日子啊，"国王皇家来复枪团第2营的布拉德洛·桑德森中士写道，"我们不是要去巴黎，而是要采取攻势……欢声雷动。"英国兵出发时演奏起了《漫漫长路到蒂珀雷里》和《统治吧，不列颠尼亚！》。[27]

战斗前夕，许多法国人也都认为他们正在被迫向首都撤退。莫里斯·勒鲁瓦在9月5日写道：

> 亲爱的母亲，……我们一直在撤退，我们甚至在讨论要撤回巴黎，但你不用为此感到害怕，因为这个决定一定有一些潜在的原因……给我的感觉是，我们莫非想要把他们引入陷阱？总之，想要弄明白这个团究竟在做什么，纯属浪费时间……告诉我你的近况如何。爱你的儿子……[28]

士兵们很少有时间给家人写信，这让多情的玛丽·迪布瓦对"我的安德烈"感到绝望。回忆起两人的蜜月，她写道：

> 你当了我几个小时的丈夫……即使对未来感到害怕（不是从肉体的角度），我也已经很幸福了。但在2月我更幸福……因为你不仅仅是我想要的普通丈夫，你是我的安德烈，那个我无时无刻不在想念的安德烈……那个我想为之而活，用我的全身心去热爱的安德烈。这条路让我想到的就是这些，我强忍着泪水……爱你的玛丽

一个星期后，她闷闷不乐地恳求他：

如果说我昨天收到的你的明信片上只有寥寥数语，我想这是因为你没有收到我的任何音信，有点不高兴吧。可算上这封信，我已经给你写了22封信。昨夜，我梦见你给我写了一封很长很长的信。我希望这是真的，我真的很希望！

9月下旬，她陷入了绝望，"越来越难等到你的消息了。我收到的最后一封信是上个星期一写的，你也没说什么……我真想体验一下你的生活……"[29]

随军牧师和神父与紧张的士兵们交谈，并倾听他们的告解（如果是天主教徒），试图缓解他们的紧张情绪。恐惧的年轻人在他们温和的训诫中得到了精神上的慰藉。其他的士兵则不太愿意承认神意有可能干预战争的恐怖与杀戮，对神职人员毫不理会。迈尔西克牧师继续与来自他所在的厄斯廷豪森村的德国军人通信。他第一封送到马恩河的信中写道：

我亲爱的朋友们……我们为你们祈祷……每周三晚8点半，我们都聚集在上帝面前，使上帝之光照耀这场战争，并在上帝面前为你们所有人祈祷……我从家乡向你们发出问候，是因为意识到了你们的肉体和灵魂在道德败坏的法国和比利时那边所面临的巨大危险……小心苦艾酒，那是法国人一种有害的酒精饮料，但也要小心一般意义上的酒。它在道德和身体上都会对你们造成危害……我们的皇帝是怎么说的来着："饮酒最少的民族会获胜！"说的就是你们。你们也知道，"我们必须获胜！"……现在我要由衷地说一句，"上帝与你们同在，助你们连战连捷！"……愿上帝保卫德国的自由！你们家乡的牧师。[30]

整个晚上，军队都在做准备。法军即使没有做好身体上的准备，也做好了心理准备，完全适应了毫不含糊的二选一：胜利或死亡。他们的祖国正处在生死存亡关头。6日黎明时分，在法德两军的整条战线上，可怕、无情的炮击开始了。法军在军号声中向前推进，展开攻势的军人们兴高采烈。

战斗沿着这条无边无际的前线爆发，好似一场波动起伏的风暴，从巴黎东缘到埃纳河（见地图六）。负责填补德斯佩雷的第五集团军和德朗格勒的第四集团军之间缺口的福煦第九集团军迅速推进，并占领了土伦拉蒙塔涅村。不过他们很快就暴露在比洛的部队面前，并撤回到费尔尚普努瓦斯以北的巴讷。福煦对他的部下说："当务之急是（我们）要在傍晚前占领牢不可破的防御阵地，以阻止敌人……进一步向南推进。"[31] 布朗勒森林附近的鏖战持续了一整天，维勒讷沃村三度易手。当晚，该村落入福煦之手。

沿着整条对峙的战线，在大炮、机枪和步枪的阵阵火力中，人潮汹涌的步兵前仆后继，以上只是其中的两场冲突。历史学家廷、基根和斯特罗恩，以及福煦和克卢克的回忆录，都给出了精确的军队部署位置和命令。我们的目的只是让人们对这场战役及其意义有所感悟。不要忘了，当我们谈到一个集团军或提到一位将军时，我们指的是一支约有15万至20万人的军队（约翰·弗伦奇爵士约有10万人的英国远征军和莫努里8万至9万人的第六集团军除外），每个集团军都被编组成军、师、旅、团、营、连和排，各有其独特的军旗、名称和身份。

马恩河战役的关键决定是克卢克做出的，其他所有的决定都由此而来。对巴黎外围的法军兵力（莫努里）的认知使他下定决心在那个方向加强进攻。他违背毛奇的意愿，向西回摆，将他的部队与比洛的第二集团军之间的缺口扩大到无法逾越的50公里，这一点是致命的。这就把主动权交给了法军和英军。德斯佩雷从东面攻击德军左翼；莫努里的第六集团军从西面蚕咬冯·克卢克的右翼；而姗姗来迟的英军则在中间的罗祖瓦锋芒毕露地昭示着自身的存在。三方打击扩大了克卢克与比洛军队之间的缺口，而比洛军队暴露出来的侧翼很快便遭到了德斯佩雷精神饱满的士兵的猛烈突袭。

莫努里所期望的巴黎前线的大型侧击几乎失败。克卢克和他的部队预料到了这次攻击，表现出了极大的灵活性，起初粉碎了第六集团军的希望。但莫努里在关键时刻得到了用出租车从巴黎运来的增援部队，渐渐占据了上风。令举国上下欢欣鼓舞的是，加利埃尼征用了大约600辆出租车，分两批将增援部队送往前线。司机们自豪地告诉乘客，他们很荣幸奉命"上战场"。一名司机问："车费怎么算？"政府后来按计价器价格的27％补偿了司机。[32]他们造型滑稽的高车身车辆运送了大约6000人的部队，许多人搭在车顶和踏板上，前往比达马丹更远的战线，军人们从那里出发，投身于楠特伊的战斗中。铁路当然是部署人员和物资的主要工具，而且昼夜不停地运行。然而，出租车可以开到比铁路终点站更远的地方，节省行军时间。无论它们是否起到了决定性作用，都无损于"拯救巴黎的出租车司机"传说。

现在，整条德军战线发现自己的两翼——西边在乌尔克河，东边在摩泽尔河——都受到了攻击，德斯佩雷、福煦、德朗格勒和英国远征军攻击中路。被包围的德军把他们所有的力量都集中在中路，试图冲破法军和英军的抵抗。福煦写道，"为了这最后一搏，（敌人）打算投入剩下的每一个人……"，使法军"失去战斗力"，或者"把他们强行打散，穿过由此产生的裂隙"。[33]克卢克的这种做法似乎运用了恺撒的格言（正如他后来所写的）："在重大且危险的行动中，一个人要做的不是思考，而是行动。"[34]

作为回应，法国将军们也倾尽全力对抗侵略者。"无论发生什么，只管进攻！"福煦敦促每个法国人，"德军已成强弩之末……胜利属于坚持更久的一方！"[35]

克卢克东边的侧翼最先溃败。6日下午1点30分,德斯佩雷报告称,德军战线出现了裂缝。当天晚些时候,有明显证据表明,德军第一集团军,也就是著名的"右翼",正在向蒙米拉伊撤退。这是德军在这场战争中首次后退。当天下午传来了更好的消息:法军正在全线"成功地向前推进"。福煦后来写道,他的第九集团军"整个前线都受到了猛烈的攻击"。"这一天的战斗很激烈,但第九集团军完成了使命。它抵挡住了……德军第二集团军的大部分兵力。"[36]

德军在接下来的日子里进行了反击。7日、8日和9日的战斗"对双方来说都很激烈"。[37]福煦打了这一年里最硬的仗。他总是从进攻的角度解释他的命令,7日和8日,他在小莫兰河的源头圣贡德沼泽西缘与豪森的第三集团军对峙。8日,德军从黎明前薄雾笼罩的沼泽地发起了一次凶猛的刺刀冲锋,打破了此前双方几乎僵持不下的局面——豪森完全出人意料地展示了他的攻击性,甚至连内心强大的福煦都惊出了一身冷汗。但这只是昙花一现。这位法军指挥官随后发出了他那著名的信号:"我的中路在撤退,我的右路在撤退,形势一片大好。我要进攻。"[38]他也确实这样做了。他在8日和后一日挡住了德军的进攻。当德斯佩雷把增援部队派到他被击溃的战线后面时,福煦最后一次呼吁疲惫不堪的部下"把剩下的全部兵力都投入这次进攻"。[39]

于是,在前线狂暴的炮火停息之后,法军像着了魔一样,在某种超自然力、一种自我超越力量的驱使下冲进了缺口。德军撤退了。法军"以惊人的气势"向前推进,夺取了一个又一个村庄。普鲁士人的尸体和伤兵漫山遍野。福煦和德斯佩雷思想与行动的一致性,以及部队——特别是蒙德芒的摩洛哥师——令人惊讶的韧性,使法军在圣贡德沼泽取得了一场决定性的胜利。到了10日,福煦的部队已经在向北进军了,德军"仓促撤退"的迹象比比皆是。[40]

与此同时,英军几乎在未遭抵抗的情况下大举突入中路,挤进克卢克和比洛之间,将他们彼此隔开。德军第一和第二集团军之间的联系现已被彻底切断。它们各自为战，因此很容易被迂回包围，处境非常危险。然而，德军继续打击法军西边的侧翼，7日至8日，冯·夸斯特将军的第九军在这边对巴黎进行了激烈的争夺。他击退了一个法军预备师，来到距离首都50公里的地方。

巴黎人可以听到炮声，却还美滋滋的，并不知道德军有整整一个军打到了他们家门口。一对夫妇9月7日给《晨报》写信说：

> 昨天下午，我们正在罗亚尔宫的花园里散步，这是巴黎最秀美的地方之一，我们突然停下脚步，又惊又喜地问了这样一个问题："我们现在真的被围困了吗？"的确，在皇家宫殿柔和的氛围中，巴黎这个美丽的星期天完全看不出任何异样，一片岁月静好。在拱门下，无忧无虑、对这一切毫无察觉的孩子们像往常一样玩耍，他们的母亲在花坛附近安静地交谈着……然而，很多巴黎人离开了首都……昨天，东边传来了炮声。[41]

塞纳省参议员保罗·施特劳斯表示，那些留下来的、勇敢的巴黎妇女将成为这座城市的救星。他在9月8日的《费加罗报》上写道：

> 崇高的巴黎啊，外国人把它想象得很轻浮，却总是无法认清它的真实面貌，现在，它已经准备好为拯救国家而忍受百般磨难……巴黎妇女和郊区妇女的灵魂同样强大……她们……代替了那些离开首都的人，而且从未对男人说过一句丧气话。英勇的巴黎啊，我们必须竭尽全力守卫它……因为它所代表的法国文明遗产和荣耀。[42]

冯·夸斯特向巴黎推进，相当于在更广阔的战区一次孤立的突破。协约国当时颇有将德军完全包围、一网打尽之势（如果成功的话，可能会让世界免受四年之苦）——除非有什么事情发生。确实有事发生。9月8日下午，克卢克接到了撤退的命令。命令是通过最高陆军指挥部和德国军队之间的联络官里夏德·亨奇中校之手送达的，他的聪明才智注定他要做出超出信使身份的事情。他被授权命令右翼撤退，如果只有这样才能缩小克卢克与比洛之间缺口的话。[43]

如果说德意志帝国历史上最伟大的普鲁士军人之一制订了施里芬计划，那么扼杀它的则是一位叫亨奇的萨克森情报官。从卢森堡相继驱车抵达德国诸位将军的总部后，亨奇认为比洛对他们"灾难性"困境的描述很有说服力，并同意向他接下来要去拜访的克卢克提出全面撤退的建议。克卢克"充分认识到了这个决定的可怕后果"，很难受地答应了。[44]见德军前线渐渐瓦解，德斯佩雷在9日当天的布告中为这一胜利时刻欢呼叫好："敌人两翼受阻，中路被打破，现在正通过强行军向东、向北撤退。"[45]

克卢克的撤退预示着施里芬计划的终结。普鲁士人的梦想在比利时和法国的泥泞中遭到了践踏。《晨报》高声宣告"德军遭遇惨败"；《小巴黎人报》的大标题是"德军全线撤退"。[46]德国报纸默不作声，不然就是撒谎。但德军只是输掉了一场战役，并没有输掉整场战争。在接下来的十天里，他们有序撤退，在埃纳河北岸的丘陵中合并重组，作为一个整体得到了加强。

部队后退时，又经过他们来时经过的村庄。他们的失败激起了一些德国士兵的惩罚心态。骇人听闻的事件被报道出来。一名可怜的法国妇女告诉英国军队，她幼小的儿子被乌兰骑兵砍掉一条腿后死去了。她还声称，他们调戏了村里的每一个女孩。[47]

英军工兵E.S.布彻进入一个因为德军的到来而被疏散的村庄时，发现"所有的水源都被投了毒，到处都被洗劫一空"。在弗拉尼和翁德维利耶：

约有800名德国人被杀,他们结成密集纵队时挨了我们的火炮。这些村庄的景象很凄惨:每座房屋都被洗劫一空,有几座被烧成了灰,房子上用粉笔写着前一天晚上睡在那里的德国军官的名字。[48]

12日,撤退的德军经过索姆省的埃康库尔村,年轻女子贝尔纳丁·达赞及其家人的家乡,她的房子被用作士兵住宿地。她写道:

> 一支德军巡逻队从我们家门前经过。一个德国人走了进来,要了一些葡萄酒和鸡蛋……他看起来很悲伤,很沮丧。看起来与他们在8月那生龙活虎的样子截然不同!下午,德国人又来了,为他们在穆瓦兰的伤员拿了一些葡萄酒、黄油和鸡蛋。

第二天早上,一支德军巡逻队经过村子,停了下来。"他们说'我们要赢了',"贝尔纳丁写道,"那么他们在这里做什么呢?我们为什么又看到了这些巡逻队呢?我想,霞飞终究还是骗过了他们。"15日的事态证实了她的想法:"九辆德军汽车从街上驶过。两个小时后,我们看到两挺法国机枪在他们后面飞驰。18点30分:我们听到了枪声。"[49]

法国和德国的军人也写到了他们回到这片熟悉的、饱受摧残的土地时的情况。"我们得知敌人正在撤退,"法军担架兵雷蒙·克莱芒在9月7日写道,"这就是我们对马恩河战役的全部了解,我们在不知不觉中成了这场战役的一部分。"后来,随着他所在部队单位的前进:

> 我们可以清楚地看到战争的惨状。我们穿过一座座被炮击、被焚毁的村庄,在那里,我们仍然可以看到硝烟,闻到硝烟的味道。维莱尔奥旺特、索梅莱、朗贝库尔欧波和拉埃库尔,那里的

教堂挤满了法国和德国的伤员。他们的撤退似乎真的很混乱……他们的所作所为真的就像拦路抢匪一样。我们可以在田野里看到各种各样的物品：这边一把椅子、一架钢琴、一个底座，那边一个枕头、一个钟摆、一个花瓶、一些雕像，更远处还有一张摆着许多空香槟瓶子的桌子。可想而知，他们在这里举办的是哪种庆功会。[50]

10月5日至9日间，克莱芒经过了阿戈讷地区克莱蒙镇："我们一个月前见过这座城镇；它是个好地方。现在我们只能看到空空如也的墙壁，而不是完完整整的房屋，街道上遍地都是碎石瓦砾。德国人离开之前把房子烧了。全都烧光了。"[51]

德军的补给部队远远地退回到比利时边境。洞察力敏锐的军队面包师赫尔曼·鲍曼撤退到莫伯日附近：

成吨的步枪、弹药和装备沿街堆放。我们正努力穿过这片混乱地带，到处都是被打成残砖碎瓦的房屋，有时还在燃烧。大批战俘从我们身边经过，此情此景惨绝人寰。被炸死的马匹尸体还躺在要塞的壕沟里。炉子尚有余温。敌人刚刚在此停留……[52]

如果允许我们大胆追怀的话，马恩河奇迹可谓响彻至今。这场战役标志着德国在大战中的军事冒险开始走向末日，并预示着又多了四年的消耗，最终导致德国的战败和凡尔赛之耻，这反过来又将使德国陷入一贫如洗的状态，受到恶性通货膨胀和纳粹主义的荼毒。在这个地势平缓的河谷中，思想、品格和行动的汇流如何导致德国的军事力量遭到逆转，自那以后便一直困扰着历史学家。数十本关于马恩河战役的书（其中最优秀的一本是休厄尔·廷的《马恩河战役》）为德军的失败提出了许许多多的理由：克卢克判断失误的回转，在德军部队中打开了一个巨大的缺口；摩泽尔河的法国兵令人瞠目结舌的勇气；意大利宣布中立，解放了意大利边境的法国军队；法军75毫米口径火炮更快的发射速度；法国将军们的聪明才智（加利埃尼的坚决果断、霞飞的坚忍冷静和福煦的过人胆识）；德国情报部门的完败；[53]以及法国铁路系统将这么多人集中在一个地方的神速。关于英军的疑问始终挥之不去：他们的表现是至关重要，还是无足轻重？最接近的答案似乎是，虽然约翰·弗伦奇爵士的部队很晚才以"一种试探性的、犹犹豫豫的方式"加入了战斗（黑格的军似乎直到下午3点才越过起跑线，已经是在德军发出撤退信号之后了），[54]但英国远征军肩负着封堵法军第五和第六集团军之间的缺口这项重要任务。就这件事而言，他们无疑是至关重要的。对英军勇气的真正赞歌，要等到惨烈的伊普尔围城战时。

德国"超越其他所有"的失败原因是"法国军人非凡的、独有的迅速恢复能力"，克卢克豁达大度地总结道。"撤退了十天、席地而睡、累得半死的人，竟然能够在军号响起时端起步枪进攻，这是我们从未指望过的情况。我们在军校没研究过这种可能性。"[55]斯皮尔斯同样盛赞了法国人的足智多谋：这场战役"证明了法兰西民族具有顿悟和适应的天才"，他写道，"除了法国人……没有人能够在开局如此不利的情况下，在如此短的时间内学到如此多的东西。"[56]不过他或许还应该加上所有军队的大忌：德军现在要依赖漫长又不可靠的补给线，已经筋疲力尽。

战后，埃里希·鲁登道夫有违常理地将战败归咎于共济会、世界犹太人和鲁道夫·施泰纳的"玄秘"神智学对毛奇妻子的邪恶影响这三者组成的"不神圣同盟"。[57]这种偏执狂出现在鲁登道夫的职业生涯后期。眼下，这位德国最令人畏惧的将军被要求将他那非凡的指挥能力运用在东线与俄国的战斗中。

第四十四章
塞尔维亚的打击，俄军的溃败，
奥军的覆灭

> 沙皇信任我。如此一败涂地，我有何面目再见他？
> ——俄军将领亚历山大·萨姆索诺夫开枪自尽之日

没有什么比爱情和战争更能充分地揭示一个人的性格了。在战场上，朗勒扎克和约翰·弗伦奇爵士感受到了这一判断残酷的真实性，正如霞飞在法军攻势灾难性的开局阶段所感受到的那样。还有数十位被革职的将军和数千名不知名的年轻人，他们在与怯懦和自我怀疑之魔的秘密斗争中，也同样感受到了这一点。现在，这种对自我价值的严厉衡量标准，将应用于平原和河谷，以及普鲁士、波兰和俄国的大湖周围。

拿破仑和希特勒征服俄国的灾难性尝试，并没有为这样一场冒险提供指导依据，除非把蛮勇的野心或自大狂解释成正当的"战略需要"。在被沙皇和几乎所有人抛弃的莫斯科阴燃的废墟上，拿破仑的大军停下脚步，面对他最厉害的敌人：冬天。他带着68.5万人离开了法国，代表了几乎所有的欧洲国家；他回到巴黎时，12万幸存者拖着沉重的脚步跟在他身后。希特勒命令第六集团军在斯大林格勒这口大锅里流血牺牲，却不允许弗里德里希·保卢斯将军撤退，此前，在这场战争史上最血腥的战役中，有85万德国人和115万俄国人死亡、受伤或失踪，这也标志着第三帝国毁灭的开始。

1914年，在拿破仑之后过了一个世纪，德国决定对俄国宣战，至少有一个可以理解的目的：现在就出击，防止这只野兽坐大，使德国永远无法摆脱斯拉夫人的威胁。从8月到9月中旬，德国并不打算进攻或入侵俄国。施里芬计划规定，应该先"扛住"俄国人，直到德国击败法国，之后，帝国的联合军队将搭乘火车前往东线。到了8月下旬——在马恩河战役把这个令人难以置信的方案破坏之前——施里芬身后的各项要求开始对毛奇和最高陆军指挥部造成压迫，而不是予以引导。按照施里芬的设想，在动员的第27天，将有22个德军师调往东方，这种想法实在是乐观到了荒谬的地步。

一切都取决于西线的速胜。但德国人需要赢下来的，远不止是对法国的几场战役：他们需要一场**歼灭战**，一场能够让战败的法国投降、被德国占领或自我管理的完胜，就像1871年那样——而且这一切都要在42天内完成。惊人之处不仅在于德国大到令人费解的野心，还在于这个国家竟然离实现它的野心那么近。

在毛奇收到西线胜利的明确答复前，德军只会有一个集团军——第八集团军——保卫东普鲁士。他们接到的命令是不要进攻。他们要尽可能长时间地抵挡和拖延俄国的大军。最重要的是，他们不能把德国人的生命耗费在东线的绞肉机中——在东方损失整支军队的恐惧是非常现实的。

叙述东线大型战役的全部情况超出了我们的讨论范围——也超出了读者的耐心。关于这场主要的冲突，有一本内容充实、行文却晦涩到令人望而却步的单卷本：丹尼斯·肖沃尔特的《坦能堡：1914年的帝国冲突》。诺曼·斯通的《东线：1914—1917》涵盖了1914年至1918年东线的全部情况。好在塔奇曼、基根、斯特罗恩和吉尔伯特提供了那些关键战斗的清晰轮廓。我们只是力求延续这一传统,并且从战争背景和走向的角度来评估这些战役的影响。

当德国和俄国为这场大考做准备时,在南方,奥匈帝国和塞尔维亚之间正进行着一场凶残的小规模战斗。事后回想起来,这第三次巴尔干战争不过是一个附带事件,却也值得我们顺便关注一下。欧洲这场冲突的主要和直接原因,正是奥匈帝国"惩罚"塞尔维亚的非理性决定。它的结果将毛奇和总参谋部对奥匈帝国陆军可靠性最糟糕的担心化为现实。

从一开始,哈布斯堡帝国的多语种军队——一锅讲大约15种语言的民族宗教大杂烩——就被一分为三。康拉德·冯·赫岑多夫伯爵认为,他需要20个师来打败塞尔维亚。但这样一来,就只剩下28个师奔赴任务更艰巨的波兰加利西亚前线,协助德国对抗俄国。他决定创建三个集团军。8个师去塞尔维亚,28个师去俄国前线,12个师作为游动部队,负责"征伐"——去塞尔维亚"示威",并且/或者在需要时去加利西亚。奥匈帝国最初的预期是动员起来对付塞尔维亚,然后可能还要对付俄国。现如今,它却面临着同时与塞尔维亚和俄国作战的前景——一场让维也纳猝不及防的噩梦。

康拉德的算计严重低估了塞尔维亚的决心。这是一个已经被历史证明即使战斗到死也不容外敌入侵的民族,绝不会被一场军事"示威"吓倒。他们把土耳其赶出巴尔干半岛,可不是为了被奥地利奴役的。8月初时,塞尔维亚人的战斗经验比欧洲的任何一支军队都要丰富。塞尔维亚指挥官拉多米尔·普特尼克曾在1912年大胜土耳其人,这场胜利为他赢得了"军事领袖"称号。他的部队随后与保加利亚人交手,又击败了他们。普特尼克的军队恶名远扬,种种不道德的暴行尤以分尸为甚。然而,维也纳却找到了塞尔维亚军队不足为惧的理由,将他们视为一个蛮族部落,一群"农民暴徒",一见到奥匈帝国军队及其盟友克罗地亚人、捷克人、斯洛文尼亚人等,就会畏葸不前。[1]相反，在8月至12月的一系列战役中，塞尔维亚18万人的军队彻底打败了奥匈帝国（19万人的）军队，上演了这一年里最具轰动性的一次以弱胜强。到了12月，塞尔维亚人已经将奥地利人赶出了祖国，狠狠地羞辱了康拉德，他心爱的吉娜在这一年里看不到她的征服者荣耀加身了。

8月12日至24日，塞尔维亚人在德里纳河和萨瓦河围成的平原上给了敌人第一次打击。狡猾的普特尼克没有被引诱进敌军前线的弧形包围中，而是将他的部队留在瓦尔达尔河上方的山丘中。奥匈帝国军队在之前的48小时内完成了105公里的行军后，于8月14日晚抵达下方的平原。普特尼克占据着制高点，向前进中的奥军猛烈开火，近距离造成了巨大的伤亡，并迫使奥军指挥官、六个星期前曾在萨拉热窝各处陪同保护弗朗茨·费迪南的波蒂奥雷克将军请求增援，即游动征伐的"示威"部队。他第三次请求时，康拉德批准了。这也只能拖

奥军渡过德里纳河

延一下奥军的败北。平原上激烈的拉锯战一直持续到8月24日，那一天，由于无法击破塞尔维亚恼人的抵抗，波蒂奥雷克的部队渡过萨瓦河，撤了回去。

塞尔维亚人鲁莽地乘胜追击，入侵了奥地利领土，但在9月初被逼退，伤亡5000人。几个星期后，他们袭击了波斯尼亚的奥军，迫使加夫里洛·普林西普的狱卒将他转移到波希米亚的泰雷津要塞。增援部队使波蒂奥雷克能够发动新的攻击，导致奥匈帝国占领贝尔格莱德，可到头来也只是在1914年12月经过12天的激战后被逐出了塞尔维亚领土，在此期间，彼得国王亲临塞尔维亚军队前线，端起了步枪。奥匈帝国总共伤亡3.8万人，塞尔维亚伤亡1.8万人。直到1915年年底，同盟国才带着德军部队和数以千计的大炮，回过头来对付塞尔维亚。毫不夸张地说，塞尔维亚人民将被赶出他们的土地，赶入海里，这也预示了希特勒更为可怕的报复，他将入侵并占领整个巴尔干地区。

与此同时，奥地利和塞尔维亚各自的保护者德国和俄国也在东普鲁士和波兰的平原相遇了。坦能堡战役之所以被如此命名，并不是因为他们在战场以西30公里处的坦能堡交战，而是因为德国人希望抹除1410年条顿骑士团在坦能堡败给波兰人、立陶宛人和鞑靼人军队的记忆。这场"混战"是拿破仑时代的冲力与现代武器的可怕混合物，传说中的"攻势"遇到了20世纪早期的榴弹炮；在那里，电话和无线电等新技术经常出故障，被弃用，由旧时的确定事物——军号、旗帜和"精神"——取而代之；在那里，密集的部队向对手的大炮猛冲，伤亡惨重。旧的战术理论经常瓦解。整支部队被打崩，纷纷逃离被现代炮火轰得支离破碎的广阔战场的惨状。

俄国人派出了两个集团军：20万人的第一集团军，有包括7个骑兵师在内的20多个师，由被认为大胆、具有进取精神的保罗·冯·伦宁坎普将军指挥；15万人的第二集团军，由亚历山大·萨姆索诺夫将军指挥，他是一位品格高尚的"老派"指挥官，深受部下爱戴，他也非常关心部下的生活。两人都听命于俄军西北方面军司令雅科夫·日林斯基将军的统筹指挥，此人严厉、教条、普遍不得人心。他们率领着从帝国各地征召而来的一些最令人闻风丧胆、最具异域色彩的团——哥萨克骑兵、骠骑兵、掷弹兵、西伯利亚人和沙皇的皇家卫队。

在西边与俄军对峙的是德军第八集团军的四个军，由脑子不太灵、大腹便便的马克西米利安·冯·普里特维茨将军指挥，他是血统无比高贵的普鲁士人，这也是他被过度提拔的原因。塔奇曼对他的评价是"德国版的福斯塔夫"[*]。普里特维茨被他的诋毁者嘲笑是"胖子"，他似乎是一个懒惰、粗俗、放纵的人，过分地骄傲自满，"能不动就不动"。[2] 他手下四名野心勃勃的德军将领决心在普鲁士军人荣耀的史册上留名：赫尔曼·冯·弗朗索瓦、奥古斯特·冯·马肯森、奥托·冯·贝洛和弗里德里希·冯·朔尔茨。他们率领着几个普鲁士精锐团，但德军部队大部分都是些预备役军人和新兵。

理论上，俄国似乎稳操胜券。俄军派出了两倍于德军的部队（确切的比例是29个俄国人对16个德国人）和两倍于德军的骑兵。实际上，未能解决的深层次问题拉低了俄国的胜算。挥之不去的敌意使在日俄战争中作为骑兵指挥官、经过鲜血淬炼的两位将军失和。日俄战争中，萨姆索诺夫曾指责伦宁坎普在1905年（失利）的奉天会战中没有协助他。那次失利让他耿耿于怀，并演变成了怨恨。甚至有（不实的）传言说这两位将军动过手。宿怨难消——在坦能堡尤其难消。

更糟糕的是，俄国士兵在经验、教育和勤奋程度上都无法与德国

---

[*] 莎士比亚戏剧中一个体型臃肿的滑稽角色。

保罗·冯·伦宁坎普　　　　亚历山大·萨姆索诺夫

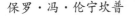

人相提并论。1914年的英国驻俄武官阿尔弗雷德·诺克斯爵士少将评论道，他们缺乏进取心，也很无知。他在日记中写道：

> 别指望新兵有个性，他们中75％的人来自农民阶级。鞑靼人的统治和农奴制似乎剥夺了他们与生俱来的进取心，只剩下了登峰造极的忍耐力……他们懒懒散散，听天由命，除非迫不得已，否则什么都不做。他们大多心甘情愿地参军打仗……因为他们对战争的意义没什么概念。他们缺乏……理性的爱国主义，因此他们的士气难免会受到巨大伤亡的影响，而巨大伤亡则是愚蠢的领导和缺乏合适装备所导致的。[3]

后人对俄军的评价证实了他的观点。俄国士兵虽然在顺境中很勇敢，却"很容易因挫折而灰心丧气"，基根写道，"……如果觉得被抛弃或背叛了，就很容易不知羞耻地集体投降。沙皇、教会和国家的三位一体仍然有能力唤起不假思索的勇气；但失利和酗酒会迅速腐化对团旗的忠诚……"[4]

然而，俄军指挥官却希望士兵能通过纯粹的勇气和盲目的信仰来弥补这些不足。诺克斯写道：

> 由于气候严酷，文化水平普遍较低，俄国士兵比中欧士兵更擅长忍受艰难困苦，应该也更擅长忍受神经紧张……俄国士兵对上帝和沙皇的单纯信仰，似乎为有足够想象力实现其价值的领袖提供了一笔巨额财富。[5]

肖沃尔特也表示赞同："俄国士兵明显强于他们的军官。在进攻中，他们凭借人数优势攻城略地；在防守中，他们很可能宁死不逃。但无论是好是坏，他们都倾向于留在被部署的地方。"[6]

可他们的补给却一塌糊涂。士兵们缺乏适当的食物、保暖的衣服和足够的靴子。他们缺乏弹药、炮弹和稳妥的补给线。俄国重型野战炮兵的七个师，每门野战炮只配有1000发炮弹——只是德军的零头。和平时期的损耗和俄国工厂的低产量说明了短缺的原因：总参谋部没有预料到战争会如此漫长。俄国有320架飞机，但没有与德国齐柏林飞艇相当的飞艇。它的部队依靠区区418辆运输车和两辆机动救护车。在铁路终点站之外，马车是赶赴前线的主要运输方式——速度慢，还容易发生故障。尽管如此，俄国人的气魄终将以某种方式获胜。阿尔弗雷德·诺克斯爵士总结说："在一场漫长的战争中，除了战斗人员的数量和惨败后好似软体动物的恢复能力外，俄国在每一个成功因素上都落后一大截。"[7]

德军和俄军在东普鲁士的首次冲突发生在所谓的贡宾嫩战役中，这也为范围更大的坦能堡战役拉开了序幕。俄军开局不利：两个集团军之间打开了一个巨大的缺口，这是地理因素和战略失误的结果，而萨姆索诺夫和伦宁坎普的互不配合又使形势进一步恶化。这两位将军到达东普鲁士前线的时间相差五天（伦宁坎普于8月15日率先到达）。德军情报部门发现了这个不断扩大的缺口，它使俄国的两支军队暴露在了被各个击破的风险中：也就是说，它给了德军一个机会，可以先攻击一支俄国军队，再攻击另一支，而不是一下子面对俄军的全部兵力（见地图七）。

普里特维茨相信，俄军比迄今为止人们所认为的还要弱，却不断威胁着普鲁士的城镇，于是他派出了最精锐的三个半军团去攻击马祖尔湖区以北伦宁坎普的第一集团军。严格意义上讲，进攻违反了毛奇的命令，命令规定的是采取拖延行动。所以普里特维茨坚持要求他的

Das Armee-Ober-Kommando 8 in der Schlacht an den Mafurifchen Seen,
September 1914. Am Scherenfernrohr der Ia. Oberfilt. Hoffmann, in der Mitte
Gen.-Oberft v. Hindenburg und Generalmajor Ludendorff, vorn rechts der
Verbindungsoffizier der öfterr.-ung. Armee Hauptm. Fleifchmann.

1914年9月，马祖尔湖战役中的德军第八集团军。望远镜前为霍夫曼，中间为兴登堡和鲁登道夫

这些军团尽可能长时间地与敌人拉开距离。

进攻心切、神经过敏、以下犯上的冯·弗朗索瓦并不买账——他违抗命令，深入俄军战阵，一路推进到贡宾嫩镇和更远的地方。冯·马肯森和冯·贝洛的军团被迫跟上，以保护弗朗索瓦不被孤立和包围。固守阵地的俄军用压倒性的火力和近距离的火炮粉碎了敌人的这次初步成功，炮火主要落在马肯森和贝洛的士兵身上。没被屠杀或受伤的人在混乱中后退。许多人被吓得方寸大乱，无法归队——这就是现代大炮对最强韧的军事结构的效果，在东线首次被诊断出来。

整个第八集团军似乎一时间面临着全灭的威胁。普里特维茨的表现很符合他的性格：他惊慌失措，坚持认为德军部队必须撤退，如有必要，要远遁至维斯瓦河。如果这样做的话，就意味着把整个东普鲁士交给敌人。普里特维茨的提议惊呆了最高陆军指挥部的毛奇。第八集团军似乎未能完成抵挡俄军这唯一的任务，现已处于危险之中。这是入侵法国的第20天，普里特维茨似乎已经濒临崩溃——主要是由于弗朗索瓦的贸然行动。

然而，德国人惊讶地发现，伦宁坎普并没有趁机扩大胜果。没有俄军部队追击撤退的德军。事实上，在8月20日，这位俄国将军下令停止行进，并对一位获准休息、但要穿着军装的参谋提出了那句著名的建议："您现在可以把衣服脱下来了；德国人正在撤退。"[8]这句话引发了争议，因为打了胜仗的指挥官绝不会休息。他要追击并消灭已被攻破的敌人。伦宁坎普的敌人甚至用这件事来证明他们毫无根据的指控，即他是一个卖国贼，这源于他的波罗的海德意志人血统。事实上，似乎只是因为俄国人也是人，是血肉之躯，因太过疲惫而无法追击。

毛奇很快就抓住了这次失利带来的机会。他终于有了将迄今为止一直被强大人脉罩着的普里特维茨革职的依据。普里特维茨下令撤退，并将东普鲁士的村庄和城镇交给俄国人，任其摆布，实在是说不过去。显然，普里特维茨已经吓破了胆，毛奇立刻开始寻找一位强有力的新参谋长，此人要得到他的信任，可以让德军部队重新振作起来。

毛奇选中了埃里希·鲁登道夫将军，他在列日战胜了比利时人，在桑布尔河打败了法国人，被认为是最具聪明才智、最有进取精神、行事最为果断的德军将领。鲁登道夫视战争的理念、实践和必要性为生命。他亲自验收了施里芬计划。他穿着大衣，戴着钉盔，迈着大步走来走去，无论走到哪里都会让下属心惊胆战。鲁登道夫将达尔文的理论应用于人类的种族和社会层面上（和大多数普鲁士军官一样），视和平为异常，只不过是人类自然且必然的状况之间的一段间歇期：而人类将永远处于你死我活的斗争中。

关于鲁登道夫的个人性格，甚至连伟大的轶事搜寻者芭芭拉·塔奇曼都找不到一件可以为他赋予人性的趣闻轶事："他的一举一动都没有什么轶事相伴，他是一个没有影子的人"，她写道（没有对塔奇曼不敬的意思：绝妙的轶事是伟大通俗历史中的珍馐）。[9] 在这个简直是为战争而活的男人严厉的军人形象之外，甚至连鲁登道夫的家人朋友都没有什么可补充的。8月23日，这个令人望而却步的人物迅速离开法国前线，转移到东部战区。在调任书中，毛奇的参谋提心吊胆地为将鲁登道夫匆匆调离对法作战行动表示歉意，并补充说："当然，您不用对东方已经发生的事情负责，但凭您的力量，您可以防止最糟糕的事情发生。"[10]

为了彻底盖过普里特维茨的锋芒，毛奇在东方任命了一位新的总司令。他不用别人劝说，就请那位伟大、笨重的老兵保罗·冯·贝内肯多夫和冯·兴登堡重新出山，这位普鲁士陆军的幕后掌权者胸前挂满了勋章，脑子里也装满了古老的智慧。兴登堡是马丁·路德的直系后裔，根据父系血统则是普鲁士最负盛名的家族之一的继承人。在普奥战争（1866年）和普法战争（1870年至1871年）中，他作为一名年轻军官表现出色，很快便于1903年晋升为步兵上将（相当于英国或美国的陆军中将）。他于1911年退役。1914年，他被任命为第八集团军指挥官，更多的是凭借他的象征力，而不是他的才智。他在汉诺威的家中接到电话时，只说："我准备好了。"

兴登堡精明地将大部分关键任务派给了鲁登道夫，他承认鲁登道夫的军事头脑更敏锐，并与之建立了亲密融洽的关系，这将成为战争中最成功的伙伴关系。事实上，兴登堡把关键问题交由鲁登道夫的凌厉直觉来处理，这一手独门绝技使他们两人之间的关系超越了兴登堡所说的"幸福婚姻"，达到了一种军事共生关系。

普里特维茨和他的参谋们并没有像毛奇担心的那样完败；他们离开之前，还是留下了一些有价值的东西。兴登堡和鲁登道夫抵达东方的总部拉斯滕堡（希特勒未来的总部狼穴也设在这里）时，并不需要新的计划：他们的前任修改后的战略简直是直接从普鲁士教科书中扒来的，也抬高了这位失宠指挥官的声誉——或者更有可能是提升了他那位非常聪明、诡计多端的参谋长马克斯·霍夫曼进言献策的分量，在即将到来的冲突中，鲁登道夫和兴登堡也会严重依赖他。

普里特维茨已经下令将第一军和第十七军从北部战区调往南部战区，与德军的另外两个军共同对抗萨姆索诺夫的师团（见地图七）。他们很快便整装待发，把兵力薄弱的骑兵和国土防卫军的预备役人员留下来面对伦宁坎普。一切都取决于伦宁坎普是否会留在原地——而这位俄国将军的一举一动都在按照德国人的剧本走，给他们省了不少事儿。事实上，伦宁坎普以为他的敌人已经被打残了，正在向普鲁士的柯尼斯堡要塞撤退。因此，他把时间都用来准备攻城战了。

鲁登道夫认可他继承下来的这个计划，并迫使所有部队——包括马肯森疲惫不堪、遭受重创的军团——向南推进，在一场典型的包围战中攻击并摧毁萨姆索诺夫的侧翼。再也没有退路了。但德国人要怎样才能确定伦宁坎普不会重新开始进攻呢？德国人的王牌是他们通过无线电窃听建立起来的情报优势。双方都在监听对方的无线电信号，但俄国人的资源、解码器和译电员比较少。德军第八集团军投入了几台轻型机动无线电设备，里森堡的两台传输范围达到240公里的重型接收/发送器，以及托伦和波森的两台固定式重型接收/发送器，并配有密码专家。这些设备一起收集伦宁坎普在维尔纽斯的总部和萨姆索诺夫在奥斯特罗文卡的总部之间发送的重要信息。事实上，德军总部已经侦听并破译了俄军将领之间用明文发送的无线电信号，并掌握了敌人确切的调动情况，包括伦宁坎普前往柯尼斯堡的计划，以及他与萨姆索诺夫之间越来越大的缺口。在军事上，这样的情报简直有如神助。

8月25日，鲁登道夫命令弗朗索瓦在乌斯道攻击萨姆索诺夫的左翼。弗朗索瓦在普里特维茨手下时抗命不从，却没有受到惩罚，这一次，他也以同样的态度回应。他声称，他的士兵还没有准备好；他们还在乘火车从北方赶来。他的重炮也没有就位。于是，鲁登道夫和兴登堡随同霍夫曼立即南下前往弗朗索瓦的总部，让他尝到了新制度的厉害：他无论如何都要进攻，都要服从命令。弗朗索瓦无礼地回答，既然这样，"我……将不得不用刺刀作战。"鲁登道夫对他的声明置之不理，驱车离开。气恼的弗朗索瓦故意拖延了两天。事实证明，他的拖延反倒是因祸得福。

与此同时，一名德军通信兵将一份来自无线电波的礼物交给了参谋长霍夫曼。德军情报部门侦听到了俄军的调动情况，其中透露出伦宁坎普无法寄希望于及时赶到德军所在地——而萨姆索诺夫还要继续向西北方向前进——换句话说，**进一步**踏入德军的陷阱。

萨姆索诺夫早些时候曾抗拒这些前进指令，辩称他精疲力竭的部队缺乏面包，饥肠辘辘的马匹缺乏燕麦。英国武官写道，伤员没有床位，"随便躺在什么地方，管它是稻草还是地板……"[11] "我不知道士兵们怎么还能忍得下去。"一名参谋向日林斯基报告，后者没有理会。日林斯基不顾士兵们的糟糕状况，命令萨姆索诺夫强行发动一场"积极有力的攻势"，目的是切断德军通往维斯瓦河的退路。日林斯基邀请大公和英国武官阿尔弗雷德·诺克斯爵士当晚与他共进晚餐。他们用餐时，他抱怨"萨姆索诺夫行动太慢"。诺克斯写道，萨姆索诺夫已经拿下了奈登堡，"但日林斯基认为他现在应该在阿伦施泰因。他又说了一遍，自己不满意萨姆索诺夫行动太慢"。[12]日林斯基浑然不知，他的命令正在把萨姆索诺夫赶进德军的虎钳。伦宁坎普继续无所作为，还以为自己正在抵挡着北边的德军部队，而实际上北边的德军部队已经所剩无几了。他们都在南下。当伦宁坎普真正行动时，他却北上前往柯尼斯堡，而不是南下援助萨姆索诺夫。

鲁登道夫和兴登堡领悟到了这一切，并做出了相应的打算。从贡宾嫩一路南下的马肯森和贝洛军团将攻击萨姆索诺夫的右翼，而弗朗索瓦和冯·朔尔茨也将就位，击破萨姆索诺夫的左翼。俄军的队伍——大约20万至23万人——当时正径直推进到这个典型的"坎尼"式钳子里，萨姆索诺夫的士兵几乎被完全包围了。

鲁登道夫最开始还紧张了一阵子，被霍夫曼饶有兴趣地记录了下来。然而，坦能堡战役几乎是严格按照德国人的计划进行的，只是有一些意料之外的冲击。例如，鲁登道夫听说毛奇决定把三个军和一个骑兵师从西边调到东部战区时大为震惊。鲁登道夫知道施里芬为打败法国人而规定的严格的部队密度，他提出了抗议，表示自己并不需要这些部队。可他们无论如何都要来。毛奇对东线的逆转感到惊慌，对西线的胜利又寄予了错误的信心，因此下定了决心（增援部队直到9月的第一个星期才到达，就在马恩河的胜利之前）。鲁登道夫后来主张，毛奇的突然决定剥夺了德军部队在法国扭转战局所需的兵力。那样的结果也只是假设，但这个决定将有助于揭毛奇的短。9月14日，埃里希·冯·法金汉取代了他，成为德军总参谋长。

8月25日，阿尔弗雷德·诺克斯爵士在奈登堡总部拜访萨姆索诺夫时，后者看上去非常苦恼："他还没有收到过妻子的信。"一封戏剧性的电报打断了他们的用餐，萨姆索诺夫和他的将军们收到电报后，便"用带扣挂上佩剑，道了别"。打扰他们的似乎是德军对俄军战线的开场炮击。事实上，8月26日和27日，当从德军的大规模炮击中逃出生天的幸存者们跟跟跄跄地进入奈登堡时，即将到来的大屠杀的惨状就浮现在萨姆索诺夫眼前了。他们饥肠辘辘、筋疲力尽、惊恐万分。诺克斯目睹了这支"长长的伤兵队伍"进城："根据各种说法，伤亡颇为惨重，主要来自炮击，德军的大炮数量超过了俄军。"他遇到了一位修女，驾车拉着一马车伤兵，他们被跑掉的车夫扔在了路上。镇上的警察局长领她去了一座野战医院。[13]

27日，弗朗索瓦炮轰乌斯道的俄军阵地。炮击的目标是阿尔塔莫诺夫将军富有传奇色彩的第一军，他们全都两天没吃东西了。到了上午11点，所有人非死即伤，或者撤退了。伦宁坎普仍然留在北方，和日林斯基一样，对指挥官同僚的困境一无所知。不实的报告挤占了电话线路。俄军队伍随即大乱。德军距离奈登堡不到8公里。诺克斯写道：

> 我们跑出（火车站），只见阳光下一架巨大的齐柏林飞艇在约900至1000米的高度盘旋。它看起来是那么的安详！突然间，它飞快地投下了四颗炸弹，一个接着一个。伤亡是6人死亡，14人受伤，但伤亡本可以比这大得多，因为车站很拥挤……齐柏林飞艇在周围盘旋了一阵子，终于飞走了。[14]

乌斯道附近一条战壕中的俄军尸体

28日，萨姆索诺夫得到消息，有三个军在一片混乱中被赶了回来。面对大败，这位俄军将领把他的汽车和无线电设备送回了总部，还一时糊涂切断了与日林斯基的通信线路（他害怕来自后者的进一步命令）。然后他动身出发，策马赶赴前线，决心亲眼见证这场战役，并作为师长加入战斗。诺克斯目送他起程：

我们发现萨姆索诺夫正坐在地上仔细研究地图，参谋们围在他身边……他突然站起来，命令八名（哥萨克人）下马，交出他们的坐骑……他得出的结论是，他不知道会发生什么……我向他道别，萨姆索诺夫和他的七名参谋骑上哥萨克人的马，奔向西北方向，后面跟着骑兵中队的其余人员。他和他的参谋们都尽可能地保持着冷静。他们说："风水轮流转。"[15]

在接下来的两天里，共计35万人的两支军队都试图将对方击溃。德军的大炮轻而易举地胜过了俄军：大规模的火炮齐射撞向大地，撕碎了俄军的战线。一些部队向前疾冲，又被挡了回来；另一些部队则消失在"一道烟幕后，生死未卜"。[16]村民和难民把大路和小径堵得水泄不通。谁知道确切的战况？谁能说清楚赢的是哪方？鲁登道夫的坐镇之地尽可能地靠近战场，位于乌斯道的一座小山上，在那里指挥他的将军们。萨姆索诺夫在前线某处，与日林斯基断了联系，和失踪没什么区别。他失去了所有的大炮和运输工具。

战争的迷雾在无望的场景中散去。8月29日至30日，萨姆索诺夫和他的部下在躲避从南面封锁其逃亡路线的弗朗索瓦部队时，突遇从北面向他们进逼的新的德军师。这些德军师是马肯森的部队，无比惨烈的贡宾嫩战役的幸存者。他们的到来宣示了现已被完全孤立的萨姆索诺夫军队的末日（见地图七）。

随之而来的是绝对的恐慌、屠杀和俄军第二集团军的完全投降。萨姆索诺夫和他的参谋们骑马逃出了这个炼狱，勉强逃过一劫。"沙皇信任我。如此一败涂地，我有何面目再见他？"心烦意乱的萨姆索诺夫向他的参谋们吐露道。[17]一天后，在维伦贝格附近的一片树林里，心灰意冷的他开枪自尽。他的军官们在夜里穿过树林，跌跌撞撞地走了64公里，回到了俄国的土地上。德军俘获了9.2万名俄国战俘，经过统计，俄军有5万人伤亡。为了正确看待这个数字，我们要知道，到了8月底，法军、德军和英军在西部战区的伤亡已经超过50万。

萨姆索诺夫手下的一位将军尼古拉·马尔托斯是一个留着灰白胡子的小个子男人，在弹片击中他的汽车时受了伤。他的旅伴是一名为了当译电员而女扮男装的军官妻子，她跳出车子，逃进了森林，在那里遇害。德国人俘获了马尔托斯，把他带到总部，鲁登道夫在那里粗鲁地奚落他。宽宏大量的兴登堡紧紧地握着俄国人颤抖的双手，并承诺归还他的佩剑。难怪他发抖：马尔托斯几乎失去了他的整个第十五军，全军中只有一名军官回到了俄国。

诺克斯写道，俄军的整个体系都失败了。他把萨姆索诺夫集团军的覆灭归因于德军大炮的威力和俄国军团指挥官的沟通不善。"另一方面，"他补充道，"许多俄国人毅然决然地战斗到了最后。"据兴登堡报告称，直到30日，俄军还在"极其顽强地战斗"。他们一直在战斗，直到几乎全员战死或被俘。诺克斯总结道："俄国人只是些善良慷慨的好孩子，他们什么都没想，就在半睡半醒间跌进了一个马蜂窝。"[18]（他的判断未免有些草率。俄军的顽强将在布鲁西洛夫攻势中得到强有力的引导，并粉碎奥匈帝国陆军——见后文。）

与此同时，伦宁坎普的第一集团军无所作为，对南方的屠杀毫无察觉。留心到萨姆索诺夫的命运后，他让他的军团指挥官们行动起来，准备面对合兵一处的敌人。9月7日，整个德军第八集团军在第十一军和一个从西边赶来的近卫预备军的增援下向北折返，在马祖尔湖战役中攻击俄军：要将其各个击破。他们迅速击破了俄军左翼，迫使伦宁坎普进行长途曲折的且战且退。9月快过完了，他的部队退到了湖区的另一边，然后在25日转过身来对战线拉得过长的德军发动了反攻，夺回了大部分失地。这只是一次短暂的喘息之机。下一个失去勇气的俄军指挥官就是伦宁坎普，他放弃了。日林斯基后来指责他抛弃军队。然而，对于这次溃败，日林斯基也难辞其咎——这是一个教科书般的"各个击破"的例子——两位指挥官都被革职。伦宁坎普在耻辱中卸任。

坦能堡之耻并没有抑制俄军在其他地方的攻势——最引人注目的是在加利西亚前线对老对手奥匈帝国的攻势。8月16日至9月10日间在喀尔巴阡山脉的阴影下进行的一系列战斗中，康拉德·冯·赫岑多夫遭遇了他个人的滑铁卢。他那37个光鲜亮丽的帝国师，代表奥地利德意志人、马扎尔人、捷克人、斯洛伐克人、克罗地亚人、斯洛文尼亚人、乌克兰人、波兰人、波斯尼亚穆斯林和其他民族的90万人，对胜利充满信心，在沿着维斯瓦河和德涅斯特河的400公里前线上做好了战斗准备——这个天然的漏斗将在很大程度上决定结果。他们面对的是俄国西南方面军的120万帝国部队（第三、第四、第五和第八集团军），由尼古拉·伊万诺夫将军指挥，他是一位功勋卓著的炮兵专家，阿尔弗雷德·诺克斯爵士在战斗前夕与他共进晚餐："他……深受部下爱戴，他与他们频繁交谈。他的行事风格朴实无华……伊万诺夫在战争结束前不允许餐桌上出现葡萄酒。看着（与他共进晚餐的宾客）喝柠檬水，倒是很有意思。"[19]

康拉德的部队赢得了最初的胜利，把俄军赶进了布格河谷深处。但没过多久，不利的地形、糟糕的情报和混乱的队伍（康拉德的命令必须用15种语言发布）就给俄国的伊万诺夫将军带来了反击的机会。他以始终饱满的精力进行了反击。屠杀从佐洛奇夫开始，持续了数日。然而，这并没有纠正康拉德的错误想法，他仍然相信自己正在赢得一场伟大的胜利，其证据似乎就是被他误认为是更大胜利的小胜。我们无需钻研惨烈的伦贝格战役的恐怖细节，只要说它粉碎了奥匈帝国的军事自豪感就可以了。根据基根的说法，到9月10日，俄国已经造成了10万人的伤亡，并俘虏了30万人。[20]其他的消息来源称这两个数字分别为25万伤亡和10万俘虏。[21]狂暴的俄军进行了追击，迫使康拉德的军队退后240公里，在此期间，奥地利最优秀的部队单位和指挥官被消灭殆尽。

无论从哪个角度看，这对维也纳来说都是一个灾难性的结果（这还只是1916年输给俄国的布鲁西洛夫将军那场更糟糕的败仗的前奏），奥匈帝国对它的记忆永远不会淡去。弗朗茨·约瑟夫皇帝最精锐的部队单位，第14蒂罗尔军和第6步枪骑兵团，几乎不复存在。奥匈帝国军队在普热梅希尔要塞的抵抗，在兵败如山倒的形势中表现出了唯一令人告慰的英勇立场。大约6个俄军师围住了这座巨大的要塞，并着手打垮被困在里面的12.7万军人和1.8万平民的意志。他们坚持了133天，这是这场战争中最长的一次围城战，以11万人投降告终。华沙战役也将被证明是俄国人的胜利，使兴登堡和鲁登道夫初尝败绩。在1914年的最后几个月里，这些令人身心俱疲的冲突使数十万人在东欧的平原上来回奔波，为争夺控制权而孤注一掷，这一切就像罗兹战役一样，以僵局告终，没有明确的胜利者。

东部的核心战斗坦能堡战役，并没有造成法国那种规模的死亡人数，但德军的胜利意义深远。德军挡住并击退了俄军的攻势，开始了打垮俄国人精神的漫长、痛苦的过程。这是第一次世界大战中首场明确的胜利。它保全了东普鲁士。它还向德国人表明，俄军并不像迄今为止人们认为的那样不可侵犯。萨姆索诺夫的第二集团军被全歼，只有第十三和第十五军的几千名散兵游勇逃脱了德军的套索。然而，这些损失只是俄国全部人力的一小部分，而且就纯粹的死亡人数而言，俄国还远不至于兵力耗尽：当时有数百万新兵和预备役人员正在接受训练。

这场战役的意义"在意志领域"更好理解，正如肖沃尔特所写的：它暂时打垮了俄国的意志。以"装备不良的预备队和要塞部队"为主的德军第八集团军打败了两倍于己的俄军部队。"舞台似乎已经为（俄军的）压倒性胜利搭好了，正因如此，坦能堡的影响才更具毁灭性。"[22]在革命后的临时政府调查委员会面前作证时，俄国战争部长A.J.古契柯夫说，他认为这场战争"早在1914年8月"萨姆索诺夫战败后就已经输掉了。[23]

在德国，这场胜利充满了传奇的神秘色彩。一批铁十字勋章被授予坦能堡的英雄们。将军们为是谁"赢得"了这场战役而争论不休。弗朗索瓦和霍夫曼后来抢了大部分功劳，否定了围绕着兴登堡的传说。普里特维茨甚至也来邀功，自称是包围的发起者。但这场胜利增加了兴登堡-鲁登道夫伙伴关系的效力。两人后来也都对对方的影响力提出了质疑。兴登堡似乎没做什么事儿——霍夫曼后来开玩笑说，这位指挥官在战斗中从头睡到尾——但他坚如磐石的存在振奋了德军，也支持了从身边这位坚韧的老兵身上汲取力量的鲁登道夫。但无声的赞誉还是送给了鲁登道夫，他一直被认为是坦能堡真正的胜利者，兴登堡背后的"智囊和驱动力"，以及一位"在智力、品格和个性上都注定成为……真正掌权者"的指挥官。[24]确实，25年后，希特勒那些自鸣得意的将军们也渴望在后人眼里达到同样的高度，却只是徒劳。希特勒本人尽管厌恶普鲁士贵族，却也利用了坦能堡传说，尽一切可能将自己与年事已高的兴登堡联系起来。

保罗·冯·兴登堡

就奥匈帝国而言，东线战争预示着哈布斯堡帝国的终结。帝国的进攻能力还要再过两年才会被破坏掉，但在加利西亚的溃败之后，不祥之兆已然显现。康拉德继续将奥匈帝国成分混杂的军队带向惨重的失败，最终在1916年输给了俄国的布鲁西洛夫将军，这是有史以来伤亡最多的战役之一，造成奥匈帝国、德国和土耳其的130多万人伤亡。康拉德于1925年郁郁而终。2012年，奥地利经过长时间的辩论，决定撤销赫岑多夫墓的"荣誉之墓"称号。几条维也纳街道和一本德语漫画书上还有他的名字。有一两位历史学家仍然认为他是这场战争中最伟大的军事战略家；即便如此，他手下士兵的死亡率，以及他未能运用制胜战略这一事实，也说明了根本不是这回事。最后还是丘吉尔下了定论：他写道，康拉德让他的军队心碎，并在不到一个月的时间里耗空了这颗心。[25]

沙皇的军队一直留在战争中，直到1917年，革命者抓住机会利用他们的失败，使军队反对政府。俄国军官大多留在了旧军队中，他们被中伤、流放、监禁，或继续在白军中作战，而白军在随后的内战中

坦能堡战役后的俄军战俘

成了输家。但那都是后来的事了。1914年，东线的僵局最重要的结果是战事集中在了法国，集中在了西线的战壕和"绞肉机"中，数百万人的命运和欧洲的未来将在此决定。

第四十五章
西线的建立

就像浏览阿金库尔或弗洛登战役的死亡名单一样。
——英国小说家约翰·巴肯读到第一次伊普尔
战役的伤亡名单时说

一首歌的曲调从远处传入耳畔，越来越近，从一个连队传到另一个连队，就在死神将一只忙碌的手伸进我们的队伍时，这首歌也传到了我们这里，被我们传唱开来：《德意志高于一切》。
——来自巴伐利亚第6预备师（第16预备团）的阿道夫·希特勒下士在伊普尔无辜者大屠杀期间所言

温斯顿·丘吉尔在1915年对维奥莱特·阿斯奎斯说："我想我应该受到诅咒，因为我**爱**这场战争。我知道它每时每刻都在将数千条生命化为齑粉——可是——我**不能自己**——我享受着它的每一秒。"[1]对丘吉尔来说，这场战争并非一场可以避免的悲剧，也不是政治失败的荒唐表现，而是一种兴奋的源泉。在以战争的纯粹刺激为乐时，第一海军大臣也说出了很少有人敢于承认的事情：许多人对前线的惨状漠不关心或一无所知，他们和丘吉尔一样狂欢，即便是出于不同的原因

维奥莱特·阿斯奎斯。她是英国首相赫伯特·阿斯奎斯和玛戈·阿斯奎斯的女儿、温斯顿·丘吉尔的密友

（抛开和平时期的拘束，明天就可能没命了，所以今晚我们就在街上跳舞吧，等等）。毫无疑问，许多人厌恶这场战争。那些已经失去或害怕失去儿子、兄弟和丈夫的家庭希望战争能够结束。然而，毋庸置疑，战争刚一开始就受到了欢迎。举国上下团结一致，为捷报和英勇事迹而欢欣鼓舞。对许多人来说，这确实是一场美妙的战争。

严厉的审查制度充当了幻觉的推手。任何人如被发现拍摄未经许可的前线或战斗照片，便会面临死刑。戴维·劳合·乔治的文人宣传员，那些被战争宣传局指派的优秀作家，都是现成的，可以很放心地让他们传播好消息，教导国民战争的正确性。至少丘吉尔坦率地承认了，他享受的代价是"数千条生命化为齑粉"。1914年9月，这些人即将堕入一个更黑暗的地狱圈[*]，它将迫使士兵们在战壕组成的穴居人世界中生活和战斗。

第一批战壕在埃纳河谷中挖掘，这条河流经瓦兹省和埃纳省，德军在9月12日之前已经撤退到了这里。南面是他们最近的征服所留下的残骸，其中最触目惊心的象征是被炸毁的兰斯大教堂的废墟，这座历时八个世纪的哥特式建筑之完美典范，顷刻间便毁于德军的炮火。《费加罗报》回应道：

野蛮人去死吧。他们烧毁了鲁汶的图书馆！昨天，他们又炸

---

[*] 但丁在《神曲》中设想出来的地狱分为九圈，越往下走，里面灵魂的罪恶就越深重。

毁了兰斯大教堂！……这种可悲又徒劳的野蛮行为更是增加了我们对这个国家的仇恨。我们将比以往任何时候都更加认同英国那冷酷而又美好的意愿：只有当一蹶不振、有气无力、死期将至的德意志帝国消失时，才会要求和平。我们必须杀死这头野兽。[2]

两个星期后，在接受了兰斯和其他城镇的结局后，《晨报》发表头条文章说："傲慢的德国人很快就会被迫跪地求饶……德意志人将匍匐在协约国面前，就像匍匐在拿破仑面前一样……"[3]

贡比涅和贝里欧巴克之间的埃纳河宽约30米，北岸地势较高，提供了一个坚固的防御阵地。德国人开始了挖掘工作。沿着整条防线，步兵们拿起他们的挖掘工具，挖呀挖，仿佛在匆匆准备一个万人坑。德国人知道他们在做什么：自1904年以来，他们已经在作战行动中对堑壕战熟能生巧了。他们的战壕是德意志人力量与效率的典范，并且将继续保持这样的状态，而不像法国人和英国人的第一批战壕那样，仅仅是刮擦的产物。挖战壕是在响应一道最终命令：毛奇下令"加固并守卫到达的防线"。[4]不会再往后撤退了。这是毛奇在9月14日被埃里希·冯·法金汉取代之前的最后一道指令。狙击兵再也不会看到匍匐在空地上的步枪兵了；在1918年停战之前，德国人、法国人、英国人及其盟友们的挖掘工作不会停止。

大多数英军和法军步兵仍然指望这是一场短暂的战争。1914年9月至10月，"在圣诞节前结束"的说法不胫而走。在这个可怕的地方，挖壕固守的人们感觉在暗无天日的环境中时间仿佛停止了一般。真该死，他们甚至是原地不动。虽然英国远征军中有些人在布尔战争中经历过堑壕战，知道该怎么做，但英国兵还是很容易怀有希望。于是他们也挖了起来。他们的第一批战壕是积满了水的沟渠，泥泞不堪，老鼠成群，深度几乎不足以掩蔽一个人的身体，是一厢情愿的表现，毫无条理可言。(可以与1916年至1918年的迷宫比较一下，那些迷宫深达两米，铺有木板，用的是实木框架，一些德军战壕用的是混凝土框架，里面塞满了沙袋，配有射击孔、军官住处、战地医院等，并通过曲折的支援战壕和侧面战壕与后方相连。木桩之间拉紧的带刺铁丝网堵住了通路，完善了战壕系统。)

抗拒战壕的法军士兵更不愿意挖——起初是这样。他们回避地下的战争，认为这是对他们顽固的进攻梦想的侮辱。在地壳下坐等，从心理和字面意义上都有失他们的身份。"有时德国人就在我们前面200米处，"法国炮兵军官热雷米·特里舍罗准将在10月给他的兄弟写信时轻蔑地表示，"他们尽可能藏得深一些，好能隐蔽起来。"[5]法军骑兵往往与步兵一样抗拒战壕：马很难藏得住。于是，法国兵继续在多多少少有些暴露的状态下作战，直到埃纳河战役最终打消了他们的指挥官对冲锋效力的盲信，他们也开始挖战壕，以供藏身。

年轻军官亨利·米歇尔在那年9月给妻子玛丽写信说：

> 我们已经在一条1.5米深的战壕里躲藏了三天两夜，这条战壕是我们在索姆省边境的阿米村以东50米处挖的……我们在第一线。离我们600米远的地方，一些乌兰骑兵正在被射杀。这个小村子在过去的三天里挨了1000多枚炮弹，几乎被夷平了。村民们都躲在地窖里……我所有的爱都给你，我对你的思念从未停止，再次见到你我会很高兴，亨利。[6]

几个星期后，他又写道：

> 亲爱的，你有所不知，我们活得像鼹鼠一样。当炮弹落下时，会把所有东西轰出10米远，它们炸出的洞能把骑兵和他的马一起埋进去。我们管它们叫"marmites"（重磅炮弹）……我们

总是一边喊着"冲呀!",一边端着刺刀冲出战壕,杀向德国佬的战壕。[7]

11月底,他写道:"玛丽,我越来越累了,我感到很难过,我想再见到你,想远离所有这些战火与鲜血的惨状,远离所有在平地上腐烂的尸体。"[8]

早期的战壕线从努瓦永延伸到兰斯,然后向东到凡尔登,再往南向瑞士拐去。它们的存在标志着野战、运动战的结束和地下消耗战的开始,在这种战争中,优势总在防守方,因为进攻方必须"越过"胸墙,在众目睽睽之下穿过无人区,向敌军战线发起冲锋。从埃纳河战役开始,战争的战术难题可以归结为一个简单的问题:我们要如何摧毁并突破敌人的战壕线?正面冲锋?侧面包抄?上刺刀?用炮轰?在他们脚下埋设炸药?用毒气?在接下来的几年里,他们的每一次尝试都将以失败告终。一个悲惨的事实证明了这种失败残酷的顽固性:埃纳河战役打了三次——分别在1914年、1917年和1918年。这三次战役打到最后全都成了死局。全都造成了成千上万的伤亡。

对战壕线的冲锋显然导致了无数毫无意义的伤亡,夺得的地盘却微乎其微,这一点连傻子都看得出来。然而,尽管将这一切尽收眼底,指挥官们在战争期间却继续下令对战壕进行正面攻击,因为他们相信持续的炮击会将守军打死、打伤或打乱,使其无力抵抗步兵。每一方都被困在地下堡垒里,依靠重炮在对手的战线上撕开口子,把敌人打投降。

在埃纳河畔,德军的8英寸(200毫米)榴弹炮被证明远比通过英吉利海峡迅速运来的英军6英寸(150毫米)火炮更具杀伤力。如此火力之下,没有哪个军衔可以不受影响;死亡突如其来,几乎是随机分配。工兵E.S.布彻回忆道:"我们躲在干草堆后面,炮弹不断地落在我们正前方。"他站在蒙斯战役中表现出色的英国远征军骑兵师指挥官埃德蒙·艾伦比将军身边："一枚炮弹在我们面前不到五码（4.5米）的地方爆炸，碎片飞进了我们头顶上方的干草中……我离开时，一枚炮弹在我们之前站着的地方爆炸，炸死了我的好友，我刚刚还在跟他说话。"[9]

坐在爆弹下面的战壕里是一种很可怕的经历，有些炮弹在地下爆炸，有些则把成千上万的碎弹片撒到他们身上（后来还有一些会释放毒气）。幸存下来的人们很容易出现严重的休克，最严重的时候会导致精神彻底崩溃（以及日后生活中的"创伤后应激障碍"症状）。然而，没有一个士兵能够逃出这种恐怖：逃离战壕是擅离职守，会被判处死刑。他们只得枯坐忍受。一些士兵宁愿投降，也不愿继续忍受。特里舍罗在给兄弟的信中说，德国人有时会"主动投降"，"因为他们没有权利后退；如果他们后退，就有被判处死刑的风险"。[10]

然而，战壕里的士兵却找到了一个慰藉之源——伙伴情谊。最亲密的关系形成了，官兵之分出现了拉平效应：他们全都在这个坑里。即使是严格的普鲁士层级制度也无法抵御这种亲密度的拉平效应，正如德国军官瓦尔特·德利乌斯在那年晚些时候所写的：

> 在这个时候，士兵和军官之间的关系确实呈现出了一种别样的面貌。再怎么有纪律和秩序，从人性的角度来看，士兵与军官的关系也还是变得更加亲密了……父亲只看得到民主的阴暗面，对其持强烈的保留态度，即使我们的教育并非基于优等种族心态的原则，他的态度也还是将这些原则深深地烙印在我的心里。现在我终于明白了，那些并非按照保守主义信条被养大的人，也不一定都是臭名昭著的恶棍，而是凭借在战友圈子里和敌人面前的态度让所有人敬佩得五体投地的人物……在这里，在战壕里近距离地生活在一起，任何的傲慢和愚蠢的自负都会消失，你会发现，同样的想法和烦恼，你们共同经历过的危险，使你们彼此

团结。[11]

在前线，战壕是更安全的地方。敌我双方前方战壕线之间的空地被称为"无人区"——有时窄到只有50至100米——很快就变成了被炸烂的地貌，充斥着泥泞和树桩、铁丝网和碎石堆，到处都是蓄满了水和尸体的弹坑，里面伤员的哭喊声在漫漫长夜响起，直到死去都无人来救。在无人区，一点点细微的声响或颤动都会立即引来步枪或机枪的射击。步兵为什么宁愿选择夜袭，向敌人匍匐前进，也不愿选择1916年那种疯狂的白日冲锋，也就很好理解了。但等待可能让你丧命的炮弹，这种持续的、极端的压力使许多年轻士兵崩溃了——以至于前进似乎都成了一种解脱。那些患上了炮弹休克症的人还要被人嘲弄，被告知要去适应它。当时，政府、医院和许多人都认为这种情况只不过是"神经过敏"或胆怯而已。

于是，在9月13日晚上，德国人坐在他们新挖的战壕里，在即将在未来几年里与士兵们朝夕相处的泥泞和寒冷中等待着追兵。沿着埃纳河北岸的山脊，有一条路易十五的女儿们常走的路Chemin des Dames（因此被称为"贵妇小径"），战壕就是沿着这条路挖出来的。英军通过浮桥或断桥渡河，在浓雾中到达了布尔和科曼与弗尼泽勒之间的河岸。他们沿着山坡前进，从渐渐散去的雾中如鬼魅般出现，遭遇来自看不见的阵地的德军步枪和机枪的扫射——这是士兵们在战争中第一次试图攻击战壕线。他们或是被打死打伤，或是被阻止。

法军第五集团军利用克卢克和比洛之间的缺口，向贝里欧巴克推进。他们的攻击同样没有持续太久。英法联军在挖壕固守的德军面前无能为力。当一条战线在大炮或步兵的集中攻击下崩溃时，新的部队会涌入这个缺口，并疯狂地把战壕挖回来。9月14日，第一批挖壕用品运到——这表示德国人要留在那里了。他们挖出了更深的战壕、支援战壕和衔接战壕。他们在木桩之间架设铁丝网……任何能够让敌人冲锋减速的东西。他们坐在那里，观察等待。

法军和英军别无选择，只能效仿德军。他们开始挖战壕。发出了从当地农场搜罗铲子和十字镐的命令。协约国的第一个战壕系统在埃纳河北岸的更远处成型。这次的努力成果是粗制滥造的浅壕沟，但它是一个开始——使埃纳河成为西部战区第一个以壕沟固守的战场。占据优势的是防守方，直到进攻方将步兵攻击的时间调整到与火炮一致（如1917年帕斯尚尔最初的几场战役）。协约国军队的一次冲锋过后，德军还在战壕里沉睡，"在冷却的大炮之间，在死者和伤者中间……风在战场上呼啸而过"，一位德国历史学家写道。马站着睡觉。数以百计的重伤员躺在沾满自己鲜血的稻草垫子上。但德军守住了阵地："……击退了敌人的猛攻"。[12]

到了9月20日，两军被固定在了埃纳河谷中。任何一方都无法前进。纵向和横向不断加深的战壕线警告人们不要正面进攻。惰性开始滋生，点缀着炮火的、长时间的千篇一律成为常态。德国军官瓦尔特·德利乌斯写道：

> 如果说我们一开始还指望迅速推进，那么后来我们渐渐明白了，我们被困在了这里，而且在接下来的几个星期里都将是这样。我们费了很大劲才向自己承认这一点，因为我们的胜利希望……不得不被葬送。一种消沉的情绪随之而来。上面的命令使我们断定，他们已经不再指望继续前进了。步兵在战壕里闭守……[13]

两个星期后，他写道，战壕就像"一座迷宫，我们经常彻底迷了路。你不能露出鼻子，否则那些英国人和他们锐利的目光很快就会教你做人"。[14]

缓慢减员的痛苦传到了英国人的客厅。阿瑟·本森在9月19日读到关于第一批战壕的消息时写道:"一想到连续不断的可怕战斗,以及**为了这么一点点**而失去的所有生命,这场战争就会化作一种肉体上的疼痛……现在看来,埃纳河那边似乎陷入了某种僵局。双方都无法向前推进。"[15]一个星期后,"可怕的埃纳河战役继续进行着,德军在战壕中固守……所有这些可恶的虚耗让我觉得很不舒服"。[16]

东边也没有任何突破的希望,部署在摩泽尔河的强大军事力量根本打不动。因此,对阵双方转向了北方和西北的香槟地区和佛兰德之间唯一的开阔地带。随之而来的是"奔向大海作战",部队和武器从埃纳河向比利时海岸疾行,对"暴露的侧翼"展开了"疯狂的搜寻"(见地图八)。[17]双方的赛跑不是为了奔向大海,而是为了找到"对方军队的北翼",在敌人有机会挖壕固守之前洞穿他们的战线。[18]

这四个国家在这场赛跑中有着不同的战略目标。德国人的双重目标是突破法军和英军的战线,以完成向巴黎的进军,并占领海峡的港

安特卫普被烧毁的房屋

口，以切断与英国的补给联系。法国人的目标是保护巴黎不被德军绕过来攻击，并从侧面包抄敌人，然后通过比利时将其赶回去。英国人的目标是保卫英吉利海峡的港口和沿海城镇，尤其是伊普尔，这些地方对增援英国远征军至关重要。而救援安特卫普却被迫撤退的比利时军队的目标是支援他们的英法盟友，主要是通过保卫伊普尔和北海之间的艾泽尔河运河系统。

这场大型赛跑于9月中旬开始，11月结束，从埃纳河一直跑到了艾泽尔河口。比赛的赛程为250公里，包括沿着"死亡条带"在埃纳河（9月12日至15日）、皮卡第（9月22日至26日）、阿尔贝（9月25日至29日）、阿图瓦（9月27日至10月10日）、拉巴塞（10月10日至11月2日）、梅森（10月12日至11月2日）和阿尔芒蒂耶尔（10月13日至11月2日）的一系列会战，最终在艾泽尔河和伊普尔（10月底至11月中旬）的惨烈战斗中达到高潮。伊普尔是最重要的战略要地。这座城墙环绕的古城——为罗马人所知，在中世纪重建——是协约国在加来港和布洛涅港之前的最后一道防御屏障，倘若失守，英国和法国之间的最短补给线就会断掉。[19]对德军来说，占领伊普尔，他们便能够阻止协约国军队穿过佛兰德大军压境，保护根特-鲁瑟拉勒这条铁路网中轴线，它对德军在比利时的机动性和整个北翼的补给至关重要。[20]

这是从大局上看。细看的话，这些战役涉及数十万人，他们被困在人类历史上最致命的一系列武装暴力中（很快就将在1916年索姆河和凡尔登的大规模战斗中被超越）。仅仅是伊普尔战役就导致英国远征军被消灭殆尽，伤亡率超过30%。对这场骇人听闻的战役的详细叙述超出了我们这本书的范围（伊恩·贝克特的《伊普尔：1914年的第一次战役》是最详细的单卷本专著）。我们提供的是这场战役的概要，它结束了奔向大海作战，使五分之四的英国远征军死亡、受伤或失去战斗力，并且名正言顺地作为历史上英国人勇气的最有力证据之一被人铭记。

10月初，毛奇的继任者埃里希·冯·法金汉决心将德军第六集团军派往佛兰德。很快他又用从安特卫普围城战幸存者中抽调过来的第四集团军和其他从东边调来的部队来增援它。他打算"尽快以尽可能强大的兵力"攻打佛兰德前线。[21]德军的目的是开辟一条通往沿海港口敦刻尔克和加来的道路，并破坏这些港口，从而切断英国通往法国的生命线。与此同时，法军派出了由莫德于伊将军指挥的新组建的第十集团军，并得到了9月底和10月初登陆的英国援军的支援。10月初，福煦晋升为法军北方集团军群司令，专门负责协调比利时和英军部队（这些部队必然隶属于规模大得多的法军）。担任这一职务时，福煦将再次运用在马恩河战役中效果甚好的指导原则。他后来解释说，一名总指挥官

> 决不能让自己受到自身特殊情况的不确定性和危险的影响……相反，他的责任是绞尽脑汁，发挥想象力，寻找能够使他的部队坚持到危机结束的方法。[22]

本着这种精神，福煦知道如何对付约翰·弗伦奇爵士。约翰爵士最初拒绝与他的高卢盟友合作，告诉他的骑兵指挥官休伯特·高夫"不要答应法国人的任何求助"。他拒绝为他们出战。[23]法国将军们无心理会约翰爵士的别扭脾气。福煦已经在战斗中失去了儿子和女婿。指挥第二集团军的爱德华·德卡斯泰尔诺将军有两个儿子阵亡，自己也陷入了沮丧之中（他后来又失去了第三个儿子）。霞飞和福煦想要的是决定、行动和结果。（约翰爵士不愿合作的态度加快了那个已经开始的进程，最终导致他于1915年12月被解职，由黑格将军接替。）

10月8日，约翰爵士带着安特卫普即将沦陷的消息去见福煦。保

护这座城市（并为国王和他的政府提供庇护）的古老要塞正在德军大炮的威力下崩塌。为了增援安特卫普，丘吉尔于10月3日下令派出两个海军陆战队营和两个海军旅——这一姿态被阿斯奎斯斥为"无谓的屠戮"。[24]这几个旅属于特别组建的皇家海军师，他们是作为步兵作战的水兵，被称为丘吉尔的"老练水手"。他们中那些大名鼎鼎的成员包括诗人鲁珀特·布鲁克、未来的政治家和讽刺作家A.P.赫伯特、将在战争中获得维多利亚十字勋章和三枚杰出服务勋章的未来新西兰总督伯纳德·弗赖伯格，以及才华横溢的古典学者、剑桥双重一等学位和校监金奖获得者、二十五岁的阿瑟·蒂斯德尔海军中尉。蒂斯德尔将在1915年一次勇气超凡的行动中殒命，为此获得了死后追授的维多利亚十字勋章，他给家里写信说："安特卫普，这座燃烧的城市，在黑夜中是一幅可怕而壮观的景象，照亮了整个周边地区……自己如此没用，这种感觉糟透了。"[25]

尽管比利时和英军部队进行了坚决的抵抗，但事实证明他们无法拯救这座城市。安特卫普于10月9日沦陷。没有被杀或被俘的"老练水手"和国王以及主要大臣一起撤离。围城的结束使德军第四集团军可以腾出手来向伊普尔和艾泽尔河发起进攻，那是奔向大海作战最后的大奖。

反思这次失利时，约翰爵士消沉地问福煦，现在德国人是"整个比利时的主人"，协约国应该如何对付他们。[26]福煦以一贯轻松乐观的态度回答了这个问题——他往往会在约翰爵士看到或预料到大败的地方看到胜利（在洛林，在马恩河）。这很有效。这次会面后，福煦给霞飞写信，表达了他对法军和英军信心得到极大恢复的喜悦之情。他建议向比利时海岸推进。法军走经拉巴塞和里尔的南线，英军走北线。福煦补充说，约翰爵士已承诺"尽可能充分、迅速地支援法军的作战行动"。[27]

战事转移到了佛兰德战场。佛兰德很快就变得像被夷平的月球表面一样，但与人们后来普遍持有的这种印象相反，在1914年秋天，它看起来和几个世纪前并无二致：一片荒凉的、被雨水浸湿的土地，遍布着平缓的山丘和山脊，上面覆盖着榉树、栗树和橡树林，嵌在沉郁的"伊普尔黏土"*上。这是一片单调乏味、雾气弥漫的土地，"忧郁悲伤的气息几乎是不知不觉地融化在北海的灰色水域中"。[28]福煦到达时，从伊普尔布料厅的塔楼望去，映入眼帘的是疏疏落落的白色村庄，坐落在散布着树篱、谷仓和堆肥的烟草地和甜菜地里，田地铺展成荒凉的平原，季节性地点缀着罂粟花，它们往往从被犁或炮火搅动的土壤中长出："一片绿色的汪洋，有一些白色的小岛，用美轮美奂的教堂和优雅的尖塔标明富裕村庄的位置。无论哪个方向都不可能看到

一战中的伊普尔布料厅

---

* 在地质学中，始新世沉积的地层最下层为伊普尔阶，以伊普尔地区之名命名。

旷野。"[29]现在，这个地势平缓、居民勤劳的地区将在四国军队的枪炮和军靴下遭到重创，几乎不间断的战斗持续了四个多星期，直到11月中旬。

10月10日至19日，英军和德军在伊普尔集结。这座城市对交战或围城并不陌生。罗马人曾经攻打过它。时光荏苒，法国人、荷兰人和英格兰的军队也曾陆续在血腥的权力游戏中攻打过它。1383年，诺里奇主教亨利·德斯潘塞率领一支英格兰军队占领了伊普尔。他说这是"一座漂亮的古城，有鹅卵石铺成的狭窄街道和一些精美的建筑"，然后将其围困了四个月，直到法军前来解围。[30]1678年，一支法国军队占领了这座城市，此后，工程师沃邦设置了一系列壁垒，以阻止更多的入侵者。

1914年10月中旬，英国远征军第二军（由不知疲倦的史密斯-多里恩指挥）、第三军（由平平无奇的威廉·普尔特尼将军指挥）和一个骑兵军（由强悍的埃德蒙·艾伦比将军指挥——后来的陆军元帅艾伦比成了阿拉伯的劳伦斯的支持者）占领了城东约8公里处的一连串山脊，这些山脊在军事地图上以附近村庄的名字命名：帕斯尚尔、布罗德辛德、梅森、赫吕费尔德。在初期的冲突中，德军压倒性的人数优势迫使英军撤出这些阵地，回到了城市的壁垒中。第三师的指挥官休伯特·汉密尔顿将军阵亡——这对史密斯-多里恩来说是一个巨大的打击，他在给妻子的信中说自己"失去了右臂，因为在我的军中，他就是我的右臂"。[31]10月20日，黑格将军的第一军抵达，驻扎在城郊。直到10月26日，才会有更多援军抵达（第一支英联邦部队印度军团拉合尔师预期届时抵达）。

20日，德军沿着尼乌波特至阿尔芒蒂耶尔全线发动了另一次攻势。守卫艾泽尔河的比军沿着运河修筑了一条坚固的防御工事和战壕线，称之为比利时堡垒。比军的六个师抵挡了德军四天，直到濒临崩溃，并遭受了1.8万人的伤亡，才在最后时刻想出了一个奇策：他们淹没了运河以东的高度灌溉区。比利时工兵突然想出了一个淹没整个地区的方案，即打开尼乌波特拦截海水的水闸，并堵住尼乌波特-迪克斯迈德铁路路基下的22个涵洞。

克努特国王曾假意尝试阻挡海洋[*]，这里的情况却奇迹般地颠倒过来了，依靠的是北海潮汐、风向和巨大水闸的开启这三者的协同运作。比军在10月26日至30日间成功地完成了这件事，制造了一个28—35公里长、3—3.5公里宽、大约1米深的潟湖。比军前线部队很快便发现，他们正在及膝深的水中战斗。起初，德军认为水位上升是强降雨的缘故，但撤退的部队回头看时，只见"绿色的草甸……被肮脏的黄水淹没"。[32] 洪水阻挡了德军的进攻，结束了艾泽尔河战役，扼杀了德国夺取海峡港口的所有希望，使法军第三十二军得以抽出身来在伊普尔作战。此时，德军的处境极其悲惨。他们缺少食物，尤其是面包，吃不上热乎饭，被迫喝被绿藻污染的水，在一名军官尸体身上发现的日记中写道，他们已经沦落至"与野兽无异的状态"。[33]

在10月的最后十天里，刚刚到来的德军第四集团军和第六集团军，分别在符腾堡将军和鲁普雷希特将军的率领下，将全部注意力转向了伊普尔。约翰·弗伦奇爵士的部队负责守城，他还在相信错误情报，因此他并不知道，敌军的人数已经远超英国远征军：14个德军步兵师对阵7个英军和法军步兵师（其中3个是作为步兵作战的骑兵师）。德军的大炮是对方的两倍，后来更是有了多达十倍的重炮。双方都为每个营配备了两挺机枪。英军在一个关键领域优于德军：他们拥有一流的步枪兵，训练有素，可以发射赫赫有名的"一分钟15发瞄准弹"[34]——比他们的新兵对手快得多。

---

[*] 克努特国王是1016年至1035年间统治英格兰的丹麦国王。关于克努特，有一个广为流传的故事：廷臣向他献媚，说海洋也会听命于他。克努特将王座置于海岸，坐于其上，命令涨潮不准打湿他的脚，然而潮水并未听从他的命令。

德军在佛兰德各地发动了大型的连续密集进攻——他们成了英军步枪射击的活靶子，陷入英军步枪射出的一发发子弹组成的枪林弹雨。德军又一次以为他们可以顶着机枪推进。数以万计的人倒下了。然而，德军的人数优势确保还是有许多人到达了英军防线，并且在埃讷蒂耶尔差一点消灭了维多利亚十字勋章获得者沃尔特·康格里夫准将的第18旅（第6师）的舍伍德森林人团第2营。该营的大部分人战死、受伤或被俘。艾伦比9000人的骑兵军遭到了德军2.4万人的持续攻击，被赶回了梅森的山脊。骑兵没有骑马；他们和步兵一样挖战壕固守。他们偶尔也会骑上马，"从战场的一处移动到另一处"。[35]他们的战壕是匆匆挖好的，只有一米深，泥泞不堪——而不是官方历史记载中"经过详尽规划的迷宫"。[36]第一批沙袋直到10月28日才运抵。

德军坚持了下来。他们利用巨大的人数优势，将这座城市缓缓包围在一只虎钳中，令其饱受折磨。约翰·弗伦奇爵士仍然拒绝相信德军的人数比他多。约翰爵士认为，德军只有一个军威胁到了黑格的阵地，于是命令他向科特赖克推进，最终目标是帕斯尚尔。事实上，黑格面对的是德军的五个军，这迫使兵力薄弱的英军进行单独的集中作战行动，由炮兵来堵住缺口。德军攻势的真相证实了黑格对他的上级军官的恶评，也坚定了他取而代之的野心。

22日晚，几个德军预备团在朗厄马克附近向英军发起冲锋，根据"朗厄马克传说"，他们一边奔跑，一边高唱《德意志高于一切》。事实上，他们是在听起来不那么像德语的比克斯霍特附近发起的进攻，而且更有可能唱的是《守卫莱茵》，这是团的行军歌，经常用来在大雾中识别彼此。[37]曾与巴伐利亚第6预备师（第16预备团）一起在伊普尔作战的阿道夫·希特勒在《我的奋斗》中回忆道：

> 一首歌的曲调从远处传入耳畔，越来越近，从一个连队传到另一个连队，就在死神将一只忙碌的手伸进我们的队伍时，这首

歌也传到了我们这里，被我们传唱开来：《德意志高于一切》。[38]

这次进攻比英国人经历过的任何事情都更加残酷。德国人以不假思索的自杀式勇气冲了过来。他们破坏村庄、教堂、农场——任何挡在路上的东西。他们向英军飞奔，几乎不顾自己的性命，仿佛在拥抱死亡，仿佛是要证明他们的生命在为国家效力时是可以牺牲的。牛津郡和白金汉郡轻步兵团第2营的哈里·狄龙上尉目睹了"一大群灰衣人……发起冲锋，使出全力向我们直冲过来，离我们不足50码（45米）"。他曾警告过他的部下预计会发生什么，但没有人预料到这一幕。他"从未在这么短的时间里开过这么多枪"。进攻者倒地身亡，偏离了方向，摇摇晃晃地栽在地上，直到夜里只有"巨大的呻吟声"响起，"断手断脚"的人们试图爬走。[39]二等兵H.J.米尔顿看到大批德国人"简直是在找死，他们出发时大声嘶喊，但回去的寥寥无几。叫喊声撕心裂肺。"[40]那一夜，一些英军连队平均每人发射了500发子弹。

德军在伊普尔完全就是向敌军猛扑过去，正如一个人回忆说："我们有生之年都不会忘记这次猛攻。"幸存者们摇摇晃晃地走回或者爬回他们的战壕。"周围没有一栋房子不被射成筛子。放眼望去，只见大堆碎石瓦砾。"他们在田地和花园里大肆搜刮食物。一名军人写道：

现已逃离的居民们的所有财物都被破坏了，我们用许多精美的家具当柴火，或者作类似用途。我们的战壕用门、衣柜和其他种种我们认为建造冬季住所时能够派上用场的物品加固……我们利用所有我们能够找到的稻草和庄稼。要么用作被褥，要么脱粒后用来做面包。法国人回家后，只会充分感受到他们的处境之悲惨。[41]

现如今，参加了第一次伊普尔战役的德军24917人的尸体被埋在朗厄马克的一个万人坑中。德军的损失包括大约3000名学生志愿兵。他们的死亡——约占总数的15%——引出了"伊普尔无辜者大屠杀"的传说。他们并不是传说中的儿童，尽管许多人年仅十七八岁。他们是浪漫主义梦想家，年轻的汉斯·卡斯托尔普们，祖国荣耀的信徒，也是改变了年轻人思想的战争宣传的牺牲品。他们的英国对手是职业军人，意志坚定的英国兵，正如基根所写的："工人阶级，长期服役的正规军，出身低微、没受过什么教育的新兵"。[42]他们对这些攻击他们的年轻人那种神神秘秘的德意志爱国主义不以为意。他们接受的训练是杀人，赢得战争，然后回家。

到了10月25日，英军已经撤到了梅森、霍勒贝克、赞德福德、宗讷贝克和朗厄马克等村庄划出的半圆之内。炮弹短缺使他们的火力沦落到了"可悲可叹的状态"，约翰爵士写道。英军曾计划让每门大炮每天平均消耗10发炮弹。在伊普尔，它们每天至少消耗50发炮弹，而在危急关头则是80发。一些处于困境的炮台在24小时内发射了1200发炮弹。如果炮台以炮手们喜欢的速度，**每分钟**发射4发炮弹，那么在伊普尔，每门大炮都将在不到7个小时的时间里耗尽拟定用上6个月全部存货。[43]

这种可怕的情况似乎与两天后约翰·弗伦奇爵士发给基钦纳的电报相矛盾，他在电报中自信满满地表示，德军"完全没有能力发动任何猛烈、持续的攻击"。[44]很少有比这句话更有力揭示出英军情报与实际情况之间差距的了。那一天，法金汉发布了10月30日利用一支强大的新部队——由马克斯·冯·法贝克将军指挥的法贝克集团军群——在伊普尔重新发动进攻的命令。该部队包括第十三军、第十五军和巴伐利亚第二军，这些训练有素的新军得到了凶残的集中炮火的支持：257门重炮和榴弹炮被运到了从梅森到赫吕费尔德一线。它们的加入使德军在兵力上占据了二比一的优势，在火炮上占据了十比一的优势。[45]法贝克集团军群打算击溃英军的防御，并占领伊普尔以南的凯默尔山——一个可以轰炸该城的制高点。在主要攻势之前，法贝克于29日利用现有的第四集团军部队对赫吕费尔德发动了进攻，他们在争夺赫吕费尔德以东的十字路口控制权的残酷斗争中击退了人数较少的英军（英军的两挺机枪在路口卡住了，这点帮助不提也罢）。

情况的严重性迫使黑格将军派出了他的主要预备队（第2旅）。他们堪堪守住了这座村子。夜幕降临，大雨如注。此时，英军正在为活命而战。然而，不知为何，约翰·弗伦奇爵士没有搞清楚他们的状况，他以为他的部队要去追击德军。当天，他给基钦纳发电报称："如果接下来能够成功，就将取得决定性的成果。"[46]黑格没有理会这些命令，而是挖壕固守，等待着即将到来的打击。打击于10月30日星期五的黎明时分到来，伴随着一个小时雷鸣般的轰炸。早上6点30分，法贝克新来的步兵发起了攻击。黑格的部队起初守住了阵地，但英军骑兵被逼退，放弃了赞德福德村。经过一天的激战，英国远征军还是坚持了下来，震惊了德国人，或许也震惊了很多自己人。

然而，在英国远征军的经历中，没有什么比得上德军次日的进攻，那天，法贝克下定决心，必须为德皇拿下伊普尔。哈里斯写道："10月31日星期六不仅是1914年，也是整个战争中最关键的一日战斗。"[47]英军首当其冲，因为法军战线上"并没有什么特别重要的事情"发生，福煦后来写道。[48]天刚亮时很暖和，雾气渐渐散去，露出了一排排"疲惫、憔悴、胡子拉碴的士兵，脏兮兮的，浑身都是泥，很多人衣衫褴褛"。屹立在"大英帝国与没落之间"的只有他们了。[49]他们要对抗的是两倍于己的人数和十倍于己的炮兵火力。

从那天上午的轰炸中活下来的人绝不会忘记。德军的大炮轰烂了黑格第一军的各条战壕，留下了一片泥潭和尸体，逼退了震惊得难以置信的幸存者。赫吕费尔德在正午时分落入德军之手。前线的英军指挥官洛马克斯将军请求增援，但只有菲茨克拉伦斯准将领导的伍斯特郡团第2营的350人可以来援。投入战斗的他们向赫吕费尔德镇发起冲锋，并在一场惊人的逆转中夺回了该镇——伤亡惨重。据黑格的一名参谋说，"就好像我们都已经被判了死刑，却突然得到了赦免一样"。[50]（战争在那天判了洛马克斯新总部的死刑。城堡被直接命中，他的五名参谋当场死亡；洛马克斯和另外两人受了致命伤。）

某一时刻——有说法是当时大势已去，但真实性存疑——黑格叫来他的马，威风凛凛地骑马来到前线，率领他的部下取得胜利。这位将军确实曾骑马走在梅嫩路上（早餐后，8点整），但其目的和效果仍不清楚。这当然不是黑格的辩护者后来所称的战役"转折点"：黑格出发时，心里十分清楚，英军已经夺回了赫吕费尔德。对于这个"转折点"，另一个势均力敌的争夺者可能是福煦当天给约翰·弗伦奇爵士的潦草指示："绝对**不能撤退**，"他敦促约翰爵士，"因此，士兵们必须挖壕固守……守住他们现在占据的地方。"[51]

这正是英国远征军在做的。抛开将军们自称取胜的种种说法吧：伊普尔真正的胜利者是英军步兵（以及作为步兵作战的骑兵）。他们从未放弃；他们坚持着，让"每一片灌木丛、树篱和残垣断壁"都接受了枪林弹雨的洗礼。[52]在南边，骑兵几乎被逼退回凯默尔山，但又重新赢得了主动，把德军赶了回去。无论德军步兵在哪里突破英军防线，战壕、路障、铁丝网和特殊的"强化点"（黑格的首席工程兵赖斯准将及其部下的杰作）所组成的迷宫都会阻止他们，这时，协约国军队的步枪就会向闯入者开火。这些战斗在几条战线上激烈进行：在赫吕费尔德，在阿尔芒蒂耶尔附近，在修女树林和多边形树林。到了11月11日，英法联军已经阻止了德军的推进。战斗在疲惫和严重的炮弹短缺中渐渐偃旗息鼓。到了那时，英军已经沦落到每天只发射6发炮弹的地步。

协约国赢得了第一次伊普尔战役，并守住了这座城市。英国军事史上最著名的一些团曾在这里作战，英国一些最古老家族的成员也死在了这里：温德姆、菲茨克拉伦斯、道内、韦尔斯利、卡多根、布鲁斯、戈登-伦诺克斯、金奈尔德、卡文迪什和汉密尔顿。小说家约翰·巴肯将阅读伤亡名单比作"浏览阿金库尔或弗洛登战役的死亡名单"。[53]一个个部队单位几乎整个全灭——死亡、受伤、失踪或患病。到了11月4日，1.8万人的第一军第1师只能把92名军官和3491名士兵派上战场。到了11月11日，通常有4000人的第1近卫旅只剩下4名军官和300名士兵。[54]英军损失了55395人，包括死亡、受伤和失踪（总兵力也只有163897人——34％的伤亡率可以说是相当严重了），其中7960人死亡。法军的总伤亡人数超过5万人，比军有21562人，德军有134315人，其中19530人死亡。[55]

护士们在战地诊所和野战医院里当场记录了这些统计数据的真实性。三十二岁的英国护士玛莎·威索尔（婚前姓艾特肯）在1914年11月30日写道："昨晚我照料了48名病人，都特别安静。一个几天前被打掉了腿的可怜人死了。他直到最后都还很清醒，时不时地问我'护士，宣布和平了吗，啊，我在战壕里的可怜伙伴们'。可怜的小伙子，他从来没有想过，自己可是要永享和平了！"[56]当月，另一名英国护士伊迪丝·卡维尔开始帮助协约国士兵逃离德国占领下的比利时。她后来被捕，被指控为叛国罪，并被德国行刑队枪决，尽管国际社会对此表示抗议和愤慨。

伊普尔的伤亡人数虽然可怕，却只是迄今为止伤亡的一小部分。

伊迪丝·卡维尔

在战争的前四个月里，法国的死亡总数超过了30万（仅仅在9月，法国就损失了20万人——死亡、受伤和失踪），德国的死亡人数总计为24.1万，比利时和英国的死亡人数各为3万。[57]前四个月里，法国和比利时的总伤亡人数——死亡、受伤和失踪——超过100万，在当时是军事史上最集中的死亡率。

协约国军队在伊普尔的胜利说明了一个惨痛的教训：由熟练的射手守卫、以壕沟防守的部队可以击败通过开阔地进攻、规模远胜于己的敌人。冬天的临近和炮弹的短缺推迟了战斗，战争也在僵持的状态下渐渐陷入停滞。他们把11月和12月的时间用来加深他们的战壕线，以及重建他们的部队。沿着西线，各方军队都在挖战壕。在埃纳河、索姆河、凡尔登、摩泽尔河，在河谷中和山脊上，双方把底土固定在曲折的战壕线中，倒A字形的木架支撑着刚好铺在烂泥上方的木板道，也撑起了战壕。这些用沙袋防御、经久耐用的战壕将成为士兵们未来四年的家。

援军涌入战线。8月到12月间，数百万新兵从法国、英国、俄国和德国赶来：基钦纳的"伙伴营"，年轻的法国兵，看似无穷无尽的德国青年补充兵员，以及来自西伯利亚最边远地区的无数俄国人。所有人都迅速接受训练，穿上军装，投入战斗。法国士兵埃米尔·福塞所在的营于11月抵达伊普尔（他们此前曾在桑布尔河作战）："我们又一次来到了比利时，我们将在那里度过整个冬天……我们必须日日夜夜站在战壕里，这里积满了水、烂泥、尸体……"冬霜如期而至："我每晚都要背着物资，在泥泞中走上20公里的一个来回。确实很辛苦，但走路使我的脚不至于像许多同伴那样冻僵。"[58]

战斗的暂停使人们注意到了身体的不适：烂脚丫、老鼠和最恼人的玩意儿（也是战壕热的传播者）——虱子。法国担架兵雷蒙·克莱芒写道：

我没有告诉任何人，就把衣服脱了。我看到成百上千只虱子和幼虫从我身上跳了出来！它们到处都是：在我的衬衫里，裤子里，内衣裤里，等等。我使劲抖搂衣服，最后又穿上了……我们唯一的选择就是等待下一次换班，把衣服用开水烫。[59]

　　老鼠沿着战壕的地板，在筋疲力尽的士兵身上飞速窜行，寻找食物。他们以腐肉为食。罗伯特·格雷夫斯后来写道："老鼠从运河过来，以大量的尸体为食，繁殖迅猛。"一名新来的英国军人"发现两只老鼠在他的毯子上为了争夺一只断手而打得不可开交"。[60]格雷夫斯补充说，这个故事成了一个有名的笑话。

　　平安夜，在两军战壕仅相距50米的圣伊夫，德国人喊道："圣诞快乐，英国佬！"英国人回喊道："圣诞快乐，德国佬！"德军的胸墙上方出现了一个又一个人影，穿过无人区向英军战壕走去。英国人没有开火，而是走出战壕迎接敌人。他们交换了朗姆酒和杜松子酒，互相看了亲人的照片。著名的圣诞节休战就这样开始了，这是大战中最暖

《伦敦新闻画报》描绘圣诞节休战的插画

心的传说之一。戴维·劳埃德-伯奇中士目睹了德军和英军部队"埋葬战壕之间的死者。双方交换了香烟和雪茄。白天可以待在战壕上方……这种感觉是如此的奇妙。要是在平时，就意味着暴毙。这次休战一直持续到元旦……想到他们前一天还在交换纪念品，后一天就要相互厮杀，似乎很让人难受"。[61]

事实上，并不是伊普尔突出部的整条战线上全都在唱《平安夜》。很多地方的战斗还在激烈进行着。协约国和德国的大多数将军都不赞成与敌人亲善，后来还禁止了这种行为。阿道夫·希特勒也对休战不以为然。

于是，双方回到了他们的战壕里，继续恶狠狠地盯着无人区的另一边，想着在新的一年里，从比利时海岸蜿蜒到瑞士山区的战壕线胸墙上方会发生些什么。这条长达765公里的大裂缝从太空中都可以看到，在1918年之前，它多多少少保持着同样的状态——不时有血流成河的断裂和入侵，使数百万人流血，却没有取得什么领土收益（见地图九）。他们称之为"西线"。

尾　声
世界终结之年

在我的内心里，似乎有某种将我与祖国牢牢绑定的东西被撕裂了……我感到空虚，我感到孤独。一切都在离我而去，似乎要抛弃我。

　　——法国担架兵雷蒙·克莱芒在1914年底的日记中写道

我在圣约翰学院的墙边走来走去。这场战争把我们害惨了！这附近根本没有本科生，现在也很少有研究员……

　　——诗人和学者阿瑟·本森在1914年12月15日的日记中写道

"INCONNU…INCONNU…INCONNU…"在成千上万的白色小十字架上，只有这一个法语词"姓名不详"。它在法国北部数百座公墓的一排排坟墓上重复出现，传达出一种超越死亡的意味。它暗示着毁灭，仿佛整个民族都被抹除了，被忘却了，被灭绝了。这个词是终极的判决，是对虚空的哀求。如果说这些战士是无名的，那么他们怎么样了？他们是什么人？他们被夺走的、未曾度过的人生是怎样的？"姓名不详"完全没有英联邦为失踪者准备的墓志铭"他的一切上帝知道"那样的慰藉精神。伫立在蒂耶普瓦勒、维莱布勒托讷或泰恩科特公墓的白色石碑间，即使是无神论者，也不禁从吉卜林温和且充满希望的语句中感受到些许慰藉。

到战争结束时，有300万军人被列为失踪人员，他们的尸体从未被验明。他们消失在无人区，消失在索姆河和佛兰德、埃纳河和桑布尔河的泥泞中。他们在弹坑中流血而死。他们被埋葬在被炮击的战壕里或地下坑道中。他们淹死在帕斯尚尔被炮弹搅动的沼泽中。他们消失在凡尔登绞肉机中。他们被大卸八块，与土壤混在一起，碎成了渣。身体的各个部位难以辨认。没有人知道这只手或那只脚属于谁，这颗头又曾经长在何人身上。假以时日，没有人会知道他们的存在。

但第一次世界大战的行政管理在这方面倒是很有效率：列名单。任何没有出现在"最后岗位"——当天的最后一次检查——的人，都被登记为失踪。会有一小部分人擅离职守。大多数人是受伤或死亡。如果他们的尸体从未被找到，他们的名字就会作为失踪者被列在纪念碑的墙上：在伊普尔、索姆河、凡尔登、贵妇小径，以及法国和比利时数以百计的公墓。帕斯尚尔的泰恩科特公墓是最大的英联邦战争墓地，安葬于此的11956人中，有3587人躺在没有标记的坟墓里。还有54900名英联邦军人的名字作为失踪者被列入伊普尔的门宁门战争纪念馆。法国人、德国人和俄国人也在深不见底的战场之墓中失去了无数的军人。在伊普尔东北的朗厄马克，坐落着西欧最大的无名墓：那里埋葬着24917名德国军人，其中7977人仍然姓名不详，他们中有很多是在"无辜者大屠杀"中身亡的学生。

直到最近，尸体的身份才得以验明。大战中第一具经过DNA鉴定的尸体属于澳大利亚士兵杰克·亨特，他于1917年在伊普尔附近的多边形树林中死在弟弟吉姆的怀里。吉姆将他体面地埋葬在了一个临时的战争墓地。战后，吉姆回来为哥哥举行一场像样的葬礼，却找不到杰克的遗骸了。直到2006年，一队澳大利亚考古学家才在该地区确认了几具尸体。一份可能的军人名单被公布出来，他们的家人同意参与DNA检测。杰克·亨特的侄女提供了她的DNA样本，该样本与她伯父的样本完全吻合。他的名字从门宁门的名单中删去，他的遗骸于2007年的国殇纪念日被改葬在多边形树林的孤山新不列颠公墓。他的墓志铭是这样写的："迷路90年后终得安息"。

战争坟墓的墓志铭共同讲述了一部人类情感简史。在战争的这几年里，墓志铭的语气也发生了微妙的变化。起初，大多数墓志铭倾向于表达失去儿子、丈夫或兄弟的父母、妻子和家人正常的、发自内心的悲痛：

> 活在所爱之人心中的人永远不死（帕斯尚尔）；
> 他没有死，因为像我丈夫这样的男人永远不会死（维莱布勒托讷）；
> 我们亲爱的爸爸，我们的英雄，我们想念你（多边形森林）；
> 致我们的爱子（有很多）

人们为这样的死亡赋予了意义。他是为崇高的事业、为自由而死的。他牺牲了自己，让其他人活下去。只有《圣经》中最崇高的语句才担得起。在这方面，一些墓志铭似乎更多地道出了家人的愿望，而不是军人的实际感受：

> 他们的光荣，决不会泯灭（《德训篇》44：13，卢斯）；
> 人的爱心没有比这个大的（《约翰福音》15：13，有很多）；
> 他像花一样被割下（约伯记14：2的改写，帕斯尚尔）；
> 他的牺牲没有白费，永远被所有人铭记（帕斯尚尔）

而后，墓志铭的调子变得更加黯淡。随着战争的进行，各个屠宰场夺去了数百万人的生命，墓碑上出现了绝望甚至是蔑视的语气。父母们说他们的儿子是"破碎的"；他们是"迷失的"。或者他们只是被"献祭"了。为了什么？被谁献祭？这些问题盘桓在法国、比利时、普鲁士和波兰的战场上，无人回答。很快，母亲和妻子们以更加强烈的方式表达了她们的悲痛：失去儿子也杀死了她们心中的某些东西：

> 他躺在远离故土的地方
> 身边没有母亲为他合上眼睛
> 那颗使他真正勇敢的心静止跳动的炮弹，也击碎了我的心
> 母亲

人们沿着一排排死者走过去，在孤独中沉思着。人们会感到一种无助的麻木，对于如此巨大的消耗，对于失去如此之多的年轻人，他们从未体会过成年人的爱情，从未体会过对自己孩子的父爱。他们中有太多刚刚过上自己人生的小伙子，他们的承诺将永远不会兑现。

但是当你在青草丛生的过道上徘徊时，有一种新的声音会让你猝不及防：那是军人自己突然发出的欢快声音，从他的家人选择刻上他最后一封家书最后一句话的墓碑中喊出：

> 法国人是值得为之而战的伟大民族！（帕斯尚尔）
> 我很好，妈妈，再见（帕斯尚尔）

对于数以百万计的男人、女人和家庭来说，1914年是世界终结之年。它是梦想的终结。它是确定性的终结。它终结了许多军人对宣传，对上帝、国王和国家的神圣三巨头，对英雄主义和自我牺牲的抒情赞歌，以及腐朽旧政权的陈词滥调的信任……他们和他们的家人很快就会将其作为弥天大谎拆穿。许多家人赞同吉卜林在1916年儿子去

世时所写的:"如果有人问起,我们为何死去,/告诉他们,因为我们的父辈撒了谎。"

罗伯特·格雷夫斯在1915年读到了同为诗人的西格弗里德·萨松洋溢着骑士精神的诗句,"回来映入我的眼帘吧,那使我欢欣鼓舞的军旗/并未染上被杀戮者悲惨的血红。"他警告这位诗人:"你很快就会改变文风的。"萨松对格雷夫斯的诗集《火盆上》中决绝的幻灭不以为然,他还没有格雷夫斯那样的战壕经历。[1]后来,从法国回来后,萨松找到了新的声音:"尸体的恶臭阴魂不散……";"战争对你我来说都是一个笑话……"还有这种凄苦的愤恨:"我凶暴、秃头、呼吸急促/我要在基地与猩红少校们 起住,/让闷闷不乐的英雄们赶快上前线送命……当战争结束,年轻人死得透透/我将闲庭信步,安全到家,死在——床头。"

但是,向懵懂无知的世人揭露了战争的残酷现实的,是军官威尔弗雷德·欧文。他道出了政府和新闻界都不愿意说出的真相。他的诗《青春挽歌》的标题就说明了一切,使人联想到一代人步向死亡的画面。但《美好且光荣》则更进一步。它通过描写对一群士兵的芥子气袭击,使人们认识到为国捐躯的真实含义。自那以后,没有一位战争作家比得上欧文这些简单字句的震撼力。我们来回想一下原因何在吧:

《美好且光荣》

我们像麻袋下的老乞丐一样弯着腰,身体折成两半,

双腿向内弯曲,像老巫婆一样咳嗽,骂骂咧咧地穿过泥泞。

直到我们转身背对阴魂不散的照明弹,

开始朝着遥远的休息地蹒跚而行。

士兵们走着走着就睡着。很多人把靴子弄丢,

但还在蹒跚而行,脚上全是血。所有人都跛了脚;所有人都

失了明；

疲惫不堪；甚至听不见身后

落空的炮弹发出的嘶鸣。

毒气！毒气！快，小伙子们！——恍惚间一阵摸索，

笨重的防毒面具刚好戴上；

但还是有人大声喊叫，绊绊磕磕，

好似在烈火或石灰中挣扎踉跄……

朦胧中，透过模糊的目镜和浓重的绿色光线

像是在绿色的海洋下，我看到他溺毙，

在我所有的梦中，在我无助的眼前，

他向我扑来，生命在流逝，窒息，溺毙。

如果在某些令人窒息的梦中，你也能慢慢地走

跟在我们扔他进去的货车后面，

看着他脸上翻滚的眼球，

他那颓丧的脸，好似魔鬼厌倦了罪愆；

如果你能听到，每一次颠簸，鲜血都会

从被泡沫腐蚀的肺里咕噜咕噜地涌出，

无辜的舌头上无药可救的烂疮破溃，

像恶性肿瘤一样狰狞，像反刍的食物一样苦——

我的朋友，你便不会怀着如此高昂的热情

对满腔热忱、为争取荣耀奋不顾身的孩童

说出那句古老的谎言：为国捐躯，

美好且光荣。[2]

    1914年摧毁人们的身体，也摧毁人们的思想。即使一名军人在战争结束时没有死亡，没有受伤，他的精神可能也已经毁了。1914年终结了这样一种错觉，认为人脑可以忍受炮火的恐怖、"冲出战壕"所

受的冲击和等待时无休无止的紧张感。持续的炮击会对大脑和中枢神经系统产生怎样的影响，一直想着炮弹说不定什么时候会落在自己身上，又会有怎样的影响，这些在国内很少有人理解或尝试去理解。有一个人确实尝试了，他就是 W.H.R. 里弗斯，克雷格洛克哈特战争医院的医务官（也是派特·巴克三部曲*中的一个关键人物）。里弗斯的工作是检查和治疗——在他力所能及的范围内——然后把那些大脑已经严重受损的人送回前线，而一场已经被社会判定为理性、正义的战争所造成的这些损害，或许是无药可救的。在这种健康与责任的残酷权衡中，军人的处境已经不仅仅是讽刺那么简单了。患上炮弹休克症，在某种程度上就是辜负了一个在其他方面都很正常的社会，在那样一个社会中，人们认为让他在隆冬时节坐在老鼠成群的战壕里遭受炮火的洗礼是完全合理的。（医学近来改变了这种思路。当今，对异常事件——炮击、大规模屠杀——的**异常**心理反应——炮弹休克症、创伤后应激障碍——已被视为"正常"。[3]现在医生会告诉我们，人类的头脑被设计成这样，并不是为了原原本本地忍受这种经历。）

在1917年12月的一次演讲中，里弗斯揭示了当时人们的想法。[4]他注意到，在他的病人——都是一战老兵——中，很多人都有一种压抑战争经历、"把心理内容中的某些部分逐出记忆"的倾向。里弗斯认为，有害的并不是压抑这种行为本身，而是"在压抑无法使个人适应环境这种情形下的压抑"。人们不禁反过来思考，纳闷为什么要期望精神受损的年轻人去适应损伤的来源：一场将他们炮击到理智边缘的世界大战。当然，这应该是反过来的：一个文明的人类"环境"，应该去适应神志清明的年轻人的期望。

里弗斯医生声称，他照料的小伙子们令人不安的心理症状并不是因为他们所经历的炮击。相反，病人努力压抑对战壕的记忆，才导

---

* 指英国作家派特·巴克著名的"重生三部曲"：《重生》《门中眼》《幽灵路》。

致了他们的噩梦、头痛和可怕的抑郁症发作。换句话说，他们的病源在于未能消化吸收他们的经历，而不在于经历本身。他们的病是**他们自己**造成的。人们几乎可以听到白厅和奥赛码头如释重负的叹息，因为这一结论实际上是免去了他们对年轻人造成伤害的责任。但他警告说，那些试图将可怕的经历逐出脑海的军人被误导了，他还提出了几个个案来证明这一点。

一位年轻的英国军官被从法国送回国，"因为他在从自己被埋的土堆脱身时受了伤"。换句话说，这个年轻人是在几乎被活埋之后被弹片击中的——这不是在正常情况下预期会遭遇的经历。他试图对自己的症状撒谎，去压抑它们，让自己看起来很快乐，以便回到前线，履行职责。但他的症状越来越严重，他被送到克雷格洛克哈特战争医院"进一步观察"。每天晚上，他都会梦到栩栩如生的战争场面。"房间里不开灯，他就睡不着，因为在黑暗中，任何一点儿响动都会吸引他的注意力。"可怕的记忆充斥着他的脑海。到目前为止，医生和专家都告诉他要忘记这些。但他做不到。里弗斯是第一位力劝他敞开心扉的医生："我们谈论了他的战争经历和他的焦虑，在这之后，他度过了五个月以来最好的夜晚。"他有没有继续享受安宁的夜晚，里弗斯并没有说。他暂时被"治好"了，并被送回了前线。

另一名军官因炮弹爆炸而患上脑震荡，几个月后，在战场上发现密友的遗骸后，他整个人都垮了。尸体被炸成了碎片，"头和四肢脱离了躯干，撒了一地"。从那时起，这名军官就反反复复地做着同一个噩梦，梦中他的朋友就像一个得了麻风病、身体残缺不全的怪物，"越来越近，直到病人突然醒来，汗如雨下，处于极度恐惧的状态。他害怕睡着，每天都在痛苦中准备迎接夜晚。"

里弗斯再次发挥了神奇的作用。他让这名军官注意到一个明显的事实，他的朋友是"当场死亡"——也就是立即死亡——从而免去了漫长而痛苦的死亡："他立刻面露喜色，说自己从没往这方面想……"

在一些无药可救的可怕案例中，这位精神科医师的方法失败了。第三名年轻军官的情况就是如此：

> 一发炮弹爆炸，把他炸飞又摔了下来，结果他的脸撞上了一个死了好几天的德国人膨胀的腹部，他下落时的冲击力戳破了那具肿胀的尸体。在失去意识之前，病人已经清楚地认识到自己的处境，并且知道那塞了他一嘴、味道和气味都糟糕透顶的物质源自敌人腐烂的内脏。

这名军官经历了一阵阵难以忍受的抑郁。在这一点上，人们不禁怀疑，病人的战争经历才是造成他们症状的直接原因，而不是军官们试图将其忘记的合理倾向。这个可怜人"毫无理由的恐惧"其实有一个非常明确的理由，这个理由现在已经可以认识到了（而且相当明显），真是谢天谢地。对这个因身体原因退伍的人，里弗斯无能为力。

不能指望里弗斯去谴责这场战争，他领薪水也不是为了做这个的：那会否认整个战争努力机构的正当性。他的工作是让这些年轻人的大脑发挥军人大脑应有的功能：服从命令，去战斗，如有需要，还要去死。欧文、萨松和格雷夫斯都接受过他的治疗。他的很多病人都心甘情愿地回到了前线，多半是为了回到他们的朋友身边——尽管"朋友"这个词对战壕里的这些关系来说并不算恰当，那更像是死亡边缘的强烈爱情体验。

里弗斯断定，他的方法取得了部分成功，就他有限的职权范围来说，此言非虚。他成功地使人们再次投身战斗。他总结说："我描述过的几位军官能够回去继续承担某种形式的军事职责，并且取得了一定程度上的成功，如果他们坚持压抑的过程，就不可能取得这样的成功……"[5]换句话说，他"治愈"了正常人对战争的合理反应，并把他们送回了疯人院。

对那些被征召入伍的士兵来说，他们所了解的那个世界已然终结。法国的三年兵役法迫使有家室者、和平主义者和因宗教信仰或良心而拒服兵役者穿上了军装。德国人和俄国人的情况也是如此。在英国，存在几种非官方的征兵形式。乡绅、教区牧师、退伍军官、雇主、教师、社论作者、政客、漫画家、诗人、音乐厅歌手和妇女都力劝男人穿上军装，奔赴前线。严格来说，这些新兵并不是"志愿兵"。"他们是被征召入伍的。他们之所以参军，是因为如果拒绝，就会闹得非常不愉快。" [6]

哈罗德·贝格比写于1914年的歌曲《参军入伍》，表达了驱使一百多万英国男子"志愿从军"的普遍情绪。许多人是不愿意这样做的，却无法抗拒无比强大的社会压力：

> 你要怎么办，孩子，你要怎么办
> 在那遥远的冬天夜晚
> 当你坐在老人椅上，火炉旁边
> 而你的邻居在谈论那一战？
> 你是会溜走，好似受到重击，
> 上了年纪的你低下头，颜面扫地？
> 还是会说："我虽不是第一批，
> 但我去了，感谢上帝"？

新闻界是靠得住的恶霸，他们与政府狼狈为奸，不断发布公告，试图羞辱不愿意入伍的人。一份典型的英国报纸公告是这样写的：

致英国男子汉
国家处于危难之中。
各阶层已有数千人志愿参军入伍。

政府现在还需要 50 万人。

每一名三十五岁以下、体格健全的未婚男子现在都必须为国服役。

不这样做，将被理所当然地视为懦夫，枉为英国男子汉。[7]

查尔斯·菲茨杰拉德海军中将在玛丽·沃德和艾玛·奥西兹等通俗女作家的支持下于 1914 年 8 月创设的白羽毛社，为非官方征兵树立了最丑恶的榜样。"女人的战争：给逃避兵役者的白羽毛"，1914 年 8 月 31 日星期一的《每日邮报》咆哮道："30 名福克斯通妇女聚集在一起，今天她们将为每一个对祖国的需要装聋作哑或无动于衷的年轻'逃避兵役者'送上一根白羽毛。"[8]

对于任何被发现不穿军装的人，社团会放出一大群女记者。她们会轻而易举地缠住他，了解他的个人情况。数千名狂热的、没受过什么教育的年轻妇女被说服——尽管大多数人根本不需要说服——去搜寻任何没有志愿从军、紧张不安的小伙子或父亲。妇女们在他们胸前插上懦弱的象征——一根小小的白色鹅毛——以此来嘲弄、刁难和羞辱他们，逼他们穿上军装。

和任何由某个冷漠的权威机构颁布的强制性社会项目一样，无情的谩骂和滥用情况也很常见。狂热的妇女怀着满腔热情执行着基钦纳的征兵政策，在这一过程中做出了严重的误判，把原本不适合或者有充分理由不去打仗的男人逼上了战场。这并不意味着三十四岁的罗伯特·史密斯是个懦夫，应该受到公开的羞辱。已婚的史密斯有两个年幼的孩子，在下班回家的路上收到了一根羽毛。他的女儿后来回忆说："那天晚上，他回到家，哭得撕心裂肺。我的父亲不是懦夫，只是不愿意离开他的家人。他……一直患有一种严重的疾病。这件事发生后不久，我父亲就参军了。"[9]

像芬纳·布罗克韦这样的和平主义者收到了海量的白羽毛，足够做一把扇子了。作家康普顿·麦肯齐是一名军人，他嘲笑社团是一帮"没脑子的年轻妇女"，她们"用白羽毛来摆脱她们厌烦的男朋友"。[10]要不然，她们就把目标对准少年。一群女孩在街上围住了年仅十六岁的詹姆斯·洛夫格罗夫，并开始大喊大叫，叫他懦夫。她们在他的外套上插了一根白羽毛。"啊，我确实感到很可怕，非常羞愧，"他后来说，"我去了征兵办公室。那里的中士忍不住嘲笑我，说什么'孩子，你是在找爸爸吗？'以及'明年战争结束后再来吧！'唉，我一定是看起来很沮丧，所以他才说'那就再测一下你的身高体重吧'。"洛夫格罗夫的身高只有5英尺6英寸（168厘米），体重只有8.5英石（54公斤），但到了中士笔下就变成了身高6英尺（183厘米），体重12英石（76公斤）："当然都是假的——但我被录取了！"同样地，还有一名十五岁的男孩在1914年谎报年龄参军，并在蒙斯、马恩河战役和第一次伊普尔战役中服役，之后因病回国。在普特尼桥，四个女孩给了他白羽毛。"我向她们解释说，我参过军，现在退伍了，而且我还只有十六岁。有几个人围着这几个女孩，大家都在傻笑，我感到非常不自在……很丢人。"这个男孩径直走进最近的征兵办公室，重新入伍。[11]

白羽毛社的成员让无数父亲陷入了一场有去无回的战争。詹姆斯·卡特莫尔有三个小女儿，这种情况是不用服兵役的。1914年，军队以近视为由拒绝了他志愿参军的申请。1916年，当他下班步行回家时，一个女人给了他一根白羽毛。次日他就入伍了。那时，因为死了太多人，军队不太在乎近视不近视的。"他们只是想要一具身体来挡炮弹。"1918年3月28日，步枪兵詹姆斯·卡特莫尔伤重不治。[12]他的家人从未释怀。多年以后，他的外孙、英国记者弗朗西斯·贝克特描述说，卡特莫尔死后很久，他的家人"都还记得他那可怕的、拖延许久的、无谓的死亡"，以及最后一次休假时，"他的炮弹休克症有多么严重，几乎说不出话，而我的外祖母每天都要熨烫他的军装，徒劳地希望能杀死虱子"。

正如威尔·埃尔斯沃思-琼斯在讲述一群良心拒服兵役者的历史书《我们不要打仗》中所展示的那样，白羽毛社给数以千计的英国男人留下了深深的、无法弥补的伤害。他的研究拆穿了弗吉尼亚·伍尔夫关于只发放了五六十根白羽毛的说法。伍尔夫这样说，只能说明她对英国城市街头普通妇女的想法一无所知，她们中的很多人拒绝与"懦夫"约会。当然，大多数年轻男子都是心甘情愿地去打仗的。1914年，大多数人相信战争的理由，或者是想要去相信，这一年，英国招募了一百万新兵——这是有史以来走上战场规模最大的志愿军。

当真相大白时，一切都站不住脚了：陈规、信仰、口号似乎都不再稳固，都在烟消云散。立体派被证明是正确的，但不是以他们所期待的方式：人类的感知并没有拆解客观真理。这场战争**实打实地**摧毁了坚固的形式和期望。存在的结构不复存在。悲痛欲绝的父母怒斥那些将他们的儿子投入深渊的政权。独裁者权威扫地。那些要求国家的青年流血牺牲的煽动者遭到痛骂。然而，老一辈人渐渐产生了一种集体责任感，减轻了他们的愤怒。父母、政客、教师、公务员、社会栋梁都在想，**我们**怎么能让这种事情发生呢？**我们**怎么能袖手旁观、眼睁睁地看着（或怂恿）我们的优秀男儿被屠杀呢？对于这个可怕的问题，没有人知道答案，但每个人都找到了可以指责的对象：德皇、德国、奥匈帝国、俄国、资本家、犹太人、社会主义者、共济会、塞尔维亚、海军竞赛、殖民地竞争等等。

这些触目惊心的事实让人难以消化。西欧自称是文明之巅，最温和信仰的发源地，那是唯一以慈善和怜悯为特征的宗教，可它却使世界遭受了一场将年轻一代中最优秀的那部分人消灭殆尽的战争。四年来，欧洲各国政府强迫数百万年轻人去打仗，去送死，去遭受严重伤残、受到毒气攻击或心理上的摧残。他们利用宣传、赤裸裸的谎言、白羽毛、威胁和政治上的权宜之计来唆使、威胁、恐吓和羞辱男人，让他们穿上军装。到了战争结束时，没有人能够完全理解他们的所作所为有多么恶劣：在第一次世界大战中，有3700万人死亡或受伤。

1914年是统治欧洲数个世纪的古老政权和君主国末日的开始。它们那些日薄西山、难以为继的王国开始走向灰飞烟灭。欧洲的国王和女王很快就将不复存在，除了纯粹的象征作用。欧洲国家的政府再也不敢援引一国之君（或者也可以说是"神"）来证明战争的正当性。欧洲的专制国家为维护其政权而进行的这场战争，最终把它们全都葬送了。革命和改革席卷了德国、俄国和奥匈帝国。1918年，备受德皇珍视的海军发生暴动，他被迫退位。现已是普通公民的威廉·霍亨索伦先生逃到了中立国荷兰，他将在那里过上狩猎小动物、砍树伐木的日子。1919年的《凡尔赛和约》第227条要求以"违反国际道德和条约神圣性之重罪"起诉他，但伍德罗·威尔逊总统拒绝支持引渡他。威廉的胡言乱语还在继续：他将两次世界大战归咎于共济会和犹太人。他最后终于看透了，纳粹就是一帮让他以身为德国人为耻的匪徒。他于1941年去世，享年八十二岁。

罗曼诺夫王朝和哈布斯堡王朝也以屈辱、暴力的方式倒台了。作家维克托·塞尔日早在1912年就预言了俄国的这一结局："革命者十分清楚，这个专制帝国，连同它的刽子手、集体迫害、锦衣华服、饥荒、西伯利亚监狱和古老的罪恶，绝不可能挺过这场战争。"[13]我们无需详述1917年的俄国革命，只需说它不仅永久摧毁了沙皇制度，还使新的政权得以在1917年12月迅速与德国达成停战协议（这导致了1918年3月3日《布列斯特-立陶夫斯克条约》的签署）。德国的东线部队被一举派往西线，他们很快将在帕斯尚尔战役中与英国人、澳大利亚人、加拿大人和新西兰人交战，这场战役完全超出了迄今为止人类对战役的全部理解。如果说因为加拿大将军阿瑟·柯里对徐进弹幕射击的创新使用（他会在协约国部队前进时用炮弹扫射敌军战线，他用这种方法在维米岭击败了德军），这场战役开头还充满希望，那么在大雨和黑格不给柯里时间增派火炮的决定所造成的双重打击下，出现了如下场景：德军的机枪巢在泥浆和铁丝网的海洋中杀死了数千人（主要是澳大利亚人），一些人被淹死在弹坑中，另一些人被炸得支离破碎，多次中弹，躺在血流成河、宛如沼泽的战场上，人们后来发现，这片战场每平方米就有一具尸体——可能是历史上塞得最密的屠宰场。

1918年11月，哈布斯堡末代统治者卡尔一世（作为匈牙利统治者，称卡罗伊四世）发布公告，承认奥地利和匈牙利有权决定国家的未来，并放弃参与国家事务。欧洲最古老王朝之一的哈布斯堡君主国自绝于天下。1919年，奥地利新的共和国政府通过了一项法律，将哈布斯堡家族驱逐出奥地利领土，直到他们正式放弃未来所有的君主权利并接受普通公民的身份地位。这个家族花了几年时间才接受他们已非世袭君主的事实。如果这些政权的垮台可以被解释为战争的"有益"结果，那么问题马上就来了：代价是什么呢？

一个更可怕的世界从和平的灰烬中产生了。《凡尔赛和约》使德国陷入贫困和屈辱，实际上是为另一场战争指明了方向，诚如约翰·梅纳德·凯恩斯在当时极具说服力的主张：

在德国，1919年至1920年度，帝国、联邦州和地方的总支出估计为250亿马克，其中由此前已存在的税收支付的不足100亿马克。在这种情况下，支付赔款根本无从谈起。在俄国、波兰、匈牙利或奥地利，预算这种东西到底存不存在都不堪细想……因此，通货膨胀的威胁……并不仅仅是战争的产物，虽然和平已经开始了对这场战争的疗愈。它是一种持续性的现象，眼下还望不到头。[14]

军事指挥官们也认识到，另一场战争不可避免。福煦和鲁登道夫以不同的方式，从《凡尔赛和约》的秘符中预言了第二次世界大战。心生厌恶的下士阿道夫·希特勒也是如此，他将《凡尔赛和约》视为另一场歼灭战的预兆。《凡尔赛和约》促成的德国经济危机直接导致了纳粹主义的崛起，诱使一些历史学家将两次世界大战判定为一个连续体——单独一场长期战争，只是被一场短暂的派对（咆哮的20年代）和一个注定要失败的德国社会民主实验（堕落的魏玛共和国）打断了。

奥匈帝国、俄国和德国参加大战是为了维护各自的权力结构。结果却适得其反，而这场将它们扫除的社会激变也将引来更加嗜血的政权。如果说这可以被理解为战争的一个"有益"结果，即使是无心插柳，那么这种方法着实付出了可怕的代价：1650万人死亡——包括680万平民——以及那些统计数字所暗含的无尽悲痛（见附录二）。如果不是第一次世界大战创造出来的条件——经济混乱、满目疮痍，德国这边更是一败涂地、一贫如洗——后来欧洲大陆上的极权国家就不可能存在。

于是我们转而讨论起争论不休的责任问题。我们先来推翻一个普遍的假设。萨拉热窝谋杀案并不比蝴蝶扇动翅膀更能"导致"这场战争。这样想的话，就是通过后视镜来解读历史，结果先于原因，而且很容易用原因来解释，恰似关于上帝存在的目的论论证：我们生来就有眼睑来保护我们的眼睛，或者有头发来为我们的头保暖，因此一定存在着一个智慧设计者。或者说回到这件事情：这场战争是在一系列可以追溯到一次暗杀的事件之后发生的；因此，这次暗杀就是战争的主要原因。相信这种说法，就排除了真正的原因——人们对谋杀的**利用**；就是把当时正在发挥作用的种种强大力量降格为舞台的"幕后音"；就是将散发出强烈恶兆气息和预言之力的大公被射杀一事摆在舞台中央。

大量追求惊险刺激的书籍和电影以这种方式解读这场战争。伴随着对皇室成员的谋杀，世界走向了战争。毫无疑问，斐迪南之死引发了加速战争爆发的七月危机。但它并不是一个原因，甚至不是一个决定性因素。它加速了已经开动的力量，而这些力量无论如何最终都会酿成战争——**除非**当权者采取不同的行动，即寻求调停、互相谅解，并尝试维持和平的外交艺术。普林西普扣动扳机之时，实际导致了这场战争的所有力量早已就位。大公之死对已经做好了侵略准备的各国起到了催化作用。其他任何火花都可能点燃战争：英俄海军会谈、另一艘德国炮舰、俄国的动员……

从这个角度来看，没有一个处于权力地位之人像克里斯托弗·克拉克的书名所示，是在向着战争梦游。他们的行为与沉睡八竿子打不着。正如我们所见，这些领导人是完全清醒、感觉灵敏的决策者，他们知道正在发生什么，也知道他们的行为会造成怎样的影响。有些人是心甘情愿地参战（奥匈帝国、德国和俄国）；还有些人是在战争看似不可避免时自以为是、听天由命般地接受了它（法国、英国）。从这个意义上说，欧洲的政客和军事指挥官们在这一年集体**制造**了一场战争，而这一年的开始却比之前十年中的任何一年都要和平。1914年年初，海军竞赛已经结束；英国和德国又开始商谈；巴尔干战争已经结束，塞尔维亚得到了满足；巴尔干地区似乎比以往更加和平；俄国和德国的经济欣欣向荣。

然而，欧洲各国的领导人后来却声称，战争是"不可避免的""上帝或达尔文注定的""必然的"——仿佛这场悲剧像可怕的事故一样呈现在他们眼前了，他们都无力避免。他们竟敢把战争归咎于他们无力阻挠的迷信、无形的力量。他们说这是他们无法控制的，是受了神的指示，要不然就是奥林匹斯诸神干预凡人事务的结果。劳合·乔治称，"命运之锤"将世界带向了战争，在他看来，"各国都从边缘滑进了战争这口沸腾的大锅"。[15]丘吉尔称，"强烈的磁反应"将各国"像星体一样"吸引到一起。[16]格雷伯爵声称,"没有任何人类个体能够阻止这场战争",他常常"扪心自问,自己是否能够通过先见之明或智慧来阻止这场战争",这让他"饱受煎熬"。[17]德国和俄国的领导人也同样说服了自己,是命运或天意,甚至是1914年7月那种怪异的动荡氛围导致了这场战争——在某个恶灵的精心策划下,一场地震、龙卷风什么的席卷了整个欧洲,没有别的办法,或者说没有更好的办法能够阻止它。

抑或是他们受制于战争计划、时间表——自己所做的准备工作把自己变成了无能为力的囚徒。施里芬的大计仿佛神圣卷轴,似乎对德国人的军事思想产生了一种神秘的影响,好像有某种预言之力深嵌在它的纸张中,迫使普鲁士指挥官们去执行它一样。人们似乎忘记了,将令人痛恨的大战强加给这个世界的,是各国政府,而不是先知或神灵。而且,他们几乎没有齐心协力去阻止它:在匆忙开战的过程中,几乎没有留出调解的机会。还有其他很多机会可以悬崖勒马。贝特曼-霍尔韦格、萨宗诺夫、毛奇和贝希托尔德本可以松口,或者同意格雷的调停尝试。相反,在这些"侏儒"(休·斯特罗恩如此形容当时的负责人)手中,这颗星球却向着战争猛冲过去。[18]

从这个角度来看,欧洲每个主要国家都对这场战争负有一部分责任。如果一定要分摊责任的话,那么按照责任从大到小的顺序排列,应该是德国、奥匈帝国、俄国、英国和法国。德国精心策划了奥地利与塞尔维亚的战争,并蓄意促成了把俄国吸引过来的多米诺骨牌效应,而俄国极其不负责任的动员决定则确保它很快就将与德国交战。不过德国的过错似乎并不像弗里茨·费舍尔所控诉的那样严重,他的控诉使战后的所有人都相信柏林负有全部战争罪责。他把战争归咎于德国通过武力征服并占有整个欧洲的野心。然而,那是德国在宣战**之后**的战争目标。在那之前,德国的战争目标大不相同,其中并不包括欧洲霸权,正如尼尔·弗格森令人信服地论证过的那样。"德皇真的是拿破仑吗？"鉴于缺乏证据，他给出答案似乎非常公允：不是，或者说在宣战之前不是。[19]

世界政策要求为德国的殖民野心行方便；它并没有规定要通过一场世界大战来实现这些野心。德国的文官政客，或者说大多数德国人民，也都并不急于参加一场欧洲战争。作为一场先发制人的战争，施里芬计划无疑让军队感到满意，一定也有许多普鲁士指挥官对战斗摩拳擦掌，少数死硬派泛德意志主义者（诸如伯恩哈迪）亦然。然而费舍尔认为，早在1912年12月德皇的"军事会议"上，德国就已经在寻求一场欧洲的征服战争了。这次会议的主要决定是发起一场新闻宣传运动，让民众为战争的可能性做好准备。人们对1914年9月的计划大书特书，在该计划中，柏林也确实概述了一个征服世界的计划，但该计划是在宣战**之后**才成型的。[20]到了那时，世界当然也发生了变化。交战国是在背水一战：要么征服敌人，要么面对灭国。

简而言之，大战是集体犯蠢和麻木不仁的一次实践，可以避免，也没有必要，发起者则是有严重缺陷、情商很低（如果可以这样说的话）的人，他们中的大多数人既不适合统治，也没受过这方面的训练，却是为统治而生的，他们将世界视为达尔文主义的丛林，在这片丛林中，不知为何，德意志人和斯拉夫人（以及他们的拉丁和盎格鲁-撒克逊盟友）注定要痛击对方，直到"适者"胜出。

或许在那些泪流满面地回首战争、视其为一场大悲剧的军国主义者、沙文主义者和好战政客们组成的"假哭队"中，有一种体面的虚伪。那些最该为驱使世界参战负责的人，怂恿年轻人穿上军装、并为他们那"美好的战争"感到愉悦的人，后来却在仪式和周年纪念日上浮夸地哀悼受害者，这可真是咄咄怪事。如果这些"还能变老"之人的眼泪和垂首是真诚的，那么下次当他们的政府强迫新一代人去打一场不义之战时，他们理所当然会提出抗议，而不是召集他们的人民拿起武器。年轻人不假思索的反应情有可原：战争是一种冒险；战争造就英雄。政客对这种反应的利用就非常不负责任了，从最广义上讲，这是犯罪。大战和政府发起的对欧洲青年的大规模杀戮，区别只在于法律解释。至少温斯顿·丘吉尔还能坦承自己乐在其中。

最终，这场战争结束了生命，摧毁了思想，粉碎了家庭的幸福，并引出了一个流血更多的世纪。它终结了一种看待世界的方式：它撕裂了希望、梦想和感情。男男女女都被麻木无情的日常屠杀所改变。随着杀戮愈演愈烈，并成为生活中的常态，人们适应了它，在它的作用下变得残暴。起初，一些人对如此的损耗和恐怖感到悲伤和愤怒。然而，骇人的杀戮和伤亡名单很快就产生了麻痹效果。还有许多人根本想象不到马恩河或索姆河的实际情况，在战争年代感到很满足，甚至是幸福。妇女赚的钱比以往任何时候都要多；吃人血馒头的媒体大亨和新闻界对这个正在展开的"故事"兴奋不已；民众与危险如此接近，也感受到了一种奇妙的刺激。

军人们，失去了亲人和朋友的人们，并没有与似乎受制于死亡本能的世人共享这份脑补出来的乐趣。诗人兼学者阿瑟·本森在牛津大学游荡，对失去这么多学生感到心灰意冷。他的想法从麻木进化到绝望，然后是无奈：

1914年8月6日星期四
　　心灵有一种不可思议的力量，可以适应各种情况，我已经不再恍惚——尽管内心深处还是有一道忧伤的深渊，希望和趣味像大瀑布一样落入其中。

1914年8月25日星期二
　　无论看向哪个方面，都是灾难——财政、社会、文化、政治。我担心愚蠢至极的军国主义会真的爆发。我怀着空落落的凄凉心情读着报纸，发现自己昏昏欲睡，什么都做不了，说来也怪。下午，我独自出门散步，心中满是不祥的阴霾……

1914年8月26日星期三

我乱写一气，为《希望与光荣的土地》写了一些新的、相当俗气的诗句——低级趣味，完全不符合我的风格，但相当浮夸，宛如黄铜小号。

到了年底，战争已经吞噬了那一年招收的学生和他们的导师，空空如也交谊厅和方庭中没有了他们的身影，显得很扎眼，本森注意到：

1914年12月15日星期二

我在圣约翰学院的墙边走来走去。这场战争把我们害惨了！这附近根本没有本科生，现在也很少有研究员……[21]

法国担架兵雷蒙·克莱芒写出了一种撕心裂肺的痛苦，某种看似普遍存在却已万劫不复的东西：他在日记中写道（1914年10月9日至11日），"在我的内心里，似乎有什么将我与祖国牢牢绑定的东西被撕裂了，那可是亨利和我小时候一起玩耍、一起长大的地方啊。我感到空虚，我感到孤独。一切都在离我而去，似乎要抛弃我了。[22]

玛丽·迪布瓦继续恳求——以及骚扰——她的丈夫安德烈，一直到年底："今天你又是杳无音信……我想象出了很可怕的事情。你是我的一切，亲爱的，离你这么远，我活不下去，这让我备受煎熬……我用尽全力吻你，我的宝贝儿。你的胡须怎么样了？你买到保暖的衣服了吗……？保暖的内衣裤有吗？再买一双保暖的袜子，甚至几双的话，你就可以对付过去了吧？"她几乎没有得到回应。[23]

生活还在继续，数百万人以战壕为家，就这样又过了四年。霍德下士试图向当时还在上小学的妹妹解释："你还记得你曾经读过的关于洞穴男孩的书吗？嘿，我现在就像一个洞穴男孩，住在地上的大洞里……我可以告诉你当洞穴男孩是怎样的体验，只是一位叫'审查员'的先生会读我所有的信，把他不喜欢的东西划掉……"[24] 在新的一年里，赫尔曼·鲍曼的妻子保利娜生了一个女婴。

很少有书信能比二十一岁的莫里斯·勒鲁瓦的母亲在1914年10月4日寄给他的最后一封信更令人动容地说明战争的悲剧性：

> 亲爱的莫里斯，
>
> 　　昨天，我给你寄了三包亚麻布和羊毛，我觉得这些东西能派上用场，还有一些巧克力、卷烟纸和一盒火柴，以及一支铅笔，我怕你的铅笔丢了。我没法再添东西了，因为包裹的重量不能超过一公斤……上次收到你的消息，已有一个月了。我希望你还活着，我还能再次见到你。在那之后，我还给你寄了好几封信和明信片，你收到了吗？
>
> 　　就写到这里吧，全心全意地吻你。
>
> 爱你的母亲

勒鲁瓦夫人不知道的是，她的儿子1914年9月6日在马恩河受了致命伤，13日被发现死在无人区。她没有看到他1914年9月19日的"死亡通知书"：

莫里斯·勒鲁瓦
法兰西共和国
"自由、平等、博爱"
第17区区长，巴蒂尼奥勒街18号
　　区长先生，我很荣幸地通知您，第13炮兵团的士兵莫里斯·埃米尔·勒鲁瓦先生在莱蒙战役中……光荣牺牲。请尽可能以最体贴、最恰当的方式通知他的家人、住在贵区特吕福街19号的勒鲁瓦夫人。

特别会计办公室主任[25]

不能让给死亡名单盖上橡皮图章的会计人员最后说了算。普通军人的善意超越了他们的经历，分享这份善意，也帮忙在国内恢复了几分人情味，如果没有这份善意，最后一次"拉下百叶窗"[26]将永远遮住照耀在他们故事上的阳光。基钦纳军队的年轻军官G.B.曼纳林就是一个特别善于表达的例子，他写给家人的信中满载着地狱里的希望之感："在这里，人们以真正的价值来衡量生命；财富失去了意义，健康成了一个人的主要资产……当然，我们这些回来的人会以新的标准和新的典范来衡量它，这样无数的牺牲才不会白费……许多幸存下来的人……打算以法国这片新的土地为家。从头开始……与法国姑娘结婚……"

在他冲出战壕的前几天，他沉思道："我们不会为害怕而感到羞耻，因为我们经常……只为害怕而感到害怕……在战争中，只有懦夫才是真正的勇士，因为他们必须强迫自己去做勇士凭本能去做的事情。"他为部下的能力感到高兴，他们"面对因子弹、炮弹和毒气而死的情形"，仍不改"原来那快乐、活泼的动物本色，只想知道这一切何时停止"。

他相信，人类已经萌生出一种新的无私精神，"也可能是多年和平所孕育的旧的自私已经消亡了……"战争已经消除了阶级仇恨，他敢于怀着这样的希望："如果说哪里有危险，那么这危险一定是来自那些留在国内的人。"战争还孕育了一种新的"信仰"："我们或许正处于这个星球历史上的至暗时刻——虽是至暗时刻，但对某些人来说，无论如何，黎明已然在望……一种新的信仰正在向人类走来——我特意说信仰而不是宗教，因为两者就像婚礼和婚姻一样有别。一种更美好、更充实、更自由的信仰，没有教义和信经，没有仪式和形式……这种信仰的先知是诗人——其神格是自然——残酷、无情、美丽的自然。"[27]

曼纳林相信，他在那些家人——母亲、姐妹、妻子和未婚妻——中找到了这种信仰，这种崇高的悲怆，他写信告知她们他所在连队士兵的死讯。一名同时失去了丈夫和兄弟的年轻妇女的回信，表达了这种情况下任何历史学家、小说家、通讯记者或诗人都无法表达的无限悲伤："请不要笑话我，"她在给他的信中说，"我现在是一个孤独的女人，如果您的连队中有愿意收到信件和香烟的孤独士兵，请帮我一个忙，把他的名字告诉我。"[28]他在他遇到的士兵中也找到了这种信仰，例如那名失去了双臂的澳大利亚小提琴手，他问一名护士："护士，我要是能再拉一次小提琴该有多好，可以吗？"她给这名士兵找来一把小提琴，他们设法把它调整好，他拉起了琴——"当然是跑了调的"——但他拉起了琴。[29]

附　录

1914年的欧洲

施里芬计划——法国

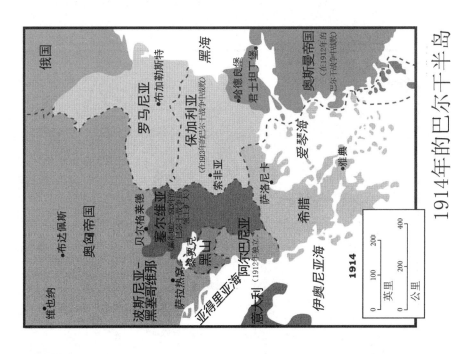

1914年的巴尔干半岛

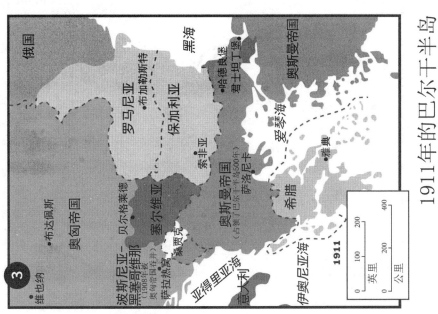

1911年的巴尔干半岛

德军对比利时和法国边境的攻击

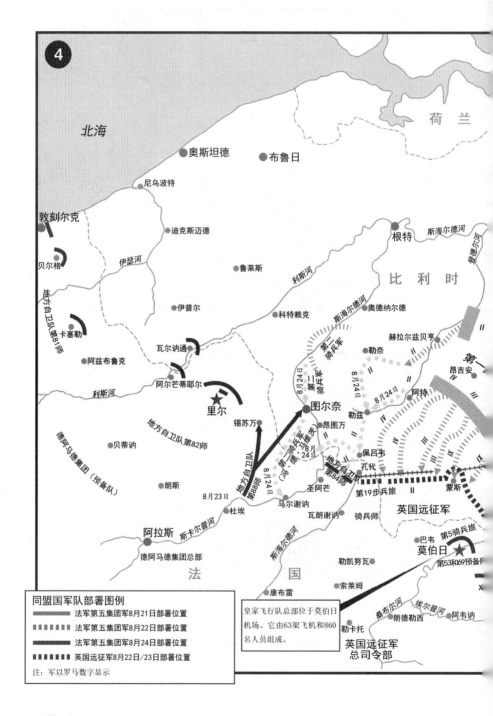

同盟国军队部署图例
- 法军第五集团军8月21日部署位置
- 法军第五集团军8月22日部署位置
- 法军第五集团军8月24日部署位置
- 英国远征军8月22日/23日部署位置

注：军以罗马数字显示

皇家飞行队总部位于莫伯日机场。它由63架飞机和860名人员组成。

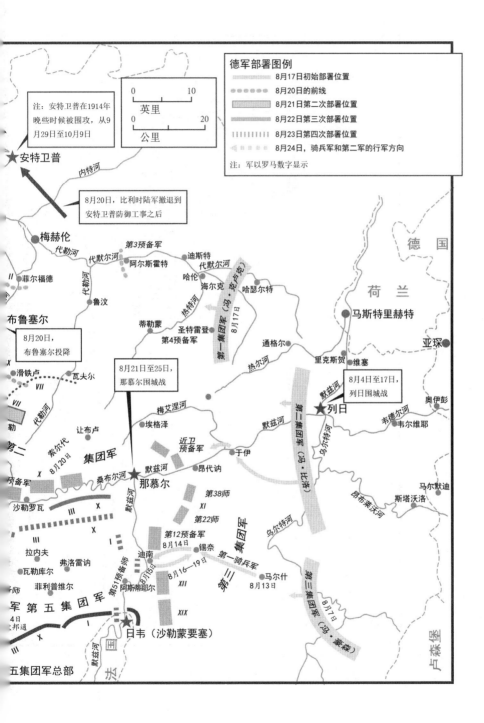

注：安特卫普在1914年
晚些时候被围攻，从9
月29日至10月9日

德军部署图例

- 8月17日初始部署位置
- 8月20日的前线
- 8月21日第二次部署位置
- 8月22日第三次部署位置
- 8月23日第四次部署位置
- 8月24日，骑兵军和第二军的行军方向

注：军以罗马数字显示

安特卫普

内特河

8月20日，比利时陆军撤退到
安特卫普防御工事之后

梅赫伦

代勒河

代默尔河

第3预备军

迪斯特

代默尔河

德 国

阿尔斯霍特

哈伦

菲尔福德

海尔克

哈瑟尔特

荷 兰

鲁汶

热特河

蒂勒蒙

圣特雷登

第4预备军

通格尔

马斯特里赫特

布鲁塞尔

第
一
集
团
军
（
冯
·
克
卢
克
）

8
月
17
日

里克斯贺

维塞

亚琛

8月20日，
布鲁塞尔投降

热尔河

奥伊彭

滑铁卢

瓦夫尔

韦德尔河

韦尔维耶

代勒河

默
兹
特
河

8月4日至17日，
列日围城战

勒

梅艾涅河

列日

8月21日至25日，
那慕尔围城战

埃格泽

乌
尔
特
河

马尔默迪

让布卢

默
兹
河

第
二

索尔代

8月20日

集团军

近卫
预备军

于伊

斯塔沃洛

第
二
（
冯
·
比
洛
）
集
团
军

昂布莱沃河

预备军

桑布尔河

那慕尔

默兹河

昂代讷

第38师

沙勒罗瓦

XI

第22师

第
三
集
团
军

乌
尔
特
河

拉内夫

第12预备军

8月14日

锡奈

第一骑兵军

第
三
集
团
军
（
冯
·
豪
森
）

8
月
17
日

瓦勒库尔

迪南

8月16～19日

马尔什

8月13日

菲利普维尔

第51预备师

8月15日

XII

阿斯蒂耶尔

师

军 第五集团军

XIX

8
月
4
日

邦通

日韦（沙勒蒙要塞）

默兹河

法
国

卢
森
堡

五集团军总部

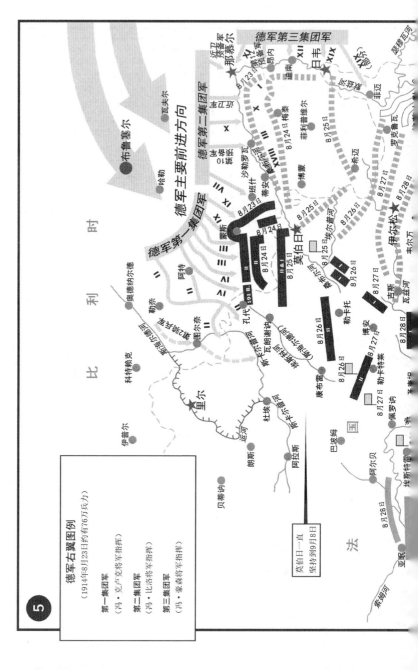

撤　退

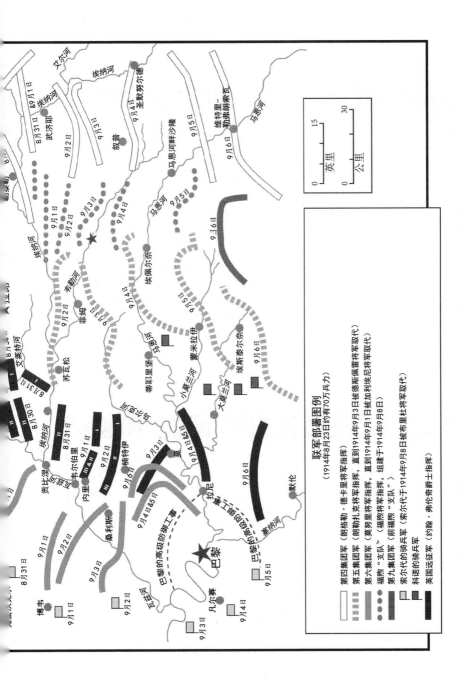

联军部署图例
(1914年8月23日约有70万兵力)

第四集团军（朗格勒·德卡里将军指挥）

第五集团军（朗勒扎克将军指挥，直到1914年9月3日被德斯佩雷将军取代）

第六集团军（莫努里将军指挥，直到1914年9月1日被加利埃尼将军取代）

福煦"支队"（福煦将军指挥，组建于1914年9月8日）

第九集团军（前福煦"支队"）

索尔代的骑兵军（索尔代于1914年9月8日被布里杜将军取代）

科诺奇的骑兵军（约翰·弗伦奇爵士指挥）

英国远征军

马恩河奇迹

9月5日：正午时分的总体形势

6

英里 0 15
公里 0 30

埃纳河

苏瓦松　菲姆　兰斯

瓦兹河　桑利斯　维莱科特雷　　　　　费尔昂塔德努瓦　第12预备军　埃纳河

克雷皮昂瓦卢瓦　乌尔克河

米隆堡　多尔芒　马恩河第三集团军（豪森）　圣默努尔德

第六集团军（莫努里）　达马丹　第4预备军　蒂耶里堡　埃佩尔奈　　第18预备军

高级防线　莫　马恩河　第二集团军（比洛）　沙隆

塞纳河　巴黎　第一集团军　拉费泰苏茹阿尔　第10预备军　近卫军　第四集团军（阿尔布雷希特公爵）

拉尼　（克卢克）　蒙米拉伊　小莫兰河　第4骑兵军

第1骑兵军　库洛米耶　　费尔尚普努瓦斯

英国远征军（弗兰奇）　近卫军　马扎讷　第九集团军（福煦）　第四集团军（朗格勒·德卡里）

第2骑兵军　普罗万　第五集团军（德斯佩雷）　奥布河　第9骑兵师

默伦　皇家飞行队总部　诺让　塞纳河　阿尔西

英军阵地　　　　　　巴黎防御带
法军阵地　　　　　　森林
德军阵地　　　　　　骑兵部队
德军撤退

9月6日：德军第一集团军右翼撤退

楠特伊　贝斯　克利尼翁河　马恩河

达马丹　第六集团军　1700骑兵　乌尔克河　蒂耶里堡　多尔芒　埃佩尔奈

第5预备师群　利济　　第一集团军　叙尔墨兰河　第二集团军

塞纳河　莫　2400骑兵　拉费泰苏茹阿尔

巴黎　马恩河　拉尼　克雷西　小莫兰河　蒙米拉伊　第10预备军　近卫军

图尔南　英国远征军　库洛米耶　戈谢堡　大莫兰河

罗祖瓦　图坎　欧布坦河　近卫军第17军　第九集团军

英里 0 10　公里 0 20

普罗万　第五集团军　奥布河

塞扎讷

9月7日：德军第一集团军左翼撤退

尚蒂利　桑利斯　第1骑兵军　米隆堡　乌尔克河　费尔昂塔德努瓦　阿德尔河
瓦兹河　贝斯　楠特伊　第　集团军
达马丹　第5预备师群　利济　VII　IV　马恩河　多尔芒　埃佩尔奈
第六集团军　蒂耶里堡　叙尔默兰河　第二集团军
塞纳河　600辆巴黎出租车将　莫　拉费泰苏茹阿尔　2100骑兵　IX　VII
6000兵力火速运往前线
巴黎　马恩河　拉尼　克雷西　III　近卫军　第10预备军　X　近卫军
库洛米耶　IX　I　蒙米拉伊　小莫兰河
大莫兰河　III　X　IX
图坎　英国远征军　XVIII　埃斯泰尔奈　塞扎讷　第九集团军
罗祖瓦　欧布坦河　第五集团军
维利耶-圣乔治

英里　0　10
公里　0　20

▬▬▬ 英军阵地　　- - - 巴黎防御带
←　法军阵地　　▲▲▲ 森林
▬▬　德军阵地　　■ ▮ ▯ 骑兵部队
←　德军撤退

注：军以罗马数字显示

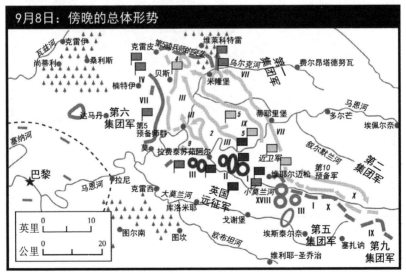

9月8日：傍晚的总体形势

瓦兹河　克雷皮　克雷皮　第5骑兵师的交叉　维莱科特雷
尚蒂利　桑利斯　贝斯　乌尔克河　费尔昂塔德努瓦
楠特伊　IV　米隆堡　VII　第　集团军
VII　III
达马丹　第六集团军　III　蒂耶里堡　马恩河　多尔芒　埃佩尔奈
第5预备师群　IX　叙尔默兰河　第二集团军
莫　拉费泰苏茹阿尔　2　III　近卫军　VII
巴黎　拉尼　克雷西　III　维耶尔迈松　第10预备军
大莫兰河　小莫兰河　X
库洛米耶　英国远征军　XVIII　III　I　X
图尔南　图坎　戈谢堡　埃斯泰尔奈　第五集团军　塞扎讷　第九集团军
欧布坦河　维利耶-圣乔治

英里　0　10
公里　0　20

坦能堡战役

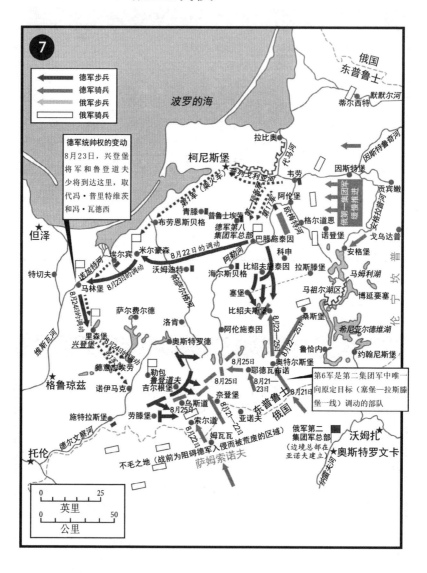

图例
- 德军步兵
- 德军骑兵
- 俄军步兵
- 俄军骑兵

波罗的海

俄国 东普鲁士

默默尔河

蒂尔西特

因斯特鲁奇河

拉比奥

代乌河

韦劳

因斯特堡

质宾嫩

俄第一集团军 缓缓推进

安格拉普河

柯尼斯堡

第1军（莱茨尔）

第二预备军

普列戈利亚河

阿伦堡

第17军

戈乌达普

青滕

普鲁士埃劳

布劳恩斯贝格

德军第八集团军总部

巴滕施泰因

科申

8月22日的调动

阿勒河

格尔道恩

诺登堡

安格堡

德军统帅权的变动
8月23日，兴登堡将军和鲁登道夫少将到达这里，取代冯·普里特维茨和冯·瓦德西

但泽

特切夫

埃尔宾

米尔豪森

诺加特河

8月23日的调动

马林堡

沃姆迪特

绍德海尔兹沃河

比绍夫施泰因

海尔斯贝格

拉斯滕堡

马姆利湖

博延要塞

萨尔费尔德

洛肯

比绍夫斯堡

阿伦施泰因

桑斯堡

希尼亚尔德维纳

8月23—25日

维斯瓦河

里森堡

兴登堡

8月24日的调动

奥斯特罗德

8月22—25日

鲁恰内

约翰尼斯堡

德惠志埃劳

8月25日

耶德瓦布诺

奥特尔斯堡

格鲁琼兹

勒包 鲁登道夫

吉尔根堡

诺伊马克

8月25日

第6军是第二集团军中唯一向原定目标（塞堡—拉斯滕堡一线）调动的部队

8月21—23日

施特拉斯堡

劳滕堡

8月25日

乌登道夫

奈登堡

亚诺夫

东普鲁士 俄国

8月21日

托伦

索尔道

8月21—22日

姆瓦瓦

俄军第二集团军总部 （边境总部在亚诺夫建立）

沃姆扎

德尔文察河

不毛之地（战前为阻碍德军入侵而被荒废的区域）

萨姆索诺夫

纳雷夫河

奥斯特罗文卡

0   25
英里
0   50
公里

奔向大海作战

德军调动图例
1 第4骑兵军
2 第1, 2骑兵军
3 第14军（从梅斯）
4 巴伐利亚第1预备军（从梅斯）
5 第4军（从兰斯）
6 近卫军（从兰斯）
7 第14预备军
  （从阿尔萨斯-洛林）
8 巴伐利亚第2军（从梅斯）
9 第21军（从吕内维尔）
10 巴伐利亚第1军（从格隆维尔）
11 第18军（从兰斯）
12 第9预备军（从安特卫普）

北海

德军从安特卫普推进

加来
海峡诸港
德军目标
敦刻尔克
迪克斯迈德
比利时陆军
布洛涅
圣奥梅尔
伊普尔
梅嫩
英吉利海峡
阿兹布鲁克
阿尔芒蒂耶尔
英国远征军第3军
10月8日
10月8日
10月7日
英国远征军第1军
贝蒂讷
拉巴塞
10月3日
10月8日
1
2
3
骑兵
10月8日
英国远征军第2军
朗斯
瓦朗谢讷
10月7日
4
第六集团军
第3军和后来的第7军
阿拉斯
10月1日
9月27日
康布雷
5 7
6
8
9月26日
10月1—5日
10
第十集团军
9月24日
阿布维尔
索姆河
9月29日 阿尔贝
贝克斯河
佩罗讷
圣康坦
瓦兹河
亚眠
第二集团军
9月24日
第二集团军
9月22日
12
9月23日
9月18日
11
第七集团军
9月17日
克拉奥讷
第一集团军
埃纳河
贡比涅
第六集团军
10月2—15日
瓦兹河

比利时陆军
法军的调动
英军的调动
德军的调动

0   25
英里
0   50
公里

英国远征军第1, 2, 3军
在前往佛兰德途中

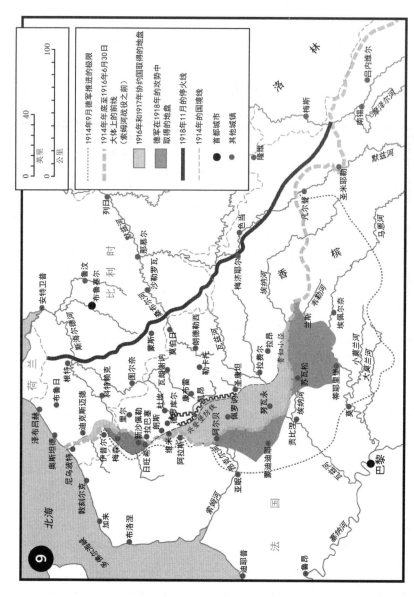

西线
1914—1918

阵营	国家	人口（百万）	军事人员死亡	直接平民死亡（由于军事行动）	间接平民死亡（由于饥荒、疾病和事故）	总死亡	死亡人口占总人口比例	军事人员伤残
协约国	澳大利亚	4.5	61966			61966	1.38%	152171
	加拿大	7.2	64976		2000	66976	0.92%	149732
	英属印度	315.1	74187			74187	0.02%	69214
	新西兰	1.1	18052			18052	1.64%	41317
	纽芬兰	0.2	1570			1570	0.65%	2314
	英国	45.4	886939	2000	107000	995939	2.19%	1663435
	大英帝国小计	—	1115597	2000	109000	1226597	—	2090212
	东非				见资料来源			
	比利时	7.4	58637	7000	55000	120637	1.63%	44686

阵营	国家	人口（百万）	军事人员死亡	直接平民死亡（由于军事行动）	间接平民死亡（由于饥荒、疾病和事故）	总死亡	死亡人口占总人口比例	军事人员伤残
协约国	法国	39.6	1397800	40000	260000	1697800	4.29%	4266000
	希腊	4.8	26000		150000	176000	3.67%	21000
	意大利	35.6	651000	4000	585000	1240000	3.48%	953886
	日本	53.6	415			415	0%	907
	卢森堡	0.3				见资料来源		
	黑山	0.5	3000			3000	0.6%	10000
	葡萄牙	6.0	7222		82000	89222	1.49%	13751
	罗马尼亚	7.5	250000	120000	330000	700000	9.33%	120000
	俄罗斯帝国	175.1	1811000 至 2254369	500000（按照1914年的边界）	1000000（按照1914年的边界）	3311000 至 3754369	1.89% 至 2.14%	3749000 至 4950000
	塞尔维亚	4.5	275000	150000	300000	725000	16.11%	133148
	美国	92.0	116708	757		117465	0.13%	205690
	协约国总计	800.4	5712379	823757	2871000	9407136	1.19%	12809280
同盟国	奥匈帝国	51.4	1100000	120000	347000	1567000	3.05%	3620000
	保加利亚	5.5	87500		100000	187500	3.41%	152390

阵营	国家	人口（百万）	军事人员死亡	直接平民死亡（由于军事行动）	间接平民死亡（由于饥荒、疾病和事故）	总死亡	死亡人口占总人口比例	军事人员伤残
同盟国	德意志帝国	64.9	2050897	1000	425000	2476897	3.82%	4247143
	奥斯曼帝国	21.3	771844		2150000	2921844	13.72%	400000
	同盟国总计	143.1	4010241	121000	3022000	7153241	5%	8419533
中立国	丹麦	2.7		722		722	0.03%	—
	挪威	2.4		1892		1892	0.08%	—
	瑞典	5.6		877		877	0.02%	—
	总计	954.2	9722620	948248	5893000	16563868	1.75%	21228813

来源：http://en.wikipedia.org/wiki/World_War_I_casualties#Classification_of_casualty_statistics
（该网页按国家给出了所有的最终资料来源）

附录三
德国给奥匈帝国的空白支票

在萨拉热窝事件之后，奥匈帝国外交大臣利奥波德·冯·贝希托尔德伯爵起草了一封信，交由弗朗茨·约瑟夫皇帝签名，并寄给了威廉二世，试图说服两人相信责任在于塞尔维亚。7月6日，威廉二世和他的帝国宰相特奥巴尔德·冯·贝特曼-霍尔韦格电告贝希托尔德，奥匈帝国可以指望德国支持对付塞尔维亚的任何必要行动——实际上就是给冯·贝希托尔德开了一张"空白支票"。

帝国宰相冯·贝特曼-霍尔韦格致电德国驻维也纳大使奇尔施基

1914年7月6日

柏林，1914年7月6日

机密。供阁下个人参阅和指导

奥匈帝国大使昨天向皇帝递交了弗朗茨·约瑟夫皇帝的一封亲笔密信，信中从奥匈帝国的角度叙述了当前局势，并描述了维也纳考虑的措施。现将副本转交阁下。

我今天代表陛下回复了瑟杰尼伯爵，称陛下对弗朗茨·约瑟夫皇帝的来信表示感谢，并将很快亲自回信。同时，陛下想说的是，他并非对由于俄国和塞尔维亚的泛斯拉夫主义煽动而威胁到奥匈帝国，从而威胁到三国同盟的危险视而不见。尽管众所周知，陛下对保加利亚及其统治者并没有完全的信任，自然更倾向于保护我们的老盟友罗马尼亚及其出身自霍亨索伦家族的国君[*]，但他也非常理解弗朗茨·约瑟夫皇帝，因为考虑到罗马尼亚的态度和直接针对多瑙河君主国的新巴尔干同盟的危险，而急于使保加利亚和三国同盟达成协议（……）。此外，陛下还将按照弗朗茨·约瑟夫皇帝的意愿，做布加勒斯特的工作，促使卡罗尔国王履行对同盟的职责，与塞尔维亚断绝关系，并镇压罗马尼亚反对奥匈帝国的煽动行为。

最后，就塞尔维亚而言，陛下当然不能干涉当下发生在奥匈帝国和该国之间的纷争，因为这不在他的权限之内。不过弗朗茨·约瑟夫皇帝大可放心，陛下将忠实地站在奥匈帝国一边，鉴于彼此间的同盟和历史悠久的友谊，这是应尽的义务。

贝特曼–霍尔韦格

来源：WWI Document Archive > 1914 Documents > The 'Blank Cheque'

---

[*] 当时的罗马尼亚国王卡罗尔一世出身自霍亨索伦家族锡格马林根支系。

附录四
奥匈帝国对塞尔维亚的最后通牒

维也纳，1914年7月22日

阁下应于7月23日星期四下午向贵国政府呈交以下照会：1909年3月31日，塞尔维亚王国首相在维也纳宫廷以其政府的名义向奥匈帝国政府发表了如下声明：

塞尔维亚承认，它的权利不受波斯尼亚境内产生的事态影响，并表示它将根据大国就《柏林条约》第二十五条所做出的决定来进行自我调节。塞尔维亚接受列强的劝告，保证不再采取自去年10月以来对吞并的抗议和反对态度，此外还保证改变当前对奥匈帝国的政策倾向，未来将保持与后者的睦邻友好关系。

现在看来，过去这些年的历史，特别是6月28日令人痛心的种种事件，已经证明塞尔维亚境内存在着一场颠覆运动，其目的是把某些领土从奥匈帝国分离出来。这一运动是在塞尔维亚政府的眼皮底下形成的，随后便体现在王国领土之外的恐怖主义行为、若干暗杀企图和谋杀中。

塞尔维亚王国政府非但没有履行其1909年3月31日的声明中所包含的形式义务，反而没采取任何行动来镇压这一运动。它默许了各种协会和社团针对我国的犯罪活动、新闻界肆无忌惮的言论、对暗杀事件发起者的颂扬、军官和公务员对颠覆阴谋的参与；它默许了公共教育中的有害宣传；最后，它还默许了所有可能诱使塞尔维亚人民仇视我国、蔑视我国制度的政治声明。

当6月28日发生的事件向全世界展示了这种默许的可怕后果时，塞尔维亚王国政府的默许依然显而易见，而这份默许有罪的。

从6月28日暗杀事件犯罪者的陈述和供词中明显可以看出，贝尔格莱德是萨拉热窝谋杀案的策源地，凶手们装备的武器和炸弹，是从属于民族自卫组织的塞尔维亚军官和公务员那里拿到的，最后，将罪犯及其武器送往波斯尼亚，也是在塞尔维亚边境当局的指导下筹备并实施的。

对于以贝尔格莱德为中心、从那里蔓延到我国领土各地的煽动活动，奥匈帝国政府多年以来一直保持着容忍态度，但调查得出的结果使奥匈帝国政府再也无法维持这种态度。相反，这些结果迫使奥匈帝国政府背负起终结这些阴谋的义务，因为它们对我国的和平构成了持续性的威胁。

为了达到这一目的，奥匈帝国政府不得不要求塞尔维亚政府做出官方保证，它将谴责不利于奥匈帝国的宣传，也就是所有以分裂我国领土为最终目标的努力；它将有义务用它所掌握的一切手段镇压这种有罪的恐怖主义宣传。为使这些保证具有严肃性，塞尔维亚王国政府应于7月26日/13日在其机关报刊的头版发表如下声明：

"塞尔维亚王国政府谴责不利于奥匈帝国的宣传，也就是说，所有以分裂奥匈帝国领土为最终目标的努力，并对这些犯罪事务的恶劣后果表示由衷的遗憾。

"塞尔维亚王国政府感到遗憾的是，塞尔维亚军官和公务员参与了上述宣传活动，从而危及了塞尔维亚王国政府在1909年3月31日的声明中郑重承诺会培养的睦邻友好关系。

"塞尔维亚王国政府反对并拒绝一切干涉奥匈帝国任何组成部分

居民命运的想法和企图，它认为自己有明确责任使军官、公务员和王国的全体人民知悉这样一个事实，在未来，它将无比严厉地打击任何从事这类犯罪活动的人，政府将不遗余力地预防和镇压此类活动。"

此声明应通过国王陛下的每日例行命令发布，同时刊登在军队机关报上，以便使贵国军队知悉。

此外，塞尔维亚王国政府还将保证：

1. 查禁所有煽动对我国的仇恨和蔑视，以及总体上倾向于反对我国领土完整的出版物；

2. 立即着手解散民族自卫组织，没收其所有的宣传工具，并以同样的方式着手打击塞尔维亚境内从事反奥匈帝国宣传的其他协会和社团；贵国政府应采取必要手段，确保被解散的社团不能以其他名义或其他形式继续活动；

3. 立即从塞尔维亚的公共教育中剔除一切有利于或可能有利于滋长反奥匈帝国宣传的成分，无论是关乎教学队伍还是教学方法；

4. 将所有犯有从事反奥匈帝国宣传罪的军官和公务员开除出军队和行政部门，奥匈帝国政府保留在传送其目前掌握的实质性证据时向塞尔维亚王国政府公布这些人姓名的权利；

5. 同意在塞尔维亚境内与奥匈帝国政府机关合作，镇压不利于我国完整性的颠覆运动；

6. 对可能在塞尔维亚境内发现的每一个6月28日阴谋参与者展开司法调查；为此目的而受到委派的奥匈帝国政府机关将参与以此为目的的诉讼程序；

7. 即刻逮捕调查结果显示有问题的沃伊斯拉夫·坦科西奇少校和一个名叫米兰·齐加诺维奇的塞尔维亚公务员；

8. 通过有效措施防止塞尔维亚当局参与将武器和爆炸物偷运过边境的走私活动；将沙巴茨和洛斯尼察的边防部队中那些协助过萨拉热窝犯罪者越过边境的成员开除出队伍，并予以严惩；

9. 就塞尔维亚高官在塞尔维亚国境内外的无理言论向奥匈帝国政府做出解释，自6月28日的暗杀事件以来，这些人罔顾自身的官方立场，毫不犹豫地以一种敌视奥匈帝国的态度表达自己的意见；

10. 立即将上述各项所包含措施的执行情况告知奥匈帝国政府。

奥匈帝国政府期待贵国政府在本月25日星期六下午6点前给出答复，过期不候。

对于萨拉热窝事件调查结果与（以上）第7点和第8点中所提到的官员的关系，本照会之后附有提示。

最后通牒的附录：

萨拉热窝法院对加夫里洛·普林西普及其同志在今年6月28日实施的暗杀行为以及共犯罪行进行的犯罪调查，到目前为止已得出以下结论：

1. 在弗朗茨·斐迪南大公在萨拉热窝逗留期间谋杀他的计划，是加夫里洛·普林西普、内德利科·查布里诺维奇、某个名叫米兰·齐加诺维奇的人和特里夫科·格拉贝日在沃亚[*]·坦科西奇少校的协助下在贝尔格莱德策划的。

2. 罪犯的作案工具，六枚炸弹和四支勃朗宁手枪，以及弹药，是由某个名叫米兰·齐加诺维奇的人和沃亚·坦塔科西奇少校在贝尔格莱德取得并交给普林西普、查布里诺维奇和格拉贝日的。

3. 炸弹是手榴弹，来自克拉古耶瓦茨的塞尔维亚军队武器库。

4. 为确保暗杀成功，齐加诺维奇指导普林西普、查布里诺维奇和格拉贝日使用手榴弹，并在托普席尔德射击场旁边的森林里教普林西普和格拉贝日布朗宁手枪射击。

---

* 沃伊斯拉夫的昵称。

5. 为了使普林西普、查布里诺维奇和格拉贝日能够越过波斯尼亚—黑塞哥维那边境，并把他们的武器偷运过去，齐加诺维奇组织了一整套秘密运输系统。罪犯和他们的武器进入波斯尼亚和黑塞哥维那，是由沙巴茨（拉德·波波维奇）和洛斯尼察的主要边防官员以及洛斯尼察的海关工作人员布迪沃伊·格尔比奇运作的，还有另外几人与之合谋。

在递交本照会时，还请阁下口头补充一句——如果在此期间得不到贵国政府无条件接受的答复的话——从您宣布的日期和时间开始计算，在本照会所提及的48小时大限之后，您将奉命与您的全体工作人员一起离开奥匈帝国驻贝尔格莱德大使馆。

来源: WWI Document Archive > 1914 Documents > The Austo-Hungarian Ultimatum to Serbia (English Translation)

附录五
塞尔维亚对奥匈帝国最后通牒的答复

1914 年 7 月 25 日：

我国政府已收到贵国政府本月 23 日的书信，并相信我方的答复将消除任何有可能破坏奥地利君主国与塞尔维亚王国之间睦邻友好关系的误解。

我国政府相信，曾经表现在议会以及当时负责的国家代表们的声明和行动中的、对贵国这一伟大邻国的抗议，在我国的任何地方都没有再次出现过，且已经被塞尔维亚 1909 年 3 月 31 日的声明所终止；此外，从那时起，无论是我国的各个市政当局，还是官员，都没有尝试去改变在波斯尼亚和黑塞哥维那创造的政治和司法状况。我国政府声明，除了对一本教材外，贵国政府没有就这方面提出过任何抗议，而对于这本教材，贵国政府也已经得到了完全满意的解释。巴尔干危机期间，塞尔维亚在无数事情上证明了它和平且温和的政策，正是由于塞尔维亚以及它为欧洲和平所做出的牺牲，这种和平才得以维持。

我国政府不能为私人性质的言论负责，例如报纸上的文章和社团的和平做法，这些言论在其他国家非常普遍，而且通常不受国家控制。更何况我国政府在解决塞尔维亚和奥匈帝国之间出现的一系列问题时，已经表现得非常客气了，以此成功地解决了其中的大部分问题，这也有利于两国的发展。

因此，我国政府对塞尔维亚公民参与了萨拉热窝暴行的准备工作一说甚感惊讶。政府希望应邀配合对这一罪行的调查，并愿意起诉被告发的所有人，以证自身清白。

按照贵国政府的愿望，我国政府准备将每一个有证据表明其参与了萨拉热窝罪行的塞尔维亚公民交给法庭，而不考虑其身份地位。我国政府特别承诺，在7月26日的机关刊物头版发表如下公告：

塞尔维亚王国政府谴责一切不利于奥匈帝国的宣传，即所有旨在分裂奥匈帝国某些领土的活动，并对这些犯罪阴谋的不幸后果表示由衷的遗憾……

塞尔维亚王国政府感到遗憾的是，根据奥匈帝国政府的情报，某些塞尔维亚军官和公务员参与了上述宣传活动，从而危及了塞尔维亚王国政府在1909年3月31日的声明中郑重承诺会培养的睦邻友好关系……

我国政府还将进一步保证：

1. 在议会的下一次例会期间，在新闻法中加入一项条款，煽动对奥匈帝国的仇恨和蔑视，以及所有总体上倾向于反对奥匈帝国领土完整的出版物，将受到无比严厉的惩罚。

鉴于即将进行修宪，我国政府承诺将该修正案纳入宪法第22条，此条允许查抄当前根据宪法第12条的明确定义无法查抄的出版物。

2. 我国政府没有证据证明民族自卫组织和其他类似社团迄今为止通过任何成员犯下过任何这样的罪行，奥匈帝国政府的照会也没有提交任何这方面的证据。尽管如此，我国政府还是会接受奥匈帝国政府的要求，解散民族自卫组织以及所有可能从事反奥匈帝国活动的社团。

3. 塞尔维亚王国政府保证立即从塞尔维亚的公共教育中剔除任何可能助长反奥匈帝国宣传的内容，只要奥匈帝国政府能提供这种宣传的实际证据。

4.我国政府同意将司法调查证明其犯有破坏奥匈帝国领土完整罪的所有军官和公务员从军队和公务员系统中除名，并希望奥匈帝国政府能向我国政府通报这些军官和公务员的姓名及其被控告的行为，以便开始这项调查。

5.我国政府必须承认，有一件事没弄明白，奥匈帝国政府要求塞尔维亚王国政府承诺允许奥匈帝国政府官员在塞尔维亚领土上的合作，这里面道理何在，这个要求的范围到底有多大，但我国政府表示愿意接受符合国际法、刑法和睦邻友好关系的一切合作。

6.我国政府认为，对塞尔维亚境内参与了6月28日暴行的所有人展开调查，是其自身理所当然的责任。至于让奥匈帝国政府专门指派的官员协同进行这项调查，则是无法接受的，因为这违反了宪法和刑事诉讼程序。不过在某些情况下，是可以将调查结果传达给奥匈帝国官员的。

7.我国政府已经在收到照会的当天晚上下令逮捕沃伊斯拉夫·坦科西奇少校。然而，米兰·齐加诺维奇为奥匈帝国公民，在6月28日前一直受雇于铁路部，至今尚无法找出他所在的位置，为此已经签发了对他的逮捕令。

请奥匈帝国政府尽快公布在萨拉热窝调查中取得的现有怀疑理由和罪证，以便进行调查。

8.塞尔维亚政府将强化并更加严厉地执行打击武器和爆炸物走私的现行措施。

它当然会立即起诉沙巴茨-洛斯尼察一线上那些允许犯罪者越过边境的渎职边防官员，并严加惩办。

9.此次暴行发生后，我国官员在塞尔维亚国境内外接受采访时的一些言论被奥匈帝国政府断定为对奥匈帝国怀有敌意，我国政府愿意对其做出解释。只要奥匈帝国政府详细指出这些言论是在哪里发表的，并成功证明这些言论确实是由涉事公务员发表的，我国政府将立刻留心收集必要证据。

10. 至于本照会未尽之事，只要其中有一项措施被下令执行并付诸实施，我国政府便会立即将相关措施的执行情况告知奥匈帝国政府。

塞尔维亚王国政府认为，为两国的共同利益着想，解决这一问题不应操之过急，因此，若奥匈帝国政府觉得对这份答复并不满意，我国政府将一如既往地愿意接受和平的解决方案，无论是将这一问题提交海牙国际法院决断，还是将其留给参与制定塞尔维亚政府1909年3月18日/31日声明的列强来决断皆可。

来源：WWI Document Archive > Official Papers > The Serbian Response to the Austro-Hungarian Ultimatum (English translation)

附录六
德国对法国的宣战书

由德国驻巴黎大使呈递

总统先生，

德国行政和军事当局已经证实了法国军队飞行员对德国领土采取的一些公然敌对行为。

其中一些人公开侵犯了比利时的中立，飞入该国领空；有一人试图摧毁韦瑟尔附近的建筑物；还有人被目击到在艾费尔山地区出没，一人向卡尔斯鲁厄和纽伦堡附近的铁路投掷炸弹。

我奉命并且很荣幸地通知阁下，面对这些侵略行为，德意志帝国自视与法国处于交战状态，这是由于后者的行为所致。

同时，我还要荣幸地告知阁下，德国当局将扣留德国港口的法国商船，但如果在48小时内得到完全互惠的保证，当局将释放这些船只。

我的外交使命到此为止，我只求阁下为我提供通行证，并采取您认为合适的措施，确保我同大使馆工作人员以及巴伐利亚公使馆和德国驻巴黎总领事馆的工作人员一起返回德国。

总统先生，请接受我最诚挚的敬意。

舍恩（签名）

来源：Source Records of the Great War, Vol. II, ed. Charles F. Horne, National Alumni 1923

附录七
普恩加莱对法国议会的演说

共和国总统普恩加莱先生的致辞，在1914年8月4日的议会特别会议上宣读。（1914年8月5日的政府公报。）

（议事厅内全体起立，在宣读致辞时全程保持站立。）

先生们，

法国刚刚成为一场有预谋的暴力攻击的目标，这是对国际法的无礼挑衅。在向我们发出任何宣战书之前，甚至在德国大使索要通行证之前，我们的领土就已经遭到了侵犯。德意志帝国一直等到昨天晚上，才姗姗来迟地给它已经造成的事态赋予真正的名称。四十多年来，法国人出于对和平的真挚热爱，将索要合法赔偿的愿望埋藏在心底。他们为全世界树立了一个伟大民族的榜样，它凭借意志、耐心和努力，从失败中踏踏实实地站了起来，只是为了进步和人类的利益而使用其焕发新生的力量。自从奥地利的最后通牒开启了一场威胁到整个欧洲的危机以来，法国一直坚持奉行并建议各方采取一种慎重、明智、温和的政策。它的任何行为、任何姿态、任何言辞，都是本着和平、和解的精神。斗争开始之时，说句公道话，它有权庄严宣布自己已经为避免此时即将爆发的战争做出了最大努力，直到最后一刻，而德意志帝国必须要在历史面前承担这场战争的沉重责任。（全场多次响起掌声。）

就在我们和我们的盟友公开表示希望看到在伦敦内阁主持下已经开始的谈判能够达成和平结果的次日，德国突然向俄国宣战，入侵了卢森堡领土，厚颜无耻地侮辱了高贵的比利时国民（全场响起热烈的掌声）、我们的友好邻邦，并企图在我们进行外交对话的时候背信弃义地进攻我们。（全场响起新一轮的阵阵掌声。）

但法国在观望。它在保持警觉的同时也很平静，它已经准备好了；我们的敌人会在半路上遭遇我们英勇的掩护部队，后者已经就位，并且将提供一道屏障，而我们的国民军队也将在这道屏障后面有条不紊地完成动员。我们的军队优秀且勇敢，今日的法国以它母亲般的关怀伴其左右（热烈的掌声），而它也已经站了起来，迫不及待地想要捍卫国旗的荣誉和国家的土地。（全场多次响起掌声。）

共和国总统诠释了举国上下同仇敌忾的感情，向我们的陆军和海军表达了每个法国人的钦佩和信心（热烈的掌声经久不息）。这个在共同情感中紧密团结在一起的民族，会将冷静的自制坚持贯彻到底，自危机开始以来，它每天都在证明这一点。现在，它也一如既往地懂得如何将最崇高的勇气和最炽烈的热情与自制相协调，后者是精力永续的标志，也是对胜利最有效的保证（掌声）。

在这场刚刚开始的战争中，正义在法国这边，国家和个人一样，谁也不能漠视这种永恒的力量而不受惩罚（全场响起热烈的掌声）。它将得到所有赤子的英勇保卫；大敌当前，没有任何东西能够打破他们的神圣同盟；今天，他们像兄弟一样团结起来，怀着对侵略者共同的愤慨，怀着共同的爱国信念（热烈的掌声经久不息，还有"法国万岁"的呼喊声）。它得到了盟友俄国诚心诚意的帮助（全场响起热烈的掌声）；它得到了英国忠诚友谊的支持（全场响起热烈的掌声）……而且它已经收到了来自文明世界各个地方的同情和美好祝愿。因为今天它再一次在全世界面前代表了自由、正义和理性（多次响起热烈的掌声）。"振作起来，法国万岁！"（全场响起经久不息的掌声。）

雷蒙·普恩加莱

来源：WWI Document Archive > 1914 Documents > President Poincaré's War

附录八
德国对比利时的最后通牒

1914年8月2日

德意志帝国驻比利时布鲁塞尔公使馆

绝密

德意志帝国政府收到可靠情报称，法国军队打算部署在沿默兹河的日韦–那慕尔一线。这一情报无疑表明，法国打算行军穿过比利时领土，与德国作战。

德意志帝国政府不禁担心，比利时如果得不到援助的话，尽管想法是好的，却无法击退法国的袭击，没有足够的成功希望可以充分保证德国免遭危险。为了自卫，德国必须抢在任何此类敌对攻击之前出手。

敌人所采取的措施，迫使德国出于防御目的同样要进入比利时领土，如果比利时认为这是一种不友好的行为，那么德国政府将为此深感遗憾。

为排除任何误解的可能性，德国政府做出以下声明：

1. 德国无意对比利时采取敌对行动。如果比利时准备在即将到来的战争中保持对德国友善中立的态度，德国政府承诺在缔结和约时完全保证比利时王国的领地和独立。

2. 在上述条件下，德国保证在缔结和约后撤离比利时领土。

3. 如果比利时采取友善态度，德国准备与比利时当局合作，为其军队采购所有必需品，以现金支付，并为德国军队可能造成的任何损失支付赔偿金。

4. 如果比利时对德国军队采取敌对态度，特别是如果它利用默兹河上的要塞进行抵抗，或者通过破坏铁路、公路、隧道或其他类似工程给德国军队的行军制造困难的话，那么很遗憾，德国将不得不把比利时视为敌人。在这种情况下，德国将无法对比利时承担任何义务，两国关系最终走向何方，则必须留给战争来决断。

德意志帝国政府希望这种情况不会发生，也希望比利时王国政府能采取适当措施防止上述事件发生。在这种情况下，两个邻国之间的友好关系将进一步得到永久的巩固。

来源：UK Archives, Catalogue reference: FO 371/1910 no. 400; http://www.nationalarchives. gov.uk/pathways/firstworldwar/first_world_war/p_ultimatum.htm

附录九
贝特曼－霍尔韦格对帝国议会的致辞

德意志帝国宰相冯·贝特曼-霍尔韦格先生发表的一场演讲的报告，1914年8月4日

　　欧洲的命运即将迎来重大转折。自从我们为德意志帝国和我们在世界上的地位而战并赢得胜利以来，我们已经在和平中生活了44年，同时也保护了欧洲的和平。在和平事业中，我们变得强大有力，也因此引起了别人的嫉妒。我们耐着性子面对这样一个事实：在德国渴望战争的托词下，东西方对我们的敌意被唤醒了，给我们的枷锁也造好了。有因必有果。我们想要继续我们的和平事业，还有一种感情，仿佛一句无声的誓言，鼓舞着我们每一个人，从皇帝到最年轻的士兵，那就是：我们的利剑只在捍卫正义事业时出鞘。现在，我们必须拔剑的时日已到，尽管这并非我们所愿，尽管我们付出了诚挚的努力。搞事的是俄国。我们已经与俄国和法国开战——这是一场强加给我们的战争。

　　先生们，你们面前摆着一些在过去这段风雨飘摇的时期的压力下撰写的文件。请允许我强调一下决定我们态度的若干事实。从奥塞冲突发生的那一刻起，我们便第一时间宣布，这个问

题必须限制在奥匈帝国和塞尔维亚，而且我们也是以此为目的开展工作的。所有国家的政府，特别是英国政府，都采取了同样的态度。只有俄国主张在解决这个问题时必须征求它的意见。这样一来，一场欧洲危机就有了危险的苗头。我们刚一收到关于俄国军事准备工作最初的明确信息，就以一种友好但坚定的态度对圣彼得堡声明，针对奥地利的军事措施将使我们站到我们的盟友这边，而针对我们自己的军事准备工作将迫使我们采取对策；但动员也和实际上的战争相差无几了。俄国无比郑重地向我们保证，它想要和平，并表示它并没有做任何针对我们的军事准备。与此同时，英国在我们的热烈支持下，试图在维也纳和圣彼得堡之间进行调停。

7月28日，皇帝给沙皇发电报，请他考虑这样一个事实，即奥匈帝国有责任，也有权利保护自己免受泛塞尔维亚主义的煽动，这种煽动有可能从根本上危及它的存在。皇帝请沙皇注意，在萨拉热窝谋杀案面前，所有君主的利益都是一致的。他要求沙皇亲自出马，协助消除维也纳和圣彼得堡之间存在的纠纷。大约同一时间，在收到这封电报之前，沙皇也请皇帝帮助他劝说维也纳缓和其要求。皇帝接受了调停者的角色。但这方面的积极举措刚一开始，俄国就动员了它用来对付奥地利的所有部队，而奥匈帝国只动员了它用来对付塞尔维亚的那些军团。在北方，它只动员了两个军团，离俄国边境还很远。皇帝立即通知沙皇，俄国军队针对奥地利的这番动员，使他应沙皇之请而接受的调停者角色即使不至于形同虚设，至少是吃力不讨好。

尽管如此，我们也还在继续做维也纳的调解工作，并在符合我们盟友立场的前提下将这份工作做到了极致。与此同时，俄国也自愿重申了它的保证，即它没有做任何针对我们的军事准备。时间来到7月31日。维也纳要做出决定了。通过交涉，我们已经使维也纳和圣彼得堡之间的直接对话在中断了一段时间后重新开始。但是在维也纳做出最终决定之前，有消息传来，称俄国已经动员了它的全部军队，因此它的动员也是针对我们的。俄国政府从我们的多次声明中知道在我们的边境进行动员意味着什么，却没有把这次动员通知我们，甚至没有给出任何解释。直到7月31日下午，皇帝才收到沙皇的电报，沙皇在电报中保证，他的军队不会对我们采取挑衅姿态。但自7月30日到31日的那一夜以来，他们在我们边境的动员工作已经全面展开。当我们还在应俄国之请做维也纳的调解工作时，俄国军队正沿着我们漫长的、几乎完全开放的边境出现，而法国虽然确实没有真的动员，但也无可否认正在进行军事准备。

这将我们置于何地？在此之前，为了欧洲的和平，我们有意克制，没有征召一名预备役军人。现在我们还要继续耐心等待，直到东西两面的邻国择时进攻吗？把德国暴露在这样的危险中，简直与犯罪无异。因此，在7月31日，我们呼吁俄国解除动员，这是还能维护欧洲和平的唯一措施了。帝国驻圣彼得堡大使还收到指令，要通知俄国政府，如果我们的要求遭到拒绝，我们只得认为战争状态已然存在。帝国大使执行了这些指令。我们尚未得知俄国对我们解除动员的要求给出了怎样的答复。关于这个问题的报告还没有通过电报传到我们这里，虽然电报线还在传送远没有这么重要的信息。时限早就过了，因此皇帝不得不在8月1日下午5点动员我们的军队。与此同时，我们也必须确定法国将采取什么态度。我们直截了当地提问，如果俄国和德国发生战争，法国是否会保持中立，法国回答说，它会按照自身的利益要求行事。那即便不是拒绝，也是在逃避问题。尽管如此，皇帝还是下令无条件尊重法国边境。这道命令得到了严格遵守，只有一次例外。

与我们同时动员的法国向我们保证，它将尊重边境10公里的区域。实际上发生了什么呢？飞行员投下炸弹，骑兵巡逻队和法国步兵分遣队出现在帝国的领土上！虽然没有宣战，但法国以此打破了和平，实际上攻击了我们。关于我刚才提到的我方的一次例外，总参谋长的报告如下："法国关于从我方越过其边境的控告，只有一份是合理的。8月2日，第14军的一艘巡逻机似乎是在一名军官的带领下违反明令越过了边境。他们似乎被击落了，只有一人生还。但在这次越过边境的孤立事件发生很久以前，就有法国飞行员潜入德国南部，向我们的铁路线投弹。法国军队在施卢赫特山口袭击了我们的边防部队。我们的军队遵照命令，一直严格采取守势。"这是总参谋部的报告。

先生们，我们现在处于一种迫不得已的状态，迫不得已，无需讲理。我们的军队已经占领了卢森堡，或许也已经进入了比利时领土。先生们，这是违反国际法的。诚然，法国政府对布鲁塞尔声明了，只要对手尊重比利时的中立，法国也会尊重。然而我们知道，法国已经做好了入侵的准备。法国可以等，我们不能等。法国对我们在下莱茵的侧翼攻击可能使我们损失惨重。因此，我们被迫无视卢森堡和比利时政府的正当抗议。我们一旦达成军事目标，就将努力弥补我们因此而犯下的错——我坦率地承认，这确实是错的。像我们这样受到威胁、并且为自己最高贵的所有物而战的人，只能考虑如何开辟出一条路来。

先生们，我们与奥匈帝国并肩而立。至于英国的态度，爱德华·格雷爵士昨天在下议院发表的声明已经表明了英国政府所采取的立场。我们已经通知英国政府，只要英国保持中立，我们的舰队就不会攻击法国的北部海岸，我们也不会侵犯比利时的领土完整和独立。现在，我要在全世界面前重申这些保证，我还可以再加上一条，只要英国保持中立，我们还愿意在保证互惠的情况下，不对法国商船采取战争手段。

先生们，事实就讲到这里。我要复述一下皇帝的话："我们问心无愧地应战。"我们是为了我们和平事业的成果、为了辉煌历史的传承、为了我们的未来而战。毛奇伯爵曾说过，我们必须保持武装，以捍卫我们在 1870 年赢得的遗产，从那时算起，还不到五十年。现在是我们的人民接受考验的重大时刻。但我们问心无愧地前往迎接。我们的陆军已经走上战场，我们的海军已经做好了战斗准备——他们身后站着整个德意志民族——整个德意志民族团结一心。先生们，你们知道自己的责任和它的意义。拟议的法律无需进一步解释。烦请尽快通过。

来源：German White Book

附录十
爱德华·格雷对英国议会的致辞

1914年8月3日

以下仅为节选：

上周我曾说过，我们不仅在为本国的和平而努力，也是为了维护欧洲的和平。时至今日，时局的发展如此迅速，以至于在严格意义上很难准确说明实际事态，但很明显，欧洲的和平无法得到维护。至少俄国和德国已经互相宣战。

在我开始说明国王陛下政府的立场之前，我想先铺垫一下，以便在我向贵院说明我们对当前危机的态度之前，贵院可以确切地知道政府在就此事做出决定时承担着哪些义务，或者可以说贵院承担着那些义务。首先，请允许我简单讲几句，我们一直都在怀着能力范围之内的全部诚意，一心一意地努力维护和平。在这一点上，贵院可能会感到满意。这是我们的一贯作风。在过去的这些年里，就国王陛下的政府而言，我们可以毫不费力地证明我们是这样做的。整个巴尔干危机期间，我们都在为和平而努力，这一点也得到了普遍承认。欧洲大国在巴尔干危机中为和平而努力，它们的合作取得了成功。诚然，一些大国极难调和观点。它们花了大量时间，付出了很多努力，进行了多番商议，方才解决它们的分歧，但和平得到了保障，因为和平是它们的主要目标，它们甘愿付出时间，忍受麻烦，也不愿迅速加剧分歧。

在当前的危机中，不可能确保欧洲的和平：因为没什么时间，而且还有一种倾向——至少在某些地方有这种倾向，对此我就不详细展开了——那就是迫使事态迅速出结果，这无论如何都会使和平风险很大，而且，正如我们现在所知道的那样，其结果就是大国的和平政策普遍处于危险中。我不想展开，不想评论，也不想说出在我们看来责任在谁，有哪些大国在极力推进和平，又有哪些大国在极力打算冒险开战或危及和平，因为我希望贵院从英国利益、英国荣誉和英国义务的角度来处理我们现在所处的这场危机，不要感情用事，想着为什么和平还没有得到维护……

当前这场危机的情况与摩洛哥问题时的情况并不完全相同……它起源于奥地利和塞尔维亚之间的争端。我可以十分肯定地说——所有国家的政府和人民中，法国是最不愿意因为与奥地利的争端而被卷入战争的。他们之所以被卷入其中，是因为他们在与俄国的明确同盟中负有履约义务。对贵院，我要说句公道话，这种履约义务并不能以同样的方式套在我们身上。我们不是法俄同盟的当事方。我们甚至不清楚该同盟的各项条款。到目前为止，我认为我已经如实地、完全地澄清了关于义务问题的立场。

我现在要说的是我们认为形势对我们的要求。多年来，我们与法国有着长期的友谊（一位议员："与德国也有！"）。我非常清楚地记得当时贵院的感觉和我自己的感觉——因为在往届政府与法国达成协议时，我曾就这一问题发言，我记得是这样——那是一种热情友好的感觉，因为这两个过去一直存在分歧的民族消除了这些分歧；我记得我说过这样的话，在我看来，似乎有某种良性的影响在起作用，产生了这种友好的气氛，使冰释前嫌成为可能。但这种友谊在多大程度上需要我们承担义务——它是两国国民之间的友谊，并且得到了两国国民的认可——在多大程度上承担义务，我们每个人都可以掂量一下自己的良心、自己的感受，自己去理解这份义务的范围。我是按照自己的感受来理解的，至于别人应当对这份义务作何感受，我并不想强迫任何人去接受超出他们感受的东西。贵院无论是作为个人还是集体，都可以自行判断。我说的是我个人的看法，我已经把我自己在这一问题上的感受告诉了贵院。

现在，法国舰队在地中海，而法国的北部和西部海岸是完全不设防的。法国舰队集结在地中海，这种情况与过去大不相同，那是因为两国之间建立起来的友谊给了他们一种安全感，让他们认为完全不必害怕我们。我自己的感受是，在法国没有主动寻求，也并非侵略者的战争中，如果一支外国舰队驶入英吉利海峡，轰炸并打击法国不设防的海岸，我们决不能置身事外（欢呼声），任其在我们眼皮子底下进行，自己却袖手旁观、漠然视之、无所作为。我相信这也是全国人民的感受。有时候，人们会觉得，如果这些情况真的出现，这种感觉就会以破竹之势席卷整个国家。

但我也想不带感情色彩地从英国利益的角度来看待这一问题，我将以此为基础，证明我现在要对贵院说的话是有道理的。如果我们现在一点儿表示都没有，法国要拿它在地中海的舰队怎么办呢？如果它把它留在那里，而我们又不声明我们要怎么做，那么它就会使它的北部和西部海岸完全不设防，任凭从英吉利海峡开过来的德国舰队处置，后者就可以在它们之间一场生死攸关的战争中为所欲为。如果我们一点儿表示都没有，可能法国舰队就会撤离地中海。我们面前是一场欧洲大战；有谁能对它可能产生的后果做出限制吗？我们假设一下，今天我们以中立态度置身事外，说："不，我们不能保证和答应帮助这场冲突中的任何一方。"我们假设一下，法国舰队撤离了地中海；我们假设一下后果——就欧洲发生的事情来看，后果甚至对和平国家来说都已经很严重了，事实上，它不管你的国家处于和平还是战争状态，全都一视同仁；我们假设一下，由此产生了无法预料的后果，使我们必须突然之间为了捍卫英国的重要利益而参战；我们来假设一种非常可能的情况——意大利现在还保持中立（议员们："得了吧！"）——因为据我所知，它认为这场战争是一场侵略战争，而三国同盟是一个防御同盟，因此它的义务并没有产生；我们假设一下，如果出现尚未预见的后果，使意大利在我们为捍卫英国的重要利益而被迫亲自上阵时背离了它的中立态度——考虑到它自身的利益，这是完全合理的——那么地中海的局势将会如何？在某个关键时刻，我们可能被迫承担这些后果，因为我们在地中海的贸易路线对这个国家至关重要，对不对？

没有人可以说，在接下来的几个星期里，保持哪条特定贸易路线的畅通可能对这个国家并不重要。到了那时，我们的立场又将如何？我们在地中海并没有保留这样一支舰队，可以单独对付联合在一起的地中海其他舰队而不落下风。在那样的关键时刻，我们却无法将更多的船只派往地中海，而我们也可能已经因当前的消极态度而将这个国家暴露在最可怕的风险中。我是从英国利益的角度说这些话的。我们强烈地感觉到，法国有权知道——而且是立即知道！——在它不设防的北部和西部海岸受到攻击的情况下，它能否依靠英国的支持。在这种紧急关头，在这些迫不得已的情况下，我已于昨天下午向法国大使做出如下声明：

我被授权做出保证，如果德国舰队进入英吉利海峡或通过北海对法国海岸或船舶采取敌对行动，英国舰队将提供力所能及的一切保护。当然，这份保证的前提条件是国王陛下政府的政策要得到议会的支持，在德国舰队的行动出现上述可能性之前，绝不能认为这份保证要求国王陛下的政府必须采取任何行动。

我向贵院宣读的这份声明，并不是我们的宣战书，也不是说我们必须立即采取攻击行动，而是要求我们保证，如果出现这种意外情况，就要采取攻击行动。事态每时每刻都在匆匆发展。新的消息纷至沓来，我无法以非常正式的方式做出这份声明；但我知道，如果我们保证中立，德国政府则准备同意其舰队不攻击法国的北部海岸。我在来到贵院前不久才听说了这个消息，但这个承诺对我们来说实在太小气了。而且先生们，我们还有一个更严重的问题需要考虑——每小时都在变得更严重——那就是比利时的中立问题……

我将向贵院宣读上周就这一问题发生的事情。动员开始时，我就知道这个问题一定是我们的政策中最重要的一个因素——也是下议院最重要的一个议题。我以同样的措辞，同时给巴黎和柏林发去了电报，说我们必须知道法国和德国政府各自是否准备承诺尊重比利时的中立。得到的答复如下。我从法国政府那里得到了这样的答复：

法国政府坚决尊重比利时的中立，只有在其他大国侵犯其中立的情况下，法国才会认为有必要为确保捍卫自身安全而采取其他行动。法国已多次做出这一保证。共和国总统向比利时国王谈到过这一点，法国驻布鲁塞尔公使今天也自发向比利时外交大臣重申了这一保证。

来自德国政府的答复是："外交大臣在征求皇帝和帝国宰相的意见之前不可能给出答案。"

我对爱德华·戈申爵士说过，尽快得到答案很重要，他说他希望答复不会拖得太久。之后，德国外交大臣让爱德华·戈申爵士明白，他们能否作答都很成问题，因为一旦发生战争，他们可能给出的任何答复都势必会在某种程度上产生不良影响，这里的不良影响指的是在一定程度上暴露他们的部分作战计划。我同时也给布鲁塞尔的比利时政府发了电报，并得到了弗朗西斯·维利尔斯爵士[*]的如下答复：

外交大臣感谢我的传话，并回答说，比利时将尽其所能保持中立，比利时期待并请求其他大国遵守并维护其中立。他恳请我补充说，比利时与这两个相邻的大国的关系极好，没有理由怀疑它们的意图，但比利时政府认为，在发生暴力的情况下，他们能够捍卫自己国家的中立。

现在看来，从我今天收到的消息来看——消息刚刚才到，我尚不确定我手里这份的准确度如何——德国已经向比利时发出了最后通牒，目的是请比利时与德国保持友好关系，条件是它要为德国军队通过比利时大开方便之门。（讽刺的笑声。）先生们，在这些事情绝对明确之前，即使能够向贵院提供的关于这一点的全面、完整、确实的信息，我也不想把想说的都说了，直到最后一刻。上周，他们还在试探我们，问如果他们保证在战争结束后维护比利时的完整性，我们能否满意。我们回答说，在比利时中立一事上，无论是什么利益或义务，我们都不能贱卖。（欢呼声。）

我到达贵院前不久，被告知我们的国王——乔治国王——收到了比利时国王的如下电报：

陛下和您的祖先们无数友谊的证明，英国在1870年的友好态度，和它刚刚再次给予我们的友谊证明，我没齿难忘，我在这最后时刻恳求陛下的政府进行外交干预，以保护比利时的完整。

上周我们也进行了外交干预。时至今日，外交干预又能做

---

[*]时任英国驻比利时公使。

什么？比利时的独立——至少是完整——对我们利益重大。（热烈的欢呼声。）如果比利时被迫屈服，允许自身的中立受到侵犯，那么情况当然也就清楚了。即使它通过协议承认了对自身中立的侵犯，显然也只能是在胁迫之下这样做的。欧洲那个地区的小国只有一个要求。它们唯一的要求就是不被干涉，保持独立。我认为，相比于完整性，他们更害怕他们的独立受到妨碍。如果在欧洲面临的这场战争中，这些国家的中立受到了侵犯，如果其中一个参战国的军队侵犯了它的中立，而人们没有采取任何行动对此表示愤恨，那么在战争结束时，无论其完整性如何，终究会失去独立性（欢呼声）……

不，先生们，如果是向比利时发出最后通牒性质的东西，要求它妥协，或是侵犯它的中立，无论向它提供什么回报，只要条件成立，它便失去了独立性。如果它失去了独立性，荷兰也将失去独立性。我想请贵院从英国利益的角度考虑一下可能存在的风险。如果法国在一场生死攸关的斗争中被打败，被打得跪地求饶，失去大国地位，成为一个比自己更强大的大国意志与力量的附庸——我并非预料到会有这种结果，因为我确信法国有能力保卫自己，就凭它经常表现出的那种活力、才能和爱国精神（热烈的欢呼声）——不过如果真的发生那样的情况，如果比利时倒在同一个具有压倒性优势的势力脚下，然后是荷兰，然后是丹麦，那么格莱斯顿先生所说的，对岸与我们有着反对任何大国无度扩张的共同利益，岂不是要成真了？（热烈的欢呼声。）

我想或许有人会说，我们可以置身事外，养精蓄锐，而且，无论过程中发生了什么，在战争结束时，我们都可以进行有效的干预，把事情拉回到正轨，按照我们自己的意思来。在这样一场危机中，如果我们逃避（热烈的欢呼声）与比利时条约有关的义务和利益，那么我怀疑，无论我们最终可能拥有怎样的物质力量，在我们失去的敬意面前，这物质力量都不会有太大价值。我也并不认为，一个大国无论参战与否，都能够在战争结束时发挥其优势。我们拥有一支强大的舰队，我们相信它能够保护我们的商业，保护我们的海岸，保护我们的利益，对我们来说，即使参战，我们蒙受的损失也不会比置身事外多到哪里去。

无论我们是参战还是置身事外，恐怕都要在这场战争中蒙受巨大损失。对外贸易将会停止，不是因为贸易路线被封锁，而是因为另一头根本就没有贸易。大陆国家将他们所有的人口、所有的精力、所有的财富都投入到战争中，投入到一场殊死搏斗中，它们无法与我们开展和平时期的那种贸易，无论我们参战与否。即使我们置身事外，我也完全不认为，在这场战争结束时，我们能够凭借物质上的能力，果断运用我们的力量，消除战争过程中发生的一切所产生的影响，防止我们对岸的整个欧洲西部落入一个大国的统治之下——如果战争的结果是那样的话——而我也十分肯定，我们的道德立场也将——（句子的剩余部分——"使我们失去别人所有的敬意"——被一阵热烈的欢呼声盖过）。我只能说，我提出比利时问题，有一定的假设成分，因为我还不确定所有的事实，但如果事实果真如我们目前所了解到的那样，那么很明显，如果这些事实是无可争议的，这个国家就有义务尽最大努力防止这些事实将会导致的后果……

有一件事我要说一下。在这整个糟糕的局势中，唯一的亮点就是爱尔兰。（经久不息的欢呼声。）整个爱尔兰的普遍情绪，并不是我们觉得必须顾忌的因素，我希望国外能够认清这一点（欢呼声）。我已经告诉贵院，我们目前已经承担了多少责任，以及影响我们政策的条件；我也已经向贵院提出并详细论述了比利时的中立状态有多么重要。

还有什么其他政策摆在贵院面前呢？目前，政府只有一个办法能够确保置身事外，那就是立即发表无条件中立的声明。我们不能这样做。（欢呼声。）我们已经对法国做出了承诺，也就是我向贵院宣读的那份，因此我们不能这样做。我们要考虑比利时，因此我们也决不能无条件中立，而如果这些条件没有被完全满足，没有达到完全令人满意的状态，我们就必须毫不退缩地开始运用我们能力范围内的一切力量。如果我们真的采取那样的做法，说"我们不会与这件事有一点关系"，无论在任何情况下——与比利时签订的条约中规定的义务，在地中海可能的地位，对英国利益的损害，以及如果我们不支持法国则法国可能遭遇的情况——如果我们说这一切都无关紧要、毫无价值，说我们将置身事外，那么我认为，我们会牺牲掉别人对我们的敬意，以及我们在世人心目中的名望和声誉，而且也逃不掉无比严重的经济后果。（欢呼声和说"不"的声音。）

我的目的是解释政府的观点，并把问题和选择摆在贵院面前。在我说了这些话之后，在我向贵院提供了关于比利时虽说并不充分的情报之后，我没有片刻的隐瞒，我们必须做好准备，而且我们也已经做好了准备迎接这样的结果，那就是随时可能需要动用我们的全部力量来保卫我们自己，承担我们的责任——我们不知道还有多久。我们知道，如果事实全都如我所言，尽管我已声明，在了解到事情的全貌之前，我们并未打算采取攻击行动，并未做出随时诉诸武力的最后决定，但我们可能会被迫采取攻击行动。就国王的军队而言，我们已经准备好了。我相信首相和我的朋友海军大臣阁下都不会怀疑，这些军队的准备程度和效率从未像今天这样高，我们也从未像现在这样有理由相信海军保护我们商业和海岸的能力。我们总是想到必将随之而来的痛苦和不幸，没有一个欧洲国家能从中脱身，弃权或中立都无法拯救我们免遭此难。相比于欧洲大陆出现的经济状况必然会造成的伤害，一艘敌舰能够对我们的贸易造成的伤害实在是微不足道。

最可怕的责任落在了政府身上，那就是决定建议下议院做什么。我们已经向下议院表明了我们的想法。我们已经表明了问题，以及我们所掌握的情报，我相信我也已经向贵院表达得很清楚了，我们已经做好了准备面对这种情况，如果它发展下去，我们就要面对它，而这种可能性很大。我们为和平而努力，直到最后一刻，甚至在最后一刻之后。上周我们有多么努力、多么执着、多么诚挚地为和平而奋斗，各位会在摆在你们面前的文件中看到。

但是就欧洲的和平而言，一切都结束了。我们现在要面对的是一个危局及其可能出现的所有后果。我们相信，无论结果如何，无论事情的发展或他人采取的行动可能迫使我们采取什么样的措施，我们都会得到贵院的鼎力支持。全国人民这么快就被逼进了危局，我认为他们还没来得及意识到问题所在。他们可能还在想着奥地利和塞尔维亚之间的争吵，而不是考虑由奥地利和塞尔维亚之间的争吵所衍生出来的这一问题的复杂性。我们知道俄国和德国已经开战。在官方层面上，我们尚不知道德国要支持的盟友奥地利已经与俄国开战。我们知道法国边境上发生了很多事情。我们不知道德国大使已经离开巴黎。

局势发展得如此迅速，以至于从严格意义上讲，就战争的状况而言，很难描述到底发生了什么事情。我想把那些会影响我们自己的行为和政策的根本问题提出来，还要讲清楚。我现在已经把重要事实摆在了各位面前，如果我们被迫，而且是很快被迫在这些问题上表明立场，这看上去并非不可能，那么我相信，当全国人民意识到处在生死存亡关头的是什么，真正的问题是什么，以及我努力向贵院描述的欧洲西部迫在眉睫的危险有多么严重时，我们不仅将得到下议院的支持，还将得到全体国民的决意、决心、勇气和毅力的支持。

当天晚些时候，爱德华爵士又说了以下这些话：

我想给下议院提供一些我已经收到，但在我今天下午发表声明时并没有掌握的信息。这是我从比利时驻伦敦公使馆得到的情报，大意如下：

德国在昨晚7点发出了一份照会，向比利时提出了友善中立的建议，包括德军在比利时领土自由通行，并承诺在缔结和约时维护比利时王国的独立和领地，还威胁称，如果比利时拒绝，则会被当作敌人对待。答复的时限确定为十二小时。比利时人已经给出了回答，对他们中立状态的攻击将是对国家权利明目张胆的侵犯，而接受德国的提议就要牺牲国家的荣誉。比利时意识到了自己的责任，最终决定以一切可能的手段击退侵略。

当然，我只能说政府准备认真考虑收到的情报。我对此不作进一步评论。

来源：WWI Document Archive > 1914 Documents > Sir Edward Grey's Speech Before Parliament. From: Great Britain, Parliamentary Debates, Commons, Fifth Series, Vol. LXV, 1914, columns 1809–1834.

致　谢

我要感谢……

（爱妻和爱子）玛丽-莫尔加纳·勒莫埃尔和奥利·哈姆，感谢他们能够理解我"又要写一部血腥的史诗了"；

才华横溢的编辑凯文·奥布赖恩——严谨、从容，与他共事很愉快；

兰登书屋的每一个人，特别是艾莉森·厄克特，每一位作者都需要这样的出版人，我的大多数书都是在她的愉快鞭策下完成的；以及帕特里克·曼根，从草稿到完稿，他很出色地指导了这本书的写作。

我的优秀经纪人简·伯里奇，她是为数不多理解工作午餐概念的人之一。

感谢研究员伊丽莎白·唐纳利（英国）、莱奥·布卡尔（法国）和埃莱娜·福格特（德国）在研究上的协助，主要是发掘士兵和平民的故事；同样要感谢弗朗索瓦·费雷特（巴黎）、雪莉·哈姆（悉尼）和格伦达·林奇（堪培拉）。

《1914》采纳了数百份文件和报纸，其中很多是德语和法语的，均由蒂亚·迪特里希和她在2M Language Services的同事以及莱奥·布卡尔专业地翻译出来。还要感谢Xou的戴维。

围绕着这本书，还有太多要感谢的人，从战场引导员到档案保管员，恕我无法一一列举。我想特别提一下澳大利亚艺术理事会，他们不仅资助了我在巴黎为期6个月的文艺驻地创作项目——本书的部分内容就是在那里写成的——还给了文学默默的、持续的支持。我想不到还有比塞纳河右岸、离圣路易岛咫尺之遥的工作室更好的地方来尝试实践他们的信念了。干杯！

注释和参考文献

序 幕

1. Fussell, p. 24.
2. André Derval 引用自其为 Céline, *Journey to the End of the Night* 所作的序言，p. x。
3. Fussell, p. 158.
4. Strachan, *To Arms*, p. 103.
5. Fussell, p. 90.
6. E. Blunden, *Cambridge Magazine*, quoted in Fussell, p. 91.
7. Jones, pp. 110, 304.
8. Nesbitt, p. 91.
9. Rupert Brooke, 'The Soldier'.
10. Eksteins, p. 306.
11. Ibid., p. 56.
12. Ferguson, pp. 28–30.
13. Source in Ferguson, p. 98.
14. Fussell, p. 24.

第一部分　过去的暴政　19世纪70年代至20世纪头十年

第一章　尼金斯基的牧神

1. Quoted in Hughes, p. 9.
2. 见 Wohl, R., *The Generation of 1914*。
3. Orwell, p. 407.
4. Quoted in Hattersley, p. 17.
5. Orwell, p. 409.
6. Carr, p. 140.
7. Kapos, pp. 85–86.

8. Ibid., p. 35.

9. Danchev, p. 3.

10. Quoted in Peck, p. 27.

11. Joll, pp. 64-65.

12. Eksteins, p. 39.

13. *Le Figaro*, 30 May 1912.

14. Buckle, p. 244.

15. Quoted in Eksteins, p. 11.

第二章 机器的崛起

1. Hughes, p. 11.

2. Hattersley, p. 434.

3. Hughes, p. 11.

4. 见 Chandler, A., *Scale and Scope: The Dynamics of Industrial Capitalism*。

5. Hattersley, p. 67.

6. Quoted in Hattersley, p. 69.

7. Quoted in Steiner and Neilson, p. 202.

8. Ibid., p. 203.

9. 见 Bloch, *Is War Now Impossible?*。

10. 见 Strachan, *To Arms*, from p. 1005。

11. Ibid., p. 1006.

12. Bloch, *The Contemporary Review*, 1901.

13. Masterman, p. 289.

第三章 德国的阳光普照之地

1. Quoted in Kennedy, *The Rise of the Anglo-German Antagonism 1860-1914*, p. 467.

2. Meredith, p. 2.

3. Ferguson, p. 38.

4. Pakenham, p. xxi.

5. Fischer, p. 11.

6. Ibid.

7. http://germanhistorydocs.ghi-dc.org/sub_document.cfm?document_id=1867.

8. 见 Treitschke。

9. Olson, J. (ed.), *Historical Dictionary of European Imperialism*, pp. 348-349.

10. Quoted in Kennedy, *The Rise of the Anglo-German Antagonism*, p. 172.

11. Ibid.

12. 见 Ferguson, pp. 35-36。

13. Ibid., p. 36.

14. Quoted in Kennedy, *The Rise of the Anglo-German Antagonism*, p. 181.

15. Kennedy, p. 175.

16. Ibid., p. 181.

第四章　塞尔维亚的积怨

1. Albertini, Vol. 1, p. 13.
2. ćorović, p. 192.
3. Judah, p. 25.
4. 'Heavenly People', 塞尔维亚史诗。
5. Judah, p. 25.
6. 根据贝尔格莱德大学心理学教授Zarko Korac，quoted in Judah, p. 27。
7. 摘自 Ibragimbeili, *Soviet Military Encyclopedia*。
8. Marx and Engels, p. 32.
9. Albertini, Vol. 1, p. 9.
10. Ludwig, p. 73.

第五章　奥匈帝国进场

1. Taylor, *Habsburg Monarchy*, p. 9.
2. Ibid., p. 10.
3. Ibid., p. 34.
4. Quoted in Albertini, Vol. 1, p. 32.
5. Ibid., p. 35.
6. The World War I Document Archive, http://wwi.lib.byu.edu/index.php/The_Triple_Alliance_%28The_English_Translation%29.
7. Ibid.

第六章　德皇的世界

1. Steinberg, p. 472.
2. Francke, pp. 270–275.
3. Lutz, pp. 39–40.
4. Steinberg, p. 436.
5. Putnam, p. 33.
6. Lutz, pp. 39–40.
7. Geiss, pp. 21–22.
8. Quoted in Kennedy, *The Rise of the Anglo-German Antagonism*, p. 311.
9. Ibid.
10. Tirpitz, *My Memoirs*, I, p. 162.
11. Kennedy, *The Rise of the Anglo-German Antagonism*, p. 205.
12. Van der Poel, p. 135.
13. Quoted in Kennedy, *The Rise of the Anglo-German Antagonism*, p. 221.
14. Quoted in Fischer, p. 8.
15. A. Kruck, quoted in Geiss, p. 21.
16. Quoted in Geiss, p. 23.
17. Fischer, p. 13.
18. Ibid., p. 15.

19. Ibid., p. 18.

20. Ferguson, pp. 52−53.

第七章　法俄之虎钳

1. Kennedy, *The Rise of the Anglo-German Antagonism*, p. 23.

2. Quoted in Kennedy, *The Rise of the Anglo-German Antagonism*, p. 23.

3. Joll, p. 11.

4. http://www.mtholyoke.edu/‾jihazel/pol116/annexation.html.

5. La déclaration des députés d'Alsace et de Lorraine déposée le 1er mars 1871, http://www.assemblee-nationale.fr/histoire/deputes-protestataires.asp.

6. Kennedy, p. 129.

7. Quoted in Keiger, p. 9.

8. Keiger, p. 15.

9. Ibid., p. 8.

10. Keiger, p. 10.

11. Quoted in Keiger, p. 10.

12. Ibid., p. 15.

13. Ibid., p. 13.

14. 'The Franco-Russian Alliance Military Convention — August 18, 1892', Yale Law School, The Avalon Project: http://avalon.law.yale.edu/19th_century/frrumil.asp.

15. Ibid.

第八章　变数

1. Grey, Vol. I, p. 42.

2. Ibid., p. 43.

3. Quoted in Albertini, Vol. 1, pp. 112−113.

4. Asquith, p. 25.

5. Albertini, Vol. 1, pp. 113−114.

6. Ibid., p. 115.

7. Brandenburg, pp. 176−181.

第二部分　视而不见与鼠目寸光　1900年至1914年

第九章　失控的战争

1. Keegan, p. 27.

2. Ibid., p. 31.

3. Ibid.

4. Stevenson, 'War by Timetable?', pp. 163−194.

5. 见 Taylor, *War by Timetable*。

6. Stevenson, 'War by Timetable?', pp. 163−194.

7. Kern, p. 269.

8. Stevenson, 'War by Timetable?', pp. 163–194.

9. Ibid, p. 175.

10. Taylor, *War by Timetable*, p. 21.

11. Helmuth von Moltke the Younger to Bethmann-Hollweg, 1 January–8 March 1914, quoted in Davidson, p. 186.

第十章　施里芬的启示

1. Keegan, p. 34.

2. Quoted in Strachan, *The First World War*, p. 42.

3. 见 Curtis, V. J., 'Understanding Schlieffen', The Army Doctrine and Training Bulletin, Vol. 6, No. 3, Fall-Winter 2003 或：http://www.army.forces.gc.ca/caj/documents/vol_06/iss_3/CAJ_vol6.3_13_e.pdf。

4. Keegan, p. 31.

5. Ibid., p. 31.

6. Ritter, *The Schlieffen Plan*, p. 145.

7. Herwig, H., in Murray, Knox and Bernstein, p. 260.

8. Ritter, p. 139.

9. Quoted in Keegan, p. 33.

10. Taylor, p. 21.

11. Keegan, p. 34.

12. Ibid., p. 37.

13. Carroll, pp. 577–578.

14. Ritter, p. 100.

15. Geiss, p. 37.

第十一章　英国摆脱孤立

1. Churchill, Vol. I, p. 18.

2. Von Waldersee 日记, quoted in Clark, p. 151。

3. Quoted in Albertini, Vol. 1, p. 147.

4. Schmitt, B., 'Triple Alliance and Triple Entente 1902–1914', p. 139.

5. Clark, p. 139.

6. 按照萨宗诺夫1912年的报告。见 Schmitt, 'Triple Alliance and Triple Entente 1902–1914'。

7. Albertini, Vol. 1, p. 149.

8. Quoted in Albertini, Vol. 1, p. 150.

9. Ibid.

10. Ibid., pp. 150–151.

11. Albertini, Vol. 1, p. 160.

12. Clark, p. 156.

13. Quoted in Clark, p. 156.

14. Clark, p. 157.

15. Schmitt, B., 'Triple Alliance and Triple Entente 1902–1914'.

16. Wolpert, p. 80.

17. Quoted in Albertini, Vol. 1, p. 189.

18. Schmitt, B., 'Triple Alliance and Triple Entente 1902–1914'.

19. Quoted in Albertini, Vol. 1, p. 189.

第十二章　英国的恐德症

1. 见Swallow, 'Transitions in British Editorial Germanophobia 1899–1914: A Case Study of J. L. Garvin, Leo Maxse and St. Loe Strachey', pp. 63–64。

2. Kennedy, *The Rise of the Anglo-German Antagonism*, p. 136.

3. Ibid., p. 137.

4. Crowe, E., http://tmh.floonet.net/pdf/eyre_crowe_memo.pdf.

5. Kennedy, *The Rise of the Anglo-German Antagonism*, p. 253.

6. 见Steiner and Neilson, p. 190; 以及Neilson, 'My Beloved Russians', pp. 521–524。

7. Williamson, 'The Reign of Sir Edward Grey as British Foreign Secretary', 426–438.

8. Steiner and Neilson, pp. 47–48.

9. Ibid., p. 195.

10. Ibid., p. 185.

11. Kennedy, *The Rise of the Anglo-German Antagonism*, p. 254.

12. Clark, p. 162.

13. Albertini, Vol. 1, p. 185.

14. Crowe, E., http://tmh.floonet.net/pdf/eyre_crowe_memo.pdf.

15. Ibid.

16. Ibid.

17. Ibid.

18. Clark, p. 163.

19. Crowe, E., http://tmh.floonet.net/pdf/eyre_crowe_memo.pdf.

20. Ibid.

21. Ibid.

22. Ibid.

23. Ibid.

24. Steiner and Neilson, p. 47.

25. Geiss, pp. 28–33.

26. Albertini, Vol. 1, p. 184.

27. Kennedy, *The Rise of the Anglo-German Antagonism*, p. 402.

28. 见Ferguson, *The Pity of War*, Chapter 3。

29. 'Our True Foreign Policy', *The Saturday Review*, 24 August 1895, p. 17.

30. 'A Biological View of our Foreign Policy', The Saturday Review, 1 February 1896, 15.

31. 见Ferguson, Chapter 1。

32. Quoted in Ferguson, p. 11.

33. Ferguson, p. 13.

34. Quoted in Ferguson, p. 14.

35. Ibid.

第十三章　此时的波斯尼亚–黑塞哥维那

1. Quoted in Albertini, Vol. 1, p. 222.

2. Albertini, Vol. 1, p. 14.

3. Quoted in Albertini, Vol. 1, p. 191.

4. Albertini, Vol. 1, p. 191.

5. Quoted in Albertini, Vol. 1, p. 188.

6. Alexander Kerensky, 'Izvolsky's Personal Diplomatic Correspondence', 386–392.

7. 根据1881年三帝同盟的一项秘密条款；quoted in Clark, p. 83。

8. Wank, Solomon, 'Aehrenthal's Programme'（见注释60）, quoted in Clark, p. 84.

9. Albertini, Vol. 1, p. 195.

10. Quoted in Albertini, Vol. 1, p. 195.

11. Albertini, Vol. 1, p. 209.

12. Quoted in Albertini, Vol. 1, p. 228.

13. Joll, p. 173.

14. Quoted in Joll, p. 173.

15. Quoted in Albertini, Vol. 1, p. 225.

16. Ibid., p. 222.

17. Ninčić, p. 509.

18. Shackelford，摘录，见：http://net.lib.byu.edu/estu/wwi/comment/blk-hand.html。

19. Ibid.

20. Strachan, *To Arms*, p. 45.

第十四章　受到围困的条顿人——和一个意大利人

1. Sondhaus, p. 82.

2. Quoted in Sondhaus, p. 84.

3. Quoted in ibid.

4. Conrad to Gina, Vienna, 26 December 1908（从未寄出）, quoted in ibid., p. 111.

5. Ibid., p. 109.

6. Quoted in Albertini, Vol. 1, pp. 264–265.

7. Ibid., p. 269.

8. Jarausch, 'Revising German History: Bethmann Hollweg Revisited'.

9. Jarausch, ibid.

10. Ludwig, p. 44.

11. Jarausch, 'Revising German History: Bethmann Hollweg Revisited'.

12. Bethmann-Hollweg, p. 18.

13. Ibid., p. 30.

14. Ibid., p. 43.

15. Ibid., p. 45.

16. Quoted in Clark, p. 178.

17. Ibid., p. 181.

18. Ibid., p. 182.

19. The World War One Document Archive, The Daily Telegraph Affair, http://wwi.lib.byu.edu/

index.php/The_Daily_Telegraph_Affair.

20. Cecil, Vol. 2, pp. 138–141.

21. Bülow, Vol. II, pp. 347–348.

22. Clark, p. 182.

23. Bethmann-Hollweg, pp. 19–20.

第十五章　驶向阿加迪尔的一艘炮舰

1. Steiner and Neilson, p. 75.

2. Bethmann-Hollweg, pp. 31–32.

3. Clark, p. 206.

4. Ibid.

5. Quoted in Steiner and Neilson, p. 76.

6. Bethmann-Hollweg, p. 33.

7. Cosgrove, 'A Note on Lloyd George's Speech at the Mansion House, 21 July 1911', pp. 698–701.

8. Churchill, *The World Crisis*, Vol. I, pp. 47–48.

9. Steiner and Neilson, p. 76.

10. Quoted in Steiner and Neilson, p. 77.

11. The Times, 22 July 1911.

12. Churchill, *The World Crisis*, Vol. I, pp. 47–48.

13. Bethmann-Hollweg, pp. 35–36.

14. Strachan, *The First World War*, p. 40.

15. Ibid.

16. Clark, p. 205.

17. Yeats, 'The Second Coming'.

第十六章　弗里德里希·冯·伯恩哈迪的适者

1. Introduction to Bernhardi, *Germany and the Next War*.

2. Ibid.

3. Bernhardi, *Germany and the Next War*, online edition: https://www.h-net.org/~german/gtext/kaiserreich/bernhardi.html#note3.

4. Bernhardi, *Germany and the Next War*.

5. 'The German View of "The Next War"', *The Literary Digest*, 4 May 1912: http://www.oldmagazinearticles.com/pdf/bernhardi_0001.jpg.

6. Quoted in ibid.

第十七章　亨利·威尔逊爵士准将的计划

1. Steiner and Neilson, p. 207.

2. Quoted in ibid., p. 209.

3. Quoted in Keiger, p. 102.

4. Keiger, p. 110.

5. Ibid.

6. Steiner and Neilson, p. 210.

7. Kennedy, *The Rise of the Anglo-German Antagonism*, p. 432.

8. Quoted in Steiner and Neilson, p. 214.

9. Steiner and Neilson, p. 211.

10. Quoted in ibid., p. 213.

11. Henry Wilson, Appendix to 'The Military Aspect of the Continental Problem', Memorandum by the General Staff, 12 August 1911, National Archives, CAB 38/19/47.

12. Quoted in Koss, pp. 144–145.

13. Scott Diary, 4 May 1914.

14. Henry Wilson, Appendix to 'The Military Aspect of the Continental Problem', Memorandum by the General Staff, 12 August 1911, National Archives, CAB 38/19/47.

15. 对军队人数的热烈讨论，见twcenter.net: http://www.twcenter.net/forums/showthread.php?t=357390。

16. Peden, p. 47.

17. Minutes of 114th Meeting (Action to be taken in the event of intervention in a European war; Appreciation of the military situation on the outbreak of a Franco-German war; Naval criticism of the General Staff proposals; Admiralty policy on the outbreak of war), National Archives, CAB 38/19/49, pp. i–18.

18. Strachan, To Arms, p. 380.

19. Minutes of 114th Meeting (Action to be taken in the event of intervention in a European war; Appreciation of the military situation on the outbreak of a Franco-German war; Naval criticism of the General Staff proposals; Admiralty policy on the outbreak of war), National Archives, CAB 38/19/49, pp. i–18.

20. Quoted in Steiner and Neilson, p. 213.

21. Steiner and Neilson, p. 213.

22. Henry Wilson, Appendix to 'The Military Aspect of the Continental Problem', Memorandum by the General Staff, 12 August 1911, National Archives, CAB 38/19/47.

第十八章　法国的复仇

1. Payen, p. 17.

2. Quoted in Keiger, p. 45.

3. Ibid.

4. Ibid.

5. Ibid., p. 70.

6. Ibid.

7. Ibid.

8. Bethmann-Hollweg, pp. 40–41.

9. Quoted in Bruun, pp. 6–7.

10. Bruun, p. 9.

11. Ibid., p. 51.

12. Quoted in ibid., p. 13.

13. *The Statesman's Yearbook*, 1906–1910, quoted in Bruun, p. 81.

14. Foch, p. xxvii.

15. Ibid.

16. Ibid., p. xxviii.

17. Ibid., p. xxx.

18. Ibid., p. xxxix.

19. Ibid., p. xli.

20. Ibid., p. xl.

第十九章　海上霸权

1. Kennedy, *The Rise of the Anglo-German Antagonism*, p. 416.

2. Quoted in Ferguson, p. 86.

3. Ibid.

4. Quoted in Kennedy, *The Rise of the Anglo-German Antagonism*, p. 421.

5. Berghahn, *Der Tirpitz: Genesis und Verfall einer innenpolitischen Krisenstrategie unter Wilhelm II.*

6. Quoted in Herwig, 'Imperial Germany', p. 75.

7. Ibid.

8. Herwig, *'Luxury' Fleet*, pp. 36, 38; Berghahn, *Tirpitz-Plan*, pp. 74 ff.

9. Quoted in Kennedy, *The Rise of the Anglo-German Antagonism*, p. 417.

10. Massie, pp. 177–179.

11. Herwig, 'Imperial Germany', p. 74.

12. Bernhardi, *The Next War*, 在线版：https://www.h-net.org/~german/gtext/kaiserreich/ bernhardi.html#note3。

13. Quoted in Kennedy, *The Rise of the Anglo-German Antagonism*, p. 420.

14. Steiner and Neilson, p. 52.

15. The World War One Document Archive, The Daily Telegraph Affair, http://wwi.lib.byu.edu/ index.php/The_Daily_Telegraph_Affair.

16. Quoted in Albertini, Vol. 1, p. 322.

17. Quoted in Ferguson, p. 85.

18. Bethmann-Hollweg, p. 51.

19. Ibid., p. 55.

20. Steiner and Neilson, p. 102.

21. Bethmann-Hollweg, p. 58.

22. Steiner and Neilson, p. 103.

23. Quoted in Steiner and Neilson, p. 103.

24. Kennedy, *The Rise of the Anglo-German Antagonism*, p. 419.

第二十章　巴尔干半岛的危机

1. Bethmann-Hollweg, p. 75.

2. Quoted in Bethmann-Hollweg, p. 72.

3. Bethmann-Hollweg, p. 72.

4. Taube, pp. 225–227.

5. Albertini, Vol. 1, p. 366.

6. Quoted in Albertini, Vol. 1, p. 372.

7. Albertini, p. 372.

8. Quoted in Albertini, p. 376.

9. Ibid., p. 375.

10. Serbian Blue Book.

11. Strachan, *To Arms*, p. 50.

12. Ibid.

13. Kanner, p. 87.

14. 这份保证是萨宗诺夫在1912年10月给出的，与欧洲列强不容巴尔干半岛领土现状发生变动这一公认原则有关（这当然是各国大使馆间广为流传的笑话）。

15. Strachan, *To Arms*, p. 51.

16. Hötzendorf, Vol. III, p. 155.

17. Ibid., p. 147.

18. Quoted in Albertini, Vol. 1, p. 408.

19. Ibid., p. 413.

20. Strachan, *To Arms*, p. 51.

21. Quoted in Herwig, 'Imperial Germany', p. 83.

22. 在1912年12月3日德皇为利赫诺夫斯基给贝特曼-霍尔韦格的电报所注的一处旁注中，quoted in Herwig, 'Imperial Germany', p. 83。

23. Strachan, *To Arms*, p. 52.

24. Herwig, 'Imperial Germany', pp. 81–97.

25. Quoted in Herwig, 'Imperial Germany', p. 83.

26. Ibid., p. 84.

27. Quoted in Albertini, Vol. 1, p. 455.

28. Quoted in Steiner and Neilson, p. 121.

第二十一章 为"必然的战争"武装起来

1. Quoted in Herwig, 'Imperial Germany', p. 81.

2. Quoted in Ferguson, p. 97.

3. Ibid., p. 98.

4. Ibid.

5. Ferguson, p. 32.

6. Ibid.

7. 论证见Taylor, *War by Timetable*。

8. Quoted in Kennedy, *The Rise of the Anglo-German Antagonism*, p. 419.

9. Ferguson, pp. 91–92.

10. Ibid., pp. 92–93.

11. Fischer, p. 36.

12. Stevenson, 'War by Timetable?', p. 187.

13. Herwig, 'Imperial Germany', p. 67.

14. Ibid., p. 66.

15. Ibid., p. 67.

16. Ibid.

17. Ibid., p. 69.

18. Kuhl, pp. 96–98, 104–105.

19. Keiger, p. 125.

20. 见 Herwig, 'Germany and the "Short-War" Illusion: Toward a New Interpretation?', pp. 681–693。

21. Keiger, pp. 125–127.

22. Stevenson, *Armaments*, p. 167.

23. Ferguson, p. 97.

24. Quoted in Steiner and Neilson, p. 98.

25. Fischer, p. 37.

26. Herwig, 'Imperial Germany', p. 95.

27. Strachan, *The First World War*, p. 45.

28. Curtis, 'Understanding Schlieffen,' p. 56.

第三部分　权力沙龙里的1914年

第二十二章　更好的一年？

1. Smith, 'The Monarchy versus the Nation: The "Festive Year" 1913 in Wilhelmine Germany', pp. 257–274.

2. OECD Development Centre, 'The World Economy: International Trade and Capital Movements': http://www.theworldeconomy.org/advances/advances2.html.

3. Smith, 'The Monarchy versus the Nation: The "Festive Year" 1913 in Wilhelmine Germany', pp. 257–274.

4. Ibid.

5. Quoted in ibid., p. 260.

6. Quoted in ibid., p. 262.

7. Quoted in Cowles, p. 98.

8. Cowles, p. 135.

9. Ibid., pp. 135–136.

10. Lenin, *Collected Works*, pp. 74–77.

11. Cowles, p. 136.

12. WWI: The World War I Document Archive, 'Colonel House's Report to President Wilson': http://wwi.lib.byu.edu/index.php/Colonel_House%27s_Report_to_President_Wilson.

第二十三章　爱德华·格雷的"四角关系"

1. Quoted in Steiner and Neilson, p. 159.

2. Ludwig, p. 89.

3. Albertini, Vol. 2, p. 199.

4. Ekstein, 'Great Britain and the Triple Entente on the eve of the Sarajevo Crisis' in Hinsley, (ed.), *British Foreign Policy under Sir Edward Grey*, p. 348.

5. Ibid., p. 342.

6. Quoted in ibid., p. 343.

7. Sazonov, p. 128.

8. Quoted in Ekstein, p. 344.

9. Albertini, Vol. 1, p. 541.

10. Sazonov, pp. 124–125.

11. Ibid.

12. Ekstein, 'Great Britain and the Triple Entente on the eve of the Sarajevo Crisis' in Hinsley, (ed.), *British Foreign Policy under Sir Edward Grey*, p. 344.

13. Benckendorf to Sazonov, letters, 5–18 May 1914, in Siebert, B. de, *Entente Diplomacy and the World*, London 1921.

14. Ibid.

15. Quoted in Ekstein, p. 347.

第二十四章　死人弗朗茨·斐迪南的用处

1. Hötzendorf, Vol. I, p. 158.

2. Hochschild, pp. 79–80.

3. Quoted in Smith, David James, p. 166.

4. 见 Shackelford, The Black Hand: The Secret Serbian Terrorist Society (extract), The World War I Document Archive, http://net.lib.byu.edu/~rdh7/wwi/comment/blk-hand.html。

5. Ibid.

6. Ibid.

7. Stanojević, pp. 50–51.

8. Ibid.

9. Sulzberger, p. 202.

10. Shackelford, The Black Hand: The Secret Serbian Terrorist Society（摘录）, The World War I Document Archive, http://net.lib.byu.edu/~rdh7/wwi/comment/blk-hand.html.

11. Smith, David James, p. 8.

12. Ibid., p. 9.

13. Quoted in Albertini, Vol. 2, p. 42.

14. Smith, David James, p. 17.

15. Quoted in Albertini, Vol. 2, p. 35.

16. Sosnosky, p. 206.

17. Harrach memoir in Sosnosky, pp. 205–221; 以及 http://www.firstworldwar.com/source/harrachmemoir.htm.

18. Ibid.

19. Pfeffer, pp. 27–28, quoted in Albertini, Vol. 2, p. 43.

20. Ibid.

21. The World War I Document Archive, 'The Assassination of Archduke Franz Ferdinand': http://wwi.lib.byu.edu/index.php/The_Assassination_of_Archduke_Franz_Ferdinand.

22. Keiger, p. 146.

23. Margutti, pp. 81–82.

24. Ibid.

25. Kanner, p. 192.

26. Albertini, Vol. 2, p. 115.

27. Ibid., Vol. 2, p. 118.

28. Seton-Watson, p. 104.

29. Hötzendorf, Vol. IV, pp. 30–31.

30. Ibid., p. 33.

31. 见 Sondhaus, *Franz Conrad Von Hotzendorf: Architect of the Apocalypse*。

32. Ibid., pp. 30–31.

33. French Yellow Book, Chapter II, No. 8. M. Dumaine, French Ambassador at Vienna, to M. René Viviani, President of the Council, minister for foreign affairs, Vienna, 2 July 1914.

34. Tisza, *Briefe*, p. 62, quoted in Albertini, Vol. 2, p. 127.

35. Quoted in Albertini, Vol. 2, p. 133.

36. Hötzendorf, Vol. IV, p. 36.

37. The World War I Document Archive, 'Autograph Letter of Franz Joseph to the Kaiser': http:// wwi.lib.byu.edu/index.php/Autograph_Letter_of_Franz_Joseph_to_the_Kaiser.

38. Tschirschky to Bethmann-Hollweg, received 2 July 1914, quoted in Geiss, p. 64.

39. Szőgyény to Berchtold, received 5 July 1914, quoted in Geiss, p. 76.

40. Quoted in Ludwig, p. 43.

41. Bethmann-Hollweg, p. 113.

42. The World War I Document Archive, 'The "Blank Check"': http://wwi.lib.byu.edu/index. php/The_%27Blank_Check%27.

43. Strachan, *To Arms*, p. 72.

第二十五章　奥匈帝国：对战争望眼欲穿

1. Ludwig, *July 1914*, p. 47.

2. Ibid.

3. Ibid.

4. Carter, p. 424.

5. Molden, Prememoria, appended to Solomon Wank, 'Desperate Counsel in Vienna in July 1914: Berthold Molden's Unpublished Memorandum', pp. 281–310.

6. Quoted in ibid.

7. Andrian-Werburg, *Der Kriegsbeginn*, quoted in ibid.

8. Molden, quoted in ibid.

9. Ibid.

10. Protocol of the [Austro-Hungarian War] Council, quoted in Geiss, p. 81.

11. Ibid., p. 83.

12. Ibid., pp. 83–84.

13. Ibid., p. 86.

14. Ibid.

15. Ibid., p. 87.

16. Quoted in Ludwig, *July 1914*, p. 45.

第二十六章　异常的平静

1. Hötzendorf, Vol. IV, p. 61.

2. Quoted in Geiss, p. 91.

3. Churchill, *The World Crisis*, Vol. 1, p. 178.

4. Quoted in Keiger, p. 149.

5. Schoen cable in Geiss, p. 127.

6. Tschirschky to Jagow, in Geiss, pp. 106–108.

7. Ibid.

8. Ibid.

9. 德皇的旁注，in ibid.。

10. Wiesner to Berchtold, in ibid., pp. 111–112.

11. Ibid.

12. Tschirschky to Jagow, in ibid., pp. 108–110.

13. Tschirschsky to Bethmann-Hollweg, ibid., p. 114.

14. Quoted in ibid., p. 92.

15. Lichnowsky to Bethmann-Hollweg, in ibid., pp. 104–105.

16. Ibid.

17. Ibid.

18. Churchill, Vol. I, pp. 181–186.

19. Steiner and Neilson, pp. 228–229.

20. Keiger, p. 139.

21. Quoted in ibid.

22. Ibid., p. 147.

第二十七章　对塞尔维亚的最后通牒

1. The Austro-Hungarian Red Book, No. 19.

2. Serbian Blue Book, No. 1.

3. Ibid., No. 15.

4. Serbian Blue Book, No. 5, M. Yovanovitch, Serbian Minister at Vienna to M. N. Pashitch, the prime minister and minister for foreign affairs, Vienna, 17/30 June 1914.

5. Živanović 与 Albertini 的讨论，quoted in Albertini, Vol. 2, p. 81。

6. Quoted in Albertini, Vol. 2, pp. 274–275.

7. Serbian Blue Book, No. 25.

8. Ibid., No. 30.

9. Ibid., No. 31.

10. Ibid., No. 32.

11. Bethmann-Hollweg to German ambassadors in St Petersburg, Paris and London, in Geiss, pp. 149–150.

12. Quoted in Albertini, Vol. 2, pp. 269–270.

13. Ibid.

14. Ibid.

15. Pourtalès to Bethmann-Hollweg, in Geiss, pp. 151–153.

16. Ibid.

17. Ibid.

18. French Yellow Book, Chapter II, Preliminaries, No. 14, Memorandum (Extract from a Consular Report on the Economic and Political Situation in Austria), Vienna, 20 July 1914.

19. Ibid.

20. Paléologue, Vol. I, p. 19.

21. Ibid., pp. 18–19. 另见 Albertini, Vol. 2, pp. 193–194, 265。

22. Quoted in Ludwig, p. 60.

23. Gottlieb von Jagow, 见 Albertini, Vol. 2, p. 265。

24. Protocol of the Council of Ministers of Common Affairs, Vienna, 19 July 1914, in Geiss, p. 139.

25. French Yellow Book, No. 18, M. Dumaine, French Ambassador at Vienna, to M. Bienvenu-Martin, acting minister for foreign affairs, Vienna, 22 July 1914.

26. Albertini, Vol. 2, p. 270.

27. Ibid., Vol. 2, p. 285.

28. The World War I Document Archive, 'The Austro-Hungarian Ultimatum to Serbia' (English Translation): http://wwi.lib.byu.edu/index.php/The_Austro-Hungarian_Ultimatum_to_Serbia_ (English_Translation).

第二十八章　你们正在欧洲放火

1. Griesinger to Jagow, 24 July 1914, in Geiss, p. 182.

2. Ibid.

3. Quoted in Albertini, Vol. 2, p. 349.

4. Quoted in Albertini, Vol. 2, pp. 290–291.

5. Berchtold to Austro-Hungarian ambassadors in Berlin, Rome, Paris, London and St Petersburg, 20 July 1914, in Geiss, pp. 147–149.

6. Szapáry to Berchtold, 24 July 1914, in Geiss, pp. 177–178.

7. Ibid.

8. *Special Journal of the Russian Council of Ministers*, in Geiss, pp. 186–187.

9. Pourtalès to Jagow, 25 July 1914, in Geiss, pp. 185–186; 一个不同的版本出自 Albertini, Vol. 2, p. 301, 以及 Paléologue, Vol. I, p. 33。

10. Ibid.

11. Quoted in Albertini, Vol. 2, p. 301.

12. According to Paléologue, Vol. I, p. 33.

13. Ibid.

14. 萨宗诺夫给尼古拉二世的一份报告草稿, 25 July 1914, in Geiss, pp. 208–209。

15. Russian Orange Book, No. 17, Russian Minister for Foreign Affairs to Russian Ambassador at London, St Petersburg, 12 July 1914.

16. Mensdorff to Berchtold, 24 July 1914, in Geiss, p. 175.

17. Ibid.

18. Ibid.

19. Geiss, p. 162.

20. Buchanan to Grey, 24 July 1914, in Geiss, p. 196.

21. Geiss, p. 163.

22. Buchanan to Grey, 24 July 1914, in Geiss, p. 197.

23. Eyre Crowe, minute to telegram, Buchanan to Grey, 24 July 1914, in Geiss, pp. 198–199.

24. Minute to telegram, Buchanan to Grey, 24 July 1914, in Geiss, p. 199.

25. Grey to Buchanan, 25 July 1914, in Geiss, p. 211.

26. Ibid.

27. Lichnowsky to Jagow, 24 July 1914, in Geiss, p. 183.

28. Albertini, Vol. 2, p. 345.

29. Berchtold to Baron Macchip, 25 July 1914, in Geiss, p. 200.

30. Rumbold to Grey, 25 July 1914, in Geiss, p. 212.

31. French Yellow Book, No. 30, M. Jules Cambon, French ambassador at Berlin, to M. Bienvenu-Martin, acting minister for foreign affairs, Berlin, 24 July 1914.

32. 德皇在雅戈发来的电报上的旁注，23 July 1914, in Geiss, p. 170。

第二十九章　塞尔维亚人的答复

1. Sazonov, p. 177.

2. French Yellow Book, No. 46, M. Boppe, French minister at Belgrade, to M. Bienvenu-Martin, acting minister for foreign affairs, Belgrade, 25 July 1914.

3. French Yellow Book, No. 47, M. Jules Cambon, French ambassador at Berlin, to M. Bienvenu-Martin, acting minister for foreign affairs, Berlin, 25 July 1914.

4. Albertini, Vol. 2, p. 363.

5. Quoted in ibid., p. 373.

6. Ibid., p. 358.

7. Ibid., p. 373.

8. German White Book (English Translation), 'The Servian Answer (With Austria's Commentaries [in italics])', 25 July 1914.

9. Ibid.

10. Ibid. 不同版本的翻译引用自 Albertini, Vol. 2, pp. 364–371。

11. Quoted by Musulin, in Albertini, Vol. 2, p. 387.

12. French Yellow Book, No. 50, M. Bienvenu-Martin, acting minister for foreign affairs, to the president of the Council (on board the *La France*) and to the French ambassadors at London, St Petersburg, Berlin, Vienna, Rome, Paris, 26 July 1914.

13. French Yellow Book, No. 66. M. de Fleuriau, French chargé d'affaires at London, to M. Bienvenu-Martin, acting minister for foreign affairs, London, 27 July 1914.

14. The World War I Document Archive, 'Wilhelm II's Intransigence': http://wwi.lib.byu.edu/index.php/Wilhelm_II%27s_Intransigence.

15. Russian Orange Book, No. 22, Russian ambassador at London to the Russian minister for foreign affairs, telegram, London, 12 July 1914.

16. French Yellow Book, No. 50, M. Bienvenu-Martin, acting minister for foreign affairs, to the president of the Council (on board the *La France*) and to the French ambassadors at London, St Petersburg, Berlin, Vienna, Rome, Paris, 26 July 1914.

17. German White Book, Exhibit 10, Telegram of the chancellor to the imperial ambassador at London, Urgent, 26 July 1914.

18. German White Book, Exhibit 10a, Telegram of the imperial chancellor to the imperial ambassador at Paris, 26 July 1914.

19. Quoted in Albertini, Vol. 2, p. 390.

第三十章　所有的战争理由都消失了

1. Pourtalès to Jagow, in Geiss, p. 230.
2. *Le Matin*, 27 July 1914.
3. Szögyény to Berchtold, 25 July 1914, in Geiss, p. 200.
4. Nicolson to Grey, 26 July 1914, in ibid., p. 235.
5. Bethmann-Hollweg to Lichnowsky, 27 July 1914, in ibid., p. 237.
6. Szögyény to Berchtold, 27 July 1914, in ibid., p. 236.
7. French Yellow Book, No. 74, M. Jules Cambon, French ambassador at Berlin, to M. Bienvenu-Martin, acting minister for foreign affairs, Berlin, 27 July 1914.
8. Ibid.
9. Lichnowsky to Jagow, 27 July 1914, in Geiss, p. 238.
10. Ibid., p. 239.
11. Churchill, Vol. I, pp. 194–195.
12. Lichnowsky to Jagow, 27 July 1914, in Geiss, pp. 240–241.
13. Bethmann-Hollweg to Lichnowsky, 28 July 1914, in ibid., pp. 243–244.
14. Buchanan to Grey, 27 July 1914, in ibid., pp. 249–250.
15. EAC minute, Buchanan to Grey, 27 July 1914, in ibid.
16. Goschen to Grey, 27 July 1914, in ibid., p. 253.
17. Grey to House of Commons, *Hansard*, HC Deb 27 July 1914 vol. 65 cc936–939.
18. Grey, Vol. I, p. 310.
19. Butler, *Burden of Guilt*, p. 103.
20. Quoted in Albertini, Vol. 2, p. 467.
21. Kaiser Wilhelm II to Jagow, in Geiss, p. 256.
22. Berchtold to Szögyény, in ibid., p. 254.

第三十一章　奥匈帝国向塞尔维亚宣战

1. Serbian Blue Book, No. 45.
2. Quoted in Albertini, Vol. 2, p. 460.
3. Berchtold to Albertini, letter, quoted in Albertini, Vol. 2, p. 462.
4. French Yellow Book, No. 83, M. Dumaine, French Ambassador at Vienna, to M. Bienvenu-Martin, acting minister for foreign affairs, Vienna, 28 July 1914.
5. Russian Orange Book, No. 56, Telegram from His Royal Highness, Alexander of Servia, to His Majesty the Emperor of Russia.
6. Russian Orange Book, No. 57, Russian Chargé d'Affaires in Servia Russian Minister for Foreign Affairs Niš, telegram, 16 July 1914.
7. *Wiener Zeitung*, No. 175, Wednesday 29 July 1914. 参 见 Austrian National Library 网 页： http://www.anno.onb.ac.at/cgi-content/anno?datum=1914&zoom=10。
8. *Der Bauernbündler*, Year VII, newspaper of the Lower Austria's Farmers' Union, No. 175, 1

August 1914.

9. *Daheim*, 31 July 1914.

10. Ibid.

11. Ibid.

12. Ibid.

13. 详情见 Rothenburg, *The Army of Francis Joseph*。

14. Maximilian Ehnl Edwin Sacken (Freiherr von.), p. 68.

15. Russian Orange Book, No. 59, Russian Chargé d'Affaires in Servia to Russian Minister for Foreign Affairs, telegram, Niš, 17 July 1914.

16. Ibid.

17. French Yellow Book, M. Paléologue, French Ambassador at St Petersburg to M. René Viviani, president of the Council, minister on foreign affairs, St Petersburg, 31 July 1914.

第三十二章 威利、尼基和乔吉

1. Bethmann-Hollweg to Kaiser Wilhelm II, in Geiss, p. 258.

2. The World War I Document Archive, 'The Willy-Nicky Telegrams': http://wwi.lib.byu.edu/index.php/The_Willy-Nicky_Telegrams.

3. Quoted in Carter, p. 426.

4. Nicolson, King George, p. 246, quoted in Carter, p. 427.

5. Quoted in Carter, p. 429.

6. Ibid.

第三十三章 英国结束"中立"

1. LaMar, p. 204.

2. Lichnowsky to Jagow, 29 July 1914, in Geiss, pp. 288–290.

3. Ibid.

4. Ibid.

5. Goschen to Grey, 29 July 1914, in Geiss, p. 300.

6. Ibid.

7. Ibid.

8. Lichnowsky to Jagow, 29 July 1914, in Geiss, pp. 288–290.

9. Ibid.

10. Bethmann-Hollweg to Tschirschky, 30 July 1914, in Geiss, pp. 291–292.

11. Ludwig, p. 144.

12. 德皇在电报上的备注，Pourtalès to Jagow, 30 July 1914, in Geiss, pp. 293–295. 其他版本的翻译见：Albertini, Vol. 3, pp. 34–35; 以及 The World War I Document Archive, 'June-July, 1914, German Dispatches and the Kaiser's Notes': http://net.lib.byu.edu/⌐rdh7/wwi/1914/wilnotes.html。

13. Albertini, Vol. 3, p. 35.

14. Grey to Goschen, 30 July 1914, in Geiss, p. 315.

15. Williamson, 'The Reign of Sir Edward Grey as British Foreign Secretary', 426–438.

16. 见 Valone, '"There Must Be Some Misunderstanding": Sir Edward Grey's Diplomacy of

August 1, 1914', pp. 405-424。

17. The World War I Document Archive, 'Sir Edward Grey's Indecisiveness': http://wwi.lib.byu.edu/index.php/Sir_Edward_Grey%27s_Indecisiveness.

18. Ibid.

19. French Yellow Book, No. 126, M. Paul Cambon, French ambassador at London, to M. René Viviani, president of the Council, minister for foreign affairs, Paris, 1 August 1914.

20. Lichnowsky to Jagow, in Geiss, pp. 345-347.

21. 见 Butler, *Distant Victory*。

22. Crowe to Grey, 31 July 1914, in Geiss, pp. 330-331.

第三十四章　砸烂您的电话：俄国动员

1. Albertini, Vol. 2, p. 485.

2. Hötzendorf, Vol. I, pp. 380-381.

3. Moltke, p. 381.

4. Quoted in Albertini, Vol. 2, p. 490.

5. Stevenson, 'War by Timetable?', p. 187.

6. Ibid., p. 188.

7. Ibid., p. 194.

8. Nicholas II to Wilhelm II, in Geiss, p. 291.

9. Nicholas II to Wilhelm II, Telegrams 102, 103, 110 in Geiss.

10. Sazonov to Bronevski, quoted in Albertini, Vol. 2, p. 540.

11. Churchill, pp. 210-213.

12. Moltke to Bethmann-Hollweg, in Geiss, pp. 282-284.

13. Szapáry to Berchtold, in Geiss, pp. 277-278.

14. Telegram 137 in Geiss, p. 298.

15. 见 Albertini, Vol. 2, pp. 563-564, 此处提供了关于这些错综复杂事件的另一种说法。

16. Pourtalès to Jagow, in Geiss, pp. 303-304.

17. The World War I Document Archive, 'The Willy-Nicky Telegrams': http://wwi.lib.byu.edu/index.php/The_Willy-Nicky_Telegrams.

18. Quoted in Albertini, Vol. 2, p. 558.

19. Nicholas II to Wilhelm II, in Geiss, p. 291.

20. Ibid.

21. Pourtalès to Jagow, in ibid., pp. 293-294.

22. Hötzendorf, Vol. IV, p. 152.

23. Schilling, pp. 63-64, in Albertini, Vol. 2, p. 572.

24. Ibid.

25. Ibid.

26. The World War I Document Archive, 'The Willy-Nicky Telegrams': http://wwi.lib.byu.edu/index.php/The_Willy-Nicky_Telegrams.

27. Ibid.

28. French Yellow Book, No. 118, M. Paléologue, French ambassador at St Petersburg, to M. René Viviani, president of council, minister for foreign affairs, St Petersburg, 31 July 1914.

29. In Geiss, Numbers 158, 159.

30. German White Book, Germany's reasons for war with Russia: How Russia and her ruler betrayed Germany's confidence and thereby made the European War.

31. Tabouis, pp. 279–280.

32. Carter, p. 432.

第三十五章　德国向俄国宣战

1. Albertini, Vol. 3, p. 38.

2. French Yellow Book, M. Jules Cambon, French ambassador at Berlin, to M. René Viviani, president of the council, minister for foreign affairs, Berlin, 30 July 1914.

3. Ludwig, p. 144.

4. Kaiser Wilhelm II to Albertini, letter, 11 March 1936, quoted in Albertini, Vol. 3, p. 12.

5. Albertini, Vol. 3, p. 16.

6. Ibid.

7. The World War I Document Archive, 'Wilhelm II's War Speeches': http://wwi.lib.byu.edu/index.php/Wilhelm_II%27s_War_Speeches.

8. Quoted in Albertini, Vol. 3, p. 39.

9. Hötzendorf, Vol. IV, pp. 164–165.

10. Quoted in Albertini, Vol. 3, p. 53.

11. German White Book, Exhibit 24, Telegram of the chancellor to the imperial ambassador at St Petersburg on 31 July 1914.

12. Bethmann-Hollweg to Schoen, in Geiss, p. 325; 另一种翻译见 German White Book, Exhibit 24, Telegram of the chancellor to the imperial ambassador at Paris on 31 July 1914。

13. Quoted in Albertini, Vol. 3, p. 61.

14. Pourtalès, pp. 74–75, quoted in Albertini, Vol. 3, p. 62.

15. Quoted in Albertini, Vol. 3, p. 64.

16. Quoted in Albertini, Vol. 3, pp. 167–168.

17. The World War I Document Archive, 'The Willy-Nicky Telegrams': http://wwi.lib.byu.edu/index.php/The_Willy-Nicky_Telegrams.

18. Quoted in Albertini, Vol. 3, p. 169.

19. Russian Orange Book, No. 76; 另一种翻译见 Albertini, Vol. 3, pp. 168–169。

第三十六章　德国向法国宣战

1. Poincaré, Vol. IV, pp. 438–440.

2. French Yellow Book, No. 111, M. Mollard, French minister at Luxembourg, to M. René Viviani, president of the council, minister for foreign affairs, Luxembourg, 31 July 1914.

3. Quoted in Albertini, Vol. 3, p. 80.

4. Joffre, Vol. I, pp. 126–127.

5. The World War I Document Archive, 'The Role of Railways in the War (extract)', by Edwin A. Pratt: http://wwi.lib.byu.edu/index.php/The_Role_of_Railways_in_the_War.

6. Quoted in Keiger, p. 162.

7. Poincaré, Vol. IV, p. 479.

8. Wharton, p. 7.

9. Recouly, p. 116, quoted in Albertini, p. 107.

10. Wharton, p. 9.

11. The World War I Document Archive, 'The Role of Railways in the War (extract)', by Edwin A. Pratt: http://wwi.lib.byu.edu/index.php/The_Role_of_Railways_in_the_War.

12. *Journal des Transports*, 30 January 1915, quoted in ibid.

13. Recouly, p. 116.

14. Wharton, p. 16.

15. Ibid., p. 21.

16. Quoted in Gerin, p. 71; 见 Albertini, Vol. 3, p. 81。

17. Quoted in Keiger, p. 164.

18. French Yellow Book; 另一种翻译见 Albertini, Vol. 3, p. 77。

19. Albertini, Vol. 3, pp. 68–69.

20. Keiger, p. 162.

21. *Le Matin*, 1 August 1914.

22. 见 Becker 的专著, quoted in Keiger, pp. 162–163。

23. 见 *Le Temps, Paris-Midi, Action Française*, March 1913 to July 1914。

24. *Action Française*, 23 July 1914.

25. *Pester Lloyd*, Budapest, 3 August 1914, 'At the cusp of world war, French planes dropping bombs on Nuremberg'.

26. Wolff Bureau（德国的一家新闻社）.

27. *Die Neue Zeitung*, 8 April 1914.

28. French Yellow Book, No. 146, M. René Viviani, president of the council, minister for foreign affairs, to M. Paul Cambon, French ambassador at London, Paris, 3 August 1914.

29. Quoted in Albertini, Vol. 3, p. 206.

30. Quoted in ibid., p. 213.

31. Quoted in ibid., p. 200.

32. French Yellow Book, No. 147, Letter handed by the German ambassador to M. René Viviani, president of the council, minister for foreign affairs, during his farewell audience, 3 August 1914, at 6.45 p.m.

33. Poincaré, Vol. IV, pp. 521–523.

34. French Yellow Book, No. 158, Message from M. Poincaré, president of the Republic, read at the Extraordinary Session of Parliament, 4 August 1914, *Journal Officiel*, 5 August 1914.

35. The World War I Document Archive, 'Clemenceau Calls France to Arms': http://wwi.lib. byu.edu/index.php/Clemenceau_Calls_France_to_Arms.

第三十七章　迫不得已，无须讲理

1. Hooydonk, E., 'Chapter 15: The Belgian Experience', in Chircop and Lindén (eds.), *Places of Refuge*, p. 417.

2. Article 1, Hague Convention 1907.

3. Article 10, Hague Convention 1907.

4. Beer, L., 'Gladstone and Neutrality of Belgium', *The New York Times*, 26 November 1914.

5. Bülow, Vol. II, pp. 72–74.

6. Bredt, p. 55.

7. Joffre, Vol. I, pp. 42–43.

8. Ibid., pp. 47–48.

9. Belgian Grey Book, Enclosure in No. 12, Baron Beyens, Belgian minister at Berlin, to M. Davignon, Belgian minister for foreign affairs, Berlin, 2 May 1913.

10. Ibid.

11. Galet, p. 23, quoted in Albertini, Vol. 3, p. 441.

12. Belgian Grey Book, No. 8, M. Davignon, Belgian minister for foreign affairs, to the Belgian ministers at Berlin, Paris, London, Vienna, St Petersburg, Rome, The Hague and Luxemburg, Brussels, 29 July 1914.

13. Belgian Grey Book, No. 2, M. Davignon, Belgian minister for foreign affairs, to the Belgian ministers at Paris, Berlin, London, Vienna and St Petersburg, Brussels, 24 July 1914.

14. Belgian Grey Book, No. 13, Count de Lalaing, Belgian Minister at London, to M. Davignon, Belgian minister for foreign affairs, London, 1 August 1914.

15. Belgian Grey Book, No. 15, M. Davignon, Belgian minister for foreign affairs, to the Belgian ministers at Berlin, Paris and London, Brussels, 1 August 1914.

16. French Yellow Book, No. 126, M. Paul Cambon, French ambassador at London, to M. René Viviani, president of the council, minister for foreign affairs, Paris, 1 August 1914.

17. Belgian Grey Book, No. 18, M. Eyschen, president of the Luxembourg Government to M. Davignon, Belgian minister for foreign affairs, telegram, Luxembourg, 2 August 1914.

18. Ibid.

19. 这次会面的重现基于 Crockaert, Vol. I, pp. 309–310, quoted in Albertini, Vol. 3, p. 456。

20. The World War I Document Archive, 'The German Request for Free Passage Through Belgium': http://wwi.lib.byu.edu/index.php/The_German_Request_for_Free_Passage_Through_Belgium.

21. Quoted in Albertini, Vol. 3, p. 458.

22. Ibid.

23. Ibid., pp. 329–330.

24. Belgian Grey Book, No. 22, Note communicated by M. Davignon, Belgian minister for foreign affairs, to Herr von Below-Saleske, German minister, Brussels, 3 August 1914.

25. Belgian Grey Book, No. 40, M. Davignon, Belgian minister for foreign affairs, to British, French and Russian ministers at Brussels, Brussels, 4 August 1914.

26. Belgian Grey Book, No. 31, M. Davignon, Belgian minister for foreign affairs, to Herr von Below-Saleske, German minister at Brussels, Brussels, 4 August 1914.

27. German White Book, Report of a speech delivered by Herr von Bethmann-Hollweg, German imperial chancellor, on 4 August 1914.

28. Bethmann-Hollweg, p. 147.

29. German White Book: Report of a speech delivered by Herr von Bethmann-Hollweg, German imperial chancellor, on 4 August 1914.

30. Tirpitz, Vol. I, pp. 279, 280.

第三十八章　最后的灯火

1. Steiner and Neilson, p. 250.

2. Ibid., p. 252.

3. Ibid.

4. Jagow to Lichnowsky, quoted in Albertini, Vol. 3, pp. 476–477.

5. Bethmann-Hollweg to Lichnowsky, quoted in ibid., p. 480.

6. Ferguson, p. 177.

7. Lloyd George, Vol. I, pp. 65–66.

8. Asquith, Vol. II, p. 20.

9. The World War I Document Archive, 'Sir Edward Grey's Speech Before Parliament': http://wwi.lib.byu.edu/index.php/Sir_Edward_Grey%27s_Speech_Before_Parliament.

10. Steiner and Neilson, p. 253.

11. Ferguson, p. 163.

12. Asquith, Vol. II, p. 195.

13. Grey, p. 20.

14. Quoted in Albertini, Vol. 3, p. 489.

15. Quoted in ibid.

16. Churchill, Vol. I, p. 220.

17. Quoted in Albertini, Vol. 3, p. 490.

18. Quoted in Fernand Passelecq, 'The Sincere Chancellor'（网上的小册子）；另一个版本见in Halsey, p. 177。

19. Ibid.

20. Ibid.

21. Bethmann-Hollweg, Vol. I, p. 180.

22. British Blue Book, No. 160, 另见 Times Documentary History of the War: http://archive.org/details/timesdocumentary08londuoft。

23. Hendrick, pp. 313–314.

24. British Blue Book, No. 160; 另见 Times Documentary History of the War: http://archive.org/details/timesdocumentary08londuoft。

25. Grey, Vol. II, p. 18.

26. *Daily Mirror* 新闻标题, 4 August 1914。

27. British Blue Book, No. 160; 另见 Times Documentary History of the War: http://archive.org/details/timesdocumentary08londuoft。

第三十九章　为国捐躯，美好且光荣

1. Rupert Brooke, from '1914'.

2. Bagehot, pp. 41–42.

3. Quoted in Tuchman, p. 311.

4. Quoted in Steiner and Neilson, p. 167.

5. Wohl, p. 8.

6. Fischer, p. 7.

7. Steiner and Neilson, p. 165.

8. Wohl, p. 115.

9. Quoted in Steiner and Neilson, p. 174.

10. 见 Simkins, pp. 43–45。

11. 见 Ferguson, pp. 205–207。

12. Wesseling, 'Commotion at the Sorbonne: The Debate on the French University, 1910–1914', pp. 89–96.

13. Wohl, p. 7.

14. Quoted in Cowles, p. 205.

15. Wohl, p. 8.

16. Ibid., pp. 16–17.

17. Becker, p. 4.

18. The World War I Document Archive, 'Declaration of Professors of the German Reich': http://wwi.lib.byu.edu/index.php/Declaration_of_Professors_of_the_German_Reich.

19. Mann, Thomas, *The Magic Mountain*. 曼的这部小说构思于1912年，却发表于战后的1924年。

20. Quoted in Wohl, p. 43.

21. Ibid., p. 45.

22. Ibid., p. 52.

23. Wall and Winter, p. 27.

24. Quoted in Hochschild, pp. 90 91.

25. Winter, p. 158.

26. 见 Hattersley, p. 66.

27. Masterman, 摘自他的这本小册子。

28. Ibid.

29. 见 Hattersley, pp. 1–3。

30. Carter, p. 432.

31. Quoted in Keith Wilson, 'The Foreign Office and the "Education" of Public Opinion before the First World War', pp. 403–411.

32. Ibid.

33. Spears, p. 15.

34. Ibid.

35. Keegan, p. 84.

36. Baumann, Herman, *War diary*.

37. Ibid.

38. Ibid.

39. Owen, Wilfred, 'Dulce Et Decorum Est', *The War Poems*.

40. Ibid.

41. Horace, *Odes*, III.2.13.

第四部分　战场上的1914年

第四十章　侵犯比利时

1. Tuchman, p. 164.

2. The World War I Document Archive, 'King Albert I of the Belgians' Speech to the Belgian Parliament': http://wwi.lib.byu.edu/index.php/King_Albert_I_of_the_Belgians%27_Speech_to_the_Belgian_Parliament.

3. Ibid.

4. Davignon, p. 2.

5. Tuchman, p. 170.

6. 'Heidelberger historische Bestände', 德国军歌, 刊印在陆军战场报 *Daheim* 上, No. 50。 August-September 1914, p. 442.

7. Von Kluck, p. 7.

8. Ibid.

9. Keegan, p. 95.

10. Tuchman, p. 168.

11. Ibid., p. 191.

12. Quoted in ibid., p. 192.

13. The World War I Document Archive, 'The Fall of Liège, by General Leman': http://wwi.lib. byu.edu/index.php/The_Fall_of_Li%C3%A8ge.

14. Von Kluck, p. 20.

15. The World War I Document Archive, 'The Fall of Liège, by General Leman': http://wwi.lib. byu.edu/index.php/The_Fall_of_Li%C3%A8ge.

16. Ibid.

17. *Le Matin*, 19 August 1914.

18. Baumann, Herman, *War diary*.

19. Meyersiek, Pastor, *Letters to the Soldiers*.

20. The World War I Document Archive, 'The Martyrdom of Belgium: Officialn Report of Massacres of Peaceable Citizens, Women and Children by the German Army', W. Stewart Brown Company, Inc.: http://digicoll.library.wisc.edu/cgi-bin/History/History-idx?id=History. Martyrdom.

21. Von Kluck, p. 32.

22. Ibid., p. 33.

23. The World War I Document Archive, 'The Fall of Brussels': http://wwi.lib.byu.edu/index. php/The_Fall_of_Brussels.

24. Ibid.

25. Ibid.

26. Ibid.

27. Ibid.

28. Ibid.

29. The World War I Document Archive, 'The Martyrdom of Belgium: Official Report of Massacres of Peaceable Citizens, Women and Children by the German Army', W. Stewart Brown Company, Inc.: http://digicoll.library.wisc.edu/cgi-bin/History/History-idx?id=History. Martyrdom.

30. Von Kluck, p. 26.

31. Ibid.

32. The World War I Document Archive, 'The Martyrdom of Belgium: Official Report of Massacres of Peaceable Citizens, Women and Children by the German Army', W. Stewart Brown Company, Inc.: http://digicoll.library.wisc.edu/cgi-bin/History/History-idx?id=History. Martyrdom.

33. Baumann, Herman, *War diary*.

34. The World War I Document Archive, 'The Martyrdom of Belgium: Official Report of

Massacres of Peaceable Citizens, Women and Children by the German Army', W. Stewart Brown Company, Inc.: http://digicoll.library.wisc.edu/cgi-bin/History/History-idx?id=History. Martyrdom.

35. Ibid.

36. Ibid.

37. Ibid.

38. Delius, Walter, *Letters and diary entries*.

39. The World War I Document Archive, 'The Martyrdom of Belgium: Official Report of Massacres of Peaceable Citizens, Women and Children by the German Army', W. Stewart Brown Company, Inc., The German Military Code: http://digicoll.library.wisc.edu/cgi-bin/History/History-idx?id=History.Martyrdom.

40. Quoted in Gilbert, p. 88.

41. The World War I Document Archive, 'The Martyrdom of Belgium: Official Report of Massacres of Peaceable Citizens, Women and Children by the German Army', W. Stewart Brown Company, Inc.: http://digicoll.library.wisc.edu/cgi-bin/History/History-idx?id=History. Martyrdom.

42. The Bryce Report, The Avalon Project, Yale Law School, Lillian Goldman Law Library: http://avalon.law.yale.edu/20th_century/brycere.asp.

43. Ibid.

44. Quoted in Tuchman, p. 321.

45. Tuchman, pp. 318–319.

46. Benson, Arthur, *Diary*.

47. Grimwood Mears, p. 14.

48. The World War I Document Archive, 'German Barbarians: What They Say', French War Office: http://digicoll.library.wisc.edu/cgi-bin/History/History-idx?id=History.Barbarians.

49. The Bryce Report, Comment by Linda Robertson, quoted in German White Book.

50. Grimwood Mears, p. 19.

51. Ibid., p. 23.

52. Ibid., p. 32.

53. The World War I Document Archive, 'An Eye-Witness at Louvain', Eyre & Spotiswoode Ltd, 1914: http://digicoll.library.wisc.edu/cgi-bin/History/History-idx?id=History.Louvain.

54. Grimwood Mears, p. 36.

55. The World War I Document Archive, 'An Eye-Witness at Louvain', Eyre & Spotiswoode Ltd, 1914: http://digicoll.library.wisc.edu/cgi-bin/History/History-idx?id=History.Louvain.

56. Grimwood Mears, p. 27.

57. Ibid., p. 37.

58. Ibid.

59. Quoted in 'U.S. Report on German Atrocities in Belgium, 12 September 1917', Horne (ed.), *Source Records of the Great War*.

60. The World War I Document Archive, 'The Role of Railways in the War (extract)', by Edwin A. Pratt: http://wwi.lib.byu.edu/index.php/The_Role_of_Railways_in_the_War.

第四十一章　在法国边境

1. The World War I Document Archive, 'Kitchener's Address to the Troops' : http://wwi.lib.byu.edu/index.php/Kitchener%27s_Address_to_the_Troops.

2. Corbett-Smith, p. 23.

3. Ibid., p. 31.

4. Quoted in Emden, p. 17.

5. Keegan, p. 83.

6. Arthur, p. 368.

7. Ibid., p. 369.

8. Ibid., p. 371.

9. Churchill, Foreword to Spears, p. vii.

10. Foch, p. lii.

11. Spears, p. 19.

12. Terrain, pp. 44–45.

13. Neillands, p. 16.

14. Keegan, p. 101.

15. Foch, p. 43.

16. Strachan, *The First World War*, p. 52.

17. Clément, Raymond, Journal.

18. Tuchman, p. 238.

19. Quoted in Tuchman, p. 241.

20. Keegan, p. 103.

21. 见 Robert A. Doughty, 'French Strategy in 1914: Joffre's Own', pp. 427–454。

22. *L'Humanité*, 26 August 1914.

23. *Die Neue Zeitung*, No. 233, Vienna, 25 August 1914.

24. Spears, p. 42.

25. Quoted in Tuchman, p. 245.

26. Spears, p. 65.

27. Ibid.

28. Corbett-Smith, p. 37.

29. Strachan, *To Arms*, p. 53.

30. WWI: The World War I Document Archive, 'Mons, Anzac and Kut', Aubrey Herbert diary: http://net.lib.byu.edu/estu//wwi/memoir/Mons/mons.htm.

31. Ibid.

32. Quoted in Corbett-Smith, p. 47.

33. WWI: The World War I Document Archive, 'Mons, Anzac and Kut', Aubrey Herbert diary: http://net.lib.byu.edu/estu//wwi/memoir/Mons/mons.htm.

34. Ibid.

35. Captain Bloem, quoted in Keegan, p. 109.

36. Benson, Arthur, *Diary*.

37. Ibid.

38. Terraine, pp. 47–49.

39. Quoted in Tuchman, pp. 219–220.

40. Spears, p. 80.

41. Tuchman, p. 250.

42. Leroi, Maurice, *Letters*.

43. Dubois, Marie, *Letters*.

44. Michel, Marie and Henri, *Letters*.

45. Tuchman, p. 252.

46. Spears, pp. 126–127.

47. Harris, p. 70.

48. Keegan, p. 108.

49. WWI: The World War I Document Archive, 'Mons, Anzac and Kut', Aubrey Herbert diary: http://net.lib.byu.edu/estu//wwi/memoir/Mons/mons.htm.

50. Ibid.

51. Papers of T. S. Wollocombe MC.

52. Captain Bloem, quoted in Keegan, p. 109.

53. Oetjen, Hinrich, *War diary*.

54. Von Kluck, p. 52.

55. *The London Gazette*, No. 28976, 13 November 1914, pp. 9373–9374.

56. *The London Gazette*（增刊）, No. 28985, 24 November 1914, p. 9957.

第四十二章　撤退

1. Keegan, p. 110.

2. Quoted in ibid.

3. Foch, p. 48.

4. Quoted in Emden, p. 46.

5. Corbett-Smith, p. 115.

6. Ibid., p. 123.

7. *The London Gazette*, No. 28976, 13 November 1914, p. 9373.

8. Corbett-Smith, p. 133.

9. Quoted in Emden, p. 48.

10. Harris, p. 73. 黑格发表的日记略去了他谈及这次撤退的部分，据他的编辑说，是因为"黑格的日记并没有给那个讲了无数遍的故事增添什么新鲜东西"（Haig, p. 73）。

11. Quoted in Tuchman, p. 357.

12. Quoted in Cave and Sheldon, p. 56.

13. Ibid.

14. 关于数字说法不一：见 Cave and Sheldon, p. 9. 可靠性较低的史料引用的数字是英军伤亡 7 800 多人。

15. Corbett-Smith, p. 170.

16. WWI: The World War I Document Archive, 'Mons, Anzac and Kut', Aubrey Herbert diary: http://net.lib.byu.edu/estu//wwi/memoir/Mons/mons.htm.

17. Corbett-Smith, p. 177.

18. WWI: The World War I Document Archive, 'Mons, Anzac and Kut', Aubrey Herbert diary: http://net.lib.byu.edu/estu//wwi/memoir/Mons/mons.htm.

19. Private Papers of Colonel R. W. Cave-Orme.

20. WWI: The World War I Document Archive, 'Mons, Anzac and Kut', Aubrey Herbert diary: http://net.lib.byu.edu/estu//wwi/memoir/Mons/mons.htm.

21. Quoted in Corbett-Smith, p. 185.

22. Papers of J. W. Naylor.

23. 'Account of the practical annihilation of L Battery', Papers of David Nelson VC.

24. *The London Gazette*, 26 November 1914.

25. 'Account of the practical annihilation of L Battery', Papers of David Nelson VC.

26. Papers of D. Lloyd-Burch.

27. Ibid.

28. Private Papers of David Nelson, Imperial War Museum, London.

29. WWI: The World War I Document Archive, 'Mons, Anzac and Kut', Aubrey Herbert diary: http://net.lib.byu.edu/estu//wwi/memoir/Mons/mons.htm.

30. Foch, p. 47.

31. Clément, Raymond, *Journal*.

32. Ibid.

33. Leroi, Maurice, *Letters*.

34. Fossey, Emile, *Journal*.

35. Foch, p. 54.

36. Ibid., p. 59.

37. Ibid., pp. 56–57.

38. Quoted in ibid., p. 57.

39. Sir John French, quoted in von Kluck, pp. 54–55.

40. Delius, Walter, *Letters and diary entries*.

41. Von Kluck, p. 69.

42. Field Marshal Count Haeseler 的话，quoted in von Kluck, p. 78。

43. Quoted in ibid., p. 75.

44. Quoted in ibid.

45. Tuchman, p. 362.

46. *Die Neue Zeitung*, 'The Beaten Frenchmen', No. 233, 25 August 1914.

47. Delius, Walter, *Letters and diary entries*.

48. Ibid.

49. Baumann, Herman, *War diary*.

50. Dazin, Bernardine, *Journal*.

51. Ibid.

52. Quoted in Keegan, p. 118.

53. Ibid.

54. WWI: The World War I Document Archive, Smith and Taylor, The War. Our Sailors and Soldiers: The Chaplain-General's Call for Mid-day Prayer, Society for Propagating Christian Knowledge, 1914–1918: http://digicoll.library.wisc.edu/cgi-bin/History/History-idx?id=History.ChapGenPray.

55. Benson, Arthur, *Diary*.

56. Ibid.

57. Ibid.

58. Les Armées Francaises, Tome I, Vols. 1 and 2, Paris Imprimerie Nationale, 1922–1925, I, II, p. 825.

第四十三章　马恩河奇迹

1. Quoted in Tuchman, p. 351.
2. Ibid., p. 348.
3. 见ibid., pp. 373–375.
4. WWI: The World War I Document Archive, 'The Role of Railways in the War (extract)', by Edwin A. Pratt: http://wwi.lib.byu.edu/index.php/The_Role_of_Railways_in_the_War.
5. Proclamation of the General Gallieni, *Le Figaro*, 4 September 1914.
6. Herwig, *Battle of the Marne*, p. xii.
7. Spears, pp. 42–43.
8. Keegan, p. 119.
9. Von Kluck, p. 84.
10. Ibid.
11. Von Kluck, pp. 90–91.
12. Quoted in Tuchman, p. 391.
13. Banks, pp. 53–55.
14. Spears, p. 370.
15. Strachan, *To Arms*, p. 240.
16. Tuchman, p. 424.
17. Quoted in ibid., p. 427.
18. Joffre's General Order No. 6, quoted in Tuchman, p. 430. 霞飞1914年所有的将军令，见the French Official History, Les Armées Francaises dans la grand guerre, Tome I, Vols. 1 and 2, Paris Imprimerie Nationale, 1922–1925。
19. Keegan, p. 125.
20. Spears, p. 411.
21. Quoted in ibid., p. 413.
22. 关于这次著名的会面，有多方记述。见Joffre, p. 254; Muller, p. 106; Wilson, p. 174; Spears, pp. 415–418; Terraine, pp. 212–213; 以及Tuchman, pp. 433–434。
23. Quoted in Tuchman, p. 434; 另见Terraine的记述, pp. 212–213。
24. Quoted in Spears, p. 427.
25. Quoted in Tuchman, p. 432.
26. Corbett-Smith, pp. 225–226.
27. Quoted in Emden, pp. 51–52.
28. Leroi, Maurice, *Letters.*
29. Dubois, Marie, *Letters.*
30. Meyersiek, Pastor, *Letters to the soldiers.*
31. Foch, p. 69.
32. Leon Loupy, 'The Marne Taxis', Legends and Traditions of the Great War: http://www.worldwar1.com/heritage/marnetaxis.htm.
33. Foch, p. 76.
34. Von Kluck, p. 121.
35. Quoted in Tuchman, pp. 435–436.
36. Foch, pp. 72–73.
37. Ibid., p. 76.

38. Quoted in Keegan, p. 130.

39. Foch, p. 95.

40. Ibid., p. 97.

41. 'Sunday in Paris in a Time of War', *Le Matin*, 7 September 1914.

42. 'Paul Strauss, Senator of the Seine', *Le Figaro*, 8 September 1914.

43. Strachan, *First World War*, p. 57.

44. Von Kluck, p. 140.

45. 见脚注，ibid., p. 145。

46. *Le Matin*, 12 September 1914; *Le Petit Parisien*, 12 September 1914.

47. 按照 Sergeant William Peacock, 1st Wales Borderers 的说法，quoted in Emden, p. 53。

48. Papers of E. S. Butcher.

49. Dazin, Bernardine, *Journal*.

50. Clément, Raymond, *Journal*.

51. Ibid.

52. Baumann, Herman, *War diary*.

53. 见脚注, von Kluck, p. 119。

54. Harris, pp. 84–85.

55. Quoted in Tuchman, p. 436. 出自1918年一位瑞典记者对冯·克吕克的采访。

56. Spears, p. 432.

57. Herwig, *Battle of the Marne*, p. xvii; 完整的论证出自 Ludendorff (ed), *Das Marne-Drama*。

第四十四章　塞尔维亚的打击，俄军的溃败，奥军的覆灭

1. 见 Lyon, '"A Peasant Mob": The Serbian Army on the Eve of the Great War', pp. 481–502。

2. Tuchman, p. 270.

3. Knox, pp. xxxi–xxxii.

4. Keegan, p. 154.

5. Knox, p. xxxi.

6. Showalter, p. 328.

7. Knox, p. xxxiv.

8. Quoted in Tuchman, p. 276.

9. Tuchman, p. 168.

10. Quoted in Tuchman, p. 282.

11. Knox, p. 71.

12. Ibid., p. 58.

13. Ibid., p. 72.

14. Ibid., p. 73.

15. Ibid., pp. 73–74.

16. Tuchman, p. 302.

17. Knox, p. 82.

18. Ibid., p. 86.

19. Ibid., p. 49.

20. Keegan, p. 174.

21. 见 Tuchman, p. 308; Showalter, p. 327.

22. Showalter, p. 324.

23. Quoted in ibid., p. 324.

24. Ibid.

25. Quoted in Showalter, p. 327.

第四十五章　西线的建立

1. Letter to Violet Bonham Carter, 1916. 见：www.winstonchurchill.org。

2. *Le Figaro*, 20 September 1914.

3. Ibid., 7 November 1914.

4. Quoted in Keegan, p. 122.

5. Trichereau, Jérémie, *Letters*.

6. Michel, Marie and Henri, *Letters*.

7. Ibid., 5 November 1914.

8. Ibid., end of November.

9. Papers of E. S. Butcher.

10. Trichereau, Jérémie, *Letters*.

11. Delius, Walter, *Letters and diary entries*.

12. Stegemann, Vol. 2, pp. 30−34.

13. Delius, Walter, *Letters and diary entries*.

14. Ibid., 7 November 1914.

15. Benson, Arthur, *Diary*.

16. Ibid., 25 September 1914.

17. Keegan, p. 138.

18. Foch, p. 131.

19. Beckett, p. 101.

20. Mead, p. 196.

21. Quoted in Beckett, p. 16.

22. Foch, p. 135.

23. Beckett, p. 18.

24. Ibid., p. 25.

25. Tisdall, Arthur, VC, 'RND Personality', extract from a report by Heald, David, in *The Gallipolian*, pp. 634−640; 另见：Tisdall, Arthur, Private Papers'。

26. Foch, p. 141.

27. Ibid., p. 144.

28. Beckett, quoting General Palat, p. 60.

29. Foch, p. 169.

30. Quoted in Beckett, p. 58.

31. Quoted in ibid., p. 70.

32. Quoted in ibid., p. 112.

33. Quoted in ibid.

34. Keegan, p. 143.

35. Quoted in Beckett, p. 90.

36. Quoted in ibid., p. 97.

37. 对德国朗厄马克神话的全面记述，见Beckett, pp. 98–100。

38. Hitler, p. 151.

39. Quoted in Beckett, p. 103.

40. Ibid.

41. Unknown soldier, *Field postcard home.*

42. Keegan, p. 144.

43. 见Beckett对弹药短缺的分析，pp. 113–115。

44. Quoted in Beckett, p. 124.

45. Harris, p. 99.

46. Quoted in Harris, p. 100.

47. Ibid.

48. Foch, p. 176.

49. Quoted in Beckett, p. 159.

50. Quoted in Harris, p. 103.

51. Foch, p. 178.

52. Quoted in Beckett, p. 169.

53. Quoted in ibid., p. 233.

54. Harris, p. 105.

55. 见Beckett, p. 226; Keegan, p. 146。

56. Private Papers of Mrs Martha Withhall (née Aitken).

57. Keegan, p. 146.

58. Fossey, Emile, *Journal.*

59. Clément, Raymond, *Journal.*

60. Graves, p. 137.

61. Papers of D. Lloyd-Burch.

尾　声　世界终结之年

1. Graves, p. 146.

2. Owen, Wilfred, *The War Poems.*

3. 见Mental Disorders: Diagnostic and Statistical Manual, American Psychiatric Association, 1952。

4. WWI: The World War I Document Archive, W. H. R. Rivers, 'An Address on the Repression of War Experience', delivered before the Section of Psychiatry, Royal Society of Medicine, on 4 December 1917: http://net.lib.byu.edu/~rdh7/wwi/comment/rivers.htm.

5. Ibid.

6. *Bystander*, September 1914.

7. *Daily Express*, Friday, 7 August 1914.

8. *Daily Mail*, 31 August 1914.

9. http://www.spartacus.schoolnet.co.uk/FWWfeather.htm.

10. Ibid.

11. Francis Beckett, *The Guardian*, 11 November 2008.

12. Ibid.

13. http://en.wikipedia.org/wiki/Victor_Serge.

14. Keynes, p. 126.

15. Lloyd George, Vol. 1, p. 49.

16. Churchill, p. 27.

17. 'Was World War I necessary?', http://www.thefreelibrary.com/Was+World+War+I+necessary %3F-a062214340.

18. Strachan, *To Arms*, pp. 101-102.

19. 对菲舍尔最有说服力的反驳，见Ferguson, pp. 169-170。

20. 关于九月规划的深入阅读，见Fischer的著作；Ferguson pp. 171-173；以及Tuchman, pp. 322-323。

21. Benson, Arthur, *Diary*.

22. Clément, Raymond, *Journal*.

23. Dubois, Marie, *Letters*.

24. Corporal H. G. Hodder, *Letters*, Persean School Magazine.

25. Leroi, Maurice, *Letters*.

26. 'Aubade', by Philip Larkin.

27. Manwaring, pp. 19, 96, 135-136, 163-164.

28. Ibid., p. 69.

29. Ibid., p. 164.

史　料

精选书目

Albertini, Luigi, *The Origins of the War of 1914* (3 vols.), Enigma Press, New York 2005

Andrew, Christopher, and Noakes, Jeremy (eds.), *Intelligence And International Relations, 1900–1945*, Liverpool University Press, Liverpool 1987

Arthur, Sir George, *Life of Lord Kitchener* (3 vols.), Cosimo Classics, New York 2011

Asquith, Herbert Henry, *Memories and Reflections 1852–1927*, Cassell, London 1928

Asquith, Margot, *Autobiography*, Hardpress Publishing 2010

Bagehot, Walter, *Physics and Politics*, Ivan R. Dee, New York 1999

Banks, *A Military Atlas of the First World War*, Pen & Sword, Barnsley, South Yorkshire 2001

Barnett, Corelli, *The Great War*, BBC Books, London 2007

Becker, Jean Jacques, *The Great War and the French People* (transl. by Pomerans, Arnold), Berg Publishers, Oxford 1986

Beckett, Ian, *Ypres: The First Battle*, 1914, Pearson, London 2006

Berghahn, Volker R., *Der Tirpitz: Genesis und Verfall einer innenpolitischen Krisenstrategie unter Wilhelm II*, Droste, Düsseldorf, 1971

Bernhardi, Friedrich von, *Germany and the Next War*, BiblioLife, Charleston, South Carolina 2009

Bethmann Hollweg, Theobald von, *Reflections on the World War* (transl. by Young, George), Cornell University Library, New York, 1920

Bloch, I. S., *Is War Now Impossible?: Being an Abridgment of: The War of the Future in Its Technical, Economic & Political Relations*, Richards, London 1899

Bloem, Walter, *The Advance from Mons 1914: The Experiences of a German Infantry Officer*, Helion & Company, Solihull, Britain 2011

Bredt, Johann Victor, *Die belgische Neutralität und der Schlieffensche Feldzugsplan*, Georg Stilke, Berlin 1929

Bruun, Geoffrey, *Clemenceau*, Archon Books, North Haven, Connecticut 1968

Buckle, Richard, *Nijinsky: A Life of Genius and Madness*, Pegasus, Oakland 2012

Bülow, Bernhard von, *Memoirs of Prince Von Bülow*, Little, Brown, London 1931

Butler, Daniel Allen, *Distant Victory: The Battle of Jutland and the Allied Triumph in the First World War*, Praeger, Westport, Connecticut 2006

Butler, Daniel Allen, *The Burden of Guilt: How Germany Shattered the Last Days of Peace, Summer 1914*, Casemate Publishers, Havertown, Pennsylvania 2010

Carr, Edward, H., *What is History?* Vintage, London 1967

Carroll, E. M., *Germany and the Great Powers 1866–1914: A Study of Public Opinion and Foreign Policy*, New York, Prentice Hall, 1938

Carter, Miranda, *The Three Emperors*, Fig Tree, London 2009

Cave, Nigel and Sheldon, Jack, *Le Cateau*, Pen & Sword, Barnsley, South Yorkshire 2008

Cecil, LaMar, *Wilhelm II: Prince and Emperor, 1859–1900*, University of North Carolina Press, Chapel Hill, North Carolina 1989

Céline, Louis-Ferdinand, *Journey to the End of the Night*, Alma Classics, London 2012

Chandler, Alfred D., *Scale and Scope: The Dynamics of Industrial Capitalism*, Belknap Press of Harvard University Press 1994

Charmley, John, *Splendid Isolation? Britain and the Balance of Power 1874–1914*, Hodder & Stoughton, London 1999

Chircorp, Aldo & Lindén, Olof (eds.), *Places of Refuge for Ships: Emerging Environmental Concerns of a Maritime Custom*, Martinus Nijhoff Publishers, The Hague 2006

Churchill, W., *The World Crisis*, Thornton Butterworth, London 1927

Clark, Christopher, *The Sleepwalkers: How Europe Went to War in 1914*, Harper Collins, London 2013

Clay, Catrine, *King, Kaiser, Tsar: Three Royal Cousins Who Led the World to War*, Walker Books 2007

Foreign Office, Great Britain, *Collected Documents Relating to the Outbreak of the European War*, Cornell University Library, New York 2009

Corbett-Smith, Arthur, *The Retreat from Mons, by One Who Shared It*, Nabu Press, Charleston, South Carolina 2012

Coppard, George, *With a machine gun to Cambrai: the tale of a young Tommy in Kitchener's army 1914–1918*, H.M.S.O./Imperial War Museum, London 1969

Cowles, Virginia, *1913: The Defiant Swan Song*, Weidenfeld & Nicolson, London 1967

Cruttwell, Charles, *The Role of British Strategy in the Great War*, Cambridge University Press, Cambridge 1936

Danchev, Alex, *Cézanne: A Life*, Profile Books, London, 2012

Davignon, Henri, *Belgium*, National Home-Reading Union, London 1915

Dunn, James Churchill, *The War the Infantry Knew, 1914–1919*, P. S. King & Son, London 1938

Ekstein, Michael, 'Great Britain and the Triple Entente on the Eve of the Sarajevo Crisis', in Hinsley, F., *British Foreign Policy under Sir Edward Grey*, Cambridge University Press, Cambridge 1977

Eksteins, Modris, *Rites of Spring: The Great War and the Birth of the Modern Age*, Houghton Mifflin Harcourt, Boston 2000

Ellis, John, *Eye-Deep in Hell: Trench Warfare in World War I*, The Johns Hopkins University Press, Baltimore 1989

Ellsworth-Jones, Will, *We Will Not Fight*, Aurum Press, London 2008

Emden, Richard van, *The Soldier's War: The Great War Through Veterans' Eyes*, Bloomsbury,

London 2008

Essen, Léon Van Der, *The Invasion and the War in Belgium from Liége to the Yser*, T. Fisher Unwin, London 1917

Falls, Cyril, *The Great War 1914–1918*, Easton Press, Norwalk, Connecticut 1987

Ferguson, Niall, *The Pity of War*, Basic Books, New York 1999

Fischer, Fritz, *Germany's Aims in the First World War*, W. W. Norton & Company, New York 1968

Foch, Ferdinand, *The Memoirs of Marshal Foch*, Doubleday, Doran and Co., New York 1931

Foley, Robert, *Alfred von Schlieffen's Military Writings*, Frank Cass, London 2003

Fox, Edward Lyell, *Behind the Scenes in Warring Germany*, McBride, Nast & Company, New York 1915.

Francke, Kuno (ed.), *The German Classics of the Nineteenth and Twentieth Centuries*, German Publication Society, New York 1913–1914

Fussell, Paul, *The Great War and Modern Memory*, Oxford University Press, USA 2000

Geiss, Imanuel, *July 1914 The Outbreak of the First World War: Selected Documents*, Charles Scribner's Sons, New York 1967

Gilbert, Martin, *The First World War*, Holt Paperbacks, New York 2004

Graves, Robert, *Goodbye to All That*, Penguin, London 2000

Grey, Sir Edward, *Twenty-Five Years 1892–1916*, Hodder & Stoughton, New York 1925

Grimwood Mears, E., *The Destruction of Belgium: Germany's Confession and Avoidance*, William Heinemann, London 1916

Haig, Douglas, *The Private Papers of Douglas Haig, 1914–1919: Being selections from the private diary and correspondence of Field-Marshal the Earl Haig of Bemersyde*, Eyre & Spottiswoode, London 1952

Halsey, Francis, *The Literary Digest History of the World War*, Cosimo, New York 2009

Hamilton, Richard F. & Herwig, Holger H., *Decisions for War, 1914–1917*, Cambridge University Press, Cambridge 2004

Harris, John P., *Douglas Haig and the First World War*, Cambridge University Press, Cambridge 2009

Hašek, Jaroslav, *The Good Soldier Švejk: And His Fortunes in the World War*, Penguin Classics, London 2005

Hattersley, Roy, *The Edwardians*, St Martin's Press, New York 2005

Hendrick, Burton Jesse & Wilson, Woodrow, *The Life and Letters of W. H. Page*, Doubleday, Page & Company, New York 1922

Herwig, Holger, 'Imperial Germany', in May, Ernest R., *Knowing One's Enemies: Intelligence Assessment Before the Two World Wars*, Princeton University Press, New Jersey 1986

Herwig, Holger, *Luxury Fleet: Imperial German Navy, 1888–1918*, Allen & Unwin, London 1980

Herwig, Holger, *The Marne, 1914: The Opening of World War I and the Battle That Changed the World*, Random House Trade Paperbacks, London 2011

Hitler, Adolf, *Mein Kampf* (transl. by Manheim, Ralph), Houghton Mifflin Company, Boston 1998

Hochschild, Adam, *To End All Wars: A Story of Loyalty and Rebellion, 1914–1918*, Mariner Books, Boston 2012

Horne, Charles (ed.), *Source Records of the Great War*, Vol. II, National Alumni 1923

Hötzendorf, Conrad von, *Aus meiner dienstzeit, 1906–1918*, University of Michigan Library, Ann Arbor 1921

Hughes, Robert, *The Shock of the New*, Alfred A. Knopf, New York 1991

Huguet, Charles Julien, *Britain and the War: a French Indictment* (transl. by Minchin, Captain H. Cotton), Cassell, London 1928

Ibragimbeili, Kh. M., *Soviet Military Encyclopedia*, Mark Conrad (trans.), 1985

Jarausch, Konrad Hugo, *Enigmatic Chancellor: Bethmann Hollweg and the Hubris of Imperial Germany*, Yale University Press, New Haven, Connecticut 1973

Jenkins, Roy, *Churchill*, Pan, London 2002

Joffre, Joseph, *The Memoirs of Marshal Joffre* (transl. by Mott, Thomas Bentley), Harper & Brothers, New York 1932

Joll, James, *Europe Since 1870: An International History*, Penguin, London 1990

Joll, James and Martel, Gordon, *The Origins of the First World War*, Pearson, London 2006

Jones, Nigel, *Rupert Brooke: Life, Death and Myth*, Richard Cohen Books, London 1999

Kanner, H., *Kaiserliche Katastrophenpolitik*, Leipzig 1922

Kapos, Martha (ed.), *The Impressionists — A Retrospective*, Hugh Lauter Levin Associates, Inc., London 1991

Keegan, John, *The First World War*, Vintage, London 2000

Keiger, John, *France and the Origins of the First World War*, Palgrave Macmillan, London 1984

Keiger, John, *Raymond Poincaré*, Cambridge University Press, Cambridge 1997

Kennedy, Paul, *The Rise of the Anglo-German Antagonism 1860–1914*, Humanity Books, New York 1987

Kern, Stephen, *The Culture of Time and Space 1880–1918*, Harvard University Press, Cambridge, Massachusetts 2003

Keynes, John Maynard, *The Economic Consequences of the Peace*, Management Laboratory Press, Hamburg 2009

Kluck, Alexander von, *The March on Paris: The Memoirs of Alexander von Kluck, 1914–1918*, Frontline Books, Barnsley, South Yorkshire 2012

Knox, Sir Alfred, *With the Russian Army, 1914–1917: Being Chiefly Extracts from the Diary of a Military Attaché*, Vol. 1, Hutchinson, London 1921

Koss, Stephen, *Asquith*, Columbia University Press, New York 1984

Kuhl, Hermann Joseph von, *Der deutsche Generalstab in Vorbereitung und Durchführung des Weltkrieges*, Ulan Press, Red Lion, Pennsylvania 2012

Lenin, Vladimir Ilyich, *Collected Works*, Progress Publishers, Moscow 1976

Lichnowsky, Karl Max, *My Mission to London, 1912–1914* [the Lichnowsky Memorandum], Cassell & Co, London 1918

Lichnowsky, Karl Max, *Heading for the Abyss: Reminiscences*, Payson and Clarke, New York, 1928

Lloyd George, David, *War Memoirs of David Lloyd George* (6 vols.), Ivor Nicholson & Watson, London 1933

Lomas, David, *Mons 1914: The BEF's Tactical Triumph*, Osprey Publishing, Oxford 1997

Ludendorff, Erich (ed.), *Das Marnedrama*, Ludendorffs-Verlag 1934

Ludwig, Emil, *July 1914*, Putnam, London 1929

Ludwig, Emil, *Wilhelm Hohenzollern: The Last of the Kaisers*, AMS Press Inc, New York 1978

Lutz, H., *Die europäische politik un der Julikrise 1914* [European Policy and the July Crisis], The Reichstag Commission investigating the causes of the war, Hermann Lutz Papers, Hoover

Institution Archives, Stanford University 1930

McMeekin, Sean, *The Russian Origins of the First World War*, Harvard University Press, Cambridge, Massachusetts 2011

Mahan, Alfred Thayer, *The Influence of Sea Power Upon History, 1660–1783*, Dover Publications, Mineola, New York 1987

Manwaring, G. B., *If We Return: Letters of a Soldier of Kitchener's Army*, John Lane Company, London 1918

Margutti, Albert von, *La Tragédie des Habsbourg*, Bibl. Rhombus, Vienna 1923

Marx, Karl and Engels, Friedrich, *Collected Works of Karl Marx and Friedrich Engels, 1845–4*, Vol. 9, International Publishers, New York 1976

Massie, Robert K., *Dreadnought*, Ballantine Books, London 1992

Masterman, Charles, *The Condition of England*, Ulan Press, Red Lion, Pennsylvania 2012

May, Ernest R., *Knowing One's Enemies: Intelligence Assessment Before the Two World Wars*, Princeton University Press, New Jersey 1986

Mead, Gary, *The Good Soldier: A Biography of Douglas Haig*, Atlantic Books, London 2007

Meredith, Martin, *The State of Africa: A History of Fifty Years of Independence*, Simon & Schuster, New York 2007

Miller, S., Lynn-Jones, S., and Van Evera, S. (eds.), *Military Strategy and the Origins of the First World War*, Princeton University Press, New Jersey 1991

Moltke, Helmuth von, *Essays, Speeches, and Memoirs of Field Marshal Count Helmuth von Moltke*, Vol. 1 of 2 (Classic Reprint), Forgotten Books, Hong Kong 2012

Mombauer, Annika, *Helmuth von Moltke and the Origins of the First World War*, Cambridge University Press, Cambridge 2005

Mombauer, Annika, *The Origins of the First World War: Controversies and Consensus*, Routledge, Oxford 2002

Murray, W., Knox, A., and Bernstein, M., *The Making of Strategy: Rulers, States and War*, Cambridge University Press, Cambridge 1996

Neillands, Robin, *The Death of Glory: The Western Front 1915*, John Murray, London 2006

Neilson, Keith, *Britain and the Last Tsar: British Policy and Russia, 1894–1917*, Oxford University Press, Oxford 1995

Nesbitt, Cathleen, *A Little Love and Good Company*, Faber & Faber, London 1975

Ninčić, Momčilo, *La Crise bosniaque (1908–1909) et les puissances européennes*, Impr. R. Bussière 1937

Olson, James (ed.), *Historical Dictionary of European Imperialism*, Greenwood Publishing, Westport, Connecticut 1991

Orwell, George, 'Such, Such Were the Joys', in *The Collected Essays, Journalism and Letters*, Harcourt Trade Publishers, Boston 1971

Maximilian Ehnl Edwin Sacken (Freiherr von.), Bundesministerium für Landesverteidigung, *Österreich-Ungarns letzter Krieg 1914–1918*, Vol. 1, Verlag der Militärwissenschaftlichen Mitteilungen, Vienna 1930

Pakenham, Thomas, *The Scramble for Africa: White Man's Conquest of the Dark Continent from 1876 to 1912*, Avon Books, New York 1992

Paléologue, Maurice, *An Ambassador's Memoirs* (transl. by Holt, Frederic), George H. Doran Company, New York 2008

Payen, Fernand, *Raymond Poincaré: l'homme, le parlementaire, l'avocat*, Bernard Grasset, Paris 1936

Peck, James F., *The Studios of Paris: William Bourguereau and his American Students*, Yale University Press, New Haven, Connecticut 2006

Peden, George C., *Arms, Economics and British Strategy: From Dreadnoughts to Hydrogen Bombs*, Cambridge University Press, Cambridge 2009

Prete, Roy A., *Strategy and Command: The Anglo-French Coalition on the Western Front, 1914*, McGill-Queen's University Press, Montreal/Kingston, 2009

Putnam, William Lowell, *The Kaiser Merchant Ships in World War I*, McFarland & Co, Jefferson, North Carolina 2001

Remak, Joachim, *Sarajevo: the Story of a Political Murder*, BiblioBazaar, Charleston, South Carolina 2011

Remak, Joachim, *The First World War: Causes, conduct, consequences*, Wiley, Hoboken, New Jersey 1971

Ritter, Gerhard, *The Schlieffen Plan: Critique of a Myth*, Praeger, New York 1958

Rothenburg, Gunther, *The Army of Francis Joseph*, Purdue University Press, West Lafayette 1976

Rubin, William, *Picasso and Braque: Pioneering Cubism*, Museum of Modern Art, New York 1989

Sazonov, Sergei, *Fateful Years, 1909–1916; the Reminiscences of Serge Sazonov*, Jonathan Cape, London 1928

Schlieffen, Alfred von, *Military Writings* (transl. by Foley, Robert), Frank Cass, London 2003

Schmitt, Bernadotte Everly, *The Annexation of Bosnia, 1908–1909*, Howard Fertig, New York 1971

Schmitt, Bernadotte Everly, *The Coming of the War, 1914*, C. Scribner's sons, New York 1930

Scott, C. P., *The Political Diaries of C. P. Scott*, Wilson, Trevor (ed.), Collins, London 1970

Siebert, B. de, *Entente Diplomacy and the World: Matrix of the history of Europe, 1904–1914*, Knickerbocker Press, London 1921

Seton-Watson, Robert, *Sarajevo: A Study in the Origins of the Great War*, Hutchinson, London 1925

Shackelford, Micheal [sic], *The Black Hand: The Secret Serbian Terrorist Society*, Brigham Young University, Provo, Utah

Sheldon, Jack, *The German Army at Ypres 1914*, Pen & Sword Military, Barnsley, South Yorkshire 2010

Showalter, Walter, *Tannenberg: Clash of Empires 1914*, Potomac Books, Dulles, Virginia 2004

Simkins, Peter, *Kitchener's Army: The Raising of the New Armies 1914–1916*, Pen & Sword, Barnsley, South Yorkshire, 2007

Sladen, Douglas Brooke Wheelton, *Germany's Great Lie: The official German justification of the war exposed and criticized*, Hutchinson, London 1914

Smith, David James, *One Morning in Sarajevo: 28 June 1914*, Phoenix Press, London 2009

Sondhaus, Lawrence, *Franz Conrad von Hötzendorf: Architect of the Apocalypse*, Brill Academic Publishers, Leiden, Netherlands 2000

Sosnosky, Theodor von, *Franz Ferdinand. Der Erzherzog-Thronfolger. Ein Lebensbild*, Verlag Von R. Oldenbourg, Munich 1929

Sparrow, Geoffrey, *On Four Fronts with the Royal Naval Division*, Hodder & Stoughton, London

1918

Spears, Edward, *Liaison 1914*, Cassell, London 2001

Stallworthy, Jon (ed.), *Wilfred Owen: The War Poems*, Chatto & Windus, London 1994

Stanojević, Stanoje, *History of Bosnia and Herzegovina*, Belgrade

Stegemann, Hermann, *Geschichte des Krieges*, Deutsche Verlags-Anstalt, Munich 1918

Steinberg, Jonathan, *Bismarck: A Life*, Oxford University Press, USA 2013

Steiner, Zara, *Britain and the Origins of the First World War*, Macmillan, London 1977

Steiner and Neilson, *Britain and Origins of the First World War*, Palgrave Macmillan, London 2003

Stevenson, David, *Armaments and the Coming of War: Europe, 1904–1914*, Oxford University Press, Oxford 2000

Stevenson, David, *1914–1918: The History of the First World War*, Penguin, London 2005

Stone, Norman, *The Eastern Front: 1914–1917*, Penguin Global, USA 2004

Strachan, Hew, *The First World War*, Penguin, London 2005

Strachan, Hew, *The First World War: Volume I: To Arms*, Oxford University Press, USA 2003

Sulzberger, Cyrus Leo, *The Fall of Eagles*, Crown Publishers, New York 1977

Tabouis, Geneviève, *The Life of Jules Cambon*, Jonathan Cape, London 1938

Taube, Mikhail, *Der grossen Katastrophe entgegen. Die russische Politik der Vorkriegszeit und das Ende des Zarenreiches (1904–1917)*, K. F. Koehler, Leipzig 1937

Taylor, A. J. P., *War by Timetable: How the First World War Began*, Endeavour Press, London 2013

Taylor, A. J. P., *Habsburg Monarchy, 1809–1918: A History of the Austrian Empire and Austria-Hungary*, Penguin, London 1990

Terrain, John, *The Western Front — 1914–1918*, Pen & Sword, Barnsley, South Yorkshire 1960

Terraine, John, *Mons: The Retreat to Victory*, Pen & Sword, Barnsley, South Yorkshire 2010

Tirpitz, Alfred von, *My Memoirs*, Nabu Press, Charleston, South Carolina 2010

Treitschke, Heinrich von (transl. by Gowans, Adam), *Selections from Treitschke's Lectures on Politics*, Cornell University Library, New York 2009

Trevelyan, G. M., *Grey of Fallodon*, Longmans, London 1937

Tuchman, Barbara, *The Guns of August*, Presidio Press, New York 2004

Tyng, Sewell, *The Campaign of the Marne 1914*, Humphrey Milford, London 1935

Unruh, Fritz von, *Way of Sacrifice* (transl. by Macartney, Carlile Aylmer), Alfred A. Knopf, New York 1928

Van der Poel, John, *The Jameson Raid*, Oxford University Press, Oxford 1951

Wall, Richard and Winter, Jay, *The Upheaval of War: Family, Work and Welfare in Europe, 1914–1918*, Cambridge University Press, Cambridge 1988

Warner, Philip, *Kitchener: The Man Behind the Legend*, Hamish Hamilton, London 1985

Waterhouse, Michael, *Edwardian Requiem: A Life of Sir Edward Grey*, Biteback Publishing, London 2013

Wharton, Edith, *Fighting France: From Dunkerque to Belport*, Echo Library, Fairford, Gloucester 2006

Whitlock, Brand, *Belgium Under the German Occupation: A Personal Narrative*, William Heinemann, London 1919

Wilson, Keith, *Decision for War, 1914*, UCL Press, London 1995

Wilson, Keith, *The Policy of the Entente: Essays on the Determinants of British Foreign Policy 1904–1914*, Cambridge University Press, Cambridge 1985

Winter, Jay, *Sites of Memory, Sites of Mourning: The Great War in European Cultural History*, Cambridge University Press, Cambridge 1995

Winter, Jay, *The Great War and the British People*, Palgrave Macmillan, London 2003

Wohl, Robert, *The Generation of 1914*, Harvard University Press, Cambridge, Massachusetts 2009

Wolff, Theodor, *The Eve of 1914*, Alfred A. Knopf, New York 1936

Wolpert, S., *Morley and India, 1906–1910*, University of California Press, Berkeley 1967

Zuber, Terence, *Inventing the Schlieffen Plan: German War Planning 1871–1914*, Oxford University Press, Oxford 2010

回忆录、日记、书信、私人文件

英 国

Aitken, Martha, Diary, Private Papers of Mrs M. Withhall (née Aitken), Document 17423, Imperial War Museum, London

Benson, Arthur Christopher, Diary, Pepys Library, Magdalene College, Cambridge University

Bradbury, Edward, VC, Imperial War Museum, London

Butcher, E. S., Diary, Private Papers, Document 6344, Imperial War Museum, London

Buckle, Archibald Walter, DSO (and Three Bars), 'Pen Picture by his youngest son Lionel Buckle', 小 传, Imperial War Museum, London; and Service Records, National Archives, Kew

Cavell, Edith, 各种文件, Imperial War Museum, London

Cave-Orme, R. W., Private Papers, Document 4271 83/43/1, Imperial War Museum, London

Hodder, H. G. 'Bim', Letters in *The Pelican* (1914), 校刊, The Perse School, Cambridge

Lloyd-Burch, David, Private Papers, Document 1423 87/26/1, Imperial War Museum, London

Naylor, Jim, Private Papers, Document 2352 86/21/1, Imperial War Museum, London

Nelson, David, VC, 'Account of the Practical Annihilation of "L" Battery, Royal Horse Artillery, at Nery, Oise, on 1st Septr, 1914', 私人回忆；以及 'The Victoria Cross', in O'Moore, Creagh & Humphris, E. M., The Times History of the War — VC Supplement, Imperial War Museum

Owen, Rowland Hely, Private Papers, Document 748, Imperial War Museum, London

Tisdall, Arthur, VC, 'RND Personality', extract from a report by Heald, David, in *The Gallipolian*, No. 71 (Spring 1973), pp. 634–640; 另见：Tisdall, Arthur, Private Papers, Document 82/3049, Imperial War Museum, London

West, W. F., 'Experiences whilst Prisoner of War in Germany From August 1914 till December 1918', Private Papers, Document 1767 92/10/1, Imperial War Museum, London

Wollocombe, T. S., Private Papers, Document 130 89/7/1, Imperial War Museum, London

法 国

Benoit, Charles, 一名反军国主义者 Charles Benoit 的警方报告, File B-a 1694, Archive Centre of the Police Prefecture of Paris. 另见：www.maitron.org

Clément, Raymond, 'Brancardiers, bras cassés!', Journal, Aug-Dec 1914, Service Historique de la Défense de Vincenne

Dazin, Bernardine, 'Récit d'une femme sous l'occupation allemande en Picardie', Journal, Aug-Dec 1914, 1 réference, inventaire physique 047829, Museum of the Great War, Péronne

Marie Dubois (née Delabre), Letters, Aug 1914-April 1915, 139 réferences, inventaire physique — une sélection de 043062 à 043470, Museum of the Great War, Péronne

Fossey, Emile, 'Souvenirs de guerre 1914-1918', Journal, Aug 1914-April 1915, 1 réference, inventaire physique 033157, Service Historique de la Défense de Vincenne

Leroi, Maurice, Letters, Golden Book (extract) and Death Notification, Aug-Dec 1914, Service Historique de la Défense de Vincenne

Michel, Marie and Henri, Letters and Journal, Aug-Nov 1914, Museum of the Great War, Péronne

Trichereau, Jérémie, Letters, Aug-Dec 1914, 68 réferences, inventaire physique — une sélection de 068686 à 068763, Museum of the Great War, Péronne

Unknown Woman, 'Letter to Loup — A Letter for Louis Bally', Letter, 29 Aug 1914, Museum of the Great War, Péronne

德 国

Baumann, Hermann, 'War Diary, 1914-1916' (ed. Magdalena Huck; transl. by Grieswelle, Martha, née Baumann), Document 300,10/collection military history, number 177, Archive Bielefeld, North-Rhine Westphalia

Delius, Walter, 'Kriegserinnerungen [war memories] 1914-1918,' *Collated from letters and diary entries*, Document 300,5/HgB, number 8, Archive Bielefeld, North-Rhine Westphalia

Krause, Ludwig Johann Eduard, *Diary*, Document 161, City Archive, Rostock

Meyersiek, Pastor, *Letters to the soldiers*, Document 300, 10/collection military history, number 339, Archive Bielefeld, North-Rhine Westphalia

Oetjen, Hinrich, *War Diary*, August 1914-May 1915, Document 7500-291, State Archive, Bremen

Schulze Smidt, Arthur, *War Diaries*, Booklet I-V (1914-1915), State Archive, Bremen

Unknown soldier, extract, 'Battle of Ypres [1914]', *Diary*, Document 300, 10/collection military history, number 231, Archive Bielefeld, North-Rhine Westphalia

Unknown soldiers, *Field postcards home*, Document 300, 10/collection military history, numbers 88, 331, Archive Bielefeld, North-Rhine Westphalia

电子文献

电子化的学术期刊/研究论文：

The CEDIAS, Centre d'Etudes, de Documentation, d'Information et d'Action Sociale, Paris: http://www.cedias.org

JSTOR: http://www.jstor.org

Oxford University Press (Journals): http://www.oxfordjournals.org

Sage: http://www.sagepublications.com

Wiley Online: http://onlinelibrary.wiley.com

Autograph Letter Collection: Women's Suffrage, The National Archives, Britain: http://www. nationalarchives.gov.uk/a2a/records.aspx?cat=106-901&cid=1035#1035

Asquith, Herbert, 'The war, its causes and its messages': Five speeches by the Prime Minister, August-October 1914:

HANSARD 1803-2005

Summary information for Mr Herbert Asquith

People (A): http://hansard.millbanksystems.com/people/a

The Bryce Report: http://avalon.law.yale.edu/20th_century/brycere.asp

Crowe, E., Memorandum on the present state of relations with France and Germany, British Documents on the Origins of the War, Vol. III, 'The Testing of the Entente': http://tmh. floonet.net/pdf/eyre_crowe_memo.p

The German Naval Programme, 1912-1913: http://www.manorhouse.clara.net/book3/chapter17. htm

Gooch, G. P. and Temperley, H. (eds.), *British Official Documents on the Origins of the War*, His Majesty's Stationery Office, London 1928. 另见：http://www.gwpda.org/

The Hague Convention 1907: http://www.icrc.org/applic/ihl/ihl.nsf/Treaty.xsp?documentId=4D47 F92DF3966A7EC12563CD002D6788&action=openDocument

Hansard, British Parliamentary Debates: http://hansard.millbanksystems.com/sittings/1910s

Harrach, Count Franz von, 'Memoir of assassination of Archduke Franz Ferdinand', cited in: http://www.firstworldwar.com/source/harrachmemoir.htm

Hemphill, Alexander J., *Belgium under the surface*, The Commission for Relief in Belgium [1914-1918]: http://digital.library.wisc.edu/1711.dl/History.BelSurface

Meurer, Christian & Mayence, Fernand, 'The Blame for the Sack of Louvain' Current History, Vol. 28, No. 4. (July 1928), pp. 556-571: http://net.lib.byu.edu/estu/wwi/PDFs/Sack%20 of%20Louvain.pdf

Passelecq, Fernand, 'The Sincere Chancellor' (an analysis of the interview between the British Ambassador Sir Edward Goschen and the German Chancellor, Theobald von Bethmann-Hollweg on 4 August 1914), *Nineteenth Century and After*, 1917, University of North Carolina Press, Open Library: http://archive.org/details/sincerechancello00pass

Wils, Eric, *The (63rd) Royal Naval Division — Sailors in the First World War Trenches* (transl. by Blokland, Guido): http://www.wereldoorlog1418.nl/RND-Royal-Naval-Division/index.html

Smith, J. Taylor, *The war. Our sailors and soldiers: the Chaplain-General's call for mid-day prayer*, Society for Propagating Christian Knowledge, 1914-1918: http://digital.library.wisc. edu/1711.dl/History.ChapGenPray

Wadstein, Elis, *Joseph Bédier's 'crimes allemands'*, A. Kroch & Co., 1916: The German testimonials about German atrocities: http://digital.library.wisc.edu/1711.dl/History.Wadstein

WWI Document Archive: http://wwi.lib.byu.edu/index.php/Main_Page-follow links to:

— The Haig Debate:

Phillips, Gervase, Haig: The Great Captain, 1998

Miller, George, Haig: Was He a Great Captain? 1996

— Herbert, Aubrey, Mons, ANZAC & Kut, Hutchinson & Co, London 1919, extract published on WWI archive: http://net.lib.byu.edu/estu/wwi/memoir/Mons/mons.htm

— 国家外交沟通记录：*The Belgian Grey Book, The French Yellow Book, The German White Book, The Russian Orange Book, The Serbian Blue Book, The Austro-Hungarian Red Book,*

另见：http://www.gwpda.org/

— Pratt, Edwin A. *The Rise of Rail-Power in War and Conquest* [extract]

— Rawes, Edward, October 1999: A Chronology of the Mediation Attempts in July 1914

— 导致战争的事件时间线：http://wwi.lib.byu.edu/index.php/Timeline_of_Events

— 威廉二世的战争演讲——1914 年 8 月 1 日的皇宫阳台演讲：http://wwi.lib.byu.edu/index.php/Wilhelm_II%27s_War_Speeches

— 威利-尼基电报：http://wwi.lib.byu.edu/index.php/The_Willy-Nicky_Telegrams

随笔、文章和研究论文

Andrew, Christopher, 'France and the Making of the Entente Cordial', *The Historical Journal*, 10 (1), (1967), pp. 89–105

Coogan, John W. & Coogan, Peter F., 'The British Cabinet and the Anglo-French Staff Talks, 1905–1914: Who Knew What and When Did He Know It?', *The Journal of British Studies*, 24 (1), (January 1985), pp. 110–131

Cosgrove, Richard A., 'A Note on Lloyd George's Speech at the Mansion House, 21 July 1911', *The Historical Journal*, 12 (1969)

Crockaert, Jacques, 'L'Ultimatum allemand du 2 août 1914', *Le Flambeau 5*, No. 3 (March 1922), pp. 307–330

Curtis, V.J., 'Understanding Schlieffen,' *The Army Doctrine and Training Bulletin 6*, No. 3 (2003)

Doughty, Robert A., 'French Strategy in 1914: Joffre's Own', *The Journal of Military History*, Vol. 67, No. 2 (April 2003), Society for Military History, pp. 427–454

Ekstein, Michael, 'Some Notes on Sir Edward Grey's Policy in July 1914', *The Historical Journal*, Vol. 15, No. 2 (June 1972), Cambridge University Press, pp. 321–324

Ekstein, Michael, 'Sir Edward Grey and Imperial Germany in 1914', *Journal of Contemporary History*, Vol. 6, No. 3 (1971), Sage Publication, pp. 121–131

Farrar, L. L., 'The Limits of Choice: July 1914 Reconsidered', *The Journal of Conflict Resolution*, Vol. 16, No. 1 (March 1972), Sage Publications, pp. 1–23

Fay, Sidney Bradshaw, 'New Light on the Origins of the World War I. Berlin and Vienna, to July 29', *The American Historical Review*, Vol. 25, No. 4 (July 1920), Oxford University Press on behalf of the American Historical Association, pp. 616–639

Ferguson, Niall, 'Germany and the Origins of the First World War: New Perspectives', *The Historical Journal*, Vol. 35, No. 3 (September 1992), Cambridge University Press, pp. 725–752

French, John Denton Pinkstone, *The Despatches of Sir John French*, Chapman & Hall, London 1914

Friedberg, Aaron L., 'Britain and the experience of relative decline, 1895–1905', *Journal of Strategic Studies*, 10 (3), (September 1987), pp. 331–362

Foley, Robert, 'Preparing the German Army for the First World War: The Operational Ideas of Alfred von Schlieffen and Helmuth von Moltke the Younger', *War & Society*, Vol. 22, No. 2 (Oct 2004), University of New South Wales

Foley, Robert, 'The Real Schlieffen Plan', *War in History*, Vol. 13, Issue 1 (2006), pp. 91–115

Gilbert, Bentley B., 'Pacifist to Interventionist: David Lloyd George in 1911 and 1914. Was Belgium an Issue?', *The Historical Journal*, Vol. 28, No. 4 (December 1985), Cambridge

University Press, pp. 863–885

Hale, Frederick A., 'Fritz Fischer and the Historiography of World War One', *The History Teacher*, Vol. 9, No. 2 (February 1976), Society for History Education, pp. 258–279

Hamilton, Keith A., 'The "Wild Talk" of Joseph Caillaux: A Sequel to the Agadir Crisis', *The International History Review*, Vol. 9, No. 2 (May 1987), Taylor & Francis, pp. 195–226

Herwig, Holger, 'From Tirpitz plan to Schlieffen plan: Some observations on German military planning', *Journal of Strategic Studies*, 9 (1), (March 1986), pp. 53–63

Herwig, Holger, 'Germany and the "Short-War" Illusion: Toward A New Interpretation?', *The Journal of Military History*, Vol. 66, No. 3 (July 2002)

Imlay, Talbot C., 'The Origins of the First World War', *The Historical Journal*, Vol. 49, No. 4 (December, 2006), Cambridge University Press, pp. 1253–1271

Jarausch, Konrad, 'Revising German History: Bethmann Hollweg Revisited', *Central European History*, Vol. 21, No. 3 (September 1988), Cambridge University Press, pp. 224–243

Jarausch, Konrad, 'The Illusion of Limited War: Chancellor Bethmann Hollweg's Calculated Risk, July 1914', *Central European History*, Vol. 2, No. 1 (March 1969), Cambridge University Press on behalf of Conference Group for Central European History of the American Historical Association, pp. 48–76

Judah, Tim, 'The Serbs: The Sweet and Rotten Smell of History', *Daedalus*, Vol. 126, No. 3, A New Europe for the Old? (Summer 1997), The MIT Press, pp. 23–45

Kaiser, David E., 'Germany and the Origins of the First World War', *The Journal of Modern History*, Vol. 55, No. 3 (September 1983), The University of Chicago Press, pp. 442–474

Kann, Robert, 'Emperor William II and Archduke Francis Ferdinand in Their Correspondence', *The American Historical Review*, Vol. 57, No. 2 (January 1952), Oxford University Press on behalf of the American Historical Association, pp. 323–351

Kennedy, Paul, 'Idealists and Realists: British Views of Germany, 1864–1939', *Transactions of the Royal Historical Society*, 5 (25), (1975), pp. 137–156

Kerensky, Alexander, 'Izvolsky's Personal Diplomatic Correspondence', *The Slavonic and East European Review*, Vol. 16, No. 47 (January 1938)

Langdon, John W., 'Emerging from Fischer's Shadow: Recent Examinations of the Crisis of July 1914', *The History Teacher*, Vol. 20, No. 1 (November 1986), Society for History Education, pp. 63–86

Lewis, John, 'Conrad in 1914', *The Polish Review*, Vol. 20, No. 2/3, Joseph Conrad: Commemorative Essays: The Selected Proceedings of the International Conference of Conrad Scholars, 1974 (1975), University of Illinois Press on behalf of the Polish Institute of Arts & Sciences of America, pp. 217–222

Lingelbach, William E. [Untitled], *The American Historical Review*, Vol. 39, No. 2 (January 1934), Oxford University Press on behalf of the American Historical Association, pp. 333–335

Lyon, James M.B., '"A Peasant Mob": The Serbian Army on the Eve of the Great War', *The Journal of Military History*, Vol. 61, No. 3 (July 1997), Society for Military History, pp. 481–502

Neilson, Keith, 'My Beloved Russians', *The International History Review*, Vol. 9, No. 4 (November 1987)

Röhl, J. C. G., 'Admiral von Müller and the Approach of War, 1911–1914', *The Historical*

Journal, Vol. 12, No. 4 (December 1969), Cambridge University Press, pp. 651–673

Remak, Joachim, '1914 — The Third Balkan War: Origins Reconsidered', *The Journal of Modern History*, Vol. 43, No. 3 (September 1971), The University of Chicago Press, pp. 353–366

Schmitt, Bernadotte E., 'Triple Alliance and Triple Entente, 1902–1914', *The American Historical Review*, Vol. 29, No. 3 (April 1924), Oxford University Press, pp. 449–473

Schmitt, Bernadotte E., 'The Origins of the War of 1914', *The Journal of Modern History*, Vol. 24, No. 1 (March, 1952), The University of Chicago Press, pp. 69–74

Schmitt, Bernadotte E., 'July 1914: Thirty Years After', *The Journal of Modern History*, Vol. 16, No. 3 (September 1944), The University of Chicago Press, pp. 169–204

Schmitt, Bernadotte E., 'July 1914 Once More', *The Journal of Modern History*, Vol. 13, No. 2 (June 1941), The University of Chicago Press, pp. 225–236

Schmitt, Bernadotte E., 'The First World War, 1914–1918', *Proceedings of the American Philosophical Society*, Vol. 103, No. 3 (June 15, 1959), American Philosophical Society, pp. 321–331

Smith, Jeffrey R., 'The Monarchy versus the Nation: The "Festive Year" 1913 in Wilhelmine Germany', *German Studies Review*, Vol. 23, No. 2 (May 2000)

Stevenson, David, 'War by Timetable? The Railway Race before 1914', *Past & Present*, No. 162 (February 1999), Oxford University Press on behalf of the Past and Present Society, Oxford, pp. 163–194

Stevenson, David, 'Battlefield or Barrier? Rearmament and Military Planning in Belgium, 1902–1914', *The International History Review*, Vol. 29, No. 3 (September 2007), Taylor & Francis, pp. 473–507

Stone, Norman, 'Hungary and the Crisis of July 1914', *Journal of Contemporary History*, Vol. 1, No. 3, 1914 (July 1966), Sage Publications, pp. 153–170

Stone, Norman, 'Moltke-Conrad: Relations between the Austro-Hungarian and German General Staffs, 1909–1914', *The Historical Journal*, Vol. 9, No. 2 (1966), Cambridge University Press, pp. 201–228

Stowell, Ellery C. [Untitled], *The American Historical Review*, Vol. 21, No. 3 (April 1916), Oxford University Press on behalf of the American Historical Association, pp. 596–600

Swallow, Douglas Muir, 'Transitions in British Editorial Germanophobia 1899–1914: A Case Study of J. L. Garvin, Leo Maxse and St. Loe Strachey', *Open Access Dissertations and Theses*, Paper 619, 1980.

Taylor, A. J. P., 'Accident Prone, or What Happened Next', *The Journal of Modern History*, Vol. 49, No. 1 (March 1977), The University of Chicago Press, pp. 1–18

Taylor, A. J. P. [Untitled], *The English Historical Review*, Vol. 69, No. 270 (January 1954), Oxford University Press, pp. 122–125

Tomaszewski, Fiona, 'Pomp, Circumstance, and Realpolitik: The Evolution of the Triple Entente of Russia, Great Britain, and France', *Jahrbücher für Geschichte Osteuropas*, Neue Folge, Bd. 47, H. 3 (1999), Franz Steiner Verlag, pp. 362–380

Trumpener, Ulrich, 'War Premeditated? German Intelligence Operations in July 1914', *Central European History*, Vol. 9, No. 1 (March 1976), Cambridge University Press, pp. 58–85

Turner, L.C.F., 'The Russian Mobilization in 1914', *Journal of Contemporary History*, Vol. 3, No. 1 (Jan., 1968), Sage Publications, pp. 65–88

Valone, Stephen, 'There Must Be Some Misunderstanding: Sir Edward Grey's Diplomacy of August 1, 1914', *Journal of British Studies*, Vol. 27, No. 4 (October 1988), Cambridge University Press, pp. 405–424

Wank, Solomon, 'Desperate Counsel in Vienna in July 1914: Berthold Molden's Unpublished Memorandum', *Central European History*, Vol. 26, No. 3 (1993), Cambridge University Press on behalf of Conference Group for Central European History of the American Historical Association, pp. 281–310

Wegerer, Alfred von, 'The Russian Mobilization of 1914', *Political Science Quarterly*, Vol. 43, No. 2 (June 1928), The Academy of Political Science, pp. 201–228

Wesseling, H. L., 'Commotion at the Sorbonne: The Debate on the French University, 1910–1914', *European Review*, 9 (2001)

Williamson Jr, Samuel R., 'Influence, Power, and the Policy Process: The Case of Franz Ferdinand, 1906–1914', *The Historical Journal*, Vol. 17, No. 2 (June 1974), Cambridge University Press, pp. 417–434

Williamson Jr, Samuel R., 'German perceptions of the Triple Entente after 1911', *Foreign Policy Analysis*, Vol. 7, Issue 2 (April 2011), Wiley Online Library, pp. 205–214

Williamson Jr, Samuel R., 'The Reign of Sir Edward Grey as British Foreign Secretary', *The International History Review*, Vol. 1, No. 3 (July 1979), Taylor & Francis, pp. 426–438

Williamson Jr, Samuel R., 'The Origins of World War I', *The Journal of Interdisciplinary History*, Vol. 18, No. 4 (The Origin and Prevention of Major Wars, Spring 1988), The MIT Press, pp. 795–818

Williamson Jr, Samuel R. & May, Ernest R., 'An Identity of Opinion: Historians and July 1914', *The Journal of Modern History*, Vol. 79, No. 2 (June 2007), The University of Chicago Press, pp. 335–387

Wilson, Keith, 'The Foreign Office and the "Education" of Public Opinion before the First World War', *The Historical Journal*, Vol. 26, No. 2 (June 1983), Cambridge University Press, pp. 403–411

报纸杂志

Action Française, March 1913–July 1914（法国报纸）

The Bystander, September 1914（英国杂志）

Czernowitz Allgemeine Zeitung, August 1914（乌克兰切尔诺夫策的德语报纸）

Der Bauernbündler, 1 August 1914（奥地利南部农民联合会机关报）

Daheim, August-September 1914（德国报纸）

Daily Express, 1914

Daily Mail, 1914

Daily Mirror, 1914

Die Neue Zeitung, July-August 1914（德国和奥地利报纸）

Évolution, October 1933（法国期刊）

Le Figaro, 1912–1914（法国报纸）

L'Humanité, 1914（法国报纸）

The Literary Digest, 1912（英国杂志）

The Manchester Guardian, 1912–1914（以及不同年份的 *The Guardian*）

Le Matin, 1914（法国报纸）

Marburger Zeitung, August 1914（马尔堡市报纸）

Oesterreichische Volkszeitung, July-August 1914（奥地利报纸）

Paris-Midi, March 1913–July 1914（法国报纸）

Pester Lloyd, 1914（布达佩斯报纸）

Le Petit Parisien, 1914（法国报纸）

Le Temps, March 1913–July 1914（法国报纸）

The Times, 1912–1914（以及不同年份的）

Wiener Zeitung, 1914（维也纳报纸）

Wolff Bureau, 1914（德国通讯社）

译名对照表

British Somaliland 英属索马里兰
British War Office 英国陆军部
Brockway，Fenner 芬纳·布罗克韦
Broodseinde 布罗德辛德
Brooke，Rupert 鲁珀特·布鲁克
　　The Soldier《士兵》
Bruce 布鲁斯
Brussels 布鲁塞尔
Brusilov，General 布鲁西洛夫将军
Bruun，Geoffrey 杰弗里·布鲁恩
Bryce，James 詹姆斯·布赖斯子爵
Bryce Report《布赖斯报告》
Buchan，John 约翰·巴肯
Buchanan，George 乔治·布坎南
Buckingham Gate 白金汉门
Bug 布格河
Bulgaria 保加利亚
Bülow，Bernhard von 伯恩哈德·冯·比洛
Bülow，General Karl von 卡尔·冯·比洛将军
Burns，John 约翰·伯恩斯
Burton，Stephen 斯蒂芬·伯顿
Butcher，E. S. E. S. 布彻

Čabrinović，Nedeljko 内德利科·查布里诺维奇
Cadogan 卡多根
Caillaux，Henriette 亨丽埃特·卡约
Caillaux，Joseph 约瑟夫·卡约
Colmar 科尔马
Calmette，Gaston 加斯东·卡尔梅特
Cambon，Jules 儒勒·康邦
Cambon，Paul 保罗·康邦
Cambrai 康布雷
Cambrésis 康布雷西
Campbell-Bannerman，Henry 亨利·坎贝尔-班纳曼
Campenon，General Jean-Baptiste 让-巴蒂斯特·康珀农
Cape Colony 开普殖民地
Capelle，Eduard von 爱德华·冯·卡佩勒
Caprivi，Leo von 莱奥·冯·卡普里维
Carbonari 烧炭党
Castagnary，Jules 儒勒·卡斯塔纳里

Casteau 卡斯托
Cave-Orme，Rupert William 鲁珀特·威廉·凯夫-奥姆
Cavell，Edith 伊迪丝·卡维尔
Cavendish 卡文迪什
Céline，Louis-Ferdinand 路易-费迪南·塞利纳
　　Journey to the End of the Night《长夜行》
Cézanne，Paul 保罗·塞尚
Chadwick，James 詹姆斯·查德威克
Chamberlain，Joseph 约瑟夫·张伯伦
Chamberlain，Neville 内维尔·张伯伦
Charleroi 沙勒罗瓦
Châttilon-sur-Seine 塞纳河畔沙蒂永
Chesterton，G. K. G. K. 切斯特顿
Christmas Day truce 圣诞节休战
Churchill，Winston 温斯顿·丘吉尔
Ciganović，Milan 米兰·齐加诺维奇
Cincinnatus 辛辛纳图斯
Clark，Christopher 克里斯托弗·克拉克
Clemenceau，Georges 乔治·克列孟梭
Clément，Raymond 雷蒙·克莱芒
Clouting，Ben 本·克劳廷
Cocteau，Jean 让·科克托
Coe Fen 科芬
Coldstream Guards 冷溪卫队
Colonial Corps 殖民地军
colonial rivalry 殖民竞争
Committee of Imperial Defence (CID) 帝国国防委员会
Committee of Union and Progress 统一与进步委员会
Compiègne 贡比涅
Conan Doyle，Arthur 亚瑟·柯南·道尔
Congo，French 法属刚果
Congress of Berlin 柏林会议
Congress of Vienna 1878 1878年维也纳会议
Congreve，Brigadier General Walter 沃尔特·康格里夫准将
Conrad，Joseph 约瑟夫·康拉德
　　Heart of Darkness《黑暗之心》
Conrad von Hötzendorf，Count Franz 弗朗茨·康拉德·冯·赫岑多夫伯爵
Cons la Grand Ville 孔拉格朗维尔

Hartwig, Nicholas 尼古拉·哈特维希

Hastière 阿斯蒂耶尔

Hattersley, Roy 罗伊·哈特斯利

Hausen, General Max von 马克斯·冯·豪森将军

Hawke 霍克

Heeringen, August von 奥古斯特·冯·黑林根

Heeringen, General Josias von 约西亚斯·冯·黑林根将军

Heligoland 黑尔戈兰岛

Hentsch, Lt Colonel Richard 里夏德·亨奇中校

Herbert，A. P. A. P. 赫伯特

Herbert，Lt Aubrey 奥布里·赫伯特中尉

Herbestal 赫伯斯塔尔

Herbette, Maurice 莫里斯·埃尔贝特

Herwig, Holger 霍尔格·赫维希

Heym, George 格奥尔格·海姆

Hindenburg, Paul von Beneckendorf und 保罗·冯·贝内肯多夫和冯·兴登堡

Hitler, Adolf 阿道夫·希特勒
Mein Kampf《我的奋斗》

Hochschild, Adam 亚当·霍赫希尔德

Hodder, Corporal 霍德下士

Hoffmann，Max 马克斯·霍夫曼

Hohenfinow 霍恩菲诺

Hohenzollern“霍亨索伦号”

Hollebeke 霍勒贝克

Hollinghurst, Alan 阿兰·霍林赫斯特
The Stranger's Child《陌生人的孩子》

Holmes，Lance Corporal Fred 弗雷德·霍姆斯准下士

Holstein, Friedrich von 弗里德里希·冯·荷尔施泰因

Holtzendorff，Henning von 亨宁·冯·霍尔岑多夫

Home Guard 国土防卫军

Hornby，Captain 霍恩比上尉

House，Colonel E. M. E. M. 豪斯上校

Howard, Michael 迈克尔·霍华德

Hoyos，Count Alexander von 亚历山大·冯·奥约斯伯爵

Hughes，Robert 罗伯特·休斯

Huguet, Victor 维克托·于盖

Hunter, Jack 杰克·亨特

Hunter, Jim 吉姆·亨特

Huy 于伊

Ilić，Danilo 达尼洛·伊利奇

Imperialism 帝国主义

Imperial Railway Office 帝国铁路部

Impressionists 印象派画家

Invincible“无敌号”

Isonzo 伊松佐河

Istria 伊斯特拉半岛

Italy 意大利

Itchen Abbas 伊钦阿巴斯

Ivanov，General Nikolay 尼古拉·伊万诺夫将军

Izvolsky，Alexander 亚历山大·伊兹沃尔斯基

Jagow，Gottlieb von 戈特利布·冯·雅戈

James，Henry 亨利·詹姆斯

Jameson, Leander Starr 利安德·斯塔尔·詹姆逊

Japan 日本

Jarausch，Konrad 康拉德·贾劳施

Jaurès，Jean 让·饶勒斯

Jellicoe, Admiral Sir John 海军上将约翰·杰利科爵士

Jevtic, Borijove 博里约韦·耶夫蒂奇

Joffre, General Joseph 约瑟夫·霞飞将军

Joll，James 詹姆斯·乔尔

Joncherey 容舍雷

Jonnart, Charles 夏尔·若纳尔

Journal des Sciences Militaires《军事科学杂志》

Journal des Transports《交通日报》

Jovanovic, Jovan 约万·约万诺维奇

Judah, Tim 蒂姆·朱达

'July Crisis' 七月危机

Kailer, Rear Admiral Karl von 冯·凯勒海军少将

Kaiser Frederick III 德皇腓特烈三世

Kaiser Wilhelm I 德皇威廉一世

Metternich, Paul Wolff 保罗·沃尔夫·梅特涅

Metz 梅斯

Metzer 梅策尔

Meurthe 默尔特河

Meurthe-et-Moselle 默尔特-摩泽尔省

Meuse River 默兹河

Meyersiek, Pastor 迈尔西克牧师

Michel, Henri and Marie 亨利和玛丽·米歇尔

Michel, General Victor 维克托·米歇尔将军

Middlesex Regiment 米德尔塞克斯团

Midsummer Common 仲夏公地

militarism 军国主义

Millerand, Alexandre 亚历山大·米勒兰

Milovanović 米洛瓦诺维奇

Milton, Private H. J. 二等兵 H. J. 米尔顿

Minden 明登

Mišar 米萨尔

Mitrovitsa 米特罗维察

Moeller van den Bruck, Arthur 阿图尔·默勒·范登布鲁克

Molden, Berthold 贝特霍尔德·莫尔登

Moltke, Helmuth von (the Elder) 老赫尔穆特·冯·毛奇

Moltke, Helmuth von (the Younger) 小赫尔穆特·冯·毛奇

Monet, Claude 克洛德·莫奈

Mons 蒙斯

Mons-Conde Canal 蒙斯-孔代运河

Montenegro 黑山

Monthois 蒙图瓦

Montmartre 蒙马特

Morhange 莫朗日

Morley, John 约翰·莫利

Morning Post《晨邮报》

Morocco 摩洛哥

Moselle 摩泽尔河

Mulhouse 米卢斯

Müller, Admiral Georg von 格奥尔格·冯·米勒海军上将

Murad V 穆拉德五世

Murray, Sir Archibald 阿奇博尔德·默里爵士

Murry, John Middleton 约翰·米德尔顿·默里

Namur 那慕尔

Nancy 南锡

Napoleon 拿破仑

Napoleonic Wars 拿破仑战争

Narodna Odbrana 民族自卫组织

Natal 纳塔尔

National Insurance Bill《国民保险法案》

National Review《国家评论》

Navy League 海军联盟

Naylor, Jim 吉姆·奈勒

Nazism 纳粹主义

Neidenburg 奈登堡

Nelson 纳尔逊

Nelson, Sergeant David 戴维·纳尔逊中士

Nemanja, Rastko (St Sava) 拉斯特科·尼曼雅（圣萨瓦）

Nemanja, Stefan 斯特凡·尼曼雅

Nemanjic dynasty 尼曼雅王朝

Néry 内里

Neufchâteau 讷沙托

Newbolt, Sir Henry 亨利·纽博尔特爵士

　　Vitaï Lampada《生命的火炬》

Nicholson, Sir William 威廉·尼科尔森爵士

Nicolson, Sir Arthur 阿瑟·尼科尔森爵士

Niemen 尼曼河

Nieuport 尼乌波特

Nietzsche 尼采

Nijinsky, Vaslav 瓦斯拉夫·尼金斯基

Nikolaevich, Grand Duke Nikolay 尼古拉·尼古拉耶维奇大公

Ninčić 宁契奇

Niš 尼什

Nonnesbosschen 修女树林

Northcliffe, Lord 诺思克利夫勋爵

North German Confederation 北德意志邦联

Norwich 诺里奇

Novibazar 新帕扎尔

Novo Georgievsk 新格奥尔吉耶夫斯克

Noyon 努瓦永

Obljaj 奥伯拉尔

Obourg 奥堡

Obrenovich 奥布雷诺维奇

Obruchev，General Nikolai 尼古拉·奥布鲁切夫将军

Oestinghausen 厄斯廷豪森

Oetjen，Private Hinrich 二等兵欣里希·厄特延

Oise 瓦兹河

Omdurman 恩图曼

Orange Free State 奥兰治自由邦

Orczy，Emma 艾玛·奥西兹

Order of the White Feather 白羽毛社

Orlov，Alexei 阿列克谢·奥尔洛夫

Orlov，Princess Olga 奥尔加·奥尔洛娃公爵夫人

Orlov，Prince Vladimir 弗拉基米尔·奥尔洛夫公爵

Orwell，George 乔治·奥威尔

Ostend 奥斯坦德

Ostrołęka 奥斯特罗文卡

Otavi Mining and Railway Company 奥塔维矿业和铁路公司

Ottley，Sir Charles 查尔斯·奥特利爵士

Ottoman Empire 奥斯曼帝国

Owen，Wilfrcd 威尔弗雷德·欧文
  Anthem for Doomed Youth《青春挽歌》
  Dulce et Decorum Est《美好且光荣》

Oxford and Bucks Light Infantry 牛津郡和白金汉郡轻步兵团

Paču，Dr Lazar 拉扎尔·帕丘博士

Page，W. H. W. H. 佩奇

Pakenham，Thomas 托马斯·帕克纳姆
  The Scramble for Africa《瓜分非洲》

Pal Battalions 伙伴营

Paléologue，Maurice 莫里斯·帕莱奥洛格

Pall Mall Gazette《蓓尔美尔公报》

Pan-German League 泛德意志联盟

Pan-German movement 泛德意志运动

Pannonian Plain 潘诺尼亚平原

Pan-Slavism 泛斯拉夫主义

Panther gunboat "豹号" 炮舰

Pappenheim，Dr Martin 马丁·帕彭海姆医生

Parade's End《队列之末》

Parkers Piece 帕克公园

Parliament Act of 1911《1911 年议会法》

Parliamentary Recruiting Committee 议会征兵委员会

Parr，Private John 二等兵约翰·帕尔

Pasha，Hussein Nazim 侯赛因·纳泽姆帕夏

Pašić，Nikola 尼古拉·帕希奇

Passchendaele 帕斯尚尔

Patriotism 爱国主义

Pau，General Paul 保罗·波将军

Paulus，Friedrich 弗里德里希·保卢斯

Pease，Jack 杰克·皮斯

Péguy，Charles 夏尔·贝玑

Pélissier 佩利西耶

Péronne 佩罗讷

Pcrry，C. C. C. C. 佩里

Petersburskii kurier《彼得堡快报》

Pfeffer，Judge 普费弗法官

Pfemfert，Franz 弗朗茨·普费姆弗特

Philippeville 菲利普维尔

Picardy 皮卡第

Picasso，Pablo 帕勃罗·毕加索

Piemont《皮埃蒙特》

Pissarro，Camille 卡米耶·毕沙罗

Plan XVI 第十六号计划

Plan XVII 第十七号计划

Plummer，Mary 玛丽·普卢默

Poincaré，Henri 亨利·庞加莱

Poincaré，Raymond 雷蒙·普恩加莱

Poland 波兰

Polygon Wood 多边形树林

Popovic，Rade 拉德·波波维奇

Popović，Cvjetko 茨维特科·波波维奇

Portland 波特兰岛

Posen 波森

Potiorek，General Oskar 奥斯卡·波蒂奥雷克将军

Pourtalès，Count Heinrich von 弗里德里希·冯·普塔莱斯伯爵

Pratt，Edwin 埃德温·普拉特

Précigné 普雷西涅

Prince Heinrich 海因里希亲王

Prince Rupprecht 鲁普雷希特亲王

Princip，Gavrilo 加夫里洛·普林西普

"方尖碑"书系

第三帝国的兴亡：纳粹德国史
　　　　［美国］威廉·夏伊勒

柏林日记：二战驻德记者见闻，1934—1941
　　　　［美国］威廉·夏伊勒

第三共和国的崩溃：一九四〇年法国沦陷之研究
　　　　［美国］威廉·夏伊勒

新月与蔷薇：波斯五千年
　　　　［伊朗］霍马·卡图赞

海德里希传：从音乐家之子到希特勒的刽子手
　　　　［德国］罗伯特·格瓦特

威尼斯史：向海而生的城市共和国
　　　　［英国］约翰·朱利叶斯·诺里奇

巴黎传：法兰西的缩影
　　　　［英国］科林·琼斯

末代沙皇：尼古拉二世的最后 503 天
　　　　［英国］罗伯特·瑟维斯

巴巴罗萨行动：1941，绝对战争
　　　　［法国］让·洛佩　　［格鲁吉亚］拉沙·奥特赫梅祖里

帝国的铸就：1861—1871：改革三巨人与他们塑造的世界
　　　　［美国］迈克尔·贝兰

罗马：一座城市的兴衰史
　　　　［英国］克里斯托弗·希伯特

1914：世界终结之年

［澳大利亚］保罗·哈姆

极北之地：西伯利亚史诗（即出）

［瑞士］埃里克·厄斯利

（更多资讯请关注新浪微博@译林方尖碑，
微信公众号"方尖碑书系"）

方尖碑微博　　　　　方尖碑微信